宝丰说唱文化普及系列丛书
申红霞　主编

宝丰曲艺

徐九才　郭敬伟　编著

中国·武汉

图书在版编目（CIP）数据

宝丰曲艺 / 徐九才，郭敬伟编著 . -- 武汉：华中科技大学出版社，2023.5
（宝丰说唱文化普及系列丛书 / 申红霞主编）
ISBN 978-7-5680-9378-1

Ⅰ.①宝… Ⅱ.①徐…②郭… Ⅲ.①曲艺—介绍—宝丰县 Ⅳ.①J826

中国国家版本馆 CIP 数据核字（2023）第 075725 号

宝丰曲艺
Baofeng Quyi

徐九才　郭敬伟　编著

策划编辑：彭霞霞
责任编辑：梁　任
封面设计：杨思慧
责任监印：朱　玢

出版发行：华中科技大学出版社（中国·武汉）　　电话：（027）81321913
　　　　　武汉市东湖新技术开发区华工科技园　　　邮编：430223

录　　排：天　一
印　　刷：洛阳和众印刷有限公司
开　　本：880 mm × 1230 mm　1/32
印　　张：4
字　　数：74 千字
版　　次：2023 年 5 月第 1 版第 1 次印刷
定　　价：168.00 元（全 9 册）

本书若有印装质量问题，请向出版社营销中心调换
全国免费服务热线：400-6679-118　竭诚为您服务
版权所有　侵权必究

《宝丰说唱文化普及系列丛书》编委会

总策划： 刘海亮

主　编： 申红霞

副主编： 杨淑祯　潘廷韬

编　审： 樊玉生　江国鹏

成　员： 曹俊青　杨东熹　周博雅　郭敬伟
　　　　　聂亚丽　徐真真　王少克　潘运明
　　　　　刘宏民　李全鑫　何清怀　张关民
　　　　　芮遂廷　贺天鹏　徐九才

序

　　文化自信是一个国家、一个民族发展最基本、最深沉、最持久的力量。进入新时代新征程，党的二十大做出了"推进文化自信自强，铸就社会主义文化新辉煌"的战略部署，为我们加强社会主义文化建设、弘扬优秀传统文化指明了方向。

　　地处中原腹地的平顶山市宝丰县，历史文化底蕴深厚，一代代先人在这里繁衍生息、创新创造，留下了丰富的文化遗产，成为中华优秀传统文化的重要组成部分。

　　宝丰县地处河南省中部偏西，是伏牛山脉与黄淮平原的交接地带。西部山峦绵延，中东部遍布平原，丘陵、小山点缀其间。沙河、北汝河两大河流护其左右，石河、泥河、净肠河、应河、柳杨河、运粮河穿境而过，滋润着这片沃土。二十四节气在这里活态传承，春夏秋冬四季分明，具备典型的暖温带气候特征。由此，在这块先民们生产生活的理想宝地上，形成了具有中原特点的农耕文化。

　　古时候，宝丰县是北连河洛、南控宛襄的交通要冲，成就了大营、马街、滍阳、翟集、老城等古老集镇，车马辐辏，商贾往来，号称"千年古县"。正是在这样一块宝地上，祖先留下了丰厚的文化遗产。

　　2017年1月，文化部（现更名为文化和旅游部）批准设立说唱文化（宝丰）生态保护实验区，至今历时6年。6年来，宝丰县在国家文化和旅游部、河南省文化和旅游厅、平顶山市

委市政府的大力支持下，为生态保护实验区的建设、中华优秀传统文化的保护和发展，做了大量扎扎实实、卓有成效的工作。《宝丰说唱文化普及系列丛书》的出版、发行，对重新审视祖先留下来的珍贵文化遗产，坚定文化自信，保护、继承祖先留下的优秀传统文化，具有十分重要的意义。

宝丰县历史悠久，文化灿烂。境内拥有马街书会、宝丰酒传统酿造技艺、汝瓷烧制技艺、宝丰魔术共4个国家级非物质文化遗产项目；拥有清凉寺汝官窑遗址、父城遗址、香山寺大悲观音大士塔及碑刻、小李庄遗址共4个国家级重点文物保护单位；拥有妙善观音传说、白朗起义传说、木偶戏、韩店唢呐、高腿曲子戏、河南坠子（西路）、大调曲子（墨派）、平调三弦书、翟集冯异小米醋酿造技艺、经担舞共10项省级非物质文化遗产项目；拥有文庙大成殿、文笔峰塔、塔里赤墓碑、解庄遗址、中共中央中原局中原军区宝丰旧址群等17个省级重点文物保护单位；拥有风搅雪坠子书、快板书、评书、祭火神、乐器制作技艺、刺绣、剪纸等64个市级非物质文化遗产项目；拥有前营遗址、贾复庙、玉带河永济桥、小店遗址等121个市县级文物保护单位；已经列入县级非物质文化遗产保护名录的还有越调、拜三皇、唱愿书、对戏等108项。境内还有保护较好的各级传统村落、历史文化名镇名村50余个。

这海量的优秀文化遗产，都是宝丰人民祖祖辈辈传承下来的中华民族智慧的结晶，也是宝丰人民的立足之本、精神财富，是我们值得骄傲和自豪的资本，更是我们崇德尚文、踔厉前行的动力。

《宝丰说唱文化普及系列丛书》是平顶山说唱文化（宝丰）生态保护发展中心组织本土专家学者，根据2017年"宝丰文化进校园"教材蓝本，进一步补充、完善的全民文化普及读物，由《宝丰曲艺》《宝丰戏曲·魔术》《宝丰民间习俗》《宝丰方言》《宝丰历史人物》《宝丰名胜古迹》《宝丰民间音乐舞蹈》《宝丰民间文学》《宝丰传统手工技艺》共9册组成。本书比较全面地展现了宝丰县的历史文化本貌、文化生态环境，文字简洁凝练，是传承、传播宝丰地方文化的大众读物。相信它的出版会对保护和传承中华优秀传统文化起到不可估量的作用。

　　习近平总书记说过："我们要坚持道路自信、理论自信、制度自信，最根本的还有一个文化自信。"文化自信是中华民族对自身文化价值的充分肯定和积极践行，是对其生命力持有的坚定信念。宝丰县的历史文化是黄河文化的重要组成部分，也是中国文化的精粹。热爱本土文化，热爱我们的家乡，传播和传承宝丰县历史文化，保护、抢救我们珍贵的文化遗产，既是宝丰人义不容辞的责任和义务，也是我们培育文化自信的动力和源泉。

　　《宝丰说唱文化普及系列丛书》将给大家带来精神上的愉悦和动力，激励全县人民携手并肩继承先祖的聪明才智，为传承发展我们的优秀传统文化贡献绵薄之力，共同建设好我们的美丽家园。

中共宝丰县委书记
2023年3月

目录

第一章　宝丰马街书会综述……………… 001

　　第一节　概述…………………………… 001

　　第二节　写书与唱愿书………………… 011

　　第三节　书状元………………………… 026

第二章　宝丰马街书会曲种……………… 036

　　第一节　河南坠子……………………… 036

　　第二节　平调三弦书…………………… 041

　　第三节　墨派大调曲子………………… 046

　　第四节　评书…………………………… 050

　　第五节　快板…………………………… 054

　　第六节　鼓书…………………………… 059

　　第七节　风搅雪坠子书………………… 071

第八节 琴书……………………… 073

第九节 莲花落…………………… 079

第三章 行话术语、谚语、俗语………… 084

第一节 曲艺行话术语……………… 084

第二节 说唱艺术谚语、俗语……… 088

第四章 曲艺小段集锦………………… 091

第一节 神段………………………… 091

第二节 劝世………………………… 096

第三节 幽默讽刺…………………… 103

第四节 哲理………………………… 109

第五节 孝道………………………… 110

第六节 新段………………………… 116

第一章　宝丰马街书会综述

第一节　概述

2019年7月,国家文化和旅游部印发的《曲艺传承发展计划》指出,扶持马街书会等民间曲艺展示交易集市的发展。

2020年10月,河南省文化和旅游厅发布的《河南省曲艺传承发展实施方案》中,有2处提到国家级说唱文化(宝丰)生态保护实验区,有5处提到马街书会。可见马街书会在曲艺界的地位有多么重要。

马街书会是宝丰说唱文化的核心内容,俗称"十三马街会",是中国曲艺行当的盛会。

马街书会每年从农历正月初七祭火神开始,到正月十三,在宝丰县城南7千米处的杨庄镇马街村应河之滨,艺人云集,说书亮艺,交流切磋,拜师收徒,汇聚全国

60多个曲种，表演上千个曲（剧）目。马街书会是中国说唱艺术的大汇聚，是说唱文化的精神家园，集中体现了中华说唱文化的独特性和丰富性。

马街书会艺人来源广泛。参会艺人涉及全国绝大部分省（直辖市、自治区）、100多个县（市、区）。其中涉及的省（直辖市、自治区）有河南、山东、安徽、江苏、湖北、四川、陕西、山西、青海、甘肃、河北、辽宁、广东，以及上海、北京、重庆、天津、内蒙古等；涉及的市（不含县级市）有平顶山市、郑州市、许昌市、南阳市、洛阳市、三门峡市、焦作市、新乡市、开封市、濮阳市、周口市、驻马店市、武汉市、成都市、兰州市、西宁市、石家庄市、襄阳市、徐州市、菏泽市、运城市、阜阳市、鞍山市、亳州市、随州市；涉及的县（含县级市）、区有新华区、卫东区、湛河区、石龙区、宝丰县、鲁山县、郏县、叶县、舞钢市、汝州市、襄城县、南召县、方城县、临颍县、淮阳县、商水县、陕州区、太康县、舞阳县、滑县、获嘉县、郓城县、新乡县、内黄县、确山县、杞县、南乐县、范县、登封市、中牟县、项城市、长垣市、沈丘县、新郑市、内乡县、社旗县、栾川县、西华县、泌阳县、民权县、上蔡县、新蔡县、桐柏县、唐河县、太和县、灵宝市、尉氏县、郾城县、伊川县、扶沟县、鄢陵县、淇县、南乐县、范县、邓州市、镇平县、淅川县、新野县、东明县、禹州市、界首市、枣阳市，等等。

马街书会艺人甚多。早在清代同治二年（1863年），马街书会会首司士选让赶会的艺人到火神庙里进香钱，香案前放一口大斗，每人只许进一文，会后一数共两串七。也就是说，那年到会的艺人就有2700人。近年来，赶会艺人数量如下：2017年上会403棚，艺人1400人；2018年上会315棚，艺人1317人；2019年上会460余棚，艺人1336人。

马街书会曲种繁多。来自不同地域的艺人，带来了各地不同的曲种。据统计，历年出现在马街书会上的曲种有六七十种。有一首小诗这样形容马街书会："鼓子声声走雷喧，琴声悠悠流细涓。大调坠子传神韵，唱醉听客马街前。"马街书会曲种之多、艺人来源之广，千姿百态，万曲汇海，给人以震撼的力量。流传于宝丰县的曲种如河南坠子、三弦书、大调曲子、豫西大鼓、快板书等在书会上较为常见。河南坠子又分为东路坠子、北路坠子、西路坠子。宝丰以外地市和外省艺人唱河南坠子的也不少。宝丰以外地市和外省艺人带来的还有各具地方特色的曲种：洛阳艺人带来的河洛大鼓，商丘、周口艺人带来的豫东大鼓；北京艺人带来的京韵大鼓，天津艺人带来的天津快板书、相声，上海艺人带来的上海说唱；湖北艺人带来的湖北渔鼓，安徽艺人带来的安徽大鼓、安徽琴书、渔鼓道情，山东艺人带来的山东大鼓、山东琴书、山东快书，江苏艺人带来的徐州琴书、苏州评弹、扬州弹词，河北艺人带来的西河大鼓，辽宁艺人带来的评书，吉林艺人带来的二人转，浙江艺人带来的绍兴莲花落，江西艺人带来的鄱阳渔歌、鄱阳大鼓，山西艺人带来的二人台，陕西艺人带来的陕北说书、华阴老腔，四川艺人带来的四川清音、四川扬琴，内蒙古艺人带来的蒙古族呼麦；等等。

  这些曲种，有的是民间艺人自发带到书会亮艺的，有的是大型活动请人到会表演的。2006年以来，在马街书会期间举办了全国鼓曲唱曲邀请赛、擂台赛，河南省鼓曲唱曲大奖赛，河南省少儿曲艺展演，晋冀鲁豫津五省市曲艺大赛，优秀传统长篇大书擂台赛，国家级非物质文化遗产曲艺展演等活动。通过这些活动，全国各地更多的优秀曲艺艺人不仅为马街书会带来更旺的人气，也带来了更多的曲种。在2018年第六届国家级非物质文化遗产曲艺展演中，来自全国各地的国家级非物质文化遗产曲艺队表演的20个节目，曲种就包括河南

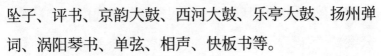

坠子、评书、京韵大鼓、西河大鼓、乐亭大鼓、扬州弹词、涡阳琴书、单弦、相声、快板书等。

艺人多、曲种多，马街书会的曲（书）目也就多。马街书会素有"一天能看千台戏，三天胜读万卷书"的美誉。每到书会之时，会场上每天演唱的曲（书）目有1000多个。

对于曲（书）目的表述，志书一类一般先分为传统和现代两类，然后又把传统曲（书）目分为公案书、武侠书、袍带书、言情书、神段书、劝世书六类来叙述。主要曲（书）目有《杨家将》《呼家将》《双龙传》《呼杨合兵》《英烈奇侠》《严海斗智》《金鞭记》《粉妆楼》《三堂会审》《武松炸会》《大明武英》《包公断》《金钱记》《破孟州》《包公坐西天》《棒槌记》《大宋剑侠会》《鞭扫西凉》《李三娘》《英台拜墓》《秋江渡》《王宝童投亲》《平南宋》《侠义传》《珍珠大汗衫》《平安南》《串金扇》《兴唐传》《吕布戏貂蝉》《回龙传》《合同记》《丝绒记》《天宝图》《儿女英雄传》《西游记》《瓦岗寨》《薛家将》《秦英征西》《明清侠义》《刘公案》《火焚绣楼》《金杯记》《矬大姐》《偷年糕》《海瑞进京》《如此对象》《追车》《关公挑袍》《西厢记》《三封信》《打金枝》《包公放粮》《白马窜御状》《李世民吊孝》《武松打店》《彭公案》《南安》《八义传》《青衣女侠》《响马传》《大明英烈传》《五虎平西》《大宋金鸠记》《秦琼打擂》《江南使传》《三国》《小八义》《隋唐传》《长坂坡》《小两口咒父》《巧连珠》《薛刚反唐》《杨金花打擂》《红风案》《封神演义》《平北宋》《大红袍》《葵花传》《万花楼》《五侠传》《王庆卖艺》《绿牡丹》《龙虎会》《金镯玉环记》《五叠大红袍》《剑侠图》《施公案》《杨宗英下山》《平西宋》《打渔杀家》《借嫂》《二嫂买锄》《红岩》《群英会》《唐王招贤》《五美剑侠》《昆山传》《林公案》《说唐》《黛玉悲秋》《晴雯撕扇》《杨六郎扫北》《贤孝儿媳》《游西湖》等。

700多年来，马街书会形成了拜三皇等风俗。拜三皇过去由"三皇社"组织，"三皇社"是马街书会的重要推动者。三弦书艺人过去敬"三皇"，即天皇、地皇、人皇。据说，三弦书的三根弦就代表三皇。有《西江月》道：

天皇怀抱日月，地皇足扎乾坤。

人皇手里置衣锦，分开中间两论。

先有尧舜禹汤，后有周公圣人。

教民稼穑费苦辛，辈辈子弟奉君。

第一章　宝丰马街书会综述

"宝丰文化现象"丛书中的《马街书会》一书记载：传说每年农历三月初三，是三皇爷的生日，也是艺人行帮组织"三皇社"艺人的集会时间。从初一到初三会期三天，集会地点由社头确定。社头每年由艺人公推本行中的长者或有名望者担任。集会一般是在社头居住的村镇举办，若附近有三皇庙就在庙前举办活动，称"摆社"，又叫"三皇会"。每年"三皇会"会期之前，由社头在正月十三马街书会上散发请帖。请帖是一张黄纸，写着被请艺人的姓名和赴会日期、地点及有关事项，落款由社头盖章。"三皇社"下设社官、巡签、管账、管事，皆由社头指定艺人担任。赶会艺人一般都是带着徒弟提前一天到会，还有香表及应兑的会费款。到会后，由管事接待，安排食宿。有资格的艺人坐在神棚下，徒弟当厨、端条盘、打杂。神棚用五色布搭成，棚内正中挂设三皇爷轴子（神像），神像前摆设大供桌，祭物、祭品一应俱全。3根大签立在三皇爷神像前，另有两根签插在两边。神棚前挂灯笼、飘彩带，并设立大鼓、铜锣和告牌。告牌上写着"三皇社"的社规《十不准》。

　　三月初一这天，"三皇会"仪式活动正式开始。早晨，先祭奠三皇，艺人为三皇上香跪拜。早饭后便开始在会场比书亮书，一次演出七至十摊，神棚前擂鼓开书，鸣锣停演。艺人对戏比书有规定，先向社里递交书折，然后由社头安排。文戏对文戏、武戏对武戏，谁唱啥戏开啥书事先自报确定，事后不准私自更改，输赢都得唱到底。

社里组织人评定，以分优劣。根据观众多少和演出情况，最后评出头三名——状元、榜眼和探花。社里给予奖励，头名披红戴花，第二名披红不戴花，第三名奖弦子一挂。

会期中除祭神和演出比艺外，还组织艺人座谈会，互相交流书艺，介绍新收的徒弟，并检查社规社律。由巡签公布一年来在各地巡视检查的情况。若有艺人败坏艺德、违犯社规，按条例处理，严重者送官治罚，轻者砸弦子、收道具，当场宣布开除出社，不准行艺。

集会期间，还要选出下一年的社头，办理转社有关手续，交接三皇爷神幔和神签等物。农历三月初三下午，"三皇社"全体会员集会游行。游行队伍前由一个艺人捧着用木头雕刻的三皇神像，神像左右，一个艺人弹着三弦，另一个艺人敲着铰子，边走边唱，队伍顺大街由西向东而行，以表社威。过去，宝丰城北五里头村的老艺人王中兴之父王天西，城东余官营村杨宝元之父杨玉顺，耿庄的余书成、余书习家，郏县的苏发林家，鲁山的李占营家都曾摆过社、集过会，在当地群众中颇有影响。

据三弦书老艺人杨宝元、王中兴回忆，过去鲁、宝、郏三县为一道社，杨宝元的父亲杨玉顺、王中兴的父亲王天西都摆过社。三月初三这天，搭神棚设三皇牌位，届时三弦界的艺人均来此，酒肉招待，艺人还要向社里交纳一定的礼款（多为一枚银圆），作为"摆社"的费用开支。此外，还会聘请艺术造诣高的艺人，称"社官"，俗称"社头""社首"。同时，他们也是马街书会的重要组织者。社官先考试艺人，让其背定场诗《西江月》，然后拉开场子亮书献艺，并组织进行评定，以分优劣。对一些表演不好的艺人（如凉弦掉板、错白字或庸俗内容的艺人），社官会严厉训教、指正，同时也能起到磋商技艺的作用。

"三皇社"是演艺行业的行帮组织，但中华人民共和国取缔会道门的措施对"三皇社"产生了一定影响。措施实行后，广大艺人自觉取消了大型集会，"三皇社"随之消失。

从2005年至今，马街说书研究会在农历三月初三上巳节举办祭拜三皇、曲艺艺人展示技艺、开展研讨等活动，这是对此风俗的传承。

马街书会上还有一些其他的习俗规范。

一是亮艺卖书人人平等。各地艺人来马街书会上亮艺卖书，是一律平等的。大家在会上可以使出自己的全部招数，谁都不影响谁。

二是会上演出一律不收费。马街书会上艺人演出一律不向观众收费，来赶会的群众可随便观看演出。这也是自古至今留传下的习俗。

三是"啃板凳腿"。马街书会上"写"书，书价一旦说定，艺人可以添人，但不可以加钱。有时艺人为了带徒弟，或者照顾失去演唱能力的人或没"写"出去的同行，往往多带一两个人，叫作"啃板凳腿"。

四是自愿赶会。艺人们参加马街书会是自发自愿的，没有任何组织形式，也不受任何约束。今年来过的，明年可以不来；今年没来过的，明年可以来，也不会受排斥。这也是马街书会自古传下来的习俗。

五是说书场地布局约定俗成。过去马街书会上不仅曲艺形式多，其他民间艺术种类也多，而且都在火神庙周围。一般三弦书演出在庙前，河南坠子在庙东，大鼓书及其他曲种在庙后，庙东北场为跑马场，庙西北隅为玩杂技、上刀山的，庙东南隅是放风筝的，庙西南隅为踢毽子的，庙正西面是玩老虎、玩提猴（提线木偶戏）

的。另外，还有斗鹌鹑的、玩洋片的，均在河边，各有各的场所，不能混杂。

第二节　写书与唱愿书

"写书"是宝丰当地对汉语词汇的一个贡献。这里的"写书"不是著书立说，而是邀请说书艺人在指定的时间、指定的地点，按照一定的规程表演节目。

"写"字在宝丰一带属方言俚语，有特别的含义。

谁家有红白大事了，如果请来"响器儿"（唢呐），称为"写响儿"；如果请来"说书"，称为"写说书"；如果请来"大戏"，称为"写大戏"。

那么，请唢呐、请说书、请大戏为什么都不说"请"，而要用"写"呢？原来，过去的人也很有"法律意识"，邀请对方是要立字据的，类似于现在的合同、协议，要白纸黑字地写，所以就形成了"写响儿""写说书""写大戏"的说法。

马街书会是国内曲艺的盛会，主家邀请说书艺人前去表演，称为"写说书"，再简称为"写书"。

在宝丰以及周边县区，过去写书的风气很是盛行。写书的原因不一而足。考上学，跳了龙门，不管是大学、大专，还是中专、师范，只要毕业后能有自己的饭碗，就是一家人天大的喜事，就要写说书庆贺一番。有的是一家人攒了多年的劲儿，盖了新房或者翻新了房屋，平平安安、顺顺利利地完了工，也要请说书艺人。娱神的同时也"娱人"。

在旧社会，写书的缘由大都为"愿书"。一方面是集中在正月十五元宵节期间的唱"灯书"，另一方面是各种原因的"许愿书""还愿书"。

根据马街邻村东彭庄村退休教师、生于1933年的刘德裕老先生回忆，曾经村上有很多社会组织，如火神社、娃娃社（敬送子观音）、大蒸馍社、牛王社等。在每年正月十四至十六，元宵节期间，有钱的唱大戏，没钱的请说书，祈求一年平平安安。鲁山县的漫流村、三街村、程村、梁洼、张良街等大一些的村庄或集镇，元宵节时还要搭建花棚（彩棚）。花棚装饰华丽，内供神位，唱说书。仅程村和漫流村两村就有8个花棚，每棚一摊说书，就需要8摊说书。还有远在山区的小山村，即使仅有三五户人家，有的也请说书人前来说书。他们必须在（正月）十三马街书会上写好说书。所以，说书艺人只有在（正月）十三马街书会上才有可能写出去，并能写个好价钱。赶会艺人多数是穷苦人，甚至有相当一部分是盲人。他们就靠说书赚钱养家糊口,所以必须徒步远行赴会。

写书是曲艺行当里的买卖,需要有"卖家"(说书艺人)和"买家"(写书者)来完成,缺一不可。只有卖家没有买家,或者只有买家没有卖家,交易都无法进行。

马街书会是曲艺交易的集市,写书者可以从中任意挑选。通常他们以质论价,即通过对说书艺人演唱水平(包括唱腔、吐字、气质、长相等)的评估,选择自认为好的,便私下与说书人商议书价。而中间写书者跟说书艺人商量好价格、时间、地点、场次的过程叫"写书"或"请书"。如果双方不好意思当面开口,且又不愿意让外人知道,就采用在袖筒或衣襟下比画指头"摸码子"的方法。"摸码子"是民间集市交易时讲价的一种"手语",是历史上遗留下来的老风俗。过去人们一般穿大襟长衫,"摸码子"就是在袖筒里或衣襟下用比画手指头的方法讨价还价。

既然是手语,就有特别的意义。码子跟算盘有共通的地方:"一百、一千、一万"都是向上伸一个大拇指,表示"一";伸开中指和无名指,就是"二十、两百、两千";一次伸出中指、无名指、小指,就是"三十、三百、三千"；蜷了食指，伸出剩余四指表示"四"，但在实际操作中，更常用"虎牌四"，就是把除了大拇指之外的四指伸出来，表示"四十、四百、四千"；满把手伸开，是"五十、五百、五千"；"六"是蜷了中间的三指，只有大拇指和小拇指伸着；"七"用大拇指与食指、中指表示，但不是静止的，摸码子的时候，食指、中指与拇指忽开忽合；"八"是大拇指与食指完全打开，其他指蜷着；"九"是只伸出食指，并且上部蜷弯。

"摸码子"也有时代性。20世纪70年代末至80年代初，书价大都在几十元至几百元，精确到"十"的时候较多；20世纪80年代后期至90年代，才用上"千"。所以，码子表示的多是"十、百、千"的倍数。

谈价成功后，写书者给艺人一些定金以作为路费，同时带走一件艺人使用的乐器或道具（简板或铰子）作为信物，并留下地址。艺人可以继续在书会演唱。等书会结束后，艺人如约到写书者家中或其他指定地点演唱。还有一种情况是，有些艺人到某地说唱后因深受当地群众欢迎，双方就定下明年这棚艺人还到这里来演唱的君子协定。像这样定了契约的艺人，第二年还要来赶书会，不过不再卖书，而只是到会上祭祭师祖，会会朋友或拜师收徒。

在马街书会上写书,就是商定唱正月十四、十五、十六三天(多为七至八场)的书价,这三天的书即"灯书",艺人称其为"正禄书"。会上有条不成文的规矩,凡"正禄书"写出后,艺人一般不得在会上继续演唱卖"偏禄书"(即正月十七、十八、十九三天的书),以免影响别人卖书。如果写"正禄书"的同时写"偏禄书",就得一次讲清价钱。"偏禄书"的书价比"正禄书"便宜一些。一般说到书价,均指"正禄书"的书价。书价一旦说定,艺人可以添人,只是添人不加钱。艺人往往可以多带一两个人(称为"啃板凳腿"),还有的写书者根据需要另外选择日子,如二月二、三月三让艺人前去演出。

手机的普及使人与人之间的联系更加方便。通过熟人介绍联系艺人也成了一种新的写书方式。

唱愿书有悠久的历史。音乐学博士马志飞在《马街书会民间曲艺活动的社会机制研究》一书中写道:

中原地区的愿书活动起自何时,历史文献有记载。翻阅河南各地相关文献,关于愿书活动的起源大多追溯至清末民初,如《中国曲艺志·河南卷》记载有"清末民初,此类活动极为频繁,遍及河南全省各地";《南阳三弦书初探》记载:"从光绪四年(1878)起,一连数十年……农民受封建神权的束缚,为了安居乐业,求神还愿,因大戏请不起,就'写'三弦书";《平顶山郊区曲艺志》记载,平顶山市郊区焦店镇校尉营村(今属新华区)乱弹社成立于明末清初,兴盛于清代中叶,以演唱大调曲子、梆子为主,其演出"也有是敬神,还愿而请,穷人家请乱弹社时大多是许愿后得之而还愿所请",等等。新中国成立以后,愿书被当作封建迷信活动而被取缔。改革开放以来,愿书活动又得到恢复,一些地方极为兴盛,正如《宝丰县志》所述:"到20世纪80年代中期,境内乡间'许愿'之风又起。还愿者,写大戏,演电影,请说书,借此,乡邻也得以娱乐。"此条史料表明,许愿、还愿习俗在本地早已有之,愿书只是许愿、还愿活动的一部分,其目的既在娱神,又在娱人。

愿书活动产生于一定的社会文化环境。从生成环境来看,必须具备以下两个核心条件:第一,事主必须是有重要之事有求于神灵,此事会对其个人或家庭产生积极或消极的重要影响,如丰收之对于全家人的生计,得子对于家族香火的续承等。第二,当事主所求之事非人力所能左右,而必须仰赖神灵帮助的时候,如祈雨、打官司、免灾等,也往往会产生许愿、还愿的迫切要求,

企图以此来感动上苍,施加恩惠于自己。

所谓"愿书",也被称为"敬神书""神戏""祭神书"等,是指事主许愿、还愿之时,邀请艺人前来演出,用以祈神还愿、酬神娱神,以达到沟通人神、趋吉纳福的目的。这期间的曲艺演出就是俗称的"愿书",可分为"许愿书"(也叫"祈愿书")和"还愿书"两类。"许愿书"多发生在庙会节日、神灵诞辰日或有求于神灵之时;"还愿书"由事主择吉日举行,地点以家庭和寺庙为多,但二者在仪式程序、操作步骤、演出内容、演出效能等方面存在着较多的一致性。根据目的和性质的不同,笔者将愿书分为以下五大类:(1)人生礼仪类:得子、满月、生日、庆寿、结婚(红事)、丧葬(白事)等;(2)生产习俗类:开业、打煤窑、牲畜兴旺等;(3)生活习俗类:盖房、乔迁、找工作、考大学、求平安、去疾、免灾等;(4)岁时节日类:丰收、祈雨等;(5)其他类:发财、意外之喜、赢官司等。

20世纪50年代至70年代,"许愿""还愿"一度被作为封建迷信而遭到抵制,写书缘由有了很大变化,唱的曲(书)目也有很大变化。写书者多是生产队长、村党支部书记、厂矿领导。唱的内容多是现代新曲(书)

目，传统段子则被禁唱。这时，写书的缘由是活跃群众文化生活，大都与愿书无关。

宝丰县作家协会主席潘运明编著的《曲坛怪才王结子》一书中，就记载了郏县著名河南坠子艺人王树德，生产队时期在叶县常村演出的故事。

直到改革开放后，情况才又有了变化。宝丰县河南坠子市级代表性传承人徐九才说，在20世纪八九十年代，唱愿书很是盛行。有的群众是在寺庙许的愿，愿望实现后就会到马街书会请一摊艺人，到家中或庙里唱一场愿书。每年书会过后的一段时间，宝丰县的香山寺、白雀寺、关帝庙、吕祖庙等寺庙内到处都是虔敬地燃放鞭炮、烧香还愿的群众和唱愿书的艺人。而且在20世纪八九十年代，宝丰县以及周边县（市）区小煤矿多，矿主敬"老君爷"（太上老君）。有的矿主"写说书"，到栾川县老君庙唱愿书，祈求"老君爷"庇护煤矿平平安安。这些，一是与改革开放后中国传统文化的复兴有关，二是与改革开放后民丰物阜的物质基础有关。名气大些、唱得好些的艺人，在农闲时往往是不间断地被请唱愿书，只有农忙时才回家收割庄稼。

唱愿书有一套规程。《马街书会民间曲艺活动的社会机制研究》中将愿书分为六个部分：请神、安神、正书、交神、参神和送神。书中以三天愿书为例，描述了愿书的基本过程。

（一）请神

第一天上午举行"请神"仪式：在一张黄表上书写神位，供奉所许之神灵，由许愿者将之贴在香案之上，谓之"立牌位"。2006年11月1日至3日，笔者采访了艺人詹某等人在鲁山县辛集乡赵村举行的还愿仪式，许愿者是赵丙申之妻王珍，内容是祈求儿媳妇找到工作。因为所许之事与"财"有关，因此牌位的内容是：请天地众神全神之财神老爷。

在神位前摆放供品之后，在两边摆放椅子，上贴黄纸封条，引导众神按序就座。摆供之前，事主先要向灶神上香跪拜，诉说事由，请求仪式开始，并请求老灶爷引领各方神圣前来享用。神位前红烛长明，为的是"点灯照明路"，方便神仙认路归位。

接近午时，"请神"仪式开始：艺人和主家依次净手上香，由艺人在庭院空旷处画上一个"十"字，主家站在上面，持香向四方祷告，说明还愿情况，请求四方神圣前来就座，然后将香插入香炉。需要说明的是，如果主家是在寺庙或者道观许下的愿，那么就要到那里请神：在神像面前摆供、上香、叩拜，奉献香火钱，燃放鞭炮，焚烧纸钱等。最后，用香案上的红烛引燃一束香，引至家中，将神灵请到家中。

（二）安神

接着是燃放鞭炮，主人在屋门口打表，面向牌位叩拜。与此同时，琴师演奏"开场曲牌"（俗称"拉盘头"），之后由艺人演唱"神戏"（主家这时给艺人发放封子），其作用是让神灵稳坐神位，欣赏音乐，谓之"安神"。"神戏"一般在第一天上午和第三天晚上送神的时候演唱，程序基本一致。如果主家有要求，艺人还可以在第二天、第三天的上午演唱安神戏，这要看主家的习惯和当地风俗而定。

（三）正书

此后，每天的下午和晚上分两个场次演唱正书，以长篇大书为主，地点移至宽敞之处。每场次的时间约为2.5小时，根据观众和主家的要求可长可短。演唱正书的时候，艺人多是面向观众，这意味着他不仅给神灵演唱，也是给观众演唱，因此就不必有许多忌讳，曲（书）目内容可以不必跟神灵有关。因此，在这一阶段，曲（书）目内容是非常丰富的，对于观众来说最有吸引力。

（四）交神

"交神"是指在第三天上午，主家的亲戚朋友及邻居前来上香，表示庆贺。来人一般会送来香、表、米面、水果、食物等物品和1个封子，进门时由专人放入条盘之中，将礼物拿进屋内，将封子端到艺人面前。封子被递到桌上时，有人高喊"×××奉送封子一个"，这时，艺人就要为来人演唱一段，以示感谢。中午时分，主家要大摆筵席，宴请宾客。这一环节在各地差异很大，在一些地方，筵席规模甚至大于婚宴的规模，而在另外一些地方则不存在"交神"活动。

"交神"是祝贺之人通过主家和艺人向神灵示好，达到与神灵沟通的目的，从而得到神灵的佑护，并具有向主家表示祝贺之意。这是对主家的一种示好行为；主家来的人越多，越显得自己人缘好、有名望，所以主家也乐意接受众人前来捧场，宴请大家。有时候"交神"要进行很长时间，由于说书艺人得到了金钱上的补偿（封子归艺人），所以态度也比较积极。

（五）参神

所谓"参神"，就是在艺人演出过程中，观众向艺人递上封子，希望艺人再演唱一段。这既表达对神灵的崇敬，也表示对艺人演唱的肯定，有时会点唱自己喜欢的曲（书）目。这时，艺人就要当众宣布"×××参神，给封子一个"等话语，然后向其献唱。通过此种行为，观众一方面自己得到了艺术享受，另一方面也达到了与神灵沟通、向主家示好的目的。"参神"习俗虽然在中原地区普遍存在，但并非"愿书"活动的必然组成部分，主要根据各地观众的兴趣爱好、经济条件和风俗习惯等的不同而定。

（六）送神

第三天晚上唱罢正书，观众散去之后，开始"送神"。首先要写"清单"，内容是说明当初许愿之内容如今已经全部兑现，不再欠神灵什么。书写完毕，事主向灶神上香打表，行跪拜之礼，请求送神。

待一切妥当，"送神"仪式开始：在阵阵鞭炮声中，艺人演唱"神戏"，同时，事主在屋门前面烧莲花盆、跪拜祈福。唱毕，事主手拿神位、香炉和清单依次走出门外。在门外，依次点燃神位和清单，撒香倒炉灰，同时口念送神、祈福之词。至此，愿书仪式结束。

宝丰县三弦书市级代表性传承人李春迎经常被人请去唱愿书。他说，有的事主请神，只是在家中立了牌位；有的还要带着艺人到相应的寺庙里烧香、叩头、放鞭炮，把"神"请到家中再立牌位、上供、安神。此时，艺人上场先说几句神诗。神诗的通用版本是:"打扫神前地,净手焚上香。众神赴宝位,四季保安康。"还有些因事有别的神诗。如盖房的神诗:"远观此地赛荆州,文王指地鲁班修。建在兴隆八宝地,文点状元武封侯。"或为:"建新房五龙捧盛,白虎堂旭日东升。吉星照龙飞凤舞,遇紫微万事亨通。"接着,开始唱"三出头"。"三出头"过去一般是唱3个神段,其中至少有一个是主段子。主段子与还愿的主题相关,其他2个可以有关联,也可以只讨吉利。得子唱:"送子奶奶游四方,怀中抱个白胖郎。送进×家是贵子,长大成为状元郎。"祝寿唱:"乐器响、鞭炮鸣,堂上尊坐老寿星。合家欢乐两旁站,寿字金匾挂堂中。送上一段弦子戏,保佑居家都太平。"盖房唱:"远看贵府赛京州,文王造就鲁班修。太白金星点穴位,四海龙王捧住兽。铜器一敲弦子响,姜太公到此人无忧。"祈雨唱:"玉皇有旨凡间降,四海龙王走慌忙。龙王离海下大雨,清风细雨禾苗壮。"主段子一般较长,比如得子唱《五子登科》,娶妻唱《富贵图》,祝寿唱《八仙庆寿》,盖房唱《二郎降妖》,祈雨唱《龙三姐拜寿》,打煤窑唱《青石点金》,老人病愈唱《割肝救母》《王祥卧冰》。"三出头"唱完一般需要40分钟,安神时燃起的一炷香焚完。

现在有人认为愿书是迷信，其实，这是与迷信有联系和区别的"俗信"。"俗信"也称"信俗"，指与巫术、宗教相联系，但在长期的传习中已融入风俗习惯的古代信仰，因其特殊的文化功用而成为人们生活的调剂与补充。"俗信"是正常的或良性的民间信仰，它没有人为的、欺骗的性质，仅表现为传统观念的自然沿袭和民间对精神生活的广泛需求。"俗信"即"世俗信仰""俗民信仰""风俗信仰"之意。

最典型的信俗是"妈祖信俗"，2009年被列入联合国教科文组织人类非物质文化遗产，也是中国首个被列入联合国教科文组织人类非物质文化遗产的俗信类非物质文化遗产项目。2020年，中国和马来西亚共同申报联合国教科文组织人类非物质文化遗产的"送王船"也是民间俗信。"送王船"是广泛流传于中国闽南地区和马来西亚马六甲沿海地区禳灾祈安的民俗活动，植根于滨海社区共同崇祀"代天巡狩王爷"（简称"王爷"）的民间信俗。

而"迷信"，指非理性、反科学、对个人与社会有直接危害的极端信仰，它以迷狂为特征，是巫术、宗教中有害成分的强化，往往诱发破财残身、伤风败俗、扰乱生活、荒废生产等不良后果。"迷信"的由来不外有二:一是原始宗教的残余和古代人为宗教中的某些成分;二是文明时代后出的神灵信仰及其神秘观念。因此,对"迷信"可确立这样的判别标准:任何对现实生活起破坏作用的信仰,都是"迷信"。同时,任何新造的神灵信仰,尤其是在文明已相当发达的现当代所新造的神灵信仰,也都是"迷信"。就后者而论,即使对现实生活未构成显著的或有形的破坏,但因现在早已过了神灵崇拜的历史阶段,故具有明显的人为性、功利性,显露出病态的或欺骗的性质。

查阅风俗的来历,诸如春节贴春联,来源是桃符、春贴,表达了辟邪除灾、迎祥纳福的美好愿望。而现在的春联,哪儿还有"辟邪"的迷信成分?正是"特殊的文化功用","成为人们生活的调剂与补充"。类似的还有清明节祭奠祖先和烈士,端午节吃粽子、插艾叶、赛龙舟,中秋节拜月,冬至吃饺子等,都承载着先人的生活印记和认识大自然的历程,沉淀在中华民族的血脉之中。

其实,从现代社会的"诚信"来看,"愿书"是对神灵的"诚信",是中华民族自古以来"言而无信,不知其可也""一诺千金"在俗信中的体现。我们不仅对人讲诚信,对神灵也要讲诚信。许什么样的"愿"就要还什么样的"愿",不得打折扣。许三天的说书就不能唱一天,许六天的说书即使唱五天也不行。

随着时代的发展,"写书"的观念也在发生变化。近年来,随着文旅的融合,写书者除了愿意请书还愿的百姓,还有旅游景区。旅游景区邀请说书艺人前去演出,凝聚景区人气。同时,宝丰县为抢救和保护马街书会,把"写书"与县里的乡村振兴、脱贫攻坚等重点工作相结合,促使各乡镇局委开展"写书""送书下乡"活动,把曲艺节目送到乡镇村庄,丰富百姓的精神文化生活。

第三节　书状元

俗话说,三百六十行,行行出状元。曲艺行也不例外。

据宝丰县三弦书老艺人余书习先生回忆,每年农历三月初三,三弦书的行会组织"三皇社"基本都要摆社祭奠祖师爷"三皇",其中一项是开展亮书交流活动,即才艺比拼。

河南美术出版社2006年出版的《马街书会》指出:"艺人对戏比书有规定……社里组织人评定,以分优劣。根据观众多少和演出情况,最后评出头三名(状元、榜眼、探花)。社里给予奖励。头名披红戴花,二名披红不戴花,三名奖弦子一挂。"

这或许是"说书状元"的源头之一。

在1980年之前的几百年里,一些德高望重、技艺超群、经常在马街书会亮相的艺人,被群众争相称为"说书行当里的状元"。一方面,每年马街书会时,附近及赶会的群众都会热烈讨论当年的赶会艺人,说今年某某唱得最好,实在是"说书行里的状元";另一方面,一些艺人经常在马街附近及周围县(市、区)演出,他们有口皆碑,粉丝众多,群众也给予他们"说书状元"的称号。

清末以来,有几位著名的民间艺人被称作"状元":南阳的叶先礼(1878—1956年),人称"曲子状元";许昌的坠子艺人张道成(1906—1980年),绰号"说书状元";南阳的墨子亮,被誉为"大调曲子状元";商丘地区的著名艺人张大贵、刘彩霞并驾闻名于苏鲁豫皖交界地区,分别有"坠子文状元""坠子武状元"的美誉。

改革开放后,中华大地再次百花齐放、百家争鸣,迎来了曲艺的春天。为激励民间艺人赶会亮书、提高技艺,1980年起,在宝丰当地党委、政府部门和民间组织的共同倡导下,马街书会正式设立"书状元"荣誉称号。

"书状元"的产生激励着每一位民间艺人提高演技、亮书献艺。"书状元"的评选也是马街书会赶会群众每年最为关注的一件大事。这也从另一方面推动了曲艺事业的繁荣发展,推动了马街书会的繁荣进步。

纵观40余年来"书状元"产生的方式,主要有以下几种:一是书价高低,二是写书竞拍,三是赛事产生,四是评委评选。其中,赛事又分曲艺擂台赛、鼓曲唱曲邀请赛等比赛。评委评选从人员构成来说,可分群众评审、专家评审等;从形式上来说,又分线下评审、线上评审。

最早产生"书状元"的方式是书价高低。也就是在当年书会上,谁写出的书价最高,谁就是当年的"书状元"。这得到了艺人和民间的认可。根据艺人在书会上报的书价,并由相关部门登记、调查、核实后,综合认定当年的"书状元"。

1980年,来自郏县的河南坠子艺人王树德以50元(后来有人说是200元)的书价夺得当年"书状元"的称号。在当时购物以几角几分计价的年代,这已经是不菲的价格了。

2016年出版的《宝丰县文化志》所述:"历年马街书会'书状元'的评选既无艺人对擂对书,又无评委打分,而是以艺人在书会上卖书的价位高低为标准,由书会管理者通过登记、调查、核实而选定的。谁在书会上唱得最好，写的书价最高，谁就是当年书会的'书状元'。艺人们在书会上吹拉弹唱，公平竞争，展示自我，争当书会状元，这也是慕名而来参与表演的一种原动力。"

当市场经济大潮呼啸而来，道德的力量就难免显得脆弱。自报书价决定"书状元"的方式，已经不适合时代要求了。有些艺人为争夺"书状元"称号而让写书者虚报书价，即写书者与说书艺人暗箱操作，为夺得"书状元"称号，报书价时高得离谱，履约时则是另一个低价位，也就是所谓的"阴阳合同"。这样的行为败坏了"德艺双馨"的传统美德。为防止这种情况发生，必须与时俱进，采取相应的措施。

马街书会的管理者和相关部门几经尝试，采用新的"书状元"评选、产生办法。其中，曾采取过"写书竞拍"的办法，即艺人上台亮书，由本地企事业单位构成的写书者在台下竞拍，价格最高者为当年的"书状元"。另外，还举行过曲艺擂台赛、鼓曲唱曲邀请赛，由比赛产生"书状元"。

这样的办法在操作中又产生了各自的弊端。"写书竞拍"热闹了几年又沉寂下去，通过各种比赛产生"书状元"也因种种原因不尽如人意。

2013年、2014年、2015年，由宝丰县文联组织专家评委评选马街书会"书状元"。据介绍，自"书状元"开始评选以来，马街书会"书状元"的评选采用"自报书价"的方式产生。久而久之，发现了其中的弊端：有的曲艺艺人自身功夫明显不硬，只会唱几个小段，却想方设法抬高书价，以此当上"书状元"，因此"自报书价"的方式不能够检验出"书状元"的真正实力。2013年关于马街书会"书状元"的评选标准，经集体缜密研究商定，把"会唱大书"作为评选"书状元"的主要条件。这样一来，便迅速扭转了艺人对"书状元"评选公正性的认识。自此之后，评选出的"书状元"得到了曲艺界的充分肯定，名副其实，实至名归。

2016年，"书状元"的评选工作交给了当地群众，由马街说书研究会组织群众代表评选。他们根据艺人演唱的优劣及曲（书）目内容，采取投花的方式评定。据马街说书研究会会长张满堂介绍，他们组织了热爱曲艺的老戏迷近30人，老戏迷们大都七八十岁，在群众中有威望，来自马街及附近的薛潭、东彭庄等村。他们在书会演唱区域逐摊听书，几轮下来，给各人认为演唱得好的艺人献花，哪个艺人的花多，经合议、上报后便被确定为"书状元"。张满堂会长记得2016年获得花最多的是9朵。

2017年、2018年、2019年，成立"书状元评选专家评审组"，组成人员是从宝丰县非物质文化遗产保护专家委员会成员中挑选的。人员基本构成：马街书会会首、宝丰县非物质文化遗产保护协会会长、宝丰说唱艺术研究会会长、宝丰文化广电旅游局退休文化馆馆长、退休曲艺表演和研究专家等。

"书状元评选专家评审组"从正月十一到正月十三用三天的时间，在书会现场巡回听书，根据现场观众的反应，说唱者的唱腔、道白、艺术感染力，是否能够传承大书，是否有师承关系，以及乐队伴奏人员的水平等评选条件，首先评出10名艺人作为当年"书状元"候选人。正月十三下午，在中华曲艺展览馆通过演出和专家投票的方式进行复评，由每个参评专家签名生效，最终选出当年的"书状元"。

2020年，马街书会因客观原因未能举办。

2021年评选线上"书状元"。2022年采取线上与线下相结合的方式评选"书状元"，而且还评出了榜眼、探花。

线上评选"书状元"的方式得到了社会各界的大力支持和关注。湖北省襄阳市艺人、1982年马街书会"书状元"郝桂萍说："听说'书状元'的评选改为线上举行，是明智的、灵活的。我会大力宣传、动员、鼓励弟子们和好友们积极报名参评。"

说书艺人一旦有了"状元"的头衔,就陡然间增加了无限的荣光。

首届"书状元"王树德,早就闻名于许昌地区。他是从旧社会走过来的民间艺人,后来政府还为他安排了工作。王树德曾就职于许昌地区曲艺团、郏县文化馆等单位。1980年获得"书状元"称号后,他的演出场次更多了。在一些较大的村子,他与别人"赛书",他高超的演技往往使他脱颖而出。"赛书"类似于"对戏"。不同的是,"对戏"是两台或三台大戏舞台相邻而建,"赛书"则是在村子里相距较远的不同位置,往往是十字街,两摊或多摊艺人各唱各的,哪个摊位观众最多,哪个就是最后的赢家。20世纪80年代,宝丰县张八桥镇煤矿多,每到元宵节期间,一个村或煤矿上会同时有几摊说书艺人。村上或煤矿会在原定的价位上,多给胜出的艺人50元作为奖励。赛书有不让父子、不让师徒之说。赛书最能激发艺人的主观能动性,一个个使出浑身解数,十八般武艺全部用上。观众也看得激情澎湃、热情高涨,大大增加了欣赏性。

2018年山西省绛县的焦军芳获得"书状元"称号,她被宝丰县商酒务镇张洛庄村乡贤、退休干部张砖头以三天10000元的价格写走,为乡亲们演唱。听说"新科状元"来演出，方圆几十里地的戏迷都前来观看。

马街书会当年评选出的"书状元"，常常会被媒体尤其是家乡的媒体大力宣传报道，正所谓"一朝成名天下知"。2006年的马街书会，南阳艺人曲凡芝、李自欣演出的三弦书《夫妻争灯》在写书竞拍会上被河南洁石集团以1.6万元当场竞走，创下了历届马街书会的书价最高纪录。南阳卧龙网热情洋溢地报道了他们的事迹。

2017年，山东菏泽艺人刘明霞夺得"书状元"称号后，其家乡的《菏泽晚报》以"宝丰县马街书会菏泽艺人收获多"为题进行报道。

2019年，安徽省宿州市的葛志茹夺得"书状元"称号后，宿州市委机关报《拂晓报》以2000余字的长篇文章《新"花木兰"夺魁记——记安徽大鼓名家、中国马街书会"书状元"葛志茹》对其进行报道。该文章详细讲述了她夺得"书状元"背后的故事，写道："作为巾帼英雄的代表，花木兰的传奇故事可谓流传久远，家喻户晓，也激励着中国无数女子砥砺前行，去夺取胜利。"

2021年，线上评选的"书状元"翟立欣，被河北新闻网进行报道。2022年，柘城县艺人朱云阁获得"书状元"称号后，家乡媒体热情洋溢地进行报道："柘城县说唱团团长朱云阁凭借对豫东琴书《九义十八侠》的精彩演唱，最终荣获本年度'书状元'。"

所有这些，也是呈现在"书状元"头顶上的荣光，催促着有状元梦想的艺人在曲艺的高峰上不断攀升！

1980年至2023年，评选的"书状元"涉及36人。其中，有的多次荣获"书状元"称号，比如胡润芝8次，赵玉萍4次，王剑侠、邢玉秋、李自欣各2次。有的是书价相同，成为并列状元，有的是二人合作同时获得"书状元"称号。历届书状元有的是师徒关系，有的师出同门，有的"书状元"有亲缘关系。

从"书状元"来自的省区看，外省8人，其中湖北2人（1982年郝桂萍、1986年潘玉仙），山东3人（2010年刘瑞莲、2012年王合义、2017年刘明霞），山西1人（2018年焦军芳），安徽1人（2019年葛志茹），河北1人（2021年翟立欣）。河南省"书状元"有28人，其中宝丰县7人（谢素芳、王剑侠、余书习、邢玉秋、牛玉转、黄艳芳、王雪会），鲁山县4人（赵玉萍、杜根言、乔双锁、宁金梅），郏县3人（王树德、张麦捞、张高伟）；河南省其他县市的"书状元"有14人，涉及的县市有商水县（杜萍）、长葛市（胡润芝）、安阳市（王巧珍）、驻马店市（潘仙玲）、民权县（杨业敬）、南阳市（雷恩久、李自欣、曲凡芝、侯红莲）、郑州市（牛青兰）、兰考县（胡中花）、原阳县（李冬梅）、柘城县（朱云阁）、巩义市（李新芬）。

从"书状元"演唱的曲种来看，主要为河南坠子，其次为三弦书、大调曲子、琴书、安徽大鼓、西河大鼓等。

"书状元"的评选具有重大意义与价值。它对曲艺的传承、发展产生了积极的影响，尤其对保护传统大书、培养青年艺人有直接的作用。大而言之，"书状元"评选对于推动曲艺传承发展，弘扬中华优秀传统文化，传承中华文脉，增强文化自信，繁荣文艺事业，推动文化建设，满足人民群众日益增长的美好生活需要都有重要意义。

第二章　宝丰马街书会曲种

第一节　河南坠子

河南坠子,俗称"坠子书",简称"坠子",因用坠子弦(即坠琴)伴奏、河南语音演唱而得名。它是宝丰县流传较广的曲艺形式。

河南坠子是河南一大曲种,由三弦书、颍歌柳(也写作"莺歌柳",又名小鼓弦)与道情结合形成。据《中国曲艺志·河南卷》载:清道光七年(1827年),开封招讨营小乔庄艺人乔治山(1801年生)随师行艺于开封,无意中将小鼓三弦去掉一根弦,改拨弹为弓弦,坠子弦由此而产生。又因他经常自拉自唱《玉虎坠》剧目,故人们将这一新的演唱形式称为"坠子书"。河南坠子来自群众,符合劳动人民的口味,至光绪年间,在河南省大部分地区迅速发展。

坠子传入各地后，由于地区、语言的差别和各地吸收情况、丰富发展情况的不同，便逐渐形成以下3个流派。

一是中路坠子，也叫西路坠子和上路坠子。它流传地区较广，以郑州、开封为中心，也流传于许昌、洛阳豫西一带。它多由三弦书艺人改唱坠子后，吸收了河南梆子、曲子、越调、二夹弦等剧种的唱腔而形成，讲究硬功大调、字清板稳。其唱腔大都板上起板上落，也有起于"眼"上仍落在"板"上的。唱腔中还用小顿句，往往把一句唱腔分为3段或截为2个小句。此外，有不少"垛子句"是节节相扣，字字搭板，加上脚梆伴奏，具有高亢明朗、节奏鲜明的艺术特色。

二是东路坠子，也叫下路坠子。其流行地区主要在豫东及安徽亳州、阜阳一带。它多系道情艺人改唱坠子后吸收琴书的唱腔而形成，以柔美、细腻、善于抒情为特色。其唱腔大都起在"眼"上落于"板"后，拖腔有小腔弯，不用脚梆伴奏，这样唱腔就更加自由、灵活。东路坠子原以大书见长，所以过去有"东路书西路段"之说。

三是北路坠子，它是在中路、东路坠子的基础上吸收了大鼓书的曲调形成的。它主要流行在豫北新乡、安阳等地。其唱腔多用小碎口和花腔，旋律性较强。大书演员除击打简板掌握节拍外，多加用小鼓增加气氛，具有俊俏、纤巧而又健壮的艺术特色。

河南坠子于19世纪传入宝丰，清咸丰九年（1859年）见唱于马街书会，演唱形式有自拉自唱、一拉一唱、对口唱和合唱等。

20世纪70年代，据县域老艺人王中兴（城北五里头村人，时年75岁）说，商酒务石岗营村梁宝安是宝丰河南坠子最早的一代琴师。王中兴15岁刚学艺时就见过梁宝安拉弦。听梁宝安说，以前那里都是唱三弦书的。梁宝安20多岁时在马街书会上见到"下路"（过去宝丰对开封、安徽等地过来的艺人统称"下路"）过来唱坠子的，很新鲜，并且很受欢迎。梁宝安回家就摸索着拉，后来拉得很出色，能反背手拉，并能用弓背拉或用一根弦拉，还能把弦子担在肩上拉。后来艺人都效仿梁宝安，坠子就被传开了。到1949年中华人民共和国成立后，宝丰全县河南坠子艺人发展到200余人，几乎遍及县域大小村庄。较出名的坠子艺人有席金和、郭永福等。

宝丰传统的坠子唱腔属西路唱腔流派，系邱祖龙门派东高门。它是在三弦书的基础上演变而来的，初用铰

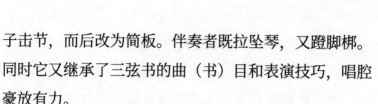

子击节，而后改为简板。伴奏者既拉坠琴，又蹬脚梆。同时它又继承了三弦书的曲（书）目和表演技巧，唱腔豪放有力。

河南坠子音乐结构属板腔体，其旋律多为平行式；一上一下、一仰一合是它的基本唱腔。调门有引子、起腔、平腔、大含韵、小含韵、散板、快扎板、落腔等。三弦书的"三腔四送"和"武腔""扬腔"，有时也运用于坠子唱腔中的起腔和落腔。

坠子的唱词格式基本为七字句和十字韵。曲（书）目分长、中、短三种：长、中篇曲（书）目有说有唱；短篇小段只唱不说或稍微有加白。长篇曲（书）目有《金钱记》《大红袍》《呼家将》《杨家将》《包公案》《响马传》《施公案》《杜公案》等；短篇小段有《偷石榴》《罗成算卦》《宝玉探病》《黛玉悲秋》《草船借箭》《朱麦臣休妻》等。

坠子艺人在说唱正书之前，往往要先念一段韵白，称"定场诗"，或由乐队演奏一段器乐曲，称"闹台"，以此招徕观众和稳定听众的情绪，吸引其注意力。如：

从小读书不用心，不知书中有黄金。
早知书中黄金贵，高照明灯下苦心。

或：

三国战将数马超，定计没有孔明高。

长坂坡前数赵云，张翼德一声喝断当阳桥。

然后走过门，唱闲篇小段，艺人称之为"书帽"。

如《两头忙》：

正月说媒二月娶，三月生下小二郎。

四月会爬五月站，六月学会叫爹娘。

七月进学把书念，八月就能做文章。

九月上京去赶考，十月得中状元郎。

十一月当官去上任，腊月告老转还乡。

不知得了什么病，大年三十见阎王。

有人问他真名姓，起名就叫两头忙。

春夏秋冬活一世，一辈子没喝饺子汤。

改革开放后，河南坠子在宝丰县境内有了新的发展。1981年至1994年，宝丰县文化馆举办了两届"青年坠子演员培训班"，培养了一批新人。他们常年活跃在曲艺舞台，下农村，下基层，为人们送去了欢笑，宣传了国家的政策法规。2012年，中国曲协在宝丰举办"全国河南坠子研习班"。2021年7月，宝丰河南坠子被列入第五批省级非物质文化遗产名录。

第二节 平调三弦书

三弦书，又称"三弦铰子书"，因其主要伴奏乐器为三弦而得名。流传于宝丰县全境及相邻县市的三弦书，因唱腔以中低音为主要特征，板式以平稳舒展为主要特征，为区别于其他三弦书，故得名"平调三弦书"。

平调三弦书初为一人怀抱三弦，腿缚竹节子，自弹自唱，因此群众又称其为"腿板书"。其后，随着观众审美要求的提高，逐渐演变为一人手执铰子（小铜钹）或八角鼓打拍演唱，另一人脚蹬木梆、拨弄三弦进行伴奏。当情节紧张时，演唱者连唱带舞，伴奏者帮腔助势，一唱一和，妙趣横生，引人入胜。再加上三弦书唱词、唱腔大都通俗易懂，所以深受群众欢迎，从而使这一说唱艺术得以在宝丰境内较快地发展，广为流传。

宝丰的三弦书艺术在清朝康熙、乾隆年间已相当兴盛。据县域老艺人许天运说，他的师爷尹怀勤（人称"老尹先儿"）是当时一位很有名气的三弦书艺人。由于德高望重，技艺超群，尹怀勤曾被鲁（山）、宝（丰）、郏（县）三县三弦书艺人的行帮组织"三皇会"推举为社官和十三马街书会会首。

清同治年间，宝丰一带三弦书活动尤为频繁。由于当时政府减轻农民赋税，社会秩序较稳定，经济繁荣，人民生活较好，境内三弦书艺人队伍得以壮大和发展，从艺者众多。同时，出现了父传子、子传孙、兄传弟之举，代代相传。

宝丰地区周边的三弦书艺人在中华人民共和国成立前都在三皇门，不分其他流派。"三皇"即天皇、地皇、人皇。三弦书艺人之所以敬三皇，是因为传说三皇留下三弦，"三皇"代表着三弦的三根弦，三弦书是依其主要伴奏乐器三弦而取名的。此处以三弦书艺人演唱时的开场白《西江月》为证：

三皇人根之祖，治下乾坤后土。

身披檞叶于耕读，为民造下幸福。

置下琴棋书画，才然留下说书。

怀抱三弦道今古，解劝老少民妇。

也有艺人说，三弦书为孔子所传。孔子周游列国时，时常在民间乡里宣传其儒教。初乃读书诵教，以示教谕，后来渐渐听着乏味，孔子继而用皮鼓弹唱宣讲，观众倍增。随着历代演变，弹唱艺术不断更新，即为现在的三弦书弹唱艺术。唱三弦书的即孔门弟子，要尊称其"先生"。

艺人行也有关于"三弦书与孔子渊源之说"的唱段：

昔日里有个苗庄王，所生三个女娥皇。

大女苗金二女苗银，三女妙善乳名苗桂香。

大皇姑东床招驸马，二皇姑许配状元郎。

三皇姑妙善有仙体，吃斋念佛在经堂。

香山寺里得了道，庄王访贤到山岗。

半坡山前遇孔子，二人坐下把话讲。

庄王开口问孔子，人生在世哪般强？

孔子曰："为人生在三光下，不过士农与工商。"

庄王问："读书人一场名不就，指望何事度时光？"

孔子曰："读书人一场名不就，也不过三教九流江湖趟。三弦上边七个字，弹的是五六尺工四合商。"

庄王听了孔子话，制挂三弦抱胸膛。

三六九日王登殿，对着文武把书扬。

先表忠孝节义事，后说三纲并五常。

说书人庄王他为首，流落贤人传四方。

以上说法虽反映了艺人在旧社会受迫害要求抬高身价的心理，但人们并不在意这种传说是否合乎历史事实，都尊敬地称三弦书艺人为"说书先生"。

三皇会是宝丰三弦书艺人的行帮组织"三皇社"的

集会。每年农历三月初三举办"摆社"活动。传说,这一天是轩辕黄帝的诞辰。由艺人公推本行中有名望的长者负责筹办,并称其为"社头"。届时,唱三弦书的艺人都要来此参拜三皇牌位,同时还要进行亮书献艺,聘请艺术造诣较高的艺人来考核献艺艺人、评选优劣,制定行规;对一些表现不好者,予以惩戒。三皇会的活动,在历史上对三弦书艺术的继承和发展起到了一定的促进作用。

三弦书的唱腔属于板腔体,分"铰子腔"和"鼓子腔"。其腔调朴实清新,自然而流畅,音域宽阔,具有浓郁的地方特色和强烈的生活气息。其既能表现细腻、风趣的民间故事,又能演唱威武轩昂的英雄人物。

铰子腔有三腔四送、扬腔、大含韵、小含韵、叹腔、武腔、送铰子腔等。鼓子腔有叹腔、花腔、大磨腔、小磨腔、赞子句等。

三弦书的文武扬腔别具特色。演唱者演到一定段落时,伴奏者常用"哼呀、咳呀"来接腔,以烘托气氛;伴奏者有时还插话,与演唱者交流感情,因此颇为风趣幽默。

三弦书的板式有慢板、二八板、二六板、流水板、叠板、紧二八板、飞板等。

三弦书的唱词格式基本是七字句，还有三字紧、五字垛、十字韵等。七字句的格式一般是二二三字一句。如三弦书《对药名》中一段唱，用的就是七字句。

日落西山黑咕咚，小两口房中点着灯。

佳人有语开言道，奴夫相公你是听。

十字韵的格式是三三四字一句或三四三字一句。如《王员外休妻》中一段唱：

张小姐捧休书双膝打跪，尊员外请在上细听其详。

想当初咱二人结为秦晋，奴十七你十八配对成双。

三字紧、五字垛则一般是把句子叠起来形成垛子句演唱。三字紧有形容女子美貌的，如：

这姑娘，赛天仙；樱桃口，红鲜鲜；人物头，长哩轩。

五字垛如曲（书）目《水浒传》中介绍王婆道：

提起老王婆，明公没见过。

高高鼻梁骨，深深黑眼窝。

一脸蒙脸沙，净是黑斑雀。

走路如捣蒜，一步三尺多。

三弦书的伴奏乐器，除主奏乐器三弦外，还有古筝、琵琶、二胡等；打击乐器有铰子、八角鼓、脚梆等。

现今，宝丰境内周庄镇耿庄村的三弦书老艺人余书习，年已百岁，仍在演唱。

2021年7月，平调三弦书被列入第五批省级非物质文化遗产名录。

第三节　墨派大调曲子

大调曲子又名"鼓子曲""牌子曲"，是明清时期流行于中原的民间小调、民歌，融汇民间唱词、民间故事逐步演变发展而形成的一种曲艺形式。它始唱于汴（开封），盛行于宛（南阳），于1928年从南阳传入宝丰，迄今有近百年的历史。

其时，有南阳石桥镇人墨子亮，家境富裕，为人豁达，一生酷爱大调曲子，三弦弹技卓绝，唱腔圆润悦耳，人称"曲状元"。那年，他身背三弦来宝丰赶马街书会，一曲《高山流水》立时赢得了在场观众的掌声，被宝丰城关南后街人杨馥斋请到家中。从此，墨子亮便在宝丰收徒传艺，学艺者有城关镇的赵敬斋、苏东岳、赵东方、杨叶五及姚店铺的郑伯鸿等，各得其妙，宝丰当地人称之为"墨派大调曲子"。墨子亮逝世后，诸人建"大调曲子研究社"，入社者达数十人。后起之秀有苏增玉、李含道等，后李含道知名于河南曲坛。

大调曲子属高雅曲种，其唱词、唱腔、音乐、表演都讲究俊雅文明,被誉为"文雅之乐"。早期的大调曲子为文人雅士聚会坐唱。曲友们围桌而坐,演唱者先举手板施礼谦让一番,然后,正襟端坐微闭双目而唱道:"一见朋友到,不由合掌笑,兄谈三弦弟把板摇,欢聚一堂乐逍遥。"最初基本上没有表演动作,后发展为一人执手板掌握节拍主唱,伴奏者或他人伴唱。在场的观众,凡会唱上几句的,也要接上几腔,一唱众和。如演唱曲牌【呀儿哟】【莲花落】时就是如此,形式颇为活跃。

大调曲子演唱的曲(书)目多系《红楼》《西厢》《白蛇传》等才子佳人唱段,曲词文雅,意境缠绵。因演唱地点大都在客室、厅堂,品茶赏曲、自娱自乐、孤芳清高、颇不入俗,因而被群众称为"客房屋里的玩意儿"。过去,大调曲子的演唱者基本上没有靠卖艺谋生的职业艺人,多为业余艺友。一年一度的马街书会,很多大调曲子艺人也去赶会,但他们的赶会目的不是在会上"卖书",而是亮艺会友,切磋技艺。

大调曲子的曲牌丰富,多达240种,大体上分两类。

第一类是板头曲,为演唱前弹奏的乐曲,结构严谨,全曲68板,优美动听,如《高山流水》《苏武思乡》《闺中怨》等。

第二类是牌子曲,分大牌曲、中牌曲、鼓子杂牌曲三种。大牌曲如《码头》《满江红》《垛子》，均在百板以上。中牌曲又名"套词"，如《石榴花》《上小楼》《凤展翅》等，常与杂牌曲子结合使用，即用一曲牌作为头尾，中间嵌以若干杂牌。鼓子杂牌曲有《鼓子头》《鼓子尾》《阳调》《汉江》《阴阳句》《坡儿下》《太平年》等，亦能和中牌曲结合演唱。有些段子则仅用鼓子头、鼓子尾即可演唱一个故事，如《八仙庆寿》：

（鼓头）一门五福，三多九如，

七子八婿满床笏，

胜似文王百子图。

（鼓尾）八仙过海来庆祝，

各显神通增福禄。

韩湘子、何仙姑，

蓝采和手中拿渔鼓。

钟离、洞宾齐来到，

张果老倒骑毛驴来得速。

曹国舅手执云阳板，

铁拐李身背火葫芦。

南极仙翁云端坐，

左彼厢仙鹤右彼厢鹿。

仙鹤口衔灵芝草，

麋鹿身驮万卷书。

龙头拐上挂如意，

如意下边挂着葫芦。

葫芦内起云雾，

吐噜噜，直飞出九万九千九百九十九只夜蝙蝠。

东方朔背上横挑八个字，

写的是：金玉满堂，富贵全图。

大调曲子的伴奏乐器以拨弹乐器为主，如三弦、琵琶、古筝、乐琴；打击乐器有檀板（又叫手板）、八角鼓、小磁碟等。

宝丰县演唱的传统大调曲子曲（书）目，常以演唱文雅、浑厚的才子书和著名段子为主。除《三国》《水浒》《红楼》《西厢》《封神》等传统历史段子和文学名著改编的段子外，还有一些语言通俗、大众化而富有情趣的生活段子，如《踢毽儿》《套狗》等。

大调曲子被搬上舞台，是在20世纪60年代。1965年，宝丰县成立专业曲艺队伍，选送部分演员赴许昌和南阳专修大调曲子，出现了一批反映现代题材的新曲（书）目，如《雷锋在火车站》《雷锋哭母》《好队长》《好媳妇》《好会计》《俩牛把》等。在演唱形式上，改单纯坐唱为站唱、对唱和联唱等，给大调曲子赋予了新的生命。

2021年7月，墨派大调曲子被列入第五批省级非物质文化遗产名录。

第四节　评书

评书是中国流传非常广泛的一种曲艺形式。评书因地域不同而名称各异：北方多称之为评书或评词，南方江浙一带以及福州称之为评话，湖北、四川、重庆等地仍称之为评书。

"评书"之"评"是什么意思呢？中国著名戏曲史家、民俗学家张次溪在《人民首都的天桥》里说："评者，论也，以古事而今说，再加以评论，谓之评书。"

评书是古老的艺术，历史久远。据《墨子·耕柱》记载："能谈辩者谈辩，能说书者说书。"当然，这里的"说书"还不是现在的说唱艺术。

秦汉至南北朝时期，"东方朔设计戏优人得见汉武帝"的故事，以及当时"俳优"活动的种种特点，如以"说"为主、有故事性、滑稽取笑等，都是构成"说话"艺术的重要因素。从某种意义上可以说，评书是中国艺术之源、喜剧艺术之祖。

自唐代开始,就有了"说古"的散文体曲艺形式。据唐人李商隐《骄儿诗》云:"或谑张飞胡,或笑邓艾吃。"这说明当时已有人评说三国故事。宋徽宗时,便有专门讲史、讲小说的艺人了。

明代说书艺人柳敬亭可谓一代名家,说书出神入化,极富艺术魅力,被评书艺人尊为开山祖师。

清乾隆年间宝丰县人李绿园(宝丰县曹镇宋家寨人,该地现归平顶山市湛河区管辖)所著《歧路灯》第三回中写道:娄潜斋、谭孝移引着两个小学生到吹台会(指开封古吹台春会)上赶会时,不但见有唱戏的、扮故事的、走索卖解的(指民间玩竹鸟、旱船、高跷之类),还有说评书的,说的是《张天师降妖》。

1930年左右,评书自开封传入宝丰,由城关镇南后街人杨杏佛(人称"杨瞎子")首演于县城东大街路北衙前街鼓楼前小广场书摊。杨杏佛毕业于开封师范大学,酷爱曲艺,从学时常到相国寺听书。后失目,遂开始说评书(也叫评词),人称"说黄天霸的"。其常演曲(书)目有《三侠剑》《唐代八美图》《元代百侠》《雍正剑侠图》,还有自编曲(书)目《明室八剑五侠女》等。

评书说者一人，只说不唱。其道具为醒木（即一块方方正正的檀木）、折扇。表演时以醒木击桌，渲染气氛开书。用扇子可表演各种动作，展开可当书信、圣旨，折合可当刀、枪、剑、戟。张口日行千里，挥手雄兵百万。说表讲究绘声绘色，手、眼、身、法、步，形象逼真。有的评书艺人在说表中还配以绝妙口技，可博得书场很好的效果。

评书对人物和景物的描写很有特色。一个好评书演员善于利用贯口、串子刻画人物和描景，以使人物栩栩如生、活灵活现、绘声绘色。比如形容"剑侠武士"：

这家英雄，年纪廿七八岁。

头上戴，迎风斗面，遮肩罩脑，上扁底圆，底圆上扁，软顶硬面，插花扣珠，宝兰缎武生公子巾。

迎面高搭二龙斗宝金抹额。

两块明镜，四朵绒球，微微颤抖。

正当中镶颗宝珠，大如山楂，寒光四射。

身穿宝兰缎紧身摔打衣，腰扎一巴掌宽的英雄带。

足穿一双一马跳三涧，窄腰粉薄底三镶缎快靴。

面如紫玉，眉带春色，目如朗星，鼻如玉柱，口赛丹红。

背插单刀，肋下挎着镖囊。

镖囊里暗藏十二支六棱亮银镖，实在威风。

又如描绘山景：

山顶云雾飘飘，松柏直插云霄。

山遮烟云，时隐时现，云遮高山，雾气沼沼。

万丈深涧水流急，悬崖峭壁陡如刀。

山前麋鹿跑，山后虎狼嚎。

山坡上，翠竹成林，万花争艳，桃李鲜果挂树梢。

百鸟齐鸣，声韵悠扬，黄莺展翅，遍地飞绕。

蜜蜂戏牡丹，彩蝶舞姿娇。

山左边，樵夫砍柴举板斧；

山右边，猎人张弓追獐跑。

好一派，青山绿水，山河俊俏。

这里，评书演员只凭一个人说，通过语言和表演，就能使听众如见其人，如临其境，如闻其声，使客观事物活生生地再现于听众的联想之中。这就是艺术的魅力。

另外，评书艺人还善于剪裁。这里所说的"剪裁"，可不是剪衣服的"剪"，而是"简断截说"的意思。像"说时迟，那时快""花开两朵，各表一枝""一张嘴难说两家话""有话则长，无话则短"等评书术语，都是剪裁方法的艺术概括。

这里"有话则长"的"话"是故事的意思，有故事就多说，没故事就少说，以求简繁得当。还有"一路上，无非是饥餐渴饮，晓行夜宿""一路无话"都属于这一类剪裁方法。

长篇评书也好，短篇小段也好，书中经常不止一个人物、一个情节、一个事件、一条线索。说书的只有一张嘴，艺人在说表中，为了理好头绪，分清脉络，常常使用"花开两朵，各表一枝""一张嘴难说两家话"岔开话头来另表一件事情。

由于种种原因，目前宝丰县境的评书艺人已是寥若晨星，只有在一年一度的马街书会上才有评书演出，然而也多为外地外省艺人。20世纪80年代以来，原中国曲艺家协会主席、著名评书表演艺术家刘兰芳多次到马街书会亮书，演出评书《岳飞传》《杨家将》，形成了万人空巷的场面。

2013年，宝丰评书被平顶山市人民政府公布为市级非物质文化遗产项目。

第五节　快板

快板艺术具有短小精悍、生动活泼、明快有力的特点，长期以来，为人民群众喜闻乐见。快板演出时无须布景，不受场地限制，不用伴奏，只要敲响两块竹板，就可以说上一段，用来颂扬好人好事等，开展群众娱乐活动。

目前，常见的快板形式有小快板、快板书和数来宝。

（一）小快板

小快板又分单口快板、对口快板和群口快板三种。由一个人边打板边演唱，叫单口快板；由两人各说一段，交替演唱，叫对口快板；由三五人甚至数十人演唱叫群口快板，又叫快板群。

单口快板的形式最简单，也最易掌握。因为它篇幅小，有的甚至只有一二十句或十句八句，往往还可以即兴式地随编随说。对口快板的两人主要是接替轮换着说，形式较活跃。群口快板是有说有合，也可以分成两三个小组交替演唱，适合表现热烈的场面、激越的气氛。

快板的基本句式是七字句。每句四拍，数成"二二二一"的节拍，最后一个单字。这样念起来顺口流畅，节奏鲜明。比如：

桑木 / 扁担 / 溜溜 / 光，

担上 / 挑子 / 游四 / 方。

一头 / 挑的 / 蓝花 / 布，

一头 / 挑的 / 百货 / 箱。

此外,快板要说得好听,还必须合辙押韵。常见的押韵方式是逢双句押韵,一般是一韵到底。

快板的语言要口语化、通俗化。因为快板是说给听众听的,语言要丰富多彩、明白易懂。如果语言文绉绉的,或故作深奥,听众听起来就会感到很吃力,弄不清说的是什么,势必影响演出效果。除了口语化、通俗化,还要求快板语言形象化,否则,只能给人以空洞、枯燥的感觉,不能吸引人。

(二)快板书

快板书由一个人边打板边演唱,有时插白口。

它与单口快板的主要区别:单口快板容量小、篇幅短;而快板书则有完整的故事情节和人物形象,容量较大、篇幅较长,是一种叙述性的快板。

快板书要求一韵到底,中间不能换韵,且句式字数不限。如快板书大师李润杰说的《劫刑车》开头一段:

华蓥山巍峨耸立万丈多,嘉陵江水浪花滚滚像开锅。
赤日炎炎如烈火,路上的行人烧心窝。
突然间,乌云翻滚风雷吼,哗!一阵暴雨似瓢泼。
转眼间,雨过天晴消了热,长虹瑞彩照山河。
清风徐来吹人爽,哎!有一乘滑竿下了山坡。

这段快板书有七字句、十字句，最长的还有 11 个字。总之，根据剧情需要，可长可短。

对于长段叙事性快板书，除了要求富有情趣，还要在情节安排上做到波澜起伏、跌宕有致。这样，才能紧紧地吸引住听众，使听众越听越想听。也就是说，要运用好"扣子"。"扣子"就是把矛盾的解决先巧妙地掩盖起来，给听众留下悬念的一种技巧。运用好"扣子"，就能达到很好的艺术效果。

快板书于 20 世纪 50 年代末到 60 年代初传入宝丰，常由县曲艺说唱团和文艺轻骑队表演。表演形体上，讲究"手、眼、身、法、步"和"一步三相"的技巧；语言上，分"刁、憨、迟、疾"，须用普通话，节奏感强。快板书的常演曲（书）目有《大老王剃头》《扁叶葱》等。

（三）数来宝

"数来宝"又叫"顺口溜"，由莲花落演变而来。起初大多是艺人单独沿门卖唱或穷人沿街乞讨，即兴编词。后来打地摊说唱，继而进入书场演出，逐渐固定采用对口形式，内容多为民间传说故事和一些生活段子。

数来宝既然与沿街乞讨、变相卖艺联系在一起，那么就有看见什么说什么、随机应变、现编现唱的特点。

比如：

　　打竹板，进街来，铺户的买卖两边排。

　　买卖兴隆通四海，财源茂盛大发财。

　　五行八作全都有，金匾大字挂招牌。

　　金招牌、银招牌，提溜溜，挂起来。

　　年年到、月月来，掌柜的买卖准发财。

　　你发财，我沾光，你吃面来我喝汤。

数来宝不同于对口快板，数来宝的甲、乙两个演员之间主要是捧、逗关系，类似于对口相声；而对口快板的甲、乙之间主要是接替关系。同时，在押韵上数来宝也有一些特点，一般都是花辙。什么是"花辙"呢？就是经常变换韵脚。数来宝的花辙以两句一换韵为基础，又可根据需要不换韵而穿插更多的句子。这样，不仅意思更完整，而且别有情趣。如《夸衣服》：

　　又经洗、又经晒，又经拉、又经拽，

　　下了水，干得快，不用熨，平平整整还挺"率"，

　　十年八年穿不坏，这种料子真不赖。

数来宝一般不讲求故事情节完整，形式比较灵活自如，它通过演员的对数说唱来叙事、说理、抒情。段落之间如果衔接不紧，结构就会松散，给人以拼凑之感。

因此，段落的转换，要力求做到环环相扣、巧妙自然，紧紧地抓住听众。如下面一段数来宝：

甲：楼挨楼，楼靠楼，楼接楼，楼连楼，
千座楼，万座楼，北京城到处是大楼。

乙：楼成片，楼成群，万楼环绕天安门。

甲：天安门，多壮丽，气势雄伟惊天地。

从夸赞大楼林立，到歌颂天安门，中间用"万楼环绕天安门"来过渡，把互不关联的两方面内容紧紧连缀在一起，紧凑、自然，不露痕迹，起到了起承转合的作用。这就是数来宝艺术的技巧。

另外，还有一种快板形式是天津快板。天津快板是用天津方言说唱的，使用乐器伴奏，韵律节奏感很强。

2013年，宝丰县快板书被列入市级非物质文化遗产名录。

第六节　鼓书

鼓书是一种传统说唱艺术，流行于中国北方。其主要曲种有京韵大鼓、西河大鼓、梅花大鼓、乐亭大鼓、东北大鼓、山东大鼓、豫西大鼓等数十种。

豫西大鼓书又称"鼓儿词"。因唱腔的尾音用鼻音带"哼"字,故群众称之为"鼓儿哼"。它是宝丰地区和马街书会上长期流行的一种曲艺说唱形式。

鼓儿词源于唐代的道调、道曲,原为道家宣讲道义、传播道法所用的一种俚曲。北宋时加上了渔鼓筒子,称为道情。南宋时道情中的一支开始传唱世俗故事,以设场卖艺为谋生手段,过去称此为"俚俗鼓儿词"。

南宋诗人陆游有描写鼓儿词艺人设场说书卖艺的诗作《小舟游近村舍舟步归(其四)》:"斜阳古柳赵家庄,负鼓盲翁正作场。死后是非谁管得,满村听说蔡中郎。"这说明鼓儿词这一艺术距今至少已有800年。

明清时期,大鼓书就已在宝丰流传。因宝丰县地处河南省中西部,有人又称其为"豫西大鼓"。据鲁山县城关镇大鼓书艺人朱志祥说,他21岁时(清光绪初年),就投师宝丰城北鼓书艺人梁锁学艺。据此推算,宝丰县的鼓书演唱已有100余年的历史。

大鼓书演唱形式简单,一般鼓书艺人都是独自行艺。

鼓书艺人面前放一鼓架,架上放置一个扁圆小鼓。演唱者左手托着两片犁铧钢片,用中指相隔上下,以腕力上下甩动,使犁铧钢片的两端相互碰击,发出"当、当"的响声，以此为节奏；右手握一根小木槌，当唱完一段较完整的故事后，便敲响前面的皮鼓，作为伴奏。有吟有诵，有说有唱。如此，也可使演唱者稍作喘息。鼓点没有固定的鼓经，过门也是根据所说故事的情节自定长短。鼓点的迟疾、轻重是烘托气氛的主要手段。

有的艺人不用钢片，只凭鼓点的轻、重、缓、急来掌握节拍演唱。鼓点有紧急风、长流水、五鼓二板、凤凰三点头、蜻蜓点水等形式。

鼓儿词的唱腔属于板腔体。板式有对子板、花板、三七板、二八板、单板、双板、大五板、小五板等。唱腔有起腔、落腔、赞子、叹腔、高腔等。哼腔则是鼓书这一艺术门类的主要特征。除不同的唱段采用不同的板式、腔型外，鼓书艺人还要根据人物的不同性格、善恶忠奸而使用不同的语气，创造出新的腔调，以塑造不同的人物形象。

鼓书一般在叙事抒情和表现人物时多用赞口。"赞"和"赋"是曲艺艺术所特有的一种表现手段。文词通俗易懂，音韵响亮顺口，节奏明快有力。如形容一位元帅，有《将军赋》：

举目观看，大帐里坐着一位元帅实在地威风，年约五十上下，面如古月，虎目剑眉，五绺苍须胸前飘洒。头戴紫金盔，雉鸡翎脑后斜插。身披一件绣花蟒袍，内衬鱼鳞金袍，护心镜闪放光彩。身挎七星宝剑，稳坐大帐，真乃神威气煞。

又如，形容风的厉害，有《风赞》：

西北天哗啦啦一阵声响，狂风骤起，天昏地暗，日月无光。伸手不见指，收手不见拳。天地动，神鬼泣，好不厉害。怎见得，有《风赞》一首为证：

风突起，天骤变，翻砖揭瓦推门扇。朝上刮进斗牛宫，一刮刮到灵霄殿。玉皇大帝来观风，狂风吹掉冲天冠。王母娘娘来观风，一头青丝都刮乱。朝下刮到阎王殿，阎王老子脸色变，刮得大鬼碰小鬼，刮得牛头碰马面。只刮得山前石磙山后跑，后山的碾盘滴溜溜转。霹雳哗啦一声响，房倒塌，树木断，桥梁崩裂分两半。

鼓书的表演灵活多样，讲求手、眼、身、法、步并用。唱腔朴实大方，其白口也经常变化多端。有路白、板白、爽白、平白、滚白、紧白等，说起来朗朗上口，有很强的艺术效果。

鼓书的曲词格律比较灵活。句式有五字句、七字句、八字句、十字句，可多可少。既长于演唱情节复杂、故事性很强的大书,又能演唱风趣幽默、乡土气息浓厚的生活小段。

鼓书的大书有《东周列国》《封神演义》《西游记》《大宋金鸠记》《施公案》《杜公案》《坤山传》《大红袍》《双鞭记》《杨家将》等。鼓书段子有《仙姬送子》《偷年糕》《拦花轿》等。如段子《偷年糕》:

寒冬腊月雪花飘,眼看着大年三十来到了。

家家户户忙着把年过,张大嫂在屋里蒸年糕。

江米面的年糕还有小枣,你看她不大的工夫就蒸熟了。

婆婆出外串门子,老公公拿起扁担把水挑。

儿媳妇一见高了兴,一心要吃热年糕。

扎了一块年糕刚要咬,

(加白)不好了!老婆婆串门就回来了。

儿媳妇一见害了臊,急慌忙她把大襟撩。

把年糕藏在了裤腰里,

(白)不好啦!把肚皮烫起个大燎泡。

儿媳妇一阵痛难忍,抓起来年糕往外抛。

你看看这事多么巧,她公公挑水就回来了。

"啪"地声,正摔在老头的嘴巴上,把老头的胡子给烫掉了。

老头儿不由得心好恼,骂了声:"老天爷你听着,下雨下雪我不怕，你不该青天白日下年糕。"

老公公烫得直咧嘴，儿媳妇脸儿红得似火烧。

大鼓书自形成一种艺术门类以来，一直生长、繁衍在民间。加之自身的艺术形式又较随便，一代代艺人在追求和取舍上各求所是。因此，宝丰当地的鼓书艺人没有明显的艺术流派，但都敬仰开山祖师邱祖邱处机。尤其是行里聚会或艺人收徒之时，都要向邱祖拜祭。

宝丰县曲艺说唱团的杨翠萍，是中华人民共和国成立后新一代鼓书演员。她在继承前人的基础上，除一人演唱外，加用三弦为之伴奏。伴奏者与演唱者融为一体，可逗唱逗白，效果较好。同时，改变了过去哼腔过多的唱法，加进了三弦书、河南坠子、越调等曲种的许多明快的唱腔，为豫西大鼓增添了新的艺术生机。她经常演唱的曲（书）目有《昆山传》《吕蒙正飘彩》《麒麟送子》等。

南阳说唱团副团长李国全擅长鼓儿词演唱，在继承南阳大鼓书的同时，对其进行大胆革新：一改过去演员一人击鼓，持犁铧片击节演唱的形式；二是加入三弦、二胡等乐器伴奏，唱伴结合。他演出的代表曲（书）目有《滚油桶》《吃饺子》《闹天宫》《刘秀进城》《三姐拜寿》等。1986年2月，李国全带领南阳市说唱团第一演出队到宝丰赶马街书会,刚住下,就被写走。1996年农历正月初二,他率团再次来到宝丰兰芳茶楼演出,连演10天场场爆满。正月十三马街书会上亮书,他又被以三天七场书3000元的书价写走。

河南省省级非物质文化遗产大鼓书项目代表性传承人冯国,鲁山县赵村人,14岁拜师南阳老艺人刘延如,15岁登台演出。40余年来,他几乎年年都到马街书会上演出。他除演唱传统曲(书)目《水浒传》《杨家将》等8部长篇大书外,还自编自演《和谐社会新农村》《鹰城颂》《夸河南》《扶贫花开在鹰城》《党魂颂》《扫黑除恶出重拳》等新段子。

2013年,宝丰县豫西大鼓被平顶山市人民政府公布为市级非物质文化遗产项目。

另外,在马街书会上,出现的鼓书还有安徽大鼓、西河大鼓、河洛大鼓、京韵大鼓、京东大鼓等。

(一)安徽大鼓

安徽大鼓也称"豫东大鼓",其唱腔、伴奏乐器、演唱形式与大鼓书基本相同。2015年的马街书会上,安徽艺人张桂银左手持月牙铜片,右手击扁鼓,表演了安徽大鼓曲(书)目《诸葛亮招亲》。2019年2月17日(农历正月十三)上午,安徽省宿州市埇桥区文化馆曲艺社大鼓书艺人葛志茹在马街书会上亮书。她凭借吐字清晰、表演大方、扎实的演唱功底和表演魅力，赢得书会专家评委的认可，被一致表决为2019年马街书会"书状元"。她演唱的曲（书）目还有《罗通扫北》《罗元征南》。

（二）西河大鼓

西河大鼓也称"河间大鼓""犁铧片"等，发源于河北境内的保定、沧州等地区，距今有200多年的历史。20世纪初，因天津人称境内大清河、子牙河这两条河为"西河"，所以天津将此大鼓书定名为"西河大鼓"。其伴奏乐器为大三弦，演员手持犁铧片击节。唱腔有头板、二板、三板的板式变化体，在板腔外创出"一马三涧""紧五句""梆子穗"等特色唱腔，表现力丰富。2006年，西河大鼓被列入第一批国家级非物质文化遗产名录。

2005年，河北省曲协副主席、西河大鼓名家艳桂荣的传人郑燕偕丈夫陈金榜、女儿陈娜娜来赶马街书会，助兴演出了西河大鼓《双镖记》《绕口令》，演员气势轩昂，嗓音高亢明亮，鼓点轻重缓急、快慢有序，引人入胜。

2021年2月，河北省石家庄市晋州的西河大鼓书艺人翟立欣,参加2021年线上马街书会状元评选。她参演的曲(书)目是《薛刚反唐》。她的唱腔清晰流畅,刚健有力,台风大方,在演唱中板式多变,句式不重,既能刻画薛刚、程咬金等人物的粗犷豪放,也能表现人物的细腻复杂感情。她擅长演唱的曲(书)目还有《罗成破孟州》《回龙传》《单刀会》《韩湘子》《游西湖》《尹大姐》《草船借箭》等。

(三)河洛大鼓

河洛大鼓是清末由源于三弦书的洛阳琴书和河南大鼓书相结合,并吸收河南坠子的唱腔而形成的,主要流传于洛阳、三门峡、焦作、新乡、郑州等地区,1952年正式命名为"河洛大鼓"。现多为演员击鼓持钢板演唱,乐队用坠琴、三弦、扬琴、二胡等伴奏。音乐唱腔为板腔体,不仅高亢激越,而且吟诵性强,如垛板、散板、收腔等均为半说半唱。

因洛阳离宝丰较近,很多河洛大鼓艺人都到马街书会赶会亮书,所以河洛大鼓也成了马街书会上的一个重要曲种。

河洛大鼓的传统演唱方式是,每场书一般说三大段书,每段一小时左右,称为"一板书"。每一板书开头一般都要加一个书帽,其作用是调节气氛,变换口味。

书帽有自述体、引子、笑话、绕口令、说反话、说实话等。中篇书段有《王祥卧冰》《郭巨埋儿》《鞭打芦花》《拳打镇关西》等。长篇大书有《金钱记》《双锁柜》《刘墉下南京》《包公案》等。1985年,河南省曲艺团青年演员王小岳曾为马街书会助兴演出河洛大鼓《唱河南》。他嗓音高亢嘹亮,行腔气势磅礴,颇不入俗,博得观众掌声不断。在2021年举行的马街书会第三届长篇大书擂台赛上,巩义艺人李新芬演唱的河洛大鼓《回龙传》被评为三等奖。2023年,李新芬又夺得了马街书会"书状元"称号。

(四)京韵大鼓

京韵大鼓是流行于天津、北京地区的北方主要鼓曲形式之一,由木板大鼓发展而来。语言运用京腔京调,吸收了各种戏曲、曲艺及各种杂腔小调的精华,借鉴了京剧的表演程式,伴奏以三弦为主,增加了四胡、琵琶,一般为随腔伴奏。音乐结构属板腔体,板式有原板、慢板、快板、散板。其基本调式为宫调式。

当代著名的曲艺大师、原中国曲艺家协会主席、鼓界泰斗骆玉笙,是京韵大鼓"骆派"艺术的创始人。她于1995年2月到宝丰,参加了第二届中国曲艺节开幕式,并演唱了歌曲《重整河山待后生》,赢得了阵阵掌声和喝彩声,当时她已82岁高龄。这段曲子是1985

年版电视剧《四世同堂》的主题歌。《四世同堂》是老舍先生的小说代表作，故事以抗日战争时期沦陷前后的北京为背景，描写了沦陷区人民的悲惨遭遇，以及顽强不屈奋起反抗的精神。歌曲《重整河山待后生》特别体现了京韵大鼓唱腔的音乐规律和刚柔相济的旋律特点，旋律挺拔、坚毅、高昂，又具有歌唱性、抒情性较强的风格特征。骆玉笙的唱腔博采众长，勇于创新，雅俗共赏，誉满天下。她演唱的曲（书）目还有《剑阁闻铃》《红梅阁》《卧薪尝胆》《和氏璧》，以及当代题材的段子《光荣的航行》等。

在2018年马街书会第六届国家级非物质文化遗产曲艺展演中，著名曲艺家骆玉笙的关门弟子、裘盛戎第三代传人李梦熊老师表演了京韵大鼓《丑末寅初》。《丑末寅初》又名《三春景》，是京韵大鼓的传统小段。丑和寅都是指古代的时辰，丑末寅初大概相当于北京时间凌晨3点左右。该唱段生动地展现了此时段内中国古代老百姓在新的一天的生活场景。唱腔中的行路人、渔翁、樵夫、山僧、农夫、学生、年轻女子、牧童等人物形象，巧妙地组成了一幅充满生活情趣的画卷，受到书会观众的好评。

（五）京东大鼓

京东大鼓起源于河北省香河、天津市宝坻一带的农村，初为农民劳动之余哼唱的"地头调"，据传清中叶以后，在河北木板大鼓的基础上，吸收了京东一带流传较广的民歌小调，并改用京东的方言语音进行演唱。20世纪初，这种艺术形式被带进天津，又吸收了河北民歌的旋律，形成了独特的演唱特点，20世纪30年代正式定名为"京东大鼓"。2006年经国务院批准，京东大鼓被列入第一批国家级非物质文化遗产名录。

京东大鼓的表演形式，初为木板击节式或铁板混用，后改为铁片。演员右手打鼓，左手击铁片站唱。最初的伴奏乐器只有大三弦，后添入四胡、扬琴等乐器。其唱词多为七字句，唱腔以起、平、落的结构原则分为起腔、平腔、落腔。

2013年的马街书会上，吉林省京东大鼓表演艺术家、中国曲艺牡丹奖获得者王大海表演了《傻子相亲》。这个曲（书）目讲述的是一个老太太带着自己的傻儿子前去相亲的故事。当中老太太和其老伴张大爷进行争吵，互相指责，艺人左手夹铁片、右手击鼓，生动地塑造了傻子、老太太、张大爷的人物形象，打破了传统鼓曲"只唱不演"的表演模式，将表演与演唱融为一体。王大海诙谐的语言、朴素的唱腔、夸张滑稽的表演，使其亦庄亦谐、幽默夸张的表演风格异常突出，给马街书会观众留下了深刻的印象。

在 2009 年马街书会非遗曲艺展演中,北京市曲艺团崔继昌表演了京东大鼓《新劝人方》《话迷买卖》。《劝人方》是京东大鼓传统曲(书)目,作品原本是采用劝善规过的方式,提倡吃家常饭、穿粗布衣、过日子要节俭、家庭要和睦、要爱结发妻、屈死别告状、饿死别犯法的人生态度,通篇都在讲述道理,没有具体的故事情节,反映了清末民初的市民阶层"比上不足,比下有余""安贫守分忍为高"的处世哲学。而崔继昌对《劝人方》进行改编,结合当前形势填入新词,自编了《新劝人方》并自演、自弹、自打鼓板、自唱,一个人干了几个人的活,难度较大,富有新意,好评如潮。

第七节 风搅雪坠子书

在鲁山县、宝丰县、郏县老艺人的圈子里,有一种说法:"郏县浪,鲁山派,宝丰精。""郏县浪"指郏县说书艺人善于用俗语俚语调动观众听书的积极性;"鲁山派"指鲁山县说书艺人打扮很气派;"宝丰精"指河南坠子形成后,宝丰县说书艺人结合三弦书形成了新的曲艺形式——"风搅雪坠子书"。

风搅雪坠子书俗称"风搅雪",是宝丰县独有的曲艺形式,系西路坠子与三弦书结合而衍生的新兴曲种,产生于清代光绪年间。

"风搅雪坠子书"的名字由来便形象地说明了它的特点：三弦书与河南坠子进行有机的"掺和"，是"两掺"的结果，你中有我、我中有你，好像风中雪花飞舞。

"风搅雪"主曲体是坠子，唱腔音乐糅合多种小调民歌。基本唱腔有引子、起腔、平腔、大小含韵、紧二八和落腔等，三弦书的"三腔四送""武腔""扬腔"常用于其起腔和落腔或曲段的情节高潮处。豪放有力，字清板稳，调门转换天衣无缝，自然流畅，有极高的艺术研究价值和观赏性。因此，"风搅雪"深受宝丰县当地群众欢迎，是马街书会的主要演唱曲种之一。

"风搅雪"的演唱形式以一唱一拉为主，也可多人伴奏，乐器有坠琴、三弦、琵琶、扬琴、二胡等。演员既用铰子（小铜钹）击节，又用简板伴奏；伴奏者既拉弦，又蹬脚梆。其演唱曲（书）目有《砸木笼》《鞭扫西凉》《罗成算卦》等。

"风搅雪"的代表性传承人有董海法、周海水、申永兴等。董海法，男，1944年生，宝丰县观音堂林业生态旅游示范区三间房村人，风搅雪坠子书艺人，师承席金和，原宝丰县曲艺队主要演员，常演曲（书）目有《响马传》《呼延庆鞭扫西凉》《朱买臣休妻》《吕蒙正飘彩》《隋唐传》《包公案》等。周海水，男，1945年生，宝丰县石桥镇师庄村人，出身曲艺世家，自幼学唱河南坠子，并吸收三弦书唱腔，形成独具特色的风搅雪坠子书，代表曲（书）目有《野猪林》《水落石出》等。申永兴，男，1946年生，宝丰县肖旗乡柴庄村人，代表曲（书）目有《双锁柜》等。

2013年，风搅雪坠子书被平顶山市人民政府公布为市级非物质文化遗产项目。

第八节　琴书

琴书是一种中国民间艺术。曲艺中的琴书，因演唱时用扬琴为主要伴奏乐器而得名。琴书的表现形式不一，有一人立唱，两人或多人坐唱或走唱，也有分角色拆唱。唱词也根据其乐曲，有七字句、十字句和长短句之分。有说有唱，一般以唱为主，以说为辅。伴奏乐器除扬琴之外，也兼用三弦、二胡、筝、坠胡等。

琴书种类很多，有北京琴书、翼城琴书、武乡琴书、徐州琴书、安徽琴书、山东琴书、贵州琴书、四川琴书、云南琴书等。各种琴书起源不一，大多是由当地民歌、小调发展而成，有些是受滩簧、南词的影响或由大鼓演变而成。如安徽琴书是在流行于泗州地区的老凤阳歌、泗州调、山歌、小调的基础上发展起来的。北京琴书、山东琴书最早是农民在农闲时传唱自娱，后来发展为专业演唱。

与宝丰县马街书会关系密切的琴书主要有山东琴书、徐州琴书、安徽琴书、豫东琴书等。

（一）山东琴书

1965年，宝丰县曲艺说唱团王书转在许昌地区曲艺培训班学习时，将山东琴书带入宝丰县。

1965年3月，许昌地区举办曲艺培训班，开设"山东琴书专科"，特聘河南省曲艺团著名琴书演员司琴华任教，宝丰县派学员王书转攻琴书演唱和打琴伴奏，陈书欣执琴胡（即软号京胡，俗称"二窝"）。王书转很快掌握了山东琴书的演唱技巧，回县后，常年演唱于全县各地的山东琴书曲（书）目有《闹场院》《妯娌俩》《兄弟俩》《闲不住》等。1968年8月，说唱团解体。但是在"十三马街会"前后，山东省及豫东一带民权、项城等地的艺人来宝丰演出山东琴书，颇受群众欢迎。1994年，民权县曲艺团杨业敬等在马街书会上演唱山东琴书《韩湘子度林英》等曲（书）目，以三天八场书3000元的最高书价，被宝丰县商酒务煤炭中转站写去，夺得当年书会"书状元"称号。

山东琴书又名"扬琴"，豫东农村称"清音"，因前身是唱曲子的形式，又称"小曲子"。又因过去以唱堂会为主，也叫"客厅戏"，至1934年定名为"山东琴书"。琴书艺人尊奉道教龙门派邱长春为祖师。其主要流行于豫北的濮阳、南乐、台前，豫东的商丘、夏邑、永城、民权、柘城，豫南部分地区及山东省的菏泽等地区。中华人民共和国成立后，山东琴书流布河南全省。

山东琴书的起源，一说是由流行于范县和山东曹县乡间的"小曲子"发展而形成，一说是起源于豫东和皖北一带。

山东琴书的演唱形式以唱为主，表演时少则一人，多则六七人。一人说唱时一手自打扬琴，一手持檀板；人多时加入坠琴、古筝、轻弹京胡、三弦、二胡、琵琶和一些打击乐器。多人演唱时常采用对口的形式，男演员说唱故事中的男性角色或小孩、老妪，时有逗趣的说表，使演唱气氛十分活跃。

山东琴书唱腔原为曲牌体，约有曲牌70多支，常用的有十几支。在长期实践中，逐渐向板腔体演化，形成了以【凤阳歌】【垛子板】为基本唱腔的结构，其他少量的小曲（如【上河调】【汉江垛】【太平年】）仅作补充、穿插使用。

豫东著名琴书演员王宝聚14岁时就赶马街书会。1985年到1991年，他每年都率民权县曲艺队赴马街书会，演唱的曲（书）目有《梁山伯下山》《隔帘相会》

《刘云打母》《反唐传》《三打雄州》《宝莲灯》等。他有一副好嗓子，音质纯净，洪亮悦耳，颇受群众欢迎，每年都被写走，书价少则2000元，多则3000元。

王宝聚唱的曲（书）目《梁山伯下山》，也称《十八里相送》或《英台下山》，说的是晋时，祝英台女扮男装赴红罗山读书，与同窗好友梁山伯相识、相恋、生离死别的故事。梁祝二人在依依惜别时，祝英台欲借吟诗吐露爱慕之情，梁山伯憨实不解，最后祝英台巧借九妹自许终身的故事隐于唱腔中。聪明颖慧的祝英台欲吐真情的急切，朴实憨厚的梁山伯百般不解的执着，二人性格特征被生动地描绘出来，两相对照，趣味横生。

2016年2月18日至20日，在宝丰马街书会优秀曲（书）目展演活动中，济南曲艺团著名琴书演员、中国曲艺牡丹奖获得者、国家二级演员罗晓静，与青年演员马业垒演出了山东琴书《闹五更》。此曲（书）目是中国四大民间传说《梁山伯与祝英台》中的一折，讲述的是梁山伯与女扮男装的祝英台二人在离别前夜从一更天至五更天，祝英台将自己比作织女，将梁山伯比作牛郎，以表爱慕之情，梁山伯却不解其意。全曲在优美的抒情风格中贯穿着风趣的戏剧情节，旋律富于变化。演员表演完美，唱出了韵味，伴奏也很有特色，演唱与伴奏优美动听，获得了书会观众的高度评价。

洛宁县曲艺团的刘世福、高贵云在马街书会表演了山东琴书《会亲家》，唱出了改革开放后各方面的新变化，语言接地气，曲调也用了大调曲子的【呀儿哟】曲牌。

2006年5月，经国务院批准，山东琴书被列入第一批国家级非物质文化遗产名录。

（二）徐州琴书

在20世纪五六十年代的宝丰马街书会上，徐州琴书也是较为活跃的曲种之一。早期为农闲或庙会时演唱，后渐有长期演出的专业艺人。常用曲调有慢板、快板两种，另有湖广调、湘河调等曲牌。传统曲（书）目里长篇有《包公案》《杨家将》，另有许多中短篇。

1988年，徐州市曲艺团蒋立侠、魏云彩、张巧玲等前来马街书会亮艺。三人合演的徐州琴书《王二还家》，唱腔脆亮，刻画人物形象逼真，博得观众好评。

徐州琴书又名"苏北琴书"，旧称"丝弦""唱扬琴"等，主要流行于以江苏省徐州市为中心的苏、鲁、豫、皖四省接壤地区。

徐州琴书以徐州方言演唱，乡土气息浓郁，既有南方曲艺的婉转灵秀，又有北方曲艺的粗犷激昂。徐州琴书演出时由演员以带有表演动作的说唱来交代故事情节，有单档、双档、表演唱等多种形式，具有一人多角的特点，灵活简便，词曲通俗，素有"文艺轻骑"之称。徐州琴书的代表性曲（书）目主要有《王天宝下苏州》《张廷秀赶考》《水漫金山》等。

徐州琴书以其独特的方式记载了徐州的历史、习俗、民生状况和民间故事，是徐州农业文明的重要精神标志，具有重要的文化价值。

2008年6月，江苏省徐州市申报的"徐州琴书"经国务院批准，被列入第二批国家级非物质文化遗产名录。

（三）安徽琴书

安徽琴书又称"淮河琴书"，传入安徽省阜南县乡村已有200多年历史，曲调婉转优美，有着浓郁的乡土气息，深受广大群众喜爱。其曲调融合了地方淮词、大鼓、坠子和民间小调，逐步形成了独具特色、代表淮河风情的"淮河琴书"。

安徽琴书唱腔音乐为主曲体，代表性唱腔有【四句腔】【垛子板】及【凤阳歌】【梅花落】等曲牌，艺人称"九腔十八调"。其唱腔舒缓深厚，韵味优美悠长，在淮河流域众多曲艺中独树一帜。

安徽省阜南县非物质文化遗产"淮河琴书"的传承

人孟颖,在2014年央视《曲苑杂坛》特别节目《宝丰马街书会》中表演了《憨妮迎客》。她左手执简板,右手敲扬琴,唱得有滋有味,音色清亮,表现人物形象生动。

第九节　莲花落

莲花落又称为莲花闹、莲花乐、落子、莲花板等,流传已有900多年历史,是一种说唱兼有的汉族曲艺艺术,散布在许多地区。

马街书会上常有莲花落的出现,其来自国内不同地区,各有地域特色。其主要有绍兴莲花落、山西莲花落等。

绍兴莲花落是流行于浙江绍兴一带的曲艺说书形式,它形成于清代道光和咸丰年间。莲花落形成之初,艺人们的行艺方式为沿门说唱,多演唱恭喜发财、吉祥如意之类的套辞,后逐渐形成有故事情节的段子,称为"节诗"。这类节诗包括娘家节诗、长婆节诗、分家节诗、大衫节诗等,大多取材于民间日常生活或民间传说,一个节诗叙述一个情节较为简单的故事,具有滑稽、夸张、讥讽、幽默的特点。此后艺人又开始以绍兴方言说唱长篇曲(书)目,其说表语言通俗生动,唱词通顺流畅,幽默风趣,有说有唱,以唱为主。莲花落代表性的传统长篇曲(书)目有《闹稽山》《马家抢亲》《天送子》等,后来借鉴和吸收戏剧及其他说唱文艺的本子,又出现了《何文秀》《百花台》《顾鼎臣》《游龙传》《龙灯传》《珍珠塔》《后游庵》等曲(书)目。

绍兴莲花落的唱腔曲调早期为"哩工尺",由一人主唱,旁有一至二人以"工尺"为辞帮和。20世纪20年代后,开始以四胡伴奏,逐步形成传承至今的"基本调"。绍兴莲花落艺人多因个人爱好而由别业他行转入,并无严格的师承关系。后来出现了专业演员,倪齐全、潘家富和翁仁康均是绍兴莲花落有代表性的当代传人。

山西省的莲花落是广泛流行于山西各地的古老曲艺品种,别称"晋中落子"。20世纪以来,其发展和演出以太原为盛,在山西省内其他地区则相继衰落,故又常称为"太原莲花落"。

莲花落约在清代中叶传入山西。发展至今,其通行的表演形式为一人自击竹板(竹板有两大五小,俗称"七件子")伴奏韵诵,唱诵为主,间有夹白。当然也有双人对口和多人演出的方式。其唱词基本以七言四句为一段,讲求合辙押韵。其传统曲(书)目有长篇的《五女兴唐传》《万花楼》《呼延庆打擂》,以及短篇的《小两口打架》《小寡妇上新坟》等。

已知山西较早的莲花落艺人是20世纪上半叶的李连根，他擅长演出的曲（书）目为《大八义》和《小八义》等。抗日战争时期，山西吕梁交城县米家庄的莲花落盲艺人任五儿编演了大量新曲（书）目，如《收复孝义、文水》等。中华人民共和国成立后，交城县的吕著在县文化馆的指导下，改编演出了长篇新曲（书）目《吕梁英雄传》，影响很大。20世纪60年代初期，太原曲艺联合会青年相声演员曹强师从李连根学习莲花落表演，并致力于挖掘和整理莲花落的艺术资料。曹强的莲花落编演以现实生活题材为主，讲求幽默风趣，自成一派。

另外，江西莲花落、京津冀地区的莲花落、豫东莲花落等也很有名气。

中华人民共和国成立前，莲花落在宝丰一带也十分兴盛，群众称之为"说莲花落"，成为一些人的谋生手段。宝丰莲花落艺人一般一手拿竹片，一手拿碎碗片或月牙板，打起来节奏感甚强；或者一手拿竹片，一手拿着破开的半个竹筒，竹筒上面刻着一个个豁口，一层一层，呈台阶状，用一片竹板从半个竹筒高处迅速向下滑动，会发出清脆的"嚓嚓"声，引人注意；或者干脆什么也不拿，全凭一张嘴说唱。这些说唱者，一般见识广，头脑灵活，能够随机应变，词汇量又十分丰富，能将方言俚语运用得恰到好处，合辙押韵，通俗易懂，风趣幽默,很接地气,而且能做到见什么人说什么话,讨得对方欢心,从而达到乞讨或者兜售商品的目的。比如莲花落艺人到人家门口乞讨,唱:"掌柜的大发财,蒸馍头子撂过来。掌柜的积善多,老子及第儿登科。""来得巧,来得妙,大伯吃饭我来到。大伯大母菩萨心,给我一缕红薯筋。红薯筋,也是甜,过了今年等明年,大伯大母越过越舒坦。"来到店铺前,唱:"来得巧,来得妙,你发财,我来到。恭喜老哥发大财,你不发财我不来。"

兜售商品的莲花落唱词较为固定。如卖针的唱:"小小银针一寸长,拿在手中闪闪亮。价钱便宜又不贵,赶快来买帮帮忙。缝缝补补都能用,纫上线来做衣裳。做成衣裳小孩穿,孝敬爷奶和爹娘。做成衣裳姑娘穿,准能嫁个状元郎。老少爷们不要挤,先卖婶嫂大姑娘。东西虽小,价钱不贵。用着吉利,做衣不累。谁买谁美,能吃能睡。"或唱:"小小钢针明晃晃,赛过赵云一杆枪。小针缝布衫,大针纳锅排,不大不小穿秦椒。小妮们爱绣花,买针就买小娃娃儿(小针)。老太太眼又花头还晕,买针要买老大针。劳力们(青壮年男子)恁要不买我的针,恁老婆要和你离婚。离了婚找对象,不要你这老各棒("老各棒"为方言,苍老之意),你打光棍被窝凉。"卖老鼠药的唱:"老鼠药,老鼠药,老鼠吃吃跑不脱。小老鼠吃吃不会动,大老鼠吃吃蹦三蹦。

咬你的箱子咬你的柜，叫你半夜不得睡。咬你柜子咬你的箱，咬烂新皮鞋两三双。小麦子儿两头尖，下到你家各墙角。闻着香，吃着甜，吃到肚里不舒坦。"卖胶的唱："万能胶，胶万能，能粘金，能粘银，粘住哥和嫂子不离婚；能粘铁，能粘铜，粘住老头老婆有感情；从山东到山西，一下粘到乌鲁木齐；从香港到澳门，一直粘到台湾岛，粘住那'台独'分子跑不了……"

同时，说唱者可根据闻声前来的顾客的不同特点，灵活地编唱词给予奉承，以促进销售。

莲花落是名副其实的草根艺术，是街头的"行为艺术"，是历史上底层穷苦人谋生的手段。其语言艺术影响了诸多曲艺，如相声、快板等。现在的莲花落已成为独特的艺术形式，颇受人民群众喜爱。

第三章　行话术语、谚语、俗语

第一节　曲艺行话术语

身价：指旧时演员搭班演出时讲定的报酬。

下处：指艺人的住地。

书价：指说书艺人到某地演出时，讲定的每场或几场书的报酬。

写书：指联系说书，初为马街书会的专用名词，现已通用。"艺人卖书，群众买书（即请书）"，最后商定书价，这整个过程称"写书"。请书者即写书人。

冷场：指由于演员忘词或其他舞台事故，致使演出暂时中断。

笑场：指演员在场上脱离角色、剧情而失笑。

怯场：指演员临场畏怯，失去控制力，因而降低演出质量。

荒腔：指演员唱腔音调不准、不合弦，也叫"凉弦"。

返场：指演员在说唱完一个节目后，观众鼓掌让其再上台演出。一般再上场演出的节目都是较短或幽默逗笑的一些段子，称"返场小段"。

大书：指各曲艺种类的长篇曲（书）目。

扣子：指曲艺书目中为吸引观众而设置的悬念。

淌水：指大书按照一定的提纲去铺叙故事情节，即兴编词，也叫"跑梁子"。

闪板：指唱腔从弱拍开始，也叫"偷板"。

顶板：指唱腔从强拍开始，也叫"碰板"。

包袱：指书中的笑料。

凉壶：指一些不懂行的人。

戏筋：指精通书中情节及人物的听众。

上树：指演员在演唱中突然唱腔高于乐器所定音调。

钻底：指演员唱腔低于规定的调子。

针线筐戏：指生活气息很浓的民间唱段或曲（书）目。

里扒外不扒：指演员在演出中有差错，虽然观众不知道，但演员自己心中明白。

喷口：指用重唇喷吐，突出字音。

贯口：指不换气的连续念白。

短打书：指评词、坠子书演员称剑侠武士之类的曲（书）目，其内容多是些侠义、公案的故事，如《三侠剑》《施公案》等，因书中剑侠、武士多使用短兵器，故名。

袍带书：指以历史战争为题材且有将帅出现的曲（书）目，如《三国》《杨家将》《金鞭记》《隋唐传》《呼家将》等。

赋赞：指说书中用以吟诵的一种韵文，朗朗上口，穿插于说表中，用以写人、绘景、状物，如《马赞》《刀赞》《枪赞》《美人赋》等。

《马赞》　单说这马，有黑马、白马、青鬃马、黄骠马、花斑马、枣红马、赤兔马。单说镇京总兵这匹马，身高八尺，头尾丈二有余。头上长角，肋下生鳞，名曰千里马龙驹。要知这马如何，有诗为证：

能窜山，能跳涧，日行千里还嫌慢。

上山能与猛虎斗，下海能和蛟龙战。

一马扑到两军阵，咬住小卒囫囵咽。

《刀赞》　单说这刀，常用的有杀猪刀、宰羊刀、剥狗刀、剔肉刀、切瓜刀、切菜刀、割纸刀、裁花刀、修脚刀、剃头刀。还有两军阵上的大砍刀、小砍刀、春秋刀、偃月刀，伸不直、三吊腰的阴阳来回刀。单说这口三尖两刃九耳八环大砍刀，若问此刀如何，有诗赞为证：

这口刀，是宝刀，老君炉里把它烧。

老君爷掌钳子，二十八宿把锤敲。

千锤打，万锤敲，炼就这把大砍刀。

斩龙龙就死，杀虎虎难逃。

如若落到豪杰手，能保万岁锦绣朝。

《枪赞》 且说那枪，有大银枪、小银枪、金杆枪、铜杆枪、白缨枪、红缨枪，还有九节连环枪。单说这杆枪，长有丈八，粗如茶盏，前有锋芒利刃，后有迎风紫缨，扑棱棱红缨闪开，内藏五把倒刺钢钩，三把朝阳，两把朝阴，名曰定邦连环阴阳枪。若知这枪的厉害，有赞为证：

提起这杆枪，万人难抵挡。

扎龙龙就死，刺虎虎就亡。

要是扎到人身上，筋断骨折一命亡。

《美人赋》 公子抬头用眼观，上下打量女婵娟。

观大不过十八岁，论小不能小一年。

女子头发明闪闪，论长短，三尺三。

杏子眼，亮闪闪，雪白脸蛋如粉团。

疙瘩瘩鼻子中间衬，樱桃小口红鲜鲜。

糯米银牙赛白玉，两耳戴着金耳环。

十指尖尖如嫩笋,小胳膊一伸似藕莲。
杨柳细腰随风摆,小金莲不过三寸三。
上穿石榴大红袄,八幅罗裙系腰间。
走起路来风摆柳,人人见了都眼馋。

第二节　说唱艺术谚语、俗语

要想学好艺,先得做好人。

天外有天,人外有人。

强中还有强中手,莫在人前夸艺口。

以文会友,以艺结朋。

师徒如父子,同学如兄弟。

一日为师,终身为父。

师傅领进门,学艺靠个人。

名师出高徒。

徒弟演艺高,莫忘师傅教。

经师不明,学艺不高。

一处投师,百处学艺。

一句一腔便为师。

多从一家师,多懂一家艺。

学会说书弹三弦,出门不带盘缠钱。

学无止境,艺无止境。

第三章 行话术语、谚语、俗语

冰冻三尺,非一日之寒。

要学惊人艺,须下苦功夫。

井淘三遍吃水甜,受人教调书艺高。

七十二行,行行出状元。

不怕学不精,就怕心不诚。

不怕嘴舌笨,就怕不勤问。

百艺通不胜一艺精。

一天学会一招,十天学会一套。

书得过口,要啥啥有;书不过口,等于没有。

门里出身,自会三分。

一学二看三偷四练。

三分靠教,七分靠学。

唱会了容易,唱好了难。

弦不离手,曲不离口。

三天不拉手生,三天不唱口生。

台上一分钟,台下三年功。

百闻不如一见,百见不如一练,百练不如一演。

说书不亮底,亮底没人理。

生旦净末丑,嘴里啥都有。

三分唱,七分白。装哩像,强似唱。

大书一股劲,小段一片情。

吐字不清,等于钝刀杀人。

黄腔掉板，自己砸了饭碗。

快而不乱，慢而不断。

说书不讲，等于隔裤子挠痒。

千斤白口四两唱。

唱动人心方为妙，唱不动人心枉搭功。

装龙像龙，装虎像虎。

人有人情，书有书理。

醒木一拍，天崩地裂；扇子一举，千钧之力。

段子要味儿，大书要劲儿。

说书说得妙，观众哈哈笑。

内行看门道，外行看热闹。

会唱的把人唱醉，不会唱的把人唱睡。

说书的肚子，赛杂货铺子。

千里万里一步走，千军万马一张口。

能说不能说，书帽站住脚。

唱戏的腿，说书的嘴。

当着瘸子别说拐，当着矬子别说矮。

腰里装着说书板，走遍天下有吃穿。

无君子不养艺人。

入乡随俗，出门问路。

在家靠父母，出门靠朋友。

同台不让艺，人不亲艺亲。

第四章　曲艺小段集锦

第一节　神段

(一) 十二月拜佛

1. 版本一

正月拜佛是新春，妙善公主练法身。
栽遍花园苦受尽，后得南海观世音。
二月拜佛是春分，修仙盼道丘长春。
连死七次志不退，修成天仙状元身。
三月拜佛三月三，太子修行离朝班。
苦修苦练四十载，道成驾坐武当山。
四月拜佛麦稍黄，宋朝有个王重阳。
替天行道二十载，后度妻贞上天堂。
五月拜佛是忙天，借尸还魂李翠莲。
金钗舍于唐长老，后转皇姑福无边。

六月拜佛炎热天,韩湘子修行终南山。
先度叔父和婶母,后度林英天花仙。
七月拜佛立了秋,目连求道下杭州。
十八层地狱救生母,留得美名万万秋。
八月拜佛八月八,天德修行不想家。
婚书退于刘小姐,守节菩萨坐莲花。
九月拜佛菊花开,彭祖寿高活八百。
练就清净无味体,万载不劫成仙胎。
十月拜佛立罢冬,五老盼道有狂风。
改邪异类归正宗,九路佛祖把道行。
十一月拜佛雪花飘,真定修行受煎熬。
后来渔阳成了道,麻姑千贞万万飘。
十二月拜佛整一年,弥勒古佛把道传。
苦度婴儿快回转,龙花会上大团圆。

2. 版本二

正月拜佛佛正灵,老佛记咱头一功。
虔心敬佛天加福,幸福长寿万万冬。
二月拜佛是清明,吃斋念佛把善行。
洪福行善神感应,佛保四季得太平。
三月拜佛三月三,虔心敬意奉神仙。
诚心敬佛佛灵感,保佑子孙坐高官。

四月拜佛麦稍黄，佛爷面前常烧香。
明香常敬佛前地，保佑老少得安康。
五月拜佛正端阳，全心全意焚信香。
福禄寿三星坐宝堂，福满禄足寿无疆。
六月拜佛六月天，摆设香案敬老佛。
心诚神灵多保佑，增财增寿又增福。
七月拜佛七月七，明香烧在佛前地。
人有诚心神欢喜，财丁两旺财源足。
八月拜佛是中秋，幸福长寿佛前求。
家和年丰样样有，人旺财旺不忧愁。
九月拜佛菊花开，老佛保咱身自在。
老无灾难少无病，愁消喜至幸福来。
十月拜佛立了冬，老佛保佑得安宁。
福禄祥和鸿运转，六和同春万年冬。
冬月拜佛雪花飘，虔心敬意把香烧。
人有虔心神知道，时来运转步步高。
腊月拜佛整一年，老佛跟前进香烟。
心诚神灵保安全，保咱幸福大无边。

（二）送全神

昔日善人许口愿，承蒙神圣显灵验。
心想事成把恩报，诚心诚意把愿还。

三天说书唱完毕，众神个个心喜欢。

一杆红笔掂在手，善人哩账全勾完。

新账老账都勾掉，永不再提此事端。

一保佑一切事情都顺利，二保佑心想事成喜心间。

三保佑人旺财源旺，四保佑一年四季得平安。

五保佑一门五福多吉庆，六保佑六合同春万万年。

七保佑全家老少得安好，八保佑四面八方进财源。

九保佑九世同居家不散，十保佑荣华富贵万万年。

保佑保佑多保佑，照管照管多照管。

还愿人实心实意把神送，临起驾，元宝金砖赠神仙。

该分八百分八百，该分一千分一千。

按劳分配理当先，千万不可闹意见。

玉皇爷大喝一声筵席散，奉送众神转回还。

玉皇爷送回凌霄殿，王母娘瑶池宫中把身安。

佛爷送回雷音寺，祖师爷送回武当山。

穷爷送回穷爷庙，三皇姑送回大香山。

李老君送回兜率宫，大圣爷送回花果山。

包爷送回南衙府，关爷送回解州关。

武成王送回东岳庙，阎君爷送回酆都关。

土地爷送回土地庙，财神爷送回幸福园。

上八仙送回天堂去，中八仙送回终南山。

下八仙送回地府内，众神仙各归各位转回还。

善人家请来神仙千千万，各位神圣心喜欢。
提到名姓归位去，提不上名多包涵。
鞭炮连天把神送，众神归位主家安。
送过神仙拦住板，三天说书算完篇。

（三）十保佑

三天还愿书唱完，众神灵广施慈悲福人间。
现在送您归位去，全神退位主家安。
俺唱上一段十保佑，神喜人乐皆大欢。
一保佑一门五福生贵子，长大成名中状元。
二保佑堂前二老身体好，寿比南山松万年。
三保佑三天两头都见喜，喜气临门说不完。
四保佑四季发财财源广，一年四季进财源。
五保佑五谷丰登粮满囤，家中余粮吃不完。
六保佑六畜多兴旺，牛羊成群猪满圈。
七保佑妻子儿孙无灾难，居家老少都平安。
八保佑风调和雨顺，四面八方进财源。
九保佑四世同堂家不散，邻里和睦无争端。
十保佑家和万事兴，幸福生活万万年。
神前唱罢十保佑，全神退位主家安。
神前唱罢送神戏，拉拉弦子收住板。

第二节　劝世

（一）十大劝

一劝世人孝为本，那个黄金难买父母恩。
我说这话你要不信，你也去问问这年迈人。
孝顺儿光生孝顺子，不孝子还生个不义人。
房檐滴水滴滴照，他是一辈一辈挨着轮。

二劝媳妇都去孝公婆吧，恁孝敬公婆好处多。
那个公婆给你看门又干活，还是你的看娃婆。
你孝公婆可以免灾祸，那后来你还把孝名落。
我说这话恁要不信，二十年以后你又当婆婆啦。

俺三劝公婆恁的心别偏，对女儿、媳妇都要一般。
你女儿她不是常来往，这媳妇常在你的面前过。
给恁做饭又生产，铺床叠被把饭端。
虽说闺女她对你好，你没想想闺女在面前行孝有几天？

四劝一家都要相互敬，弟兄们有点家产不要争。
那兄要让弟弟要敬，要学桃园三弟兄。

千万你不要听谗言语,听信了谗言坏你事情。

五奉劝众人你莫好强,那尘世上争强好胜光惹祸殃。
要学古人张百忍,百忍百让万年扬。
大家想想时常忍,那强梁之人可不久长。

六劝夫妻你们要敬爱,你们小两口恩恩爱爱过一生。
遇事夫妻多商量,不可任意胡思乱行。
夫要善良妻要敬,夫善妻贤过一生。
和睦家庭人人敬,别让二老挂心中。

七劝妯娌之间要向和,和和气气担风波。
你做饭来她烧锅,可比你单独强得多。
恁要是斗嘴把家分,恁各人干着各人活。
那又做饭、又烧锅,你忙得好像脚打锣。
要是两家都孝敬,亲戚朋友笑呵呵。

八劝姐姐和妹妹,你姐妹她本是一门客。
进到娘家都一样,嫂嫂姐妹差不多。

这个九劝青年小学生,读书学习要下苦功。

在家多听父母教训，在学校老师称先生。
下定决心把书念，考场上争取第一名。

十劝二十四五正当年，年轻人打架别上前。
三拳两掌把人打坏，抓住你拉拉扯扯见当官。
打得轻了你给人家治，看病吃药花你的钱。
打死人命要抵命，抓住你绳捆索绑下南监。
到时候你的爹也哭、娘也叹，那亲戚老友都泪涟涟。
且别说你是个杀人犯，那就是奸淫烧杀也不容宽。
想和家人见上一面，除非是杀人场上你把命还。

你要听我良言劝，年轻人勤俭持家要向前。
你多劳动多生产，多办厂矿你多存款。
利国利民利己又贡献，你是有品有德又有财。
亲戚群众都欢喜，这还加提拔教你当官。
当了官你要行正，贪赃枉法不可行。
当官要学包文正，这万古千秋留美名。
你要是不听俺的劝，管教你祸到临头你后悔难。

（二）人生在世事不足

人生在世事不足，想了吃的想穿的。

吃喝穿戴他都有，抬头看见房子低。
盖了高楼和大厦，又想着房中无有妻。
娶了三妻并两妾，又想着出门没马骑。
槽头上拴着高头马，又想着头上无官职。
三千银买个七品县令，又想着小官还被大官欺。
皇王爷脱袍让了位，他又想和玉皇大帝下盘棋。
正陪玉皇把棋下，又想娶玉皇的三闺女。
王母娘一听那才恼，一巴掌把他打个嘴啃泥。
把他打在尘埃地，叫他磨道里变成驴。
碰上一个恶婆娘，一套磨了三斗七。
一天磨了整三套，把他累死在磨道里。
看他知足不知足。

（三）消气歌

说的是，脚板打得弦定齐，把消气之歌您记心里。
我说的他人气我我不气，我的心中有主意。
君子量大喽通天大，那好坏事物保长嘞。
那小人量小喽不容人，那成了气人气自己。
若还有人将我骂喽，权当那小儿做游戏。
高骂上了天，低骂入了地，若骂真该骂，记着好教育。
我若没那事，他还骂自己，吃亏天赐福，过后得便宜。

谁要学会了消气歌,管保证啊您身体健康无病疾。
说到这里我拦住板,下一段喽对您提。

（四）黄金戏斗
西北乾天字两行,孔夫子留下劝人方。
上写仁义礼智信,下缀三纲并五常。

有一人姓窦窦广爱,他的学名窦玉湘。
白天南学把书念,晚上住在南书房。
这晚书馆把书读,忽听竹帘响叮当。
忽听竹帘响叮当,走进来一位大姑娘。

公子一见忙施礼,喊声姑娘诉衷肠。
家住哪州并哪县,何路码头住啥庄。
恁家姓啥娘啥氏,你的名字对我讲。
你不在绣楼把花绣,为何事到我南书房。

姑娘闻听抿嘴笑,出言叫声窦家郎。
说俺家里离不远,家住正西无名庄。
爹爹姓金金好善,母亲老娘本姓黄。
无生多男并多女,生下奴家金桂香。

我去绣楼把花绣,忽听公子念文章。
世上读书之人有多少,都没有公子的腔洪亮。
奴家无心把花绣,偷偷下了绣楼房。
瞒着二老不知晓,这才来到南书房。
不嫌奴家长的丑,来来来,咱俩拜花堂。

公子闻听那才恼,压书宝剑拿手上。
叫声姑娘快点走,赶快离了南书房。
姑娘说:窈窕淑女你不爱,读书为的哪一章?
公子说:窈窕淑女君不爱,读书求你出书房。

姑娘闻听出了手,走上前去拉衣裳。
公子一见心生气,压书宝剑劈头亮。
只听"呛啷"一声响,一溜火光出书房。
公子后边紧追赶,火光钻进影壁墙。

收住宝剑把墙扒,一锭金子落当央。
窦公子拾起金子心暗想,腑里辗转暗思量。
这锭金子我不要,无义之财不久长。
回头只把书馆进,苦苦用功念文章。

大比之年王开选，公子得中状元郎。

这本是《黄金戏斗》一文段，流落凡间书半章。

（五）劝善歌

北斗七星共南晨，日月星穿梭熬老人。

东海岸年年添新水，西北方层层起乌云。

林中没有千年鸟，行路少见百岁人。

人活百岁难行路，鸟过千载不入林。

马瘦毛长缺草料，人不欢乐怨家贫。

穷站大街无人问，富住深山有远亲。

尘世上七姓八家凑一处，就应该互敬互让度光阴。

十分精细别用尽，留下三分积儿孙。

十分精细全用尽，后代儿孙不胜人。

抬手别打无娘子，开口莫骂年迈人。

骂了年长折福寿，打人家没娘之子坏良心。

是男的要学桃园三结义，莫学那孙膑庞涓无情人。

为女流五讲四美牢牢记，要学会尊老爱幼和四邻。

第三节　幽默讽刺

（一）大老王剃头

说的是四十六岁的大老王，家住在城南王家庄。

自幼学徒当了个理发匠，每日里，担着挑子游四方。

在那旧社会，剃头是一年一算账，到年底给他三斗红高粱。

这一天，大老王剃头来到周家岗，给周财主剃头这可难坏了大老王啦。

这个家伙脑袋长得就像猪头一个样，七楞子八瓣硬梆梆。

又是沟又是岗，左剃右剃就是剃不光。

这时候，财主对着老王讲："哎，老王呀，今天你给我剃头可不要慌。

你要是给我拉上一道口，我扣你一斗红高粱。

你给我拉上两道口，我扣你二斗红高粱。

你给我拉上三道口，我把你全年的粮食都扣光。"

（对白）老王说："那——，我要是给你拉四道口了呢？"

财主说："四道口——，这样吧，你倒找我一斗红高粱。"

嚓、嚓、嚓……（作剃头动作）

虽然说大老王的手艺巧，也难防财主的坏心肠。

大老王没提防，财主把脑袋一晃荡。

这一晃荡不当紧，只晃得老王心发慌。

"呲啦！"割了一道口，"哎，我扣你一斗红高粱！"

"呲啦！"割了两道口，"我扣你二斗红高粱啦！"

只扣得老王心冒火："扣！扣！扣！去你娘的吧！干脆叫你都扣光！"

（二）尖巴橄儿①喝酒

（唱）大清一统镇山河，"中华民国"喜事多。

东庄有一个刘假根儿，西庄又有一个李抠唆。

他二人平时把关过，这都是言善心不和。

他二人多时没有见面，

这今清儿（清晨）赶集碰一坨儿（一块儿）。

（白）假根儿说："那厢不是俺的抠唆弟？"

抠唆说："那不是假根儿俺的大哥？咱二人多时没有见面。今清儿真巧，今清儿赶集碰一坨儿。咱俩碰头也怪巧，走走走，酒店以内把酒喝。"

---

① 注：尖巴橄儿指抠门、吝啬的人。

第四章 曲艺小段集锦

他二人手拉手来下(到)酒馆,再叫酒保你听着:
"好酒给俺灌、灌……"

(白)酒保说:"灌多少?"

"好酒给俺灌半两,灌半两叫俺弟儿俩儿喝。"

搬块儿砖头当桌子,脱下破鞋当墩儿坐,

一坐坐在大门后,恐怕熟人混酒喝。

你也喝来我也喝,俩人的眼都喝得白瞪着。

(白)假根儿说:"今清儿我是闲赶集。"

抠唆说:"恁不凑巧,偏偏我身上没有一个(铜钱)。"

假根儿说:"没有咱俩算算账。"

抠唆说:"算算账喽该如何?"

假根儿说:"恁爹死我给恁打过一天的墓。"

抠唆说:"盖房子我给恁工过一天作(帮忙)。"

假根儿说:"那一天大街上你嗑我仨瓜子儿。"

抠唆说:"那一天你尝俺三口渣窝窝。"

假根儿说:"今清儿半两酒钱你打发,免得咱俩儿把捶搡(打架)。"

眼看着弟儿俩儿把架打,惊动酒保不安乐。

酒保上前开言道:"再叫声恁弟儿俩儿听我说,今清儿这半两酒钱我不要,免得恁弟儿俩儿把捶搡,以后有钱来喝酒,没有钱喽别来喝。"

(三)小两口抬水

说个大姐年十七,四年不见二十一。
寻了个女婿刚十岁,不多不少大十一。
小两口儿去抬水,一头高来一头低。
小大姐在后边使股劲,小女婿要想收脚来不及。
急切之间他站不住,"叭嚓"摔到泥沟里。
溅了女婿一身水,还啃了女婿一嘴泥。
小女婿鼓着劲地忙爬起,骂声贱人:"使不得。
俺家花钱把你娶,你不该这样把我欺。
回家去给我爹娘讲,今天一定要揍你。"
小女婿越说越恼越有气,把抬水扁担拿手里。
刚说要把媳妇打,从旁边来了个老头拾粪的。
这老头专爱说直理,一看打架就着急,
说:"你这孩子不懂理,再打你娘我不依。"
小女婿一听不乐意,骂了声"瞎眼老东西,
别看我人小辈不小,我是她丈夫,她是我妻"。
老头摆手说:"我不信,不是你亲娘是后的。"
一句话倒说得大姐红了脸,不由得眼泪往下滴。
埋怨爹娘太无理,真算害了恁闺女。
好不该给闺女寻了这么个小孩子,傻里傻气呆女婿。

说他是我儿又不像,说是我女婿个儿太低。

一到夜里光尿炕,湿噜呱唧怪脏的。

这件事我早就不乐意,这老头真算说到我心里。

回家去跟爹娘讲讲理,宁死不要这小女婿,宁死不要这小女婿。

(四) 小大姐偷杏

(唱) 行路君子站庄头,闲语小大姐把菜揪。

薅了一篮那黄花儿菜,那扛着篮子她往家走。

小大姐正走抬头看呀,那彼呀彼呀彼,

见一棵麦黄杏儿结得老稠,小大姐想吃那麦黄杏儿哩。

那馋得她"嘟噜噜噜噜",这嘴里酸水儿往下流。

东瞅瞅,西瞅瞅,那没有呀砖头并石头。

"噗噔"声坐到那溜平地呀,"吱溜儿溜儿"她把鞋带儿抽。

小大姐绣鞋那忙脱下,一定心她呀把杏偷。

两膀攒劲往上撂,应应儿哩,"噗嗒"声撂到斑鸠那窝儿里头。

你咋知儿?老斑鸠那窝儿里那正孵蛋儿哩。

它当是小鹰儿揪它的头,出窝往上飞呀,

"噗啰啰啰啰",那顶住绣鞋飞过沟。

哎，头上顶住绣鞋飞过沟了！

大小姐一见那可不急慢，在后边圪拧圪攥赶斑鸠。

赶着斑鸠把庄儿进，她不防庄儿里头那门根儿卧个哈巴狗。

大小姐只顾往上看，她脚踩住狗的头。

迎面打头疼难忍，"汪——"

那应应儿哩，这啃掉大姐一个脚指头。

（白）啃住哪一个了呀？啃住大拇指了。

咋没有啃住那四趾？那四趾枯蜷着腿儿哩。

你知儿弄啥哩你知儿？嘿嘿，在那儿吸大烟哩呀，给你说吧。

（唱）咱不说小大姐倒了运，再明明牛把儿去放牲口。

这个牛把儿放罢牲口回来用饭。再明明空中那斑鸠。

顶着绣鞋往前飞呀，不停事地扑来它的头。

（白）扑来啥哩？你知儿那绣鞋扣住头了。

咦——跟那出宝的打着那眼罩儿子一样。扣住了，老掏急哩慌！

它把那绣鞋扑来掉，"噗嗒"声掉到牛把儿碗里头。

这牛把儿本是七分眼儿呀，眼不老济事。

他当谁跟他打渣子哩，弄块红薯往他碗里头丢。

牛把儿叨住咬一口，"噗——"这一股臭气熏掉头。

仔细看看是绣鞋，牛把儿掂住猛一扔。
两膀攒劲那一撂，应应儿哩那撂到大姐脸前头。
小大姐一见她不怠慢，穿上绣鞋往家里溜。
行路的啊君子合掌笑了啊，这才是那为嘴伤身把丑丢。

第四节　哲理

（一）逛花厅

说一个老汉八十中，眉毛胡子全白清。
手拄一根龙头拐，闲来无事进花庭。
十树开花九树红，花郎花郎叫几声。
昨日观花花全在，今日观花少一名。
问花郎鲜花哪里去？花郎说鲜花比就少年童。
一十岁上花出土，二十岁上花起莛儿。
三十岁上花开放，四十岁上花正红。
五十岁上花结子，六十岁上花退容。
七十岁上花开败，八十岁上花怕风。
九十岁上连根倒，人活一百无影踪。
同志们你没有想一想，鲜花能开几日红？
劝青年别把老年笑，年老不能转年轻。

（二）老虎学艺

远观南山雾罩罩，前山没有后山高。

后山高高出猛虎，前山一低出狸猫。

猛虎下山来学艺，胆大狸猫把虎教。

那猛虎蹿山跳涧都学会，一心二心想吃猫。

小狸猫一见事不好，嗤嗤愣愣上树梢。

老虎一见长叹气，师傅师傅你听着。

你把那蹿山跳涧都教给我，然何不教我上树梢？

狸猫闻听这句话，无义弟子你听分晓。

我把那上树教会你，你要吃我我哪里逃？

今天你可想一想，无义弟子谁敢教？

猛虎闻言把头低，拧拧尾巴山里逃。

这本是猛虎跟着猫学艺，说到这里完了交。

第五节　孝道

（一）万金难买爹和娘

天有情撒下了灿烂的阳光，地有情五谷丰登粮满仓。

人生只有一个亲爹，一辈子也只有一个亲娘。

回家中叫句爹幸福无比，一进门叫句娘其乐无疆。

家中有父母家中宝，家中无爹娘万分凄凉。

第四章　曲艺小段集锦

为什么我要这样讲，恁听我表一表爹娘的情长。

当爹的为了家受尽辛苦，不分昼不分夜到处奔忙。

三伏天顶烈日不怕汗水淌，三九天冒严寒从不说凉。

在外边奔波一天再苦再累，回家中见儿女喜在心上。

爹把儿当成宝中之宝，爹把儿当成一辈子最大的指望。

为儿女甘愿做一个拉套的老黄牛，把套拉断不松缰。

为儿女舍不得吃舍不得穿，舍不得买一件像样的衣裳。

一辈子钢筋铁骨尽都累断，到老了只落得弯腰驼背两鬓白霜。

一言表不尽当爹的苦，听我再表一表有功的娘。

娘怀儿十个月受尽磨难，十月满要生儿疼坏了娘。

一阵紧一阵慢，一阵阴来一阵阳。

紧一阵疼得娘床上打滚，慢一阵疼得娘魂飞望乡。

生几生死几死才见儿面，赤裸裸血淋淋来到世上。

儿来时一分钱没给爹娘带，身上边没有穿一件衣裳。

别管长得丑，别管长得俊，当娘的亲又亲把儿抱胸膛。

左边尿湿当娘的暖，右边尿湿娘暖不嫌凉。

左右两边尿湿净，当娘的把儿抱胸膛。

儿趴到娘怀里嚼住奶，又蹬娘又抓娘又咬娘，当娘的不舍得拍儿一巴掌。

一生两岁娘怀抱，三生四岁不离娘。

五生六岁知好歹,七岁上送到学校念文章。

从小供儿女把学上,儿长大还得给儿结婚还得买房。

为儿女一辈子把心操碎,再苦再累心也舒畅。

中华文明五千载,世代留下劝孝方。

人生都有父和母,当个人都有亲爹娘。

钱多不能忘父母,官大功劳归爹娘。

钱多能开工厂开银行,官大当县长当市长当省长,往上一直到中央。

钱多能买飞机买轮船,能买好车好楼房。

啥样东西都能买,可就是钱再多买不住亲爹亲娘。

(二)郭巨埋儿

一朝天子一朝臣,一朝不如一朝人。

在过去都知道孝敬父母,至如今都知道待儿亲。

说了一家人四口,他妻、他儿和他老母亲。

家住山东怀安府,离城十里郭家村。

有一人姓郭叫郭巨,娶妻赵氏女千金。

夫妇二人多恩爱,你恩我爱感情深。

过门之后三年半,生下一子稀罕人。

三天以后把名取,取个小名叫郭臣。

郭臣是上方送贵子,连累怀安府一片都受贫。

头户人家卖骡马，二户人家卖庄村。

三户人家没啥卖，自己来卖自己身。

大姑娘能卖钱二吊，小媳妇能换馍半斤。

岁数大一点没人要，只能给人家当佣人。

那时候针串黑豆大街卖，树皮草根上秤称。

郭巨高山把柴打，赵小姐荒郊挖菜根。

做饭时一顿下了半碗米，做中饭盛碗稠哩孝娘亲。

老婆儿她吃了一半剩一半，剩下一半喂孙孙。

郭臣吃得白又胖，老婆儿瘦得像个鬼人。

有一天郭臣争吃他奶奶的饭，小姐一旁看得真。

抱着孩子小房进，二目之中泪淋淋。

"儿呀，儿啊，你不知咱这里遭荒旱，大旱三年饿死人。

娘做饭一顿下了半碗米，做中饭盛碗稠哩孝敬老人。

小娇儿争吃恁奶奶饭，恁奶奶瘦得像鬼人。

外边有知说俺夫妻有孝义，要不知道人家捣俺的脊梁筋。"

赵小姐又哭又埋怨，郭巨打柴进家门。

迈步才把头门进，门后靠着扁担一根。

低头又把小房进，看见他妻子正伤心。

郭巨不由开口问："孩儿他娘，为啥今天这么伤心？

是不是嫌儿长得丑？再不然为了东舍和西邻？"

小姐说："不为这也不为那，为只为咱的老母亲。

你也知咱这遭荒旱，大旱三年人受贫。

年老之人都死去，年少之人逃荒出了门。

只饿得人吃人来犬吃犬，老鼠晚上啃墙根。

咱娘年纪高迈靠人管，咱家得有孝顺人。

郭臣争吃他奶奶饭，咱的娘瘦得可怜人。

叫我看，不如先把咱儿害，省下粮食孝敬老人。"

郭巨说："当老的怎能把儿害？你怎能忍心害儿身？

哪个再说害儿话，我执拳打断他的筋。"

赵小姐闻听热泪滚，出言叫声奴的夫君：

"我说害儿你不愿，我问你有几个老母亲。

你的心事我明白，你怕断了你的后代根。

夫呐夫，害了孩子我会引（'生'的意思），不会教你没后根。

咱儿好比菜园韭，割了一茬一茬新。

咱娘好比草上霜，太阳出来化雾云。"

郭巨听罢心明白，我妻真是贤孝的人。

"你说害咱就害，咱去荒郊埋儿身。"

郭巨头前把路引，后跟小姐抱着郭臣。

说时迟，那时快，乱葬坟上停住身。

先不说郭巨把坑打,再说说一家之主张灶君。

张灶君一见说不好,报于玉皇大帝得知音。

郭臣是上方送的子,趁趁大帝他的口音。

张灶君驾起祥云天门进,凌霄宝殿报原因:

"万岁呀,人间出了贤孝子,埋儿为了孝娘亲。

这件事情管不管?要不管,谁还烧香来敬神?"

玉皇大帝闻听说"好好",叫声文武二财神。

金银财宝恁多带,下天去搭救郭翰林。

文武财神把天下,再说他夫妻贤孝人。

郭巨把坑挖有三尺整,赵小姐一时伤了心。

抱着孩子眼中落泪,叫声我儿听在心:

"一不嫌我儿长得丑,二不是我儿讨嫌人。

只因你争吃恁奶奶的饭,俺俩为的行孝心。

定计才把我儿害,害儿为的敬老人。

不嫌为娘心肠狠,转年景投胎再上门。

我的儿呀儿,临死前再吃为娘一口奶,表表为娘一片心。"

赵小姐哭得如花败,单说郭巨行孝人。

郭巨正把墓坑打,文武财神丢金银。

郭巨使劲把土铲,金条铲出好几根。

还有元宝好几对,一个至少有半斤。

夫妇二人心欢喜,扛着铁锨回家门。
郭巨埋儿发大财,房子盖得一片新。
一街二巷红了眼,都去荒郊埋儿身。
埋了一个死一个,埋了两个命归阴。
事情为啥不一样?埋人也是二条心。
郭巨埋儿为孝母,别的埋儿为金银。
这本是《郭巨埋儿》书一段,二十四孝第一文。

第六节　新段

马街书会十样好　王印权

打竹板,数来宝,我唱一唱,马街书会十样好。

第一好,历史早,七百年前就有了。
从元朝,到明清,直到解放东方红。
咱们新中国一成立,沐浴春风更得意。
改革开放传捷报,马街书会换新貌。

第二好,环境优,香山屹立应河流。
咱们平顶山市宝丰县,煤都汝窑人人赞。
物华天宝中州地,人杰地灵唱大戏。
第三好,场面大,会内会外美如画。

车如流水人如海,卖的卖来买的买。
艺人摆摊把书亮,说拉弹唱数百档。
檀板响,琴鼓鸣,欢声笑语贯苍穹。

第四好,曲种多,有的唱来有的说。
河南坠子三弦书,大调曲子和渔鼓。
相声快板和评书,山东琴书大鼓书。
京韵单弦和清音,三十多种喜人心。

第五好,出人才,弘扬曲艺搭平台。
老艺人,传帮带,青年人,搞比赛。
万紫千红百花鲜,年年评出书状元。

第六好,多贵人,贵人扶持情意真。
各行各业来相助,又出钱来又出物。
村村致富乐幸福,宝丰无处不说书。
家家户户腾新房,八方艺人聚一堂。

第七好,享盛誉,海内海外有名气。
不少老外来参观,OK OK 喊得欢。
妇孺皆知影响大,像一幅中国民间风俗画。
国内国外都瞩目,非物质文化遗产列名录。

第八好，谱新篇，大力兴建文化景观。
中国曲艺博物馆，它英姿勃勃迎笑脸。
曲艺名人书状元，汉白玉雕像立门前。
像一道亮丽的风景线。

第九好，前景美，中州明珠放光辉。
马街书会创名牌，绽放笑脸向未来。
阵容强大又气派，马街书会传万代。

第十好，宝中宝，市县各级好领导。
站得高，看得远，全新服务求发展。
从小到大做到位，千方百计办好会。
群众满意笑开颜，再苦再累心里甜。

十样好，人人夸，马街书会创十佳。
我自豪，我骄傲，出人出书走正道。
我骄傲，我自豪，建设小康架金桥。
美丽宝丰艺人家，曲艺之乡开鲜花。
鲜花开，结硕果，争当书会的守卫者。
我向大家敬个礼，马街书会欢迎你！

宝丰说唱文化普及系列丛书
申红霞　主编

宝丰戏曲·魔术

徐九才　郭敬伟　编著

中国·武汉

图书在版编目（CIP）数据

宝丰戏曲·魔术 / 徐九才，郭敬伟编著. -- 武汉：华中科技大学出版社，2023.5
（宝丰说唱文化普及系列丛书 / 申红霞主编）
ISBN 978-7-5680-9378-1

Ⅰ.①宝… Ⅱ.①徐…②郭… Ⅲ.①戏曲—介绍—宝丰县 ②魔术—介绍—宝丰县 Ⅳ.①J82

中国国家版本馆CIP数据核字（2023）第075724号

宝丰戏曲·魔术
Baofeng Xiqu·Moshu

徐九才 郭敬伟 编著

策划编辑：彭霞霞
责任编辑：梁　任
封面设计：杨思慧
责任监印：朱　玢

出版发行：	华中科技大学出版社（中国·武汉）	电话：（027）81321913
	武汉市东湖新技术开发区华工科技园	邮编：430223

录　　排：天　一
印　　刷：洛阳和众印刷有限公司
开　　本：880 mm×1230 mm　1/32
印　　张：4
字　　数：68千字
版　　次：2023年5月第1版第1次印刷
定　　价：168.00元（全9册）

本书若有印装质量问题，请向出版社营销中心调换
全国免费服务热线：400-6679-118　竭诚为您服务
版权所有　侵权必究

《宝丰说唱文化普及系列丛书》编委会

总策划: 刘海亮

主　编: 申红霞

副主编: 杨淑祯　潘廷韬

编　审: 樊玉生　江国鹏

成　员: 曹俊青　杨东熹　周博雅　郭敬伟
　　　　　聂亚丽　徐真真　王少克　潘运明
　　　　　刘宏民　李全鑫　何清怀　张关民
　　　　　芮遂廷　贺天鹏　徐九才

序

　　文化自信是一个国家、一个民族发展最基本、最深沉、最持久的力量。进入新时代新征程，党的二十大做出了"推进文化自信自强，铸就社会主义文化新辉煌"的战略部署，为我们加强社会主义文化建设、弘扬优秀传统文化指明了方向。

　　地处中原腹地的平顶山市宝丰县，历史文化底蕴深厚，一代代先人在这里繁衍生息、创新创造，留下了丰富的文化遗产，成为中华优秀传统文化的重要组成部分。

　　宝丰县地处河南省中部偏西，是伏牛山脉与黄淮平原的交接地带。西部山峦绵延，中东部遍布平原，丘陵、小山点缀其间。沙河、北汝河两大河流护其左右，石河、泥河、净肠河、应河、柳杨河、运粮河穿境而过，滋润着这片沃土。二十四节气在这里活态传承，春夏秋冬四季分明，具备典型的暖温带气候特征。由此，在这块先民们生产生活的理想宝地上，形成了具有中原特点的农耕文化。

　　古时候，宝丰县是北连河洛、南控宛襄的交通要冲，成就了大营、马街、瀍阳、翟集、老城等古老集镇，车马辐辏，商贾往来，号称"千年古县"。正是在这样一块宝地上，祖先留下了丰厚的文化遗产。

　　2017年1月，文化部（现更名为文化和旅游部）批准设立说唱文化（宝丰）生态保护实验区，至今历时6年。6年来，宝丰县在国家文化和旅游部、河南省文化和旅游厅、平顶山市

委市政府的大力支持下，为生态保护实验区的建设、中华优秀传统文化的保护和发展，做了大量扎扎实实、卓有成效的工作。《宝丰说唱文化普及系列丛书》的出版、发行，对重新审视祖先留下来的珍贵文化遗产，坚定文化自信，保护、继承祖先留下的优秀传统文化，具有十分重要的意义。

宝丰县历史悠久，文化灿烂。境内拥有马街书会、宝丰酒传统酿造技艺、汝瓷烧制技艺、宝丰魔术共4个国家级非物质文化遗产项目；拥有清凉寺汝官窑遗址、父城遗址、香山寺大悲观音大士塔及碑刻、小李庄遗址共4个国家级重点文物保护单位；拥有妙善观音传说、白朗起义传说、木偶戏、韩店唢呐、高腿曲子戏、河南坠子（西路）、大调曲子（墨派）、平调三弦书、翟集冯异小米醋酿造技艺、经担舞共10项省级非物质文化遗产项目；拥有文庙大成殿、文笔峰塔、塔里赤墓碑、解庄遗址、中共中央中原局中原军区宝丰旧址群等17个省级重点文物保护单位；拥有风搅雪坠子书、快板书、评书、祭火神、乐器制作技艺、刺绣、剪纸等64个市级非物质文化遗产项目；拥有前营遗址、贾复庙、玉带河永济桥、小店遗址等121个市县级文物保护单位；已经列入县级非物质文化遗产保护名录的还有越调、拜三皇、唱愿书、对戏等108项。境内还有保护较好的各级传统村落、历史文化名镇名村50余个。

这海量的优秀文化遗产，都是宝丰人民祖祖辈辈传承下来的中华民族智慧的结晶，也是宝丰人民的立足之本、精神财富，是我们值得骄傲和自豪的资本，更是我们崇德尚文、踔厉前行的动力。

《宝丰说唱文化普及系列丛书》是平顶山说唱文化（宝丰）生态保护发展中心组织本土专家学者，根据2017年"宝丰文化进校园"教材蓝本，进一步补充、完善的全民文化普及读物，由《宝丰曲艺》《宝丰戏曲·魔术》《宝丰民间习俗》《宝丰方言》《宝丰历史人物》《宝丰名胜古迹》《宝丰民间音乐舞蹈》《宝丰民间文学》《宝丰传统手工技艺》共9册组成。本书比较全面地展现了宝丰县的历史文化本貌、文化生态环境，文字简洁凝练，是传承、传播宝丰地方文化的大众读物。相信它的出版会对保护和传承中华优秀传统文化起到不可估量的作用。

　　习近平总书记说过："我们要坚持道路自信、理论自信、制度自信，最根本的还有一个文化自信。"文化自信是中华民族对自身文化价值的充分肯定和积极践行，是对其生命力持有的坚定信念。宝丰县的历史文化是黄河文化的重要组成部分，也是中国文化的精粹。热爱本土文化，热爱我们的家乡，传播和传承宝丰县历史文化，保护、抢救我们珍贵的文化遗产，既是宝丰人义不容辞的责任和义务，也是我们培育文化自信的动力和源泉。

　　《宝丰说唱文化普及系列丛书》将给大家带来精神上的愉悦和动力，激励全县人民携手并肩继承先祖的聪明才智，为传承发展我们的优秀传统文化贡献绵薄之力，共同建设好我们的美丽家园。

中共宝丰县委书记
2023年3月

目 录

上篇 宝丰戏曲

第一章　戏曲概述……………………… 003

　　第一节　角色行当………………… 003

　　第二节　戏曲表演基本功与特技…… 007

　　第三节　戏曲行话术语…………… 010

第二章　宝丰戏曲综述………………… 014

　　第一节　宝丰戏曲概述…………… 014

　　第二节　演出团体………………… 018

　　第三节　白朗与戏曲的故事……… 024

第三章　宝丰民间戏曲类别…………… 033

　　第一节　河南梆子………………… 033

　　第二节　高腿曲子戏……………… 036

　　第三节　越调……………………… 040

第四节	杖头木偶戏……………………	044
第五节	提线木偶戏……………………	046
第六节	其他剧种………………………	050
第四章	对戏与唱大戏…………………………	053
第一节	对戏……………………………	053
第二节	唱大戏…………………………	056
第五章	宝丰戏曲演员…………………………	065

下篇　宝丰魔术

第六章	宝丰魔术概述…………………………	081
第七章	小魔术揭秘……………………………	088
第八章	宝丰魔术艺人…………………………	095

附　录

宝丰戏曲唱词精选……………………………… 105

上篇　宝丰戏曲

宝丰说唱文化普及系列丛书

第一章　戏曲概述

第一节　角色行当

　　戏曲舞台表演艺术，基本可归纳为"唱、做、念、打"四种基本功和"手、眼、身、法、步"五种戏曲表演技法，即"四功五法"。"四功五法"是戏曲舞台演出的基本形式。角色行当是根据戏剧情节、人物性格的不同要求，按照较准确的艺术规律、形式，进行各种表演，从而通过矛盾冲突塑造人物形象的形象系统。

　　中华人民共和国成立前，旧戏班一般是四生、四旦、四花脸，后又发展到五生、五旦、五花脸。本节介绍主要的角色行当。

　　一、生行

　　（1）老生：也叫须生。老生分为纱帽老生、相盔老生、帅盔老生、短打老生，均为中年以上的角色，在剧中一般饰演刚强、正直、善良的正面人物，挂白须、苍髯或黑须。根据剧目要求，老生又可分为以下三种：唱功老生，如《闯幽州》中的杨继业；做功老生，如《秦香莲》中的王延龄、《跑汴京》中的窦九成等；靠把老生，如《对花枪》中的罗艺等。

（2）红生：又叫大红脸、边生，如《五堂会审》中的田云山、《反徐州》中的徐达、《穆桂英下山》中的八贤王等。

（3）武生：一般扮演武艺高强、血气方刚的青壮年正面人物。武生分为以下两种：长靠武生，如《反西凉》中的马超、《对花枪》中的罗成、《王佐断臂》中的陆文龙；短打武生，如《打虎》中的武松。

（4）小生：多扮演青年男子，根据年龄、性格、身份和表演上的不同特点来显示个性，如《汧国夫人》中的郑鉴、《陈妙常》中的潘必正等，多是斯文潇洒的扇子小生。

（5）穷生：也叫书生，大多是家境贫寒、穷途落魄的青少年，以唱功、做功为主，如《借妻》中的胡锦初等。

（6）娃娃生：多扮演童年角色，幼稚、聪明、活泼，如《罗焕跪楼》中的罗焕、《三哭殿》中的秦英等。

二、旦角

（1）老旦：多扮演老年妇女，重唱功，如《罗焕跪楼》

《对花枪》中的姜桂枝、《同根异果》《西厢记》中的老夫人等。

（2）正旦：又称青衣，多是性格稳重、善良淳厚的中年女性，以表演、唱功为主，如《铡美案》中的秦香莲、《桃花庵》中的窦氏等。

（3）花旦：此行当由于年龄、处境、衣着、性格等不同，花旦人物较多。如《抬花轿》中的周凤莲，其性格娇憨可爱、爽朗风趣，但表演上重做功，擅用手帕功、扇子功、云手功等。

（4）闺门旦：即未婚的闺阁之女，多是举止大方、善良娴静的少女，如《西厢记》中的崔莺莺、《跑汴京》中的窦凤英等。

（5）武旦：又称刀马旦，有武功技能，擅演武艺高强的青壮年正面人物。武旦分为以下两种：短打武旦，如《穆桂英下山》中的杨排风、《断桥》中的青儿等；长靠武旦，如《穆柯寨》中的穆桂英等。

（6）小旦：又叫丫鬟旦，扮演未婚女孩，性格天真，心直口快，助人为乐，重做功，擅用扇子功、手帕功、茶盘功，如《春草闯堂》中的春草等。

（7）彩旦：又叫泼旦或摇旦，其表演滑稽，多是内心狠毒奸刁的中壮年妇女，如《哑女告状》中的掌上珠、《汧国夫人》中的李姥姥等。

三、净行

（1）花脸：即大净，又叫黑头。花脸多由男性扮演（中华人民共和国成立后，也有少数女性扮演），挂黑髯或白髯，人物性格刚直不阿，廉洁清正，执法如山，铁面无私，以唱功为主，如《下陈州》《秦香莲》《包公告状》《包公辞朝》中的包拯等。

（2）大花脸：一般是性格直爽、刚强，遇事有些急躁的中壮年，挂黑髯，如《三气周瑜》中的张飞等。

（3）二花脸：又兼摔打花脸，其人物性格勇猛、急躁、活跃，如《穆桂英下山》中的焦赞等。

（4）红净：红生兼演，多是地位颇高、稳重大方的正面人物，如《打金枝》中的郭子仪等。

（5）副净：又叫毛净，多是性格暴躁的山大王，如《老羊山》中的周雄等。

（6）白脸：又叫奸脸，其性格残暴、凶狠、毒辣，如《下陈州》中的曹太师等。

（7）三花脸：即小丑。在丑行中，丑角又分老丑、小丑，或文丑、武丑。

总之，戏曲中的角色行当，是戏曲演员的专业分工。从内容上说，角色行当是戏曲表演中人物规范化的形象类型；从戏曲发展史来看，角色行当由简而繁，由于角色身份不同，表演各有一定之规。这是戏曲艺术不断发展创新的结晶。

第二节　戏曲表演基本功与特技

一、戏曲表演基本功

各行当都必须具备表演技巧，戏曲艺术表演基本功主要有腿功、腰功、把子功、毯子功、扇子功、水袖功、手帕功、髯口功、甩发功、翎子功、帽翅功、茶盘功等。

（1）腿功：可分为正腿、旁腿、蹁腿、挂腿、撩腿、勾腿、踢腿、扳腿、撕腿等（左右均练）。

（2）腰功：有下腰、涮腰、滚身、拿顶等。

（3）把子功：有快枪、大刀枪、小五套、双套枪、单刀枪、双刀枪等。

（4）毯子功：有抢背、扑虎、吊毛、跟头、迭鸡、爬虎、前跳、虎跳等。

（5）扇子功：分为鹅毛扇、芭蕉扇、羽扇、大小折扇等，其表演方法为合、遮、夹、转、挥、推、托、端、抖、扑、看、翻等。

（6）水袖功：表演方法为端、甩、抖、扬、冲、抓、挑、勾、挽、转、搭、遮等。

（7）手帕功：表演方法为转、挑、挽、翻、遮、抛等。

（8）髯口功：要领有甩、抖、捻、撩、撕、挑、推、托。

（9）甩发功：表演方法为甩、旋、闪、扬、盘、抖等。

（10）翎子功：有单掏、双掏、单指、双指、抖、双压、口噙等。

（11）帽翅功：有单晃、双晃、上下晃、前后晃、单停、双停等。

（12）茶盘功：有单盘转、双盘转、抛、接、双推、单推、遮等。

此外，戏曲表演基本功还有起霸、趟马、走鞭、云手、山膀等。

二、戏曲表演特技

一代代艺人通过舞台实践，创造并积累了丰富的表演特技，增强了戏曲舞台效果。戏曲表演特技主要如下。

（1）咬牙：演员在表演剧中人物气恼时，用牙齿发出"吱吱"的响声。20世纪50年代演出的《黄鹤楼》一剧，老艺人程秋法扮演赵云，曾用此特技。他用大牙摩擦，面部肌肉保持不动。此技表现赵云对周瑜的恼怒和气愤。

（2）倒座椅：此技是特殊表演动作，常用于剧中人物暴躁、惊恐、愤怒时的表演。如《黄鹤楼》一剧，李山娃、赵廷印扮演周瑜用此特技。表演过程是周瑜内心惊慌，将蟒衣撩起，窥视楼梯，欲逃未成。赵云对周瑜猛踢一足，周瑜将翎子噙入嘴角，用左腿猛蹬，右腿扬起，平身落入椅座（罗圈椅），侧身亮相。

（3）漱獠牙：此技表演难度较大，技巧性强，在舞台表演中亦称"绝技"。20世纪50年代演出的《马三保征东》一剧，老艺人赵同兴扮演马继亮（小花脸）时，曾表演过此技，流传至今。做法是将獠牙粗部用线裹好，用黄蜡焊紧，藏入两腮之内，獠牙吐出时用下唇顶入鼻孔，再用嘴收回于两腮下部，反复表演即可。

（4）变髯口：此技巧变化较快，是由原黑髯口猛变成白髯口。做法是将白髯口放到桌、椅侧处，一瞬间互换。如《闯幽州》一剧，杨继业被困庙内，在一夜之间变为白发老将。老艺人吴银船扮演杨继业时，曾用此技。

（5）变脸：演员（旦、生均可）为表现剧中人物内心的恐惧和愤怒，在一瞬间变换成另一副面目。如《转心壶》一剧，在"祭灵"一场戏中，当奸臣杜文焕抢走亲生儿子阿哥时，公主面如灰色，瞬间疯傻。此时，唱腔音质高亢洪亮，采用了黑脸腔，引起观众共鸣。此技用粉或油抹面，变为灰色。

舞台表演特技难度较大，有些技巧须经专门训练和长期磨炼，并多用于实践。以上几例，多是20世纪演员表演之技。现在掌握这些特技的演员不多，这些特技亟待保护和传承。但也有些演员利用扇子、手帕、纱帽等进行特技表演，收到了意想不到的舞台效果。

第三节　戏曲行话术语

梨园行话是戏曲界使用的专业术语，是演员之间约定俗成的用语，便于同行交流，外行很难听懂。行话语言生动简洁，寓意精辟含蓄。

窝班：科班。过去培训戏曲艺人的机构，一期称"一窝"。

江湖班：职业戏曲班社。

龙虎班：业余戏曲班社。

写头：剧团的外联人员。

里门头：亦称"里八角"，剧中女性角色（即旦行）的统称。

外门头：亦称"外八角"，剧中男性角色的统称。

唱包头的：旦角演员。

坤角儿：演员中的女性。

场面：戏曲里所用各种伴奏器乐（即乐队）的总称。场面可分为文场面和武场面，文场面指拉弦、弹弦、吹奏等；武场面指打铜器、锣鼓等。

撕叶子的：打手镲的。

腰里响：打大锣的。

啃木植的：打梆子的。

抽丝的：拉胡琴的。

箱官：负责管理服装、道具的人。箱官分为大衣箱、二衣箱、三衣箱、头盔箱、把子箱等。

大衣箱：负责管理蟒、帔、官衣等文服。

二衣箱：负责管理靠、箭衣、抱衣等武服。

三衣箱：负责管理水衣、彩裤、胖垫等内衣。

头盔箱：负责管理各种盔、帽、凤冠等。

把子箱：负责管理枪、刀、剑、戟等各种兵器。

大师兄：旧时窝班学员中的学长，通常年龄也较大。

小垫窝儿：窝班里年龄最小的学员。

把子：亦称"刀枪把子"，演出用的武器道具的统称。

鹰肘儿：拂尘。

挽手儿：马鞭。

彩娃儿：又称"走台孩儿"或"郎神"，一种充当婴儿的道具。

牙子：手板。

叫把式：请演员。

让鼓：双方对戏，主台击鼓三让。

顶帘腔：演员未出，在上场门前唱拖嗓，放高音。

马前：唱快。

马后：唱慢。

髯口：剧中人戴的假胡须。

行头：演出服装、头盔的统称。

头面：旦角化妆所用饰物的统称。

反串：演员扮演原不属于自己行当的角色。河南地方戏曲班社每逢年终，于"封箱"前有演反串戏逗乐的习俗。

打炮儿：演员初到新班社的首场演出，习称"打炮儿戏"。

范儿：戏曲演员对各种技术要领或技术规范的习惯称谓，尤以武行中较为常用。

扒：出差错。演出中出了差错统称"扒戏"。

簧：亦称"簧头"或"鼓簧"。鼓师在指挥文武场演奏时所发出的一种信号。

叫好儿：喝彩。

倒好儿：喝倒彩。观众对演员表演拙劣或在舞台上出现事故、差错，用鼓掌或发出怪声的方式表示不满。

走官：过去班社每到一地，掌班者率主要演员先到当地官绅、名流府上拜谒，又叫"拜名"。

放排：过去窝班里的学员，如有一人犯错，全班受罚，挨个儿排着挨打，又叫"满堂红"。

加官戏：为地方豪绅宦海升腾恭贺的戏。

破台戏：在新建成的戏楼、舞台上首次演出的第一个戏。

前棚：演员阵容。

后棚：乐队阵容。

台柱子：主演。

掌班：班社中的总管、首领。

下处：演员流动演出的地点。

台口：跑高台的演出地点。

垫戏：正本戏开演前加的小折子戏。

第二章　宝丰戏曲综述

第一节　宝丰戏曲概述

中国戏曲是一门综合性的艺术，由文学、音乐、舞蹈、美术、武术、杂技等综合而成，是中华文明的瑰宝之一，与希腊悲剧和喜剧、印度梵剧并称为世界三大古老戏剧文化。

宝丰地处中原腹地，千百年来，在这块沃土上，戏曲像一朵奇特的花绚丽绽放。

过去，县域内广大农村，特别是大的村镇，有众多神社，如牛王社、火神社、土地社，又有许多庙会，如火神庙庙会、关帝庙庙会、三官庙庙会、吕祖庙庙会等。这些神社、庙会每逢会期或节日都要请几台大戏助兴，是为了"酬神""娱神"，祈求神灵保佑富贵平安、五谷丰登。

从闹店镇连店村出土的"宋代戏曲人物铜镜"，可以证明宝丰戏曲于宋代已经形成。民国时期，宝丰县境内尚存戏楼几十座，这些戏楼大都建于明清及民国时期。如建于明代的关帝庙戏楼、城隍庙戏楼，建于清代的三元宫戏楼，建于1939年的南关戏园。滍阳镇内有关爷庙戏楼、东鼓楼庙戏楼、泰山庙戏楼。大营镇、商酒务镇、闹店镇、翟集村等均有戏楼，甚至偏远的寺庙内也建有戏楼，如观音堂示范区垛上村的祖师庙戏楼。

据1927年编纂的《宝丰县采访稿·民俗》中记载："俗间城镇乡各祠庙，皆有酬神演戏之举，正二月尤多，或一处数台，或数处同日一二台。"

宝丰戏曲的真正发展，当在清康熙、乾隆年间。清代康熙帝即位后，推行休养生息的政策，社会秩序相对安定。人们"饱而思文""安而思乐"，戏曲活动频繁。

这一时期，宝丰县出现了文学家、戏曲家李绿园（1707—1790年）。李绿园为宝丰县宋寨村（今属平顶山市湛河区）人，名海观，字孔堂，号绿园，亦号碧圃老人。他流传下来的戏曲剧本有《破山斧》《东郭传奇》等，戏曲教学剧本有《四谈集》（包括"谈《大学》""谈《中庸》""谈《诗法》""谈《文法》"四部分）。他历时30余年，写出皇皇巨著——长篇白话教育小说《歧路灯》，得到近现代许多著名学者的推崇。《歧路灯》

全书 108 回，有 56 回涉及戏曲描写，涉及演出剧目 18 种 32 出。这些"戏曲因素介入"描写，涉及戏曲艺人的多方面生活、戏曲演出的场景，以及戏曲的外部因素，即戏曲观众观看戏曲演出的反应及所受影响等，为后人留下了宝贵的戏曲史料。

中华人民共和国成立以后，人民政府十分重视戏曲艺术，于 1950 年召开了"全国戏曲工作会议"，确立了"百花齐放、推陈出新"的戏改方针。从此，宝丰县的戏曲事业揭开了崭新的一页。

在剧团建设方面，宝丰县豫剧团是宝丰县唯一的专业艺术表演团体，常年坚持上山下乡，到厂矿企业演出，颇受广大人民群众欢迎。县域广大农村，则多办有业余剧团，剧种包括豫剧、曲剧、越调、二夹弦、木偶戏等。

演出剧目有神话戏《劈山救母》《白蛇传》《张羽煮海》等，传统戏《大登殿》《下陈州》《墙头记》等，现代戏《朝阳沟》《小二黑结婚》《李双双》等。这些剧目深受民众喜爱，如《墙头记》一剧除了娱乐功能，还有教化民众的作用。

戏曲人才的培养，过去均是"窝班"培训。开班者多为当地豪绅富户或神社会首，教师一般为周边的知名艺人，学员多为附近村贫苦人家的孩子。待三年出师后

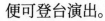

便可登台演出。

中华人民共和国成立之初,部分乡镇办起了文艺学院,以培养戏曲新人。改革开放后,县里正式开办戏曲学校,二期共培训学员80余人,他们后来都成了宝丰县豫剧团及文艺界的骨干力量,为宝丰县戏曲艺术的发展奠定了基础。

宝丰戏曲是宝丰文化的有机组成部分,是说唱文化生态保护区的核心内容之一。宝丰戏曲从孕育产生到发展壮大,都汲取着宝丰县传统文化的营养,凝聚着宝丰县传统文化的思想精髓。戏曲把五光十色的人间生活、光怪陆离的神话传说铺展于有限的舞台空间,使平时过着单调、枯燥日子的百姓享受到精神食粮。

宝丰人爱看戏、爱唱戏、爱哼戏,戏曲已融入宝丰人民的生产、生活之中。在宝丰的田间地头、集市庙会、公园广场,不时能听到有人哼唱"西门外放罢了催阵炮……""下位去劝一劝贵妃娘娘……""祖国的大建设一日千里……""铁梅啊,你年龄十七不算小,为什么不能帮助爹爹操点心……""小仓娃我离了登封小县……""今日是我出闺的前一晚上……""四千岁你莫要羞愧难当……""耳听得门闩响连声,门里边走出来一个女花容……"等片段。这个现象,人们称为"路戏"。

宝丰的戏曲事业，随着历史的发展，继续前进，宝丰县委、县政府十分重视境内民间戏曲的发展。只要深深扎根于广大人民群众之中，宝丰戏曲必将枝繁叶茂，再放异彩。

第二节 演出团体

中华人民共和国成立前，宝丰县没有专业的戏曲机构，均是半职业或业余性质，包括5个窝班、40个戏班（剧团）。这些戏曲机构，有的是当地豪绅富户供的，有的是神社会首组织的，有的是艺人们自发组建的。

中华人民共和国成立后，宝丰县豫剧团（原名为宝丰县大众剧团）建立，这是宝丰县唯一的专业艺术表演团体。此外，不少乡镇和农村也先后建起了半职业或业余剧团，共59个，大多是时办时停。

1958年至1960年，城关、大营、石桥、闹店等公社曾办起"文艺学院"，属于社办戏校性质，边教学边演出。1979年3月，宝丰县建立专业剧目创作机构——宝丰县文化局创作组。1982年至1986年，宝丰县办了宝丰县戏曲学校，共办两期。在此期间，宝丰县办有农村业余戏校 6 座。

作为专业的戏曲团体，几十年来，宝丰县豫剧团在保护传承豫剧、丰富群众精神文化生活、带动民间剧团发展等方面，做出了积极贡献。

1950 年，由城关、滍阳、大营、翟集四大镇商联会集资，购买服装、道具，正式成立了宝丰县大众剧团，演职员工 70 余人。剧团首任指导员为叶策甫，团长为赵同兴。主要演员有白云秋、程秋法、许金柱、赵同兴、吴银船、贺玉花、何秀花、张占标、张春祥、刘连增、李山娃等。一时名艺云集，群芳争艳，剧团名声大振。当时，原籍鲁山的诗人、作家徐玉诺先生，来剧团亲授排演了《红楼梦》《刘海砍樵》等剧目。

1955 年，宝丰县大众剧团更名为宝丰县豫剧团，又从学校抽调一名教师来团管理账务，建立会计制度，按月发薪，改变了演员"死股活值分账法"。为了培养新生力量，剧团于 1955 年招收王玉芳、崔让、张大庆、程广智等 10 余名新学员，排演了《花木兰》《小二黑结婚》《应征前夕》等剧目。1960 年，宝丰县划归平顶山市管辖，剧团改名为平顶山市豫剧二团，主要演员有王国斌、许金柱、白云秋、何秀花、刘玉兰、张占标、程秋法、刘松生等。此时剧团发展至 80 余人，主要演出剧目有《反西凉》《同根异果》《下陈州》《西厢记》等。1961年，该团在武汉民众乐园演出，享有盛誉。

1962年，剧团又更名为宝丰县豫剧团。1965年，陈红旗参加河南省现代戏会演，饰演《人欢马叫》中的吴广兴，同年又参加了中南区戏剧观摩演出大会。1966年，剧团禁演传统戏，古装戏衣、道具全部焚毁。1968年，宝丰县豫剧团、宝丰县曲艺说唱团、宝丰县文艺轻骑队合并为宝丰县文工团，主要排演节目有大合唱，小豫剧《送宝书》《一碗荷包蛋》，活报剧《打打打》《工人阶级有力量》，以及对口词、相声、清唱、表演唱等。1969年，剧团又招收10余名新学员，同年9月，参加许昌地区文艺团体"学习班"。1972年，在全国"普及样板戏"的背景下，剧团排演了《红灯记》《沙家浜》《智取威虎山》《海港》《红嫂》等剧目。1973年，地方戏曲剧目逐渐繁荣，剧团又先后排演了现代戏《阳秋八月》《颍河湾》《风云岭》等自编剧目。1978年，宝丰县文工团又恢复为宝丰县豫剧团。同年，排演大型现代戏《风云岭》并参加许昌地区戏曲会演，获一等奖。

1979年，传统戏"开禁"，剧团又排演了《十五贯》《下陈州》《卷席筒》《三滴血》《胭脂》《老羊山》《秦香莲》《春草闯堂》《跑汴京》《包公告状》《包

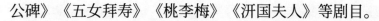

公碑》《五女拜寿》《桃李梅》《汧国夫人》等剧目。

　　1984年8月，宝丰县豫剧团进行体制改革，选举武留兴为团长，刘顺兴为剧团党支部书记。同月，接受县戏曲学校毕业的32名学员。10月，参加平顶山市剧团调演，共演出三个剧目：《开园大吉》《求医》《深山马鸣》。其中，《开园大吉》获剧本二等奖（岳中州编剧），演员靳文枝、王根生、武留兴获演出一等奖，李新国、崔让、李邦欣、齐军生、柴香萍获演出二、三等奖。1985年4月，政府拨款9万元，建造了两栋楼房，占地面积1500平方米，包括60间演员宿舍。宝丰县豫剧团主要演员程广智、王根生、靳文枝、柴香萍、郑玉红的一些优秀唱腔由河南人民广播电台录音，并连续播放。1986年初，宝丰县豫剧团排演了由岳中州创作的新编大型古装戏《包拯拜相》，特邀导演曲玉林，舞美设计何仲齐，音乐设计傅文治，宝丰县财政局专拨经费1万余元。中国戏剧家协会河南分会编印的《中州剧讯》作了报道。

　　1989年，宝丰县豫剧团排演的大型古装戏《莲花仙子》由河南人民广播电台和电视台录音、录像，并首次进省会郑州演出，名声大震。1990年，宝丰县豫剧团参加平顶山市第二届戏曲调演,演出的大型现代戏《蜂蜜情》获集体表演二等奖。

　　1991—1992年，宝丰县豫剧团组成"中国戏曲服饰表演团"参加广州"中华百绝博览会"表演，全国人大常委会原副委员长雷洁琼、全国政协原副主席胡绳及姬鹏飞等领导同志观看演出。紧接着，宝丰县豫剧团受邀到东方乐园演出。1992年，宝丰县豫剧团筹资11万元自制活动舞台，上山下乡为农民群众服务，深受欢迎。1993年，宝丰县豫剧团进行深化改革，实行招标承包团长负责制，全方位走向市场。1995年，宝丰县豫剧团全年演出320余场，收入近20万元。1996年，宝丰县豫剧团共演出900余场，收入30余万元。

　　20世纪90年代后期，戏剧演出领域出现严重滑坡，加之剧团服装道具破旧，联系场地难，戏价低，收入不景气，演职员工生活无保障，剧团举步维艰。2001年，宝丰县文化局采取五项措施进行扶持：一是更新服装，购买灯光、音响；二是整修剧团排练厅，改善剧团长期无排练场地的困境；三是购置电脑字幕机；四是更新观念，改变剧团单一演戏曲的模式，兼演小品、歌舞等，以满足新时期人们多样化的文化需求；五是发动文化系统干部职工捐资，为剧团解决一些临时困难。这些措施稳定了演职员工的思想。

2006年7月至8月,宝丰县豫剧团挖掘整理了《关羽出许昌》《三拜花堂》《古槐案》《浪子卖妻》《杨八姐闯幽州》《县太太断案》等7部传统剧目,由黄河音像出版社、河南电子音像出版社联合录制成光碟。

1996—2007年,宝丰县豫剧团响应中宣部、国家文化部(现为国家文化和旅游部)"文化下乡"的号召,每年开展1至2次送戏下乡活动。

2008年11月14日,宝丰县"舞台艺术送农民"活动在新农村试点杨庄镇柳沟营村启动。至2011年,宝丰县豫剧团共演出70余场,吸引观众20多万人次。

2012年,"政府采购、送戏下乡"惠民工程启动。至2014年,宝丰县豫剧团年均送戏下乡演出240余场,新排演剧目有《闯幽州(连台戏)》《狸猫换太子(连台戏)》《佘太君辞朝》《我爱我爹》等10余部。

2017年,宝丰县豫剧团排演了弘扬"孝"文化的新编古装戏《妙善救父》,参加第十四届河南省戏剧大赛并获奖。

2021年,宝丰县豫剧团参加"庆祝建党一百周年·平顶山市专业戏曲院团优秀剧目展演"活动,演出优秀传统剧目《三娘教子》,赢得观众一致好评。根据全县在扶贫中发生的典型事例，宝丰县豫剧团创作以脱贫攻坚为题材的大型现代豫剧《玉兰花开》，并邀请国家一级导演、编剧、作曲家进行排练。2021年4月，宝丰县豫剧团参加第十五届河南省戏剧大赛，并荣获建团70余年来最高奖项"河南文华优秀剧目奖（区县级及民营剧团组）"，演员分别获得河南文华表演一、二、三等奖。

除宝丰县豫剧团以外，宝丰县还有罗顶村龙凤曲剧团、皮庄村越调剧团、惠民曲剧团、观音堂曲剧团等业余剧团，常年活跃在宝丰县及其他地区。

第三节　白朗与戏曲的故事

白朗（1873—1914年），字明心，乳名六儿，河南省宝丰县张八桥镇大刘村（大刘村目前由石龙区代管）人。白朗起义是中国旧民主主义革命向中国共产党领导的新民主主义革命过渡时期的最后一次规模最大的农民起义，历时四年之久。

由于宝丰戏曲深厚的群众基础，白朗和白朗起义与戏曲留下了许多故事。

一是在祖师爷庙唱还愿戏。1911年腊月二十五，白朗攻打鲁山县张官营未成，独自一人携枪夜间赶回家中，在村东祖师爷庙许愿："如果能得到50支快枪，就为祖师爷写一台大戏唱唱。"

几个月后，白朗起义军超200人，快枪60余支，声威大震。1912年10月，大刘村祖师爷庙会罢，白朗请大戏连唱三天，还愿庆贺，设宴待客，人山人海。

二是铡刘建。1913年11月，白朗起义军为"秦椒红"（郜永成）报仇，将举报者刘老五的哥哥，即乡绅刘建在戏台上用铡刀铡死。那一场戏唱的是《铡红案》（即铡耶律红），剧情发展到要铡"耶律红"时，把刘建按在了铡口，刘建便一命呜呼。据1927年的《宝丰县采访稿》记载："刘廷选，民国元年充乡团队长，屡获匪党，最后将巨匪郜永成，外号秦椒红拿获，送县凌迟，匪党衔之。次年秋，匪氛复炽，突至其家掳之去，时高陈庄正演戏。匪党即台上腰斩之。"

三是智取老河口。1914年3月，白朗军进攻湖北重镇老河口。守军团长赵荣华的母亲正过生日，义军化装成戏班演员，行头里藏有大批武器。同时，还有化装成玩猴、算卦、卖油条、卖杂货的，也进了城。在白朗攻城时，城内的便衣武装与其里应外合，内外夹攻，很快便攻破了城门。而这时的守军团长赵荣华等人正在打牌、看戏，白朗起义军蜂拥入城后，赵荣华骑马狼狈逃窜。

1959年，宝丰县时年70多岁的老人李金章说，他曾在湖北做过小买卖，经常听豫鄂边境的人说，那里的老百姓听说白朗起义军要来，都摆上贺桌，穿上戏装，打上彩脸，唱着戏，迎接他们。

1961年，座谈调查时，老河口时年74岁的老人马海桥回忆："白朗来时，老河口很热闹，戏班很多，都是他们的人。他们利用当时唱戏的机会，由戏班混进来，枪支也由戏班弄进来，是早有准备的。"

时年71岁的老人左金波回忆："二月十二（农历），听风有白朗起义军来，赵荣华（团长）不注意防范。二月十二后半天，正在唱《高老耀装疯》，会场炸了，于是老河口紧张了。白朗起义军来后，河南会馆正在唱戏，白朗让他们继续唱。"

四是编成戏曲。白朗去世后，反动统治者把白朗起义的故事编成戏曲，进行丑化和诬蔑。但是，这种违反人民意志的丑行，遭到了人民群众的反对。大刘村老人王学堂说："有一次在南场唱白朗的戏，把老白朗抹成白脸（按旧剧脸谱，白脸是奸贼，红脸是英雄），一场没唱完，听众都恼火了，结果只得临时改戏，不改戏群众不答应。"曾经当过艺人的老人余成说："在旧社会人家都说老白朗是土匪，人家当权，叫咱咋唱就咋唱，不敢把老白朗唱成个英雄好汉。可是当我唱老白朗的戏时，总是生法儿把他唱得好一点。唱昧良心的戏，心里有说不出的难过。"

再后来，民间把戏曲舞台上的白朗塑造成英雄人物，进行歌颂。大刘村老人们回忆，戏上的白朗是红脸，四个女儿都是正面人物，一个个武艺超群，领兵打仗，儿子是二花脸。他们带领大小三军，把官军打得落花流水。剧团上的一些老艺人回忆，过去唱《打白朗》，白朗是白蟒白靠，子女们能杀能战，文武双全。

至今，还流传着一些戏曲唱词，其中有一段是这样唱的：

杜启斌收抚泪汪汪，
拜上大哥老白朗；
为弟我年幼，
上了杨家的当，
困在鲁山难还乡。
估摸着死多活的少，
众家朋友背地作商量。
与大哥修去一封信，
西门外头劫法场……

宝丰 戏曲·魔术

还有用越调唱的《白朗歌》：
年年有个正月正，
老白朗去打张官营。
码子兑了百十趟，
叶县队来了打不赢。
打不赢来回家转，
多亏了好友秦椒红。
黄土岭上打埋伏，
叶县队抱头鼠窜败回城。

二月里有个龙抬头，
老白朗打开南裕州，
唐县、枣阳尽打开，
金银财宝如水流。
金银财宝都堆下，
扬脸得意就回头。

三月里有个三月三，
老白朗去打荆紫关。
荆紫关大人马文德，
听说白朗就窜了圈。

一窜他窜到南阳府,
他与那府台报事端。
府台听说坐不安,
可别叫白朗闯进关。

四月里有个四月八,
老白朗威镇到梁洼。
一杆大旗竖起来,
你们看——
上写着:白朗闹中华。
中华总统袁世凯,
陆军队开来想捉拿。
他与白朗打一仗,
打不胜白朗有法。

五月里有个五端阳,
老白朗南下要过江。
过江闹有仨月整,
忽听传令回家乡。
路过南召、南阳府,
商酒务,到滍阳,

千军万马谁敢挡!

六月里有个暑了伏,
老白朗威镇到瓦屋。
各路头领遭了害,
众家弟兄来归附。
召集青年无其数,
瓦屋一带整旗鼓。

七月里有个七月七,
老白朗大闹过陕西。
陕西、甘肃白朗闹,
后跟陆军紧紧追哩!
一追追有仨月整,
追不上白朗干着急。

八月里有个立了秋,
老白朗带兵打禹州。
打开禹州陆军到,
舍急慌忙出城头。
出城准备打一仗,

打不胜陆军朝西走。
朝西路过二郎庙,
蚂蚱岭上作对头。

九月里有个九重阳,
天下的蹚将数白朗。
老白朗,跺跺脚,
袁世凯吓得屎尿淌。
有些大人为他死,
有些统领为他亡。

十月里有个立了冬,
老白朗奇兵打宝丰。
叫着牌子进城内,
官军民团乱了营。
赵倜翼军开来了,
老白朗早已撤出城。
赵倜杀了老百姓,
还立石碑臭表功。

十一月里雪花飘,

赃官卸任要窜逃。
白朗得知这消息,
笨炮队埋伏在大石桥。
拉走赃官有多少,
换了钢枪几十条。

十二月里整一年,
老白朗回来到鲁山。
大炮支在城东关,
你们听——
咕咚咕咚往里擅。
只是炮弹不开花,
那是炮手使私权。
白朗传令收兵卷,
再停三天打鲁山。

这本是一支白朗歌,
唱到此处完了篇。

第三章　宝丰民间戏曲类别

第一节　河南梆子

河南梆子，宝丰人旧称其为"梆子腔"或"梆儿戏"。它是流传于河南全省，乃至我国十多个省区市的地方戏曲剧种。因河南简称"豫"，中华人民共和国成立后，河南梆子统称"豫剧"。

河南地处黄河中下游流域的中原腹地，是我国传统文化发展的摇篮。关于豫剧的声腔渊源及其形成和发展的过程，有多种说法。其中，"在河南土生土长的唱腔的基础上，继承弦索腔的传统，并吸收发源于陕、晋的梆子的一些成分"的说法最具代表性。

根据不同地域，豫剧流派有豫东调、祥符调、豫西调和沙河调之分。

依据唱腔曲调等方面的差异，人们通常将演唱声区较高的（俗称"上五音"）豫剧流派称为豫东调、祥符调（豫东调以商丘为中心，祥符调以开封为中心）；把演唱声区较低的（俗称"下五音"）豫剧流派称为豫西调，亦可称为西府调、洛阳调。

除此之外，还有沙河调，流传地域是从长葛、漯河南至西平、遂平、南阳一带；高调，又叫"河东调"，流传于豫、鲁交界一带。

宝丰的豫剧流派，原属"靠调"（即"西府调"），约在清乾隆年间，由洛阳一带传入，有200多年的历史。其唱腔以"下五音"为特点，以平嗓为主，声音浑厚，行腔圆润。

清光绪六年（1880年），周庄镇陆庄村的蔡中山首先办起"梆儿戏"窝班，到1912年，官衙、瀍阳等地也纷纷办起梆子戏班，演出剧目有《铡美案》等。1938年，程秋法从巩县（今巩义市）一带来到宝丰，后成为宝丰较有名气的豫西靠调代表性演员。

1950年，宝丰县豫剧团成立，通过"叫把式"（请演员），将开封一带的豫剧演员张兰秋、何爱云、许金柱等请到宝丰，豫东调始占主位。之后各地演员往来频繁，流派调门混杂，豫东、豫西、沙河调等唱腔共容。目前，豫剧唱腔以常（香玉）派居多，但也有崔（兰田）派、阎（立品）派等流派的。

豫剧的唱腔调门主要有慢板、二八板、流水板和飞板四大类。

除此之外，豫剧音乐还有不同风格的曲牌。这些曲牌，从功能上可分为"笛牌"和"弦牌"两种。笛牌一般在行军打仗、元帅坐帐、皇帝登殿时用。弦牌一般用在书房、官场、扫灵堂等场面中。

豫剧的传统唱法中，男女声基本上是同腔同调。豫东调演员演唱时多用假嗓，豫西调演员演唱时多用真嗓。

豫剧的主要伴奏乐器有板胡（又称"瓢儿"）、二胡、琵琶、小三弦、竹笛、笙、唢呐、大提琴等，统称为文场面。武场面主要有板鼓（俗称"边鼓"）、大锣、小锣、手镲和梆子。

豫剧的特技表演有极强的艺术效果，观众很爱看。纵观县域豫剧艺人及宝丰县豫剧团演员的表演技巧，豫剧的基本功项目可归纳为腿功、腰功、把子功、毯子功、扇子功、水袖功、手帕功、髯口功、甩发功、翎子功、帽翅功、茶盘功等。

这些基本功都是根据戏剧情节、人物性格的不同要求，按照戏曲程式进行的不同表演，从而揭示戏曲矛盾，塑造不同的戏剧人物形象。常言说："台上一分钟，台下十年功。"想要当一个好演员，除了要有一副天生的好嗓子，还需在台下苦练基本功。

另外，宝丰县豫剧团的一些老演员还有一些表演绝技，如程秋法的"咬牙"，李山娃、赵廷印的"倒座椅"，赵同兴的"漱獠牙（即猪大牙）"，吴银船的"变髯口"，张茹的"变脸"，等等。

宝丰县域内常演的传统剧目有《三哭殿》《打金枝》《对花枪》《穆桂英挂帅》《包青天》《十五贯》《绣花女传奇》《花木兰从军》等；现代剧目有《红灯记》《智取威虎山》《沙家浜》《红嫂》《人欢马叫》《倒霉大叔的婚事》等。

2013年9月，靠调梆子、豫剧被平顶山市人民政府公布为市级非物质文化遗产项目。

第二节　高腿曲子戏

"喝了汤，没啥事，商商量量哼曲子儿。"这是宝丰人过去常唱的路戏。这里所说的"曲子儿"，就是"高腿曲子戏"。

高腿曲子戏是宝丰流传较广的地方戏曲剧种，旧称"高腿故事""高跷曲"。此后，演员走上高台演出，该戏曲剧种被称为"高台曲子戏"，中华人民共和国成立后，被称为"曲剧"。高腿曲子戏源于北宋时期的说唱形式"诸宫调"，在明清时调小曲的基础上逐步形成。

高腿曲子戏初为地摊戏，又名"乱弹社"或"清唱团"。三五人在劳动之余，围坐桌旁，艺人手执檀板，击节自唱或一唱众和。不化妆、不穿箱，只唱些折子戏或警世劝善的戏文，如《货郎翻箱》《劝坟》《小姑贤》《小姑恶》《王婆骂鸡》等。有时一人饰多角，近于曲艺形式。

后来有人把这种坐唱，用于节令装扮民间故事中的人物"踩高跷"时的演唱，称"高跷曲"或"高跷故事戏"。

这时，演员已有了简单的角色分工和模式化的化装。通常有老婆（老旦妆）、相公（小生妆）、大妮（青衣妆）、二妮（花旦妆）和和尚（丑妆）5个角色。人多时再加上老头（须生妆）、瞎子（丑妆）等角色。所有演员双脚均缚以两三尺（近1米）高的木跷，边舞边唱。另有拉大弦（即现在用的"曲胡"）的和打板击节的各一人。人多时另加三弦、四胡。乐器手均不踩高跷。

高跷演员所演唱曲调主要有阳调、银纽丝、诗篇、剪剪花、哭书韵、呀儿哟、一串铃、双叠翠、汉江、渭垛、莲花落等。

所演的剧目多是短小精悍、滑稽有趣、富有乡土生活气息的针线筐戏，如《坐楼》《劝酒》《淘气赶驴》《小两口拜年》《怕老婆顶灯》等20余出。

高跷班通常在农闲或逢年过节，尤其是春节和元宵节期间，同社火、竹马、旱船、赶驴等民间舞蹈队一起，走街串巷活动，随处可以演出。一般到某演出场地，有的班社的高跷演员还要先表演各种跷上技艺，如扑蝶、单腿独立、双腿蹦、带跷劈叉、打滚身，甚至用一只跷腿立在一块砖上唱小曲。

扮和尚的丑角演员需要不断做各种滑稽表演，如身挂响铃，手摇带铜钱哗哗作响的霸王鞭（俗称"花棍"），脖子上挂一尿壶，边走边唱，以此招来观众并打开场子。接着，拉大弦奏起闹场的曲牌【大起板】（又名【十八板】），待场子安静下来即可正式开戏。

光绪二年（1876年），商酒务镇的韩庄村首先办起高跷曲子班。民国时期，商酒务镇商酒务村、杨庄镇杨庄村和马街村、赵庄镇魔冢营村、前营乡店头村相继成立高跷曲子班。马街村的张朝栋、大店头村的董广太和蓝老姜、商酒务村的陈秀吉和魏雪山、丁岭村的李黑臣和徐文彬等均为宝丰县域较早的高跷曲子戏演员。

高跷戏中的演员甩掉木腿，走上土台或其他高台演出，剧中人物都会固定下来，不再由别的角色随意顶替，这是高腿曲子戏演变为高台曲子戏（即现在的曲剧）的重要转变。

20世纪30年代后期，随着戏曲艺术的不断发展和观众要求的不断提高，高跷的形式已不适应表演大戏的需要。演员踩跷时间长，劳累不堪，且被绳子绑得两腿发麻，行走不便，或因下雨刮风无法在广场表演，演员便想出甩掉跷械在室内或土台、木板台上演出的办法。调整方式后的演出让观众很满意，演员也能够放开步子尽情表演。从此，高台曲子戏逐渐取代高跷戏，走上了舞台。

民国中后期，曲子戏在全县已比较盛行，广大群众爱看"曲子戏"，艺人爱演"曲子戏"，因此宝丰有了"曲子窝"的美称。

中华人民共和国成立后，高台曲子戏的发展达到顶峰。全县大部分乡村都建起了业余曲剧团。20世纪50年代，商酒务镇的高腿曲子戏窝班被省政府整体转化为河南省曲剧团。商酒务村的白永伶（外号"白牛娃"）、城关镇大寺街的王和尚等后来成为河南省曲剧团的台柱子。白永伶以"滑稽大王"誉满郑州曲坛。

2013年2月，宝丰曲剧被列入第三批县级非物质文化遗产名录。2021年7月，高腿曲子戏被河南省人民政府公布为省级非物质文化遗产项目。

第三节 越调

越调又名"四股弦"，是宝丰较为古老的传统剧种，在全县普遍流行。

关于越调的声腔渊源，一向众说纷纭。有的说它是春秋古越复国之声，由范蠡归隐时带回南阳；有的说它是唐燕乐二十八调中属于黄钟商的"越调"；有的说它由中国戏曲里"平、背、侧、月"四种调门之一的"月调"附会而成，是南阳梆子的一种变体；有的说它是明宣德、正统至成化、弘治后，在中原汴梁（今开封市）一带风行的弦索声腔的一个分支；还有的说它是唐明皇据《婆罗门》改编的《霓裳羽衣曲》，时号越调，即今越调剧种的声腔之源。

说起什么时候有越调戏，李庄乡翟集村的李会东老人说，他十来岁时，听他姥姥说："越调戏兴得早啦！有一年，吴王死了，越王带着戏班子去吴国吊孝，戏班子在吴国演出，很受百姓喜爱。越王为了两国的友谊，就将戏班子留在了吴国。因为是越国的戏，所以吴国人称之为'越调'。越调戏大部分的唱腔尾音是哭腔调门，因此后来的越调以吊孝、祭丧戏为多。"这虽是民间传说，但可说明越调戏产生的历史年代久远。

赵庄镇魔冢营村、周旗营村较早成立越调戏班。其后，高绿芳在商酒务镇办越调窝班。同年，大营镇成立越调地摊戏。1937年，周庄镇余官营村的康老四办起越调窝班。这些班社，曾演遍全县乡村。

越调戏所演出的传统剧目十分丰富，有《桃花庵》《雷公子投亲》《李双喜借粮》《李天保吊孝》《白奶奶醉酒》等。

起初，越调剧目主要演历史袍带戏，后来逐渐吸收和编演民间生活戏。文字句式则由原来曲牌体的长短句逐渐变为板腔体的七字句、十字句，同时音乐体制也发生了变化。

越调主要调门有慢板、流水、乱弹、赞子、哭腔、飞板和散板等。

越调戏的乐队，文场中除主弦短杆坠子和四弦外，其余为一般的民族乐器，如二胡、高胡、中胡、琵琶、古筝、唢呐、笙、笛子，多数剧团还使用大提琴。武场中有板鼓、大锣、手镲和小锣等。

越调戏在宝丰县广大人民群众中影响深远。民众爱看越调戏,路戏爱哼越调腔。逢年过节及农闲时,村里的老戏迷,三五人一合计,催促找人组织拉场,搭起台来就演出。有不少爱唱越调的民间艺人年过花甲还在登台演出。人们认为哪个村有剧团,经常演大戏,就意味着那个村很富裕,全村老少都感到很光彩,那个村的年轻小伙就好找对象。值得一提的是,魔家营村对越调戏更是情有独钟。方圆三五百里,不管是专业的还是业余的越调剧团的艺人们,都知道魔家营村是他们的老家。剧团一进村,家家户户把他们当成远道而来的客人,尽情招待,免费安排吃住。艺人平时进村时,只要说一句"我是老表,我回来了",村民不问对方姓甚名谁便热情带到家里,住上十天半月也不嫌烦,临走时还要送上盘缠。

越调戏在宝丰还有一个动人的故事,就是"为了名角'小爱',宁愿破产做'驴'"。小爱是一名著名女演员,中华人民共和国成立前,她所在的越调戏班经常在大营镇演出,很受欢迎。大营南街有个叫张石头的摆烟摊的贫家青年,看小爱表演看得着了迷。后戏班到别处演出,他就把烟摊换成烟篮随之漂泊。不足一月时间,

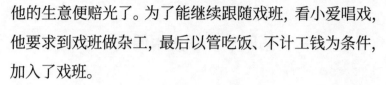

他的生意便赔光了。为了能继续跟随戏班,看小爱唱戏,他要求到戏班做杂工,最后以管吃饭、不计工钱为条件,加入了戏班。

张石头嗓音不济,不能和小爱同台表演,甚觉遗憾。后来,小爱唱《双骑驴》,他煞有兴趣。"驴"的角色只要劲,不要腔,于是他便提出做小爱"坐骑"的要求。

《双骑驴》中"驴"的角色是个苦差事,需要弯着腰,手拄两根木棍(当驴腿),背驼百余斤,在舞台上晃动很长时间。按戏班规定,"驴"除正薪外,出场尚有若干补贴,张石头为了能当小爱骑的"驴",声言分文不取。

每次演出结束,张石头总是累得汗流浃背,气喘吁吁,但他总是乐呵呵地说:"当小爱的'驴',值得!'驴'我是当定了。"

越调戏在宝丰县影响着一代又一代人,目前,境内有许多年轻人还在继续学唱越调腔。贺窑、高铁炉、斋公庄、皮庄、黄庄、周营等地的业余越调剧团,逢年过节或农闲时会在县内外演出,深受群众欢迎。

2013年2月,宝丰越调被列入第三批县级非物质文化遗产名录。2013年9月,地摊越调戏被平顶山市人民政府公布为市级非物质文化遗产项目。

第四节 杖头木偶戏

木偶戏简称"偶戏",古称"傀儡戏",是中国历史上非常悠久的戏曲形态。它是由人操纵"偶像"(俗称"偶人"或"人子")所扮演的角色,模仿人的动作,借助演出者的唱念来表演各种戏剧故事。人们常称之为"一人笑谈千古事,十指操弄百万兵"。

宝丰县木偶戏历史悠久,技艺精湛,有杖头木偶戏和提线木偶戏两种。本节主要介绍杖头木偶戏。

杖头木偶戏俗称"肘猴",又称"大木偶戏",主要分布在宝丰县赵庄镇及附近乡村。杖头木偶不是像提线木偶那样在木偶的各个部位安上线,用线控制木偶的各个关节,让木偶进行各种动作的表演,而是在木偶下面插上木棒,由表演者把木偶举起来,操纵丝线进行表演。表演时配以越调演唱,形象逼真,栩栩如生。

关于杖头木偶戏的渊源,史料缺载,但据民间传说,赵庄镇的杖头木偶戏和提线木偶戏都起源于春秋战国时期,由楚国大将养由基在周营村驻防时,以偶人为靶子练习射箭演变而来,距今已有两千多年的历史。

当时楚国大将养由基带兵参战鄢陵战役,大胜后便趁势攻打陕州(今三门峡),自鄢陵至陕州途中路过周营村,发现此地为风水宝地,便在此安营扎寨,休养生息,备战陕州。为提高战士的射箭技术,他做出许多木制人头,或上边穿上线,或下边插个棒,让战士练习。养由基走后,留下了许多偶人,小孩们整天玩弄,于是村中艺人突发奇想,把偶人运用到文艺演出节目中去,按人物性格规划脸谱,着以服装,配以动作、唱腔。上边穿线的偶人演变成了提线木偶,下边插木棒的偶人便演变成了杖头木偶。

周营村富户徐富昌(外号"徐三少")一生酷爱木偶戏,于1934年自费办起杖头木偶越调剧团。该剧团经常到方圆百里演出木偶戏《孙悟空大闹天宫》《盘丝洞》等,在当地颇有影响。

杖头木偶戏的偶人较大,一般高60厘米左右,由木头或纸浆壳制成。将偶人制作成戏曲人物造型,包括面部化装、戏曲行头打扮。剧情基本按照戏曲开展。表演时对场地要求不严,一般用帷幔与观众隔开,几个人操纵偶人就可表演。表演剧目多选自《西游记》,如《三打白骨精》《高老庄》《女儿国》等;也有其他剧目,如《白莲花下凡》《白奶奶醉酒》《火焚绣楼》《李双

《喜借粮》等越调戏。

杖头木偶戏有几个明显特征。一是拟人化。偶人借助戏曲的唱、念、做、打来塑造人物，表演戏曲故事，栩栩如生，生动形象。二是戏曲化。表演杖头木偶戏的演员，一般都要懂得戏曲的手、眼、身、法、步，大部分本身就是戏曲演员。三是神秘感。演员隔着帷幔在后台操纵偶人，观众只能看到偶人的表演而看不到演员，使表演富有神秘感。四是新鲜感。观众欣赏过传统戏曲，再观看杖头木偶戏，会有眼前一亮的新鲜感，能缓解审美疲劳。

2013年，杖头木偶戏被平顶山市人民政府公布为市级非物质文化遗产项目。近年来，张八桥镇非物质文化遗产传承中心、赵庄镇周营村赵爱香杖头木偶戏传习所，常年开展杖头木偶戏传承教学活动。

第五节　提线木偶戏

提线木偶戏俗称"提猴儿"，由演员提线操纵偶人表演，偶人较小，一般为30～40厘米，用木头雕刻而成。表演节目多为群众所熟悉的民间传说、神话、寓言故事，如《老虎吃绵羊》《刘海戏金蟾》等。

早在唐宋时期，宝丰县城北部的赵庄、商酒务、肖旗等乡镇就有表演提线木偶戏的。因这一带多岭洼，土地贫瘠，一遇灾荒年景，穷苦农民更是食不果腹。人们为了生存，每逢冬春农闲、青黄不接之季，便携家带口到较为富裕的南方，以玩木偶、变戏法为生。当地的民谣"一遇灾荒年，百姓度日难，担起木偶下江南，挣来银钱返家园"就是对境内民间提线木偶艺人当时生活的真实写照。

1988年，赵庄镇岔河寺村村民丁发记在自家院内挖粪坑时挖出一个瓷枕，枕上绘有木偶"双狮斗宝"图案。图案精致细腻，色彩和谐，双狮造型，栩栩如生。经文物部门鉴定，该枕为宋代三彩瓷枕。据此，可以推算，宝丰提线木偶戏在宋代已经形成，距今已有一千多年的历史。

到了清代，提线木偶表演在宝丰地区更为盛行。据周营村老艺人魏洋说，清康熙、乾隆年间，该村就有48家玩"提猴"的。当地流传："周营村，圆周周，唱不起大戏玩木偶。变戏法，耍提猴儿，锣鼓一响解忧愁。"

提线木偶戏为一人操作，主要是用线（黑线）穿在木偶道具偶人上，并连在事先做好的"撑子"（即用竹篾弯成直径约10厘米的椭圆形的工具）上，由演员提线操纵，把偶人平衡起来表演。如人物的举手投足、鸟类的飞翔挠痒、动物的蹦蹦跳跃等，都是靠演员灵巧的十指掌控完成的。根据需要，提线的根数可多可少，一般为5～10根。

提线木偶的表演者应熟悉木偶的特性，熟练掌控技巧，稳定重心，保持平衡，不让木偶乱动。

对于动物表演，演员平时还要多观察各种动物的习性、动态，这样所演的节目才能精彩有趣。以《仙鹤吃子》为例：表演者手握竹圈在舞台作鹤飞状，并用手指勾动系在鹤翅膀上的线。一勾一松，线则一收一放，翅膀自然一上一下。同时，晃动竹圈，带动细长而柔软的翅膀。这时，观众所看到的就是自由飞翔的仙鹤形象了。然后，作仙鹤安闲状、昂首起飞状等。

当鹤发现海面上一仙鱼背上的小孩，去啄他时，小孩急进鱼腹，鹤不得吃而回。如此三番，最后鹤反被鱼夹住不放，挣扎不脱而死。同时，表演者口中念韵白："害人如害己，害不到别人害自己。"这一系列动作全凭演员操纵丝线来完成，因此表演者要手法灵活，把握好火候，不然勾错一根就全乱套了。

许多节目的传统唱词通俗易懂、诙谐幽默、接地气。

《三英战吕布》的传统唱词:

三英战吕布,大战虎牢关,虽说吕布的手好,好手赶不里人多。只见那四匹战马只长得腰细身长,鼻大口方,前腿如箭,后腿如弓,前看似卧字,后看似金龙,轩猪耳朵,铃铛眼睛,开腿上十字,鞍上放水平,跑将起来真是两耳生风,看不见四条腿迈动,只听到马蹄子嗒嗒响,又听见咣咣马铃声。只见那四人四马四兵刃,杀在一起,战在一处。这一个剑剑想封喉,那一个刀刀取性命。这一个招招逼得紧,那一个步步不留情。只杀得飞沙走石天地暗,狂风暴雨加雷鸣。只见得吕布的方天画戟千般解数,刘备的双剑百样峥嵘,关公的大刀凶更猛,张飞的铁枪不留情。猛张飞粗中有细,一连三枪三连九枪,打得吕布节节败退,张飞大笑,哈哈三声,桥塌三孔,河水倒流四十五里。

《白鹤吃子》的唱词:

白鹤空中在翱翔,白鹤空中在展飞,又翱翔又展飞。累得白鹤腹中饥,腹中饥,不想飞,落到河边来休息,看见一条小鲤鱼,白鹤心里有主意,一心想吃小鲤鱼。小鲤鱼,不简单,肚里住着小童仙。小童仙,也不憨,白鹤的心思他看穿,经过两下来打斗,白鹤彻底输个透。

输个透，心不甘，还想挑战小童仙，结果性命丢到河里边。这就叫：人为财死，鸟为食亡。

木偶戏表演者还要对锣鼓经、武打招式，以及生、旦、净、丑各个行当了如指掌，做到人偶一体。

过去，木偶戏表演地点多在城市集镇、码头"撂明地"演出。现在多用演出大棚，也有团体租用城市歌舞厅、剧场表演的。

2009年，宝丰提线木偶戏被河南省人民政府公布为第二批省级非物质文化遗产项目。近年来，提线木偶戏经常开展进校园、进敬老院、进社区等活动，受到人民群众的欢迎。

第六节　其他剧种

在宝丰，还存在其他剧种，或者说短时间内在宝丰演出过。

一是二夹弦戏。1937年，李发科（唱青衣）的二夹弦戏班从开封市杞县一带来到平顶山市宝丰县高皇庙演出，被当时高皇庙丁渭南、王弼臣收留。从此，二夹弦剧种传入宝丰。之后，许良魁、李二凤等演员先后来到高皇庙，名声大振。李发科的戏班是宝丰县唯一的二夹弦戏班。1946年该戏班解体，存在仅9年余。二夹弦的主要乐器为四股弦（丝弦）、二胡、板胡、京胡等。二夹弦戏唱腔高昂、花哨，腔弯变化多，适宜于欢快、抒情的剧目演出。

二是二簧戏，也有写作"二黄戏"的。清末民初，二簧戏在宝丰较为活跃，有汉调二簧、沙沟二簧等。

汉调二簧是汉剧支派之一，由清乾隆年间鄂东的"二簧戏"传入鄂北山区演变而成。光绪三年（1877年），赵庄镇魔冢营村四道街曾供过四台戏：北街越调、南街梆子、东街曲子、西街二簧戏。西街二簧戏主要演员有"李大脚""黑脸"等，演出剧目有《拉火棍》及三国戏。1934年，鲁山董村汉调二簧戏班曾在大营演出，活动时间较长，主要演员有"麻红脸""高个红脸"等，演出剧目有《收孤儿》《南阳关》等。人们劳动之余，乐于摹拟汉调二簧唱腔，足见其影响之深。

1912年，郏县黄洼"通山窑"二簧戏班，曾在宝丰县境北部石河、汝河一带（即今赵庄镇、石桥镇）活动，相当频繁。该戏班主要演员有"大屁股丑""自来白"等。"大屁股丑"的丑角表演，自然、巧妙、脍炙人口。同年，商酒务村也供了"沙沟二簧"戏班，但时间较短。1940年，宝丰县城的关帝庙曾演过二簧戏，当时的县长肖德乾（济源人）曾亲自上台打鼓板。

　　三是京剧。京剧，旧时宝丰人称之为"京梆二黄"。1929年，大营镇就有一京剧戏班演出，给人们印象最深的是武技表演。演出《杨香武盗九龙杯》时，一体型较胖的演员自戏楼舞台上场口跃出，用双腿夹紧木柱，身子悬而无依。1948年5月，华东野战军（陈士榘、唐亮兵团）文工团曾在商酒务、焦楼等村，向中原野战军进行慰问演出，剧目有《闯王进京》等。临别时，刘伯承司令员亲自送行至桥上，并合影留念。

第四章 对戏与唱大戏

第一节 对戏

同时同地由两个或两个以上剧团、戏班,比赛竞争演出,以取悦观众的戏称"对戏"。

过去,宝丰县古庙会(亦称古刹大会)甚多,如农历正月廿八高皇庙庙会、正月十九闹店火神庙庙会、三月初九岔河寺庙会、八月初三城关镇吕祖庙庙会、大营古垛村中岳庙庙会、龙泉寺村火神庙庙会等。一般大村古镇"对戏"之风极为盛行。一般是两台,多则三台、四台。数台戏班同时演出,虽能互相交流,取长补短,但旧时同行是"冤家",为赢戏可能会采取各种手段,如滚棚、爬杆、大上吊、双骑驴、老鳖大晒盖、一炮崩出仨红脸、阎罗小鬼闹地狱等。写戏双方亦往往借此机会,压倒对方,一泄怨气,二示威风。为此,有的怕对戏对输了,就组织人向戏场里扔糖块,扔花米团,以拉拢观众。

旧时的古庙会上写戏唱戏，多为酬神娱神，名曰"为神演戏"。一般都唱三天，头一天叫"扎戏"，演戏前，先要为神摆供，称"花供"。十几张大方桌上摆满各种各样的供品，祈祷神灵保佑一方平安、风调雨顺、四季发财。然后再由戏班演出。如农历九月初九是翟集关帝庙大会，由"扁担社"（即经商做生意的）供戏，名曰"给关老爷唱戏"，主要演《关公挑袍》《斩蔡阳》，但从不演《走麦城》。

过去，"对戏"有一些约定俗成的规矩，如"点炮开戏"：两台戏对戏，大都在开始写戏时双方就已交涉好，不怕戏价高，但要点炮开戏。炮其实是三眼铳，三声炮响，各有讲究：一声炮响，演员要及时吃饭；二声炮响，演员开始化妆；三声炮响，开演时间到。对戏分主台、客台，第三声炮必须由客台戏班先放，主台戏班再放，两台对戏开演。也有在三天会期内，写方专门派人在上午、下午、晚上三次点炮，炮响必须开戏，若迟了，必受责怪。因此，演员从上午到晚上基本不卸妆，那边炮声一响，这边演员马上出场。

"对戏"还有个不成文的规矩是"让鼓开戏"。对戏双方戏班，若哪一方准备开演，便敲一下鼓，对方如果也将开演，便敲一下鼓作为回应。对方若不还鼓，这一方可稍候片刻再敲第二遍鼓。此种方式，一是表示打招呼，二是表示谦让，有礼貌。但敲鼓只有三次，即"三让"。若在敲第三遍鼓后对方仍不应，只管开戏，因为"礼到了"。

过去，一年一度的正月十三马街书会上一般都要有两台以上大戏助兴，一唱三天。

农历正月十一卯时（5点至7点），三眼铳一放，书会上请来的几台大戏同时开锣，便拉开了书会的序幕。起初，马街书会上有三台大戏助兴，马街村一台，邻村乌峦照、马渡寨一台，东彭庄、白水营、水牛多和太平庄一台，并规定凡参加的，就不允许退出。后因乌峦照、马渡寨两个村小，经济实力弱，书会期间就不再参与对戏，只在火神庙供奉两支可以燃烧三天三夜的大蜡烛。马街为感谢邻村对书会的支持和帮助，总是让东彭庄的戏设正台，本村的戏设偏台，无论是点炮开戏还是刹戏都由东彭庄决定。两台戏一般都是在农历正月初十就搭好台，正月十一那天，只要老鸹（即乌鸦）一叫，三眼铳一放，不管有没有人看，都要点炮开戏，一唱三天，俗称"老鸹叫戏"。

两台大戏同时开始后，戏台上锣鼓喧天，演员们唱、念、坐、打，酣畅淋漓，一招一式，惟妙惟肖。戏台下人山人海，看的，如痴如醉；逛的，悠闲自在，一派欢乐祥和的景象。若哪个戏台下观众多，叫好声、欢呼声热烈，这台戏就被定为"赢家"；若戏台下观众少，冷冷清清，则被视为"输家"。赢戏的一方擂鼓鸣金，以示庆贺；输戏的一方要在戏台左上方的柱子上挂"驴碍眼"（即驴拉磨劳动时，为防其偷懒、偷吃东西而被主人挂在眼前遮挡视线的布片），以示服输。在当地民俗中，被挂"驴碍眼"是很丢人、很没面子的事情。尽管如此，马街书会上的对戏习俗，也传承了下来，但现在已经比较文明了。

20世纪60年代，境内有生产大队采取"记工分"的做法，鼓励群众看戏。

第二节　唱大戏

一、唱大戏相关习俗

如其他行业一样，说唱行当也有自己的习俗。这些习俗大都约定俗成，代代相袭。

（一）破台

晚清及民国时期，大的集镇村庄，凡新建戏楼、高台、戏场，正式演出前都要举行破台仪式，即"祭台"。破台仪式分文破和武破两种形式。文破时写一部"敬请飞仙、游仙"的表文，燃烧香表后，戏班首领祷告大仙，请众仙保佑演出安全、成功，并叩拜众仙，之后开演小型武打戏。武破时用两只碗做成吊灯，系于戏台两边，在戏台上下口处用枪把灯打灭。因戏台俗称"坐虎"，油灯象征虎眼，把油灯打灭，说明虎眼已瞎，便可捉拿妖怪了。油灯灭后便由天官上场，命四大天王捉妖降怪。四大天王吆喝着领旨捉妖后，紧接着锣鼓齐催，鞭炮齐鸣，一扮妖之人怀抱公鸡在场上被天王捉住，四大天王将公鸡头砍掉，鸡血洒落戏台前后，告知天官已拿住妖怪，并把鸡头钉在戏台边梁上，以示破台，紧接着唱一出小戏，表示破台完毕。

不过，此仪式也不尽相同。据《宝丰县戏曲志》记载，翟集村老人李会东讲"祭台"经过：在演出前，台上两边站六个把式，中间一人扮姜子牙（按《封神榜》上扮相），将中间"老鳖灯"敲烂，然后把一白公鸡头扭掉，在前后台洒鸡血，最后把白公鸡钉在戏楼椽子上。另一种"祭台"形式是高皇庙村时年80岁老人丁玉林讲述的：开始舞台不围箔，两边放两个碗，在台下用枪把碗打烂，一个扮妖仙的演员把鸡头扭掉，在前后台洒血，然后将鸡头钉墙头，最后围箔。演出开始是"三出头"，都是"顶帘腔"，演员未出场，便博得阵阵掌声。此习在中华人民共和国成立后已逐步改之。现在一般是举行落成典礼、剪彩、放鞭炮、锣鼓奏乐，热闹一番，然后开始演戏。

（二）打闹台

凡是演出，开戏前必先来一通锣鼓，以召集观众，凝聚观众之心，也提醒演员做好上场前的准备。打闹台的形式有多种，有武术表演、杂技表演或训练的动物表演，也有打一道锣鼓后来一段器乐联奏的。这种形式在中华人民共和国成立前很是盛行，而后渐渐变化成演出前的一小出幕启乐了。

（三）点炮开戏

详细内容见本章"对戏"一节。此习沿袭到中华人民共和国成立后，亦有用手摇铃、战鼓、电铃代之的，但马街村"正月十三书会"对戏，仍沿用点炮开戏这一习俗。

（四）让鼓开戏

详细内容见本章"对戏"一节。此习在中华人民共和国成立后已少见。

（五）老鸹叫戏

有些地方逢古刹庙会写戏，双方商定：早上老鸹叫便开戏。即早上不论天明不明、看戏人多少，只要老鸹一叫，台上就得开戏。如果不开戏，当场扣戏价。这样，戏班就得起五更化妆。不过，起早来看戏的人毕竟不多，有一两个演员在台上支应即可。待天亮人多，戏班才正式演出。唱老鸹叫戏，比一般戏价高。此习在中华人民共和国成立后已少见，基本废之。

（六）小儿开脸

为了图个吉利，在戏班演出之前，往往有一些父母抱着或领着小儿，到后台让戏班的名演员为小儿开脸（一般画关公的红脸或包公的花脸）。开脸后，让小儿在台上转一圈。小儿离台后不能擦掉脸谱，只能让其渐渐消失，而且需要连续画三年，意在祝愿小儿终身无灾难。开脸者得赏钱。此习至今仍然存在，这实际是长辈对孩子的美好祝愿。

二、大戏分类

（一）根据唱大戏的原因分类

历史上，唱大戏有多种原因，在节令、办庙会或者还愿时，都会唱大戏。大戏主要有节令戏、庙会戏（又称"神戏"）、还愿戏等。

1. 节令戏

旧时在某些传统节日，往往要唱大戏，这些戏被称为节令戏。较具代表性、较为固定的节令戏是"过大年唱大戏"和"元宵节唱灯戏"。

"过大年唱大戏"是在春节期间唱大戏。旧时，有大型寺庙请的，有大户人家请的，有商人巨贾请的等，请戏的目的虽然有别，但是都起到了娱乐民众、教化民众的作用。2020年之前，宝丰县豫剧团春节期间连年在县城演出，一般每次每地演出时间在三天及以上。这是对传统民俗的延续。

"元宵节唱灯戏"非常普遍。宝丰境内流传着元宵灯会的习俗，灯会一般历时三天。正月十四叫试灯，十五叫正灯，十六叫罢灯。元宵节期间，除说书的以外，还有唱大戏的。

除春节、元宵节外，其他节日如二月初二春龙节、三月初三上巳节、五月初五端午节、六月初六姑姑节、七月初七乞巧节、八月十五中秋节、九月初九重阳节、十月初一寒衣节等传统节日，也有唱大戏的。在麦罢（麦收完毕）也有唱大戏的，以庆贺丰收。究其形成原因，有感谢神灵的因素，实际上是娱神又娱人。

2. 庙会戏

历史上，宝丰境内的寺庙道观众多，仅因佛教而兴起的古庙会，流传至今的仍有 148 个之多。传统庙会是融宗教祭祀、商贸、文娱于一体的民间集会，庙会戏是庙会的主角。过去的寺庙都有一定数量的耕地，地租和香火钱是寺庙的经济支柱。为了答谢佃户，修睦乡里，寺庙每逢庙会都要请戏班唱戏。庙会期间，由当地有"头脸儿"的人（如寨首、社首、士绅等）出面组织，或收钱或用庙产写戏唱戏，意为拜佛酬神，为神演戏。

香山寺是中国第一个观音菩萨道场。农历二月十九、六月十九、九月十九分别是观音菩萨的诞生日、成道日、出家日，这三天，香山寺香客云集，商贾纷至沓来，少不了大戏助兴。

宝丰东南宋村的炎帝庙（现在是白龟山水库淹没区）供奉的是我国农耕文化的创始人神农氏，为的是纪念神农氏的功绩并祈祷五谷丰登。每年二月十三至十五，炎帝庙前有会，会期多有数台大戏对唱，加之有大铜器舞表演，场面十分热闹。

宝丰城西的石灰窑村，过去村民多以烧石灰窑为业，村旁有供奉火神爷的神庙一座。每年正月二十二有庙会，当天会写大戏酬火神。现在火神庙原址因修建南水北调中线工程而被征用,虔诚的村民又在附近修了一座小庙,正月二十二庙会当天写大戏的习俗也沿袭至今。

改革开放后,一些村兴起物资交流会,为招徕人,往往请大戏助兴。这已经没了庙会的特色,纯粹是以娱人的方式聚集人气。

3. 还愿戏

过去能唱还愿戏的多是富裕的大户人家,小户人家还愿请的是说书(曲艺)。还愿戏与民众的生产生活密切相关,是说唱文化中比重较大的一部分。

过去的士绅财主对神灵许下口愿唱大戏,一般是三天。许愿戏戏台搭在神棚的对面,神棚内供有牌位,写着"供奉天地全神之位"或相应的神仙称谓,神牌上面有横批"以了夙愿"。头两天的戏,神棚中香火不断。正会当天上午开戏后,还愿者还要送肉、粉条、豆腐、猪、羊等,放在戏台上(类似于公示),让观众看清后再去供香祭神,以示还愿的诚心。最后一场戏唱一半后,点燃鞭炮,口中念念有词送走神灵,然后拆掉神棚,表示许愿已还。

除以上三种,还有因祝寿、喜丧、娶妻、发财、大病痊愈等唱大戏的情况。

(二) 根据唱大戏的习俗分类

1. 封箱戏

清代末期及民国时期的窝班或龙虎班,敬拜之神是祖师爷。因此,逢阴历年末,都要演一到两场封箱戏。各戏班都要用挣来的钱祭谢祖师爷,然后全班人员吃顿告别饭,该走的走,该留的留,最后剩余的钱大家均分,困难大者多分一点。过了正月初一,回家过年的演出人员则陆续回班,继续巡回演出。

2. 反串戏

凡是戏班,在演封箱戏之前,都要演一场反串戏,生角演旦角、旦角演净角、净角演生角或旦角,或者生角演净角、旦角演丑角(或净角演丑角)。反串戏是逗乐戏,乡间人士都爱看,有时花旦演红脸或大花脸时,声腔改变不完时,常会逗得观众大笑。凡演反串戏,戏价都很高。收场后,所收之钱,凡是该戏班成员,每人一份,不分主次,非常平等。

3. 堂会戏

社会上一些达官贵人或富豪绅士,由于家财富有,凡逢家中红白大事,或亲友相聚、祝寿,都会请戏班中的一些主要演员或出名演员来到家中,让演员在会客的庭堂给亲友演出。这种场合的演出,主家都讲排场、讲阔气，所以给演出者的奖赏很高。因此，演出者也特别卖劲，演唱出高水平，最后双方满意。

4. 对台戏

详细内容见本章"对戏"一节。

5. 加官戏

加官戏是中华人民共和国成立前为地方豪绅宦海升腾恭贺的戏，又称"跳加官"。加官戏是指戏演至中场时暂时辍演，由一戴假面具、着红袍、执象笏，扮天官或寿星的角色踏鼓点登场，同时掌班高呼："为某大人升官贺喜。"呼毕，角色亮出正、反两面分别写有"天官赐福""福禄祯祥"或"当朝一品"的红黄绢绸，绕场一周，向观众频频点头施礼。被恭贺加官之人，则赏"红封"（即赏钱）以示礼谢。"红封"由专人用茶盘端上舞台，其中包括戏资及烟酒费等额外赏赐，过后继续开演。这一方面是为豪绅官宦捧场祝福，另一方面也是"捉死鳖"，让他们花点"光棍钱"。

"加官戏"对研究戏剧起源、传承、发展具有极其重要的价值，但是这种习俗在中华人民共和国成立后渐渐被废弃。

第五章　宝丰戏曲演员

一、赵同兴

赵同兴（1914—1979年），男，汉族，叶县李寨村人。本姓娄，7岁时，其父母双亡，兄后外出要饭饿死。孤身一人，乞讨为生，后被卖到湛阳街西营三官庙赵家，改名为赵同兴。13岁时，在湛阳街梆子窝班学戏，从此开始了艺术生涯。中华人民共和国成立前，曾先后在南阳、舞阳、临汝、叶县等地搭班唱戏，历经艰辛。1950年，从叶县来到宝丰，加入了宝丰县大众剧团，任团长，兼花脸演员。1953年，带领剧团演职员工筹集资金，在宝丰县城东大街建起简易的大众剧院和演员宿舍。之后的20多年，一直在宝丰县豫剧团工作。

赵同兴曾在《过巴州》中饰演张飞，在《马三保征东》中饰演马继虎，在《打焦赞》中饰演焦赞，在《鱼腹山》中饰演刘宗敏。赵同兴在演出中使用"漱獠牙"特技，颇有名气。他自绘的脸谱，线条清晰，图案对称，且双手能够同时自画,堪为一绝。1962年,在武汉民众乐园演出时,武汉市摄影美术社专门请赵同兴自画脸谱,并一一拍照留影。

赵同兴1974年5月退休,1979年病故。终年65岁。

二、徐文彬

徐文彬(1910—1979年),又名徐文汉,宝丰县肖旗乡丁岭村人,河南曲剧著名男旦演员。

徐文彬自幼热爱戏曲艺术,主攻青衣,以曲剧正旦誉满河南。其嗓音好,唱腔洪亮,吐字清晰。善演曲剧《白蛇传》《二堂认父》《听琴》《藏舟》《大祭桩》《二进宫》等剧目。1943年,徐文彬被本县余官营村康老四窝班聘去当教师,培养了大批戏曲人才。1950年,他回本村创办"丁岭村曲剧团"(业余),经常在县城北石河、汝河一带活动,深受群众欢迎。徐文彬在禹县(今禹州)演出时,被河南省曲剧团名角李金波看中。李金波亲自到徐文彬家中拜师学艺,学习《祭塔》等剧目。

1979年,徐文彬因病去世。他从艺一生,对河南曲剧的发展做出了一定的贡献。

三、王更臣

王更臣(1924—1978年),宝丰县观音堂示范区柿树湾人,外号"王坠子儿",被人们誉为"坠子大王"。王更臣自幼酷爱音乐,六七岁时就能拉简单小曲,12岁即能配班演奏。13岁时母亲病故,他迁住韩店村盲艺人魏孔喜家,正式随班学艺。18岁时他逃荒到舞阳县,随戏班伴奏4年。1947年他到伊阳县授徒,1948年返乡。1950年他到宝丰县大众剧团,在乐队工作三年,后下放回家。1953—1969年,他又陆续外出随戏班伴奏,曾去过山西省垣曲县、湖北省枣阳县(今枣阳市)和随县及河南省方城、南阳、镇平、桐柏等地。1964—1969年,他在柿树湾村任政治队长。1970年后多病,1978年2月病故。

　　王更臣擅长用坠琴演奏、独奏《三上轿》《百鸟朝凤》《大起板》《老婆念经》等。音准而饱满,音韵圆滑清晰,音色明朗,弦音响亮,节奏感强。他能用一根坠琴连拉带唱并有铜器伴奏,富有动人的地方色彩。尤其在《百鸟朝凤》中,他演奏的"母鸡下蛋""公鸡打鸣"等更是生动逼真,使人犹如身临其境,颇有一声引来百鸟唱之功能。他弦路较宽,坠胡、板胡、二胡、京胡都会,常用的乐器还是坠胡。他有一个绝技就是用京胡软弓代唢呐、锣鼓铜器,还能用单弦拉,必要时还能将弦子头朝下,颠倒着拉。他还会在马尾上绑竹筷,奏出与众不同的特殊高音，而且听起来清脆高远。每逢开戏前，观众都习惯让他拉一段再开戏。

四、李治国

李治国（1917—1983年），乳名栓栓，宝丰县大营镇六村人，宝丰县早年著名曲剧演员。

他自幼家庭生活贫困，仅读私塾2年。20世纪30年代，大营镇兴起一阵"曲子热"，他参加了镇上群众自发组织的曲剧班。由于他天赋条件好且勤奋好学，18岁就崭露头角，誉满剧坛。他初扮演青衣，后改作须生，亦擅长丑角表演，见景生情，模拟逼真，口齿清晰，唱腔圆润。绕口令《玲珑塔》小段，语句反复交错，板式紧迫，但他能将字字句句唱得铿锵有力，毫无错谬。每段结束，观众总要报以雷鸣般的掌声。李治国最初学戏时，父母反对，说他"日趋下流，有辱祖先"，经常对他责骂鞭打，但他不改初衷，亦不灰心。后来老人看到街坊邻居笑脸相迎，分外亲热，心情也舒展了，有时也到剧场观看演出。最后每逢夜里演出，父母总加做夜餐，等他回家食用。

1938年，国民党中将李汉章在安徽阜阳成立一曲剧团，聘李治国为导演，后任团长。此剧团经常活动于洛阳、西安、界首、阜阳一带。中华人民共和国成立后，他在安徽界首联络曲子艺人,组织了一支三十几人自负盈亏的曲剧戏班,1954年扩编为安徽省曲剧团。1973年,李治国因年老多病,退休还乡,并辅导家乡的文娱宣传活动。1983年病故,享年67岁。

五、杜常保

杜常保(1920—1972年),宝丰县周庄镇井桥村人,豫剧演员。

他自幼酷爱河南梆子,10岁就开始在本村的"梆子社"学艺,由于他聪明勤奋,虚心好学,12岁即可登台。接着又到方城县孟家学艺,初学小生,后改红脸,接着主攻黑头行当。方城学艺两年,在当地即小有名气。

1939年,他到本县高皇庙村演戏,主攻红脸,时演剧目有《收岑彭》《斩蔡阳》等。他扮演的岑彭威武英俊,嗓音洪亮;他扮演的关公刚劲有力,神武威严,深受欢迎。

1950年,宝丰县大众剧团成立,他为剧团主要演员。后被郏县豫剧团聘去,主攻黑头,在包家戏中大显身手。时演剧目有《铡郭槐》《铡赵王》《铡美案》《铡郭松》等。他扮演的包公吐字清晰,唱腔醇厚,正气凛凛,一时间远近闻名。他还曾到神垕、襄城等地的剧团执教。

1952年，杜常保任郏县豫剧团业务团长，1966年退职还乡，在原籍井桥村辅导业余戏曲活动。1972年病故，享年52岁。

六、许金柱

许金柱（1912—1989年），艺名许小柱，开封市开封县杏花乡杏村人，宝丰县豫剧团著名男旦演员。

许金柱11岁进长葛县（今长葛市）大白庄白金玉的"河南梆子戏窝班"学艺，授业老师高永安，同唐喜成为师兄弟。17岁他到许昌"大油梆"戏班，主演豫剧《反西唐》《四大征》《反长安》《豹头山》《白莲花临凡》《白蛇传》等。群众称之为"大把式"，还有人称他为"小白蛇"。1949年他到禹县剧团，1950年到宝丰县大众剧团。

许金柱擅长于帅旦、青衣、花旦行当，戏路较宽，对豫东、豫西各流派之特有调门能综合利用，是个很有修养的演员。他主演《罗焕跪楼》《对花枪》中的姜桂枝这个人物时，运用豫东调的唱法，吐字清晰，悦耳动听，耐人寻味。其所唱"搬板凳"调门，情绪激昂，音色明朗、甜美，运腔精巧，不唱"下五音"，唱腔变化多，但不故意找花哨，俏而不离格，把姜桂枝这个人物刻画得恰到好处。

1965年宝丰县豫剧团参加许昌地区戏曲会演，许金柱获优秀演员奖，并被评为名老艺人，曾享受"特需"待遇。

七、张化民

张化民（1925—1991年），又名张志超，笔名笑非，男，汉族，宝丰县大营镇北街人。民国时期当了兵。1943年他在西安投金浩为师，学画广告布景，从此开始了绘画艺术生涯。1949年他在四川成都加入中国人民解放军，先后在西南军区战车三团宣传队、炮司文工团从事舞台美术工作，曾绘制大型现代戏《抓壮丁》《白毛女》《刘胡兰》《战斗里成长》《赤叶河》等舞台布景。1954年他转业到宝丰县豫剧团任专职画师。

张化民擅长水粉画，兼收中国画、民间工艺和苏绣画法，在舞台美术设计中形成了独特的艺术风格。曾先后设计了《劈山救母》《张羽煮海》《同根异果》《大登殿》《劈开娘娘山》《杨立贝》《白蛇传》《牛郎织女》等近百部戏的舞台布景，多次在地、市戏剧会演中获奖。

张化民忠诚于党的文艺事业，兢兢业业，踏实肯干，勇于改革，不断进取，为宝丰县戏曲事业的繁荣和发展做出了贡献。

八、程秋法

程秋法，生于1918年，乳名程小六，濮阳人，宝丰县豫剧团著名演员，也是宝丰县豫剧团豫西流派的代表演员。

程秋法14岁进滑县大油榔大平调戏班学艺，师从岳保全。1937年他到郑州福寿街晋兴舞台改唱豫剧，后又到密县（今新密市）"太上班"跟着当时河南梆子豫西调名演员杨更学唱"下五音"，代表性剧目为《杨八郎探母》和《赶秦三》。1939年他来到宝丰县加入高皇庙戏班。1946年他到郏县安良戏班，1947年11月该戏班改为第五分区翻身剧团。1948年初该剧团又被"二野十旅"改名为"十旅宣传队"，程秋法亦随之参军，排演现代戏《兄妹开荒》《官逼民反》及历史剧《三打祝家庄》等。1948年，该宣传队在叶县演出时，邓小平政委和刘伯承司令员（当时称刘师长）观看了演出。1948年冬部队渡江作战，剧团又转交地方。1950年，程秋法到鲁山县剧团任业务团长，1951年他调回宝丰县任县剧团业务股长。

程秋法主攻文武生行当，唱腔属豫西"靠山黄"流派，人称"靠调小生"。他的唱腔吐字清晰，感情饱满，尤其是他那具有独特风格的嗓音在行腔和演唱技巧上都别具一格。演唱时他的嗓音不高却清新优雅，为群众所喜爱。

九、李二凤

李二凤，生于1928年，新乡县人，中华人民共和国成立前后驰名豫西，是著名豫剧女演员。

李二凤出生于一个二夹弦艺人家庭，从小便跟随父亲李长梦唱学二夹弦地摊戏。后其父去世，其随师兄孙繁漠沿路唱戏讨饭到禹县，被康王街二夹弦剧团收留。1940年她又到登封唐庄街豫剧团。初师承豫剧名旦王宝兰（艺名"假坤角"），后又拜名旦银成为师，改唱豫剧。1941年1月，李二凤全家到宝丰县高皇庙二夹弦剧团，二夹弦、豫剧兼唱。1948年年初，她加入中国人民解放军二野四纵队剧团，排演现代戏。同年10月到叶县豫剧团。1949年7月，她又去社旗剧团（后改为南阳县剧团），任剧团副团长。

李二凤天赋条件较好，嗓音甜润，口齿清晰，吐字准确，唱腔清脆嘹亮，抑扬有致，闪颤顿挫有力，兼二夹弦韵味特色，形成她独特风格的豫剧流派——沙河调，很受欢迎。观众有"看了二凤的戏，一辈子不生气"之说。

她主攻刀马花旦行当，代表性剧目有《桃花庵》《刀劈杨藩》《香囊记》《虹桥关》《五凤岭》等。

十、白云秋

白云秋，生于1938年，宝丰人，著名豫剧女演员。她出身贫寒，从小从艺，在郑州曾拜李福田、"玻璃翠"、阎彩云、翟燕身为师学艺。主攻青衣、闺门旦、花旦等行当。白云秋7岁登台，先后在郑州、开封、许昌、襄城、宝丰等地与唐喜成、马双枝、陈凤英同台演出，被观众誉为"七岁红"。1950年她受宝丰县商联会张富丹特邀，到宝丰县大众剧团任副团长。主演传统剧目有《观文》《陈妙常》《收纪昌》《茶瓶记》《白蛇传》《红娘》及现代戏《小二黑结婚》《打春桃》等。唱腔以豫东调为主，兼收豫西调之长，嗓音婉转甜润，表演含蓄端庄，深受观众喜爱。

白云秋于1963年离开宝丰县豫剧团到汝阳县剧团工作，1966年由汝阳县调到三门峡市豫剧团工作。

十一、楚淑珍

楚淑珍，生于1966年，女，宝丰县赵庄镇刘庄村人，国家一级演员，全国劳动模范，第25届中国戏剧梅花奖获得者。

楚淑珍1982年进宝丰戏校学艺，1984年毕业后被分配到宝丰县豫剧团工作，1986年调到三门峡市豫剧团，1992年调入平顶山市豫剧团。她戏路较宽，主攻闺门旦、青衣、花旦，还能演老旦、小生。她扮相俊美，嗓音甜润，音色纯正，吐字清晰。代表性剧目有《绣花女传奇》《大祭桩》《魂归离恨天》《秦雪梅》《李清照》《卖苗郎》等。1983年，她主演的《大祭桩》由中国唱片总公司录音发行。1988年，《卖苗郎》由台北豫剧改进会录播。她在《绣花女传奇》中扮演柳明月，在全国首届中青年豫剧演员电视大选赛中获"荧屏奖"。1990年，她扮演《女儿媒》中的母亲，获"全国煤炭系统艺术节"优秀演员奖。同年，在第三届河南省戏剧大赛中她成功地扮演了《魂归离恨天》一剧中的方晓妹，获表演一等奖。1991年，她在全国豫剧"梨园杯"广播大赛中获金奖。此外，她主演的《儿大不由爹》《魂归离恨天》《赌海丢魂》还分别于1988年、1989年、1990年由河南人民广播电台、电视台录播。2008年，在第十一届河南省戏剧大赛中，她因主演《李清照》获文华表演一等奖。2009年，《李清照》在庆祝中华人民共和国成立六十周年第三届全国地方戏优秀剧目展演活动中获得三等奖。

十二、王根生

王根生，男，汉族，生于1945年8月，宝丰县人，靠调传承人，师承靠调老艺人程秋法。

王根生1958年参加文艺工作，1963年到宝丰县豫剧团工作，2004年正式退休，退休后又在宝丰县豫剧团继续工作至2014年。

1965年他在许昌地区文艺会演中饰演《打铜锣》中的蔡九，深受好评并荣获表演奖。

1978年，党的文艺政策有了调整，为他进一步充分展示和发挥自己的艺术才华拓展了空间。1981年他拜在豫剧"唐派"创始人、豫剧大师唐喜成门下，从而使得他的表演和唱腔艺术更加精湛。

1984年他在平顶山市第一届戏曲调演中荣获一等奖。同年，河南人民广播电台（现河南广播电视台）录制了他的《转心壶》《包公辞朝》《三哭殿》等传统剧目的精彩唱段，并在中央电台和省市电台多次循环播放。在40多年的演艺生涯中，他主演了许多人民群众喜闻乐见的剧目，为宣传党的方针政策、丰富人民群众的文化生活做出了积极的贡献。

十三、赵廷印

赵廷印（1927—2021年），男，南阳市瓦店镇人。

其自幼因家贫无法度日，遂到私人科班学戏，吃尽了苦头。后在南阳剧团随团演出，1948年到鲁山剧团工作，1950年，其从鲁山剧团来到宝丰县大众剧团工作，直至1987年退休。后因病于2021年去世，享年94岁。

他聪明好学，悟性极高，观众亲切地送他外号"五把叉"。舞台行当大部分角色，他都有涉猎，并且能打破行当，根据自身特长塑造出一些别具特色、让人喜爱的艺术形象，在宝丰以及周边小有名气。"说唱文化（宝丰）生态保护区系列丛书"《乡间路戏》（樊玉生著）中，《老戏骨》一文专门介绍了赵廷印先生。

十四、李新国

李新国，男，汉族，出生于1951年7月，宝丰县关庄村人（今属平顶山市湛河区），中共党员，豫剧演员，中级职称，宝丰县技术拔尖人才。他曾任宝丰县豫剧团书记、业务团长。自幼受戏曲艺术熏陶，1969年他考入宝丰县豫剧团。他功夫深厚，技艺全面，后受中国戏曲学校教授李光同门学友裴为如亲授现代戏《平原作战》，技艺更加精进。因酷爱关羽戏，故拜著名京剧表演艺术家李万春大师弟子于春泉先生为师。在师傅的精心传授和严格要求下，他所饰演的关羽，以"帅""美""威""稳"见长，亮相有雕塑感。他的嗓音甜润清亮，高低行腔自然，注重以艺术塑造人物，突出人物的艺术美。他广收博取，融会贯通于一身，是一个文武兼备且戏路宽广的演员。所演剧目有《白马坡》《挂印封金》《灞桥挑袍》《古城会》《走麦城》《平原作战》《十五贯》《胭脂》《借妻》等。他1984年获得平顶山市第一届戏曲调演二等奖，1994年获得平顶山市第三届戏曲调演一等奖，1997年获得平顶山市第四届戏曲调演一等奖。

下篇 宝丰魔术

宝丰说唱文化普及系列丛书

第六章　宝丰魔术概述

2021年5月,宝丰魔术被国务院公布为第五批国家级非物质文化遗产项目,是宝丰县第四个国家级非物质文化遗产项目,类别是"传统体育、游艺与杂技"。

魔术,古时称幻术,民间叫"变戏法"。据史料记载,中国的民间戏法早在上古时代就已经孕育和萌芽,形成于奴隶社会,兴起于西汉时期。它产生于民间,来源于民间劳动。原始戏法,表演者仅用几粒豆子,捏在手里,忽有忽无,变来变去。表演者把右手里的豆子向左边空拳一丢,或用手指一捻,正是种豆子、摘豆子动作的重复。可以说,中国的手彩戏法或许正是从这几粒豆子开始的。

魔术是一门科学,又是一种形象艺术。它不受语言和地域的影响,极容易为群众所接受,是一种人们喜闻乐见的独特艺术。人们把魔术的"魔"字分解为上边一个麻痹的"麻"字,下边一个捣鬼的"鬼"字,意指只要你（指观众）一麻痹，他（指魔术师）就捣鬼。所以，人们把魔术概括为"听起来神出鬼没，演起来偷梁换柱。看起来捧腹大笑，点破了恍然大悟"。这四句话很是形象贴切。

宝丰魔术又称"赵庄魔术"，历史悠久。20世纪80年代，赵庄镇吴庄村出土的汉砖上发现有杂耍和戏法表演的图案。建于盛唐时期的魔冢营村云水寺大殿前三间卷棚内东、西山墙上的壁画，至今仍保留有民间魔术表演图案，虽历经沧桑，仍清晰可辨。1988年冬，该镇魔冢营村村民赵现在平整土地时挖出一宋代三彩瓷枕，上面绘有民间"吞剑"表演图案。从这些文物中不难看出，宋代时该地已有魔术和杂技表演。

清同治年间，民间魔术在原有的基础上有所改进。人们在演出实践中已学会用化学原理变戏法。据说当时张庄村有个叫张辉的人，利用化学原理变戏法，能在空地上"画圈圈猪"，在"腿上放火"。

千百年来，魔术表演一直是县域人们养家糊口的主要谋生手段。当时留下的民谣："百姓遭灾年，官府逼苛捐，担起道具下江南，白天吃的百家饭，夜间庙里神相伴。"这是对当地民间魔术艺人生活的真实写照。

下篇 宝丰魔术

党的十一届三中全会后,宝丰县的魔术团体如雨后春笋般迅速涌现。他们农忙务农,农闲从艺,足迹遍及我国30个省、市、自治区及越南、缅甸、新加坡、俄罗斯等周边国家。河南省杂技家协会时任秘书长李蔚赋诗《题"魔术村"——调寄〈临江仙〉》,形象生动地描绘了当地民间魔术艺人的生活。

一手挥起魔术棒,一手紧握锄柄。

冬闲日子离父城。

浪迹天涯路,月是故乡明。

招财进宝凭绝技,西装项链口红。

林茂粮丰人年轻。

笑问君贵姓?姓艺亦姓农。

宝丰民间魔术表演团体演出的节目,有手彩魔术、机关道具魔术、光学魔术、化学魔术、戏剧小品魔术、滑稽魔术、气功魔术等门类。

手彩魔术也叫手活,是在手中变换的魔术小节目,如《白纸变钞票》《空手来牌》《巧接三巾》等。

机关道具魔术俗称"门子活",指设有机关的魔术节目。依靠特制的机关,一按一拉即可产生各种变化效果,如《三套奇箱》《炮打飞人》《单剑悬身》等。

光学魔术是利用光学原理变换的魔术节目,也称

"光子活"。舞台装备上有强光、暗光、反光、折光、彩色光等，配以特制的魔术道具，让观众产生一种错觉而达到节目效果。如《人头蛇身》《桌上人头》《花瓶姑娘》等。

化学魔术即利用某种药物原料与另外一种物质混合在一起产生化学反应，达到变化效果，如《口中吐火》《墨水变鱼》等。

戏剧小品魔术即把单一的魔术表演，编排成带有故事情节的戏剧小品性质的魔术节目，利用魔术手法，烘托艺术效果。节目有《抬花轿》《八戒招亲》等。

滑稽魔术是在表演的间隙由魔术演员扮丑角串演的魔术节目，也称幕间滑稽魔术。滑稽魔术的特点就在于不仅魔术要出彩，还要让大家觉得很幽默、很有意思。在所有魔术表演中，幽默是魔术师最重要的素质。节目有《双眼喷水》《打气》等。

气功魔术是把魔术表演技法融入气功表演之中。节目有《肚皮吸碗》《钢筋刺喉》《脚踩灯泡》等。

过去，县境民间魔术艺人多在车站、码头、城镇闹市口或乡村街头以"撂明地""扎围子"等形式演出。艺人在空地处铺上一块儿二尺（约 0.67 米）见方的红色布单，利用球、币之类的简单魔术道具进行表演，或用竹竿、围布、绳索围成一米多高的圈子从事表演。演出设备简单，"一根扁担两套箱"就是其全部家当。

改革开放以后，由过去的"撂明地""扎围子"逐渐发展到大盖棚广场演出或进剧场演出。演出团体由艺人"单挑"（即一个人行艺）变成由几十人、上百人组成。演出道具也多了服装、音响、广告牌等设备。外出时借助的工具由过去的背包、担挑子、推独轮车，变成了汽车、卡车、小轿车。每逢农闲，他们便打点行装，携带魔术道具，乘车远走他乡。到一地演出十天半月后，又转到另一个地方，十足的吉卜赛人生活。

到了21世纪初，县域以魔术为主的民间表演团体几乎遍及全县13个乡镇，达1400余家，从艺人员5万余人，年演出收入创数亿元，成为农民脱贫致富的文化产业。同时，带动了当地的服装、道具、音响、大棚、运输、广告设计等10余个相关产业的兴起。这种以非物质生产的方式分流农村剩余劳动力的创举，被文化部（今文化和旅游部）称为"宝丰文化现象"。中国杂技艺术家协会于2006年正式命名宝丰县为"中国魔术之乡"。

宝丰传统魔术主要有几个特征。一是具有广泛的群体传承基础，曾是当地人养家糊口的谋生手段。当地民谣:"上至九十九,下至刚会走。跳唱变戏法,人人有两手。"二是源于生活,扎根民间,是一种流传于当地老百姓手中的、信手拈来的"把戏儿",极具生活化,是较为接地气的近景魔术。三是技巧难度大,强调互动性,冲击力强。表演细致入微,手法技巧娴熟,肢体语言迅捷,多与观众面对面,观众可互动参与,有亲和力。四是道具简单小巧,多是日常生产生活用品。就地取材即可表演,绳、帕、碗、盘、杯、盏等均可作为道具。五是对表演场地要求不高,表演方便。田间地头、村头巷尾、客厅餐桌都可成为表演场所。无论是"撂明地""扎围子""起大棚",还是舞台、剧场,均可进行表演。六是因当地有提线木偶戏、气功、杂技等姊妹艺术,相互结合,融会贯通,有其独特性。

宝丰魔术由于浓郁的乡土气息、粗犷豪放的风格、当下的活态传承,体现了"见人见物见生活"的理念。但是,广播、影视、音像、网络游戏等大众视听媒介越来越成为人们文化消费的主要途径,加上农民生活水平和欣赏水平显著提升,谋生手段更加多样化,这给宝丰传统手彩魔术带来了新的冲击和挑战。

由于演出市场萎缩,年轻人缺乏学习和传承的热情。现在的日常表演主要集中在旅游景点及社区节庆活动、开业庆典、结婚仪式、生日庆祝、自娱自乐等场合。但也有魔术师探索出"魔术+商品销售"的模式，即依靠表演魔术，娱乐民众，招徕客人，销售商品，增加收入。如"魔术+图书""魔术+直播"等，成为乡村振兴中的重要力量。还有一些魔术演艺人员，借助微信、快手、抖音等现代化媒介传播宝丰魔术文化，受众每天达到数万人次。更有一些优秀魔术师到国外演出，成为"一带一路"建设的文化使者。

第七章　小魔术揭秘

本章主要讲述一些小魔术的表演手法和秘密所在。

一、《摸牌猜点》

【表演情况】表演者拿一副普通的扑克牌让观众洗牌，消除观众疑心。然后让观众抽出一张牌，将牌面对准观众，表演者用右手摸几下，便可猜出牌面上是几点。

【秘密揭示】表演者右手食指与中指之间暗夹一枚新图钉，接过观众抽出的牌后，左手拿牌，右手假装去摸，通过图钉盖的反光，可清楚地看出牌面上的花色点数。

二、《空袋来蛋》

【表演情况】表演者从彩桌上双手提起一个深8寸（约26.67厘米）、宽1尺2寸（40厘米）的黑色平绒布袋，这个布袋除左下角有一个小口外，左、右、底三方口边都缝死。为了表明口袋内部是空的，表演者除了用双手握住袋口的两个上角用力在彩桌上拍打，交代布袋底面，还用双手逐渐将口袋内面翻转过来，证明里面确实空无一物。等到把布袋翻回后，就搭在左手前臂上面，袋角的小口正对观众。接着表演者用右手在袋外不断挤动，挤至洞口竟出现一个鸡蛋，用手取出置于盘中，之后再做拍打和翻转交代动作，可接二连三地变出十多个鸡蛋。

【秘密揭示】这个平绒布袋的背面，上边边缘处实际上有一个长条形夹层。夹层左边封死，右边开口在平绒布袋内，十多个鸡蛋都预先藏在这个夹层中。表演者借拍打和翻转的交代动作，右手拇、食二指趁机将一个鸡蛋挤入袋中，依次表演直到最后。为减轻布袋重量，只有最后一个是真蛋，其余全是空蛋壳。

三、《米酒三变》

【表演情况】表演者将彩桌上摞着的两只瓷碗用双手各取一只，碗口向着观众展示，碗内空空如也。左手中的碗仍放在彩桌上，右手中的碗仰放盘中，再把旁边玻璃杯中的米倒半杯到此碗中，接着把两只碗扣在一起，向空中做一个抓米的动作，然后马上打开上面那只碗，下面那只碗原来仅有半碗米，现在已变成冒尖的满碗米了。在观众猜疑时，表演者用上面那只空碗横着一刮，将冒出碗口的米刮平，落在桌面上的一只盘子里。再次将两只碗扣起来，然后立即揭开，结果米粒皆无，变成了满满一碗白酒。

【秘密揭示】这套魔术的关键是一片比碗口略大一点的透明有机玻璃圆片。预先将一只碗的碗口磨平，当盛满水后盖上透明圆片，略加压力排尽空气，圆片就被吸住了，即使把碗翻过来，水也不会外溢。这个预先准备好的碗称为"彩碗"。演出前将彩碗倒放在盘上，碗边下垫一根火柴，以便拿取。另一只空碗放在彩碗上。表演者分别拿起两只碗时，碗口要面向观众且略朝下，切忌将碗口迎着灯泡晃动使圆片反光而引起观众的怀疑。交代后的彩碗仍放回火柴梗上，在另一只空碗中倒入半碗米后，表演者应右手拿彩碗（碗口仍然朝下），左手在装米的碗中抓出数粒向空中抛去，立即把右手的彩碗盖上并马上拿起合盖好的两只碗，上前几步，左手做出向空中抓米的动作，右手随之接住，这样就当着观众的面很自然地将彩碗翻到了下面。放置盘中揭去空碗，当然是冒尖的一满碗米了。再用空碗横着刮平冒出碗口的米，借此机会对准碗口，乘势揭去彩碗上的透明圆片，把碗放入盘中即丢掉圆片，左手端起彩碗将水倒入右碗，表演结束。

这是一套比较受欢迎的小魔术，具有形象生动、动作明快的优点，舞台、厅室均可表演。

四、《空盒来鸭》

【表演情况】彩桌上放着一个长方盒形的抽屉，长1尺（33.33厘米），宽5.5寸（18.33厘米），高3.5寸（11.67厘米）。表演者端起这个抽屉盒子把它拉开，抽屉中空无一物，再取一枚鸭蛋放进抽屉中，随即关上抽屉又马上拉开，抽屉内的鸭蛋已变成一只活鸭子。

【秘密揭示】原来这个抽屉是有夹层的，装有鸭子的内盒刚好套在抽屉内。抽屉四面都有板子，内盒只有左、右、前三面，并在这三面的边上粘一层很薄但稍宽的边缘，借以遮盖内盒框周的上口。第一次拉开抽屉时，只拉出抽屉本身，内盒未动，所以看起来抽屉是空的。放进去的鸭蛋只是一个空壳，关抽屉时稍一用力，蛋壳被压破而留在夹层中间；待再次拉出抽屉时，连内盒一起拉出来，鸭子就出现了。

五、《飞杯不见》

【表演情况】表演者端出一个圆瓷盘，盘内有一只敞口壶、一个玻璃杯、一块折叠好的男士手帕。在交代手帕和玻璃杯后，表演者就将手帕摊在左手手心上，随即右手端起水壶，向玻璃杯中倒入半杯清水，并用左手的手帕蒙盖住玻璃杯。提杯在手，右手同时放下水壶，大家看得很清楚，玻璃杯仍在手中，是隔着手帕握着的。表演者向前走几步，用右手将手帕揭开一抖，有水的玻璃杯已不见了。

【秘密揭示】盖杯的手帕是用同样花色的两条缝成的，夹层中间有一个薄薄的圆铁片，其直径等于杯口。盖帕时，圆铁片对准杯口，隔帕提着就像玻璃杯在手一样。那么，这个有水的玻璃杯呢？其实它仍是纹丝不动的。原来那只有把的敞口壶也有秘密，壶底在壶身的上1/3处，上面装水，下面是一个空罩。倒水时，壶口向着观众，当左手盖帕提起杯子时（实际上是提着手帕中的圆铁片），右手自然地做放下水壶的动作，趁此机会将杯子罩进壶内。

六、《空手取巾》

【表演情况】表演时表演者首先伸出自己的右手向观众展示手心和手背，让大家看清手中是空无一物的。然后向空中一抓，即变来一条绿色小绸巾，交给助手拿着。接着再向空中一抓则又变来一条红色小绸巾。

【秘密揭示】无论是大魔术还是小魔术，都离不开道具，这个小节目也不例外。首先用薄钢片做成一个半圆形的小钢管子，一头有底，另一头敞口，事先把两条小绸巾塞进去。另外在管子外面的中腰部位用17号铅丝做两个半圆形的叉子并焊在管子中腰，左右各一，再把钢管子用油漆刷成肤色。利用两叉子夹在右手食指和小指之间，使管子能够向手心和手背翻动。当表演者向观众展示手心时，暗中把它翻到手背去，展示手背时再暗中翻到手心。注意展示时右手必须向右前方伸直，要与观众成平行线，在翻动管子时右手必须做摇晃动作，使观众不能发现手中有物。当表演者向空中做抓的动作时，暗中弯曲中指及无名指，使绸巾从管子中翘出来，并趁机用大拇指挑出前面的绿色小绸巾，接着再照样抓后面的红色小绸巾。

这个节目的特点是能向观众展示交代手心、手背没有暗藏任何东西，演出效果较好，但表演手法必须娴熟。

七、《一球变四》

【表演情况】表演者将1个如乒乓球大小的红球在右手拇指、食指之间轻轻一晃，变成了2个（即拇指、食指和食指、中指之间各夹1个），再用左手在这2个球上一抓，又变成了1个，左手伸开也是空的。接着向左转，提起右腿，右手在左膝上一搓又是2个。再转向右侧，用左手把右手中的2个球重新夹好，让大家看清手心手背，证明两球都是圆的，不是一半。表演者的右手向空中一伸，变出了3个，左手一抓成了2个。把左手的球隔着上衣口袋一丢，球不见了，随即从口袋中取出1个，再夹在手指当中，用手一摇，变成了4个。

还可以把4个红球送到观众手中，让他们逐个检查，待收回后，再夹在右手4个指缝当中，依次变成3个、2个、1个，最后1个可用飞球不见的方法，把它变走。

【秘密揭示】这个小魔术的秘密全在1个半边空心圆球上，这个半边空心圆球刚好能套在其他球上，不松不紧。在表演前，将此半边空心圆球套在球上，看起来就是一个球。表演时，表演者将此球捏在拇指、食指之间，只要弯下中指一勾，空心圆球就夹在食指、中指之间了，由于凸面向着观众，所以看上去是两个球。其余两个球，一个在上衣口袋中，一个在左侧衣襟内，借身体左转表演时，左手暗暗握了一个在手心里，再转向右，借帮助夹球的动作，将手心中的球送进半边空心圆球里。如果要变走，则刚好相反，需要从半边空心圆球里偷走套住的真球。

这是一套纯手彩魔术，手法变换颇多，需熟练掌握。

第八章　宝丰魔术艺人

一、张思娃

张思娃，生卒年不详，约生活在明万历年间，赵庄镇周营村人。年轻时以赶会卖针为生，难以糊口，后来为招揽生意，苦练技艺，其中《吃针引线》《吃火吐旗杆》两套魔术成为绝艺。赶会时，先演魔术，招揽观众，生意逐渐好起来，收入颇丰，家境也逐渐好转。母亲李氏认为这是观音菩萨的恩德，要求儿子张思娃以父母之名，建观音菩萨寺。张思娃遵其母命，在村北靠寨墙处建寺。该观音菩萨寺始建于明万历二十四年（1596年），次年建成，于农历三月二十五以母李氏、父张守基之名立碑1块，以感谢观音菩萨恩德。之后，周营村每逢农历四月初八（浴佛节），玩魔术、耍把戏进行祭祀，一直延续至今，并演变成魔术大会。

二、张辉

张辉，生卒年月不详，约生活在清同治年间，赵庄镇张庄村人。张辉是已知镇域内用化学原理演魔术的第一人。表演《腿上放火》，把通红的木炭放在大腿上却毫发无损。表演《画圈圈猪》，用一桶水（含化学物品）在一群猪周围浇一个圆圈，把猪圈在里边，不管怎么驱赶，猪都不出圈。只有他在圆圈上用脚踢出一个口子，猪才能从口子里出来。他还会用定人法，让人不能乱动。据传某年秋收时节的一天晚饭后，张辉对儿媳妇们说："今夜再蒸一锅馍，烧一桶稀汤并炒一盆菜。日头（太阳）露红时，送到西地秫秫（高粱）地里，不能晚，我和你们一起去。"儿媳妇们虽莫名其妙，但不敢不听，只能照办。第二天，天蒙蒙亮，家人和张辉把饭送到西地，只见6个偷秫秫的人扛着秫秫捆，在地里只打圈，走不出去。张辉笑哈哈地说："都放下来吧，兄弟们忙了一夜，饭送来了，大家先吃饭吧！吃好以后，把秫秫扛到场里去吧！"几个小偷羞愧满面，随便吃了点饭就扛着秫秫捆往场里送。路上一位老人笑着说："你们敢偷他的东西，他咋定不住你们呢！连日头他都能定住呢！"

张辉定日头的事，传说是这样的：某年河南有一越调戏班，唱得很好，老百姓看得流连忘返。张辉的几个儿媳妇更是看得入迷，连饭都不想做了。张辉说：

"你们都去看戏吧,早晚看够了,早晚回来做饭。"几个儿媳妇高兴地去看戏。结果一场戏结束,日头还高着呢,唱戏的不敢煞戏(即停演),只好再开一场。唱完一场,太阳仍然不落,只好再唱下去……张辉的儿媳妇们看够了戏,觉得肚饥难忍,就回去了。张辉问:"看够了?"几个人答:"真是看够了,就是日头不落山。"张辉说:"做早上饭罢!"不知他使了什么法儿,日头一下子没有了,瞬间又从东方升起,原来已到了第二天早晨了。

张辉所演的腿上放火被后人创新成《手拉火链》《口舔火棍》等魔术节目,但张辉定人、定太阳的做法,至今无人知道其原理。

三、丁发生

丁发生(1942—2015年),男,汉族,宝丰县商酒务镇水牛里村人,中国杂技家协会会员。他12岁时在西安火车站拜一撂明地变戏法的艺人易明远为师,跟着师傅勤学苦练6年,习得一身好本领。1980年,他组建家庭百花魔术团在全国演出,并开始研究创作《炮打鸭子》《五星飞牌》《玻璃杯升牌》等魔术节目。1990年他改建激光魔术团,创新大型光学魔术《少女十八变》《人头搬家》等。2002年,中央电视台科教频道（CCTV-10）《异想天开》栏目、河南卫视《沟通无限》栏目先后对其进行专题报道。同年，他改建家庭股份制丁博洋摇滚艺术团，任团长。2003年，凤凰卫视《冷暖人生》栏目组请其到电视台做节目。2004年《瞭望》周刊以"中国农民的'大卫·科波菲尔'"为题报道丁发生的艺术人生。2005年12月25日，中央电视台《新闻联播》栏目报道其事迹。之后，《人民日报》《光明日报》等多家媒体对其进行专访。2009年10月，他组建丁氏魔术创意工作室。2012年他和儿子丁德龙一起参加中央电视台综合频道（CCTV-1）的父亲节特别节目。2015年因病去世。

四、王献坡

王献坡，男，生于1963年9月，高中学历，赵庄镇周营村人，宝丰魔术省级代表性传承人、河南省杂技家协会会员、河南省高级民间艺术师。王献坡1980年从艺，1986年10月和爱人组建"一枝花万能脚艺术团"。他的爱人经过几年苦练，能用脚端茶、写字、卖烟等。1987年，他参加宝丰第二届魔术大会表演后，观众交口称奇。王献坡在外出演出中练出一手绝技魔术，如《杂牌奇变》《百打百中》《空中取表》等。1999年中国杂技家协会著名魔术师傅起凤、戴武琦、徐秋、杨杰等在赵庄镇办魔术辅导班,王献坡参加学习并练成绝活《魔幻飘烟》。2000—2005年,各级领导、专家到周营村采风、调研、观摩,他的这手绝技是必看节目之一。他曾荣获2002年首届、2004年第三届宝丰魔术大会魔术表演一等奖,2006年河南省民间魔术展演一等奖。曾任宝丰县政协第八届、九届委员,宝丰县第十六届人大代表。

五、靳全亮

靳全亮,生于1963年4月,高中学历,赵庄镇周营村人,宝丰魔术省级代表性传承人。1980年,他随魔术团外出演出,从实践中博采众长,演出节目逐渐增多,表演技艺逐渐提高。1984年7月,他自立门户组织了以魔术为主、歌舞为辅的综合性艺术团。除领团外,他还主攻魔术,虚心求教,表演的《魔棒多变》《六连环》《牌技》自成一格,颇受欢迎。1988年为中国杂技家协会马戏研讨会演出后,受到中国杂技家协会领导的高度评价。20世纪初,他在浙江演出时,全国著名魔术师金刚观看后认为,他是一个有发展前景的好演员,便收他为徒精心培养,并多次到周营村亲授技艺。从此,他的技艺有了质的飞跃。自2000年始,他先后在宝丰赵庄第一届和第二届民间魔术节、第二宝丰民间艺术发展论坛、庆"七一"河南戏曲和民间艺术演出周等重大活动中，表演过多个精彩节目，并荣获一等奖2次、二等奖多次。2006年10月，靳全亮被平顶山市人民政府授予"魔术发展特别贡献奖"。

六、丁德龙

丁德龙，男，汉族，生于1981年10月，宝丰县商酒务镇水牛里村人，宝丰魔术省级代表性传承人，中国杂技家协会魔术艺术委员会委员，河南省杂技家协会副主席，河南省慈善联合总会理事。1998年他跟随父亲丁发生外出表演魔术，经常表演的魔术节目有《牌技》《画中美人》《人体三分》《电锯分身》《变跑车》《魔幻太空》《异形换位》《人体缩小》等50余个。在《牌技》节目中，单手可以抓出108张牌，左右手同时可以打开4次360度扇形，可以五指分开在空手连续变牌，可以绕身一周360度旋转飞牌。2003年，《牌技》在中原"金象奖"全国魔术邀请赛上获金奖。2004年，他参加赵庄第二届民间魔术节开幕式，带领丁博洋摇滚艺术团演出，被河南省杂技家协会评为优秀团体奖。2005年3月，他参加中宣部、文化部慰问来京务工人员专场演出，《中国文化报》

以"农民魔术师慰问农民工"为题进行专题报道。同年12月14日，丁博洋摇滚艺术团在全国服务农民服务基层文化工作先进集体表彰会上被中宣部、文化部授予全国先进民营文艺表演团体称号。2006年，其被中宣部、文化部授予全国先进基层文艺工作者称号。2006年10月，他在中国·宝丰第三届魔术文化节暨全国魔术比赛中获金奖。2007年10月，他在由中国文联、中国杂技家协会举办的中国杂技"金菊奖"全国魔术比赛中获铜奖。2008年10月，他在中国·宝丰第四届魔术文化节暨全国魔术比赛中获银奖。2009年，他在河南省第五届文学艺术优秀成果奖评奖比赛中获民间曲艺杂技作品类一等奖；参加湖南卫视选秀节目《金牌魔术团》荣获金牌魔术师称号；参加"鹰城文化宝岛行"活动；10月组建丁氏魔术创意工作室。2010年，中央电视台军事·农业频道（CCTV-7）《乡约》栏目组在宝丰拍摄时长50分钟的丁德龙专题片《超越父亲的梦想》。同年12月6日，凤凰卫视《鲁豫有约》栏目对丁德龙进行45分钟的访谈。同年12月10日，他入选中央电视台财经频道（CCTV-2）《时尚中国》栏目2010年全国十大魔术师。2012年他和父亲丁发生一起参加中央电视台综合频道（CCTV-1）的父亲节特别节目；同年他参加中央电视台《我要上春晚》栏目年度总决赛，取得第一名的好成绩，获得哈文颁发的直通春晚邀请函，参加2013年中央电视台春节联欢晚会，在小品《我要上春晚》节目中表演魔术《牌技》。2015年他参加中央电视台综合频道（CCTV-1）《出彩中国人》节目，表演《分身有术》。2017年他放弃丰厚年薪回乡创业，成立平顶山市德龙文化传媒有限公司，致力于宝丰魔术的保护、传承、弘扬。

附 录

宝丰说唱文化普及系列丛书

宝丰戏曲唱词精选

一、曲剧《包公辞朝》选段

（唱）万岁稳坐你听臣讲，听臣把心病奏吾皇。

皆因为老臣身有恙，数月不曾上朝廊。

病重时我常把万岁想，唯恐臣我难以见君王。

病轻时我面对梨花仔细望，见为臣骨瘦如柴面焦黄，须如银线两鬓霜。

（唱）臣耳聋听不见朝王鼓响，臣眼花看不清奏疏表章。

昨夜晚臣修表今把殿上，皇府金殿来辞君王。

臣愿学姜太公渭水河上，臣愿学范大夫泛舟三江，

臣愿学陶渊明五柳庄往，臣愿学功成身退的张子房。

望万岁打开铁笼把鸟放，放为臣解袍去带回故乡，

使牛扶犁种田桑，永不伴君在朝纲，了却心病一大桩。

摘下了幞头龙案放,皇封御印还君王。

…………

(唱)万岁你莫要将臣挡,臣意已决难更张。
常言说伴君如伴虎,臣看破世态识炎凉。
不做高官不害怕,不享荣华我心不慌。
伴君再伴三五载,臣恐怕猛虎把臣伤。

…………

(白)春雨惊春清谷天,夏满芒夏二暑连。
秋暑露秋寒霜降,冬雪雪冬小大寒。
二十四节勤农事,不知节令怎种田。
(唱)自幼耕读在山乡,老臣我熟知庄稼行。
春种夏耘汗湿土,为的秋收和冬藏。
正月里喜洋洋啊,人庆佳节换新装。
过了初一过十五,大闹啊,大闹元宵喜欲狂。
家家都把花灯放,各色的彩灯满村庄。
孔雀开屏绣球灯,龙凤彩灯喜呈祥。
飞禽走兽灯好看,走马灯,滴滴溜溜是转得忙。
狮子旱船跑竹马,唱的是,三战吕布刘关张。
红男绿女去观赏,万岁呀,强似万岁你坐昭阳。

附 录

过罢了元宵春耕忙,牵牛扶犁挑粪筐。
一路走来一路唱,万岁呀,胜似你笙歌在宫墙。
春二三月该下种,谷雨前后要场墒。
麦收"八十三"场雨,玉米,玉米下种稻插秧。

四月小满麦稍黄,置办农具该糙场。
杈把扫帚牛笼嘴,镰刀绳索和锄张。
五月芒种人倍忙,男女老少上南岗。
大麦小麦都收净,担哩担,扛哩扛,
推哩推来是装哩装,慌忙积垛是把场扬。

割一捆新麦吃"碾转儿",接着又过五端阳。
五端阳,炸油香,吃粽子,饮雄黄,
我的万岁呀,胜似你琼林御宴饮酒浆。

六月三伏热难当,背锄下田锄草忙。
庄稼苗比作忠良将,杂草刺芥,杂草刺芥它似奸党。
锄去了杂草禾苗壮,趁南风树荫之下去乘凉。
头枕锄张睡一觉,万岁呀,强似万岁你的龙凤床啊。
七月八月是天气爽,秔谷子早秋都进了场。

玉米谷子有千万斗，还有那，还有那大豆红高粱。

九月十月天气凉，一阵秋风一场霜。

摘了棉花收蔬菜，大麦小麦，大麦小麦都又种上。

十一月腊月大雪降，农事已毕聚一堂。

杀猪宰羊把年过，天伦之乐笑声扬。

一十二月对主讲，耕樵渔读臣在行。

农家乐胜似我为首相，臣辞万岁回故乡，我不伴君王。

………………

二、豫剧《秦雪梅》选段

秦雪梅见夫灵悲声大放，哭一声商公子我那短命的夫郎。

实指望结良缘妇随夫唱，有谁知婚未成你就撇我早亡。

实指望你中状元荣登金榜，窈窕女歌于归出嫁状元郎。

实指望凤冠霞帔我穿戴，却不料我今日穿上孝衣裳。

至如今这景象完全两样，我盼望的花堂成了灵堂。

商郎夫啊你莫怨恨莫把我想，咱生不能同衾死也结鸾凰。

妻如今来作吊祭品摆上,初献爵祝亡魂速来灵堂。

愿奴夫神不昧酒礼是享,对亡灵我先读祭文一张。

…………

再献爵望夫君英灵清爽,三献爵再表表咱夫妻情肠。

扶灵柩我心如刀绞,珠泪簌簌,哭了声商郎夫你真来命薄。

自幼儿咱两小无猜早结情果,成亲眷也算是天地巧合。

多不幸恁家中遭下天祸,到俺府去读书我常把心搁。

既怕你吃不好又怕你穿不妥,还怕你心中烦闷不快乐。

我的商郎夫啊我的好哥哥,你的影常和我的心连着。

我的父将你赶铸成过错,害得你回家来命见阎罗。

商郎夫你一死可是苦了我,撇得我——

孤苦伶仃、伶仃孤苦、不上不下、不下不上可是死可是活?

奴的夫既要死怎不叫着我?怎不叫我与你同死免受折磨。

想奴夫也读过圣贤列传,想奴夫也看过些英雄传略。

古圣贤谁不遭流离颠簸?大英雄更难免困苦坎坷。

这些人倘若是都像你死过，有丰功和伟绩如何创拓？

你应知为君死死得其所，你应知为民死重如泰岳，你应知报国死千载受胙，你应知卫土死万古不磨。

像你这狭量人哪有几个？看性命如淡水难收好泼。

商郎啊，你不想前不想后就不想想我？

不念名不念利你就不念娇娥？

你可见那春日柳梢燕飞过？你可见那冬阳树下舞双鹊？

你可见那绿水池边鸳鸯卧？你可见那青山崖前白鹭掠？

是飞鸟它还知不离伴伙，商郎啊，你怎忍心把妹一旦舍割？

哭商郎哭得我咽哑喉锁，哭夫君哭得我失去知觉。

左瞻望右盼顾棺材一个，阴森森情惨凄使人难活。

闭目去只见那洪水烈火，睁眼来又见那鬼怪妖魔。

心恍惚眼花乱肝肠欲破，

我的商郎夫啊，咱不能同生也要鸳鸯同穴。

恍惚间只听得叫声喧嚷，商郎夫他一死能否再还阳？

终日里你拿礼教胡言乱讲,你害死了我的商郎夫我要叫你抵偿。

小妹妹在这里我正把你想,你为何撇下我去云游四方?

既归来切莫要再去任意游逛,你可知道途中有许多虎狼?

来来来你随我快把天上,咱逃出这尘世间免受祸殃。

三、豫剧《包龙图坐监》选段

披枷锁受大刑怒火万丈,

年迈人囚笼困举步艰难,

遍体是伤,满目凄凉。

数十载护皇律官居老相,

一不贪赃二不卖法,

铁面无私,直谏敢上,

三口铜铡震朝堂。

原曾想上清廉下不敢妄,

谁料想我自己的门生藐视朝纲。

血淋淋酷刑下把我的眼拨亮,举贤士还须把小人提防。

若非是苏凤英进京告状,险些儿将狗官举进朝堂。

像这等贪官贼若把权掌，国不宁民遭殃，冤案累累遗恨长。

辨忠奸尚需要民意察访，且不可认门第听信报章。

此一番可算是见识增长，清名下也有那藏身虎狼。

不枉我牵毛驴热汗流淌，查出了高守正受贿贪赃。

不枉我忍苦痛身挨棍棒，方晓知酷刑下有口难张。

不枉我坐监牢法绳锁项，体察到官风恶百姓遭殃。

在狱中等苏陈落实供状，一桩桩一件件核对其详。

待明日升公堂铜铡摆上，将尔等一个个捆上法堂。

平冤狱我亲把苦主释放，铡贪官除恶霸正义伸张。

包拯我年虽迈志高胆壮，为黎民七十三岁我甘冒风霜。

四、豫剧《清官颂》选段

1. 风萧萧马声嘶鸣

风萧萧马声嘶鸣古道上，

天连雪雪连天万里冰霜。

人踪灭鸟飞绝萧杀景象，

炊烟断田野荒天地苍茫。

枯草丛新坟上白幡飘荡，

西风中饿死骨委弃道旁。

民受苦咱怎能袖手观望,
因此上严天民冒风雪踏冰霜,
跋山涉水千里迢迢我出任河阳。

抬头看李离庙遥遥在望,
忽见那荒野漫草断壁残墙,
春秋时在晋国他把刑狱执掌,
严执法严律己万民敬仰。
有一回他错断公案自缚请罪把殿上,
金殿上他做出了惊天动地事一桩,
百姓们修庙宇永志不忘。
打坐在李离庙细问农桑。

2. 严天民一阵阵绞碎心肠

见姑娘气绝鲜血流淌,
严天民一阵阵绞碎心肠,
碧血溅染我的乌纱上,
四品官满面羞黯然神伤。
为效国我也曾立下志向,
为报民我苦读前哲篇章,
为效国行千里东奔西荡,

为报民我熬过了多少日日夜夜,

月落西楼日上东窗。

为效国尽忠心矢志不忘,

为报民我冒风雪出任河阳。

一心想高悬明镜把刑狱掌,

除强暴平冤狱把正义伸张。

又谁知赖、贾二犯阴险狂妄,

我草菅人命错杀了善良,

这滔天的大罪我要承当。

五、曲剧《陈三两》唱词精选

苍天哪你为啥不睁眼,让我这薄命女子受酷刑。

我几时挖了神的眼,何时吹了佛前灯。

陈三两我犯了什么罪,为什么这千灾万难我我受不清。

…………

你头戴乌纱穿红袍,不图名利最为高。

要做清官休受贿,贪污受贿你做不牢。

你饮酒饮的是百姓血,吃肉吃的是民脂膏。

做官你不与民做主,你辈辈子孙不得好,

陈三两大堂上破口骂。

附 录

…………

拶子本是五根柴，能工巧匠造起来，

虽然说它不是斩人的剑，拶得我十指连心痛难挨。

大堂好比阎罗殿，火签好比招魂牌。

人活一百岁总是死，早死也免多受灾。

陈三两今天不要命，混账老爷听明白。

你怎科举怎会试，怎做国家栋梁才。

空读诗书不知理，怎把纱帽戴起来。

睡到半夜人静后，手拍胸膛你想明白。

人凭良心事凭理，你今天拶我该不该。

…………

为陈奎操碎我一片心肠，老鸨儿打得我周身是伤。

苦口又婆心，教他读文章，我与他又订下提铃计一桩。

大街上买来了铜铃绒线，从北楼扯到了西楼上边。

陈奎在西楼把书念，我在北楼把文观。

夜半内听不到书音贯耳，就知那小陈奎昏昏入眠。

在北楼扯动红绒线，响铜铃惊醒陈奎又把书观。

日月如梭光阴似箭，西楼上读书有好几年。

我教会他文章有三百篇，梅花篆字我亲手传。

北京城里开科选，陈奎进京去求官。

伸手拉住小兄弟，有几句金石良言你牢记在心间。

得中要把清官做，且莫要草菅人命做贪官。

得中后搭救姐姐出离苦海，再与我屈死二老报仇冤。

这几件大事要牢牢记下，也不枉我苦口婆心教读你几年。

陈奎好比一只虎，陈三两好比捕鼠猫。

猛虎跟着猫学艺，胆大狸猫把虎教。

窜山跳涧都教会，得第把我恩忘了。

大老爷你替我想一想，这样的门徒可教不可教。

我好比一只孤舟在顺水漂，船到江心失了篙。

有前因无后果，有了上枝无下梢。

指河南我把陈奎骂，你的文章是谁教。

得恩不报非君子，忘恩负义小儿曹。

陈三两越骂我心越恼……

逍遥七寸管，几根细羊毫。

留落贪官手，亚赛斩人刀。

这支笔谁造成，留落在糊涂衙门中，害死多少老百姓。

为人做官清正廉明，下笔千言神鬼惊。

为人要做贪官,提笔在手心不宁。

左一撇右一撇,这是个什么字?

(这是一个人字啊)人到难处痛伤情。

人字两旁添两点(这是一个"火"字),

小女子大睁两眼跳入火坑。

火字下边添口字(这是一个"谷"字),

小女子流落在幽谷之中。

谷字头上加宝盖(这是一个"容"字),

大老爷该容情你怎么不容情。

六、豫剧《桃花庵》唱词精选

九尽春回杏花开,我的张才相公!

九尽春回杏花开,那鸿雁儿飞去紫燕儿来。

蝴蝶儿双飞过墙外,想起来久别的奴夫张才。

张才夫出门十余载,一十二载未曾回来。

为奴夫在神前我挂过彩,为奴夫我许下了吃长斋。

为奴夫在门外我算过卦,为奴夫在月下常徘徊。

为奴夫庙内求神神不语,在那门外边算卦,卦卦带灾。

奴好比梧桐凤良伴不在,奴又比那鸳鸯侣谁把俺拆?

奴好比芙蓉镜掩了光彩，奴又比孤山鸾鸣声悲哀。

为奴夫我懒把鲜花戴，为奴夫懒上梳妆台。

为奴夫茶不思我饭也不爱，为奴夫我昼夜不眠常等待。

张才夫他好比石沉大海，把他的生死存亡实实地难猜。

窦氏女年长三十外，我跟前缺少儿婴孩。

张才夫你若有好和歹，撇下我孤苦伶仃怎样安排？

叫丫鬟你领我过街楼上，站至在过街楼细观明白。

过路的君子有千千万，怎不见张才回家来？

哭声我的夫你回来吧，楼棚上叹煞妻珠泪盈腮。

宝丰说唱文化普及系列丛书

申红霞　主编

宝丰民间习俗

樊玉生　编著

中国·武汉

图书在版编目（CIP）数据

宝丰民间习俗 / 樊玉生编著 . —— 武汉：华中科技大学出版社，2023.5
（宝丰说唱文化普及系列丛书 / 申红霞主编）
ISBN 978-7-5680-9378-1

Ⅰ.①宝… Ⅱ.①樊… Ⅲ.①风俗习惯—介绍—宝丰县 Ⅳ.① K892.461.4

中国国家版本馆 CIP 数据核字（2023）第 075698 号

宝丰民间习俗　　　　　　　　　　　　　　　　　　樊玉生　编著
Baofeng Minjian Xisu

策划编辑：彭霞霞
责任编辑：梁　任
封面设计：杨思慧
责任监印：朱　玢
出版发行：华中科技大学出版社（中国·武汉）　　电话：（027）81321913
　　　　　武汉市东湖新技术开发区华工科技园　　邮编：430223
录　　排：天　一
印　　刷：洛阳和众印刷有限公司
开　　本：880 mm × 1230 mm　1/32
印　　张：3.5
字　　数：65 千字
版　　次：2023 年 5 月第 1 版第 1 次印刷
定　　价：168.00 元（全 9 册）

本书若有印装质量问题，请向出版社营销中心调换
全国免费服务热线：400-6679-118　竭诚为您服务
版权所有　侵权必究

《宝丰说唱文化普及系列丛书》编委会

总策划： 刘海亮

主　编： 申红霞

副主编： 杨淑祯　潘廷韬

编　审： 樊玉生　江国鹏

成　员： 曹俊青　杨东熹　周博雅　郭敬伟
　　　　　聂亚丽　徐真真　王少克　潘运明
　　　　　刘宏民　李全鑫　何清怀　张关民
　　　　　芮遂廷　贺天鹏　徐九才

序

  文化自信是一个国家、一个民族发展最基本、最深沉、最持久的力量。进入新时代新征程，党的二十大做出了"推进文化自信自强，铸就社会主义文化新辉煌"的战略部署，为我们加强社会主义文化建设、弘扬优秀传统文化指明了方向。

  地处中原腹地的平顶山市宝丰县，历史文化底蕴深厚，一代代先人在这里繁衍生息、创新创造，留下了丰富的文化遗产，成为中华优秀传统文化的重要组成部分。

  宝丰县地处河南省中部偏西，是伏牛山脉与黄淮平原的交接地带。西部山峦绵延，中东部遍布平原，丘陵、小山点缀其间。沙河、北汝河两大河流护其左右，石河、泥河、净肠河、应河、柳杨河、运粮河穿境而过，滋润着这片沃土。二十四节气在这里活态传承，春夏秋冬四季分明，具备典型的暖温带气候特征。由此，在这块先民们生产生活的理想宝地上，形成了具有中原特点的农耕文化。

  古时候，宝丰县是北连河洛、南控宛襄的交通要冲，成就了大营、马街、滍阳、翟集、老城等古老集镇，车马辐辏，商贾往来，号称"千年古县"。正是在这样一块宝地上，祖先留下了丰厚的文化遗产。

  2017年1月，文化部（现更名为文化和旅游部）批准设立说唱文化（宝丰）生态保护实验区，至今历时6年。6年来，宝丰县在国家文化和旅游部、河南省文化和旅游厅、平顶山市

委市政府的大力支持下，为生态保护实验区的建设、中华优秀传统文化的保护和发展，做了大量扎扎实实、卓有成效的工作。《宝丰说唱文化普及系列丛书》的出版、发行，对重新审视祖先留下来的珍贵文化遗产，坚定文化自信，保护、继承祖先留下的优秀传统文化，具有十分重要的意义。

宝丰县历史悠久，文化灿烂。境内拥有马街书会、宝丰酒传统酿造技艺、汝瓷烧制技艺、宝丰魔术共4个国家级非物质文化遗产项目；拥有清凉寺汝官窑遗址、父城遗址、香山寺大悲观音大士塔及碑刻、小李庄遗址共4个国家级重点文物保护单位；拥有妙善观音传说、白朗起义传说、木偶戏、韩店唢呐、高腿曲子戏、河南坠子（西路）、大调曲子（墨派）、平调三弦书、翟集冯异小米醋酿造技艺、经担舞共10项省级非物质文化遗产项目；拥有文庙大成殿、文笔峰塔、塔里赤墓碑、解庄遗址、中共中央中原局中原军区宝丰旧址群等17个省级重点文物保护单位；拥有风搅雪坠子书、快板书、评书、祭火神、乐器制作技艺、刺绣、剪纸等64个市级非物质文化遗产项目；拥有前营遗址、贾复庙、玉带河永济桥、小店遗址等121个市县级文物保护单位；已经列入县级非物质文化遗产保护名录的还有越调、拜三皇、唱愿书、对戏等108项。境内还有保护较好的各级传统村落、历史文化名镇名村50余个。

这海量的优秀文化遗产，都是宝丰人民祖祖辈辈传承下来的中华民族智慧的结晶，也是宝丰人民的立足之本、精神财富，是我们值得骄傲和自豪的资本，更是我们崇德尚文、踔厉前行的动力。

《宝丰说唱文化普及系列丛书》是平顶山说唱文化（宝丰）生态保护发展中心组织本土专家学者，根据2017年"宝丰文化进校园"教材蓝本，进一步补充、完善的全民文化普及读物，由《宝丰曲艺》《宝丰戏曲·魔术》《宝丰民间习俗》《宝丰方言》《宝丰历史人物》《宝丰名胜古迹》《宝丰民间音乐舞蹈》《宝丰民间文学》《宝丰传统手工技艺》共9册组成。本书比较全面地展现了宝丰县的历史文化本貌、文化生态环境，文字简洁凝练，是传承、传播宝丰地方文化的大众读物。相信它的出版会对保护和传承中华优秀传统文化起到不可估量的作用。

习近平总书记说过："我们要坚持道路自信、理论自信、制度自信，最根本的还有一个文化自信。"文化自信是中华民族对自身文化价值的充分肯定和积极践行，是对其生命力持有的坚定信念。宝丰县的历史文化是黄河文化的重要组成部分，也是中国文化的精粹。热爱本土文化，热爱我们的家乡，传播和传承宝丰县历史文化，保护、抢救我们珍贵的文化遗产，既是宝丰人义不容辞的责任和义务，也是我们培育文化自信的动力和源泉。

《宝丰说唱文化普及系列丛书》将给大家带来精神上的愉悦和动力，激励全县人民携手并肩继承先祖的聪明才智，为传承发展我们的优秀传统文化贡献绵薄之力，共同建设好我们的美丽家园。

中共宝丰县委书记
2023年3月

目　录

传统历史文化与宝丰民俗……………… 001

饮食习俗………………………………… 006

茶酒习俗………………………………… 011

服饰习俗………………………………… 016

住行习俗………………………………… 021

农耕习俗………………………………… 026

婚嫁礼俗………………………………… 032

生育习俗：求子………………………… 037

生育习俗：怀孕、分娩 ………………… 042

生育习俗：满月 ………………………… 046

生日寿诞习俗……………………………… 050

丧葬习俗…………………………………… 056

称谓习俗…………………………………… 064

岁时节俗…………………………………… 072

马街书会习俗……………………………… 082

社会交往礼仪……………………………… 088

民间禁忌…………………………………… 092

民间俗信崇拜……………………………… 095

传统历史文化与宝丰民俗

宝丰县地处中原腹地,西依伏牛山脉,东临黄淮大平原,沙河、汝河两水南北夹峙,具有得天独厚的地理位置和自然资源。这里气候温和,四季分明,属暖温带季风气候。

宝丰是一个历史悠久、文化发达的文明古县。早在旧石器时代,先人们便在这里繁衍生息,位于观音堂山区的庄科洞穴遗址便是祖先穴居狩猎的有力佐证。到了新石器时代,人类的繁衍逐渐增多,仅靠狩猎动物和采摘野果已无法饱腹,便开始认识稻粱菽麦,以植物蛋白为主要营养物,耕种农作物,并逐渐由山区向平原地带迁徙。

目前宝丰县域内遗存的柳林遗址、解庄遗址、龙泉寺遗址、前营遗址出土的大量文物,无不记录着先人们开荒拓土、筑城造屋、立灶煮饭、播种收获的足迹。(图1、图2、图3)

图1 小李庄遗址出土红陶盆(仰韶时期)

图2　骨簪　　　　　　图3　石刀

宝丰人的祖先经历了从畏惧大自然、敬奉大自然到认识大自然、顺应大自然，直到利用大自然的过程。这漫长的历史进程，充满了血泪，充满了艰辛曲折，同时也充满了喜悦和希望。从制作原始的石斧、石刀、骨棒、骨针，到制作出粗陶、彩陶，他们一步步认识到铜、铁等金属对生产工具改进的巨大作用。到了宋代，宝丰人烧制的汝瓷惊世绝美。

每一种生产工具、生活用具的发明创造，都在改变着人们的生产方式、生活方式和民俗习惯。祖先聪明才智的发挥及其与大自然的和谐相处，使他们养成了勤农耕、尚俭朴、重气节、精技艺、热爱生活的优秀品质，进而也形成了异彩纷呈、名目繁多、独具宝丰地域特色的民俗。（图4、图5、图6）

民俗是人类在长期社会生活中形成的关于衣食住行、生老病死、宗教信仰乃至巫卜禁忌等内容广泛、形式多样的行为规范。历代流传的民间故事、神话、俗语、歌谣从不同层次、不同角度反映了一个地区、一个族群

图4 小李庄遗址出土白陶鬶（二里头时期） 图5 小李庄遗址出土陶爵（二里头时期） 图6 小李庄遗址出土陶鬲（商周时期）

的风俗习惯，并自然地形成一种约束力，规范着人们的行为。民俗是各个历史时期的社会物质生活、经济水平、科学文化、社会心理、民族群体性格等诸多方面的文化现象，内容丰富多彩。民俗虽然没有明确的法律条文，也没有明确的监督执行机构，但往往比官方的法规条文具有更加强大的约束力。民俗文化是中华文化的一个重要组成部分。

宝丰优秀的传统文化与民俗是血肉相连、密不可分的。因为家庭生活中行孝向善、积德报恩的传统，而有了妙善观音出家修行的动人故事和对观音菩萨的敬奉膜拜；因为在人际交往中秉承忠义诚信的原则，而纷纷对关帝圣君崇敬有加；在科学尚不发达的远古时代，人们对风、霜、雷、电等自然现象不能解释，故而面对洪涝灾害、山火地震时无比恐惧，把这一切自然现象归于老天爷，归于玉皇大帝，于是产生了对龙王爷、河大王、火神、灶王爷、土地公公、土地婆婆的敬畏和尊崇；亲人谢世了，为纪念先辈、不忘祖宗，便有了清明扫墓、忌日烧纸钱、鬼节上坟等习俗；男大当婚，女大当嫁，喜庆的日子要喜办，抬花轿、吹唢呐、闹洞房便相沿成习；春节期间，要贴对联、放鞭炮、送灶王爷、除夕守夜、拜年，这些都是约定俗成的。在汝瓷烧制、宝丰酒的酿造、种植养殖等一系列生产劳动中，也贯穿着很多民俗信仰。闻名中外的马街书会，其中一种起源说，是民间艺人在正月十三这一天为纪念祖师爷马德平而祭拜亮书，相沿成习，由此形成了历时700余年的马街书会。书会上又有祭火神、对戏、拜师收徒、亮书献艺、唱愿书等独具特色的民俗活动。

宝丰民俗的范畴十分广泛，它包括人们的衣食住行习惯、生产经营习俗、婚丧嫁娶习俗、岁时节令习俗、信仰崇拜和禁忌等诸方面，都是宝丰人民共同遵循、享用、传承的一些规范性现象。民俗具有区域性，即所谓的"十里不同俗""走一乡要问一俗"。同时它还具有变异性，随着社会的变革和经济的发展，人们的生活方式、意识形态，甚至传统观念都会发生变革，从而民间的风俗习惯也相应发生变化。如原始的马拉车、牛拉犁、驴拽磨、人工割麦等生产形式，已被先进的现代化工具所替代；科学种田、科学养殖被广泛应用，很多农耕习俗也逐渐被人们淡忘了。过去那些走村串户的补锅匠、小炉匠、劁猪匠、泥瓦匠、石匠、竹篾匠、货郎、剃头匠，也慢慢消失在人们的视野里。很多行业的鼻祖，曾经被人们尊崇着、祭祀着，如今也渐渐被人们抛在脑后了。很多生活习俗，如婚姻、丧事、礼仪等方面的禁忌也与我们渐行渐远。同时，我们祖先流传下来的优秀传统习俗，以及勤俭持家、诚信守法、尊老爱幼、行孝向善等中华传统美德，仍然体现着社会主义核心价值观，传播着正能量，对此我们仍然要发扬光大。

饮食习俗

一、日常食俗

宝丰普通人家的饮食习惯不分地域，大致相同。食材都是当地出产的小麦、玉米、红薯、高粱、谷子、黄豆、绿豆、扁豆、大麦、芝麻和少量的水稻。主食为面食，多是蒸馍、烙馍（有薄饼馍和油馍之分）、窝窝头、锅贴、火烧，少有大米饭。稀饭多是玉米糁汤、小米汤、面疙瘩汤、面片汤、红薯面糊。或是不吃面食，吃稍稠一点的粥类，如玉米糁里煮红薯、红薯干，大米粥里煮枣，杂以豆粥或小米粥，等等。

宝丰人普遍爱吃捞面条。面有白面和杂面两种。臊子也是有荤、素两种：荤菜多是用牛肉、羊肉、猪肉做成的肉丁；素菜多是用胡萝卜、白萝卜、豆腐做成的菜丁。最简单的是用蒜泥（汁）、辣椒泥、香椿泥、芝麻酱、芝麻盐等混合调料下饭，称为蒜面条。

过去，宝丰大部分地区因土地贫瘠、干旱少雨，靠天吃饭，故多种红薯，有"一年红薯半年粮"之说。老百姓有句顺口溜："红薯汤,红薯馍,离开红薯不能活。"蒸红薯、煮红薯、烧红薯、红薯面窝窝、红薯面条、红薯粉条、红薯渣馍、红薯叶糊、煮红薯干……红薯的吃法真是五花八门。遇灾荒年景或青黄不接时,穷苦人家吃糠咽菜,树上的柳蕊儿、榆叶、榆钱儿、洋槐叶、洋槐花、桑叶都能用来果腹。田地里的野菜(如刺角儿芽、荠荠菜、毛妮儿菜、黑点儿菜、苗苗蒿等)都成了碗中的食物。麦子即将成熟之时,实在没有粮饭下锅的人家就把麦穗剪下,烤烧后搓出麦粒儿,放进石磨,碾出一种条状的糊糊,拌着蒜泥、辣椒泥吃,谓之"碾转儿"。如今"碾转儿"已是一种别有风味的时令美食。不论丰俭年份,即使是物质生活极大丰富的现代,有些勤俭持家的家庭主妇,也会将家中存粮粗细搭配,做出可口的饭菜。如用麦面和红薯面、玉米面、高粱面相间做成包皮面馍,用麦面和黄豆面、玉米面或绿豆面做成杂面条,等等。趁秋收时采摘的红薯叶、芝麻叶、白菜帮子、萝卜缨和芥菜叶子,或晒或腌,都是半年菜粮。初冬腌制的芥菜丝、萝卜干、韭菜花和初夏腌制的蒜薹都是人们平时的主要菜品。宝丰人以勤俭节约为美德,仍然传承着"论吃还是家常饭,论穿还是粗布衣"的习俗。

二、年节食俗

旧时，因平日缺吃少穿，小孩子都盼望过年。腊八粥、灶糖、水饺、白面馍馍是令小孩子们垂涎欲滴的主要食品。饺子是大年除夕晚饭的主食。大年初一中午的团圆饭最为丰盛，大多数人家是揽锅烩菜，内有猪肉或牛羊肉、丸子、炸豆腐条、萝卜、白菜、粉条等。有钱人家杀鸡宰鹅，赶集买鱼，做上几大盘硬菜，一家人围坐桌前，欢声笑语。

正月十五元宵节，家家户户都要蒸上几笼形状各异的花馍，动物形状的如兔儿馍、小猪馍，象征丰收的如麦囤儿馍、麦桩子馍、枣花馍，等等。

正月十六这天，人们照例要穿上新衣四处散步游荡，说是"游百病"。午饭必得吃上一顿饺子，宝丰民间称饺子为"扁食"，所以就说是"正月十六吃顿扁，又不咳嗽又不喘"。

二月二，龙抬头，要吃爆米花，为龙王爷解困；五月为"毒月"，五月初五端午节，为解"五毒"和纪念屈原，要煮大蒜、煮鸡蛋、包粽子；八月十五月儿圆，一家人要赏月吃月饼；农历十月一日是寒衣节，俗称"鬼节"，要炸油条供奉祖先；冬至要吃顿饺子。这些都是宝丰约定俗成的饮食规矩。

三、风味小吃

宝丰当地的食品多是馒头、包子、油馍、火烧、锅贴、蒸菜、蒸碗、扣肉、卤猪肉、酱肘子、浆面条、油茶、豆沫等,体现了典型的中原人民的饮食习惯。

回族食品也颇受宝丰人的喜爱,如羊肉冲汤、羊肉烩馍、羊杂汤、丸子汤、水煎包、炝锅豆面条、扒羊肉、买根烧鸡、三刀豆腐等。其中最为闻名的是仓巷街的羊肉冲汤、买根烧鸡和闪庄的牛肉,色香味俱佳。

四、待客食俗

待客是宝丰人民家里的头等大事。娶妻生子、养老送终、修房起屋、升学升迁、亲友上门,宝丰人都重视有加,大摆宴席招待客人,客人赴宴都称为"吃桌"。(图1)

图1 待客场景

待客宴席多是八大件，又称"八大碗"。旧时招待唢呐班是三个盘，招待剃头匠是一个盘，这是传下来的规矩。凉菜的"八大碗"均是"四荤四素"：荤菜以动物杂碎为主，如肝、肚、耳朵、肺、口条、肉皮冻、灌肠等；素菜则是在黄瓜、芹菜、番茄、韭菜、白菜、蒜苗、花生、红萝卜、白萝卜中搭配调节。热菜的"八大碗"讲究的是"四稠四稀"："四稠"是从红或白条子肉、肘子、排骨、酥肉、鸡、焖子、合碗大米等中选择；"四稀"则是肚丝汤、肉丝汤、丸子汤、青菜豆腐汤和鸡蛋汤等的随机搭配。一般而言，鸡蛋汤是宴席的最后一道汤，待鸡蛋汤一端上桌，明白人就知道宴席要结束了。

近年来，随着社会经济的飞跃发展，宴席的规格也在逐年提升，待客场所也从乡村、家庭进入酒店。各种菌类、海鲜相继上了桌，甚至有的宴席上还采用一些不常见的食材，使人们饱了口福。

茶酒习俗

一、饮茶习俗

宝丰气候干燥，人们容易上火，饮茶是人们比较普遍的生活习惯。至于饮茶习俗起源于何时，史已难考。

过去人们过着较为清贫的生活，大众饮用的多为柳叶茶、菊花茶、竹叶茶、槐豆茶、栀子茶、蒲公英茶等。有的人家用绿豆熬成汤，或将绿豆磨成大小不一的豆瓣沏茶，俗称"豆瓣茶"。对于这些茶材，农户人家信手取来，不花钱或少花钱，简单易行，最受广大群众的喜爱。夏秋农忙时节，人们把煮好的茶水装在小桶或茶壶里，提到耕作劳动的地头，渴了就"咕咚、咕咚"喝上几大口，清凉又解渴。讲究的人家，若是手里有几个闲钱，就会到城里的茶叶店包上二两粗茶，在家待客或逢年过节时享用。茶具都是粗瓷大碗，甚为简朴。一般县城和大的集镇上都有一两家茶馆，供人们品茶休闲，边品茶，边聊天或斗牌下棋。过去在宝丰能够进茶馆消遣是很奢侈的事，多为有钱的人家。

进入改革开放时期，随着人们消费水平的提升，喝茶已成为饮食当中不可或缺的要事。过去人们喝茶是为了降温、解暑、解渴，而今品茶则演变为人们社会交往的媒介，同时也体现了人们对健康饮食的追求。信阳毛尖是宝丰人最早青睐的对象。20世纪80年代，信阳毛尖茶叶店蜂拥进入宝丰县城。毛尖属于绿茶系列，汤水碧绿，清新爽口，且有提神醒脑的功效，因此迅速在全县推广开来。家家户户待客访友，第一件事便是奉上绿茶一杯。上茶要双手捧上，单手递杯是不尊重客人的表现。茶叶最好是新茶，谷雨前出产的茶叶叫"雨前茶"，高档的还有"明前茶"，即清明节前采摘烘焙的上等嫩叶。一旦主人拿出这样的好茶，就说明对客人的敬重程度很高，客人也会认为自家在主人眼里非常重要。

21世纪初，南方的红茶、黑茶被引入宝丰地区，祁门红茶、普洱茶等相继进入寻常百姓家。人们渐渐讲究起茶道，很多茶馆、茶社应运而生，成为人们社会交往、休闲娱乐的好去处。

二、饮酒习俗

宝丰人有饮酒的习俗，古来已久。俗话说"无酒不成席""酒逢知己千杯少"。宝丰大曲是宝丰人的首选品牌，也是宝丰人的自豪。喝酒是宝丰人交友的主要手段,"量大、枚扎实"是宝丰男人引为夸耀的口头禅。逢年过节或重要日子宝丰人都要饮酒庆贺,比如春节时的团圆酒,中秋时的赏月酒,结婚时的贺喜酒,婴儿出生后的满月酒,老人的寿诞酒,亲朋好友的聚会酒,日常往来的待客酒,送行的顺风酒,迎归的洗尘酒,等等。就连丧事后的"逢七"忌日,主人为答谢亲友也要摆上酒宴。

酒礼几乎与酒同步而生。过去说"无酒不成礼仪",或说"有礼之会,无酒不行",或说"有酒之会,无礼不行"。在正式宴席上必须严格执行尊卑之礼。居官之人在宗族及至亲的家庭便宴上可按长幼之礼饮酒,但若是正式宴席,居官之人即使在亲戚宗族中辈分较低,年纪较轻,也要坐在长辈、长者的上席。这是地方礼俗文化的组成部分。在极重血缘关系的中国传统文化中,长幼尊卑之礼不得僭越。过去酒宴用八仙桌,上首必为长者或尊者,左右为陪客。主人敬酒是第一道礼仪,先喝为敬,一般连饮三杯,然后从尊者、长者开始,依次敬下。随后是主客还敬,其余随意。不会饮酒者或者酒量小的客人应再三申明理由,取得同桌一众的谅解后,才可免喝,否则为失礼。

敬酒过后便是闹酒、玩酒了,此是酒宴的高潮,具有很强的娱乐性和趣味性。有些人即便平时讷口少言,喝酒之后也会将话匣子打开，滔滔不绝。一场酒宴若有喝得东倒西歪者，有喝得烂醉如泥者，有胡言乱语、神志不清者，算是酒宴圆满。玩酒，古时行酒令，如对对联、对诗、猜谜语、掷骰子，或玩类似击鼓传花的游戏。在宝丰流行最盛的当属"划拳猜枚"，两只手你来我去，划得眼花缭乱，双方口中大腔大调地喊数，什么"哥俩好""六六顺""九连灯""三桃园""一支枚""五魁首"。这些猜枚歌朗朗上口，甚至还有猜枚比赛之类。喝酒的路数五花八门，还有玩石头剪子布的，玩压指头的，玩老虎杠子小鸡虫的，以及斗纸牌、比点子、推拖拉机、斗地主赌酒的，风格多样，让人叹为观止。

饮酒不仅是一种物质文化，更是一种精神文化，是人们表达感情、增进友谊、维持心理平衡、寄托理想、扩大交往、调节人际关系的重要精神媒介。有朋自远方来，无酒不足见款款厚意；有友到远方去，无酒不足表依依深情；良辰佳节，无酒不足显其乐；丧葬忌日，无酒不足致其哀；困顿时，喝酒解其愁；得意时，办酒助其乐。农民丰收，要庆贺办酒；调动工作，要答谢办酒；新房建成祈求牢固，也要喝上一场，俗话说"浇瓦垄儿"；搬个新屋，祝福日子红火，要喝一场，名曰"燎锅底"。真是哪里有人群，哪里就有酒。

宝丰人喝酒虽然粗犷，但粗犷的背后依然隐藏着高雅的目的——享受人生。酒文化是在追求一种境界、一种感觉、一种精神。酒桌上流行的"感情深,一口闷;感情浅,舔一舔",显现出一种洒脱豪放的气概。但是,因为不文明饮酒,或豪饮过度,也造成不少事故,如酗酒过度而死亡,或在酒席上因口舌之争、杯酒之争而打架斗殴者层出不穷,这已成为饮酒时警醒后人的事例。

服饰习俗

一、衣服质料和服装式样

宝丰旧时乡下的农民,穿衣多是自种棉花自纺线,自织棉布做布衫。大多数农家在每年秋收之后,一进入冬季,就将当年收获的棉花用人工轧车脱籽,再用老式弹花弓弹成净花絮,然后用秫秆尖儿将花絮搓成花捻,在纺花车上抽成线,而后织成布。旧时农家妇女,人人能纺织,个个是巧手。每逢冬、春二季,家家忙纺线,户户忙织布,或者是日忙家务夜纺棉,一纺纺到五更天,没钱买油把灯点,无奈只好燃灰麻。

当时有民谣唱道:

月奶奶,黄巴巴,

爹织布,娘纺花,

小孩闹着要吃妈(吃奶),

买个烧饼哄娃娃,

迷迷糊糊睡觉吧。

晚清和民国时期,宝丰县城的布行已有洋布(旧时指机器织的平纹布）出现，但穿者甚少。只有富贵人家才能买上几尺洋布，做成夏衫或冬季穿的衣袍。有学问的人，平时也多穿土布（手工纺织的布），只有在走亲访友或招待应酬之时才穿洋布、绸缎等。穷苦人穿不起洋布，只能在需要讲排场时借穿一次。

那时县城的布店中，摆放的上等衣料有毛纺、哔叽、花哒呢等。夏季穿的布料有柞绸、桑纺和从外地运来的白竹布、麻布、葛布等。洋布产品过去穿着讲究"男不露脐，女不露皮"。因时代不同、身份不同、性别不同和年龄不同，习惯上的穿戴式样也不同。当时男的都穿带襟长袍、带襟长衫，富贵人家或者上层绅士外套对襟马褂，其质量与长袍衫相当。长衫长袍有绸缎的、呢绒的，颜色老少有别，或皂青或宝蓝，各有所取。有的则不穿马褂，外套穿坎肩。（图1）

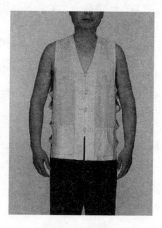

图1 坎肩

农家男子穿衣以家织土布为主，颜色为白、灰、蓝、黑等。倘若穿一件长袍长衫，也要用袍带束紧。干活或走路时，把前襟提起掖在袍带上。凡常年耕种的农民，一般多穿对襟、掩襟的布扣上衣，穿宽腰、大裆的短裤子和土布鞋。青壮年男子以穿撅肚小棉袄者居多，或者不系布扣，用袍带束腰。在田间耕作的男人们，夏天上身多穿用土布做的汗肩，甚至也有光着膀子的，下身穿一条大裤衩子。

妇女的上衣都是带大襟的，颜色多是粉蓝、黑蓝或杂色。民国时期，青年女子及女学生有穿旗袍的，多是洋布做的。女子出嫁，有钱人家的新娘穿百褶裙、绣花裙，或红或绿，甚是雅丽。

中华人民共和国成立后，衣服质料和服装样式发生了较大变化。在衣服质料方面，一开始穿机织棉布者较多，后来化纤布上市，机织棉布和土布逐渐减少，但颜色均以黑、蓝、白居多。服装样式有中山装、解放服、牛仔装等多种款式，色彩也趋于活泼、艳丽、醒目。穿新式服装（如西服）者多为青年人。中老年人服装仍以中山装为主。现代的年轻女性穿戴讲究时尚，多是流行款式。

二、鞋、袜

旧时男子的鞋全是黑色，清末有钱人穿靴子或穿福字头鞋。民国时期有穿前面用文皮做成两道的双脊鞋，或一道单脊梁棉鞋。随着时代变迁，鞋的式样也不断变化，有尖口鞋、圆口鞋、深口鞋、带带鞋和方口布鞋等。女人的鞋，缠过足的穿两片鞋帮做成的尖角鞋。青年妇女多穿红、绿色绣花鞋。小孩的鞋多是虎头鞋或软底圆口扎花鞋。劳动者穿的布鞋还系有鞋带，以免土湿粘鞋或鞋从脚上掉下来。雨天多穿油鞋，这种油鞋由桐油涂后晾干，且底子厚，泥水天便于行走，鞋不会湿透；还有的雨天穿泥屐。冬季多穿草鞋，桐木底厚一寸或二寸，斑茅穗联结的鞋帮有六寸高，六七分厚，穿着轻便暖和。

旧时男女的袜子都是用白色土布或洋布做的，分单袜、夹袜、棉袜三种。穿袜时，先用包脚布将脚包好，再穿袜子。有的将袜口套住裤口后扎带子，有的则是先将裤口扣紧袜口，再用黑色带子扎紧。扎带子是男女都扎。

中华人民共和国成立后，城里人的鞋袜逐渐变为机制布鞋和线袜。后来多穿翻毛皮鞋、抛光皮鞋和丝光袜、弹力棉纶丝袜（尼龙袜）。而下田劳作的农民仍以穿家做千层底"踢死牛"布鞋者为多。

三、帽子

旧时，男人戴的帽子多是青、黑缎子硬壳，形似半个西瓜，帽顶有一黑疙瘩。有的会在帽前正中缀一块小白玉牌。讲究人或绅士多戴用毡做成的围沿礼帽。小孩的帽子顶部多缀有红疙瘩。春、秋两季,小孩的帽子是露头顶的;冬季是扎花花帽,天冷时换上带尾巴的风帽。风帽两边系有小银铃,摇头便响,悦耳动听;后缀两条飘带,边缘镶穗子;帽前缀虎头银线,其中显示"长命富贵"或"福禄祯祥"等字样。

民国时期,帽子式样有六块瓦帽、毡帽、双耳巴帽、车头裁绒帽、带沿帽等。夏季有用麦秆编的草帽、用高粱秆编的带尖凉帽等。富贵人家男子或商人多戴毡礼帽。贫穷人家男子多用蓝黑色抓绒毛巾勒在头上。青壮年妇女多以花色巾顶在头上。"文革"时期,单军帽、荣军帽等风靡一时。近些年来,夏季有太阳帽、草帽、旅游帽、大檐帽等,冬季则有斯大闪帽、棉帽、长舌帽等。

住行习俗

一、房屋居住习俗

宝丰旧时的房屋建筑形式，宅院制式一般大同小异，但由于贫富悬殊，房舍材料亦有很大差别。贫穷人家多住茅舍草庵，或篱笆为墙，或泥坯土墙，或夯打土墙，或泥垛土墙。人口多的人家，另搭一简陋草棚权作厨房，喂有牲口的人家也是以简易草棚来遮风避雨。院墙多是用一人高的土墙或篱笆代替，有的干脆就没有院墙。生活条件较好的人家，则有三间主房（即堂屋），东西两厢有配房，南屋偏东开一大门，称为四合院。房屋材料多是蓝砖灰瓦构造。有的人家草房以灰瓦镶边，称瓦箭边，也叫金镶玉。为了安全，富裕人家住在较大的村寨里面，住宅多是明三暗五的两进院、三进院，甚至有木梯木板楼房。其与草房茅舍相比，显得富丽堂皇。家族中出过功德之人的，建房讲究结构严谨，牢固结实。其门楼或大厅堂就盖得气派，屋顶设五脊六兽，前后墙多是七封檐或九封檐、走廊檐，山墙上部的硬山顶多是七封山、九封山或十一封山，气势夺人。

凡建房之墙，多是根据房主的富裕程度而建，有土坯墙、板打墙、泥垛墙、里生外熟墙、卧砖到顶墙，或上平窗、下平窗、砖石墙，等等。建房之木料，门窗多是榆木、槐木、椿木、杨木、柳木等，檩条多是栎木、杨木、桐木、山杂木等，梁多是桐木、榆木、栎木等，椽子多是杂木、棘木等，讲究人家多用桐木或栎木。草屋的屋顶用草多是山里的黄稗草、谷秆、稻草、芭茅、麦秸等，也有用芨草、山稗草的。关于墙的厚度，一般根据进深及屋顶承重，有尺二墙、尺六墙。门墩儿有青石料、红石料之分。铺门、铺窗石也多是用当地石料整块凿就。椽上棚的里子有高粱秆织就的箔或麻秆箔，也有的以荆、竹、苇、棉花柴编就。前后坡都是瓦顶的，称为瓦房；仅屋脊有瓦，两坡是草的，称为罗汉衫；脊和两坡都是草，而在山墙、房檐处用三趟瓦垄或五趟瓦垄镶边的，称为瓦箭边。

盖房初始，要请风水先生选定宅基，定出向、定排水，择良辰吉日，祭祀安神。动土前要先准备一方形木桩，书写有丹砂符箓，木桩顶部包裹红纸，插入选定的宅基中堂后方的正中位置，点香烛，设祭安神。在宅基的四周淋以鸡血，方能破土动工。上梁时也要择吉日吉时，设"姜太公在此诸神退位"之灵位，燃香烛供品，燃放鞭炮。梁上书有"青龙缠玉柱,白虎架金梁"的对联,梁头两端要贴"吉星高照"字样的红纸。待大梁在墙上放稳扶正,还要将蒸好的圆馒头从梁的上方抛过去,谓之"抛梁蛋儿",象征房屋建筑圆满成功,有吉祥如意的意思。这一天,房主要改善工匠的伙食,多有好肉好菜支应,还要给领工的人封红包。挑脊时也有简单的仪式,要给劳作的泥瓦匠包个封子,让工匠把脊做得牢固坚实、不漏雨。

一般堂屋后墙正中是供奉祖先牌位或祖谱的地方,下置条几、八仙桌、太师椅。一般居家用具有方桌、柜桌、小茶几、板凳、马扎、小靠椅等。堂屋也是会客或接待亲友的地方。厢房、卧室一般置有箱子、衣柜、梳妆桌、床、小凳子等。生活用具除锅、碗、瓢、勺外,还有贮存或计量粮食用的囤、圈、缸、斗、升等。劳动工具有锹、锄、镰刀、木锨、耧耙、耙子、镢头、铲子、粪叉、木桶、扁担、扫帚、麻绳等。

进入现代社会,房屋结构已有质的飞跃。原有的土木结构已湮灭在水泥钢筋结构的现代化建筑里。县城高楼林立,农村二三层楼房鳞次栉比。房屋内设卫生间、厨房,地砖、卫生瓷砖一尘不染。抽水马桶、抽油烟机、冰箱、彩电等已飞入寻常百姓家。

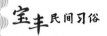

二、行旅习俗

行旅是人们日常生活中必不可少的活动。旧时虽有代步工具，但走亲串友、经商揽活主要还是靠步行。代步工具有车、轿、驴、马等。车有牛拉席棚车、马拉轿车、平板车、铁轮车。轿和马是富豪人家、士绅、官宦之人的代步工具。一般百姓能骑驴、坐独轮小推车或人力车出行就已经很不错了，轿夫、马夫、车夫大多是为有钱人家服务的。轿子又分为蓝呢大轿和花轿两种，蓝呢大轿是为官宦富豪服务的，花轿多用于婚嫁迎娶。清代末期，车、马、驴除作为人们的代步工具外，还成为乡村的主要运输工具：农忙时运肥，运庄稼；农闲时探亲访友，赶庙会；有的则专门为商家或官家运送物资商品。有一首儿歌唱道："孩儿他爹赶着车，孩儿他娘去坐上，嘚儿喔儿到会上，包子油馍吃着香，会上吃了一肚子，到家拉了一裤裆。"这儿歌描绘出一幅生动的市井画卷。

1921年以后，自行车出现在宝丰县城，引得众人围观，谓之"洋车"。1941年以后，大的集镇不断有骑自行车的人穿行，庄户人家于羡慕中又不无嫉妒。因自行车遇雨天泥泞道路不能骑行，骑车人甚至把车扛在肩上，故有首儿歌戏谑道："远看一条龙，近看铁丝拧，雨天龙驮鳖，晴天鳖驮龙。"

汽车是在1924年以后出现在宝丰的，因军队剿匪进驻宝丰而带来，仅是偶尔见到，百姓只能远远观看而无缘乘坐。中华人民共和国成立后，县城才向大营、闹店、石桥、商酒务等大集镇派发定期班车。所谓定期班车，就是破旧卡车装上帆布棚，无座位，坐车人只能站立相扶，由于道路坑洼不平，颠簸得十分厉害。

人力黄包车是在1931年前后出现在宝丰的，多是拉客赚钱，也有人货兼营的。坐车的自然是有钱人家或有头有脸的官员，活动范围多是在县城以内，有时也到城郊。中华人民共和国成立后，人力黄包车基本绝迹。

宝丰人出行从徒步、骑马、骑驴、坐独轮车到使用现代化的交通工具，出远门从普通火车到高铁、飞机，如今大多数家庭都已购置了电动车、汽车。这些都是随着社会的发展逐步变化的。出远门经商、打工、求学或旅游的人们，很多都不忘带上一把家乡的土。这既是为防止在异乡因水土不服而患上肠胃疾病，更是成为独在异乡为异客的游子思念故土亲人的一种情感寄托。

农耕习俗

一、打春

"春雨惊春清谷天,夏满芒夏暑相连。秋处露秋寒霜降,冬雪雪冬小大寒。"旧时,宝丰农村稍微有点农业生产常识的老农都知道这首二十四节气歌。

二十四节气是中国(尤其是中原地带)古代劳动人民在与大自然的接触中,在农业生产实践中通过观察太阳周期运动,对时令、气候、物候等方面的变化规律进行总结积累而形成的宝贵知识体系。其名称体现了不同时段的气候特点或农事特征。

立春是二十四节气中的第一个节气,也是一年中农事活动习俗的起点。在宝丰,立春又称"打春"。在古代民俗中,立春要举行隆重的迎春仪式,由村社主办迎春祭拜活动。老百姓一般用柔软的桑木做成一头牛的骨架,扎上麦草或谷草,糊上一层厚泥,雕塑成一头牛的形态,谓之"土牛"。把这只"土牛"放到独轮车上推着游春,后来人们也把独轮推车称为"土牛"。人们手执用红绳拧成的鞭子向牛背鞭打,谓之"打春"。后面跟着村社的响器、锣鼓队,吹吹打打,沿街游行迎春。游春结束后,"土牛"被拉到村外敲碎,大家争抢被敲碎的"土牛"身上的土块,掩埋到自家田地里,传说此法可保当年五谷丰登。后来,随着社会的变革,立春日的迎春之礼逐渐消亡了,但立春节气一直被广大宝丰人民称为"打春"。

二、祭拜土地爷、土地奶奶

旧时农村,无论贫富贵贱人家,大都在庭院里设神龛,里面供奉着土地爷和土地奶奶。村上立有土地庙,无论是泥塑、画像还是神位贴纸,一律放上香炉,岁时节令要燃上香烛,祈祷一番。特别是在农历正月初一早晨,家家户户煮饺子,要将第一碗饺子端给土地爷、土地奶奶,以示崇敬之意。如今,在偏远山区农村靠天靠土地吃饭的村民那里仍然传承着这些习俗。村头一座三尺高的小庙里,供奉着二位神仙。上书对联"村头二老仙,阖家保平安"。一年在不同时节,都要祭拜并许愿。一般许的愿是说书,有时许愿丰收了就给土地爷、土地奶奶唱弦子戏。村上在农闲时节请戏班子唱上十天半个月的很多,一来之前许了愿,二来也让老百姓娱乐娱乐。

三、祈雨

农业生产最怕天旱，田地龟裂，庄稼枯萎。遭遇天旱，农民心急如焚。求老天爷玉皇大帝降恩，求王母娘娘、龙王爷降雨，这被称为求雨或祈雨。

祈雨的形式多种多样，各村各镇略有不同。有的拉着玉皇大帝塑像，游街娱神；有的到河边祭拜龙王爷，或者到河大王庙给神灵祭拜唱赞歌；也有村上的老头老太太们自发在村口跪成一片，选一德高望重的长者，在场子里装扮成大神的样子，边舞边唱，口中念道："白云生生有神灵呀，大旱三年不下雨，饿得百姓不动腥呀。老母娘娘来送行呀，一送送给赵老公呀。赵老公他有三间房，没有柱子也没有梁呀。里头坐着张玉皇呀，张玉皇请仙女说仙话，清风细雨往下下呀。五谷杂粮收成好，喜坏百姓笑哈哈呀……"如果当天祈雨当天下雨，或是当天祈雨次日下雨的，老百姓就说神仙显灵，老天爷开眼了。倘若祈雨多次仍是天干地燥，红彤彤太阳晒"死"人，老百姓就私下骂老天爷、龙王爷，说是神仙们周游四海去了，把咱这一片老百姓忘了，怨恨声声。

四、秋涝祭天

遇到秋涝，阴雨连绵，眼看着庄稼泡在水里，快到嘴里的粮食就要颗粒无收，农民心里着急，只好忙着祭拜天地神灵。农村的老人们大都会用布头做一精致小人，挂在门楣上，然后用笤帚挥舞着唱道："扫天媳妇扫扫天，把云彩扫到西南山。西南山上去下雨，俺这里是好天（晴天）。"反复吟诵三遍，然后跪下向天磕头，口中念念有词。尔后重复往返，乐此不疲。

庄稼是农民的命根子，更是他们生活的希望。过去，科学技术落后、农业生产不发达，为了生存，广大农民便把朴实的愿望寄托在天地之间，寄托于大自然。这无可厚非。

五、夏秋打麦场

夏收时节，农村劳动力全员下地割麦子，青壮年男子、妇女是割麦子的主力军，就连老奶奶、孩童们也拿着镰刀，弯腰弓背、起早贪黑地割麦子。

到了秋天，玉米、芝麻、大豆、高粱、绿豆各自进了场院，这里一堆那里一垛。剥玉米苞、捶谷子、扦高粱秆、下芝麻一般由妇女完成。此时的打麦场上，儿童喧闹着，妇女谈笑着，一派丰收后的喜悦景象。

六、农具

耧、犁、锄、耙是农民种地时要用到的四大件农具。但这远远不够，镢头、铁锹、三齿耙子、扁担、筐子、箩头，哪一样少了也不行。还有打麦场上非用不可的扫帚、桑杈、木锨、推耙、簸箕、筛子、石碾等。日常生活中，家家户户都要用的生产工具还有扁担、绳索、水桶、笆篓、篮子、镰刀、铲子、脚铲、手铲、粪叉等。粮食收到家了，还得预备大缸、席、囤、面柜、穴子、坛子等贮粮器具。灶房里要有锅灶、风箱、案板、菜刀、擀面杖、水缸、碗、筷、瓢、盆之类的日用品。墙角放着五升斗、升子之类的计量工具。

此外，妇女做女红用的针线筐里，锥子、顶针、五色线、大小号针、夹板、剪刀应有尽有。每个家庭都有纺花车，织布机是几家一台，或是大户人家一家独有。农闲时，家庭妇女把平时的纺线浆洗加工，三五人商量着经线织布。糊袼褙、做鞋样、纳鞋底，夏天树荫下，一群妇女"哧啦哧啦"地纳着鞋底，东家长西家短地唠话，好一幅优美的乡村图景。

过去，依靠原始的农业耕作技术，粮食收成不好，农民们心里就底气不足。人们祈盼着天，祈盼着地，心都在那一亩三分田里，为温饱而挣扎劳作。往往是当家的用升子、斗打量着剩余的粮食，眼看大缸里的粮食见底了，在心里盘算着还能吃上几天，望着天空，祈盼着风调雨顺，来年丰收。有民谣唱道："吃了饭当时不饥，正东走腿肚朝西。眼看着粮食快要见底,断了顿咱喝西北风去。"

如今,农业科技发达,高度的农业机械化使农民基本告别了面朝黄土背朝天的岁月,再也不用为填饱肚子而发愁了。

婚嫁礼俗

宝丰过去有儿歌唱道:"小小子儿,坐门墩儿,哭哭啼啼要媳妇。要媳妇做啥?点灯,说话儿。吹灯,做伴儿。"作为一件终身大事,结婚是男女双方最得意、最光鲜、最喜庆的日子。双方从此以后要承担起组织家庭、奉养双亲、传宗接代的责任,意义不言而喻。

传统的婚礼规定了纳彩、问名、纳吉、纳征、请期、亲迎六项婚姻礼仪,以规范人们的婚姻行为。其中,"纳彩"即提亲,求婚;"问名"为询问女方姓氏;"纳吉"为卜得吉兆,备礼通知女方,订婚;"纳征"为送彩礼;"请期"为择定良辰吉日,通知女方婚期;"亲迎"为迎娶,是婚姻中最重要、最隆重且最为烦琐的婚礼仪式。

传统的婚姻需明媒正娶,由媒人撮合。男女双方要合八字,即按出生年、月、日、时,按天干地支排出八字,请先生按五行相生相克掐算。只要"八字"相生不相克,即有了婚姻基础。具备这些条件,就可以通过媒

婚嫁礼俗

人让双方父母（或兄嫂）相看彼此，但男女双方不得见面。双方父母都觉得可以，就可以择日订婚了，这叫作"父母之命，媒妁之言"。接下来是订立婚约文书，其内容为双方姓名、属相、生辰八字、排行，由媒人交换文书，名曰"传契儿"。"传契儿"这一天，男方要设宴招待媒人和书写契约的人，并由媒人传与女方四件小礼物，如头巾、手绢、粉盒、腰带等，女方也可乘机向男方索要金银首饰或衣物之类的东西。

择定良辰吉日，又叫"看好儿"。男方把选定的日子写在红纸上，叫"写应书"；把"应书"送与女方，叫"送好儿"。"应书"上须写明具体迎娶时间、发轿（或车）的时辰、上轿下轿（或上车下车）的面向、伴娘女客所忌属相等事宜。将"应书"封入红纸糊就的信封，放入大红木箱内，再用红绳捆扎，由男方至亲长辈送至女方家中。商量婚期的具体事宜时，女方要准备一桌酒宴待客，谓曰"喝商量酒"。

婚礼的前一天，男方要给女方送彩礼。其彩礼是四种干菜、四样湿菜（禁忌黄瓜）、四样小物、一块礼肉以及若干酒，都用红绳捆扎，送到女方家中，并交谈衔接第二天各自的注意事项。彩礼有大有小，不一而足。

婚礼中的"迎娶"是重头戏。迎娶的队伍有车、马、轿，一律装扮一新，扎上红彩绸。一般新郎骑马，戴上大红花，迎娶新娘的轿子要有压轿童子。新娘子上轿，要放鞭炮、穿嫁衣、蒙盖头，按方向踏红毯上轿（上车），换新鞋，寓意新的人生转折开始。起轿（开车）后，后面的唢呐班、锣鼓队、亲友队浩浩荡荡，一路鸣放鞭炮，吹吹打打。迎亲的路上，前面领队的挟毡执事者遇河、桥、沟、坎、大树、古庙、老屋、十字路口、路边石狮，一律丢小喜钱、喜帖并放鞭炮，意即为新娘避邪，逢凶化吉。

是日，男方家中诸门要遍贴喜联。花轿或花车到达男方家之后，有一系列的入门礼仪。新郎要猛踢轿门三脚，方可三牵出轿。点燃大门两边谷草捆扎的鞭炮，以清除戾气，踏过火盆进入大门。这时婆家姐妹在两旁用切碎的谷草、麦麸皮和小铜钱混合一起撒向新娘，祝福新人有粮、有福、有钱，此谓"撒麸（福）"。一对新人携手行至院中天地桌前停下。此时，天地桌上放有装满五谷杂粮的斗（斗内插有点着的香烛）、织布用的筘、秤（秤钩上挂块肉）和一把未上锁的铜锁。新郎要快步抢先摘走秤钩上的肉块，抛向空中，意为敬天地；把铜锁锁好挂在秤钩上，意为婚事告成。接下来，由傧相主持，新人向天地桌行礼，向天地三跪拜，叫拜天地；向父母三跪拜，叫拜高堂；夫妻互相鞠躬对拜，然后送入

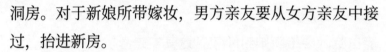

洞房。对于新娘所带嫁妆,男方亲友要从女方亲友中接过,抬进新房。

进洞房后,新郎为新娘揭去盖头,此时才看清新娘的面目是丑是俊,身材是胖是瘦,肤色是白是黑。新娘进洞房后要梳头、洗脸、坐帐,坐帐期间不能随意进出新房,意为"熬性子"。晚上,新郎新娘床上的铺席仍是反铺着,一直到夜晚闹洞房的人散去了,才由新娘把席给翻转过来,意为"翻身",或者有"时来运转"的含义在内。

设喜宴迎宴宾客,也是婚礼的重头戏。新郎的父母要轮流向贺喜的亲朋好友敬酒,新郎新娘要相携到各个宴桌依次敬酒,作为答谢。喜宴的正客是新娘的娘家人,一般是除新娘父母外的长辈择其属相相生者为"主送客",新娘的哥、嫂、弟、妹也可为"送客"。"送客"中有一小童胸前挂串新娘箱柜上的钥匙,其大都是新娘的小弟或小侄儿。必须送上较重的"红包",小童才肯把钥匙串交与托盘之人,让其带走。喜宴结束后,"送客"要到正屋与新郎父母话别,客气一番方可离开。

在三天的婚期里,还有很多习俗,如当夜在洞房中夫妻要喝"交杯酒","三天不分大小"地闹洞房;第二天一大早,夫妻要到公公、婆婆屋里磕头问安,敬茶,拜祖先,挨门挨户到同族至亲的家中拜见。中午,新娘还要亲自下厨做"开刀面",请亲友品尝。吃面的人不能白吃,要给新娘封红包。这其实是考验新娘做菜做饭的手艺如何。

三天回门日,新娘由其兄或弟接回娘家,谓之"归宁"。三天或四天后,新郎到岳父母家把新娘接回,婚礼即告完毕。

按礼俗,男女婚前,各方的亲朋好友要分别送钱或物给待婚者添置家具等礼物。男方亲友送的礼物叫"封礼",女方亲友送的礼物叫"添箱"。这些都被看作礼尚往来。

古时婚礼的仪式,历经多少年的风风雨雨,变化很大。现代婚礼往往是中西合璧,庞大的迎亲车队,拍摄豪华的婚纱照,承包酒店,由婚庆公司筹办婚礼仪程,增添了主婚人、证婚人致辞。新人拜父母,感谢父母长辈养育之恩的仪式依然保存,传统文化仍然保留其丰富的民俗内涵。这说明,延续几千年的中华传统文明依然具有强大的生命力和影响力。

生育习俗：求子

民间在婚姻缔结之初就寄寓着人们对求子的期待。旧时男女婚配前要请算命先生看双方八字和属相，最重要的莫过于看能否生子。在男女谈婚论嫁的时候，就开始了各种"祈子、求子"的仪式。

结婚仪式中也隐含着祈子习俗。无论嫁女儿还是娶媳妇，为新人帮忙的女人都必须是"儿女双全、家庭美满"的全福之人，为的是新人结婚后可以儿女双全、繁衍子嗣。

女方出嫁的前一天下午，娘家人要请儿女双全之人为女儿缝被褥，被子的四角要装上棉花籽和柏树枝，希望女儿到婆家后能够"百年和好""开花结果"。

新媳妇下车，要由男方请的儿女双全的妇女搀扶；进入新房后，要由儿女双全的妇女给新娘梳头，一边梳头一边口中念念有词地唱道"一木梳金，二木梳银，三木梳生下一大群"，以求新人"财旺人旺"。为新娘子端上煮得半生的饺子，看着新娘子咬一口后，就问新娘子:"生不生?"新娘子必须回答:"生!"新娘子的枕头里面要装上俩核桃、俩枣,意为"一对儿核桃一对儿枣,生一对儿闺女一对儿小儿"。

元宵佳节,宝丰嫁女儿的人家有"添灯"和"添仓"的习俗。"添灯"实际上是"添丁",即"人丁兴旺"。如果家中有姑娘前一年出嫁,正月十六那天娘家人就要到女儿女婿家"添小仓";至正月十九,娘家的近门亲戚一起去"添大仓"。添仓的礼物必须是圆形、香甜之物,一般为两个圆形锅排、花米团、甘蔗、油馍和各式各样用面粉蒸制的灯盏。娘家送的灯盏一定要在正月十六点着,放在神前以及粮仓、屋门口、院门口的门墩上,把整个家映照得灯火通明,意思即盼"五谷丰登""生活圆满"。街坊四邻的孩子可以过来抢灯,意为"闹灯",灯愈闹,丁愈旺。第二年如果女儿怀孕,就不必再送。倘若还没有怀孕,就要如此这般再走一番过场,最多三年。三年后无论是否怀孕都不再行此礼节。一开始送灯盏,后来送一对红蜡烛,再后来送两个手电筒,或者送台灯、落地灯之类。

进入夏季,送扇、送瓜的祈子方式就要上演了。过完端午节,娘家要"送扇""送瓜"。礼物一般都是小香瓜、大西瓜、两把蒲扇、一篮油条等。

但是,若女儿已经怀孕,就不用再送扇子了,只送

生育习俗：求子

其他的礼物。瓜的寓意为"瓜瓞绵绵""多子多孙"。如果没怀孕，送去的扇子可以"一扇解百愁"。旧时人们往往把弄不明白的事情都归结为神灵的安排，生育也是一样。

宝丰地区人们关于生育的崇拜及信仰，主要来源于送子娘娘、送子奶奶、送子观音等几个神灵。第一种求子的方法是到送子娘娘、送子奶奶、送子观音处烧香求子，这虽一年四季均可，但人们认为以农历正月十五、十六及当地庙会时最为灵验。届时有求子愿望者，带上香烛、金银锡箔，到送子奶奶神位前虔诚礼拜，磕头许愿，乞求送子奶奶降福、降瑞、降吉祥，送个满意的孩子。此时有的还要请个同行者做保人，监督生子后的还愿事宜。日后其愿望一旦实现，就一定要到神前还愿，兑现所许之财物，此即民俗中所谓的"报堂"。同时还要放一挂鞭炮，供上熟鸡蛋与炸焦叶，此为必备之物。敬神之后在返家的路上，见到熟人及街坊们都要让其吃一点，当地称为"咬灾"，意即咬去孩子一生的灾难。如果是在自己家敬神还愿的，那就只好自家人给自己的孩子"咬灾"了。

在送子奶奶殿的牌位上，往往有"大奶奶、二奶奶、三奶奶之神位"的字样。在民间还流传着一个顺口溜："大奶奶送，二奶奶掐，三奶奶落嘞骂。"据传，在冥冥中，大奶奶慈祥善良，送的孩子性情好，身上也不留什么胎记；二奶奶脾气厉害，送孩子的时候要掐孩子，所以孩子爱哭闹，身上某个地方会有一个青色的胎记；三奶奶很漂亮，送出去的孩子也漂亮，送出后她常常就后悔了，会收回去，人们就会骂她。但为了避免第三种情况发生，人们会给新生小孩起个最丑、最不雅观、最难听的名字，也即人们常说的乳名，如臭旦、丑丑、结实、狗丢、狗剩、铁蛋、砖石等。传说三奶奶闻之厌恶而回避，不思收回之事，而将孩子留于人间。

神前求子的习俗起自远古，后代因为宗教信仰不同，除上述这些主管生育之神外，还会求佛祖、观世音菩萨、玉皇大帝、王母娘娘、地藏菩萨、城隍、土地，甚至忠义之士关公、铁面无私的包公以及传说中的狐仙、槐仙，等等，可以说是无神不求。

第二种是拴娃娃，又叫偷娃娃。拴娃娃是一种很普遍的求子方法，一般是求子媳妇由婆婆或母亲领着到庙里求子。在送子神灵的神像下面摆着许多泥娃娃。求子媳妇先给神灵烧香、上供，报上自己和丈夫的姓名、住址，祈求得子的愿望以及愿望实现后如何还愿等事项。磕头许愿之后，闭着眼睛随便摸一个，不准看，一看就不灵了，或随自己的心愿瞄准一个泥娃娃，揣到怀里，或掖到腰里，扭头就往回走，路上不准回头看。孩子生下后，还要按自己许下的口愿到庙里还愿，还愿时必须把拴来的泥娃娃带上送回，同时再塑一个（或买一个）泥娃娃一道送回庙里，谓之"还子"。有的求子愿望实现后，对许愿要"还愿"。人们大概是认为神仙喜欢热闹，不甘寂寞，于是就有了"还愿戏"之说。过去大户人家请戏班子唱上三天的也有，但还是以"说书还愿"的居多。

第三种求子方法就是吃某种食物。比如孩子诞生后，人们习惯在出生后第三天洗儿，亲友都来添盆。洗儿盆里放的红蛋，不孕的女人也可讨来吃，据说很快就会受孕。

旧时农村重男轻女，只要婴儿呱呱坠地，辨出性别之后，便决定了母亲所受到的待遇。甚至婆媳关系的好坏，都由婴儿的性别决定。长辈根深蒂固的传宗接代的思想左右着生育妇女的家庭地位，育龄妇女便想方设法满足长辈的心愿。

中华人民共和国成立后，这些民间生育求子的陋习日渐减少，但传宗接代的思想观念仍然延续着。人人都希望自己的下一代健康又聪慧，希望自家生一个活泼可爱的小宝宝。

生育习俗:怀孕、分娩

一、怀孕

"怀孕"是指育龄妇女从受孕到生产之前的过程。这段时间,孕妇被看作一个特别的社会成员,要注意各种各样的禁忌和礼仪。

民俗中新妇怀孕俗称"有身""有喜",怀孕期间凡事须小心在意。孕妇要注意营养,多吃肉、蛋等补养身体,促使胎儿健壮。有的从饮食上猜测孕妇怀的是男孩还是女孩,有"酸女辣小儿(男孩)"的说法。

关于孕妇的禁忌,从饮食到举止,从视觉到听觉,从居住环境到外出行动,都有数不胜数的烦琐规定,反映了人们对优生的愿望和对美好生活的期待。

其中难免会有无稽之谈。诸如孕妇忌吃牛肉,牛肉是发物,吃后孕妇和孩子容易得皮肤病;忌吃生姜,吃了孩子容易长六指;忌看傀儡戏(即木偶戏),看了会生无骨的孩子;不得坐石头等,以免冲撞石头神,到时

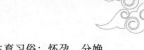

候难产；不能填老鼠洞，否则生的孩子没肛门或者会眼盲；等等。

二、分娩

"十月怀胎，一朝分娩"。生产一方面是指孩子诞生的仪式，另一方面是指孩子诞生以后的各种仪式，包括：生命降生仪式——"洗三"；进入人群仪式——"满月"；预卜前程的仪式——"周岁"。

婴儿降生，民间俗称为"添喜"，还有的称为"临盆""落地""落草"。古代民间生育，孩子都是在家中由请到的接生婆接生，接生婆多让产妇坐在一个大盆上生产，所以生孩子又谓"临盆"；有时候在地上铺上麦秸等干草，所以生孩子又叫"落草"。接生时，须斥退杂人，同时要打开所有房门、箱子及柜子的锁，此寓"松关"，让孕妇的骨盆打开，祈愿婴儿顺利降生。由于古代没有助产技术及设备，所以产妇有临产征兆后，婆母就得逐个给家中敬奉的灶爷、土地爷、观音菩萨以及过世的祖宗焚香祷告，祈求顺利生产、母子平安。若不幸遇到难产，更是在神像前长跪不起，磕头祈祷，别无他法。至今世间一直流传"生孩子就是女人在鬼门关走一遭"的俗语，足见生孩子的危险。

在婴儿落地才知性别的年代，生个男孩就说"大喜",若是女孩就说"小喜"。

产妇临盆前,娘家要备好新生婴儿软帽、百家衣(无领,无纽扣,以绳带连系的小人衣)、包裙、尿布、红糖、鸡蛋等物,俗称"催生"。民间规定,绝对不允许已出嫁的女儿在娘家生孩子。

生完孩子要在大门上挂把锁,这是告诉前来家中借东西的街坊四邻:家中有人生产,东西概不外借,以免把奶带走。那些生个孩子很难养活的家庭和终于如愿盼来男孩的人家,在孩子落地后会把孩子抱到狗窝放一会儿。

还有婴儿须穿百家衣的习俗。百家衣就是向若干亲友要来的各色布料连缀而成的衣服。因百家衣是由碎布做成,故又名"百碎",谐音"百岁",希冀孩子能够"长命百岁"。如今已经不再做真正的"百家衣"了,只是在孩子衣服领子部位的后面缀上许多色彩鲜艳的布条代替"百家衣"。

婴儿出生后第二天,产妇的丈夫要亲自到丈母娘家去"报喜",随身携带若干鸡蛋、两包红糖等礼物,娘家要留下一包红糖,回赠一包红糖及更多的鸡蛋,以示庆贺,并让产妇补养身体。

"洗三"是在婴儿出生之后第三天举行的庆贺仪式,也叫作"三朝"。"洗三"时多用艾叶、大蒜的辫子等,由老年妇女为婴儿擦身，认为这样做可以去掉胎气，而且孩子的腋窝、脖子、腿窝等地方不会得皮肤病。有的边洗还要边唱喜歌，念诵"长流水，水流长，聪明伶俐好儿郎""先洗头，做王侯，后洗沟，做知州"等，预祝孩子长大成人之后能够读书做官，出人头地。

在"洗三"时，孩子的外婆和奶奶家的至亲要一起吃面条，给婴儿嚼灾。

生育习俗：满月

一、坐月子

产妇生下孩子后，一个月内不能做事，不能出门，民间称为"坐月子"，在此期间婴儿不能被抱出门。

坐月子的传统习俗是：产妇三日之内不准下床；一月以内不许出房门，也不准洗脚、洗头，而只准在室内吃、住。房间窗户不能通风。坐月子期间主要是照顾好产妇与婴儿的身体，怕闹出月子病。

坐月子有许多禁忌，如饮食要有节制，尤其是不能吃太饱，太饱了会伤脾胃，落下终生不愈的病症。大多是给产妇吃小米粥、鸡蛋、面疙瘩汤、面条，大米与其他食物都很少食用。禁止产妇多说话，说多了怕弄成舌疾；禁止产妇干活，怕干多了弄成劳疾；禁止产妇用冷水洗手，怕弄坏关节。同时，禁止生人进入产妇房中，怕生人进房"踩生"，使婴儿得下疾病。产妇房中，自己家里人一般也不许进入，只许产妇的母亲、婆婆、丈夫等照料产妇的人入内。连产妇的父亲、公公都得等到

生育习俗：满月

产妇足月之后才能见面。民间关于产妇坐月子的习俗很多，目的是保障母亲及婴儿的健康与平安。

二、孩子满月

婴儿产下的一个月内，亲朋好友要贺喜，又叫"送米面""送喜面"。孩子出生的第三天，只有外婆一家人带上白面、红糖、鸡蛋、锁子以及为婴儿准备的百家衣等到场，因为只有娘家至亲，范围小，就叫"小米面"；孩子出生12天，婴儿父母双方的老亲旧眷、亲朋好友全部到场，叫"大米面"。送米面的人多用提兜（提篮），里面放上白面、鸡蛋、红糖、布料和给婴儿准备的锁子。鸡蛋上面要涂红色颜料或贴红纸瓣，称为"喜蛋"。"锁子"是用红纸包着、红线系着的钱，因形状像过去的锁而命名，祈求牢牢锁住婴儿，让其长大成人。送大米面的时候，外婆除了送红糖、鸡蛋和可以穿好几年的棉衣外，还要送百家锁、银镯子、玛瑙手串与脖项首饰等。

大户人家给女儿送米面的时候要"抬食盒"，把米、面、鸡蛋、红糖、衣服等分格摆放。如果生的是男孩，在送大米面的时候外婆还要送去一罐豆芽，用红布蒙上，寓意女儿在婆家已经生根发芽。

送米面时还有给婴儿挂长命锁的习俗。长命锁是挂在项间的锁形饰物，借超自然力量保佑佩戴者长寿。

047

长命锁一般由白银制作，但也因家庭经济状况的不同而异，或银或铜或布项圈不等。长命锁有的两面镌字，亦有单面镌字的，不外"长命富贵""长命百岁"之类。长命锁有的是孩子父母自己制作，也有满月时由前来祝贺的至亲赠送的，主要是由孩子的外婆或干爹干娘赠送。其中以"百家锁"为贵，一面刻"百家锁"，另一面刻"长命百岁"，系于小孩颈上，取百家福佑之意。家庭经济条件差的，母亲用红布做个项圈给孩子戴上，叫布项圈，每年过生日的时候就在布项圈外面加缝一层布，直到孩子12周岁为止。据说，佩戴长命锁可以保佑孩子延年益寿。

婴儿出生一个月叫"满月"，主人家便举行满月礼以示庆贺、祝福。这天，要请理发匠到家中给婴儿剃胎发。剃头时，桌上要点燃灯，小儿由爷爷或者由有福气的亲友抱着。抱孩子的人脚下要踩一把用红线或红纸包着的葱和一把斧头。待头发剃完，婴儿父亲要把葱种下。脚踩葱和斧，意味着婴儿自幼踏在富贵、聪明的福地上，长大必然聪明伶俐，成为富贵之人。

剃头的时候，胎发不能剃个精光，一定要留一些。留在额顶中部的叫"聪明发"，留在脑门后面的叫"撑根发"。婴儿的胎发又叫"血发"，剃下的血发不能乱丢，要包起来装在孩子的枕头里，或者缠起来挂在床头，可以辟邪、压惊。有的放在屋子的高处，说是可以让孩子胆大；有的包好放在大门顶上，意味着"步步登高"。剃头后，主家以鸡蛋和酒菜招待剃头匠，并包红包酬谢。

有的乡镇风俗不同，小儿剃头不在满月当天，而是选择吉日。忌丁火日、初五日剃胎头，否则婴儿容易长成大黑脸；三十日剃胎头，主儿夭折。

满月当天或者满月后某个吉日，外婆还要再次带上给婴儿做的衣服过来庆贺，并接女儿和婴儿到自家住，俗称"挪臊窝"。一般婴儿到外婆家住七天必须回到奶奶家，俗语有"七伶俐，八模糊，九天不走打屁股"的说法。

孩子被外婆接走时，奶奶会在婴儿额头点上一点黑色记号，提醒婴儿母亲回家时要给自己买双鞋子。

在过去，婴儿取名也有讲究，最重要的是孩子的名字要利于孩子的成长。有的婴儿的父亲携带礼物，请求家族或是乡村里的长者给孩子起乳名，据说这样便能得到长者的荫庇。有的迷信的家长为了求得神佛的保佑，用神佛的名称给孩子命名。命名之前到神庙里问卜，将问卜的字和所求的神或佛的名字连在一起。有的给小孩算命排八字后，看孩子五行之中缺什么，缺啥起啥。无论穷人还是富家，给孩子取名必须避讳孩子外婆家与爷爷家的至亲。人们对下一代取名的讲究，如今已经淡化了。现代取名讲究的是立意、好听、易记、上口。

生日寿诞习俗

宝丰县旧时的生日习俗有颇多讲究。周岁比较隆重，此后就是象征性地过一下，直到12岁再隆重过一次生日。一直到60岁才逐渐再次开始各种做寿。

一、12岁生日习俗

在过去的习俗里，12岁生日是人一生中较重要的一个日子，要举行一系列的仪式。

1. 落发仪式

在农村，如果遇到以下4种情况，就要举行落发仪式：多年不孕，中年得子；连生多胎女孩，喜得贵子；父辈以上几代单传，生了多胎；生了多胎，没有保住，终于生了男孩。一般是在满月剃胎发时就在脑后留一撮头发编小辫子。直到12岁时，方可落发，并举行落发仪式。

举行落发仪式时，必须在生日当天或选黄道吉日、吉时、吉位；准备香案，红布铺底，香炉居中，左置红剪，右放彩带，下设蒲团，请一位满福之人（子孙满堂的长者，如果是家族之内的人必须是男孩的长辈）给孩子落发。吉时到，男孩之母焚香祈福，然后系彩带于剪，双手递交满福之人。满福之人持剪，口中念诵："小小剪刀七寸长，磨得光又亮。天上金鸡叫，地下啼凤凰。今天黄道日，剃得状元郎。"然后由其发根处落剪。男孩的长舅手捧装有蒸糕、红鸡蛋、葱、毛笔、书本的筛筐（其上覆盖红布）恭候一旁。待外甥落发后，长舅将其小辫子用红布条捆扎，放于筐内，绕甥三圈，令其在红布下伸手抓取一物，以显将来之运数。这几样东西分别代表官运、财运、智运、文运、德运。若孩子抓得自己的小辫子，则代表其家运昌盛。最后燃放鞭炮，表示仪式结束。

2. 开锁仪式

孩子出生后亲戚们纷纷给孩子挂锁，意为大家齐心协力把孩子锁到一个安全的"监牢"里，让孩子顺利、健康成长。孩子长到12岁，便被认为已经过了危险期，则要取下银锁、项圈，此谓"开锁子"。

"开锁子"之前，孩子的长辈要为其找一个"陪监的"，这个孩子要与"开锁子"的孩子同岁，性别也要一样。所谓"陪监"，就是陪着被挂锁的孩子"坐监"。"陪监"的孩子要陪同开锁子的孩子一起参加开锁子仪式。为了表示感谢,开锁子的这家要给"陪监"的孩子买一套新衣服。亲戚、朋友、邻居都要参加,并且要给"开锁子"的孩子买新衣服,以示庆祝。邻居要给这家送12个烧饼,作为庆祝孩子成人的干粮。"开锁子"之前要在供桌上摆设供品,供品一般有水果、煮熟的肉、酒等,供桌上层摆放香炉。把锁打开,象征着孩子从"监狱"里放了出来。

举行开锁仪式时,首先要烧香,"开锁子"的孩子要磕头行礼。其次,"开锁子"的孩子和"陪监"的孩子要藏到八仙桌下面。开锁人主持时口中念诵"开监门,放监人,打发监人出了门",同时把布项圈或系着长命锁的项圈剪开,然后从桌子上拿一个烧饼,递给桌下的"坐监人"("开锁子"的孩子);"坐监人"咬一口,递给"陪监"的孩子;"陪监"的孩子也咬一口,然后递回桌上。最后,燃放鞭炮以示"监门"打开。

"开锁子"的孩子要顶一块红布从桌子底下跑出来,"陪监"的孩子在后面追,一直跑到一棵柳树下,才可以停下来。柳的谐音是"留",含有希望孩子的生命留下来的意思。此时,"开锁子"的孩子的舅舅要拿一把剪刀在柳树下等着,为其象征性地剃头。舅舅的谐音是"救救",意思是希望舅舅可以救孩子的命,让其脱离苦海,从此可以健康成长。

仪式结束后,主人要设宴答谢参加仪式的亲戚和朋友,场面甚是隆重。

二、寿诞习俗

民间为小孩子和年轻人过生日,叫"过生儿";为60岁以上的老年人举行的寿诞庆祝仪式,俗称"做寿"。

孩子12岁生日后就不再"过生儿"。12岁生日过后,每遇生日就不太重视,一般吃碗长寿面就算了。

俗谚"不三不四",讲的就是30岁、40岁"过生儿"年岁太大,"做寿"年龄太小,所以就不过生日,吃饭时只增加一些荤菜而已。还因"四"与"死"谐音,40岁过生日不吉利。

因为六十为一个甲子,60岁古称"花甲之年",因而多数人从老人60岁起即做寿,称"庆寿"。"人生七十古来稀",觉得活到70岁很是稀少,更应该做寿。所以有谚云:"三十、四十无人得知,六十、七十打锣通知。"又有"做七不做八"之说,因此,80岁寿辰多延至下年补办,俗称"补寿""添寿"。也有人提前一年庆寿,因为在10个数字中,"九"最大,"十"太满,人们为讨个吉利,故形成了"庆九不庆十"的风俗。过完90岁大寿,一般就不再过寿,也忌讳别人问起"高寿几何"的话题。这是希望大家忘记寿星的年龄,阎王爷也就会忘记寿星。旧俗还因百岁嫌满，满易招损，故不贺百岁寿。

民谣曰："七十三、八十四，阎王不叫自己去。"老人们认为，73岁、84岁是不祥之年，就把这两个年龄作为忌年。父母忌年生日时，做儿女的都要买条活鲤鱼让老人吃。民间有"鲤鱼跳龙门"的传说，鲤鱼善"蹿"，这一蹿老人就算过了难关，太平无事了。

庆寿之家要用面粉为寿星蒸制"寿桃"，寿越高，桃越大。祝寿一般以女婿女儿为主，儿子媳妇是陪衬。

已出嫁的闺女回娘家给父母祝寿，除带以上食品外，还要为父母添点衣物、首饰之类的东西。若是闰年闰月，还要增添衣服、鞋袜、红色腰带，图个吉利。另外还要根据"寿星"的年龄另准备特殊礼品，俗称"六十六，吃闺女块肉"，"七十七，吃闺女只鸡"，"八十八，吃闺女只鸭"，等等。

若远超古稀之年，则要更加隆重，邀请亲友前来祝寿。年高77岁称为"喜寿"，88岁称为"米寿"，99岁称为"白寿"。祝寿时多数为本家子女参加，"大寿"时邀亲友来参加。子女亲友来时多带面粉做成的桃形大馍，尖上点上红点，称作"寿桃"；还有面条，称"长寿面"；再就是点心果品之类的东西，用红纸剪一个"寿"字盖在上面。

做寿时，庆寿之家要设酒宴招待来宾，其中鸡蛋、寿桃和长寿面必不可少。家境富裕的人家还要请戏班或说书的贺寿。吃饭前，晚辈要先行跪拜礼，说几句祝贺长寿的吉祥语，如"福如东海，寿比南山"之类。

旧时，凡大办寿庆，多是富室且有社会地位之家，贫穷人家一般不做寿。但无论贫富，忌讳吃蒜面条。一般人家都会用肉或鸡蛋做臊子长寿面，即使再不济，也会想办法弄来豆腐做臊子，以示庆贺。同时还要给煮上两个鸡蛋，把鸡蛋拿在手里，双手对揉，俗称"滚运气"。据说吃了滚运气的蛋，人们可以除百病、去晦气、交好运。

丧葬习俗

一、整容穿寿衣

俗话说:"人死如灯灭。"人一旦心脏停止跳动,血液凝固,身体很快就会变冷僵硬。此时死者子女或家属首先为死者擦净全身,然后找来理发师为死者理发整容,意为干干净净来到世上,干干净净离开人世。最好要在死者身体变硬之前穿上送老衣(寿衣)。送老衣不论男女均为当时流行服饰,人们大多到寿衣店选配,有的老人甚至早早就为自己备好了寿衣。

二、守灵

穿好寿衣后,家属用麻纰捆住死者的上身,把死者移到家内上房的中堂,床上铺满稻草、麦秸,身盖棉被,脸蒙白纸,口里含一小钱(以铜钱为好)。死者的卧向也很讲究,北屋死者头朝东,南屋死者头朝西,东屋死者头朝南,西屋死者头朝北。供桌上点燃香、烛,摆上供品及一只脱了毛、不开膛的鸡("倒头鸡")。

死者后方放一斗粮和一张犁，意为分离。有的还要在死者胸口放一本书，怕"惊尸"。然后烧上"倒头纸"，孝子、孝媳、孝女席地而坐或下跪痛哭，当晚守灵至天亮，一直到入殓，称坐草守灵。

三、报丧和吊孝

按照祖制，根据事先选好的墓地，由阴阳先生按照死者的生辰时间和"五行"（金、木、水、火、土）相生相克而选择出殡日期。这段时间即为停灵、守灵、吊孝和准备殡葬的时间，长短不一。墓穴走向、位置要根据死者身份而定，由阴阳先生"点穴"。

人死后家人要立即向亲朋好友和乡邻报丧。孝子在报丧途中见到亲友、乡邻、熟人，无论男女老少辈分高低，都要向其跪地磕一个头，说明父（母）已逝。亲朋好友得到报丧后，要带上烧纸和哀帐（床单或被面均可）、倒头肉（一块肉）到死者家中吊孝。孝子、孝媳身穿孝衣，头戴孝帽，脚穿白鞋（用白布缝在鞋面上），腰系麻纰，迎在自家门口。亲友、乡邻、熟人来吊唁，孝子要先迎上去磕头，以示感谢。

四、入殓

入殓是把死者尸体放进棺材内。如死者系女性，则要等娘家人到达后，方可入殓。棺材内要放些白灰或铺上白纸，并放上几个小钱。小钱分别放在头下、两肩下、腰下和两脚下 6 个部位，然后铺上被单，把尸体放入棺材。棺材内其余空闲地方要塞上死者生前的旧铺盖、旧衣物，防止尸体移位。尸体放好后，家属把一条手绢和两个元宝塞入死者手中（元宝有真的，也有仿造的）。最后由亲属一一过目，合上棺材盖，钉牢，叫"钉口"。亲属不到齐是不能钉口的，因为怕钉了口后，如果亲属没有看到死者的入殓穿戴情况，可能会引起不必要的纠纷。

五、出殡

出殡前要搭灵棚，设灵牌，亲友按辈分着孝。孝子、孝媳戴孝帽，穿孝服，腰系麻纰，孝帽两边做两个白布花。其鞋上蒙的白布也有讲究。若是一个老人去世了，孝鞋是下光上毛（毛即毛边）。若是两个老人去世了，孝鞋是上下全毛。孝孙、孝孙媳的孝帽下方两个角上缀一块铜钱大小的蓝布，孝重孙们的孝帽下缀一块红布。其余晚辈直系亲属只戴孝帽，不穿孝衣，也不穿孝鞋。

五服之内，哀杖是用二尺半左右秫秆或麻秆糊上各种颜色的纸条。孝子、孝媳拄的是缠着一边齐、一

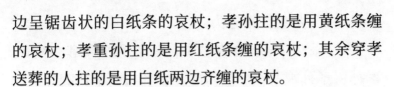

边呈锯齿状的白纸条的哀杖;孝孙拄的是用黄纸条缠的哀杖;孝重孙拄的是用红纸条缠的哀杖;其余穿孝送葬的人拄的是用白纸两边齐缠的哀杖。

柳幡又叫招魂幡,是在从柳树上新砍下的柳树枝(如鸡蛋粗细,不修枝蔓)上系白纸条做成白幡。自人死后到出殡前,柳幡一直放在死者的大门边。出殡时由家中孝孙辈扛上,一直送到坟上。封墓时按男左女右插在死者棺材头部的一边。

有的人家还要雇响器班(即唢呐班)奏哀乐,一直奏到埋葬结束为止。

出殡一般是遵照阴阳先生指点的时间进行,定有时辰。出殡前将棺木移出灵棚,放在抬棺木的架子上。在棺木抬出灵棚前,"执客"领着孝子烧纸,意为告知死者准备出殡。棺木抬出大门口,要顺路停下,进行路祭。

打路祭要按辈分远近进行,只由死者男性亲属进行。先由孝子上香,告知死者(父或母),第一祭由死者至亲平辈们先打,在"执客"的指挥下,举行三叩首。"执客"喊"一叩首"时,先将一杯酒倒在地上,鞠一次躬,再磕四个头。第二祭、第三祭分别由至亲晚辈或孙辈举行。第四祭、第五祭、第六祭分别由至亲晚辈外甥、外孙、外重孙举行。其他平辈打路祭，只三鞠躬，不磕头。

转灵是在去墓地的途中，由孝子、孝媳、孝婿、孝孙、孝孙媳及其他近亲为怀念老人而举行的祭奠仪式。转灵先由孝子、孝媳开始，然后其他人依次转灵。转灵者要给响器班（唢呐班）封"封子"。响器奏的哀乐，旋律低沉，呜咽有声，转灵者在后边放声大哭。转灵者绕棺材正转三圈，倒转三圈，然后跪地磕头。

出殡人员排序：走在最前边的是扛招魂幡的，后面跟着孝子（长子），头顶老盆。老盆即瓦盆，底下要钻孔（由死者的子、媳、孙等每人钻一个孔）。孝子手持哀杖，由二人挽扶，边走边哭；唢呐班跟随，边走边奏哀乐。棺材居中，后面是辈分较晚或亲朋好友组成的送葬队伍。抬棺分为八抬和十六抬。"执客"也叫"掂斗人"，斗里装着纸钱，与抬棺材的并排走，边走边丢下纸钱。起灵、停灵，均听"执客"指挥。与抬架子的（即抬棺者）并行的还有礼炮手，边走边放鞭炮，直到丧葬结束。

六、下葬

棺木抬到墓坑附近的一定位置，要放下抬杠，稍事休息，叫等待"抢穴"。待"执客"大喊一声"起驾"，这时抬架子者迅速抬起棺木紧跑至事先掘好的墓坑旁，再停放。棺木下墓穴前，死者长媳下到墓穴内，在墓穴四个角分别取一些土，包在孝衣一角，带回家中，意为"阴阳均旺"。这时抬棺者把棺材对准方向，慢慢将棺木放入墓穴。下葬时，所有戴孝者均要喊："××下葬了，您别害怕，下葬了……"同时放入柿饼罐，往墓穴四角分别扔下馒头及五谷杂粮。一切就绪后，所有持孝人先按逆时针方向绕墓穴转三圈，再按顺时针方向转三圈，名曰"转墓"。转罢墓，即可封土起坟堆。坟堆起来后，"执客"大喊："所有持孝人跪下，为老人点纸儿。"这时"执客"点燃纸钱，送葬者跪地大哭，殡礼即算完成。

七、安主与圆墓

送葬人回到家后，要抬腿越过门口事先准备好的一个大盆。盆里装上半盆水，上放一把铡刀。铡刃向外，意为把一身秽气留在门外，把一切妖魔鬼怪隔在门外。送葬人再咬一口馒头，嚼后用事先放好的清水漱口，意为除去因哭泣留在口中的污浊。待所有送葬人返家后，"执客"大喊："安主了！"所有持孝者应脱去孝衣、孝帽，按远近、辈分为已故老人安立灵位。灵位上写明死者生卒年月日，放在堂屋中间的桌子后边靠墙处，下缘一定要和桌面放齐。持孝者鞠躬、磕头。出殡后当天傍晚，晚辈们重新戴上孝，带上烧的香、纸，用小瓦罐装的稀饭和一篮子碎杂麦秸秆或柴草到坟上为已故老人送饭，这叫"掂汤"。香、纸燃烧罢，把稀饭按逆时针方向绕坟转一圈倒掉，后点着柴草（以不见明火，只见烟雾为好）。掂汤要一连三晚。

下葬第三天傍晚，死者亲属到坟上烧祭，还要重新封坟。同时，在坟头上栽上一撮（几棵）小葱，意为下代人聪明。把掂汤用过的瓦罐挂在柳幡上敲烂，称为"修坟圆墓"。

八、祭日

人死后七天为一祭，其中"三七""五七"较为隆重。民间有给死者扎纸扎、烧纸扎的习俗。有的要请亲朋好友前来，还要酒席招待。"五七"过后，下一个祭日是"百日"（即人死后100天），一应事宜同上。下下个祭日是"周年"，以后年年祭奠。祭七也有讲究，"一七"为六天，以后逢七要忌；如果"二七"这天为农历的初二、十二、二十二等，则要向前或后错一天祭祀；如果"三七"逢初三、十三、二十三的，也要向前或后错一天祭祀；依此类推。

办葬礼时，借用他人物件或请人帮忙，都要封"封子"。封包要用白纸,钱多钱少不等,这叫"吉利"。另外,人死后三年内这家不能贴红对联,也有个别人家贴蓝、绿对联的。

今人的葬礼已有很大变化,如在殡仪馆内举行悼念仪式,或举行追思会,追思故人一生的功绩与品德。这也是对亲人的一种哀悼、纪念。

称谓习俗

称谓取决于血统、姻亲等关系。由于血统有远有近，情感有亲疏之别，故而人与人之间的交际呈现出了明显的层次性。不同的称谓往往带有一定的感情色彩和民俗特征，如庄严、亲昵、尊敬、嫌恶、冷淡等。若称谓不当，往往一字之差就会造成误解，酿成大错，闹出笑话。这不但会让人觉得不得体、不礼貌，甚至会被人认为无教养、无文化，不懂礼数。因此，称谓是社会礼仪中需要特别注意的一项重要内容。

一、本系亲属称谓

（一）祖辈

父之父 ………………………… 爷、爷爷、祖父

父之母 ………………………… 奶、奶奶、祖母

父之父之兄弟 ………………… ×爷（排行）

父之父之兄弟之妻 …………… ×奶（排行）

父之父之上辈男性 …………… 姥爷或×姥爷（排行）

父之父之上辈女性 .... 姥姥或×姥姥（排行）

（二）父辈

父亲 .... 爸（爸爸）、爹、伯、大

母亲 .... 妈（妈妈）、娘、母、婶

父之兄 .... 伯、×伯（排行）

父之兄之妻 .... 母、×母（排行）

父之弟 .... 大、×大（排行）

父之弟之妻 .... 婶、×婶（排行）

父之堂弟 .... 叔、×叔（排行）

父之堂弟之妻 .... 婶、×婶（排行）

丈夫之父 .... 公公、老公公、老掌柜或从夫称

丈夫之母 .... 婆子或从夫称

丈夫之其他长辈 .... 从夫称

（三）平辈

丈夫 .... 男人、外头人、当家的、那一口子、他爸（爹、伯、大）或直呼其名或以子女名代称

妻子 .... 老婆、老伴、媳子、爱人、屋里人、那一口子、他妈（娘、婶）或以子女名代称

未婚夫 .... 对象、相好的、俺那一位、朋友或直称名字

未婚妻……………… 对象、相好的、俺那一位、朋友或直称名字

兄………………………… 哥、哥哥、×哥（排行）

兄之妻…………………… 嫂、×嫂（排行）

弟………………………… 弟、弟弟、兄弟、×弟（排行）或称名

弟之妻…………………… 弟媳妇、弟妹、×弟妹（排行）或称名

丈夫之兄、之弟………… 从夫称

丈夫之兄之妻、之弟之妻… 从夫称

夫妻……………………… 两口子

兄弟……………………… 哥儿们、弟儿们、弟兄

姐妹、妯娌……………… 姊妹、姊妹们

父之兄弟之子…………… 堂兄弟、叔伯兄弟、叔伯哥、叔伯弟或称名

父之兄弟之子之妻……… 叔伯嫂、兄弟媳妇

（四）子辈

儿子……………………… 孩儿、乖或称名

子之妻…………………… 儿媳妇、闺女（未嫁时）或称名

兄弟之子………………… 侄（儿）、侄子或称名、称排行

兄弟之子之妻 ………………… 侄（儿）媳妇、闺女（未嫁时）或称名

丈夫之兄弟之子、妻 …………… 从夫称

（五）孙辈

子之子 …………………………… 孙子、孙儿或称名

子之子之妻 ……………………… 孙媳、孙媳妇或称名

兄弟之子之子 …………………… 侄孙儿或称名

兄弟之子之子之妻 ……………… 侄孙媳妇或称名

丈夫之兄弟之子之子及其妻 ..... 从夫称

子之子之下辈 …………………… 重孙儿或称名

二、舅系亲属称谓

（一）舅本系

母之父 …………………………… 外公、外爷、外祖父、姥爷

母之母 …………………………… 外婆、姥娘、外祖母

母之兄弟 ………………………… 舅舅、×舅（排行）

母之兄弟之妻 …………………… 舅妈、妗子、×妗子（排行）

母之父之兄弟 …………………… ×姥爷（排行）、×外公（排行）

母之父之兄弟妻 .... ×姥娘（排行）、×外婆（排行）

母之兄弟之子 .... 表兄、表弟、×表哥、×表弟（排行）或称名

母之兄弟之子之妻 .... 表嫂子、表弟妹、称名或×表嫂、×表弟妹（排行）

母之兄弟之子之子之妻 .... 表侄媳妇或称名

妻之兄 .... 丈人哥或从妻称

妻之兄之妻 .... 丈人嫂子或从妻称

妻之弟 .... 内弟或从妻称

妻之弟之妻 .... 内弟媳妇、内弟妹或从妻称

妻之父 .... 岳父、丈人或从妻称

妻之母 .... 岳母、丈母娘、老丈母或从妻称

儿之妻之父母 .... 亲家、亲家母、亲家爹或称兄嫂弟妹

（二）姨系

母之姐妹 .... 姨、×姨（排行）

母之姐妹之夫 .... 姨夫、×姨夫（排行）

母之姐妹之子 .... （姨）老表、表哥、表弟、×表哥、×表弟（排行）或称名

母之姐妹之子之妻 .... 表嫂、表弟媳、表兄弟媳妇、×表嫂、×表弟媳妇（排行）或称名

母之姐妹之女之夫 .... 表姐夫、表妹夫、表哥、表弟、贤弟或称名

父之母之姐妹 .... 姨奶奶

母之母之姐妹 .... 姨老娘、姨外婆

父之母之姐妹之夫 .... 姨爷

母之母之姐妹之夫 .... 姨姥爷、姨外公

妻之姐妹 .... 丈人姐、小姨子、大姨子或从妻称

妻之姐妹之夫 .... 一条船儿、一根檩或从妻称

妻之姐妹之子 .... 从妻称

三、姑系亲属称谓

姐姐 .... 姐、×姐（排行）

姐之夫 .... 姐夫、哥

妹妹 .... 妹子、×妹（排行）或称名

姐妹之子 .... 外甥或从姐妹称

姐妹之子之妻 .... 外甥媳妇或从姐妹称

姐妹之女 .... 外甥女、×妞（排行）、×妮（排行）或称名

姐妹之女之夫 .... 外甥女婿、客或从姐妹称

父之姐妹 .... 姑姑、姑妈、×姑（排行）

父之姐妹之夫 .... 姑父、×姑父（排行）

父之姐妹之子女 .... 姑表兄弟、姑老表、表哥、表弟、表姐、表妹、表姐妹们或称名

祖父之姐妹 .... 姑奶奶、×姑奶奶（排行）

祖父之姐妹之夫 .... 姑爷

四、他系亲属称谓

女儿 .... 闺女、丫头、妞儿、妮儿（排行）或称名

女之子女 .... 外甥、外甥女、×妮（排行）、×孩儿（排行）

女之夫 .... 女婿、门婿、客或称名

女之夫之父母 .... 亲家、亲家母

兄弟之女 .... 侄女或从兄弟称

兄弟之女之夫 .... 侄女婿或从兄弟称

还有一些特殊姻亲称谓，如换婚多以女方娘家之亲属地位确定称谓。舅表婚、姑表婚亲属称谓因近亲通婚

已被《婚姻法》禁止,现代已消失了。一般母之兄弟称为伯、叔、大,也有称舅的;母之姨妹称为姑,也有称姨的。继父的称谓,有称后爸、后大、后爹,或面称父、伯、叔、大的;继母的称谓,有称继母、娘、后娘、后妈或婶、姨、娘、母的。还有干亲称谓,干父母有称干爹、干爸、干大、干妈、干娘的;干儿辈有称干儿子、干闺女,或如亲生直称的。

岁时节俗

一、春节

春节是农历新年的开始,在宝丰称为"过年"或"过新年"。它是一年诸节之首,是民间最为隆重、最为热闹、最具喜庆氛围的节日。

其实,从农历腊月二十三"祭灶""送灶神"开始,就已进入"过年"的程序了。宝丰民间流传久远的民谣曰:"二十三,祭灶官;二十四,扫房子(打扫卫生);二十五,磨豆腐;二十六,去割肉;二十七,杀小鸡;二十八,贴花花(对联);二十九,去灌酒;年三十,包扁食(饺子);大年初一,撅屁股作揖(拜年)。"从腊月二十三以后,家家户户都在为"过年"做准备,洒扫庭院,做新衣服,赶年集,置年货,贴对联,准备好一年当中最好、最充足的食品,只待春节沉浸在一片喜气洋洋的祥和氛围中。

除夕的年夜饭,阖家团圆,必吃饺子,然后熬夜守岁。待午夜子时一到,即开大门,放鞭炮,称"开春""开门大吉"。大年初一清晨天未亮时,一家老小就早早起床梳洗,穿新鞋,换新衣,祭拜天地祖先后,就按大小辈分顺序,磕头拜长辈,是为"拜年"。长辈照例要掏"压岁钱"给晚辈,一般是给少年儿童,让他们手里、兜里有几个零钱,男孩买鞭炮、糖果,女孩买头绳、发卡,图个高兴。到了初二,路上、街上走动的人多起来,大多都是串亲访友,互道"恭喜""拜年了""新年好""新年发财"等吉祥话。正月初二也是出嫁的女子带着孩子、丈夫回娘家的日子。正月初四是灶神节,家家户户要恭迎灶神回民间。正月初五俗称"破五",意思是春节期间的很多禁忌到这一天皆可破之。过了"破五",春节才算基本过完,但也有说法是过了正月十五元宵节才算过完春节。

二、元宵节

正月十五为元宵节,又称"上元节"(古时以正月十五为"上元",七月十五为"中元",十月十五为"下元",合称"三元")。传说元宵节源于西汉,陈平、周勃在正月十五这天平定"诸吕之乱",迎立代王刘恒为帝,即汉文帝。因此每年这天,汉文帝便出宫与民同乐同庆,并将此日定为元宵节。后来汉明帝提倡佛教,为敬佛又敕令在元宵节点灯,元宵节张灯结彩便成为民俗，故元宵节又称为"灯节"。这一天家家户户吃汤圆，取"人与月均圆"的意思。

元宵节最为热闹的是灯会和迎神活动。灯会除了看灯展、猜灯谜，还要"闹花灯"。"闹花灯"有舞龙、舞狮、赛铜器、竹马、旱船、踩高跷等各种游街活动。还有不少民众手提各种自制的花灯加入集会队伍凑热闹，一派喜庆景象。元宵节的第二天是正月十六，这天一定要吃顿扁食，一定要敬牛王爷，要把扁食倒入牛槽，让牛也吃上一顿扁食。"打一千骂一万，正月十六吃顿饭"，是对牛一年辛勤耕作的一种奖赏。有一句民谣曰："正月十六儿，老驴老马歇歇荫儿。"这一天，无论如何都不能让牲畜再干活劳作了。

三、清明节

清明节是二十四节气之一。"万物生长此时，皆清洁而明净，故谓之清明。"清明节既是时序的标志，又是中国民间祭拜已故先贤的传统节日。

在宝丰县域内，从农历二月二开始一直到清明节这一天，是民间到郊外扫墓祭祖的日子。旧时扫墓祭祖是全家老小一齐出动，除了携带供品、香烛、纸钱和要绑缚在坟墓周边的白色或彩色的纸条，还带有铁锨、锄头等挖土添墓工具。到墓地后，锄净坟墓周边杂草，清理

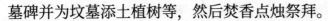

墓碑并为坟墓添土植树等，然后焚香点烛祭拜。

清明这一天，还有外出踏青的习俗。男女老幼趁扫墓时机，三五成群到郊外田野里，观赏明媚春光里的桃李杏花，悠游自在。

如今在清明节，党政机关团体要为革命烈士、先贤进行扫墓或公祭活动，并结合春游，进行传统道德教育。

四、端午节

端午节是中华民族的重要传统节日，是人类非物质文化遗产保护项目。端午节为每年的农历五月初五，又称端阳节、午日节、五月节。

关于端午节的起源，说法不一，以纪念屈原的传说居多。据南朝梁宗懔《荆楚岁时记》载："屈原以是日死于汨罗，人伤其死，所以并舟楫以拯之，今之竞渡是其遗迹。"这里说的是屈原在五月初五投汨罗江，人们摇舟划船争相打捞搭救，年复一年，遂演变成为在屈原的忌日赛龙舟的习俗。北方因河流不畅，无舟楫活动，以吃粽子、煮鸡蛋等习俗来纪念屈原。

除此之外，宝丰一带过端午的习俗也甚是丰富。因相传五月为毒月，人们的一系列活动就与驱毒辟邪有关。巧手的绣娘早早就开始给孩子们绣香囊和肚兜，只待端午日给孩子们穿戴。香囊里面装着艾草、丁香、藿香、薄荷等驱蚊、醒脑、除湿的各种中草药。香囊以心形、三角形和圆形为主，上面绣着蝎子、蜈蚣等毒虫，下面缀着各种彩线或彩带，或以数枚小钱串在彩线之间，戴在胸前摇曳作响。肚兜上必定要绣蝎子、蜈蚣、壁虎、癞蛤蟆、蛇等五毒虫，形象生动，足以乱真。祈求孩子穿上这样的衣服后平安、健康，在毒月也不会生灾害病，更无蚊虫叮扰。

端午节一大早，太阳还未露脸，人们就要踏着露水去采摘含着露珠的艾草、猫儿眼草、车前草、竹叶等，拿回家阴干，备好半年的祛火茶。然后就要到河里洗脸、洗头、洗澡。身上有皮肤病、眼睛不好、头脑不清爽的人，更要好好地洗个痛快。据说，端午节早上的河水可以治百病。待到太阳微微泛红，头发湿漉漉、衣裤湿淋淋的人们三五成群地抱着各种药草，喜气洋洋地回到家中，开始往门窗上插艾草，生火煮鸡蛋和大蒜，并忙着给孩子们的手、脚和脖颈上戴五彩线。待到餐桌上端上鸡蛋和大蒜，一定还要象征性地饮一点雄黄酒。孩子们小，不能饮酒，但必不可少地要把雄黄酒涂在孩子的耳、鼻、眼、口，甚至是肛门的四周，意即具备了祛毒避虫的强大功能。

因为宝丰本地不产大米，20 世纪 80 年代前过端午节，家家户户除了煮鸡蛋和大蒜，少有吃到粽子的。如今的端午节，包着八宝、红枣、红豆以及肉的各种粽子，任人吃个够。但现在却没有了可以洗澡、洗脸的河水，人们就在端午节的前一天晚上把水盛放在盆中、桶内，放在露天的地方，并在水中放进大蒜和绿豆等物，希望这盆水能够吸收天地之精华，接收端午的玉露，依然具备河水的消毒功能。第二天拿来做饭、洗脸，心里就会非常安然、愉悦，觉得一家人都可以安然度过五毒月了。

五、七夕节

农历七月初七称"七夕节"，亦称"乞巧节"。七夕节的由来与牛郎织女的传说有关。古时，人们把牵牛、织女两星视为传说中的牛郎、织女两人的化身。他们的爱情故事千古传颂。因狠心的王母娘娘画道天河，牛郎、织女被隔断于银河两岸，只有在"七夕"这天傍晚，喜鹊都飞上了天，在银河架起"鹊桥"，两人才得以相会。而七夕这天傍晚，天空多多少少会飘下几滴雨，传说是牛郎、织女两人相会喜极而泣的泪水。"迢迢牵牛星，皎皎河汉女。纤纤擢素手，札札弄机杼。终日不成章，泣涕零如雨。河汉清且浅，相去复几许？盈盈一水间，脉脉不得语。"这首古诗反映了中国古代妇女不能把握自身命运的可悲，而"七夕"乞巧，则是祈愿妇女变得更"巧"一些,去适应当时的社会现实。

旧时乞巧之俗,据说是"七夕"傍晚妇女们于庭院中结彩线,穿七孔针,做女红,陈列瓜果以乞巧。传说牛郎织女"鹊桥相会",两人情话绵绵,人们钻到庭院里的葡萄架下,能听到天上的呢喃细语。这是民间出于对牛郎织女的同情和怜悯而创造出的神话故事。

六、中秋节

农历八月十五是中秋节。古代历法农历八月在"三秋"(七月孟秋、八月仲秋、九月季秋)之中为仲秋,故中秋节又称"仲秋节",是中国三大传统节日之一,仅次于春节。中秋节时民间以合家团圆赏月为主要习俗。

八月十五,恰逢天高气爽、金秋收获的季节,人们仰望明月,通过赏月、拜月,庆祝丰收,发出对故乡、对亲人的思念,以寄托自己的情思。古诗中有关中秋咏月的佳句不胜枚举,如李白的"举头望明月,低头思故乡",苏东坡的"但愿人长久,千里共婵娟",张九龄的"海上生明月,天涯共此时",等等。

旧时民间还有妇女"拜月"的习俗,"拜月"活动只是女子参加,并以未出嫁的少女为主。俗话说:"男不拜月,女不祭灶。"据传月中嫦娥以美貌著称,故少女拜月,愿"貌似嫦娥,面如皓月",女人拜月的习俗

岁时节俗

由此而来。随着时代的变迁,中秋节成为人们渴望团聚、康乐和幸福的重大节日。而中秋节吃月饼则是全国各地共同的民俗。

七、重阳节

农历九月初九是重阳节。《易经》以九为阳数,九月九系两阳相重,故称"重阳",也叫"重九"。重阳节由来已久,早在战国时期,楚国屈原就有咏重阳的诗句,唐朝把重阳正式定为节日。现今重阳节又称老人节、敬老节,在这一天,人们往往会开展一系列的敬老活动。

重阳节有登高、放风筝、插茱萸、赏菊、喝菊花茶等习俗。有些地方有放风筝以免灾躲灾之说。传说在放起风筝时故意将线弄断,让其飘落别处,这样可以免去灾祸。

八、寒衣节

宝丰有句俗语:"十月一儿,棉墩墩儿。"农历十月初一叫"寒衣节",又称"祭祖节""冥阴节",是中国传统的祭祀节日。相传寒衣节起源于周代,秋收以后祭奠祖宗,以示孝敬,不忘本。农历十月初一是进入冬天的第一天,此后天气渐渐寒冷,家庭主妇要先为老年人和儿童或亲人准备过冬御寒的衣物,赶在这个时候给他们送去。同时，人们怕在冥间的灵魂缺衣少穿，挨饿受冻。因此，祭祀时除了食物、香烛、纸钱等一般供品，还有一种不可缺少的供品——冥衣。在祭祀时，人们把冥衣焚化给往生的祖先，此谓"送寒衣"。

后来，十月初一的习俗逐渐演变成"十月一，油唧唧"，意思是农历十月初一，人们供奉祖先要包含烹炸油条之类的食品。除了用纸锭、纸衣供奉先人，还有的到十字路口，为游魂野鬼"送寒衣"，以争取与家人的亡灵和谐共处。

九、冬至

冬至在农历十一月，是中国农历中一个重要的节气，也是中华民族的一个传统节日。在古代有"冬至大如年"的说法。这一天是北半球全年中白天最短、黑夜最长的一天。过了冬至，白天就逐渐变长，一直到来年夏至。宝丰地区流传俗语："吃了冬至饭，一天长根线。"还有农家俗语说："冬至不过冬，扬场没有风。"到了冬至天寒地冻，家家户户要包顿饺子吃，说是不吃饺子要冻坏耳朵。

十、腊八节

腊八节俗称"腊八"，即农历十二月初八。在"腊八"这天,古人有祭祀祖先和神灵,祈求丰收吉祥的传统,宝丰地区有喝"腊八粥"的习俗。"腊八粥"一般以小米或大米为主,辅以红枣、莲子、核桃、花生、红豆、薏米、黄豆等,头天晚上以慢火慢慢熬到第二天凌晨,煮成稀稠相间的粥食用。"腊八粥"最好不要一顿吃净,要保存几天再吃,有"年年有余"的吉祥含义。旧时如把吃剩下的"腊八粥"送给穷苦人家,也有为自己积德积福的意思。有的人会在腊八节时到大的庙宇拜神,以驱邪避鬼,求得家人平安。

十一、祭灶送神

到了农历腊月二十三这天,宝丰地区人们都忙着祭灶送灶王爷上天言吉祥的活动。一大早人们就要到集上采购祭灶的"灶糖",忙活着"炕烧饼",祭拜"老灶爷"。

传说灶王爷是玉皇大帝派驻人间监察善恶的神,每年要上天述职一次,汇报该家每人的善恶情况。人们通过祭灶,为灶王爷上天饯行,为的是让灶王爷在玉帝面前多说好话,所以家家户户对祭灶相当重视。最具特色的祭灶物品是"灶糖""烧饼",这是为了给灶王爷嘴上抹糖,使他尝到甜头,达到让灶王爷"上天言好事,下界保平安"的目的。

马街书会习俗

马街书会距今有700多年的历史了，每年农历正月初七开始，在宝丰县城南7.5千米的马街村应河之畔的田野上举行。来自河南各县市和全国各地（如安徽、山东、湖北、河北、江苏、四川、北京、天津及青海、内蒙古、辽宁等省市区）的数千名曲艺艺人负鼓携琴陆续汇聚于此，以曲会友，亮书献艺。到了正月十三这天，空旷的田野成了艺人展演的舞台。周围百里群众扶老携幼，喜气洋洋，络绎不绝地前来赶会听书，真可谓"鼓子声声走雷喧，琴声悠悠流细涓。大调坠子传神韵，唱醉听客马街前"。马街书会成为中国民俗文化史上的一绝。

关于马街书会的起源，有十余种传说，不一而足。但过去宝丰、鲁山、卢氏等地有元宵节观灯、唱灯戏的习俗，一直流传，其中大多数是"还愿戏"或"社戏"。一般庄户人家请不起大戏，便请人少、便宜的弦子说书应景，来到马街书会上请书、写书，年复一年，遂相沿成习。

旧时马街书会由民间推举的书会会首操办，正月初七这天是火神生日，在书会中心地的火神庙开始祭祀火神，从而逐渐拉开马街书会系列民俗活动的序幕。紧接着是各村轮流坐庄请戏、对戏以聚集人气，从正月初十晚上一直唱到正月十三。此时已有艺人从四面八方赶到马街。

在很长一段历史时期中，马街书会有两大曲种比较显赫：一是三弦书的三皇门派，二是河南坠子的寅喜门派和龙门大派。三皇门派为三弦书艺人，因三弦的三根弦称天皇、地皇、人皇而得名，艺人见面多以兄弟相称，不以字辈相称。而河南坠子书的寅喜门派和龙门大派则有严格的辈分。寅喜门派的字辈为40个字："道德清岗上，云城首炼丹，九重天外子，方知妙中弦，清净自然体，发白而童颜，袖遁乾坤大，阴阳造化先。"龙门大派的字辈是100个字："道德通玄静，镇常守太清……"进门的门规很严，拜师学艺，徒弟要头顶大帖，向师父叩拜，老师按门派赐辈分、赐艺名，从此成为师徒。收徒传艺规矩很严，有"十不准""十大要理"等对艺人言行和德艺进行约束规范的师训、戒律。

徒弟学艺要有引荐师和保荐师。引荐师和保荐师要保证徒弟的道德人品，是保证师徒存续关系的见证人。只准师不教，不准徒不学，否则要追究连带责任。违犯行规者,轻者受责罚,重者逐出师门,甚至被砸坏乐器,被同行鄙视,永不准公开说唱。这就等于被永远开除出了曲艺这个行当。

关于说书人的开山祖师爷,三皇会尊崇的是"三皇爷",即神农氏、伏羲氏和燧人氏;河南坠子则敬的是丘处机,也称丘真人、丘祖。火神庙里供奉有两位曲艺艺人的祖师爷"丘祖"和"三皇爷"的牌位。艺人上会后,要到火神庙祭拜三皇与丘祖,其仪式庄严有序,仪程主要包括祭拜祖师、祭奠历代艺人亡灵、同业互拜和认徒规约等,然后才能亮书说唱。晚到的艺人还要在师傅带领下举行"望空拜"的仪式:一拜火神,祈愿自己一年的说书生意红红火火;二拜祖师,保佑弟子平平安安。马街书会因说唱艺人的"朝圣"色彩而愈加神秘。

马街村周边村民对书会艺人接待的民俗全国独有。在当地人心里,正月十三远比春节隆重和重要。哪怕春节期间饮食简单一些,也要保证书会期间的伙食丰盛富足。一年的粮、肉都要留到书会期间接待来自全国各地的艺人。每年从正月初一开始,各地艺人便纷纷长途跋涉朝着"圣地"汇集而来。村民们敞开大门,迎接新老艺人。艺人无论到谁家,都免费吃住,分文不收。艺人相见,说唱交流,切磋技艺,家家户户响起琴鼓檀板声。

谁家若是听不到说唱声，全家人一年里都抬不起头，待嫁姑娘会找不到婆家，该娶媳妇的儿子也寻不到媳妇。无君子不养艺人，马街附近的村民，无论谁家都是艺人的家。

正月十三，书会进入高潮。成百上千名艺人汇集书会，摆开阵势，扎下摊子，打起简板，拉起琴弦，亮艺卖书，比码子定书价，寻师访友，认亲结拜。书会上不仅有说书唱曲的，还有斗鸡耍猴的、跑马放风筝的、玩魔术耍枪弄棒的、烧香还愿的。各种民俗活动五花八门，应有尽有。一时间这里成了说唱的天地、欢乐的海洋，成为中国农村一幅浓郁的民俗风情画卷。

在马街书会上成为"书状元"是到会艺人最为向往的事情。每年书会上书价最高的人便被推为"书状元"。只要成为当年的"书状元"，他的说书生意便格外红火，说唱艺术必定受人追捧。

从正月十四开始，艺人即陆续赶到当地或周围县市群众家唱书，此谓"闹元宵、唱灯会"，"唱愿书"。被写书人看上的艺人，不必当时就跟着主人回家，但一定要让请书人带走一件信物，待到书会结束，再按照留下的地址和约定的事项赶去唱上几天。为了照顾写不出去的徒弟，师傅可以带着徒弟一起走，这被称作"啃板凳腿"。一唱三天书的叫作"正禄"，再唱三天书的叫作"偏禄",一直到二月二,马街书会的高潮才算渐渐过去。很多艺人一直在宝丰周围的村镇唱书,久久不离去,一唱十天半个月的是常事,甚至常年在宝丰县周游说唱的也不在少数。故艺人中流传"金正月,银二月"之说。

马街书会是由宝丰深厚的文化土壤和当地庞大的说唱群体所孕育而成的。一是宝丰民众在说唱里得到了典籍书本上得不到的东西,对说唱文化情有独钟;二是民间说唱艺人在传承古老的信仰理念时,把教化民众的思想观念传送到老百姓心里,作为平生从艺的道义,把"写书"里的金钱交易放在次要的位置;三是宝丰淳朴的民风,宝丰人和艺人亲如一家,非君子不养艺人的美德,使艺人与当地民众水乳交融;四是宝丰当地的民间说唱艺人支撑起了马街书会的半壁江山。

据20世纪60年代的不完全统计,全县当时有各类曲艺艺人600多人;到改革开放后的鼎盛时期,每年到宝丰赶会的艺人已有2000多人。生态保护实验区内的说唱文化除涉及曲艺行当的平调三弦书、西路河南坠子、大调曲子、豫西大鼓、评词、渔鼓道情、琴书等以及其余30多种外埠的曲艺曲种外,还有戏曲行当的高腿曲子戏、梆子戏、二夹弦、越调戏、木偶戏、京梆二黄、汉调二黄、沙沟二黄及稀有剧种（如傩戏）等。民间艺术的表演形式如扭秧歌、大铜器、打花棍、踩高跷等多如牛毛，不胜枚举。正是这丰厚的民间文化土壤和当地庞大的说唱群体、淳朴浓郁的民风乡情，才让马街书会经久不衰，享誉中外。

社会交往礼仪

一、见面礼

旧时人们路遇或约见，多先行拱手礼。行礼者面对来人，右手在里，左手在外，拱手做拳状在胸前，上下数次摆动，口称对方姓名，或根据来人与自己的关系，冠以尊称，然后说："有礼，有礼。"在封建社会，拱手时左手在外叫尚左，右手在外叫尚右。左为阳，右为阴，平常见面，左手在外拱手是吉礼；若遇丧事，必是右手在外作揖。若是孝子见人，不论辈分大小，均应跪地叩头行大礼，说是为亡人消灾。

女人若相见，必道"万福"，一律是左手在里，右手在外，抱拳状至腰间，身体微屈一晃即可。

进入新社会后，拱手礼逐渐被淘汰，代之以"握手礼"。熟人相见主动伸手相握，做亲近表示。如果是生人初见，则应主动介绍身份，两人相互寒暄，才"握手"以交流情感。

二、家庭礼

和睦家庭必是尊老爱幼,更加注重伦理关系。在居住方面,老人应住正房,晚辈儿女只能住偏房。家中来客,晚辈男性可近前,做些端茶、倒水、端饭的事情。逢年过节做了好吃的,第一碗必先端给家中的长者,之后才是全家。伦理纲常方面的要求是,父女不同堂,父子不同床,公公不进儿媳房,不坐儿媳床。公公和儿媳尽量避免在一起做活或说话。弟兄之间如果无长辈主持家务,则长兄说了算,诸弟不能僭越;妯娌之间以长嫂为大,家务之事须听长嫂安排。

三、见客礼

客人到主人家,不能私闯内室,不能乱翻主人家东西。主人陪客应一陪到底,倒茶、递烟、劝酒应热情厚道,不能冷淡了客人。客人吃饭不能剩半拉馍,不能乱翻盘中菜,不能先下筷子,不能先端酒盅,等等。主人迎客时要将自己身子闪在一旁,送客时不能走在客人前头。

四、乡邻礼

俗话说:"远亲不如近邻。"宝丰人对邻里关系尤为重视,邻里有事则主动上门帮忙,尤其是在红白大事、修房盖屋方面，往往不遗余力，甚至举家而出帮忙操持。遇有节日或改善生活，邻里间还互送食物品尝，如瓜果、蔬菜、点心之类。邻里之间有时会借米面、农具、家具等，送还时要带点酬谢物，比如米和面借一平升则要还一尖升，借磨磨面要留些麸皮，借织布机要多留一绺线，借药锅送还时里面要放点豆、麦，等等，以显示亲密、和谐、大方的含义。

五、走亲戚

宝丰民间约定俗成的走亲戚是一年三次，即过年（春节）、端午节和中秋节。

春节走亲戚，老少门婿都要拜岳父，成年人则看望一下老舅、老姑、老姨。一般正月初二是走亲戚的日子。如果是新婚门婿，则第一次拜见岳父岳母是必须重视的礼节。拜年时除带礼肉外，还必须带果品、点心和白糖之类的东西。门婿到岳父家，要到正屋祖宗牌位前行"四叩礼"，即先鞠一次躬，跪地磕四个头，起来后再作个揖。给岳父的行礼是：先作一个揖，接着跪下磕一个头，站起来再如此重复三次，也谓"四叩礼"。老女婿也要到岳父家拜年，但与新女婿有区别的是，若有其他要紧事则可去拜年也可不去拜年。其他如外甥看姥爷、舅舅、舅母，可随父母前往，也可独立前行。

端午节是为贺麦收而行的礼，多是油条一篮、白糖二斤或点心果子两盒。中秋节除了自家团圆，还要提前到亲戚、朋友、老师或同事、上级家里送喜庆、送安康，而节后再去就是失礼了，送的月饼无一例外是五仁月饼。如今月饼品种增多，也不再讲究了。

六、闰月送衣

农历是三年两头有闰月。闰月的年份，闺女要给娘亲添置衣物，以避灾祸。不管是夏季的单薄衣帽还是冬季的御寒衣帽，一般是按闰月在什么季节，就送什么季节穿戴的衣物。厚道的人家，干闺女也给干娘送，侄女也给娘家母、婶送，外甥女给姨送的也屡见不鲜。

民间禁忌

　　饮食方面的禁忌，如吃饭忌留碗底，一说是人们对于谷神的敬畏，实际是教育儿童养成珍惜粮食的习惯。待客忌满斟酒茶，俗话说"酒七茶八"，即酒杯斟酒七分满，茶杯斟茶八分满。这既是不让茶酒满溢而浪费，又是避免弄湿客人衣物而造成失礼的良好做法。吃饭过程中忌将筷子插在饭碗中，这与民间丧俗有关。吃饭前后忌用筷子敲碗，因为旧时只有乞丐才敲着空碗乞讨。赴宴时忌先动筷子，谁先动筷子即为失礼。只有主人敬请或待席中长者动筷，其他客人才能举筷，以示礼貌。喝酒划拳猜枚时，忌伸食指和小拇指，亦忌食指和中指并伸。

　　妇女怀孕时，忌吃兔子肉，因怕生下的孩子是兔唇。妇女分娩忌在娘家。生孩子未满月的妇女，忌讳串门。流产的妇女因属"小月子"也不准串门或回娘家。闺女出嫁不满百天的，家中不能娶媳妇。近亲家庭百天内有连续两人去世的，第二个去世的人不能马上埋入坟地，犯"重丧"之忌。身死异乡的人，棺柩或尸体不能入宅院，因有"冷骨不进室"之说。未婚女人死了，不能埋入自家老坟地。宝丰整个县域内忌讳说"死"字，如果小孩子死了，说"没成人"，青年人死了说"殇"，老年人死了说"老了"，等等。出灵前，忌穿着孝服进街坊邻居的家门。三年内，孝子家的宅门春节不准贴红对联，直系亲属不能在百日内结婚，更不能穿红衣服。怀孕的妇女不能送殡，不能上新坟。人死出殡后，逢七日祭，走坟忌"犯七犯八"。

建房子忌前高后低。盖房时要先盖内后盖外，忌先外后内。房间忌双数，一定要单数。房前屋后栽树绿化，应"前不栽桑，后不栽柳，院内不栽鬼拍手（大叶杨树）"。建房或做床时的木料忌用桑木、楝木。忌厢房高于主房，庭院忌前宽，忌大门直对马路。忌大门对井，对坑，对大树，忌大门对着别人家宅房的屋角、屋脊。如果大门前有高大建筑物遮挡，也属不吉利。

正月、腊月里，忌讳说不吉利的话，忌打碎碗碟。如果不慎打碎碗碟，要立即说"岁岁（碎碎）平安"以补救。正月初一到初五，不能动剪刀、针线，不能吃泡馍、烤馍。家中的垃圾归于一堆，不能清除出庭院外。对老人不能说"七十三岁、八十四岁"，因古时有"七十三、八十四，阎王不请自己去"之说。中年人忌讳说四十五岁，说是"骂年"，因传说包公四十五岁时学过王八爬。

亲友交往送礼物，忌送钟表，因为字眼里边含有"送钟（终）"的意思。探望病人必须午前，下午、晚上不宜探望。因午后阳气衰退，阴气渐长，对病人不利。拜访亲友不可不敲门而入，否则失礼。不能用中指指人，这被视为侮辱人的举动。乘船或坐车时忌讳说与行船、行车安全有关的字眼或话题，如"翻""沉""掉下去""撞住了"等。在客人面前不能扫地，不能责骂孩子，否则都视为对客人不礼貌，有撵客和烦客的嫌疑。款待客人，忌上三、五、七个菜，一般以四、六、八为吉祥数字。而待客的鸡蛋茶则忌讳双数。

民间俗信崇拜

我们要学习民间俗信活动中的劝人向善、劝人感恩报德的追源报本道德规范，学习先贤忠义诚信、济民于难的优秀品格，体会自然崇拜中"天人合一"思想的世俗化倾向，切忌破坏大自然。这些中华民族的传统美德，对于构建和谐社会，重建社会主义的核心价值观，有着值得汲取的丰富的文化营养，具有十分重要的意义。

一、拜观音

位于宝丰县闹店镇大小龙山之间的香山寺，是大慈大悲观世音菩萨得道证果之地，在中国佛教史上占有重要地位。人生最大的美德是慈悲、行孝。而在香山寺供奉的妙善观音，就是一心慈悲，救苦救难，现千手千眼以普度众生。宝丰县域内及周边县、市，关于三皇姑妙善的传说故事可谓家喻户晓，妇孺皆知。传说苗庄王有三个女儿，大公主妙颜，二公主妙音，三公主妙善，而三公主妙善是观世音菩萨的化身。在李庄乡境内有妙善观音的出家地——白雀寺，有三皇姑坟。在邻近的郏县境内有大公主出家地宝象寺和二公主出家地紫云寺。这些寺庙以香山寺的香火最旺，每月初一、十五香客游人拜谒观光，络绎不绝。而在仲春香会和观音菩萨的诞辰、成道之日更是人山人海，香火大开。可见观世音菩萨在人们心中的影响是多么根深蒂固。

二、敬关公

关羽，字云长，是《三国志》和《三国演义》中的英雄人物，归天后其头颅被葬于洛阳关林。千百年来，在普通民众心中，关羽不仅是圣，更是万能之神。因小说《三国演义》的烘托，关云长忠义仁勇，盖世罕见。自古男丁上战场，商旅出行，都要到关帝庙前拜一拜。

关帝圣君首先是作为战神出现，其次是武财神，最后是文教之神。相传关公年轻时从商经营布匹，精于理财，擅长记账，发明了一种叫"日清簿"的流水账。商家纷纷效仿供奉。再者，关公的青龙偃月刀无比锋利，和"利润"的利同音，所以把关公敬为武财神。如今经商之人都会供奉关公，图的是财神护佑。关公不仅义薄云天，儒家因其喜读《春秋》，称其为"文衡帝君"。关公还是香烛业、银钱业、典当业、皮革业、酱园业、糕点业、算命业和剃头匠的祖师爷。至于这些行业为何也要供奉关老爷，传说颇多，不一而足。

关公被视为忠义化身和道德榜样。仗义救危、侠胆仁勇的关公是苦难深重的民众所盼望的救苦救难的保护神。

在封建社会，宝丰县各地大大小小的关帝庙有百十座之多，敬奉关公的习俗在人们的意识观念里浸染很深。很多经商办企业的业主基本都会把关公神位供奉起来，每逢农历初一和十五，都要到关帝圣君面前燃香祈祷。关公信俗的最大特点是不脱离民族特殊的生活习俗和生产方式，是中华民族伦理规范、道德楷模尊崇以及信俗方式、祭祀程式的显现。

三、祭火神

火神是民间俗信中的神祇之一。中国民间俗信和传说中最著名的火神为祝融，还有说法称炎帝、燧人氏、罗宣、太上老君等才是司火之神。中国各个民族都有火神祭祀的风俗，但由于地区不同，历史文化不同，对火神亦有不同的认识和理解。在鲁山县、宝丰县、郏县一带，供奉的火德星君有称罗宣的，也有称太上老君的。一般都说正月初七是火神爷的生日，马街火神庙祭拜火神就在每年的正月初七。民间还有组织"火神社""火神会"的风俗，除了去火神庙里祭拜，还要抬上火神进行游神、迎神、娱神、送神等活动,称"闹社火"。其间锣鼓喧天,旌旗蔽日,好不热闹。有的火神社祭罢火神,闹罢"社火",还要聚餐一顿,全村男女老少齐参加,叫作"吃老坟社"。

火神庙里火神爷的塑像大都相貌凶狠,三头六臂,并有风火轮、火葫芦、火印、火剑、火弓等火器,酷似神话传说中的哪吒变形。旧时,凡涉及火的手工业行业,如冶铸、铁匠、烧陶瓷、挖煤窑、做鞭炮等,都有祭祀火神的习俗,以求事业兴旺发达,还求个平平安安。有的乡镇的火神庙会,还有唱戏、说书、杂耍、小吃、花炮等,应有尽有。

四、行业神崇拜

民间俗语称"三百六十行,行行出状元",或称"三百六十行,无祖不立""行行有祖师爷,业业有守护神"。清人纪晓岚在《阅微草堂笔记》中说:"百工技艺,各祠一神为族。"各行各业,为感念前人恩泽,便将最早发明者尊为该行业的始祖,或是将该行业领域中有特殊贡献与成就者尊为该行业的守护神,让他们成为从事该项行业者崇拜的神明。对行业神的崇拜,一方面是出于对祖师爷的感恩之心,另一方面也是向该行业神灵祈求得到技术上的真传,好在自己从事的行业中出类拔萃，出人头地，保佑自己和本行业的吉利、兴旺。因此，行业神的崇拜也是多神崇拜中很重要的一种信仰崇拜。

较为著名的行业神如下。

（1）金属制造业：太上老君。

（2）酒业：杜康。

（3）纺织业及裁缝业：黄帝、嫘祖、黄道婆。

（4）煤业：窑神、太上老君。

（5）纸业：蔡伦。

（6）农林渔业：三皇、山神、土地、龙王、财神、太阳、月亮、药王、花神、仓神等。

（7）建筑业：鲁班。

（8）油漆彩画匠：吴道子。

（9）金融业、钱庄、票号：财神爷。

（10）药铺、药店业：神农氏、药王孙思邈、扁鹊。

（11）文人、书院、书店、文具店、印刷、私塾：文昌帝君、孔子、仓颉、朱熹、许慎、王羲之、王献之等。

（12）戏曲、音乐艺人：唐玄宗、老狼神、观音大士、李龟年、师旷等。

（13）曲艺行业：柳敬亭（评书）、三皇爷（三弦书）、丘祖（坠子、道情）。

手工业行业神和商业行业神很难截然分开。例如，杜康既是造酒酒坊的行业神，又是酒店卖酒的行业神。很多经营食品、糕点、豆腐、酒醋类、陶瓷类的行业，往往是"前店后厂"，既做又卖，工商合一，所祀之神很难统一。农业的行业神最多又最复杂，反映出农业靠天吃饭，祸福难卜，农民祈望各方神灵护佑的心态。一般来说，诸神各司其业，界限分明，反映出"隔行如隔山"的特点，行业之间也多存在着隔离状态和门户之见。但是，也有若干个行业共同祭祀的行业神，如黄帝、火神、葛洪、文昌帝君等。之所以出现这种现象，原因有二：一是这些行业神本身涵盖面广，如历来传说黄帝是无所不能的发明家；二是这样的行业往往存在共同点。比如许多行业最忌火灾，故都祭祀火神；有些行业与冶炼有关，故都祭祀炼丹家葛洪；文昌帝君与各业的文字、文章有关，因此好多行业也都尊崇他；特别是关羽身兼数职，他既是财神，又是武备衙门、金融业和理发师的私家祖师。

　　行业神也有地域性，有些是举国通祀，如全国建筑业都敬奉鲁班。但大多数行业神都有地域上的特点和局限，因其行业在某一地区流行的范围大小而约定俗成。

　　行业神的崇拜，是一种地道的多神教。这种多神教不但表现为总体上神的种类和数量多，以及一业多神,还表现为某一个神有多种说法。这是民间俗信与宗教、官方祭祀的明显不同,不规范而随意,不统一而零散。这既是民间典型的祈福心理、禳灾心理的表现,也是人们追求幸福的愿望,还源于人们对外界异己力量的强大产生的恐惧心理。归根结底,这是古代和近代社会生产力不发达、科学不昌明、社会动荡的产物。

人们对行业神的崇拜,有敬祖、崇古、重传统的宗法意识,这些意识源远流长。行业神作为本行业的旗帜来号召同业统一精神、维护行规,加强本行业的自身团结,其中有很大的正能量。

宝丰说唱文化普及系列丛书
申红霞　主编

宝丰方言

张关民　江国鹏　编著

中国·武汉

图书在版编目（CIP）数据

宝丰方言 / 张关民，江国鹏编著 . -- 武汉：华中科技大学出版社，2023.5
（宝丰说唱文化普及系列丛书 / 申红霞主编）
ISBN 978-7-5680-9378-1

Ⅰ. ①宝… Ⅱ. ①张… ②江… Ⅲ. ①北方方言—宝丰县 Ⅳ. ① H172.1

中国国家版本馆 CIP 数据核字（2023）第 078235 号

宝丰方言
Baofeng Fangyan

张关民　江国鹏　编著

策划编辑：彭霞霞
责任编辑：梁　任
封面设计：杨思慧
责任监印：朱　玢

出版发行：华中科技大学出版社（中国·武汉）　　电话：（027）81321913
　　　　　武汉市东湖新技术开发区华工科技园　　邮编：430223

录　　排：天　一
印　　刷：洛阳和众印刷有限公司
开　　本：880 mm×1230 mm　1/32
印　　张：4
字　　数：83 千字
版　　次：2023 年 5 月第 1 版第 1 次印刷
定　　价：168.00 元（全 9 册）

本书若有印装质量问题，请向出版社营销中心调换
全国免费服务热线：400-6679-118　竭诚为您服务
版权所有　侵权必究

《宝丰说唱文化普及系列丛书》编委会

总策划： 刘海亮

主　编： 申红霞

副主编： 杨淑祯　潘廷韬

编　审： 樊玉生　江国鹏

成　员： 曹俊青　杨东熹　周博雅　郭敬伟

　　　　　聂亚丽　徐真真　王少克　潘运明

　　　　　刘宏民　李全鑫　何清怀　张关民

　　　　　芮遂廷　贺天鹏　徐九才

序

文化自信是一个国家、一个民族发展最基本、最深沉、最持久的力量。进入新时代新征程,党的二十大做出了"推进文化自信自强,铸就社会主义文化新辉煌"的战略部署,为我们加强社会主义文化建设、弘扬优秀传统文化指明了方向。

地处中原腹地的平顶山市宝丰县,历史文化底蕴深厚,一代代先人在这里繁衍生息、创新创造,留下了丰富的文化遗产,成为中华优秀传统文化的重要组成部分。

宝丰县地处河南省中部偏西,是伏牛山脉与黄淮平原的交接地带。西部山峦绵延,中东部遍布平原,丘陵、小山点缀其间。沙河、北汝河两大河流护其左右,石河、泥河、净肠河、应河、柳杨河、运粮河穿境而过,滋润着这片沃土。二十四节气在这里活态传承,春夏秋冬四季分明,具备典型的暖温带气候特征。由此,在这块先民们生产生活的理想宝地上,形成了具有中原特点的农耕文化。

古时候,宝丰县是北连河洛、南控宛襄的交通要冲,成就了大营、马街、瀍阳、翟集、老城等古老集镇,车马辐辏,商贾往来,号称"千年古县"。正是在这样一块宝地上,祖先留下了丰厚的文化遗产。

2017年1月,文化部(现更名为文化和旅游部)批准设立说唱文化(宝丰)生态保护实验区,至今历时6年。6年来,宝丰县在国家文化和旅游部、河南省文化和旅游厅、平顶山市委市政府的大力支持下,为生态保护实验区的建设、中华优秀传统文化的保护和发展,做了大量扎扎实实、卓有成效的工作。《宝丰说唱文化普及系列丛书》的出版、发行,对重新审视祖先留下来的珍贵文化遗产,坚定文化自信,保护、继承祖先留下的优秀传统文化,具有十分重要的意义。

宝丰县历史悠久,文化灿烂。境内拥有马街书会、宝丰酒传统酿造技艺、汝瓷烧制技艺、宝丰魔术共4个国家级非物质文化遗产项目;拥有清凉寺汝官窑遗址、父城遗址、香山寺大悲观音大士塔及碑刻、小李庄遗址共4个国家级重点文物保护单位;拥有妙善观音传说、白朗起义传说、木偶戏、韩店唢呐、高腿曲子戏、河南坠子(西路)、大调曲子(墨派)、平调三弦书、翟集冯异小米醋酿造技艺、经担舞共10项省级非物质文化遗产项目;拥有文庙大成殿、文笔峰塔、塔里赤墓碑、解庄遗址、中共中央中原局中原军区宝丰旧址群等17个省级重点文物保护单位;拥有风搅雪坠子书、快板书、评书、祭火神、乐器制作技艺、刺绣、剪纸等64个市级非物质文化遗产项目;拥有前营遗址、贾复庙、玉带河永济桥、小店遗址等121个市县级文物保护单位;已经列入县级非物质文化遗产保护名录的还有越调、拜三皇、唱愿书、对戏等108项。境内还有保护较好的各级传统村落、历史文化名镇名村50余个。

这海量的优秀文化遗产,都是宝丰人民祖祖辈辈传承下来的中华民族智慧的结晶,也是宝丰人民的立足之本、精神财富,是我们值得骄傲和自豪的资本,更是我们崇德尚文、踔厉前行的动力。

《宝丰说唱文化普及系列丛书》是平顶山说唱文化（宝丰）生态保护发展中心组织本土专家学者，根据2017年"宝丰文化进校园"教材蓝本，进一步补充、完善的全民文化普及读物，由《宝丰曲艺》《宝丰戏曲·魔术》《宝丰民间习俗》《宝丰方言》《宝丰历史人物》《宝丰名胜古迹》《宝丰民间音乐舞蹈》《宝丰民间文学》《宝丰传统手工技艺》共9册组成。本书比较全面地展现了宝丰县的历史文化本貌、文化生态环境，文字简洁凝练，是传承、传播宝丰地方文化的大众读物。相信它的出版会对保护和传承中华优秀传统文化起到不可估量的作用。

　　习近平总书记说过："我们要坚持道路自信、理论自信、制度自信，最根本的还有一个文化自信。"文化自信是中华民族对自身文化价值的充分肯定和积极践行，是对其生命力持有的坚定信念。宝丰县的历史文化是黄河文化的重要组成部分，也是中国文化的精粹。热爱本土文化，热爱我们的家乡，传播和传承宝丰县历史文化，保护、抢救我们珍贵的文化遗产，既是宝丰人义不容辞的责任和义务，也是我们培育文化自信的动力和源泉。

　　《宝丰说唱文化普及系列丛书》将给大家带来精神上的愉悦和动力，激励全县人民携手并肩继承先祖的聪明才智，为传承发展我们的优秀传统文化贡献绵薄之力，共同建设好我们的美丽家园。

中共宝丰县委书记
2023年3月

目 录

学好普通话也要了解本地方言………… 001

宝丰方言的语音………………………… 004

宝丰方言的音变………………………… 007

宝丰方言中的重读、儿化的表达作用 …… 009

宝丰方言中上古音的音变及遗存(一)… 012

宝丰方言中上古音的音变及遗存(二)… 014

厚载着历史与传统文化的方言词汇 …… 017

带着人类远古及历史传说的方言词汇… 020

来自古代典籍的宝丰方言词汇………… 023

来自古代人民生活的方言词语(一)…… 025

来自古代人民生活的方言词语(二)…… 028

来自生产劳动的方言词语……………… 030

模糊了"身份信息"的领不到"身份证"的方言词语 ……………………………… 033

宝丰方言中的同义词…………………… 036

宝丰方言中某些句式及构词方式与普通话的不同之处 ……………………… 038

附　录……………………………… 040

学好普通话也要了解本地方言

一、方言的基本知识

方言是一种语言的地方变体。汉语是汉民族的通用语言,由于地理与历史的原因,其在语音、词汇、语法各方面形成了各有特点的分支,这就是方言。

汉语言一直是双轨的,一面是汉民族使用的共同语,一面是方言。方言是共同语的基础,共同语在历史演变过程中会从各方言中吸取有用部分以丰富自己,也会不断地创造新的词汇以适应社会的变迁。上古时代的汉民族共同语称为"雅言",到了汉代称为"通语",明清时期称为"官话",民国初年正式称为"国语",1949年以后,称为"普通话",名异实同。

汉语有七大方言区,宝丰属于北方方言区,县域西部属临汝方言区,东部属郑曹次区属方言区。(图1)

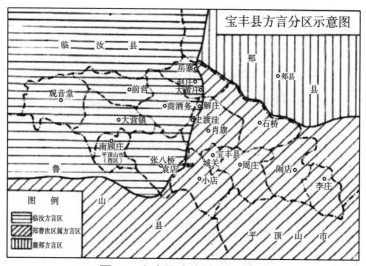

图 1　宝丰县方言分区示意图

二、普通话与方言

普通话是全国通行的语言，它以北京语音为标准音，以北方话为基础方言，以典范的现代白话文著作为语法规范。我们当然要学好普通话，推广普通话，但也要了解本地方言，这样才能在对比中更好地学习、推广普通话。

三、为什么要了解方言

1958 年，周恩来总理在全国政协会议上代表政府所做的报告《当前文字改革的任务》里说:"我们推广普通话,是为的消除方言之间的隔阂,而不是禁止和消灭方言……方言是会长期存在的。方言不能用行政命令来禁止,也不能用人为的办法来消灭……相反地,只会说普通话的人,也要学点各地方言,才能深入各个方言区的劳动群众。"

周总理的讲话指出,推广普通话,并不是禁止和消灭各地方言,否则,就是严重地曲解了党和政府的语言文字政策。

方言不是个说消灭就能消灭的事物,各地方言中都蕴含着本地区丰富的历史文化。学习本地方言,可增加对家乡的热爱。对于一些特殊岗位,如刑侦等专业人员来说,方言或许是一门必修课。

宝丰方言的语音

一、宝丰方言的声母与普通话声母的比较

宝丰方言的声母比普通话多出两个：[v]、[ɲ]，属历史上的尖音地区。

[v] 作为声母，只出现在与汝州市接壤的部分村庄中，如"蚊子"（wén·zi）声作（vén·zi）等，普通话无。

[ɲ] 是方言中"妮子""泥巴"的声母，普通话为[n]。

方言拼读时发生了一些与普通话不同的情况，举例：捕 [pʻu]、波 [pʻo]、傍 [pʻaŋ]、伴 [pʻan]；集 [tsi]、尖 [tsian]；七 [tsʻi]、枪 [tsʻiaŋ]；西 [si]、笑 [siao]；泽 [tʻʂai]、册 [tʻʂai]、色 [ʂai]（详见附录一《宝丰方言声母与普通话声母拼读差异表》）。

需要指出的是其中三组："集、尖"；"七、枪"；"西、笑"；方言的读法称尖音。尖音是指z、c、s声母和i、

ü 或 i、ü 起头的韵母相拼，它和团音对举。尖音是在漫长的历史过程中形成的，在戏剧界较受重视（昆曲中的尖音范围还要广些）。今普通话中已无尖音。

二、宝丰方言的韵母与普通话韵母的比较

宝丰方言中的韵母和普通话相比多出 [ɯ]、[iɑi]、[ə]、[yə]、[ɛ] 等。其中 [ɯ] 是方言"黑"的韵母，[iɑi] 是方言"鞋"等字的韵母，[ə] 多出现在县域西部地区，[ɛ] 是本地答应的韵母，[yə] 是本地方言读"药""决""略"的韵母。

宝丰方言中以下字词的读音与普通话不同：飞 [fi]；伯 [pɑi]、迫 [p'ɑi]；客 [k'ɑi]、革 [kɑi]；对 [tei]、腿 [t'ei]；睡 [ʂəi] 等（详见附录二《宝丰方言韵母与普通话韵母拼读差异表》）。

宝丰方言还有个别字读音与普通话差别很大，主要有沸（fu）、酿（rang）、殊（chu）、触（zhu）、跃（yao）等。

三、宝丰方言与普通话发音最大差别在调值上

在声调上,宝丰方言虽然也有"阴、阳、上、去"四个声调,但在调值上与普通话差别很大。调值指各类声调的实际读法,同为阴平声,普通话为高平调55,而宝丰方言却读24等,具体见图1、图2。

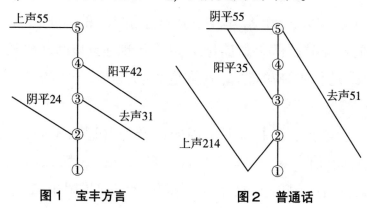

图1 宝丰方言　　　　图2 普通话

声调还可以用字词后上方加注形式表示:如"兑"[55](参看附录三《宝丰话与普通话调值对应表》)。

宝丰方言的音变

一、什么叫音变

一个字在单读和连读时会有不同。字在连读时会受到前后字音的影响而发生读音或声调的变异，这就是音变。例如，我们把一些村名如"桑园陈"说成"三缠"，"裴里"说成"皮俩"，"李庄"说成"咧庄"等。在宝丰方言中，"外爷"说成"伟爷"，"耐烦"音为"难(nàn)烦"等，这些多是同声母情况下发生的，俗称"念讹了"，是有规律可循的。

普通话中的音变多指变调，如上声的变调，"一""七""八""不"的变调等。

二、方言中比较突出的音变现象：急读与慢声

（一）急读

急读又曰"合音""急声""合音合字"，指两个

字（即两个音节）在快读情况下形成一个音节而用一个字来记述表示，在秦汉古籍中已出现类似情况（如"诸"为"之乎""之于"的音义合成），现代的"甭"是"不用"的合音合义。

宝丰方言中出现的急读现象司空见惯，略举例如下。

①表方位的："帐（zhàng）""齉（nàng）"为"这厢""那厢"的合音合义。

②表数量、程度、时间的"镇（zhèn）""恁（nèn）"是"这么""那么"的合音合义。

③其他词如"柳（liǔ）"（里头）、"着儿"（zháor⁴²）（知道）、"柔"（rǒu⁵⁵）（日头）、"梆儿"（bangr⁵⁵）（半响）、"且"（qié⁴²）（起来）等。

（二）慢声（或称缓声）

慢声又叫"切脚"，与合音相反，慢声是一个音节由于缓读而变成两个音节，记录下来就成了两个字，举例有：圈（曲连）、蓬（勃笼）、孔（窟窿）、精（即灵）、锢［固露（lu）］、滚（轱辘）、摆（不来）、腔（壳郎）、翘［给（gè）料］等。

慢声大大丰富了该词的内涵，增强了方言词语的生动形象性。

宝丰方言中的重读、儿化的表达作用

重读是指在语言表达过程中,把一个词或词组中的某个音节或语句中的某几个音节读得重一些,起到区别语义的作用。普通话中如"过年",若重读"过",义为"明年";重读"年",则义为"过新年";再如"妻子"一词,重读"妻",义为"夫人";重读"子",则义为"妻和子",等等。

在宝丰方言中,最典型的让外乡人迷惑的莫过于"可是"一词了。但首先申明,这个"可是",并不是普通话作为转折连词的"虽然——,可是——"。说起来,这个"可是"还有历史渊源,东汉许慎的《说文解字》中就有不同于"可"的另一个字"叵"读"若呵",说是对话中称"可是""可不是",这个"可"就是"叵"。再说方言中的"可是"与"可不是"的不同表现。

①"可是"。

a. 若把"可"重读,音稍长些,像"刻(kè)"音,是表示肯定,是"这样的!"若后面加上语气词"哩",

那表示肯定的语气会更强些。

b. 若把"是"字重读（音近"诗"字音）为"可是哩"，则为否定、"不是这样"的意思。

②"可不是"。

a. 若重读"可"字，"可不是""可不是哩"，是表示否定；若连续表达，则否定意思更强，义为"绝不是这样！""绝对不要这样！"等。

b. 若重读"是"（读如"诗"音）为"可不是哩"，则成为"是这样"的赞同语气。

宝丰方言中：

①"下渣"重读"下"时，义为人的品质不高、没骨气；而重读"渣"并儿化，则义为猪肚子下的肥肉；单重读"渣"为"奓（zhà）"音，则又成上衣下部过宽过大的义了。

②"毛蛋"重读"蛋"时，义为孵不出鸡娃儿的"坏蛋"；若重读"毛"字，并把"蛋"儿化，则为小皮球了。

③"搭时"，重读"搭"则义为收获很大；若重读"时"，则义为"搭理"。

④"理撩"，重音在"理"，义为"整治""收拾"，否则成为医院的"理疗"。

⑤"小虫儿"义与"小虫"截然不同。前者指麻雀，后者指个头小的虫子。

⑥"对摸",重读"对",义为"刚刚";若重读"摸",则义为"互相抚摸"。

⑦"家伙",不儿化的情况下义为"厉害、本事大";儿化后义为"工具"。

另外,任何话语,都要在一定的语言环境中才能充分表达含义。如宝丰有"引孩子"的方言,其义有二:一是妇女生孩子;二是领着孩子玩。二者需根据前后语境而定。

宝丰方言中上古音的音变及遗存（一）

一、关于"上古音"

上古音主要是指先秦的声、韵、调系统。先秦指秦代以前的历史时期，从远古起，直到公元前221年秦始皇统一中国为止。由于语音随时代的发展而变化，到今天，汉字的读音已与先秦时期大不相同。但我们宝丰方言中却明显地遗留了上古音元素，遂成为语音的"活化石"。

二、"越巴"、"里榜儿"和"布鸡娃"

这一组语词底下加点的字属宝丰方言读音，普通话不这样读。这牵涉语言学家公认的一个语音定律——上古无轻唇音。把"越发"读为"越巴"，把"里房"读作"里榜儿"，乡音中又把孵（fū）小鸡读成"布鸡娃"，宝丰的方言就这样保留了几千年前的先秦古音。

三、"'叨'菜""'叨'木冠ㄦ"和万用动词"兑^{55}"

这一组词方言读音印证了语音变化的又一个公认的规律"古无舌上音",即今天的 zh、ch、sh 是从古音 [d]、[t] 而来。"叨菜"使用的筷子,古称"箸"(zhù),古音近"叨",而"'叨'木冠""鸡'叨'食"中应为"啄"(zhuō),古音也近"叨"。至于万用动词"兑^{55}",也产生于先秦,首先,打仗(当时是车战)扛的武器"殳(shū)"又名"祋(duǐ)",许多动词及名词中,例如"陟(zhì,登高)""展""张""诛""置""筑(筑城)""撞""掷""除""持""追""驰"等,过去都发近"兑^{55}"音,方言中也多把这些行动等称为"兑^{55}"。

宝丰方言中上古音的音变及遗存（二）

一、关于 g、k、h 与 j、q、x

早在上古时期，一部分 j、q、x 便开始从 g、k、h 中分化出来，但这个分化过程竟然如此之难，直到两千多年后的今天，我们在方言里仍然读的是上古音。

例如，宝丰人在电话里随便问亲人或朋友："你'格'哪ᵣ啊？"这个"格"音绝不是"在"的简单翻版，若对方"格家"，这个音是"居"字，若对方在外面，这个音是"徦（jiā）"字，在音变过程中，"居"变为"jū"音，"徦（jiā）"又经常被"假"代替，这样古音便保留到方言中了，但与它相对应的字，我们就有些找不到"北"了。

更有趣的是这种情况在我们的方言区内还不少，如"'格'针"（棘）、"'格'意"（"介"或"忦"）、"'格'应"（芥）、"'格'挠"（疥）等，其他如"'格'躬""'格'拐""'格'别""'格'倔""'格'

蚤"等，经查阅有关文献资料得知，今天"j"音字不少，不再一一详述。

二、方言中的其他古音变

（一）"不'灾'（二声）"和"猫"的声调

"灾二声""不灾二声""不碍灾二声""碍灾二声不碍灾二声"是宝丰方言中经常用到的词语，这个"灾二声"字为什么是"灾"字？那为什么又读二声？还得费一番说辞。

原来，古代的音韵书籍不像我们今天这样明显地分为"阴、阳、上、去"四声，后来才分为"平、上、去、入"四声。所以遗留在我们口语中的"不灾二声"，只好依照遗留下来的音韵书籍反切字（注音字）来推测。"猫"在我们方言中读二声，而在普通话中是一声。声调的问题更复杂一些。

（二）其他方言古音

①"'嗲'奔儿""'嗲'跑"，指步行，"嗲"音所代表的是"地"的古音。

②方言中说"红缨枪"为"苗子枪"。"苗"是"矛"的古音。

③方言中说人性情和善,不发脾气,做事慢慢腾腾不会着急叫"面蛋","面"其实是"慢"的古音[mean],等等。

④凡我们方言中的"尖音",几乎都是上古音。

厚载着历史与传统文化的方言词汇

一、方言与传统文化

方言是地域方言文化的积淀，几千年来中华民族不同时期社会的意识形态都以不同的文化方式积存于方言之中。从某种意义而言，方言又是文化的承载者、传袭者，它又像经过无数次陶冶、提炼而后出现的明珠或真金。我们可以从宝丰方言中寻觅到儒家经典、《周易》八卦、释教佛学等的烙印。

二、关于方言中的"中"的使用

"中"，不仅是宝丰方言使用频率较高的词语，而且也是河南人语言的"形象代表"。它除了表示"中间"的意思，更多的是"好""行""可以"等的应允声与赞许声，还可以重复、连续、叠加，一般情况下次数越多,程度越深;但根据语境不同,也可表示不耐烦的意思。

三、"中"的历史渊源与文化内涵

(1)"中"源于"王者必居天下之中"的传统意识形态。古人建都必须遵循"王者居中与天地交通('沟通'义)"的思想理念。要测量出"地中",在地中建国,便是"中国",这就是"独占地中,以绍上帝"的意识形态。西周历史上,周公旦建东都洛阳,称"此天下之中,四方入贡道里均",还在今登封告城县建立测景(影)台,寻求到地中,后称此处山为中岳,顺之又出现"中原""中州"等名,后又虚化为"中道(即'正道')"等概念。

(2)"中"的传播与普及更赖于《周易》及卜筮活动。据说孔子为解释《周易》而作的《十翼》中,认为无论是内卦还是外卦,只要是居于中间那个都吉利,六个卦位有四个都是吉利的,或者是通过变卦以得到吉利亨通的好卦。

(3)长期居于统治地位的儒家"中庸"之道更使"中"的概念巩固并持久。

四、宝丰方言对其他传统文化的沿袭

宝丰方言中,说水从容器里满溢出来曰"坎"(kǎn),其来自《周易》八卦中的"坎"卦;说人狠毒除"恶"之外,还说"口",而且"恶口"并说,"又恶又口",源于佛教语言。

带着人类远古及历史传说的方言词汇

一、关于"姊妹俩"

在宝丰方言中,"姊妹俩"不光称"姐妹二人",也指"兄妹""姐弟"二人,但特别指"夫妻"二人,值得考究。有一则谜语说的是:"爷儿俩、娘儿俩、姊妹俩,六个包子一个人俩。"谜底是三口之家:父子、母子、夫妻。其中蕴藏了几千年的人伦关系。

据说,世界发生大洪水之后,一座山顶上只剩兄妹二人,为延续人类后代,兄只好向妹求婚,妹当然不答应。哥哥说,这里正好有两扇石磨,咱们凭天意,滚下去若能合拢到一起,这是上天的意思。若不能,那人类也该灭绝了。妹妹只好答应如此做。于是,兄妹俩从不同的方向把两扇磨盘从山顶滚到山下,它们竟然丝毫不差地合到了一起,妹妹也只得默然应允了。正如今天新婚对联上所称的"天作之合"一样。以后结婚时新娘子要蒙上的"盖头",便相当于当时妹妹害羞用的"遮羞布"。

方言中的传说大大丰富了诸如"鲧禹治水""女娲造人"及人文始祖伏羲、女娲为兄妹且又为夫妻的传说,人类原始社会实行过部落互婚制,那么夫妻即为表姊妹俩,后代女方向公婆、男方向岳父母均称"舅姑"的称呼就不足为怪了。

二、方言"卯",是西汉末年王莽乱政时的遗存

西汉晚期,政权渐由外戚掌管,汉元帝皇后之侄王莽在汉成帝时被封为"新都侯",他假意谦恭下士,收买人心。后毒死汉平帝,自己称帝,改国号为"新",假托周初制度,从土地、工商税收等方面全盘改制,在"意识形态上",他想彻底否定刘姓,唯恐姓刘的卷土重来。刘(劉)字可拆为"卯""金""刀"。于是王莽就规定"正月刚卯,金刀之利皆不得行",在正月第一个"卯"日,制造"刚卯"这种"辟邪"佩饰,人人都要佩带,其实矛头是对准姓刘的。但王莽的"新政"伤害面过大,引起绿林、赤眉大起义,刘姓家族乘势而起,几年恶战,东汉建立。"刚"是"驱逐"义,"卯"代指刘姓。于是后来便出现了"卯了""卯住了"的方

言词语,意是"留住了""留下了"。西汉末东汉初,宝丰这一带为主战场,曾有"二十八宿闹昆阳"(在今叶县)的激战场地,又有许多诸如马跑(刨)泉、扳倒井之类的"王莽撵刘秀"的传说。"卯了"一词在宝丰方言中出现也不奇怪了。

来自古代典籍的宝丰方言词汇

（1）我们方言口语中常说人过于老实、不知变通、不够聪明曰"衅"（釁），更引申扩大对智力低下的人称"衅子""衅球"，又对骄傲自满、自以为是、逞能好强的人称"衅球二家伙"。这个方言词甚有历史渊源。在《左传·襄公二十六年》中，郑国著名的政治家公孙侨（即"子产"）曾说："夫小人之性，衅于勇，啬于祸。"说社会上的"小人"（如我们今天所说的没修养的人）好逞一时的勇气，很少考虑到这样做会招来祸患。

但这个"衅"字在很长时期里只用在"挑衅""衅钟"（用牲畜的血涂抹新铸成的钟）等场合，一般文章中很少用。唯见北宋秦少游的诗中有"贱贫多衅尤"（意思是说自己衅得很）的句子。在宝丰这个方言区，它却是个使用频率较高的词汇。

（2）我们的方言中，"老苴（zhǎ）"和"土（piǎ）气"也是使用频率较高的两个词。称人"老苴"，是说人浅陋无知、见识不广；说人"土（piǎ）气"，是说人怯懦、没能力。但多在背后说或戏谑，不能用于正儿八经的场合。

"土苴"原为一个词，最早出现在《庄子·让王》："其土苴以治天下。"注解说，土苴：糟魄（今作"粕"），皆不真物也。其词义如同我们今天方言中的"沫子粪草"。

但《庄子·让王》中原话的含义却并不这么简单，原语为："道之真以治身，其绪余以为国家，其土苴以治天下。"这样看来，庄子所说的"土苴"的人，是指历朝历代受命于君王治理国家的人，即宰相以下的各级官吏，也就是当今社会所说的"精英人物"。

为什么会把精华说成糟粕，这个问题很费讨论，需要对庄周（哲学家、文学家、道教创始人之一）所处的时代和当时的思想哲学体系做整体分析，若对此问题感兴趣可以深入学习、研究。

（3）宝丰方言中，说人无忧无虑、自由自在、行为洒脱、无拘无束曰"颗筛"。原为《史记·陈涉世家》中陈涉的老朋友、老伙计探望称王以后的陈涉所说的话，传之为"颗涉"。

来自古代人民生活的方言词语（一）

（1）"喝汤"在宝丰方言中是一个较特殊而重要的词语，即"吃晚饭"。这个词义应来源于古代先民早期的饮食习惯：一日两餐。而"汤"的基本词义是"热水"。

在有文字记载的殷代甲骨文中有"大食""小食"之称，指殷商贵族一天中的朝、夕两餐。贵族们实行两餐制，平民自然不可能是三餐制。直到东周，王室贵族才实行三餐制。早饭曰"朝食"（称"饔"），午饭称"飧"（音义同"晌"），晚饭称"铺"。而下层人民仍然是一日两餐，只在农忙季节加上"晌饭"。其原因是生产力低下，食物缺乏，下层人民一日两餐能维持住生命就不错了。若遇到荒年少收成或绝收的情况，那就会出现哀鸿遍野、饿殍载道的惨景了。到战国时，《孟子》中记载"冬日则饮汤"，指的是冬日农闲，哺时（下午3～5时）早过，到夜晚睡觉时喝点热水暖暖身子好睡觉。

值得指出的是,后代的"汤"是指有粮、有菜甚至有肉类在里面的羹汤,绝不是古代喝的热水。

(2)宝丰方言中出现频率较高的一个词是"籸人",指"骗人""唬人""诳人"或"忽悠人"等。这个词的原意应与过去舂米(粮)有关。汉代许慎《说文解字·支部》中有个"籹"字,音初紟切,义为"去小麦皮也","手持椎舀击之"。一直到新中国成立后,在石臼中用杵去掉粮食类的外皮,仍称"籸"。因"籸"含有使麦、谷等粮食去掉外皮的意义,引申为使人丧失钱财的行动,曰"籸人"。"被杵""被捣""挨搉",都是"教人籹住了"。

(3)人类历史上自有等价物交换便逐步产生了货币,自秦代统一币制,规定了铜钱为主要流通货币,一直使用到清末。宝丰方言中称这种方孔圆形的铜钱为"小皮钱",因为汉代远方诸侯朝觐中央时,因路途遥远,以名贵的白鹿皮代替铜钱。由于这些以皮为"钱"的记载,人们在口语中流传下了"皮钱"的称谓,后来就把小铜钱也称作"小皮钱"了。

因铸制铜钱的正面凸起并有文字,背面一般没有文字或只有模糊的纹饰(见图1)。方言称正面有文字的为"字儿",背面称"昧儿"(即模糊的意思)。生活中把那些办事糊涂、不懂事理的人称为"不分字儿昧儿"。

来自古代人民生活的方言词语(一)

在金银货币中如果掺假则称"成色不足",方言称人能力不够、办不成事为"没成色",说人智力不足为"八成货"。铜钱在流通过程中以一千文为一贯,一贯又称一吊。后来就称人傻曰"不够数",又曰"半吊子"。方言中还有"挑皮钱"等,都与货币有关。

图1　铜钱

来自古代人民生活的方言词语（二）

（1）方言中常称"熬夜"为"熬鹰"，双肩张臂"像架鹰一样"。该词来源于至迟在汉代就开始的驯鹰放猎活动。《后汉书》中曹操说对已降服的吕布"譬如养鹰，饥即为用，饱则飏去"，意思是对吕布不封高官、不给领地，他会像饥鹰依附人一样始终为我所用。曹操把他青年时期养鹰玩犬的经验用到政治上，可见其驾驭各种人才的本领。但这里我们所说的只是如何驯鹰。

驯鹰得从幼小的鹰开始，把小鹰捉回来，第一步便是挫其野性，把它拴在链子上，或让它站在架子上，就是不让它睡觉，两个人轮番守着，只要它一打盹，就用小竹棍拨弄它，眼睛都不让它眨一下，最后把它折磨得筋疲力尽，虽圆眼怒睁，但原有的凶气、锐气再也没有了。第二步训练它对人的依赖性，主要是饥饿疗法。第三步再训练它对人的忠诚。最后，人们就可以在双臂上架着它去抓野兔了！

来自古代人民生活的方言词语（二）

（2）方言中把儿童拍小皮球说成是"玩毛蛋儿"，这是我国古代称"踏鞠"或"蹴鞠"的体育活动的口语遗存。"鞠"又作"毱"，又作"毬"，是古代足球。最初足球用皮革制成，里面用毛发类柔软的东西填充，到了唐代才出现充气的"鞠"。在早先是能踢、能拍或连踢带拍，南北朝时诗人庾信曾有诗句说"荣辱迅如石光，古今驶如拍毱"。"拍毱"和乡间小儿玩的拍毛蛋儿是一回事。唐宋时十分盛行，规模很大，但到明清时因与声色犬马等荒淫享受的事情联系在一起，便被严格禁止，以致绝迹。直到清末，西方足球才传进我国。而我国有几千年传统的"蹴鞠"便只剩下流传于民间的拍毛蛋儿了。

（3）"甩苏"是男孩儿们都喜爱玩的一种游戏。宋代的大型韵书《集韵》中说："'傝㑂'音'独苏'或'秃苏'，短陋，动也。"又说："魗，鬼名。"那么此项游戏至少自宋以来在民间流行一千多年了。

来自生产劳动的方言词语

一、有关木工的方言词

木工在中国历史上是最早称"匠"的,因为"匠"字构成就来自木工,"匠"的最初词义是"匚"(盛物器具)中放一个"斤","斤"是木工用的横刃的斧头(成语"运斤成风"),到后代"匠"的意义才扩大到靠手艺吃饭的人,诸如铁匠、泥瓦匠、铜匠、金匠、银匠、编织匠等。

木匠截木头制器物,必须先用染过墨的绳绷弹到木料上,这叫"打墨儿"。这是古代遗法,因为"绳墨"与"规矩绳墨"的成语由来已久,一直到中华人民共和国成立后若干年使用电锯后,那些纯用人工的方法才逐渐不用。

那些沿用了几千年的传统的锯解木料的方法,给我们遗留下来一系列的方言词语:"有墨儿"是有办法了,"没墨儿"是指事情没办法解决。

"沿墨儿"是指沿着墨线锯下去恰到好处,所以义扩为"正好""恰巧";"吃墨"原指锯子刚接触墨线时双方需要同时用力拉(là)锯,否则就会偏斜,所以义为"用力"。

在有关木工的方言中,"眼子"也是使用频率较高的词儿。"眼子"是指木工用凿子凿的"榫眼",又叫"卯眼",用来对接安装凸出的榫头,接榫头时要用力揳到卯眼中。方言中用来比喻社会上人与人的关系时,不管对方同意不同意,反正都得接受。其义是指底层没权没势的人、受骗上当的人逆来顺受。俗语云:"河水淌淌流,眼子不断头。""眼子"又和"光棍"相对举,老百姓要求的公平、公正是:不分光棍、眼子,大家一律平等。

二、有关拉牛车的方言词语

宝丰属丘陵半山区,土地较为贫瘠,整个地貌土少石头多,所以铁轮牛车是重要的运载工具之一。遗留到方言中带有社会意义的常用的词语有:"扛辙""跌窝""冒軮""鞭打快牛"等。"扛辙"是指载重的车行至危险地段时(如斜坡,方言称"仄愣坡"等),牛把式亲自扛扶车辆使牛车顺利通过,或指好的牛知道怎么用力度过危险。由此引申为一些有能力且负责任的人、能起到骨干作用的人等。"跌窝"是指路中经碾轧的半石半土的"陡坑"。"冒鞅"是指牛还没等套好就先从"索头"（即"鞅"）下钻出等。"鞭打快牛"是指用鞭子抽打跑得快的牛，比喻对先进的单位或个人进一步增加任务或提出过高的要求。

图1 牛车

模糊了"身份信息"的领不到"身份证"的方言词语

一、语言的"身份信息"

在中国语言文字史上,口头语言先于书面语言出现。经过一段时期的发展,文字记载越来越丰富时,就有人搜集整理,形成了字典词(辞)汇类著作,编入这类著作(尤其是官方的、大型的著作)的文字,便成为公认的可流通四方的文字了。如东汉的《说文解字》,宋代的《广韵》《集韵》及后来的《康熙字典》《辞源》《辞海》等。这有点像现代社会为方便管理而给公民上户口、发身份证一样。

但也正如人有了户口本、身份证也不能长命百岁一样,有许多字词随时代的变化而兴衰。方言中也有类似的情况。

二、"身份信息"模糊了的方言词语

"身份信息"模糊了的方言词语,又分为两种情况:一是前面介绍过的在语言变化过程中保留了使今人莫名其妙地带着古音元素的词语;二是有些字原本有音有字也"上户口"了,但今天只留音,字已经找不到了。最明显的莫过于方言中的中老年人饭后或没事时随便走走的"悠"字,称为"悠悠",虽说起不到多少锻炼身体的作用,但可散心解闷、活动四肢。虽有"悠闲"的意思在内,但本字不是"悠",因为"悠"字无"走动"义,原字应为"夒"。在《说文解字·夂部》,"夂部"字都有走动的意思。"夒,於求切,义为'行之和也',谓'行步之从容不劳也'。"这正是宝丰方言中的"夒"本来的意思。但后来这个"夒"字被"忧愁"义夺去了。"忧愁"义有本字"惪"反而不用,后又创造了"懮"字想代替也没有成功,又造了"優"字想代替行走的意思也没被广泛接受,一直到现代简化规范汉字时,统统规范为"忧愁"。宝丰方言中的"夒夒",就在人们使用文字的过程中丢失了。

三、找不到也登记不上身份的方言词语

这方面的例子明显要数口语中的"肘"(动词)了。这个"肘"字原义是指胳膊肘伸直举高的动作,不管单手、双手,托物、空举,一人、多人,一般高度超过头顶者均曰"肘"。如云:"老太太'肘'着馍篮子挂到屋梁上。"可引申为脖颈头部伸直,如说"肘头鹅""头'肘'得像葱笔一样"(二例略含贬义)。又引申为脸部拉直不高兴,如说"'肘'着个脸,像争他二百块钱一样"。又可引申为高昂、突出等义。但《说文解字》《集韵》《现代汉语词典》中均无与方言音义相同的词语,以至于现代豫剧《朝阳沟》中"二大娘像个'肘'头鹅",字幕打成"仰头鹅",可谓不伦不类。

像这样"登记不上户口"的还有方言中的"抽"车子的"抽",是略向上推的意思,普通话中找不到相对应的词,还有宝丰及周边地区特殊的地形地貌,碎石少土的坡地称为"pá"。这个"矻"字在辞书中义为"石裂声"。还有门外称"阀",有音有字,但正式辞典籍中无记载。

宝丰方言中的同义词

同义词是指意义相同或相近的词。社会的复杂性反映到语言方面就千差万别。宝丰方言中同义词丰富也是一大特色。例如表示"打人"的词语如下。①"扩",是用棍棒类打。"皱",敲击义的古音,"殴","敂"(驱赶义)的近似古音。②"闷"(mēn),多指用棍棒打。③"揉"(róu),用棍棒抡起或用砖石类投掷砸对方。④"砌"(cì,尖音),用物向远处投掷(较平行的方向)打人。⑤"攥"(zuán),义略近于④,是手抡起,用物砸较远的对象。⑥"夯",用棍棒类用力打对方。⑦"攒"(cuán),用力把棍棒类掷出打人。⑧"捶笞"(chuí·chi),多用于按住被打者用拳头打,或省作"捶"。⑨量笞(liáng·chi),义近⑧,但可用棍棒类作工具,或省作"量"。⑩"梃"(tìng),用棍棒类打,引申为一般地打,或曰梃笞(tìng·chi)。⑪"不扽"(bū·den),象声词,按住对象打,或引申为一般地打,等等,举不胜举。但这些还没有包括一些更具体的打法,如"煽(抙、砍、甩)耳光",给他俩"绰耳拐"。这些"打"的同义词,极能从侧面反映出生活中的矛盾纠纷,尤其是家庭暴力的频频发生。

　　宝丰方言中形容词的同义词也相当多,如表现一些人喜欢表现自己的同义词有以下几个。①"烧",语言行为上表现张扬,表现自己的富有、本事大、社交广等。②"囧"(jiǒng),好摆阔,态度傲慢、趾高气扬。③"溅"(jiǎn,尖音),略同于"烧",但偏于在行动上。④"亮",外表上彰显自己的富有。⑤"拽"(zhuái),衣服穿戴等物质方面故意显示自己与众不同、高人一等。⑥"景",故意显示夸耀自己的"主贵"东西。⑦"膀"(pāng),(因有钱或有地位等)架子大,懒得和平常人说话、交往。另外,还有"喷"(吹牛)、"燥"(厉害)、"怪"(不寻常、厉害)、"性"(好发脾气)、"破"(不惜财)等形容不同人的各种情态。这些词也从侧面反映了社会各阶层人们的生活和世情。

　　社会生活千差万别,但从辩证法角度讲,从没有两件完全相同的事物。因此,有细微差别的同义词的出现,主要表现了宝丰人民的睿智、幽默。这些方言词经过成百上千年的锤炼,如沙里淘出的金子一般闪光发亮。

宝丰方言中某些句式及构词方式与普通话的不同之处

宝丰方言的语法与普通话语法基本一致，但在某些句式及构词方式上有一些区别。

①若动词叠加，表肯定语气，有命令成分，要求将该动作完成。

a. 你把碗里的饭吃吃再说！（命令意味，口气带点训斥意味，不缓和）

b. 你把这活儿干干！（命令口气，似不允许商量）

②表性状或程度的单音节形容词重叠后儿化，表程度的轻微或加重。

a. 老年人吃菜只要咸咸儿就中。（表轻微）

b. 碗里多放糖，把米饭弄得甜甜儿。（表加重）

c. 他在睡觉，说话声音小小儿。（表轻微）

d. 门口加上喇叭，白天把声音放得大大儿。（表加重）

③双音节形容词后一字重叠儿化，表程度加重。

a. 你看人家门前扫得干净净儿哩！

b. 这书包使（用）几年了还是囫囵囵儿！

④形容词后加补语，表程度极重，形式为"×哩没点儿！"或"×哩没点儿点儿！"

a. 城里的公园美哩没点儿！

b. 新品种西瓜甜哩没点儿点儿！

⑤普通话中的"把"字句和被动句在方言中可用"叫"代替。

a. 你叫那把椅子搬过来！

b. 他叫我狠狠地训斥了一顿！

⑥表方位的某些词重叠后加"起"等字，表程度极重。

顶顶上（表最高层）　　脊儿脊儿起（表最高处）

角儿角儿起（角的顶端）　　头儿头儿起（最末端）

边儿边儿起（最边缘处）　　底底下（xiě）（最深处、最下层）

附 录

附录一　宝丰方言声母与普通话声母拼读差异表

宝丰话	普通话	例字（附词）
[p'u]	bu	捕（逮捕）
[p'o]	bo	波（波涛）
[p'aŋ]	bang	傍（傍晚）
[p'an]	ban	伴（伙伴）
[tsi]	ji	集（集合）、挤（拥挤）
[tsian]	jian	尖、煎、箭、溅、饯（饯行）、荐（推荐）
[tsiaŋ]	jiang	浆、奖、蒋、酱、匠
[tsiau]	jiao	焦（焦急）、蕉（香蕉）
[tsie]	jie	疖（疖子）、节（节目）、姐、借
[tsiən]	jin	津、晋、尽（尽力）
[tsiəŋ]	jing	精（精神）、井、静
[tsiəu]	jiu	揪、酒、就
[tsy]	ju	聚
[tsyə]	jue	嚼、绝（绝对）

续表

宝丰话	普通话	例字（附词）
[ts'i]	qi	漆、七、戚、齐、脐
[ts'ian]	qian	签（签名）、钱、浅（浅水）
[ts'iaŋ]	qiang	枪、墙、抢
[ts'iau]	qiao	瞧、樵（樵夫）、悄、俏
[ts'ie]	qie	且、妾、窃
[ts'iən]	qin	侵、秦、寝、沁
[ts'iəŋ]	qing	青、情、晴、请
[ts'iəu]	qiu	秋、楸（楸树）、鳅（泥鳅）
[ts'y]	qu	蛆、取、娶、趣
[si]	xi	夕、西、析、洗
[sian]	xian	先、羡、线
[siaŋ]	xiang	箱、襄、想、相、象
[siau]	xiao	小、笑
[sie]	xie	些、邪、写、泻、泄
[siən]	xin	新、信
[siəŋ]	xing	星、腥、醒、姓
[siəu]	xiu	修、秀、绣、锈、袖
[sy]	xu	需、须、徐
[syan]	xuan	宣、选
[syən]	xun	旬、循（循规蹈矩）、巡（酒过三巡）、殉（殉难）、逊（逊色）、寻（寻找）、笋（春笋）

续表

宝丰话	普通话	例字（附词）
[va]	wa	袜
[van]	wan	晚、万
[vən]	wen	闻、蚊（蚊子）、问（问答）
[ȵi]	ni	妮、泥、你、腻
[ȵiaŋ]	niang	娘
[ȵiəu]	niu	妞、牛、扭、拗（执拗）
[ȵy̌]	nü	女（闺女）
[ȵian]	nian	年
[tʂai]	ze	泽、择、责
[tʂʻai]	ce	册、策、测（测验）、侧（侧面）
[ʂai]	se	色（颜色）、啬（吝啬）、涩

（选自《宝丰县志》1996年版，有修改）

附录二 宝丰方言韵母与普通话韵母拼读差异表

宝丰话	普通话	例字（附词）
[fi]	fei	飞、非、妃、肥、匪、废、费、肺、痱
[pɑi]	bo	伯、帛
[pʼɑi]	po	迫、珀、粕、魄
[kʼɑi]	ke	客（客人）、克
[kɑi]	ge	革（革命）、隔（隔离）、格（格言）
[tei]	dui	对、碓、兑（兑现）、队（排队）
[tʼei]	tui	腿
[ʂəi]	shui	睡、水
[tɕiɑi]	jie	界（分界）、戒（戒备）、芥（芥菜）、介（不必介意）、届（应届）
[luei]	lei	雷、垒、磊、类、累
[tɕyə]	jue	决
[lyə]	lue	略

（选自《宝丰县志》1996年版，有修改）

附录三　宝丰话与普通话调值对应表

宝丰话声调	阴平 24	阳平 42	上声 55	去声 31
	低升调	高降调	高平调	低降调
普通话声调	阴平 55	阳平 35	上声 214	去声 51
	高平调	中升调	中降调	高降调
例字	衣	移	以	意
	乌	吴	五	务
	八	拔	靶	耙
	敲	乔	巧	窍
	拼	贫	品	聘
	村	存	忖	寸
	区	渠	娶	去
例词	风	调	雨	顺
	英	明	伟	大
	山	河	锦	绣
	殷	勤	款	待

（选自《宝丰县志》1996 年版）

附录四　宝丰常用方言词词例

Aa

〔腌臜〕ā·za 除《现代汉语词典》中的"脏""心里别扭"二义外，本地方言中还有二义：①不按程序，纷乱：立罢秋，天是～热。②作动词，指在背后说人坏话：甭在这儿～人！

〔挨底擦帮儿〕āi dǐ cā bāngr 指人勤快，不管大事小事细琐事，什么都干。

〔挨"舛"〕ái chuǎn 受骗上当。

〔挨"跐"〕ái cī 受斥责。

〔挨嚷〕ái rǎng 受到长辈们的斥责、数落。〔"嚷"本为"讓"（今作"让"）的异体字，"让"本义是"相责让也"（见《说文解字》），后"让"多用于"辞让"义，"斥责"之义被"嚷"兼代而仅存于方言中。〕

〔挨凿〕ái záo 受责骂、挨打，又曰"挨凿斥"。（见后"凿斥"条。）

〔熬搅〕āo jiǎo 受折磨，痛苦不安。

〔熬三十儿〕áo sān shír 旧时除夕夜不睡觉或晚睡觉，据说可期待幸福。

〔袄片〔二声〕〕ǎo pián 短棉衣，这或许是比较古老的称谓。《集韵》云："襖（袄）：袍也。"后来才称棉衣长者为袍，短者为袄。"褊"pián 又音 biān，义为"衣小也"（见《说文解字》）。故本应为"袄褊"。

Bb

〔八成儿〕bā chēngr 除"十分之八""多半、大概"二义外，本地方言称缺心眼、不精明、行动鲁莽的人：这人是一个～货。本义源于旧时金银货币成色不足。

〔扒"砍儿"〕bā·kanr 思维欠周全，说话、做事经常出毛病。

〔叭啦〕bā lā 嘴不停地较大声说话，又云"叭叭啦啦"。

〔扒"漏儿"〕bā lour 义略同"扒'砍儿'"，二者或简为"扒"。

〔把子恶〕bǎ zi e 手段狠毒，也指管理方式过严。

〔刮划〕bāi hua 本地方言中义：①劝解：他生气了，你去～～他（一般长辈对晚辈，同辈之间也用，隐含教育义）。②教：～小孩儿写字。与《现代汉语词典》中音义皆有异。

〔掰捏〕bāi·nie 整治、修理（具体物件）：好半天才～成。（按："捏"注意按普通话，本地方言中另有 [ŋ] 声母。）

〔白不楞〕bái·bu leng 对之没起到作用，仍我行我素或仍照旧规。

〔摆调〕bǎi·diao 捉弄人。

〔半处腰儿〕bàn chǔ yaor 同《现代汉语词典》中的〔半中腰〕。

〔半瓜子〕bàn gua·zi 技艺不精通娴熟，没完全学到手：这人是～教师（指学武术的）。

〔半留搁当〕bàn liú ge dang 半截子、半途而废。

〔半年〕bàn nian 原来。或云"半天"：～是这样的。

〔包囊儿〕bāo nāngr 指心胸广阔，宽容、识大体、顾大局、敢担责（的人）。或云"包囊"。

〔背包〕bēi bāo 指方向不对头或计划不周密，事情做得不顺利，费时费力。（《集韵》："悖，博巧切，悖也。"）也作"背"bēi：～工。

〔背锅儿〕bēi·guor 驼背。也指驼背的人。

〔鼻疙瘩儿〕bí·gē dar 鼻梁。（"疙"或音〔kw〕。）

〔鼻疙渣〕bí·gē zha 鼻腔里干结的鼻液。《现代汉语词典》中称"鼻牛儿"。

〔鼻窟窿儿〕bí·ku long 鼻孔。（"窟窿"为"孔"的缓读。）

〔憋堵〕biē du 受人抑制或行事受阻、生活不顺畅：人受～技艺高。

〔鳖泛潭〕biē fān tān 原指团鱼因受天气影响在潭中乱扑腾。喻指乱七八糟：闹成～了！

〔鳖"胡"〕biē hū 否定词语：干个～（不干）；去个～（不去）！

〔鳖货〕biē·huo 受了欺侮不敢吭声的人。又称"死鳖货"。

〔别劲〕bié jing 心里不顺畅：这事我～。

〔别倔头儿〕biè jue tour 同"别子"。

〔别子〕biè·zi 性情倔强、不肯随和的人。

〔脖儿梗〕bóer·geng 脖子的后部。（"梗"："颈"的古音〔kieŋ〕。）

〔"钵"糊〕bō hū 粥类煮过（guō），锅上"疙渣"黑焦，饭食有焦煳难闻气味。或云"糊钵"。

〔不瞅趣〕bū chǒu qù （人）不争气。（事）不凑巧，临时出岔，也指别人不帮忙。

〔不"丁对"〕bū dīng dui 不妥当。

〔不动星儿〕bū dòng xīngr 一点儿也没行动，没动静，或云"不动星"。

〔不附实儿〕bū fu shir ①浮漂，沉不下心。②"不服食儿"指动物因病不吃食儿。

附 录

〔不够数儿〕bū gòu shur 人不精明、差心眼儿。（原义似为钱不够一吊。）

〔不济烂蛋〕bū jī làn dàn 没有用的小东西。

〔不"郎"〕bū·lang 来回摇动曰～（或由拨浪鼓义而来）。五指伸开手掌转摇一次曰"一～"。义为"五"（五元、五个……五千……五万……）。

〔不溜甩乖〕bū·liu shuǎi·guai 指长而粗不易控制的东西。

〔不"律"〕bū lǜ 用手把发皱或弯曲的东西伸展开。[按：口语中的"不律"正好跟"挶"（lǜ）词义相当。]

〔不"腔"〕bū qiāng 恐怕不实在；不会是那样。["腔"应为"悾"。《集韵》："悾，枝江切（音腔），信愨（què）也。"]

〔不"腔"实〕bū qiāng shi ①身体不太好。②房屋、物件等不够结实耐用。["腔"应为"矼"。《集韵》："矼（音腔）坚实皃。"]

〔不情理〕bū qīng·li 不知道理，更不讲道理、不讲人情的人。

〔不清片儿〕bū qīng·pianr 糊涂。不懂事理且又胡搅蛮缠，又云"不清浆儿""不清盆儿"。

〔不穰茬儿〕bū ráng chār 不差劲，有本事。也作"不穰"。

〔不是货〕bū shí huò 不是人（骂人的话）：这人老～。

〔不识玩儿〕bū shí wànr 小心眼、爱生气，惹不得的人。

〔不收铺儿〕bū shōu pur 办事丢三落四，顾前不顾后。

〔不"徐"顾〕bū sü gu 没注意到，没有印象。（《楞严经》有"循顾"，疑是。）

〔不咋着〕bū zā·zhuo 不怎么的，没那些大本事，无法妨碍或危害别人：这人老是～；他也～我。

〔不灾〕bū zái 没事（指安全），又云"不碍灾"。（按："灾"在普通话中不属阳平声，可能是在语音演变过程中遗失了。古代音韵学长期不分阴平、阳平。东汉时"裁""财"不分。《说文解字》："灾，祖才切。"况还有"灾"的一个异文"烖，古文从才"。宋代《集韵》中"灾"为"将来切"，而且"哉、灾"为一个音调。第二个原因可能是"灾"作为名词跟在副词"不"后要变为动词，一般要变声调。）

〔不沾弦〕bū zhān xián 不沾边，（技艺、本领）差得远。原义为唱戏曲者与拉弦者配合不上，跑调。

〔不长尊儿〕bū zhǎng·zunr 称人有小孩脾气，好像总长不大一样；也指人有时失去长者身份，说些不该说的话。

〔不争啥儿〕bū zhēng shar 不差多少，差不了许多。（南

附录

宋杨万里《食菱》诗:"鸡头吾弟藕吾兄,头角崭然也不争。""不争",不差也。上引语见张相著《诗词曲语辞汇释》。)

〔不治事儿〕bū zhi shir 不中用,用处不大。

〔"不拉"〕bù·la 手用力来回较快地搓摸、拨动,把器物上的尘渣类抹掉。引申为平息纠纷、解决问题等。(《集韵》:"撥赖,手披也。"但方言"不拉"中也有"收敛"到一起的词义:把撒掉的米~起来。)

〔"布老"盖儿〕bù lǎo gāir 膝盖。("老"或音"洛"。《说文解字》:"㾠,鲁果切,郄中病也。"又《集韵》:"㾠,卢卧切。郄病。")

〔不大点儿〕bu dà·diǎnr ①东西少得很。②年龄小。又"不大拧儿拧儿"是东西少得可怜,也说人年龄太幼小。

〔不分字儿"昧儿"〕bu fén zir mèir ①人糊涂。②乱七八糟。("字儿""昧儿"为金属货币的正反面。)

Cc

〔擦包〕cá bāo 拉完屎后擦屁股。

〔材坏〕cài·huai 没办成事,坏事了,又曰"~头"。

〔菜货〕cài huò 指人没诚信,说话不算数,应允的事不办;或指没能力,办不成事。也曰"二菜""货菜""货菜头"。本义应为不是人、该杀。方言中不能用的牛为"菜牛""老菜牛"。

〔掺搅〕cān·jiao 搅在一起，混到一块。

〔槽头〕cáo·tou 猪脖子肉：庄稼佬去割肉，不要夹肋要～。

〔草头儿〕cǎo·tour 被阉割过的雌猪崽。

〔差痴〕chā·chi 弱智、傻（《集韵》："疨，抽加切，痴皃"），与"差池"义不同。

〔差"瓜"〕chā·gua 差一些、次一等。（《集韵》："頒頢，小头，一曰面短，頒，丑刮切。頢，乎刮切。"原义是人的长相差些。）

〔叉拉〕chǎ·la ①叉开腿。②耕田后操作不细，如地里硬土块多等，致播种受影响。也曰～，又曰"叉叉拉拉"。

〔"忏"事儿〕chàn·shir 无端（或借口）找事，引起纠纷。（《集韵》："㦒，丑展切，击也。"）

〔长圆〕cháng yuán 无论如何，不管在什么情况下：这事你～别对他说；麻烦你～去一趟。或者加"无论"。

〔扯白道黑〕chě bái dào hēi 说假话、胡编乱说。（"黑"方言音〔xɯ〕。）

〔"趁"摸〕chèn·mo 由于环境生疏而感到不自然，行为拘束。

附 录

〔吃不倒儿〕chī bū·daor （累得）很。支持不住，受不了。

〔吃不过〕chī bū guò 不敌（对方），打不过。

〔吃不开〕chī bū kāi 受冷遇。

〔吃不上股子〕chī bú shǎng gǔ zi （因辈分差、时间晚等原因）轮不到自己。

〔吃铳药〕chī chòng yue 像鸟铳装了药一样，比喻对方说话极冲，不好听。

〔吃二馍〕chī èr·mo ①别人干过后，他也来占便宜。②返回来二次占便宜。③也指干别人干过的事。

〔吃风屙沫儿〕chī fēng ē mor 旧说蝉吃风不排便。比喻人不吃不喝：不干活，不挣钱，一家人～去！

〔吃艮〕chī gěn （有事求人）被对方拒绝，或指遇到挫折困难。

〔吃话头儿〕chī huà·tour 受到别人讥讽、嘲笑、冷言冷语。

〔吃搅泥〕chī jiǎo ní （为取得非分利益或掩盖某种事实）找借口、抵赖、不承认、蒙混。

〔"迟卡"〕chí qia 语言、行为轻浮，故意在人前显示，或耍赖、无脸皮；多用于对小儿或骂斥狂妄的人。又曰"～白脸"。《集韵》有"娅姹，作姿"。又有"窫窳"（音亚恰），"窫窔"（音亚乍），"娅㛆"（音

053

雅茶），等等。疑自此演化而来。

〔吃饱蹲〕chǐ báo dùn 讥讽有些一吃完饭就不干活，坐着不起来的人。另曰"吃饱溜"。

〔吃老坟社〕chǐ lǎo fén shē "老坟"指"祖宗的坟墓""祖坟"。旧时祖坟留有一定量的土地，让本族家守墓人耕种，每年收获的粮食在祭祖日让所有参与的男女老少大吃一顿，又吃又拿。后以"像～一样"形容乱哄哄、无规矩的吃拿场面。

〔吃桌〕chǐ zhuō 赴宴。一般指参加亲友红白大事所举行的聚餐活动。

〔赤巴脚〕chì·ba juě 不穿鞋袜。

〔翅膀硬〕chì·bang'èng 比喻孩子大了，能脱离父母了。（含贬义）

〔赤肚子〕chì dū·zi 光身，一丝不挂。或云"赤肚ⅼ肚ⅼ"，多用于小儿。

〔吃墨ⅼ〕chì·meir 使劲、用力。木工沿墨线锯木料，双方不用力则偏斜。

〔充数〕chōng shù 源于成语"滥竽充数"。但方言中语气分量要重得多，到了斥骂的地步，如对不懂装懂、品质低劣者，对本领不大、妄自尊大者，对越俎代庖、冒充"光棍"者，以及伪劣假冒、以次充优者，通斥为"～""瞎～""活～"。

附 录

〔虫"衣"儿〕chóng·yir 鸟儿。多指喂养并关在笼子里供欣赏的小鸟儿。[《说文解字》:"蟲:有足谓之蟲,无足谓之豸。"凡生物能动者,古皆谓之蟲。《礼记》中分所谓的"羽蟲、毛蟲、甲蟲、鳞蟲。倮(裸)蟲"。人即为倮(裸)蟲,鸟属羽蟲。故蟲"衣"儿之"衣"儿当为"翼",古音〔iək〕有翅膀的"蟲"之义。〕

〔抽台子板〕chōu tāi·zi bán 拆台。

〔臭摆〕chòu·bai 有意地、存心不良地道说别人的短处。

〔"出"脖子攮肩〕chū bó·zi nǎng jiān 缩着脖子,耸着肩膀,形容人的长相不舒展,或因寒冷等原因畏缩的样子。(《集韵》:"黜,竹律切,贬下也,也作'出'。")

〔出哩趟〕chū·li tàng 成行的东西叫"趟",行进的行列也叫"趟"。敢从行列中站出来,指挥,做事,显得和一般人不一样。故"~"比喻能克生、不怯懦、有开拓精神的人。

〔"出儿出儿"〕chūr chūr 蟋蟀。应作"蛐蛐儿"(见《现代汉语词典》)。

〔除串〕chú chuàn 蚯蚓。"曲蟮"或作"蛐蟮"(见《现代汉语词典》)。

〔欻〕chuǎ 猛抓抢别人东西曰~。

055

〔"欻"面子〕chuǎ miàn·zi 因说话不当或遭到拒绝而感到颜面无光。(《集韵》:"欻,楚瓦切,恶言。")

〔传人〕chuán rén 突发性莫名急性传染病疫致许多人死亡。与《现代汉语词典》同音条不同,旧时另有"传鸡子""传猪"等说法。

〔"舛"人〕chuǎn rén 用欺蒙、哄骗、引诱等手法使人上当以达到利己的目的叫~。[本地把粮食粒放到磨碾或石臼中磨(mō)掉皮叫"舛"。《说文解字》有"敠,小舂也,初絭切",音义皆似。因"去皮"义曰挨"舛"、挨"杵",让人"捣住",都是"受骗"义。戏曲小说中多用"赚"字,如《赚蒯通》(京剧),"赚开城门"等。赚的词义同方言中的"舛",但其本字似找寻不到。]

〔舛嘴〕chuǎn·zui 因意见不合而争争吵吵。("舛"义为差错、违背。)

〔戳事〕chuó·shi 无端寻衅闹事。

〔疵毛〕cī·mao 指人品不很好:这人很~。或指行为马虎。

〔跐磨〕cī·mo 故意动作迟缓,又曰"跐跐磨磨"。

〔"磁"闹〕cí·nao ①身上发痒烦躁。②心里烦闷不好受。

〔醋心〕cù·sīn 失去(对某人某事的)希望和信心,

与《现代汉语词典》中义不同。

〔"趣"黑〕cū hěi 很黑。(《集韵》:"黢,促律切,黑也。")〔按:上二音为尖音,普通话中已无。〕

〔错榫儿〕cuò·sunr 指妇女的丈夫死后,跟丈夫的兄或弟结婚过日子。

Dd

〔搭把手儿〕dā·ba shǒur 帮忙。

〔搭黄昏〕dā huáng hun ①趁着傍晚:～回家。②傍晚到半夜的时间段: ～,起五更,干不完的活。

〔搭"症"〕dā·zheng 白搭工、白费气力。

〔打脖吊秋〕dā bǒ diào qiu 活受罪。在自己脖项上让人打秋千玩,其状可想而知。

〔打"拆"脚〕dā chāi·jue 站立跳起来用手拍住自己的脚曰～:放屁～——遮羞。〔"拆"音为"侧"(ce)的方言读音。〕

〔打呼隆〕dā hū·long 一窝蜂似的。

〔打圆弧〕dā yuán·hu 打圆场。帮别人说好话,讲情。

〔打摆〕dǎ bai 阻止(别人)。

〔打"忏"〕dǎ chàn ①开玩笑、胡乱说:这人好～,

不说正经事。② 对事情不在乎：甭～，这事得萦心些。（《集韵》譂、𢚩二字均齿善切。譂：妄言。𢚩：慢傷也。恰符①②义。）③"打岔"，打断并岔开别人说的话。有时也混用。

〔打拐〕dǎ guǎi 将公物或他人东西（含钱）装入自己腰包或归为己有。

〔打黑喽〕dǎ hěi·lu 打鼾。（"黑"方言音〔xɯ〕。）

〔打"噍"〕dǎ ziào 开玩笑。（"噍"，疑由"俏头"而来，戏曲、评书中引人喜爱的身段、道白或穿插称为"俏头"。按 ziào 音，普通话中无相应字，但本地方言中多用，如云"～哩美！""干～琉璃头！"等。）

〔打渣子〕dǎ zhǎ·zi 开玩笑：说正经事，别～了！

〔大眼炮〕dà yǎn pào 遇事不很在乎，爱发表意见又不放在心上的人。

〔大样〕dà·yang 大模大样、爱理不理，装作大人物模样。与《现代汉语词典》中同名词义有异。或称"～儿"。

〔"搗"〕dǎi 欺骗、讹诈，谎言让人上当。（《集韵》："𢷬，靓老切，春也。"）

〔带把儿〕dài·bar 说话中带着脏言污语，又云"带把儿嘴"。

〔待客〕dài kāi 婚丧嫁娶红白大事设宴招待到访的送礼亲友。

〔当门儿〕dāng·menr ①在门前：他正～坐着。②外屋（指当街的房屋）。

〔"叨"〕dāo ①鸟类啄食：鸡～玉米籽。②人吃饭用筷子夹：～菜。③用夹子（或用两根棍条类东西）夹出东西。（鸟嘴曰"咮""噣"，今音 zhòu，古音分别为〔tio〕、〔tiok〕，"啄"古音〔teok〕，均近今"叨"音。"筷子"古称"箸"或"櫡"，古音〔dia〕，亦近似。）

〔捣丑儿〕dǎo chǒur 戏剧中的丑角，通常抹白鼻子，言行诡诈，靠欺骗当事人在中间捞取好处。

〔捣事鬼儿〕dǎo shì guir 捣捣骗骗的人。

〔捣谣磨事〕dǎo yáo mò shi 捣捣骗骗、谎言连篇、无事生非的人。

〔"兑"〕děi 方言中的"多用"动词，普通话中也无相应的字词表示。方言多用于较为剧烈、急速、用力的对外行动。析其根源，似从扑击义的殳、椎、槌、箠、棰音义而来，其古音近于方言中的～，词义是击马或击人。发音由舌尖中的〔t〕〔t'〕〔d〕（大致同于今音的 d、t），一部分后又转为舌尖后的今 zh、ch、sh，原来的声母发音仍保留在方言中。如"登、腾、乘、升（陞、昇）"为同源字，今音虽有差异，但词义可以用方言中的"～"涵盖代替，古定母〔d〕的许多动词如"除、逐、持、驰、惩"等，其词义也可用"～"来取代。言其"多用"者，方言中"~"几乎可以用于生活中的各个方面：干活做事、打架斗殴、批评斥责、吃喝行走等。

〔"兑"勾〕děi·gǒu 相平，彼此先有输有赢，后持平曰"~"：咱俩的事，~了。

〔对把子〕dèi bǎ·zi 两人脾味相投，能说得来，合得来。

〔对方儿〕dèi fangr 相同名字的二人素称~。

〔对赖〕dèi lài 装赖。

〔对嘴〕dùn zuǐ 顶牛、吵架。

〔登蛋〕dēng dàn 分手，坚决彻底离开。

〔登捣〕dēng·dao ①反复不定(有故意捉弄义)：~死人。②做买卖：~些小生意。

〔登倒儿拉撒〕dēng daor lā·sa 形容老年人（或病者）走路不稳的样子。

〔滴星儿〕dī xīngr 刚下雨时细小稀疏的雨点儿。

〔地"尺儿"〕dǐ chǐr 一块（或一方）田地的长度。（《集韵》："伸，痴邻切，申也，引戾也。"也作"僾""抻""摌"。）

〔底子客〕dǐ·zi kāi 比喻总是受人欺凌、驱使的人，总是受憋堵，挨训斥的人。又云"底子货""底子"。

〔嗲〕dià 地上、地下：席上掉~，强一筷儿；

扑嚓掉~，不说那话。（地，古音〔dia〕。）

〔"嗲"奔儿〕dià·binr 步行，一路走来。

〔"嗲绷"〕dià·beng 步行。（《集韵》："迸，悲萌切，行急；又必幸切，行急也。"）

〔掂衣裳襟儿〕diān yi shang jinr 形容毫不遮掩地巴结人的举动。

〔"点对"〕diǎn dèn 次品，差一些的。（《集韵》："敁敠，丁兼切，都回切，面陋。"原义是人的相貌差些，长得不好看。）

〔"垫"害〕diàn·hai 背地说人坏话，中伤。（《说文解字》："𠆢，堂练切，滓也。"）

〔掉板〕diǎo bān 原义是唱戏曲跟不上板眼，多指办事时说些不该说的话。

〔跌窝〕diē·wo 过去铁轮牛车轧过的土石路面凹凸不平，不提防碰到的凹坑称为~。

〔顶顶上〕dǐng·dǐng shang 山峰、楼房等的最高处。（按："顶上"即"上头""上面""头顶上"。云"~"，极言其高。这是方言区内较特殊的词法结构，相类似的还有"底底下""里里头""角儿角儿起""边儿边儿起""尖儿尖儿起""头儿头儿起""脊儿脊儿起"等。）

〔顶门势〕dǐng·men shi 支撑门户，让家门光彩，指儿孙有出息。

〔丢搭〕diū·da 随着时间的流逝而忘掉。

〔丢蛋虫儿〕diū dàn chóngr 比喻忘性大、丢三落四的人，"虫"义见前〔虫衣儿〕条，又云"丢蛋母鸡"。

〔丢骨碌子〕diū gū lū·zi 摔跤，又云"丢跌"。

〔"董"〕dǒng ①随意挥霍、败坏家业曰"～"：家被他～"砰"（音 pēng）了。又称"～将""～将货"。②（被）弄得：～了一身灰尘。

〔嘟啦蛋〕dū·le dàn 同（嘟噜嘴）。又曰"嘟啦""嘟嘟啦啦"。

〔嘟噜嘴儿〕dū·lu zuǐr 形容多说话的人，多次重复某些话令人厌烦的人，以及在家里、单位不停指东道西的人。

〔独孤"约儿"〕dú gú yuēr 独自一个人。"约儿"，"一个"的急读音。

〔毒气〕dú·qi 很厉害、猛烈、有劲头（调侃语）。（《说文解字》："毒，厚也。"清代段玉裁注："毒厚叠韵，毒兼善恶之辞，犹祥兼吉凶、臭兼香臭也……"方言中的"～"与《现代汉语词典》中同名但词义不同。）

〔敦扎〕dūn·zha 指器物（或人的身体）粗壮结实。

〔多"当"晚儿〕duō·dang wǎnr 什么时候，几时，用于问话；也用于叙述。（同《现代汉语词典》中的"多会儿""多咱""多早晚"。）

〔多"古"远〕duō·gu yuǎn ①用于问话中"远"需儿化,义为"有多远?"若答曰"不古远",是"很近"义;若答"可远""老远",是"很远"义。②用于叙述时,"多"需加重语气:人家~来了(是"从很远的地方来了"的意思)。

Ee

〔额老盖儿〕ái·lao gàir 额头,"额"方言音 ái。

〔恶作〕ě·zuo 行为使人反感、恶心:你这事办得太~人了!

〔硬货〕èng huǒ 性格倔强的人,指有骨气的人,也讥讽不知变通的人。

〔硬头眼子〕èng tóu yǎn·zi 比喻经常不明不白地吃亏,或心虽不愿也得接受委屈从而吃亏的人。(参阅"眼子"条。)

〔耳巴子〕ěr bá·zi 耳光,耳刮子。或简为"耳巴":翻疙瘩,挨耳巴。

〔二把耙子〕èr·ba pá·zi 指对某项技术虽然不是很在行,但还可以凑合着做助手的人。

〔二"捣毛"〕èr·dao máo 指办事欠稳当的人,能力差充充数的人。

〔二"杆子"〕èr gán·zi 头脑简单，容易冲动的人。（过去称土匪为"杆子"。）

〔二虎"樋"〕èr hǔ·teng 不精细的人。（《集韵》："麆，徒冬切，黑虎。"）

〔二价货〕èr jià·huo 同《现代汉语词典》中的"二百五"，讥称有些傻气，做事莽撞的人，也简称"二价"（er jia）或称"二价头儿"，本地也说"二百五"。

〔二性子〕èr sìng·zi 脾气古怪，有时会突然变脸的人。（与《现代汉语词典》义不同。）

Ff

〔翻"斥"〕fān·chi ①折腾。②向上翻的样子：嘴唇～着。

〔翻疙瘩〕fān gē·da 把听到甲说乙的坏话告诉乙，把听到乙说甲的坏话告诉甲，有意讨好或挑拨离间看笑话：俚谚云：～，挨耳巴。

〔犯甩〕fàn shuái 某些举动让人看不惯，心生讨厌，不愿接触其人。

〔放"布鸽儿"〕fàng·bú ger 旧时男子利用女人（多指与其胡混姘居者），假冒名分，诱编外地男家钱财而后伺机逃脱的举动。

〔"非器"〕fi·qi 小儿爱哭闹、调皮、胡来、不安生等通可称之"～"。(《集韵》"俷,妃尾切,背也";"陫,父尾切,陋也"。或为之本字。)

〔"费"手〕fi·shōu 小儿少年好奇、淘气、爱动手动脚、无缘无故损坏东西等行为。(《集韵》:"攒,父沸切,楚谓搏击曰攒。")

〔封子〕fēng·zi 送的礼金,一般是装在红包内封着或用纸包好的。

Gg

〔乃古蛋儿〕gǎ·gu dànr 特指人的长相不好,而且没本事。

〔乃"扭"〕gǎ·niu ①居住地敞亮、干净。②(女人)漂亮得体。

〔该局〕gāi jú 活该如此,咎由自取,报应;有时也有"凑巧""赶巧"义。

〔隔三卯四〕gāi sān mǎo sì 漏掉,粗率地走过场。

〔干板直正〕gān bǎn zhí zhèng (为人为官)清廉忠直,不谋私利,不沾便宜。("干"简化前为"幹"。《集韵》:"幹,居寒切,正也。")

〔赶不上趟〕gǎn·bu shàng tàng 跟不上(行进的

行列），"赶哩趟"为"跟得上"义。

〔"杠"耳巴子〕gàng ér bá·zi 搧耳光。（此处的"杠"有"击打"义。）

〔杠子头ᵉʳ〕gàng·zi tōur 爱"抬杠"（争辩是非或寻根问底）的人。

〔"格"巴〕gē·ba 见《现代汉语词典》"嘎巴ᵉʳ"条，义同声异。"～山"：称过去小孩子衣服前襟上尽是"～"，凡一物紧附另一物皆曰"～"，如"～草"。

〔"格"摽〕gē biào（用绳索）将两种（两个或两支）物件捆绑在一起。（"格"音本字应为"敆"，古音〔kəp〕。《说文解字》："敆，合会也。"）

〔"圪"垱垱〕gē·dang dang 形容老年人身子骨结实。（"圪垱"：义同"圪垯"，小土丘；疑冈（"冈"）"凸"音的缓读，而"纥达"本义为"结"，古音〔kiĕt〕。）

〔"格"捣〕gē·dao ①谋划，做：不出去～点事，一家怎么生活？②（小儿厌食）用筷子搅拨碗中饭，不想吃：～饭。③指有些人嘴中不停唠叨，反复说某些话。（"格"原字应为"敧"，今音〔ji〕，古音〔kia〕。《集韵》："敧，以箸取物。"方言中"格"又音〔kɯ〕，以下不另注者同。）

〔"格"蹬〕gē·deng 跷起一条腿蹦着走路。（《集韵》:"跿跔,跳跃,一曰偏举一足曰跿跔。""跿"古音〔dɑ〕,"跔"古音〔kǐwo〕。)

〔"格"羝〕gē·dī 没阉割的公绵羊。("格"意应为"羭",古音〔keǎt〕。)

〔"格"对〕gē·dei 凑合、将就。让人难办曰"～"人。(《说文解字》:"佮,合也。"《集韵》:"佮,葛合切。"按:此中"格"音不读〔kɯ〕。)

〔"格"气〕gē qǐ (小孩子)斗气。("格"音本字亦为"佮"。《同源字典》"佮",人相合也。音〔kəp〕。按:同"'格'对"条。)

〔"格"拐〕gē guai ①词义近上条。("格"音应为"踦",古音〔kiɑ〕或〔kʼiɑ〕。《广雅》:"胫也,蹇也。"方言中亦作 ke guai。) ②弯曲。

〔"格"角儿〕gē·juer 角落,极言地方狭窄如动物之角者。[《集韵》:"觡,各额切。"《说文解字》:"觡,骨角之名也。"一说鹿角,无枝曰角,有枝曰觡。]

〔"格"搅〕gē·jiao ①用棍子类在液体中翻动。②搅和:jiao·huo 主要用于人扰乱。(搅:古音〔keəuk〕,"～"或理解为"搅"的缓读,另《集韵》"挭,古杏切,搅也",为后起字。)

〔"搁"劲儿〕gē·jinr 用劲儿,用力,有时也指用心。("格"音本字当为"竭"或"偈"。《集韵》"竭,尽也"，"偈偈"用力皃。二字古音俱〔gǐat〕。按："搁"音不读〔kɯ〕。）

〔"格"倔〕gē jué 形容人不满意、不情愿地离去或生气地走的样子。（《集韵》："趌趫，跳也。"二字古音〔kiet〕、〔kiwat〕。）

〔"格料"〕gē·liao 木板或木制家具走撬，弯曲不平。（《集韵》："撟，吉了切，挠曲也。"古音〔kǐau〕，应为"撟"古音的缓读）引申为人脾气不正。

〔"格"拗〕gē niù 人的脾气拐固、倔强：死～脾气。（"格"言本字应为"倔"，古音〔gǐwət〕）又作"格拧"gēning）。

〔"格"蹴〕gē·ziuo 除"蹲"的意义外，主要用在因病双手捧腹或行或躺的情状：～着身子。（"格"音应本自"跼"。《集韵》："跼，踡跼不伸也。"古音〔giwok〕，"蹲"义见《现代汉语词典》。）

〔"格"夹〕gē·jia 在腋下挟持东西。（"格"音本字应为胳："胳膊"。）

〔"格"挠〕gē·nao 或 gē·lao 疥疮。（"格"本音应为"疥"，古音〔keat〕。《说文解字》："疥，搔也。"按：方言中谓"搔痒"曰挠痒。）

〔"格"应〕gē·ying 心中总想着（某件事），萦记：去我心中的～。（"格"音本字应为"芥"古音〔keat〕，

附 录

细微也,"应"该为"膺":胸间。)

〔"格"意〕gē yì ①义近"格应"。②讨厌、烦人。(①义近"介意",②义"格"音似本于"忦"。《集韵》"忦,博雅,憂也,惧也",一曰恨也;"介"古音〔keǎt〕、忦古音〔keāt〕:~蛋〔最讨厌的人,骂人语〕。)

〔"格""淹"〕gē yán ①草、木因缺水或病害而发蔫。②人因病精神不振的样子。也作"格格淹淹"。(《集韵》:"殎殓,病也。"又"偞,疾不甚兒"。"殎""偞"均"直涉切"与"戈涉切")

〔"格""栽"〕gē·zai 或 gē·zen 低头曰"~"("颔颠"似为本字。《集韵》中有"颔,颐旁,葛合切",古音〔kəp〕;"颠",侧革切,头不正,又"颤",侧禁切,头俯也。)

〔"格"侧〕gē·zhai 人腿或脚不灵活勉强慢行的样子。("格"音本字似作"赾"。《说文解字》:"赾,行难也",丘菫切,古音〔kiən〕。"侧"音 zhai,倾斜,不正。见《现代汉语词典》条。)

〔"格"挤〕gē·zi 闭上眼,暂时~,多是休息睡一会儿,永远~是死亡。("格"音本字似为"匌"。《集韵》:"匌,葛合切,闭也。")

〔"格"蚤〕gē·zao 跳蚤。("格"音应本于"猲",

069

古音〔kiwan〕,《说文解字》:"玃(躩),疾跳也。")

〔搁不住〕gé·bū zhu 不值得、不划算:就为这事,～给他生气。

〔"格"针〕gé·zhen 与《现代汉语词典》"圪针"条不同。"词典"所云只是方言中内容之一。方言中"～"更指"棘"即(小)酸枣树;如云:嫩～割了能喂牛,老～能"栅"墙(当篱笆)("格"音应为"棘"古音〔kiək〕)。

〔跟"格"儿〕gēn·ganr 跟前,近旁,身旁。("跟"本义是脚后部,此处代指人的全身,"格"音应为"近",古音〔giən〕。"畿"古音〔giəi〕,"幾"古音〔giət〕。)

〔"艮"不着〕gén·bu zhuo (高、远处的东西)手(或棍棒类东西)接不上:争一寸。尽意"艮"("夠"的变音,也说"夠不着")。

〔估"堆"儿〕gū·zuír 货物论堆购买或全部包购。(《集韵》:"穟,聚桼切,禾積也。"柴草类成"穟"(zui),土聚成"堆"(dēi),今通作"堆"字。)

〔骨融〕gū·rong (爬虫类)蠕动。(疑"拱"的缓读,见《现代汉语词典》拱二条。)

〔骨冬捶〕gū·dong chuí 攥紧的拳头。

〔骨"堆〕gū·dei 蹲下,指臀部不着地,两腿尽量弯曲的动作。(方言中不言"蹲 dūn"只说～或

gū·zui，或 gū·zhuang。蹲 dūn：指臀部着地或着物的动作。如言：一屁股蹲在地上不起来。）（按：方言中"蹲下"义的 gu 音，《集韵》有"跍"字，"蹲皃"，空胡切。《说文解字》："蹲，踞也。"gu 音似从"踞"而来。"踞"古音〔kia〕，蹲（坐）的古音仍有"尊"音，疑两相混淆，因语境而义异。）

〔估约摸儿〕gǔ·yue mor 大概、估计。

〔瓜蛋儿〕guā·danr 调皮鬼。

〔刮磨〕guǎ·mo 指经济上沾光，捞便宜。

〔"瓜"气〕guā·qi 指人调皮捣蛋。（《集韵》："諣，公蛙切，憰也，黠也。"或为其本字。）

〔光"荡"〕guāng·dang 惊叹词语，（《集韵》："侊，姑黄切，盛也。一曰小也。"）

〔光"碾碾"〕guāng niǎn·nian 平面无杂物。又曰"光不碾碾儿"。

〔光尾巴溜钻〕guāng yǐ·ba liu zuan 单身一人，独个儿。

〔逛头儿〕guàng·tour 捣蛋鬼，调皮货（人），又曰"逛蛋儿"。

〔"鬼""摆"〕guǐ·bai 故意显示炫耀自己，出风头。又作"鬼撅""鬼乍"。（方言中的～及"鬼撅"gui jue"鬼乍"gui zha 三词词义几乎等同，且都可用一个

"鬼"来代替。疑源为鸟类或其他动物发情时撅起尾巴显示炫耀以招惹异性,"撅"古音〔kǐwat〕。近方言音,《集韵》:"撅,姑卫切,揭也。""揭"亦高举义。)

Hh

〔憨不憨,奸不奸〕hān·bu hān, jiān·bu jiān 指一些思维方式或行动有些不正常,但还说不上是傻子、心眼还算好的人。

〔憨溜不"㧢"〕hān liu bū·den 憨态可掬的样子。

〔憨头大"滴脑"〕hān·tou dà·di'nao 讥笑人头大脖子圆,胖乎乎的样子。("滴脑":脑袋。)

〔寒贱〕hán·zian 不稳重、喜欢动手动脚。或称"贱手贱脚的"。(~原义为"寒门贱微"。方言中别立"新意"。)

〔夯实〕hāng·shī 结实耐用(多指较粗笨的器物),有时也指男子身体粗实"结板""敦扎"。

〔"合"捞〕hé·lao 用细小棍茎类轻轻撩拨(所欲取猎物),引申为人们的许多动作:①挣钱:不出去~钱,吃什么?②偷盗;③调戏人家妇女等,均可以~代替。(本字应为"㧉撩"(捞)。《集韵》:"㧉,下改切,动也。""撩""捞":鲁皓切,取也,取物也，挍也。"合"方言又音〔xɯ〕。）

〔黑沓沓　黄沓沓〕hēi·dāda huáng·dáda 说个不停不休、没完没了。（《集韵》达合切有"沓"："语多沓也"；有"詥"：多言也；有"黮"：黑也。方言中就这样"有声有色"地组成了"～"。）

〔黑红"绞子"〕hēi hóng jiǎo·zi 指黑红两道都吃得开的人物。

〔黑"喽"〕hēi·lou ①夜里。②打鼾：～响声（鼾声大）。（"吼"的缓读音。）

〔红头牛〕hóng tóu óu 比喻脾气暴躁的人。（"红"：在方言中指好惹事、不服输、性情高傲的人。如云：秦椒红了值钱，人红了不值钱。"牛"方言音 óu。）

〔猴跳〕hóu tiáo 指人机灵，做事不呆板。

〔后"榜ㄦ"〕hòu bangr 下午，后半晌ㄦ（"榜ㄦ""半晌ㄦ"的合音）。

〔后"衣ㄦ"〕hòu·yir 后天。（"衣ㄦ"yir 音是"一日"的急读音。）

〔后园〕hòu yuán 旧称厕所。

〔"呼喳"〕hū chā 亲友间经常交往、帮忙曰"～"，又"呼呼喳喳"。

〔"胡欻"〕hū·chua 简单打扫，大致收拾一下。（《集韵》："㵽瀎，乎刮切，丑刮切，不净也。"……

又引申为小儿拿笔"涂鸦"、用手乱舞等。)

〔搲耳"拔子"〕hū ěr bá·zi 打耳光,搧脸。(《集韵》:"搲,击也。")

〔呼啦干〕hū lā·gan 指不拘小节、不计较人与人之间隔阂的人;也指有嘴没心、爱说爱笑的人。

〔糊喃〕hū·nan ①稀饭有些过稠。②因过于饥饿吃饭不加咀嚼。又作"糊糊喃喃"。

〔胡蹅〕hú chǎ 胡来、胡闹。又曰"～台"。

〔胡臭〕hú·chou ①儿童顽皮:～白脸。②狐臭气。

〔胡涂麻缠〕hú·du má chán 糊里糊涂。("涂"或音 tū。)

〔胡二麻三〕hú èr má sān 胡乱对付一些,不太经意。又曰"胡二麻叶"。

〔囫囵衣儿〕hú lún yīr 穿着衣服睡觉。

〔糊涂〕hú·tu 粗粮面(或细粒)、麦麸面熬煮的稀饭,一般汁液较黏稠:玉米糁～;秫秫(高粱)面～。

〔花靬靬〕huā dí·dí 花媳妇儿,即刚过门的新娘子;引申称年轻漂亮的女人。俚语曰:"有好汉没好妻,丑汉子娶个～。"

〔浑实〕hún·shi 身材肥壮结实。(《集韵》:"腽,胡困切,肥皃。")

附 录

〔混"打锅"〕hùn·da guo 指生意（或人生）没成功，失败了。

〔豁豁叉叉〕huō·huo chá·cha 边缘不整齐。

〔活络头〕huó luò tóu 事情不确定性增加，可能不好办或办不成。

〔活"套"〕huó·tao 田产金钱多，吃穿用度宽裕曰～，这样的人家曰"～户"。（《集韵》："套，土皓切，長大也。"）

〔货财〕huò·chai ①没骨气、没本事的人。②说话不算数的人。

〔和搅〕huò·jiao 搅在一起，掺杂。（若用于人与人之间，有"存心捣乱"义。）

Jj

〔挤"咕哝"〕jǐ gú·nong 挤在一堆。（"挤"尖音，同"即"。）

〔"挤攮"不动〕jǐ·nang bū dòng 人多，走不动。亦曰"挤扛不动"。（"攮"应是"挪"náo 的变音。）

〔夹屎〕jiā·shi 讥笑小儿吝啬小气。原义是连屎屎都不愿拉在别人处：～"圪塔儿"牛（óu）鳖虱。

〔假二细〕jiǎ èr sì 过于精细、行为迟滞、不爽快。

〔贱病儿〕ziàn bīngr 长期养成的坏习惯、小毛病，往往是下意识动作。

〔"江"交儿〕jiāng·jiaor 刚才、刚刚，又"江江""江摸"或单音"江"，同义。（"江""刚"二音古属牙音见母，声母都发"g"。《同源字典》云："刚、强、健、劲、坚、競……同源，又：彊、境、界同源。'刚'俗作'钢'，钢铁也。"故"刚才"义之"刚"，借音而已。《汉书》中"适纔"（亦"刚才"义）借用"羌"字。《荀子》中出现"僵"字，今音 jiāng，而字义释为：①同"僵"。②读为"竟"，不久也。看来这个"僵"字，倒像方言中的～。但辞书中很少见。）

〔"降"交儿〕jiàng·jiaor 勉强、凑合、过得去。又'降'跐儿""'降'八荏儿""降降哩"或单音"降"，均同义。"降"或三声 jiǎng。（《集韵》：强、彊，巨两切，勉也。到底是"降低些条件"的"降"，或是"过分一些"的"犟"，都可说通。）

〔"交"炮〕jiāo pào 人被枪毙曰～。

〔搅家不闲〕jiǎo jiā bū xián 东捣西搅，不断惹是生非的人。

〔绞筋〕jiǎo·jīn ①人胡搅蛮缠。②事情关系复杂，难办。

附 录

〔"叫其由ᵣ"〕jiào·qi yóur 稍稍、稍微、略微。（"叫"应作"较"，《辞海》："犹略也。"《诗词曲语辞汇释》中"较'犹差也'，'差'有'稍微、较、尚'义。又'较'，犹瘥也"；"瘥"为"病愈"义，词义均可用方言中的"～多些""～大一点ᵣ""～少些""～好些"代之。）

〔叫曲ᵣ〕jiào·qur 旧时一种经烧制的陶器小哨子，能吹出较简单的声音。

〔鸡挠狗不是〕jī nǎo gǒu bū shì 看什么都不顺眼。（"挠"作"孬"亦通。）

〔紧嘴子〕jǐn zuǐ·zi 看到饭食就急于快点吃到口，而且非得吃足吃够。

〔今ᵣ"衣"〕jīnr·yi 今天。（"衣"音为"一日"的急读音。）

〔掬便〕jū biàn 非常方便：住在这儿，临近超市，买啥～得很。[本义应为拿起用着十分方便。"掬"（匊），《说文解字》"在手曰匊"，又"臼"，"叉手也"。]

〔"局龙"〕jú lóng 本义为爬行动物弯弯曲曲的行动：泥鳅乱～；引申为人不安分，不服管教：～蹦货（不安分的人）（《同源字典》：局、曲同源。又作"曲龙"，音变为"格留"等，如～转弯。"龙"方言音〔lüng〕。）

〔"剧虑"〕jú lǚ 用钝刀子割东西；故意慢割，均曰"～"。又作"剧'利'"。（似应为"锯劂"的变音，《集韵》："劂，力制切，割也。"察"～"的动作姿势，像拉锯的样子。）

〔"橛"人〕jué rén 骂人。（《集韵》："謷，疾各切，詈也。"）

〔角儿角儿"起"〕jǔer·juer qǐ 角落的最边缘处。

Kk

〔"开"二声住〕kái·zhu 捉住、逮住，或用于出乎意料的收获：处暑不种田，～吃半年。〔所见辞书中不见此音字，似从"大刚卯毅（《集韵》音'开'）殳"而来。《说文解字》"毅殳，大刚卯也，以逐精鬼。""该物以金玉及桃木刻而为之，王莽时尤盛行，后世厌胜之牌，即其遗制。"见《说文解字》张舜徽撰注文。又《同源字典》："克、戡、刽同源，皆胜义；亦似与方言有关。"〕

〔侃家〕kǎn·jia 能说会道的人，说起来滔滔不绝的人，会吹牛皮的人。

〔侃子〕kǎn·zi 歇后语：玩～（说歇后语）。

附 录

〔糠包儿〕kāng bāor 气力不大，能力不强的人，或曰"糠包子""糠包才"。

〔扛膀子〕káng bǎng·zi ①冬季游戏的一种方式，对扛肩膀以取暖。②比喻与能力职位不相上下的人一争高下。③争斗初期的一种肢体动作。

〔"扛"辙〕kǎng·zhe 比喻人有担当、敢作为、有能力，能独当一面。原义为旧时牛拉铁轮载货车行至斜下坡时，牛把式需在前或在侧护持，避免车行过快致翻车。也指有些牛活路好，顶事，能撑住。

〔"坷"台儿〕kē·tair 台阶。（"坷"音本字为"陔"。《集韵》："陔，柯开切，阶次也。"）

〔"磕"张〕kē·zhang 逞能，要强；也指办事冒失粗心。也说"磕磕张张"。

〔啃墨儿〕kěn mēir 正好，不偏不斜，引申为不多不少。（本义为木工沿着事先下的墨线锯木。）

〔啃"摸"〕kěn·mo 想方设法占别人（多指对长辈、亲戚朋友）便宜。

〔抠"斥"〕kōu chí 很细心地慢慢去做，又云"抠抠斥斥"。（"斥"音本字应为"饬"。）

〔抠磨〕kōu·mo 慢慢腾腾、磨磨蹭蹭。

〔抠琐〕kōu·suo 好在小事上磨磨蹭蹭的人。

〔"口"〕kǒu 性格狠、手腕毒曰～。（源自佛教"口

079

业"义：佛教谓言语为"口业"，就恶业而言，则为两舌、恶口、妄言、绮语四种，本义是说"口业"是"患苦之门，祸患之始"。因"恶口"连用，在方言中"口"与"恶"逐渐同义。）

〔口满〕kǒu mɑn 说话过分，不留余地。

〔框外〕kuāng wài 见外，客气，多此一举。（"框"又音 kuàng。）

〔狂贱〕kuáng jiàn 好动手动脚。（多指儿童不能约束自己的过分行为。）

〔"亏成"儿〕kuī·chengr 制度、程度、规范。（"规程"的音变。）

〔"扩二声利"〕kuó lì 干脆利索，不拖泥带水；直截了当，不磨磨蹭蹭。（《集韵》："𩨨𩨗，裸也。"方言中此词音义由此演变而来。）

L

〔拉墒〕lā shāng 犁一块地，开第一犁叫～。需从中间拉开，要直，以后由此向两边扩展。第一犁要由有经验的老把式实施，拉不好就会费工费时。故俗语以～或"开墒"为首创者的代称。

〔勒掯〕lɑi·ken ①指在经济上"刮磨"（有强逼意）。

附 录

("勒"：方言不读 lè。）②严格掌管经济，不允许乱花钱（略含贬义）。

〔浪摆〕làng·bai 流里流气，或指做自己不该干的事。（戏谑语）

〔浪货〕làng·huò 没操守、不稳重、没约束，放纵曰"浪"。词义近"赖货"。

〔老鳖"衣"儿〕lǎo biē·yir 小气鬼，吝啬鬼。（"衣"音应为"尾"〔yǐ〕。）

〔老犍头〕lǎo jiān·tou 原指被阉割过的老公牛，戏称吃苦肯干的男性公民。

〔老"柯"子〕lǎo kē·zi 鄙称老年人。（《集韵》"老女卑贱谓之媕"，又作"娙"。）

〔捞拉〕lǎo·la 谦称找别人麻烦以寻求帮助，引申为连累、牵涉。

〔老苴〕lǎo zhǎ 土气、见识不广的人，思想不开阔的人。（源于《庄子》："道之真以治身，其绪余以为国家，其土苴以治天下。""土苴"注云：糟魄（粕）皆不真物也。其义正如常说的粪土"沫子"类。"苴"通"渣"。）

〔老"乍"〕lǎo·zha 人相老，长得不"嫩扬"，不舒展。又称"老毛圪扎"。

〔赖货〕lào huò 鄙称作风不正经的男女，或戏称耍赖的人。

〔"捞"窝〕lào wō 母猪下猪崽。

〔睖瞪〕lēng·deng 睁大眼睛直视的样子。（《集韵》："～，直视。"方言中若云"睖着眼"则为斜视，不正面看；"睖一眼"，则为简单地看。）

〔愣里巴"睁"〕lèng·li bā zhēng 头脑不清，糊里糊涂的样子。

〔冷清明儿〕lěng qīng míngr 天刚亮、黎明时分。

〔棱子头〕léng·zi tōu 比喻事情有阻碍、不好办：碰在～上了！

〔"黎气"〕lí·qī 或 lí·xi 不往正经事上说，重要的事不当回事。（《集韵》："憵伿，欺谩语。"）

〔里"梆儿"〕lǐ·bangr 里屋。（"梆儿"音是"房"的古音〔bǐwa〕。上古无轻唇音 f。）

〔里旮旯儿〕lǐ·gē laor 里屋，里间，旧时建筑配房多狭小黑暗，故有此称谓。（旮旯儿："角落儿"的古音。）

〔理撩〕lǐ·liao 整治人、"收拾"人、"修理"人。对不听话、不服从的人采取不多含劝解、鼓励等与人为善态度的方法措施均可称为～：这种人欠～！（《说文解字》："撩：理也。"《通俗文》："理乱谓之'撩理'。"）

附 录

〔利"量"〕lì·liang ①动作干脆利索,不拖泥带水,又曰"利利量量""利不量量哩"。②事情完毕、妥帖、不留尾巴。③独身一人,不受拖累,也曰~。(几同于"利索"。)

〔利"事儿"〕lì·shir 农村有红白大事的人家为来帮忙的邻里亲友所发的"封子"(少量的钱用纸包起来),以图吉利。

〔凉荫儿〕liáng·yinr 暑夏阳光照不到的树下屋后等地方:树~。

〔亮字亮"昧儿"〕liàng zì liàng mèir 形容十分清楚明白地摆在那里。("字儿""昧儿"见前"不分字儿昧儿"。)

〔"撂"地〕liào dì 空旷的野地:~烤火,一面儿热。又作"撂"天野地。("撂"音义应为"寥",静寂、空虚义。)

〔"撂"地能〕liào·di néng 讥笑某些人有能力不干正事,有本领用不到正经场所;或云某些人只会在事后或背后说三道四。

〔"咧"二声遮〕lié·zhe (摆设的)物件整齐,各得其位;也比喻人相貌好看,打扮得体。("咧"本字应为"迾",《集韵》:"迾,遮也。"古时皇帝车驾出行,士卒布列以遮遏人之来往,谓之迾卒。其场面庄严肃穆,方言义似此。)

宝丰方言

〔"吝"人〕lìn rén 场面、情景、动作等让人恶心、厌烦。（"吝"音本字为"僯"，《集韵》："僯，良刃切，慙耻也。"）也作耻"吝"人。

〔龙官动府〕lóng guān dòng fú 形容把声势搞得很大，牵涉面太广，像龙王搬家那样。（有不应该而故意为之之意。）

〔聋三磕四〕lóng sān kě sì 形容上年纪人听觉不敏、手脚不灵便。

〔垅儿里磨〕lǒngr·li mò 指在工作时间、工作环境中不出力、磨洋工。（垅：田垅。《集韵》又有"矙，陵延切，垅也"。"堬，缕乎切，垅上也"。方言中"垅"儿音 lüongr、矙儿 lüanr、堬儿 lúnr 三音均有。）

〔"偻茬儿"〕lóu·chái r 秉性凶横、脾气暴躁，不肯驯服的人称为～，也简为"偻"。（似为"鲁"（莽）的变音。）

〔搂〕lǒu 用言语帮忙，一唱一和：你得给我～着些；～台子板（指"捧台"）。（含贬义）

〔路数儿稠〕lù·shur chóu 点子多，闲事多，麻烦多。（含贬义）

〔驴笑天儿〕lú siào tiānr 驴子闻到某种气味后昂脸扬鼻的动作。为"窝火"的人骂旁观讥笑者的口辞。

附 录

〔缕连缕序〕lǚ lián lǚ sù 时间较长或指来往人流连续不断。

〔捋摸〕lǚ·mo 对某些人应顺其性格、脾气使用（原义是顺着摸过去，对牲畜的抚摸，也须顺毛"不拉"）。又单用"捋"lǚ：捋着他，他就好好干。

〔挛扯〕luán·che 说合说合，和和事。（挛〈攣〉，《说文解字》："闾员切，系也。"段玉裁曰："系者，絜束也。"即"修整"义）又曰"挛挛"，或曰"挛扯挛扯"。

〔"略略"扫扫〕lüe·lüe shǎo shǎo 用扫帚打扫室内、院落、街道，把垃圾集中起来。（《集韵》："叜，龙辍切，撮也。"）

〔罗面雨儿〕luó·miàn yǔr 蒙蒙细雨，毛毛雨。

Mm

〔麻缠〕mā chán 麻烦，难处理的事情；或简为"麻"，"一亩麻"，总之是难以解决而又摆脱不掉。原义来自麻（蔴）类纤维绞在一起不好理顺分清。

〔抹号〕mā hào 撤去职务，不让干了或没他的份了。号：原义应是"封号"，古时帝王把爵位或称号赐给臣下，赐予的称号即封号。抹：擦掉、去掉。

085

〔妈儿〕mār 称母亲的乳头，婴儿吃奶曰吃～。（本地方言中西部无翘舌音，却有〔ə〕的韵母，音为〔mə〕，正是"母"的古音。）

〔麻片儿〕má·pianr 比喻人糊涂、不明事理、不辨是非，也称"麻客""麻片子""麻片子货"等，或云"麻'面儿'〔miər〕不分"。

〔麻鸭子蛋〕má ya·zi dàn 对事轻忽，不认真、不在乎，草草了事。

〔麻子眼儿〕má·zi yanr 指早晨天刚亮而未透亮、傍晚天将黑而未全黑的时辰，即称"麻麻亮""麻麻黑"的两个时段。

〔卖赖〕mài lài ①当众说他人的短处、缺点：这人好（hào）～。②当众显露了自己的缺点、错误：我这回算丢丑又～。

〔"卖""夜"眼〕mài yè·yan 走路不专心，四下看稀罕东西。（《集韵》："瞜：莫懈切，邪视。""夜"音应为"野"的变音。又相传驴子腿上长有"夜眼"，为其夜间行路所用。此词或由戏谑而来。）

〔慢"滂"〕màn pāng 不爱与平常人说话交谈，不想搭理比自己地位低的人；爱摆臭架子，见人爱理不理的样子，乡语称此种人为"滂"或"慢'滂'不济"。

附 录

(《集韵》:"盼,逋還切,顙颡谓之盼。"疑为"滂"本义。)

〔冒肚〕mào·du 泻肚。在特定场合或单云"冒":又哕(yuě)又冒。

〔"闷"蛋〕mēn dàn 骂人不聪明、不灵巧、不会做事。又曰"～兴"。(《集韵》:"㥃,莫奔切,恨恨不明也,乱也,闷也。")

〔"觅"人〕mǐ rén 临时找人给自己干活,一般给予报酬。

〔绵善〕mián shàn 指人心地善良,也曲指人性格较软弱,不太坚强。

〔"面"蛋儿〕miàn·danr 性情和善,不发脾气的人;慢腾腾做事不会着急的人。[《集韵》"慢,眠见切,慢诡,纵弛(意)";为"面"音本义。]

〔面"嫩"〕miàn lùn 长相年轻。(参见《现代汉语词典》"少相"条。)

〔敏劲儿〕mǐn·jinr 各地遗留的传说、故事、忌讳语等,能引起一方敏感的话题,正反两方面的内容都有。

〔摸码子〕mō mǎ·zi 旧时交易经纪人对买卖双方暗箱操作,分别在袖筒里用手指比画价钱多少,叫"～"。

〔魔怔头〕mó·zheng róu 指遇事迷瞪、缺心眼、傻里傻气的人。也指举动异常的人。

〔磨治人〕mò zhì rén 欺侮人、收拾人，让人受折磨、不安生。

〔木"连连"〕mū·lian lian 自己做错了事，呈愧疚羞惭面色；也称"没（mū）事"。

〔没耳性〕mù ér rìng 没骨气、缺乏办成事的信心，也指记不住教导。

〔没检认儿〕mù jiānr rèn 器物上没标志、没记号，失去后认不出来。

〔没看儿〕mù kànr 没看头，如戏演得不好，人长相不好，景物、设置差劲，引不来观看的兴趣。

〔没"捆儿"〕mù·kunr 事情把握性不很大，不一定。

〔没脸没糊〕mù·lian mù hú 糊涂不清醒的样子。（元曲中有"幕古"，糊涂义）

〔没"联儿"〕mù lüanr ①好说"扒漏儿"话，心底守不住的人。②提溜不起来，不值得一说的人，又云"没联儿'胡'"。

〔没墨儿〕mù·meir 事情没指望。（由木工打墨线义引申而来。）

〔没跑儿〕mù páor 逃脱不了，准能逮住。

〔没星儿秤〕mù·xingr chèng 靠不住的人，说话办事没准的人，没有心计做事草率的人。

附录

〔没缘法〕mù yán·fa 两人性格合不来，说不到一块儿。反之为"有缘法"。

〔没嘴儿葫芦〕mù zuǐr hū lū 爱说话、不经心的人，油嘴贫舌的人。

Nn

〔拿捏〕ná·nie 拘束、不自然。（不同于《现代汉语词典》该条"扭捏，刁难"二义。）

〔哪儿"塔儿"〕nǎr·tar 表处所的问语，同"哪里""哪儿"：你往～去？你是～的人？答语（近处所）一般是"那儿塔儿""这儿塔儿"。（明代汤显祖《牡丹亭》有"那答儿"，注文是"那边"；明代陈铎曲《沉醉东风·闲情》有"若问谁家是俺家，红树里柴门那搭"，和方言中音近义同。）

〔那"戗"〕nà ciāng 那边（早期白话有"这厢""那厢"，义同）。

〔那'衣儿'〕nà·yir 那一天、那日。（"衣"音应是"一日"的急读。）

〔难死艰活〕nān sǐ jiān huó 形容人做事速度十分缓慢，让人不耐烦。有时也指生活不容易，日子相当艰难。

〔耐烦人〕nàn fān rén 多指小孩儿长相好看、性格活泼，惹人喜欢：这孩子多～！反之，人们的行动、话语不招人喜欢为："多不～！"（"耐"受后音而变音。）

〔恼"劈"〕nǎo pī 恼怒得很。

〔"恁"〕nén 你、你们，人称代词，一般单称时同"您"，表敬意，但用于复称第二人称（你们）时要多些，如"～都来了！"也不一定表敬意。（与《现代汉语词典》该条不同。）

〔黏缠〕nián chán 指事情矛盾多纠缠一起不好解决，也指对手不容易被说服。（方言中"黏"的声母为 [ȵ]，下同。）

〔年把子〕nián·ba zi 大约一年，一年左右的时间，或曰"年把"。

〔年成儿〕nián·chengr 荒年，歉收年。

〔年时个〕nián shí·ge 去年。（"年时"：词典中常见"犹云当年或那时也"。见张相著《诗词曲语辞汇释》。如与"今年"相对，则为"去年"义。本地方言中"去年"称"～"；前年曰"前年个"；前年的前年称"大前年个"；又"年时个"，简音为"年'舍'"〔nián·she〕，"舍"为"时个"的急读音。）

〔黏挤〕nián·zi 指人不讲道理、能说会道，无理也强占三分。也云"黏牙"。

附 录

〔"鸟"^{二声}〕niáo 脾气厉害,气力大、本事高都可称为"老~""~哩很"。("牛"的音讹。)

〔尿戗风儿〕niào ciāng fēngr 故意逆对风向撒尿。讥讽人专好逆势而行动,或专好找碴儿寻事。

〔"捏搁"〕niē·ge 凑合、勉强、将就,或云"捏捏搁搁"。(《集韵》:"悷惈,藁佳切,居候切,自容人也。")

〔"涅"贴〕niè tié 事情办得很好。(《说文解字》中段玉裁注:"陧与臬双声,有法之意。"故"涅"音字应为"陧"。)

〔拧缠〕níng chān 缠住人不放,似乎没有休止;重曰"死拧活缠"。

〔扭摆〕niǔ·bai 来回走,到处跑;当面说人是戏谑语,背后说人是反感、厌恶。

〔哝唧〕nōng·zi ①小声说话,说话不爽快,或曰"唧哝"。②地方潮湿肮脏。又作"哝哝唧唧"。

〔懦"搁"〕nuò·ge ①(人)软弱、胆小。②将就、勉强。

Oo

〔喔^{三声}〕ǒ 赶牛时让牛停止的口令。

〔"牛"〕óu 牛的口语称呼。（近于"牛"的古音〔ŋĭwə〕。《集韵》："𤙡，乌侯切，特牛也。"）

〔牛把儿〕óu·bar 牛把式，一般兼管牛的喂养。

〔牛鳖虱〕óu biē·shai 叮在牛身上吸血的虫，据说只吸不拉。因以讥讽吝啬小气的人：夹屎圪塔儿～。

〔牛经纪〕óu jīng·jì 牲畜买卖交易的中间人。

〔牛绳〕óu shéng 庙会中牲畜交易场所，一般在边缘野外。

Pp

〔"扒"〕pá 本地方言指一种特殊的土壤地貌：小碎石粒与少量泥土构成的田地、坡场等。如石～地、大石～（村名）、虎狼～（坡岭名，又写作湖浪"爬"）等。

〔"排"缸〕pāi gāng 一种较低矮的缸：～小伙儿（比喻矮个儿健壮的年轻人）。（《集韵》："𦉢，蒲楷切，短也。"）

〔盘脚盘〕pán juē pan 一种坐姿，臀部坐在两腿交叉的胫踝骨上（或稍后些）。（《集韵》："跘，补满切，交足坐。"）

〔"滂"胀〕páng zhàng 或 pàng·zhang 东西被水

浸泡（或受湿）后胀大。（《集韵》："胖，滂谤切，胀也。"）

〔炮失〕pào·shi 顾前不顾后，慌张风火的样子。又云"炮炮失失"。

〔喷壶〕pēn·hu 比喻喜爱吹牛说大话的人。方言中吹牛曰"喷"。也曰"喷匠"。

〔"砰"了〕pēng·la 坏事了，失败了；也指家穷了。或简为"砰"，或言为"砰嚓菜""砰嚓胡"等。

〔皮钱儿〕pí·cianr 过去称圆形方孔的铜质货币为～。（古时曾以鹿皮为货币，见《史记·平准书》。）

〔撇腥〕piē sīng 故意挑剔：他吃肉还～呢！

〔撇清〕piē cīng 脱离干系，用言语或行动证明某事与自己无关。

〔拼"兑"〕pīn duì 安排，谋划，拼凑。

〔破货〕pò huò 舍得花钱，不吝啬，也单说"破"。

〔破家忤贵〕pò jiā wǔ guì 不知道节俭，轻财，不认为东西主贵。（"破家"一词最早见于《后汉书》，"～"似与该书中张俭有关：张俭揭露宦官侯览及家属罪恶，多次弹劾，为人所敬仰。党锢之祸时，张俭逃亡所经之处，重其名行，皆愿为隐匿，虽破家灭族也在所不惜。"忤贵"指不服从当时主政者。）

宝丰方言

〔"扑查"痴〕pú chá·chi 差劲，不像样，也称人没能力。又云"扑查菜"。

Qq

〔起票子〕qǐ piào·zi 旧时称绑架。或称"绑票儿""起票儿"。

〔"砌"〕qì 方言音 cì，用石块等向较远处抛掷或有目标地投掷曰～；又在水中戏水"扎猛子"也曰"～猛子"。

〔前"榜儿"〕qiān bāngr 前半晌儿，上午。（"榜儿"音为"半晌儿"急读。）

〔"腔"稳〕qiāng wěn 估计，推测得准确；或云"腔住"；参看"不'腔'"条。

〔窍道〕qiào·dao 窍门，捷径。

〔轻毛儿寒贱〕qīng·maor hán ziàn ①轻易，一般情况下。②（人）轻狂，手脚不稳重。

〔"犬"捣〕quǎn·dao 逐步被诱骗，渐渐上钩叫"被～"：叫人家～住了吧！（《集韵》："詃：古泫切，音甽，诱也，诈也。"应为"犬"音本字。）

〔㧐〕quē ①以手击物，一般用拳头者为～：～排球。

附 录

（《说文解字》："㧪，敲击也。"）方言中有"挨炮～"（即"枪毙"）语，又"～死他"（打死义）。②把谷子等原始粮食放在石臼中用杵将皮捣掉；将大蒜、辣椒类放在臼中捣成泥或细末：～米，～蒜。③捣骗人也谓～：～人；挨～（受骗）。

〔"阙"二声〕qué 折断（树枝类），扳（bān）折（shé）。

〔清气〕cīng·qi 安静，无人打扰。又曰"清'看'（二声）"。

〔请净哩〕cíng zìng·li 他人把事情办妥后，自己坐享。

Rr

〔瓤差〕ráng·cha 多指人的性格不够坚强，懦弱；也指人的身体不太健康。

〔热脸子〕rē·lian zi 自尊心极强，听不起别人说自己缺点的人。

〔热蘸皮〕rē zhàn pí 一听有利就上，好占人家便宜，不敢招惹的人。

〔认卯儿〕rèn mǎor 默认、默许、认可。

〔日摆〕rī·bai 游荡，闲逛。（略含贬义，或戏谑语）又曰"日楞"。

〔日弯儿捣玄儿〕rī·wanr dǎo xuán 说假话骗人，不干正事。

〔日头地儿〕rì·tou dìr 太阳光照到的地方，和"凉荫儿"相对。"日头"急读为"柔⁻声"，常语为"柔⁻声地儿"〔rou·dìr〕。

〔肉"磁"〕ròu cǐ 性格迂缓、动作迟钝叫"肉"；过于内向、不与人交流、会自我算计、近于吝啬曰～：这人是～能。

〔肉哩八挤〕ròu·li bā zi 动作不爽利，不紧不慢的。又"肉死肉活"。

Ss

〔三脚猫四墨斗〕sān juě máo sì mēi dǒu 比喻有模样但不中用，没能力的人或物。（元代张鸣善小令《水仙子·讥时》中有"三脚猫渭水飞熊"，是说像残废的跛脚猫连一点本领都没有的人却硬充为经天纬地的姜子牙；"四墨斗"之"四"疑为"死"，转不动的坏墨斗；或为"丝"，含不住多少墨汁，中看不中用。）

〔三眼枪〕sān yǎn qiáng 铁铳：～打兔子——没准儿。

〔骚看〕sāo·kan ①办事不用心，拖延应付，马马虎虎曰"～"，又曰"骚骚看看"。②生了见不得人、

附录

说不出口的疮曰"～疮"。③讽刺挖苦人曰"～人"。

〔骚磨〕sāo·mo 有意地慢慢吞吞、不上紧,趿趿磨磨,打发时间。

〔杀材〕shā chāi 指人没用或胆小:真～;没用的人曰"～货",但不是骂,多为玩笑话。

〔晒旱地〕shǎ hàn dì 麦收后把土地犁翻晒垡休耕,入秋再种上麦子,这样的地叫～,也曰"晒旱"(shǎ hàn):春地谷子"晒旱"麦。

〔"晒摆"〕shài·bai 受了气不找当事人而借摔打别的东西出气,或以不满行动体现。

〔山憨儿〕shān hānr 往时讥笑山里人见识浅、知识少。

〔山里猴儿〕shān·li hōur 据说猴子善效仿人的动作,比喻某些人生硬死板地学别人:～,不敢引头。

〔山晕儿〕shān yūnr 往时讥笑山里人少见世面。

〔伤蚀〕shāng·shi 用不正当的手段损害贬低人。

〔晌午错〕shǎng·wu cuò 过午时分。("小晌午"是"将近中午","晌午头儿"是正中午。)

〔上赖药〕shàng lài yuē 背后说人坏话。

〔上脸〕shàng liǎn 脸上露出骄矜颜色,有错不知羞耻。义近"上样"。

097

宝丰方言

〔上样〕shàng yàng 娇纵、不服气、任性的神色及行动。

〔烧包儿〕shāo baor 在生活、行动、语言上爱出风头，好张扬突出自己的行为表现叫"烧"，喜爱烧的人叫"～"。或称"烧包儿货"。

〔少欠〕shǎo·qian 亏待，缺少（对他的）照顾：来俺家我没～他。

〔生分〕shēn·fèn 做事勉强，厚着老脸皮，硬三分下墨儿：这样办有些～。

〔神神道道〕shén·shen dào·dao 迷信鬼神或利用神鬼迷信骗人。

〔审腾〕shěn·teng 通过有意的观察来了解某人；通过反复问讯来了解某事。

〔生坯子〕shēng pēi·zi 义近"生红砖"，又曰"生坯儿""生坯子货"。

〔生涩〕shēng·sai ①不熟悉，较疏远。②家庭之间，人与人之间矛盾纠纷的婉辞：近来两家～了！②义又曰"涩嗑"。）

〔"圣人"蛋〕shèng rén dàn "圣人"是品行超优、智慧最高、超过常人的人。社会上讥讽人有不寻常、不一般行为的人为"～"，也指傻里傻气、行为鲁莽的人及自恃清高、不随和的人。

〔实"寿"〕shǐ shòu 老实过分,又曰"实兴(xìng)"。

〔使"掌"〕shǐ·zhang 不自量力,逞能。(元曲中有"侍长""使长",奴仆对主人之称。明徐渭《南词叙录》:"金元谓主曰使长。"方言中词义疑自此来。见张相著《诗词曲语辞汇释》。)

〔拾漏儿〕shì lòur 捡到了便宜,无意中得到好处。

〔"是"闹〕shì·nao 心中有气、找碴儿寻事,或指子女对父母怄气。("是"音疑为"恃":依仗。)

〔瘦干筋儿〕shòu gān jǐnr 精瘦。又云"瘦筋赤郎""瘦里八挤"。

〔受双二声〕shòu shuáng 挨"嚷",一般指受到父母长辈们的批评、责骂。

〔受症儿〕shòu zhengr 吃苦、受罪、艰难。

〔顺杆子爬〕shùn gān·zi pá 揣摩对方心意,顺势巴结讨好。

〔顺马游缰〕shùn mǎ yóu jiāng 没管教了,到处乱跑。

〔撕开脸〕sī kāi liǎn 不讲情面,不念旧谊。抹(mā)开脸了。

〔撕开嘴〕sī kāi zuǐ 不顾一切叫骂;有时也指大吃特吃。

〔丝瓤〕sī·rang 办事、说话不爽快,鸡零狗碎没个完。有联系也曰"～"。

〔死鳖〕sǐ biē 斥骂受人欺侮、吃亏也不敢吭一声的人；也指性情迂缓、懦弱无能的人；又曰"～货"。

〔死纥𰀀〕sǐ·gē da 绳线类形成的死结，不易解开；也比喻多年形成的不好解决的问题。

〔死头儿〕sǐ·tour 骂人懦弱，无作为。又云"死头货""死货"。

〔㞞囊〕sóng·nang 讥讽人软弱无能。又云"～蛋""㞞包货"。

〔算拉倒〕suàn lā dǎo 算完、算了、不说了。

〔算不拉倒〕suàn·bu lā dǎo 没个完。

〔碎嘴不拉舌〕suì zuǐ·bu lā shè 絮叨叨，说话不停，翻来覆去没个完。

Tt

〔塌亏欠〕tā kuì·qian 欠别人的人情。

〔胎里带〕tāi·li dài 比喻生来（或自小）就有的、不易改变的习惯等（多指毛病）。

〔弹挣〕tán·zheng 本指动物类四肢弹动挣扎（如昆虫被捉、牛羊鸡被宰杀后），借指人为家庭生活干活做事：他～了一辈子，才有这份家业。

〔蹚将〕tāng jiàng 旧时称土匪。（"蹚"似从"蹚水过河"的"下水"义而来。）

〔添箱〕tiān siang 女子出嫁前亲朋馈赠的礼金衣物等。

〔填还〕tián·huan ①答谢、报答，指给以具体的好处（有佛教因果报应的意味）：该～人家。②对得起，让人喜欢：你这话老不～人。

〔条个儿〕tiáo·ger 人的身材。

〔"挺儿"〕tiǎor 一直，总是：小孩病了，老闹人，我得～抱着；交代你的事我可～等着呢！〔《说文解字》有"𡈼（壬），他鼎切，善也，事也"，为"挺"之初文，人在土上立也，立有直义。当为方言此词本义。〕

〔跳天〕tiào·tian 不安分，好动，似乎什么都敢干：～戏子马里猴。

〔透亮儿〕tòu·liàngr 任务即将完成，看到希望了；或指早晨天刚亮。

〔透钻〕tòu·zhuan 人很精明、灵活，有门道、会办事。

〔秃拉舌儿〕tū·la shèr 口齿不清，发音不准，说话不清楚。

〔"突"懒蛋〕tū lān dàn 不修边幅，不讲卫生，脏哩吧唧的人。

〔吐口儿〕tǔ kour 答应，应允。

〔托底〕tuō dǐ 知道事情的来龙去脉，了解底细。

〔脱续〕tuō·sü 绳子不结实，断股；劣质布类从中间脱裂也曰"～"。

〔妥了〕tuǒ·la 事情办好了，可以了。(《集韵》"妥，吐火切，安也"，又"侻，他括切，可也"。或口气较松泛地连言"妥妥……"）

Ww

〔"哇哝"〕wā·nong 恶心干哕。(《集韵》："喑呐，乌八切，女劣切。声不出谓之喑呐。"似是本字。)

〔"凹斗"〕wā·dou 眼窝深、额头高谓"～脸"：他的脸有些～。(《集韵》"窊，邬版切，曲面谓之窊"；又"䁂䁂，深目皃"。)〔按：深为"凹"，高为"陡"，也是戏谑性夸张之辞。〕

〔"瓦"[1]〕wǎ 跑开，逃掉；离开：他看势不好，起来就～；不知啥时候，早～得没影了。(《集韵》"佳徥，于佳切，初危切，邪行皃"；又"趌，户八切，古滑切，走也"；又"趏，古刮切，走皃"。)

〔歪脖儿客〕wāi·bor kāi 以前嫁娶时女方娘家抬送嫁妆的宾朋，因抬东西压得脖子歪而得名，后用车类载拉嫁妆后仍沿用此称呼。此类"送客"较"正客"（也属"送客"）位次要低些。

〔歪歪"口口"〕wāi·wai kǒu·kou 心眼歪，手段狠，指做些坑害人的事：她心底好，不会做些～的事。（"口"义见前条。）

〔顽缠〕wán·chan 指人纠缠不完，摆不脱，离不开。死拧活缠的人称作"～头"。

〔玩猴儿〕wǎn hóur 演猴儿戏，由驯化后的猴子上场表演。

〔玩提猴〕wǎn tí·hou 表演提线木偶傀儡戏。

〔玩"肘吼"〕wǎn zhǒu hǒu 表演举过头顶的傀儡戏。

〔喂牛时〕wèi óu shí 太阳将落的时候，此时农家开始拴牛上槽。

〔"倭"瓜〕wō·gua 本义是南瓜，用以比喻人没用、窝囊无能：这人～哩很，又曰："～菜""～菜货"。

〔窝瘸〕wō·que 由于条件限制，人的身子不能伸展；也指植物种子芽、苗受阻、受挤压，不能顺利生长。（义近"窝憋"；但"窝憋"多指精神上不舒畅；而～多指受条件限制，有时二者也混用。）

〔卧窝儿〕wò·eor ①鸟兽等归巢。②相同的人或物凑在一起。

〔舞抓〕wǔ·zhua 双手舞动。引申为调戏（妇女）、抵抗等动作；又引申为治理：那地方他～不住了。又作"舞扎"（wǔ·zha），"舞招"（wǔ·zhao）。

Xx

〔稀巴烂贱〕xī·ba làn ziàn 十分便宜，不主贵的东西。

〔"稀糊"儿〕xī·hur 几乎，差一点儿。（《同源字典》："汔〔xiat〕，幾也、近也。""稀"音应来自此。又曰"稀稀糊儿糊儿"。又见"争忽儿"。）

〔稀屎〕xī·shi 胆小，怯懦：～皮（胆小鬼）。（据传人受到异常惊吓会腹泻拉稀且不易治愈，云"稀屎痨"。）

〔瞎渣〕xiā zhā 白费工夫，几乎没什么好结果。

〔瞎"掰"〕xiǎ·bǎi 胡说：甭信他～。又曰"～扯"。又指"胡来"的事。

〔下渣儿〕xiàr·zhar 人格低、没骨气：做人不要老～。又"～皮""下渣儿货"，均指见到别人的好东西就想占有，见到好吃的就馋涎欲滴，吃人家东西狼吞虎咽，不注意仪表及自己人格尊严的动作行为。

〔先儿〕siānr 先生的省称，附在姓后表尊敬的口气，多对医生用。也用于对一般人，但有戏谑意味，或称"老先儿"。

〔响器〕xiǎng qì 笙、喇叭等吹奏乐器（和《现代汉

附录

语词典》解释不同），地方艺人组成"～社"，婚丧嫁娶给人吹奏演出。

〔嚣薄〕xiāo bó 一般指器物不坚固，也指人穿着单薄。

〔小虫儿〕siǎo chongr 麻雀。（见前"虫'衣'儿"条。）

〔小磨"事"〕siǎo mó·shi 不紧不慢、趿趿磨磨、慢条斯理的人。

〔小妮儿〕siǎo nir 女孩儿，又曰"小妮子"，"妮"音本地为〔ȵi〕。

〔小敲打儿〕siǎo·qiao dar 指小生意，小规模的作坊，有凑凑合合的意思。

〔㩳斥〕siē chì 打（他），揍（他）。（参见"眼子"条。）

〔血淋胡拉〕xiē lín hū·la 全身大面积受伤且流着血。

〔"协火"〕xié·huo 大声叫喊。（"哮唬"的变音。《说文解字》段玉裁注："哮：豕惊声也。唬：虎声。"或作"哮虖"，虖：虎吼。）

〔血糊儿子儿〕xiě·hu ér·zir 刚刚出生的小生命。

〔性〕sìng 指人脾气暴躁，不敢惹（贬义，几乎等同辱骂。似乎源于牲畜起性义）：我去找人家，人家～哩很！

105

〔熊包子〕xióng bāo·zi 讥人软弱可欺，或云"熊包儿"。

〔熊赤吗哈〕xióng chi mā·ha 讥人不精细、动作笨拙。

〔轩〕xuān 优秀，良好（指东西、货物、庄稼、人格等）：～哩很。人真～！（似由"轩"的本义，即古时"大夫以上乘的车"引申而来。）

〔轩尖葫芦头〕xuān·zian hú lú·tou 石头、块状物不规则。

〔"雪"〕suě 口含噙、牙不咬的吮吸动作：～冰棍儿。（似由"削"义引申。）

〔"训"〕xùn 人品差，作风不检点，惹人讨厌。（《集韵》："鶨，吁区切。鶨鹏：妖鸟。"）也说"～乎""～臣"等。

Yy

〔压量〕yā liāng 欺负（人）。（"量"似为"凌"的变音。）

〔鸭子屎〕yā·zi shǐ 比喻没本事、能力弱、办不成事的人。（地方俚语中有："～，扁嘴粪，上到地里没有劲〔jin〕，桐木夯、柳木棍，挑到集上没人问。"）

〔牙"扠"〕yá·cha 原义为动物龇牙欲咬人，引申为不敢惹的东西或人为"～货""～东西"，如体态大的狗，再如旧时的衙役；对一般人能说会道，不敢招惹也称为"~"（含贬义）。（《集韵》："齟，锄佳切，开口见齿儿。"应为"扠"音本字。）

〔牙长〕yá cháng 爱计较，总是心理不平衡而埋怨、责怪，如物质上总觉得别人得的多，嫌自己的少；干活（或工作）上，总觉得别人干得少，嫌自己干得多等。

〔眼跟儿"格"儿〕yán gēnr·ganr 眼前，跟前。（参见"跟儿格儿"。）

〔沿墨儿〕yán·meir 恰好，正好，凑巧，本义为旧时木工需沿打的墨线锯开、刨平。

〔眼错不见〕yǎn chuò bū jiàn 眨眼工夫，很快地，一瞬间。

〔眼子〕yǎn·zi 又曰"眼子头"，指憨厚、心眼实容易上当受骗的人，经常吃亏、心不情愿但也得接受的人：不分光棍~，大家一律平等；河水汤汤流，~不断头。（"眼子"，即木匠开的装榫头的卯眼，装榫头时需用强力搋进去。方言中"挨搋"，即受骗，义本此。）

〔扬洒〕yáng·sa 有意地随处道说别人的短处、不是，与"臭摆"几同义。

〔仰摆脚儿〕yǎng bai·juěr 脸朝上躺下（睡觉）。（方言中~与"侧棱膀儿"对举，就睡觉姿势而言，与"仰摆叉"略不同：跌个"仰摆叉"，不说跌个~；脸朝上睡觉有时也说"仰摆四叉",是指手脚叉开,此与《现代汉语词典》义有别):～尿尿,流哪儿是哪儿。任其自然义。)

〔仰答二"诤"〕yǎng·da ér·zheng 摆架子,似理非理;冷淡,瞧不起人。

〔样上〕yàng·shang 在牲畜交易市场上,卖主赶牲口来回走几趟让买主观看、品评,曰"样牲口",买主看中曰"～",随后交易。后引申为一切凡看中、相中、符合要求等均可说为"～"。(有戏谑意但无多贬义。)

〔样致致〕yàng·zhī zhi 很有精神的模样,有模有样的。

〔谣言作祸〕yáo yán zhuō huò 说些无踪影的话惹人不耐烦:天天吃饱没事了,～的!

〔咬蛋〕yǎo dàn 骂人咬躁。或"～虫儿""～货"。

〔咬躁〕yǎo·zhao 爱寻事、爱找碴儿,总和别人闹不团结而总是认为自己有理。

〔咬嘴〕yǎo zuǐ 某些文章不易诵读,即所谓的"佶屈聱牙"义。

〔野鸡叫唤〕yé ji jiào huàn 戏指或辱骂他人胡乱帮腔:这事别听那些～,得自己有主心骨。

附录

〔夜ᵣ"衣"〕yèr·yi 昨日。（"衣"音见前"今ᵣ衣"条。）

〔一"崩"子〕yī bēng·zi 有时候了，一歇子了，时间不短了，好大一会ᵣ了。（《集韵》："逬，必幸切，行急也。"～义近于"一歇子"，原义均为过去步行走累需要歇息前的一段时间。）：他离这ᵣ～了！

〔一"不拉"净光〕yī·bu la zìng guāng 借指往事休提，恩怨全消，什么事都别说了。（"不拉"见前，也作"没（mù）拉"。）

〔一肚子牛杂碎〕yī dū·zi oú zá suì 讥人知道不少乱七八糟的东西。

〔一垡ᵣ〕yī fár 指年岁相近的一帮ᵣ人，有"老～"，"小～"。（用步犁耕地一趟翻出来的土块叫"一垡ᵣ"或"一垡子"。）

〔一锅带下〕yī guō dài xià 统统，全部，一个不留。

〔一老本登〕yī lǎo běn dēng 老老实实、实实在在而又按部就班。

〔一路子货〕yī lūzi huò 一样子的人，一号人（贬义）。或云"一号货"。

〔一门锤〕yī mén chuí 只知道一种方法，不知变通或云"死～"。（似从拳术义而来。）

〔衣裳架子〕yī shǎng jià·zi 比喻十分讲究穿着，

109

爱打扮而又好吃懒做的人（多指女性）。

〔一身贱旋〕yī shēn zián sūān 一身净是毛病（戏谑语）。（徐咸《相马经》云："马旋毛者，善旋五、恶旋十四，所谓毛病，最为害者也。""恶旋"即"贱旋"。以毛旋定马之优劣，本系无稽之谈。）

〔一条椽儿〕yī tiáo chuánr 连襟。

〔阴"报"〕yīn·bao 欺侮人，多指背暗处操歪心欺负人。（"报"音为"虣"，《说文解字》云"虐"也。）

〔迎冷儿〕yíng lěngr 每年秋冬交替，气候刚冷的时候。

〔"悠"〕yōu 闲走，从容地无目的地慢走。（"悠"，现在的辞书中已无行走义。《说文解字》有"㥑，和之行也，从夊惡声，於求切"。研究者认为，此字从夊，本义应为"優游"。后用为"憂（忧）愁"义，原来"憂愁"作"惡愁"。后曾出现"優"字以代，似为"闲走"义用者不广，加之今规范简化，"惡"被"忧"字代替，"優""憂"几要退出辞书了。）

〔由意儿〕yóu yìr 自己掌握主动权。

〔有态儿〕yǒu tàir 人长得有气质，有气魄（多用于小孩子）：人家的孩子小着些（从小）就～。

〔诱子〕yòu·zi 引诱别人上当受骗，为他人谋取利益而自己也分得一杯羹的人。现代称为"托儿"。（似源于捕鸟的"圝 yóu 子",见《现代汉语词典》。)

〔圆"番"〕yuán·fan 圆满、周全、没漏洞,十分完美。也曰"圆圆番番"。

〔圆展〕yuán·zhan 器物(或部分)为圆形,或曰"圆展展""圆圆展展"。

〔晕鸡儿〕yūn jīr 头脑不清楚,遇事迷瞪茫然为"晕",此类人戏称为～,或为"晕蛋鸡儿""晕头瓜"等。

Zz

〔杂忽拉儿〕zà·hu lar 混杂不清,混在一起的东西。也指事情繁杂。

〔栽嘴儿〕zāi zuǐr 打瞌睡。

〔脏黄不济〕zāng·huang bū·zi 脏兮兮的样子。不卫生的人,不整洁的地方,均可称之为～。或云"脏哩吧唧"。

〔凿斥〕záo·chi 训斥,责骂;有时也指揍、打(人)。

〔扎"刮"〕zhā·gua ①收拾打扮,装饰:这老婆子今儿～得像个小妮儿样! ②引申为扶持:这人生就尿囊货,再～也～不起来。

〔"宅"棱膀儿〕zhái·leng bǎngr 歪着身子:他睡觉～。("宅棱"《现代汉语词典》作"侧 zhāi 棱"。

《同源字典》"侧、仄"古同音，"仄"为古"侧"字。）

〔沾弦〕zhān·xián 中用、济事。（参见"不沾弦"。）

〔"昭"〕zhāo ①探视看望（病人，老人），也用作一般的观看：叫我～～啥样儿！②刚接触、碰住：这孩子～住就哭！引申为"惹"：这人不敢～，一～就惹麻烦。（①义疑为"朝"zhāo，旦也。《洪范·五行传》："平旦至食时为旦之朝。"此字又音 cháo，见也。《周礼》："春见曰朝，谓诸侯见天子也。"普通凡臣见君皆曰朝。又"子见父母曰朝"。《礼记·内则》"昧爽而朝"是也。朋辈过访也曰朝。以上引语见《辞海》。俚俗①义中凡探视病人、老人，尤其得病的老、病重的老人，一般必得在中午前，疑"朝见"义过于隆重而改为 zhāo 音。但"昭"也有"见"义，"招"义有"来也""至也"。未敢确认。）

〔折"个"〕zhē·ge 有意磨治人、"格对"人。（"个"音似为"格对"义，见"'格'对"条。）

〔折证〕zhé zhèng 把事情说清楚，谁是谁非分辨一下曰"～～"。（"折"为"亏折"，即做生意"亏本""折本"，"证"即"挣"，挣来了钱。"折者折（shé）本，证者挣"，"折证"本为"清算"义。见张相《诗词曲语辞汇释》。）

附 录

〔这"衣ᵣ"〕zhe·yir 这天，这一天。（参看"那'衣ᵣ'"。）

〔这"㕒"〕shè siāng 这边。（早期白话有"这厢"，义同。）

〔缜捣〕zhěn·dao 东拼西凑，尽其所能地找寻。（缜：细致。）

〔争忽ᵣ〕zhēng·hur 差一点ᵣ，几乎，又云"争一忽ᵣ"。（"一忽"为极细微的计量单位。）

〔正庄ᵣ〕zhèng·zhuangr 正宗真货，从正儿八经的商号里批发出的（货物）。（旧称大商号为庄，如钱庄、布庄。）

〔枝杈〕zhī·cha 过分显示表现自己，逞能、炫耀，又云"枝枝杈杈"。"枝留爬杈"。（《集韵》："婼婼，陟涉切，测洽切，女不善皃。"又有"挓桫"，又作"鮨沙"，披张皃。明代贾凫西《木皮散客鼓儿词》："世间事风里孤灯草头露，纵有那几串铜钱你慢鮨沙。"义与"枝杈"近。）

〔"支"客〕zhī·kai 家有婚丧大事时聘请的执事者，主持铺排来客筵席等事务。（《集韵》："倁，质入切，执事者，通作'执'。"应为"支"本字。）

〔支棱"刷刮"〕zhī·leng shuá·gua 出众，不一般，利索，漂亮（一般指女性的穿着打扮）。也作"支棱""支

113

支棱棱""支棱棱"。

〔直"刚刚"〕zhí gāng·gang 身子挺立，腰不弯，喻人刚正不阿、有气节。（《集韵》："伉，居郎切，冈音，刚正儿。"《后汉书》："难经伉伉刘太常。"）

〔直"捻"〕zhí·nian 很直，不弯曲。又云"直捻捻儿"。（"捻"方音〔ȵian〕。）

〔指住〕zhǐ·zhu ①大概，估计：你～怵"大个子"，人家一来你就怂了！②指得住，靠得住：这人能～，你交给他就放心吧！

〔"治"事儿〕zhì·shìr 管用，中用：这东西～，用上就行了。〔《说文解字》："挃，直异切，当也。"《集韵》："挃，直利切（音缀）。"引《说文解字》义。恰合方言音义。〕

〔治"业"〕zhì yè 旧时指报仇杀人，甚至杀死全家，也称"打业"。（业，佛教名词，这里指恶业。）

〔"肘"手〕zhǒu shǒu ①投降，服气。②什么事也干不成了。③"肘着手"为不理不睬，不管不问义。

〔主贵〕zhǔ guì ①自以为自己"金贵"，别人都得尊重自己：就你～，非得坐高处！②物品贵重：这东西～，值不少钱呢！

〔"抓"唠〕zhuā·lao 大声喊叫、吵闹、吵嚷。（略含贬义）

附 录

〔跩〕zhuǎi 摆阔气，张扬自己有钱，会享受。（"跩"：走路摇摆的样子。疑方言义源于旧戏剧舞台上官僚、财主们出场后的走路姿态。）

〔拙门儿〕zhuō ménr 歪主意。

〔滋腻〕zi ní ①（生活）丰足，实在：小日子过得滋滋腻腻的。②（女人）长相细腻匀称。（《中华大字典》引《广韵》有"𦢊𦢊，是义切，宜寄切，面儿"，疑出自此。）

〔嘴不留心〕zuǐ bū liú sín 口快，想说什么不多加考虑马上说出来。

〔嘴子客〕zuǐ·zi kāi 能说会道，只耍嘴皮子不会干事或不愿做事的人。

〔作精〕zuǒ zīng 讥讽人做事超过自己的能力，逞能过分。

〔作践人〕zuō siǎn rén 用不好的话语欺负人；"作践"又曰"作济"。

〔"左"是〕zuǒ shì 总是：你～那样做，我说你也不听。（元明戏曲中有"左使"一词，作动词。"左使"即做使，当作"使做"之倒文，意言"使弄"也。见张相著《诗词曲语辞汇释》。方言中或受其影响，但用法并不同。另方言中"左"音，义为"总"者仍

115

宝丰方言

有：我"左"叫你知道马王爷是三只眼哩！这里是"总要"义。）

〔坐跟〕zuò·gen 旧时穿家制布鞋，有人因走路习惯，鞋后帮儿不久即瘫软歪斜，挺立不起，乡语曰～（但还有"右跟"一说，或是指歪斜的方向，若此，则应为"左跟"）；后引申为人身疲软站立不起或精神萎靡均曰～：那件事，我问他一阵，把他问～了（对方因心虚，无言以对）。

〔"即"灵〕zi·ling ①女子聪明、机敏、有才、有悟性：这姑娘长得多～。②女子装饰打扮靓丽，一般说"即灵灵"。（与"机灵"义不同。《集韵》："婧，绩篗切，女有才也。"与"精"义稍不同。）

〔"就"义〕ziu yì 永远改不过来了。（《集韵》："僦，疾僦切，音就，终也。"）

（摘选自《豫西宝丰方言词义探析》一书）

宝丰说唱文化普及系列丛书
申红霞　主编

宝丰历史人物

潘运明　编著

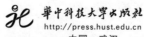

中国·武汉

图书在版编目（CIP）数据

宝丰历史人物 / 潘运明编著 . -- 武汉：华中科技大学出版社，2023.5
（宝丰说唱文化普及系列丛书 / 申红霞主编）
ISBN 978-7-5680-9378-1

Ⅰ.①宝… Ⅱ.①潘… Ⅲ.①历史人物—生平事迹—宝丰县 Ⅳ.① K820.861.4

中国国家版本馆 CIP 数据核字（2023）第 075723 号

宝丰历史人物　　　　　　　　　　　　　　　　潘运明　编著
Baofeng Lishi Renwu

策划编辑：彭霞霞
责任编辑：梁　任
封面设计：杨思慧
责任监印：朱　玢
出版发行：华中科技大学出版社（中国·武汉）　　电话：（027）81321913
　　　　　武汉市东湖新技术开发区华工科技园　　邮编：430223
录　　排：天　一
印　　刷：洛阳和众印刷有限公司
开　　本：880 mm × 1230 mm　1/32
印　　张：4.5
字　　数：87 千字
版　　次：2023 年 5 月第 1 版第 1 次印刷
定　　价：168.00 元（全 9 册）

本书若有印装质量问题，请向出版社营销中心调换
全国免费服务热线：400-6679-118　竭诚为您服务
版权所有　侵权必究

《宝丰说唱文化普及系列丛书》编委会

总策划： 刘海亮

主　编： 申红霞

副主编： 杨淑祯　潘廷韬

编　审： 樊玉生　江国鹏

成　员： 曹俊青　杨东熹　周博雅　郭敬伟

　　　　　聂亚丽　徐真真　王少克　潘运明

　　　　　刘宏民　李全鑫　何清怀　张关民

　　　　　芮遂廷　贺天鹏　徐九才

序

  文化自信是一个国家、一个民族发展最基本、最深沉、最持久的力量。进入新时代新征程，党的二十大做出了"推进文化自信自强，铸就社会主义文化新辉煌"的战略部署，为我们加强社会主义文化建设、弘扬优秀传统文化指明了方向。

  地处中原腹地的平顶山市宝丰县，历史文化底蕴深厚，一代代先人在这里繁衍生息、创新创造，留下了丰富的文化遗产，成为中华优秀传统文化的重要组成部分。

  宝丰县地处河南省中部偏西，是伏牛山脉与黄淮平原的交接地带。西部山峦绵延，中东部遍布平原，丘陵、小山点缀其间。沙河、北汝河两大河流护其左右，石河、泥河、净肠河、应河、柳杨河、运粮河穿境而过，滋润着这片沃土。二十四节气在这里活态传承，春夏秋冬四季分明，具备典型的暖温带气候特征。由此，在这块先民们生产生活的理想宝地上，形成了具有中原特点的农耕文化。

  古时候，宝丰县是北连河洛、南控宛襄的交通要冲，成就了大营、马街、湍阳、翟集、老城等古老集镇，车马辐辏，商贾往来，号称"千年古县"。正是在这样一块宝地上，祖先留下了丰厚的文化遗产。

  2017年1月，文化部（现更名为文化和旅游部）批准设立说唱文化（宝丰）生态保护实验区，至今历时6年。6年来，宝丰县在国家文化和旅游部、河南省文化和旅游厅、平顶山市

委市政府的大力支持下,为生态保护实验区的建设、中华优秀传统文化的保护和发展,做了大量扎扎实实、卓有成效的工作。《宝丰说唱文化普及系列丛书》的出版、发行,对重新审视祖先留下来的珍贵文化遗产,坚定文化自信,保护、继承祖先留下的优秀传统文化,具有十分重要的意义。

宝丰县历史悠久,文化灿烂。境内拥有马街书会、宝丰酒传统酿造技艺、汝瓷烧制技艺、宝丰魔术共4个国家级非物质文化遗产项目;拥有清凉寺汝官窑遗址、父城遗址、香山寺大悲观音大士塔及碑刻、小李庄遗址共4个国家级重点文物保护单位;拥有妙善观音传说、白朗起义传说、木偶戏、韩店唢呐、高腿曲子戏、河南坠子(西路)、大调曲子(墨派)、平调三弦书、翟集冯异小米醋酿造技艺、经担舞共10项省级非物质文化遗产项目;拥有文庙大成殿、文笔峰塔、塔里赤墓碑、解庄遗址、中共中央中原局中原军区宝丰旧址群等17个省级重点文物保护单位;拥有风搅雪坠子书、快板书、评书、祭火神、乐器制作技艺、刺绣、剪纸等64个市级非物质文化遗产项目;拥有前营遗址、贾复庙、玉带河永济桥、小店遗址等121个市县级文物保护单位;已经列入县级非物质文化遗产保护名录的还有越调、拜三皇、唱愿书、对戏等108项。境内还有保护较好的各级传统村落、历史文化名镇名村50余个。

这海量的优秀文化遗产,都是宝丰人民祖祖辈辈传承下来的中华民族智慧的结晶,也是宝丰人民的立足之本、精神财富,是我们值得骄傲和自豪的资本,更是我们崇德尚文、踔厉前行的动力。

《宝丰说唱文化普及系列丛书》是平顶山说唱文化（宝丰）生态保护发展中心组织本土专家学者，根据2017年"宝丰文化进校园"教材蓝本，进一步补充、完善的全民文化普及读物，由《宝丰曲艺》《宝丰戏曲·魔术》《宝丰民间习俗》《宝丰方言》《宝丰历史人物》《宝丰名胜古迹》《宝丰民间音乐舞蹈》《宝丰民间文学》《宝丰传统手工技艺》共9册组成。本书比较全面地展现了宝丰县的历史文化本貌、文化生态环境，文字简洁凝练，是传承、传播宝丰地方文化的大众读物。相信它的出版会对保护和传承中华优秀传统文化起到不可估量的作用。

习近平总书记说过："我们要坚持道路自信、理论自信、制度自信，最根本的还有一个文化自信。"文化自信是中华民族对自身文化价值的充分肯定和积极践行，是对其生命力持有的坚定信念。宝丰县的历史文化是黄河文化的重要组成部分，也是中国文化的精粹。热爱本土文化，热爱我们的家乡，传播和传承宝丰县历史文化，保护、抢救我们珍贵的文化遗产，既是宝丰人义不容辞的责任和义务，也是我们培育文化自信的动力和源泉。

《宝丰说唱文化普及系列丛书》将给大家带来精神上的愉悦和动力，激励全县人民携手并肩继承先祖的聪明才智，为传承发展我们的优秀传统文化贡献绵薄之力，共同建设好我们的美丽家园。

中共宝丰县委书记
2023年3月

目 录

汉初大谋略家张良……………………001

东汉大树将军冯异……………………006

宝丰创城鼻祖贾复……………………016

北宋大理学家程颢……………………022

兵部给事中王之晋……………………030

大顺丞相牛金星………………………034

清代翰林吴垣…………………………044

清代著名文人李宏志…………………050

《歧路灯》作者李绿园…………………057

《国朝中州诗钞》辑录者杨淮…………063

早期同盟会会员王治军…………… 068

扶汉讨袁军领袖白朗………………… 073

建国豫军总司令樊钟秀…………… 079

早期共产党员余自修………………… 090

抗战时期宝丰县县长曹子俊………… 098

上甘岭战役特等功臣赵毛臣………… 112

全国林业系统劳动模范李禄………… 123

诺贝尔物理学奖获得者崔琦………… 129

汉初大谋略家张良

张良

张良(约公元前250—前186年),字子房,战国末期韩国颍川郡父城县(治所在今宝丰县李庄乡古城村)人,张良故里现属郏县李口乡张店村,杰出的军事家、政治家,时与韩信、萧何合称"汉初三杰",后世人尊称他为"谋圣"。《史记·留侯世家》记录有张良生平。

张良原姓姬,出身于韩国贵族家庭。其祖父姬开地做过韩昭侯、宣惠王、襄哀王的相国,父亲姬平做过釐王、悼惠王的相国。秦灭韩之前,张良年龄尚幼,因而未及在韩国为官。其父死二十年后,韩为秦所灭。二十多岁的张良已成为一名有为青年,他不愿做亡国奴,立志为韩国报仇,倾其家产,寻求有本领的刺客,谋刺秦始皇。他乘在淮阳习礼的机会,结识了东夷首长仓海君,仓海君给他介绍了一位大力士,此人能舞动一百二十斤重的大铁椎。

001

公元前218年，秦始皇东巡，途经博浪沙（今河南原阳），事先埋伏在这里的张良令大力士舞动铁椎掷向秦始皇乘舆。不料击中的是副车，行刺未果，只得仓皇逃命。秦始皇勃然大怒，下令在全国搜捕刺客。

春秋战国时期，政治谋刺成为一时风尚。因此，司马迁作《史记》特设《刺客列传》以反映之。《刺客列传》中记载了"曹沫劫齐桓公""专诸刺吴王僚""豫让刺赵襄子""聂政刺韩相侠累""荆轲刺秦王"五宗著名的政治谋刺案件。除豫让刺赵襄子是基于"士为知己者死，女为悦己者容"的思想，为智伯报仇，谈不上有重大的政治预期外，其他四宗谋刺案的政治预期都很明显：曹沫劫齐桓公是要为鲁国夺回被齐国侵占的土地；专诸刺吴王僚是为了帮公子光夺取王位；严仲子派聂政谋刺韩相侠累是为报私仇；指使荆轲刺秦王的燕太子丹，其政治预期是缓解"秦日出兵山东以伐齐、楚、三晋，稍蚕食诸侯，且至于燕"给燕国君臣带来的压力。那么，张良"求客刺秦王"的政治预期是什么？绝不单单是出于个人激愤。秦国灭了韩国，作为"相韩五世"之家的后人刺杀秦王，不仅是要为已成亡国奴的韩国君臣报灭国之仇，同时有着更为宏大的政治预期，那就是不甘心于亡国，想光复韩国。

张良逃至下邳（今江苏邳州市南）后，改姬姓为张姓，躲藏起来。在下邳，张良有幸遇到圯上老人，圯上老人授予张良奇书《太公兵法》，张良刻苦攻读，识见陡增，立下济世之志。

公元前210年，秦始皇驾崩，秦二世继位，天下大乱，陈胜、吴广在大泽乡高举反秦义旗。张良在下邳也聚集起一支百余人的队伍响应。不久，沛公刘邦略地下邳，张良率众于留邑投刘邦军，被委为厩将。张良多次以《太公兵法》向刘邦献计，刘邦很能理解其真知灼见，多采纳其计策。后来刘邦与项梁合势，推楚怀王熊心为共主。张良说动项梁立韩公子成为韩王，张良得任韩国申徒，与韩王成一起，带着自己千余人的队伍西返韩地，与秦军周旋，准备重建韩国，但力量毕竟有限，旋得旋失，只能游兵韩国故地颍川一带。

公元前207年，刘邦奉楚怀王之命西进攻秦，至崤函古道受阻，从洛阳转而南至轘辕关（今登封北），进入颍川地面。张良引兵与刘邦会师，一连攻下十余座城池。刘邦令韩王成留守阳翟（今禹州），与张良南下，在犨东（今鲁山张官营）大败秦南阳太守，一路挺进。张良随刘邦西取宛，下武关，战蓝田，兵临秦都咸阳。西进路上张良数献奇计，使刘邦得以顺利攻下咸阳，灭亡秦朝。刘邦初入秦宫，见如山重宝、如云妃嫔，眼花缭乱，沉迷不能自拔，意欲留居享用。张良劝其审时度势，从长计议，还军霸上，以待项羽。

项羽入关，在鸿门设宴，想乘机击杀刘邦。张良利用同项羽亲信项伯的友情，智救刘邦脱险。次年，刘邦获封汉王，王巴蜀。张良又通过项伯说情，从项羽手中求得战略要地汉中。张良向刘邦献上"烧绝栈道，示无还心，以麻痹项羽"之计后，辞别刘邦，东返韩地，欲辅佐韩王成光复韩国。无奈项羽扣留韩王成，不使领国，且杀之于彭城（今徐州）。

张良逃出项羽之手，西归汉王刘邦。此时的刘邦已北越秦岭，还定关中，见张良归来，喜出望外，当即封张良为成信侯。因张良体质羸弱，不使带兵，以免冲锋陷阵之苦，令其侍从身边，专职参与机密，为画策臣。彭城一战，汉军失利，张良建议刘邦与九江王黥布、齐王田荣结成统一战线，并放手使用韩信，令其独当一面，略地河北，定下破楚的战略大计。

公元前204年，刘邦被项羽围困于荥阳。为解困危之局，郦食其建议刘邦速封六国后人以分散项羽兵力。张良从战略层面着眼，向刘邦分析了立六国后人的八条负面影响，及时遏止了重蹈分裂割据覆辙的苗头，保证了国家的统一。

张良以其卓越的战略头脑，适时建议重用英布、彭越、韩信以抵抗项羽，及时阻止郦食其分立六国的计策，刘邦大封功臣，说："运筹策帷帐中，决胜千里外，子房功也。自择齐三万户。"张良因与刘邦初遇于留（今江苏沛县东南），谦恭地说："臣始起下邳，与上会留，此天以臣授陛下。陛下用臣计，幸而时中，臣愿封留足矣，不敢当三万户。"于是，刘邦满足了张良的要求，封张良为留侯。

刘邦欲定都洛阳，其文臣武将多为山东人，非常支持。张良向刘邦献计："（洛阳）非用武之国也。夫关中左殽函，右陇蜀，沃野千里，南有巴蜀之饶，北有胡苑之利，阻三面而守，独以一面东制诸侯。诸侯安定，河渭漕挽天下，西给京师；诸侯有变，顺流而下，足以委输。此所谓金城千里，天府之国也。"说服刘邦西都关中，奠定了汉王朝长治久安的根本。

张良出奇计保太子，破英布，击代地，举萧何为相国，天下平定，以体弱多病为由，打算功成身退，淡出权力角逐的是非旋涡。他满足地说："家世相韩，及韩灭，不爱万金之资，为韩报仇强秦，天下振动。今以三寸舌为帝王师，封万户，位列侯。此布衣之极，于良足矣。愿弃人间事，欲从赤松子游耳。"公元前186年，张良去世，谥号文成。

张良精通黄老之道，是我国历史上杰出的谋略家，为除暴秦建立汉朝、维护天下统一立下了殊勋，功盖诸将，名列汉初三杰之首。

东汉大树将军冯异

一、投奔明主,韬光养晦

冯异

冯异(?—34年),字公孙,颍川郡父城县(今宝丰县李庄乡翟集村)人,东汉著名开国将领,云台二十八将之一。少好读书,通《左氏春秋》《孙子兵法》。在跟随刘秀征战时,常以儒家思想学说律己、事君、待人,人称"儒将",自喻"儒生"。

汉兵起事的时候,冯异以郡掾身份(相当于今天的军分区副司令员)监管五个县的兵马防务,与父城县长苗萌共同守城,为王莽抵御汉军。刘秀攻取颍川之地时,攻打父城县,一时没能攻下,将军队屯扎在巾车乡(今河南宝丰东)。冯异乘此间隙巡视所管辖的属县,被汉军抓获。当时冯异的堂兄冯孝及同乡人丁䌷、吕晏都跟随刘秀,便一起举荐冯异,使他获得召见机会。冯异对刘秀说："以我冯异一个人的微薄之力，不足以影响您的强弱。我的老母亲尚留在父城中，请允许我回去据守五城，立功报答您的恩德。"

刘秀说："好！"

冯异回来后，对苗萌说："如今各路将领大多暴虐专横，唯独刘秀将军所到之处不虏人掠货。我观察他的言谈举止，定非平庸之辈，我们可以归附他。"苗萌回答说："我与您死生同命，敬听您的安排。"

公元9年，王莽代汉，建立了国号为"新"的王朝。各地反莽运动风起云涌。荆州王匡、王凤发动绿林军起义；樊崇领导了赤眉军起义，纵横关中；郡县大姓也拥兵自重。刘秀和兄长刘縯细起义时，各路将领准备拥立一位刘姓人为皇帝。刘縯治军严明，深得南阳一带将士们的拥戴。新市、平林军的将领多数散漫放纵，担心在刘縯手下不得自由，于是就拥立胆小怕事的刘玄为"更始帝"。

刘秀率领诸将，先后攻下昆阳、定陵、郾城，名声大振。特别是昆阳之战，敲响了王莽的丧钟。刘玄担心刘秀、刘縯兄弟影响他的地位，以莫须有的罪名将刘縯及其部下杀掉。

刘縯被杀是刘秀一生中最痛心的事。"每独居，辄不御酒肉，枕席有涕泣处。"冯异私下劝刘秀节哀，不要显露出悲痛之情，免遭诛杀之祸。按情理来说，刘秀一定会报杀兄之仇，找刘玄算账，但刘秀胸怀大志，从昆阳返回宛城后，主动向更始帝请罪，不谈昆阳之功，不谈兄长之死，不为兄长服丧，一如既往。这才消除了更始帝的疑虑，躲过了杀身之祸。

更始帝的领兵将领攻打父城，前后有十几拨，因冯异坚守，都没有攻下。刘秀任司隶校尉，路经父城，冯异等人立即打开城门，捧着牛肉、美酒迎接。刘秀任命冯异为主簿，苗萌任从事（相当于今天的处长）。冯异又乘机推荐同乡铫期、叔寿、段建、左隆等人，刘秀都录用为掾史（即今天的随从官员），后来他们荣立大功，深得刘秀信任。

二、麦饭菟肩，独屏树下

更始帝数次想派遣刘秀巡收河北地区，众将都认为不妥。这时左丞相曹竟之子曹诩担任尚书，父子掌握朝政，冯异劝刘秀与他们深交，得以顺利经略河北。

更始元年（23年）十月，刘秀奉更始帝之命征战河北，冯异向刘秀详细分析了政治形势，提出一套策略："天下同苦王氏，思汉久矣。今更始诸将从横暴虐，所至虏掠，百姓失望，无所依戴。"建议刘秀施行恩德，分遣官属，徇行郡县，理冤结，布惠泽。

刘秀到达邯郸后，派遣冯异、铫期带着宣慰榜文抚慰各县，对监狱中的囚犯登记造册，审理冤假错案，释放蒙冤入狱者，废除王莽时的苛政，拿出钱来抚恤劳苦百姓，等等。

正当刘秀一行人宣慰进行得热火朝天之时，一场灾难降临，一个叫王郎的宣称自己是汉成帝流落民间的儿子，在邯郸称帝，并四处张贴檄文，追杀代表更始帝的刘秀一行。几天时间，河北一带的地盘几乎全都成了王郎的天下。刘秀和冯异一行没有立锥之地，只得狂奔逃命。

这天，他们逃到饶阳县无蒌亭时，天色已晚，饥寒交迫，疲惫不堪，再也走不动了，晚上睡在草屋里。当刘秀肚子饿得咕咕叫时，冯异捧来一陶罐豆粥，刘秀一口气喝了个精光。次日早上，他对众将说："昨晚喝了冯公孙给的豆粥，饥寒俱解。"汉军到达了南宫县，又遇特大风雨。刘秀坐车进入路边一间空房里，冯异抱柴，邓禹点火，刘秀对火烤衣，冯异给他端来了麦饭和菟肩，并用菟丝草编织披肩，披在刘秀身上御寒。

之后，汉军复渡滹沱河，到达信都（今河北冀州区），冯异收复河间兵，打下不少地盘，因功勋卓著，被刘秀拜为偏将军，封应侯。

在剿灭王郎后，招降了很多兵卒，刘秀想借机整顿部队，对将领们也要进行调整，就深入军营征求意见：

"如要让你们选择,你们愿归哪个将军?"兵卒们回答:"愿归'大树将军'帐下。"刘秀十分吃惊:"'大树将军'是谁?"兵卒们七嘴八舌地诉说起"大树将军"的来历。

原来,冯异为人谦和礼让,在路上遇到其他将领总是提前躲车避道。部队每到一处,将领们并坐论功时,冯异就独自坐在树下,静静地深思,总结经验,吸取教训,从不与人争功,日子久了,军中人称他"大树将军"。

三、百折不挠,功若丘山

正当刘秀占领河北,图取燕赵时,更始帝派遣阴王李轶、大司马朱鲔等将兵30万,与河南太守武勃共守洛阳,虎视河北。刘秀派寇恂为河内太守、冯异为孟津将军,率二郡大军屯驻黄河北岸,做进图洛阳的准备。冯异利用李轶、朱鲔之间的矛盾,制造拉拢李轶的假象,达到分化敌人的目的。朱鲔果然中计,刺杀李轶。内讧使洛阳城攘攘扰扰,不少人出城投降。冯异派校尉护军带兵去温县袭击朱鲔部将苏茂,又亲率主力渡过黄河与朱鲔决战,朱鲔兵溃而逃。

河北大捷后,将领们纷纷请求刘秀称帝,刘秀不能定夺。大军到镐城时,刘秀把冯异召回,议决行止。冯异说:"刘玄必败,刘姓皇家的重担在大王身上,以末将看来,大王应尽早接受大家的建议,荣登大位,上为社稷,下为百姓,请大王早做定断。"听了冯异的话,刘秀就命冯异暗中搜集登基史料,终于在公元25年,刘秀在鄗县(今河北柏乡)登基称帝,由冯异主持。

次年春,冯异被封为阳夏侯,率军平定颍川,奉诏回父城扫墓,二百里以内的太守、都尉以下官员都参加了祭奠。

建武三年(27年),因大司徒邓禹与赤眉军交战不利,刘秀任命冯异为征西将军,接替邓禹镇抚关中。邓禹无力平定关中,又迟迟不愿班师回京,想借冯异的军威来挽回面子。冯异主张用政治攻势分化赤眉诸部,邓禹却强令合兵阻击,结果惨败。冯异弃马走回溪阪险道,仅与随从数人回营。但他败不气馁,收集散卒,寻求战机,设伏兵大破赤眉军。

击败赤眉主力后,冯异用三年功夫平定了关中大大小小十数个割据势力,完成了邓禹没有完成的战略任务。有人妒忌冯异,上书刘秀:"冯异专制关中,斩长安令,威权至重,百姓归心,号咸阳王,不可不防。"刘秀把奏章给冯异阅视,冯异急忙上书剖白心迹,请求交出兵权,回京师自陈。刘秀诏批:"将军之于国家,义为君臣,恩犹父子。何嫌何疑,而有惧意?"

建武六年(30年)春,冯异赴洛阳朝见刘秀。刘秀向众朝臣介绍:"这是我起兵时的主簿,为我披荆棘,定关中。"接见后,赠给冯异大量珍宝、衣服、钱帛,激励冯异大胆行事，再立新功。后刘秀还多次宴请冯异。

是年夏，陇上隗嚣东侵栒邑（今陕西旬邑），北地守将按兵观望，刘秀命冯异驻军栒邑，冯异临危不惧，指挥若定，击败隗嚣。刘秀"遣太中大夫赐征西吏士死伤者医药、棺敛，大司马已下亲吊死问疾，以崇谦让"，并让冯异兼领北地太守。建武九年（33年）春，隗嚣死，其子隗纯与盘踞蜀中的公孙述勾结，刘秀又命冯异行天水太守事，以御之，西北诸豪强悉叛嚣降汉。冯异又进军义渠（今甘肃庆阳），击败卢芳、匈奴奥鞬日逐王，占领上郡（今陕西榆林东南）、安定（今宁夏固原），领安定太守。至此，冯异以征西大将军的身份兼三辅、北地、安定、天水诸郡太守，可谓独当一面，功盖天下。

建武十年（34年）夏，冯异率军进攻落门，旧疾复发，病逝于军中，谥为节侯。

冯异不仅具有很高的军事政治素养，而且具有良好作风和优秀品质。他善于运用心战为上的策略分化敌人，不战而屈人之兵。他率领的军队，进止皆有标志性的旗帜，号令分明，成为汉军的楷模。他关心人民疾苦，军队所到之处，能为百姓申理冤狱。他能够收用大批降卒壮大自己的军队，从不妄杀一人。他为人谦逊，在路上与其他将领相遇，总是先引车让路。每次大战结束，诸将多忙于争功邀赏，他却坐在大树下总结获胜的经验，反思失败的原因。久之，士兵便送给他一个充满赞誉的别号——"大树将军"。冯异堪称东汉初年具有儒将风范的军事家和政治家。

四、《后汉书》中关于冯异的典故

对灶燎衣:"及王郎起,光武自蓟东南驰,晨夜草舍,至饶阳无蒌亭。时天寒烈,众皆饥疲,异上豆粥。明旦,光武谓诸将曰:'昨得公孙豆粥,饥寒俱解。'及至南宫,遇大风雨,光武引车入道傍空舍,异抱薪,邓禹热火,光武对灶燎衣。"

麦饭菟肩:"异复进麦饭菟肩。因复度虖沱河至信都,使异别收河间兵。还,拜偏将军。从破王郎,封应侯。"

引车避道:"异为人谦退不伐,行与诸将相逢,辄引车避道。进止皆有表识,军中号为整齐。"

独屏树下:"每所止舍,诸将并坐论功,异常独屏树下,军中号曰'大树将军'①。及破邯郸,乃更部分诸将,各有配隶。军士皆言愿属大树将军,光武以此多之。"

明镜照形,往事知今:"异乃遗李轶书曰:'愚闻明镜所以照形,往事所以知今。'"

畏天知命:"昔微子去殷而入周,项伯畔楚而归汉。周勃迎代王而黜少帝,霍光尊孝宣而废昌邑。彼皆畏天

---

① 庾信《哀江南赋》"日暮途远,人间何世?将军一去,大树飘零"一句中的将军指的就是冯异。

知命，睹存亡之符，见废兴之事，故能成功于一时，垂业于万世也。"

天命发于精神："光武乃召异诣部，问四方动静。异曰：'三王反畔，更始败亡，天下无主，宗庙之忧，在于大王。宜从众议，上为社稷，下为百姓。'光武曰：'我昨夜梦乘赤龙上天，觉悟，心中动悸。'异因下席再拜贺曰：'此天命发于精神。心中动悸，大王重慎之性也。'异遂与诸将定议上尊号。"

七尺具剑①："赤眉、延岑暴乱三辅，郡县大姓各拥兵众，大司徒邓禹不能定，乃遣异代禹讨之。车驾送至河南，赐以乘舆七尺具剑。敕异曰：'三辅遭王莽、更始之乱，重以赤眉、延岑之酷，元元涂炭，无所依诉。今之征伐，非必略地屠城，要在平定安集之耳。诸将非不健斗，然好虏掠。卿本能御吏士，念自修敕，无为郡县所苦。'异顿首受命，引而西，所至皆布威信。"

垂翅回谿，奋翼黾池："玺书劳异曰：'赤眉破平，士吏劳苦，始虽垂翅回谿，终能奋翼黾池，可谓失之东隅，收之桑榆。②方论功赏，以答大勋。'"

---

① 七尺具剑，长七尺。汉光武所得，铭曰"秀霸"，未贵时在南阳鄂山得之。唐·颜师古注："孟康曰：'摽首镡卫尽用玉为之也。'镡，剑口旁横出者也；卫，剑鼻也。"
② 失之东隅，收之桑榆：比喻这个时候失败了，另一个时候得到了补偿。东隅，东方日出处，指早晨。桑榆，西方日落处，日落时太阳的余晖照在桑树、榆树的树梢上，指傍晚。

久而益远:"臣伏自思惟:以诏敕战攻,每辄如意;时以私心断决,未尝不有悔。国家独见之明,久而益远,乃知'性与天道,不可得而闻也'。"

蒌亭豆粥,滹沱麦饭:"异朝京师。引见,帝谓公卿曰:'是我起兵时主簿也。为吾披荆棘①,定关中。'既罢,使中黄门赐以珍宝、衣服、钱帛。诏曰:'仓卒无蒌亭豆粥,虖沱河麦饭,厚意久不报。'"

巾车之恩②:"异稽首谢曰:'臣闻管仲谓桓公曰:"愿君无忘射钩,臣无忘槛车。"齐国赖之。臣今亦愿国家无忘河北之难,小臣不敢忘巾车之恩。'后数引宴见,定议图蜀,留十余日,令异妻子随异还西。"

功若丘山:"今偏城获全,虏兵挫折,使耿定之属,复念君臣之义。征西功若丘山,犹自以为不足。孟之反奔而殿,亦何异哉?今遣太中大夫赐征西吏士死伤者医药、棺敛,大司马已下亲吊死问疾,以崇谦让。"于是使异进军义渠,并领北地太守事。"

一夫之用③:"异一夫之用,不足为强弱。"

---

① 披荆棘:斩除荆棘,比喻扫除前进中的困难和障碍。荆棘,带刺的小灌木。
② 巾车之恩:指汉光武帝刘秀于巾车乡擒获冯异,旋即赦而录用的事。
③ 一夫之用:指仅能当一人之用,而无兼人之能。

宝丰创城鼻祖贾复

一、辅佐刘秀,征战河北

贾复

贾复(9—55年),字君文,今河南省南阳市邓州西北冠军村人,儒生出身,少年时期好学不倦,拜舞阴李生为师,通晓《尚书》,以胸怀大志、勤奋好学受到师友们的器重。李生发现贾复大有过人之处,深以为奇,对门生讲:"贾君之容貌、志气如此,而勤于学,将相之器也。"

王莽末年,贾复为县吏,奉命到河东(今山西南部运城一带)运盐,途遇盗贼,跟他同行的几十个人见贼纷纷弃盐而逃,只有贾复将盐原封不动、一两未少地运回了县城,受到人们称赞。

下江、新市绿林兵起事,贾复也聚集数百人,占据羽山,号称将军。更始政权建立后,他率众归附刘玄族兄汉中王刘嘉，被任命为校尉。后来，贾复看到更始政权腐败，官员放纵，劝说刘嘉脱离刘玄，为汉室中兴早作打算。刘嘉不愿背叛刘玄，但写信向刘秀推荐了贾复。贾复持推荐信前往河北，先拜见了邓禹，然后经邓禹引荐见到了刘秀。刘秀见他举止谈吐与众不同，颇以为奇，邓禹也说他有将帅气节，于是便收留下来，并委任他为破虏将军。刘秀见贾复所乘马匹疲弱，解下自己的马赐之。大司马督段孝等人排挤他，禀告刘秀调他为督县尉。刘秀对他们说："贾督有折冲千里之威，方任以职，勿得擅除。"不许他们把贾复排挤出幕府。不久，刘秀到了信都，擢升贾复为偏将军。

贾复倍感刘秀知遇之恩，在河北的历次战役中都发挥了重要作用。他在扈从刘秀攻克邯郸消灭王郎的战役中，以战功赫赫升任都护将军。不久，又扈从刘秀在河内郡射犬（今河南武陟县西北）镇压青犊这支河北起义军，他手执旌旗，一马当先，率领所部冲锋陷阵。从早晨开始鏖战到中午，青犊军仍坚守阵地，不肯退却，刘秀见战士们饥渴疲惫，便传令贾复："吏士们都很饥饿，可以先去吃饭。"战斗方酣，贾复回答说："先打败了敌人，再去吃饭！"说完又亲冒矢石率先冲入敌阵，所向披靡，一举击溃青犊军。诸将都十分佩服贾复舍生忘死的大义精神。

后来，贾复率师北上，与五校军大战于真定（今河北石家庄市东北），十荡十决，大破五校军。贾复身先士卒，奋不顾身，被敌箭射中腹部，以致身负重伤，刘秀闻讯大惊，以为贾复已亡，痛心地对帐下说："我所以不令贾复别将者，为其轻敌也，果然失去了我的名将。听说其妻已有身孕，如果生女，我子娶之；如果生男，我女嫁之，不让贾复为妻儿担忧。"

贾复伤愈后，北上追赶刘秀的大军，在蓟城（今北京西南）与刘秀重逢，两人非常高兴，刘秀大宴士卒。出发时贾复仍在前面开路。攻击邺城，一举破城，重创了更始政权在河北地区的军事力量。

二、战功赫赫，封食六邑

公元25年，刘秀在河北称帝，任命贾复为执金吾（京城地区的警卫长官），并且封他为冠军侯。执金吾一职，刘秀在未起事争天下的青年时期就十分向往。一次，刘秀见皇上出巡，执金吾威风八面，发誓："当官要做执金吾，娶妻要娶阴丽华（阴丽华者，南阳美女）。"

贾复拜执金吾后，抢先渡过黄河，围攻洛阳，击败白虎公陈侨，迫使洛阳守将朱鲔投降。建武二年（26年），贾复因战功突出，加穰（今邓州市）、朝阳（今邓州市南）二县食邑。时南方未平，更始部下郾王尹尊割据郾城。刘秀召集众将商议讨伐之事，诸将素知郾王最强，不好对付，沉默许久，无人发言。刘秀急了，把讨郾王的檄文往地下一摔，说："郾最强，宛其次，你们谁能去攻打郾城！"贾复毫不犹豫地起身回答："我请求去打郾城！"刘秀笑道："执金吾去攻打郾城，我还有什么可担心的！"于是，贾复与骑都尉阴识、骁骑将军刘植向南渡过五社津（今河南孟州市、温县间黄河渡口），去攻打郾城，连连打败敌军。一个多月后，尹尊坚持不住，只好投降。接着，贾复又率大军向东攻击更始的部下淮阳太守暴汜，不经打的暴汜很快投降。淮阳所属各县得以平定。这年秋季，贾复向南攻打召陵、新息（今息县），又平定了这两个地方。

建武三年（27年），贾复升为左将军，奉光武帝刘秀令，攻打新城、渑池附近的赤眉军。贾复又是屡战屡胜，降服了赤眉军，与刘秀在宜阳附近胜利会师。

贾复随光武帝刘秀征战，从未失利。他勇于孤军深入，多次与诸将突围脱身，负伤十多处。此后，刘秀很少令他远征，但颇为赞赏他的勇敢，经常让贾复跟随在自己身边。诸将每次论功自夸，贾复和冯异一样，总是默不作声。遇到这种情况，刘秀就说："贾君的功绩我心中有数。"

建武十三年（37年），光武帝统一中国，封贾复为胶东侯，食邑郁秩（今山东平度）、壮武（今山东胶县东北）、下密（今山东冒邑东）、即墨（今山东平度东南）、梃（今山东莱阳南）、观阳（今山东海阳西北）六县。在所有开国功臣中，邓禹、李通只食四邑，唯独贾复食六邑。在云台二十八将中只有邓禹、李通、贾复三人能和公卿一起参议国家大事。

三、屯粮筑城，辞官归里

贾复在攻击郾王尹尊之时，率兵驻扎颍川郡，并选择父城县西部的依山傍水之地，屯聚粮草，筑土城备战，此即今天的宝丰。此后便有了"贾复城""金吾城"之说。当时，光武帝已在洛阳定都，贾复城位居宛洛古鸦道。古代兵家历来都十分重视屯集粮草，除了做到城池坚固，百姓可靠，往往还设有重兵把守。为此，他亲率兵士和百姓修筑城墙，设精兵守护，确保战时用粮草之需。

贾复作战勇猛，不顾生死，所向披靡，容易被人们误认为与西汉樊哙、三国时的张飞同属一类。其实则不然，贾复年轻好学，他同刘秀一样，通晓《尚书》，文武兼备。

刘秀统一全国后，有意偃武修文，不愿让功臣们继续领兵屯驻京师。贾复最先看透了刘秀的心思，便与右将军邓禹一起，主动辞去左右将军之职，致力于兵员的复员工作，修习儒学。刘秀对他们的做法非常满意，于是免去他们的官职。贾复离京归第时，刘秀又升任他为特进（官名）。

贾复做人公正、耿直，注意大节，回到府第后，从不结交名士、军人。朱佑等人极力推荐贾复出任宰相，但光武帝决心抑退功臣，进用文吏，常常责骂三公（宰相被光武帝分为三公——太尉、司徒、司空）办事不力，所以没能起用贾复任宰相。

建武三十一年（55年）贾复去世，享年46岁，刘秀赐"刚侯"谥号。宝丰人世代崇敬贾复，仰慕他的人格魅力，百姓自发地在城内西南角大寺坑北建衣冠冢，改桓水为净肠河，西大街为东侯街，以示纪念。

贾复纵横疆场，英勇善战、身先士卒、奋不顾身、刚毅方直，深得光武帝的嘉赏和人民的爱戴，其文治武功对刘秀东汉开国和东汉政权的巩固起到了无可替代的作用。

北宋大理学家程颢

程颢

程颢(1032—1085年),字伯淳,号明道,河南伊阳县神阴乡人。其父程珦,叔程瑜,弟程颐。程瑜在宋仁宗皇祐年间(1049—1053年)由永州零陵簿到龙兴(今宝丰)任县令,后擢升为殿中丞。

其祖上历代仕宦,世代居住在中山府。其曾祖父程希振任尚书虞部员外郎,迁居开封府,祖父程羽迁居洛阳。宋仁宗录旧臣后代,程珦被授为黄陂县尉,后官至太中大夫。程颢、程颐兄弟二人自幼深受家学熏陶,在政治思想上尤受其父程珦影响,以反对王安石的新法著称。

程颢少时曾从师理学创始人周敦颐,二十五岁时,即仁宗嘉祐二年(1057年)丁酉举进士,历任官鄠县(今陕西户县)、上元(今江苏南京)主簿,晋城令,专尚德化。秦伯度《增修程明道先生祠碑记》称:"先生自登进士第后,服官中外三十年,于上元均田亩之赋税,于镇宁塞曹村之河决,惠泽及民,不可殚述。"熙宁初由吕公著推荐做太子中允、监察御史里行,曾"疏陈十事",论新法,与改新派宰相王安石政见不合。"李定劾其新法之初,首为异论,罢归故官。"程颢得不到重用,遂潜心于学术。程颢与其弟程颐在开封城东繁塔旁吹台侧设置学舍,集生徒讲学,后人为了纪念,在此建了"二程祠"。后"神宗差知扶沟县事,先生为治,专尚宽厚,以教化为先,虽若甚迂而民实风动。邻邑民犯盗,系县狱而逸,既久遇赦,先生坐是,以特旨罢。邑人知先生且罢,诣府及司农乞留者十数,去之日不使人知,老稚数百追及境上,攀挽号泣,遣之不去,以亲老求近乡监局,得监汝州酒税"。在宋神宗元丰六年(1083年)岁次癸亥壬寅朔十九日庚申任奉议郎监汝州盐酒税,赐绯鱼袋。

程颢资性过人,修养有道,和粹之气,盎然于面,门人、友人与之相交数十年都未尝看见他疾言厉色。程颢曾两为县令,并任监察御史里行,元丰六年来汝州龙兴(今宝丰)监酒,在宝丰驻留两年左右。

在程颢赴汝州监酒时,宋代有名的史学家,曾任翰林院兼侍读学士、后任宰相的司马光赋诗《送伯淳监汝州酒》为他送行"惟知负米乐,不觉抱关卑。出处两得意,是非皆自知",以赞其品德。

因二程兄弟长期讲学于洛阳，故世称其学派为"洛学"。他们在哲学上发挥了孟子至周敦颐的心性命理之学，建立了以"天理"为核心的唯心主义理学体系。他们认为阴阳二气和五行只是"理"或"天理"创生万物的材料。二程的学说在某些方面有所不同，但基本内容并无二致。皆以"理"或"道"作为全部学说的基础，认为"理"是先于万物的"天理"，"万物皆只是一个天理"，"有理则有气"。现行社会秩序为天理所定，遵循它便合天理，否则是逆天理。提出了事物"有对"的朴素辩证法思想。强调人性本善，"性即理也"，由于气禀不同，因而人性有善有恶。所以浊气和恶性，其实都是人欲。人欲蒙蔽了本心，便会损害天理。因此教人"存天理、灭人欲"。要"存天理"，必须"明天理"。而要"明天理"，便要即物穷理，逐日认识事物之理，积累多了，就会豁然贯通。

从二程开始，"理"或"天理"被作为哲学的最高范畴使用，亦即被作为世界的本体，而且人类社会的等级制度及与之相适应的社会道德规范，也都是"天理"在人间社会的具体表现形态。

二程的人性论祖述思孟学派的性善论，但在性善论的基础上又进一步深化了，回答了性为什么至善、为什么会产生恶的因素等一系列问题。二程认为人性有"天命之性"和"气质之性"的区别,前者是天理在人性中的体现,未受任何损害和扭曲,因而是至善无疵的;后者则是气化而生的,不可避免地受到"气"的侵蚀,产生弊端,因而具有恶的因素。他们认为,性的本然状态是"天理"在人身上的折射,因而是至善的,人性中的善自然是其"天理"的本质特征,恶则表现为人的不合节度的欲望、情感,即"人欲"或"私欲","人欲"是"天理"的对立面,二者具有不相容性,"天理"盛则"人欲"灭,"人欲"盛则"天理"衰。由此可见,二程所提出的"存天理,灭人欲"这一命题,实际上是具有一定的积极意义的。

程颢提出教育之目的在于培养圣人,认为教育的最高目的是使受教育者循天理,仁民而爱物,谨守封建伦常,强调教育必须以儒家经典为教材,以儒家伦理为基本内容。同时还提出,读书以期"讲明义理",注重读书方法,"读书将以穷理,将以致用也"。

程颢到宝丰,名义上是监税,实际上是讲学、传道、授业,他曾先后往返于登封嵩阳书院、伊洛等地,以道德学问教化育人,尤其在宝丰留下不少儒林佳话。康熙《汝州全志》载,酒务(即商酒务)春风,明道先生监酒税于此,门人朱光庭立雪受业,归,语人曰,我在春风中坐了一个月。

关于朱光庭,《中国人名大辞典》中有:"景之子。字公掞,嘉祐进士,哲宗嗣位,司马光荐为左正言,首乞罢提举常平官保甲青苗等法,宣仁后嘉其守正,迁左司谏,后贬知温州卒。光庭始学孙复,后从二程于洛,时称洛党之魁。"此外,宋刘质夫来此问学论道,又是有据可查的一则历史趣闻,刘质夫的《记过汝所闻》中所记学志问思,朱熹编入《论语集注》,天下传诵。

元丰八年(1085年),宋哲宗即位。"覃恩改承议郎,先生虽小官,贤士大夫视其进退以卜兴衰,圣政方新,贤德登进,先生特为时望所属,召为宗正寺丞,未行,以疾终。"享年五十四岁。宋宁宗嘉定十三年(1220年),赐谥程颢为"纯公",程颐为"正公"。宋理宗淳祐元年(1241年),又追封程颢为"河南伯",程颐为"伊阳伯",并"从祀孔子庙庭"。

程颢在宝丰商酒务监酒讲学,对宝丰熏陶教化深远,为宝丰增添了历史荣誉。在宋代晚期,于商酒务酒监遗址创办了明道书院,元废。明正德七年(1512年),河南布政按察分司参政杨子器相视城内西南隅贾侯墓左隙地,刨建房五间,将明道书院迁此,后再废。继以旧察院为书院,至乾隆三十八年(1773年),知县胡元吉改建于县署东,改名"春风书院",意在纪念程公遗风。

为了缅怀程颢在宝丰的讲学活动,纪念他的历史功绩，后人还建了"明道祠"，始于何时已无可考，明正德时，仅存遗址。到明正德十一年（1516年），汝州守杨木参重建明道祠，请入祀典。后庙日渐荒圮。嘉靖四十一年（1562年），知县袁亮又"为鸠工取材而更新之……择道士之雅朴者，曰演秀居之，以守其祠，又为置田二十亩，使耕以自给，以安其身，而时修其祠宇焉。其祠宇今置，门之外大书'明道春风'四字……其重门匾曰'诚敬门'……门内为祠堂，堂后有屋三间，匾之曰'践覆堂'……又新构'春风亭'于堂前，而坐之者，想见当时有道之气象，或以消释其鄙吝偏驳而进于中和，盖无非养先生道学之正传，以广兴起斯文之遗意焉"。此后，又经数次扩建重修。这一胜迹的概貌，在秦伯度的《增修程明道先生祠碑记》中有更全面的描绘："乃扩其旧址，大其规模，前为头门，次为诚门，中为春风亭，制为八角，耸以重檐……登斯亭也，北望汝坟，烟波缥缈，若远若近，庶几可隐君子乎，而其南则鲁阳元次山颜鲁公之遗迹在也，东望凤岭龙溪，磅礴郁积，荟蔚缤纷，大岂无钟灵而毓秀者，西俯五龙泉，喷激万状，令人思阳夏侯之丰功伟绩，而励其忠贞。则斯亭又非仅为游息登啸之所，而穷览山川，旷怀今古，尤足以扩胸襟而涤邪秽也。若夫春秋佳日，二三同好，咏歌先生，相与寻孔颜乐处，则斯亭更有春风沂水之思焉。"

程颢讲学传道，光庭立雪受业，自谓如坐春风，这就是"酒务春风"这一佳话的由来，数百年来，历久弥香。"酒务春风"的佳话史志竞相采录，名士学者多为倾倒，吟咏歌唱。明成化年间，宝丰儒学教谕①曹珍在诗中记述了"酒务春风"："百尺楼台数里环，醉乡深处酒贤关。千家春散陶巾里，万斛愁消毕瓮间。远近旆帘如上箸，依稀风景似中山。我思监正因过此，分得余春上笑颜。"

李茂《谒明道先生祠》诗称："天心不忍丧斯文，明道先生秀轶群。学接唐虞追放失，统承孔孟励精勤。千年日月亭中照，万界烟云户外分。坐对春风无限趣，汝南草木亦欣欣。"另有："筮仕明廷已拜官，先生犹复戴儒冠。名成不若德成乐，人爵难同天爵观。榷酒经营吾道显，春风鼓荡太虚宽。迄今和气依然在，莫说亭高四壁寒。"

郏县仝轨《商酒务谒明道先生祠》诗称："大贤遗迹世人夸，才见三间矮屋斜。庭院四围齐割据，衣冠五色慢交加。碣埋旅客晨披恨，灯放书生夜祭哗。欲坐春风何处是，夕阳高树乱啼鸦。"另有："异代

---

① 教谕：官名。宋、元、明、清皆设县学教谕，主持文庙祭祀，宣扬儒家经典和皇帝的训诫、教诲，管束所属生员。训导，是教谕的副职。

祠堂在，当年酒务多。兵戈残故垒，栋宇压颓波。像撤元（本玄，避讳作元）巾塑，神迎丹荔歌。旧闻王内史，太息几经过。"

李绿园作《商酒务春风亭》："中州伊洛会，圣域二难同。邹鲁渊源接，关闽统绪通。一时门外雪，千古座间风。友谊敦朝古，诗传司马公。"

清末民初，战乱不止，沧桑变迁，商酒务的明道祠和春风亭都毁于战火，只有残碑断碣，留下了依稀可辨的陈迹。

1948年5月，中共中央中原局、中原军区领导机关驻扎商酒务一带。在此期间，刘伯承司令员曾察看过春风亭遗址和碑文，并与海军原副司令员、1948年在中原军区司令部任军政处长的杨国宇和原海军政治部文化部部长、1948年在中原军区政治部任宣传部部长的陈斐琴等讲述程夫子遗事，更为这一历史佳话增添了"春风"情趣。

兵部给事中王之晋

王之晋（1592—1667年），字锡侯，宝丰县大营镇大营村人。祖籍浙江，祖上自洪武初年以军籍迁居大营。到王之晋时，王家已成为大营的名门望族。祖父王登，敕赠文林郎，祖母段氏封孺人，生二子，长宾，敕赠文林郎，次伟。宾生之晋，明天启五年（1625年）进士；之观，字观我，任福建建安县训导①；伟生之复、之升。之晋生二子，长省，字以鲁，号听斋，由教习任山东高密知县，仁声丕著，民多德之；次冯。省生五子，长守默，字恂伯，岁贡②，娶武强知县李道光之次女；次云汉，字为章，岁贡，选永城训导；次裕世、振世、大宗。

---

① 训导：官名，位阶约为从七品，为基层官员编制之一，主要负责教育方面的事务。
② 岁贡：明清时每年从各府、州、县学中，选送廪生升入国子监肄业，称岁贡。廪生，生员名目之一，即廪膳生员之简称。明代府、州、县学生员最初都给廪膳，补助其生活。以后，须经岁、科两试一等前列的，方能取得廪生名义，成为资深的生员。国子监，封建王朝的教育机构和最高学府。

兵部给事中王之晋

明万历年间,十三四岁的王之晋正读私塾,时常到杜员外家唤杜员外的儿子一同去上学。一日,王之晋偶然和杜员外的儿子到杜家楼上玩耍,时值盛夏,只见杜员外坐在太师椅上,跷着二郎腿,手中摇着扇子,逍遥自在地在楼上乘凉。尽管王之晋天天到杜宅,但上杜家楼还是第一次。站在楼上抬眼四望,那时的大营寨不大,全寨各家各户的后院(茅厕)都能看得一清二楚。后院是妇女们解手的地方,偷看别家妇女解手是最不道德的行为。王之晋心里想着,顺口问道:"杜大伯,您把楼盖这么高弄啥哩?"

这句话揭了杜员外的秘密,他嘿嘿冷笑两声,说:"孩子,好好上学读书吧!你前程进一步,我就扒一层。"

王之晋讨个没趣,从此就再也不往杜家去了。为争这口气,他发奋读起书来。

万历三十七年(1609年)开科考试,十七岁的王之晋与鲁、宝、郏、叶等县的老师、学生一同到汝州考秀才。考试结果是,年长的老师们考上的多,而学生中除王之晋外没有几个考上的。

第二年,考上秀才的老师们联合往省城开封考举人。因考期将近,需抓紧时间复习功课,大伙儿商量,想觅个当差的掂茶水、扫扫地什么的。王之晋家里穷,但人聪明伶俐,又很勤快,在段老师的举荐下,大伙儿带着他上路了。

来到开封，老师们复习功课个个忙得不亦乐乎。王之晋除了端茶扫地，也就没事了。生性勤奋好学的他就求段老师给出个题目，自己做好了，再拿去让这位老师指点指点，让那位老师修改修改，十几位秀才一个不剩地都对他写的文章给以批改。每位提出的意见，他都认真地加以思考，而后把改好的文章誊写清楚，默记心间。

考试前，段老师说："之晋，你也是秀才，有考试资格，既然来了，也参加考试吧！考上考不上不要紧，上一次考场就会得到一次经验！"于是王之晋就参加了考试。

科考考试的题目碰巧是王之晋近日才做过的题目，老师改审过的文章王之晋虽不能熟记全文，但已记了个大概，当别人还在审题时，他已写了好多；别人刚搭笔，他已经快写完了；别人写了一半，他已复审完，该交卷了。三场考试，场场如此。他答的卷子不仅字迹工整、苍劲有力，卷面整洁，而且文章写得十分出色，引起了主考大人的注意，小小年纪能答出这样不凡的考卷，的确是位难得的人才。考试结束后，他不但中了举人，而且还被主考大人特意带到了京城参加会试。

明天启四年（1624 年），王之晋中甲子科举人，次年登进士第，任文安县县令，崇祯二年（1629 年）调安肃令，崇祯四年（1631 年）任东亭令，所任皆有政绩。后授户部给事中、刑科右给事中、国子监典籍。崇祯十七年（1644 年）任兵、刑、户三科给事中。清初，任苏松兵备道副使。著有《门内琐言》一卷、《讽经》一卷、《讲学要语》四卷。

　　王之晋幼年经历坎坷,全凭祖母段氏养教。后段氏事迹被载入清乾隆八年《宝丰县志·烈女志》。清初,汝州巡道范承祖为其祖母赠诗云:"匪石为心血泪浑,空房机杼吊孤魂,丸熊频剪三更火,育鹜谁分半菽飱。慈竹班班抽玉笋,灵芝奕奕傍荣萱,鸾章蝶躞花封日,百折分明子又孙。"

　　清道光十七年《宝丰县志》载,王之晋之孙王培生,字公载,号勇庵。姿禀兼人,赋性卓荦。康熙甲子举于乡。康熙二十四年(1685年)乙丑科赐同进士出身,位第三甲121人中第94名。乡、会科目与祖之晋相同,士林称为盛事。时年甫逾弱冠,下帷讲诵,视诸生倍攻苦。如是十年,铨授浏阳知县。时朝议以湖南地荒亏额,勒期有报垦。王培生为其鸣不平,称地异肥硗,民殊贫富,安得一概绳之,力争不已,当事者不能夺。旋晋升为户部湖广司主事。告终养归。著有《春秋解》《易解》《双柳轩诗文》四卷,未有付梓。

　　康熙六年(1667年),汝州进士、山西灵石县知县任枫为王之晋撰墓志铭云:"……公生于万历壬辰,卒于康熙丁未,享年七十有六,配赠孺人郑氏,继配孺人萧氏。子二人,皆萧孺人出……卜期戊申二月十五日,葬于县西三十里祖茔之东。"

大顺丞相牛金星

牛金星

"我是草莽出身,读书不多,说不上有何深谋远虑。……今日果然将先生接到军中,如获良师。今后大计,要多向先生请教。我的一些想法,自然都要说出来,听一听先生的高见。依足下看来,我们目前如何利用这大好时机赶快打出个新的局面?只要能很快打出个新局面,朝廷就再也不能奈何我们,不出几年,我们就能够拥百万之众,长驱北进,夺取明朝江山。请先生多多帮助!"这是长篇历史小说《李自成》中,闯王在卢氏县救出牛金星后与其第一次见面时说的一段话。

牛金星(约1595—1652年),字聚明,宝丰县石桥镇大牛庄人,后迁居县城。牛金星出生于"自其父而上,五世岁贡"的"业儒"之家,父名垧(曾任浙江金华府教授)。由于牛金星自幼深受家庭教育熏陶,青年时代便"频涉风角六壬诸书",博有学识,跻身于诸生行列。明天启七年(1627年),牛金星考中举人。"遐龄字佛,鲁山人,幼慧,五岁治《尚书》,十岁治《礼记》,从牛金星学,金星奇其才,十五为诸生。十八以《五经》赴崇祯七年省试,违例置副榜,就武闱,中式第一。"从而可知,在中举后的一段时间,他设馆教书授徒,鲁山彭遐龄就是他的高足。他过着仅足衣食的生活,平素喜欢读一些杂书,除通晓天官、风角一类书籍,还熟读《孙武兵法》等军事著作。

十多年后,正在教书的牛金星因被革去举人功名,充军卢氏县。褫革的原因,史传有两种说法:一说是与同邑王之晋有私仇被陷害。据李宏志在《述往》中称,金星"其人鲁朴,不与外事,家事亦仅足衣食。输赋历年有库给收单,而罪坐抗欠。其夫妻居室,绝无婢媵,而罪坐强占妇女十八人"。清代举人鲁山马庄村的潘业为《述往》加的批语称:余岳翁王景曾讳士毅,亦能言其一二。云金星与其先给谏公之晋(任户、兵、刑三科给事中)为中表。因年饥,议市价不合起衅,遂相水火。金星因是下狱褫革。又据耿兴宗《牛金星事略》称,金星"以事忤同邑之巨绅,为所中,部议褫充卢氏隶"。世传金星有一子名佺,娶大营郑寝之女为妻,一女嫁与大营王之晋之子为妻,金星女受王家虐待,自缢而死,两家遂反目成仇。另一说是与祥符进士王士俊有隙。据赵士锦的《甲申纪事》称，金星"使酒负气，与祥符进士王士俊为儿女姻，最相善。会士俊有闺门之丑，金星酒后扬其丑，士俊嫌之。后金星以酗酒笞县吏，邑令亦嫌之。士俊遂与令罗织其事，上之巡方。巡方疏劾之，革去举人，囚之狱中"。《城固县志》卷七《贤达·石可励》也载，王士俊串通宝丰县令石可励指控金星"居乡肆虐，又以族妹为妾"，并串通御史梁云构，写信给宝丰官府，要求严办，对牛金星革去举人功名，下狱处死。此两说虽然没有考清哪一说可信，但足见牛金星确是因为与王姓亲家反目成仇，被陷害褫革下狱，后经牛氏多方周旋，才免死论戍，于崇祯十二年（1639年）4月17日判处充军卢氏为隶。

崇祯十三年（1640年）冬，李自成率义军进入豫西。牛金星在卢氏结识了医生尚炯，义军进入河南后，尚炯在军中行医。经尚炯保荐，李自成攻破卢氏，从监狱里救出牛金星。牛金星投入起义军，用他自己的话说："吾这为此，聊以避祸也。"流露出的是无奈的心情，但后来明白官绅合谋诬陷的真相后，"甘心从贼，举人从贼自此始"，这种人生选择实在不容易。由于牛金星为人慷慨不羁，又"通晓天官风角诸书，亦颇晓孙武兵法"，深受李自成及义军将领的器重，以他为谋主，"凡事必咨焉，如左右手"。

李自成领导的农民起义军"败而复振"，进入河南，兵力有限，人才还很缺乏，牛金星等的加入，确对起义军领导集团注入了活力。投入义军伊始，牛金星即向李自成推荐了宋献策等谋士，提出"少刑杀，赈饥民，收人心"和"收人心，据中原，取天下"的建议。他还编写了能够表达和反映百姓愿望的歌谣，让士兵和儿童传唱，宣传义军的政策。如"杀牛羊，备酒浆，开了城门迎闯王，闯王来了不纳粮""杀一人如杀吾父，淫一女如淫吾母"等皆出自牛金星之谋略。牛金星的这些建议，对义军在政治上、军事上的大发展起到了积极作用。"饥民之归如流水"局面的出现与此是分不开的。曾被义军俘获并在义军中生活过的郑廉在《豫变纪略》中评价牛金星初入义军时的地位和作用时说，李自成"及得牛金星而用之，则鱼冲骇浪，鸦闪残阳，两凶相济，搏其翼而拼以飞，其势遂不可复禁"。

在牛金星的帮助下，李自成在崇祯十四年（1641年）攻克洛阳，在中原站稳了脚跟，建立农民革命政权的条件已经成熟。"金星等教以假行仁义，收拾人心，所得州县遂设官守土。"二月八日，李自成"义军三百余人，自郏赴宝，突入城，尽收富家大商财物牲畜，饥民亦乘势抢夺，执知县朱由棫至郏，碎其印，释之"。

五月十三日，宝丰城"东关赛关侯时，众方祝祷，祈神明佑，有顶神马子者，佯言神保民退贼军（指义军）"。而义军张献忠部之号八大王者恰自南来，攻破宝丰城，杀朱由械、典史程某。

崇祯十五年（1642年）二月二十一日，义军再度自郏攻克宝丰城，活捉了宝丰令张人龙、教谕张君德、郏县令李贞佑等人，均带至郏县杀了。当年夏秋间，义军占领襄阳后，李自成改襄阳为襄京。置上相、左辅、右弼、六政府侍郎、郎中、从事等官职，并据地建政，设官分守，在要冲设防御使、府尹、州牧、县令，易印为信。牛金星任左辅，李之纲为襄阳防御使，牛金星之子牛佺为襄阳府尹。并在荆州、南阳、汝宁、杨武州、信阳、均平（禹县，今禹州）等十三府，分设防御使和府尹。在占领区先后建立了许州、郑州、光州、汝州、宝州等七十七个府、州、县地方政权。把宝丰县升格为宝州。九月，罗汝才部进驻宝丰之香山，汝才素有机谋，诨号"曹操"。李自成巡视郏县，不意恰逢孙传庭带师猝至，几乎遭难，仓促南渡汝水，急奔香山。孙师追至，罗汝才尽弃辎重后撤，财物堆积盈野，官军下马争抢，阵势大乱。汝才遥见，返师冲击，官军溃败，孙传庭西逃入潼关。农历闰十一月，李自成又至宝丰，驻军十日，杀周之德、杜襄等人。邑民推生员杜廷甫领县事。

崇祯十六年（1643年）四月任用襄阳举人陈可新为宝州州牧。陈到任后在大堂柱上写下对联："掌宝州一颗印秋肃春回，受百姓半文钱天灾人祸。"姜鲤为州判，邑民孙明威为城守千总，修葺城垣，整顿器械，以抗明军。八月十日，孙传庭又从潼关出师，会同河南总兵陈永福、驻军卜从吉等部约十万众，于九月初至洛阳，九月八日抵汝州，前锋牛虎成部进至长阜镇，李自成部都尉四天王李养纯投降，养纯将义军各地设防情况尽泄于孙。李自成八月闻孙传庭出关东来，便自荆襄地区挥师北上，中军驻襄城，精锐集中于襄城郏县间，把郏县军政人员撤出，归守宝丰，并兵设守，襄、郏、宝互为犄角，诱孙就范。孙师进逼宝丰，九月九日分东西两路围城，陈兵南岗，姜鲤发炮击之，孙围城愈紧。十一日李自成率军来援，孙命白广恩、高杰、卢兴福分兵夹击之，战于城东，李自成败退去。孙师掘城之东北隅桥，尽泄护城壕水，流入净肠河，令军士负野蒿填平城壕。十二日再攻城，飞炮鸣镝交加，相持终日，李自成再率步骑数千来解围，复为白广恩、高杰所击败，果毅将军谢军友战死，孙师获李自成纛，李自成退守襄城。

宝丰城在连续炮击下，东城北部鹿卢湾崩颓成斜坡，至夜二鼓，守城者有自湾而下降者288人，余兵散去，城遂破口，官军蜂拥入，孙传令各门，凡杀一义军者，赏给十金，官军恨民助守城池，遂多杀戮。十三日，孙坐城外之水车楼大树下，验诸军所献首级，并将所降之288人，令二长者识别，凡不能指出姓名者，尽斩之。同时杀害了州牧陈可新、州判姜鲤、郏县令周英、主簿刘溥与义军将官蒋山、李大存、孙月等，全城共被屠杀数千人。

同年农历十月，义军派熊某为宝州牧，当时宝丰在战争之后只是一座空城，无事可治，被鲁山人李凤吾将熊执送河北明巡按处。十一月，县民马二喜率十八人自外逃归，自任县事。后衙役孙国用自西平来县杀二喜。

崇祯十七年（1644年）正月，李自成入陕，占领西安，这标志着彻底推翻明朝统治的时机已经成熟。为了加速农民革命的进程，李自成与牛金星等义军将领决定建国改元。这是进一步使襄京政权正规化，稳定已抚地区局势的重大步骤。遂以西安为西京，建国号为"大顺"，改元永昌，牛金星任天祐殿大学士（丞相）。为确定大顺政权的制度和法令，牛金星主持制定了《大顺汇典》，并建立了与农民革命相适应的中央政权体系。这些"更制"包括：改明朝的内阁为天祐殿，六部为六政府，六科给事中为谏议，十三道御史为直指使，巡抚为节度使，兵备道为防御使等，同时在改元、军政、吏治、爵赏、铸印、赋役等方面，没有拘泥于一般形式，有因有革，有置有废。这些措施不仅为大顺政权设计了一整套统治蓝图，也表明了牛金星敢于根据农民政权的实际需要，更改明王朝制度的创新精神。而在当年向北京进军途中，牛金星还参与起草和发布了著名的"永昌元年诏书"，这个诏书具有向明王朝发出最后通牒，表明农民革命的目的意义和治国大纲的性质。三月十九日，大顺义军占领北京，崇祯皇帝自缢，宣告了明王朝的覆亡。

义军进京后，牛金星即劝李自成即皇帝位。"大位未正，恐事中有变。"要求尽快颁诏天下，举行即位典礼。在牛金星等人的主持下，制定了《永昌仪注》，刊刻一卷。"前载伪令，禁奏疏冗长。条记官制、礼服、朝见仪节，以及各官往来礼柬之类皆具。"如何处置明朝的投降官员，也是大顺政权面临的一个重大问题。三月二十三日，牛金星与刘宗敏负责对明朝官员进行审讯和甄别。通过处理，首批录用了96人。牛金星有关招揽人才的诸项措施，对扩大起义军力量起到了积极的作用。

正当有秩序地巩固大顺政权，对李自成即位进行筹备的时候，山海关传来了降将吴三桂叛变的消息，李自成忙于东征，即位之事暂告停止。牛金星代吴三桂之父吴襄起草了两封给吴三桂的信，努力做挽回工作，但没有起到应有的作用。永昌元年（1644年）四月十三日，李自成与刘宗敏率六万大军东征，牛金星等驻守北京。

在驻守京师的十三天里，牛金星对蠢蠢欲动的明朝官僚、地主分子采取了积极的应对措施。李自成战败回北京的当天，对牛金星说："北兵势大，城中人心未定，我兵岂可久屯在此……不若退往关西，以固坚守。"牛金星认为这样做"即后世议我辈者，亦不失楚霸王之英豪"。

牛金星从政治上考虑，继续请求李自成完成即位典礼。四月二十九日，李自成在武英殿即皇帝位，由牛金星代行郊天礼。李自成与牛金星等人之所以在军务倥偬之际，仍然要举行即位典礼，是为了表明明王朝的灭亡，大顺已成为全国唯一的合法政权。

然而，在明朝残余势力和清兵的联合进攻下，轰轰烈烈的明末农民起义还是失败了。随着形势的急剧恶化，大顺军中一些人的思想开始动摇。牛金星也阴萌异志。《豫变纪略》中载，一日，出为贡生置酒，饮间忽叹曰："人生乱世，贵贱何足道，孽报耳！"后指其首曰："保此物大难，我在祸网中，或庶几可以幸免，即不免而欲之悬于市曹也，亦宜。君死网中胡为乎？幸即出居他所，卒有变，利在逃匿，保此头颅。"遂呜咽流涕而罢饮。

牛金星所流露出的悲观情绪，主观上反映了他不坚定的一面，客观上也展现了大顺军在政治上、军事上的历史局限性。虽然如此，在李自成节节退却中，牛金星仍一直跟随他并为之谋划。清军攻克潼关，西安难以坚守，牛金星随李自成撤退至湖北通城县。五月十七日，李自成到通城九宫山元帝庙拜神后，由于劳累过度在神台旁熟睡，不幸被当地乡民当贼误杀。大顺军群龙无首，有的降清，有的联明抗清，后遭失败。

在李自成攻克北京时，西安府派县生员宋元圃到宝丰任州事，九月，杨某改任州牧。十一月，闻李自成失败，杨自行逃去。

牛金星后改名换姓，隐居在江西武宁县鲁溪深山老林，当了道士，风声过后，又到降清后任黄州知府的儿子牛佺官署中避居。大约在顺治九年（1652年），牛金星在病危时，嘱咐牛佺说："赖弥缝之巧，得不膏荆棘，可幸。要，不可恃也，吾死，必葬香山之阳，闭门教子，勿再出。"牛佺遵照遗嘱，将牛金星葬于宝丰城东十三千米处的"香山之阳"。

纵观牛金星在农民军中的全部活动，虽然在他的封建主义理想支配下所制定的某些政策和措施曾带来不少消极影响和损失，但总的来说，牛金星有功有过，功大于过。随着时光的流逝，李自成的归宿之地已无法寻找，但牛金星的名字已与明末农民起义这一伟大的历史事件相关联，应该在历史上给予其一定的地位。

清代翰林吴垣

吴垣

吴垣（1649—1717年），字翰宸，号云嶷，宝丰县大营镇吴寨人。因曾赐同进士出身（殿试三甲），诰封奉政大夫翰林院侍讲学士①加一级，故至今大营一带人皆称他为"吴翰林"。

吴垣的祖父名可相，诰封奉直大夫，祖母宜人（明清五品官妻、母封的封号）李氏。父亲名宗孟，字孟长，号汝澜，明崇祯十五年（1642年）壬午科举人，清顺治三年（1646年）丙戌科进士，顺治六年（1649年）参加殿试，授云梦县知县，以贤能擢工部屯田清吏司主事，监督琉璃厂，钦差督理淮安清江船政，任上颇有善绩。又晋阶奉直大夫工部屯田清吏

---

① 侍讲学士：中国古代中央政府官职之一，明品等为从五品，清为从四品，该官职主要配置于内阁或翰林院，辖下有典簿、侍诏等，主要任务为文史修撰、编修与检讨。

司主事加一级，封宜人萧氏（吴垣母亲），再赠奉政大夫翰林院侍讲学士，以子垣贵。

吴垣兄长名骏，字公龙，号岂凡，由岁贡任郑州训导、新野县训导、洛阳教谕。吴垣是吴宗孟的次子，自幼聪明过人，好学不倦。康熙八年（1669年），在乡试中，年仅二十岁的吴垣便考中举人，但仍苦学不辍，博览群书，历经十六个寒暑，学识大进，在康熙二十四年（1685年）进士及第，授庶吉士，入翰林院庶常馆研讨文学。两年后，因成绩优异，升检讨使。康熙三十一年（1692年）冬，以父亲年老多病需要终养为由告归。旋丁赠公忧①，直到入补翰林院前的八九年间，吴垣一直住在故乡，对大营周围的一山一水、一草一木，都倍加热爱，并吟诗作赋，留下一些清新可人的作品。

康熙四十年（1701年），吴垣入补翰林院，参与修纂三朝国史，校录《古文渊鉴》及御纂诸书，成为当时朝野知名的学者。在修国史及御纂诸书时，虽尚未晋秩右春坊右赞善及侍讲学士，然经常和皇帝、太子在一起，充当顾问，讲解经史，起草诏书，应对左右，备受重用。同科进士杨笃生说吴垣："身依日月，陪侍燕闲，

---

① 赠公忧：旧制，官员之父称赠公。丁忧，即丁艰。旧时称遭父母之丧为丁艰。父母死后，子女要在家守丧三年，不做官，不婚娶，不赴宴，不应考。

极科目仕进之荣。"及任赞善、侍讲学士后,则更是经常出入宫掖,朝夕伴君,连皇帝出巡,驻跸行宫,也不离左右。由于吴垣德高望重,学识渊博,谦恭谨慎,故颇得康熙皇帝欢心,君臣的关系相当融洽。第二年的五月二十五日,康熙皇帝赐予吴垣御书一幅,吴垣引为莫大荣耀。因而专门予以记述:"康熙壬午五月二十五日,上召内阁①、九卿②、翰③、詹④、科道⑤等官,集保和殿前,恩赐御书,人各一幅,吴垣得到临摹米芾七言绝句一首:风暖云开晚照明,翠条深映凤凰城。人间欲识灵和态,听取新词玉管声。恭纪。"

吴垣受此殊荣,感激涕零,情不能已,特赋诗一首以记之:"未央晓辟集儒臣,平旦趋陪望紫宸。晴旭光辉明贝阙,香烟袅娜绕龙鳞。班随玉槭天颜近,诏下彤墀御墨新。十八年前抡选地,重来此日荷鸿钧。郊坛祭祀答幽阴,习静素宫对越深。七萃未迎天子驾,六书先

---

① 内阁:清初以国史院、秘书院、弘文院三院为内阁,设大学士,参与军政机密。
② 九卿:清以都察院、大理寺、太常寺、光禄寺、鸿胪寺、太仆寺、通政使司、宗人府、銮仪卫为九卿。
③ 翰:翰林。
④ 詹:詹即詹事,官名。秦汉置,掌皇后、太子家事。清朝的詹事,班次在通政使、大理卿之下,作为翰林官迁转之阶。
⑤ 科道:明清都察院衙门,设吏、户、礼、兵、刑、工六科给事中,以及京畿辽沈等各道监察御史,统称科道。

见圣人心。奎躔常洒龙文字，宝幄特颁涣汗音。宣赐臣邻同拜手，擎将珠玉满朝簪。羲皇颉书文治开，龙飞凤舞帝王才。化工巧夺归神诣，宸翰齐颁颂圣裁。盈帙珠玑光灿烂，横空云汉象昭回。直庐橐笔虚縻禄，拜赐承恩愧不才。龙笺尺幅彩毫扬，中使传宣自尚方。天纵奎文齐日月，书推神品迈钟王。肃瞻墨宝烟云起，拜启黄封玉玺光。忭舞携归珍什袭，蓬衡千载奉宸章。"

吴垣携御书回归故里，视为无价珍宝，欲传之后世，使千载生辉，乃兴土木，建楼三楹，将御书墨迹勒石一方，嵌于楼上北墙正中，取名"御书阁"，乡人称为"御书楼"，至今犹存。

康熙四十七年（1708年），吴垣迁右春坊右赞善[①]，名分上成为太子的师长。此时，他在家乡故里大营新起宅第，时任河南巡抚汪灏还亲笔题写门额：宫坊第，与"御书楼"交相辉映。康熙四十八年（1709年），吴垣视学（专任巡视京外学务，对学子进行考试）浙江。康熙五十三年（1714年），复典试[②]浙江。并晋侍讲学

[①] 赞善：官名，为太子僚属，掌侍从翊赞。其实质是太子的顾问和辅导老师。
[②] 典试：主持科举考试之事。

士,特简①司浙秋闱②,成为浙江主考官,所取皆名士,为当时舆论所推重。

康熙五十四年(1715年),吴垣致仕还乡。在吴垣归里时,皇帝派出卫队护送,一直送到大营。护送人马回朝时,留下半副銮驾。有开道的大锣,有雕刻着"肃静""回避"金字的方牌,有金瓜、钺斧、朝天镫等仪仗,还有一个镂金雕龙的蟋龙墩。

不久,因发生密云事变,皇帝派使者到大营传旨,吴垣再次出山,参与军旅之事。康熙五十六年(1717年)十一月十七日,吴垣因病卒于密云工所,享年六十八岁,归葬大营东三里处宁庄村北墓地。

1926年6月,樊钟秀的建国豫军剿灭吴佩孚、陈四麦团时,围攻大营,迫击炮弹落到吴寨,击毁了龙墩。数十年来,半副銮驾常被镇里的富豪们借去,迎亲时摆排场用,中华人民共和国成立后已所剩无几,剩余部分现保存在宝丰县文物局。

关于"御书阁",乾隆、嘉庆《宝丰县志》中均有记载:"学士任检讨时,圣祖皇帝赐横披一幅,学士建阁,敬奉什袭,复模勒石,拓本以遗乡间……"

---

① 特简:特地选拔。
② 秋闱:明清科举制度,乡试在秋季举行,故称秋闱。闱是考场的意思。

"御书楼"为硬山灰瓦顶，木质门窗，屋顶有五脊六兽，整个建筑高大敞亮，气势恢宏。清代来往于宛洛道上的文人学士，纷纷前来瞻仰建筑艺术，欣赏康熙皇帝的书法珍品。清代学者赵元秀曾写诗颂之："巍巍高耸御书楼，常是一团佳气浮。仕宦河南谁得似？龙光独此耀千秋。"

从明到清的五百多年间，宝丰县共有进士十二人，而大营就有五人；清代二百多年间，宝丰有进士八人，大营就占三人。这三人分别是王培生，康熙二十四年（1685年）进士，官至户部湖广司主事；吴宗孟与吴垣父子。明清时有功名的人物，取得秀才以上名位的，仅大营就有二百二十一人。可以这样说，明清时期，宝丰县的文化重心在大营，而大营的文化名人，以王之晋、吴宗孟、吴垣最为显赫。而吴垣则代表了当时大营文化的高峰，也是宝丰县文化名人中的佼佼者。

清代著名文人李宏志

李宏志（1667—1742年），原名"弘志"，因清高宗名弘历，故改为宏志，字亦重，号桥水，晚号二痴老人。家住宝丰县城仓巷街关帝庙附近。是康、雍、乾以来宝丰著名宿儒、文坛上的传奇式人物，世称"桥水先生"。嘉庆、道光《宝丰县志》均记载有他的事迹。

李宏志祖籍山西潞州。其祖先山西潞州人，元末兵乱，至正年间避居河南，时县置未立，故五世而上，历明洪武、建文、永乐、洪熙、宣德皆编汝州籍。迨正统初大饥，举族逃往南阳。成化十一年（1475年）割汝州东南五保，置宝丰县，遂复自南阳归，定居宝丰。始祖均宝；二世祖显质；三世祖信；四世祖真，冠带寿官，生子沧、洪、洙、瀛、济、浚、秉仁七人，始分房焉！洪，乡饮介宾，为耆宾派祖；瀛，海州刺史，为海州派祖；秉仁，登明嘉靖壬辰进士，观政银台，为银台派祖。

李宏志生于康熙六年（1667年），自幼得到良好的家庭教育，娶妻赵氏，郏县人，生于康熙五年（1666

年），卒于康熙四十六年（1707年）五月二十日。曾祖儒官若豹，祖赠湘潭知县良士，父直隶临城知县广显，妣李孺人。宏志称："惟昔先府君与室人二父相友善，而邑相望，往来过从情好，亲密称异性兄弟。"夫妻伉俪甚笃，生育两子一女。长名闲，次名御，女名孟闲。另外，宏志侄儿韩，字愧石，乾隆十四年恩贡。其学于叔宏志，品端学富，由贡生任陈州府淮宁县教谕。

康熙三十八年（1699年），李宏志以选举入太学，受聘于学使许州行署。次年，受聘于郏县署李荫春（台亭）馆，教授李令公子及内弟琛，前后达四年。康熙四十七年（1708年）拔贡，康熙五十二年（1713年）秋闱，沈近思以尚书拟荐，宏志不遇，从此杜绝场屋，不再应试。雍正七年（1729年）授涉县教谕，力辞不就。

李宏志自幼好学，刻苦钻研，既得家学渊源，又博览群书，造诣甚深，闻远近有异书，一定奔走借阅点校。"家世宦族而泛中人产，授徒自给。"常用束修购置书籍，收藏甚富，插架，达万余卷。常"镝关却扫，日游泳其中"。"目佣手耕，以次研讨，虽束举火燎釜待吹而志不少挫。"逐渐"兼容并蓄，淹贯诸经，尤工古文辞"，"渟蓄融彻，渊博无涯"。时人称誉其文章"绵健清迥，直入欧、曾之室"。他在学术思想方面，十分尊崇宋明理学，他的言行"务求合于大道，以不背程朱为归宿"。乡老多认为他是宝丰县文坛上清朝以来的第一人,学者私谥曰"文洁先生"。

李宏志的品德,前人称他是"品端行洁","性謇特,耻攀缘附会,芒鞋箐粥,翛然自得,荣利之念淡如也"。"耽寂守素,不求人知,名虽不出于邑郭,然邑人推挹几乎垫巾侧帽悉奉为楷模。""里人重之,如邵康节之在洛下,儿童走卒皆知向慕,以一识颜色为荣。"在社会上有较大的影响。当时邑令唐沅陵题其门额表彰曰"品高学遂","先生之流风遗韵,浃于梓里者深且久",乡人传为美谈。

李宏志笃信程朱理学,反对佛、道学的轮回说,特别反对阴阳师关于婚丧事的择吉避凶的说法。他在《愤遗记事》中称:"丧礼之诐言邪说,忍心害理,坏名教,乱风俗,仁人君子所当痛斥而重绝者莫甚于阴阳师。""今岁夏不幸突遭先室人之变……而阴阳家种种乱道,则概拒未用……又时置炎夏,急于袭殓纳棺,家人环守者,悉啧啧愤怒,詈予执己见而祸生人,恐惧畏忌几至委亡者于室而尽去,不得已招阴阳家叩以数语,给之白钱,挥使去,至今耿耿以为恨焉。"由李宏志的言行可知,他不迂腐,不迷信,哲学思想中包含实事求是的唯物主义的思想成分。

李宏志的教书生涯,占去了大半生,仅他在宝丰城东关就"主春风书院,先后近二十年","晚岁吉实益著,执经请业者,步武相衔","四方好学之士,所有疑问,皆如其意而去,凡邻邑志、传叙、跋以得其手笔为重"。李宏志在培养后代、传播文化方面,循循善诱,他严谨、认真、大胆创新的治学态度深受闾里的尊重和称赞。

李宏志老而好学,躬行实践,淹通古今掌故。在史志方面,贡献颇大。他对宝丰县的历史人物、遗址传说多进行了考证,为后世了解历史真相、探求历史规律提供了有益的资料。康熙三十四年(1695年),李宏志二十八岁时,曾与兄继志一起参与了纂修康熙《宝丰县志》的工作。在雍正七年(1729年)纂修郡邑志时,他被聘对汝州、郏县、宝丰三志稿都做了考订。至乾隆五年(1740年),他七十三岁时,宝丰知县马格请他主编乾隆《宝丰县志》,传世至今。李宏志主编的这部《宝丰县志》,受到社会的好评,"其《宝丰县志》典核有义法,识者谓可比崔铣《安阳县志》云"。学者多认为它态度严肃,文笔清新,记述精当,考核翔实,去取严谨,深受学人推崇。

李宏志生平著作有《桥水文集》《述往》等16种24卷,今存《桥水文集》四卷(道光十七年刻本,河南省图书馆藏)及《述往》一卷(道光年抄本,新乡市图书馆藏），余均散佚。《中州先贤传》载有《李宏志传》。在道光《宝丰县志·艺文志》中记载：李宏志著《李氏族谱考》一卷、《续说》二卷、《杂录》三卷、《述往》一卷、《野乘余言》三卷、《小二十说》一卷、《庚辛伏录》一卷、《观社》一卷、《历说》一卷、《忠义节孝祠木主议》一卷、《诸孙命名》一卷。李宏志著作与宋儒相表里，惜多散佚。知县李彷梧遍加搜采，仅得数万言，集成四卷，目为《桥水文集》，道光丁酉冬月付梓。《桥水文集》全书共六万三千余字，第一卷包括十一篇序文；第二卷载有五篇引、十篇记；第三卷收有十三篇铭、四篇志、五篇祭文；第四卷是杂著，共收存臆录五十四则、杂引七篇。通过一些"序""志"的记述可知李氏族人的祖籍源流及家世变迁，以及李宏志生平世系、亲缘关系和主要经历。

有关李宏志的逸闻趣事，至今还在民间流传，可见乡人对他的敬佩和怀念之情。他曾与比他大十九岁的郏县仝轨齐名，并称二才子。仝轨（1648—1729年），字车同，号平山，郏县人，"聪慧嗜学，书三过目成诵，诗特雄健，因诸生四十年，名满海内"。据说有一书贩，推书一车，夜宿李宏志处，第二天，李宏志叫他推往郏县仝轨处售书，仝轨翻验后对书贩说："你的书是被别人读过的旧书，你昨晚必是住在李桥水处，他一夜之间读完了你的书。"书贩愕然，传为奇事。

1996年版《宝丰县志》中《李桥水巧对仝轨》记载，清乾隆时，郏县有个才子叫仝轨，乙酉年一举得中解元。在一次喜宴亲朋之后，因久仰宝丰李桥水的才学，乘兴特访。二人见后，谈学论道，十分欢洽。酒宴后，仝轨带醉欲游宝丰名胜香山寺，李桥水欣然陪同。上山时，偶见一群山羊在前上山，仝轨借机想考李桥水机敏之才，便道："李兄，我对景忽成一联，不知可愿作对？"李桥水心知其意，忙道："请讲，请讲。"仝轨道："我的上联是：'山羊上山，山石碰着山羊角，咩！'请对！"李桥水听后，暗想：这对子出得太刁巧了，不仅第一句首尾的字和第二句的头个字一样，而且联尾的字还是个拟声词，真是个难题呀！由于一时难以对出，只好一面连连称赞："对子出得好，好！仝解元真的有化俗物成神韵之才呀！"一面暗暗思考对答。想着想着不觉进入山门，抬头忽见墙上壁画中有牧童放牛图，灵机一动，随口对出下联："水牛入水，水浪迸进水牛口，哞！"仝轨一听，不禁叫好，佩服道："果然名不虚传，可比子建七步之才！"等下山时，李桥水也出上一联请仝轨作对，联曰："林中花椒，瞪着小黑眼，看谁？"仝轨很快答道："地里黄麻，伸着大青手，要啥？"李桥水对仝轨的敏捷才思也赞不绝口。从此，二人就成了好朋友。

另一传说是李宏志与诸友雪夜在城内东街某药店聚会聊天，深夜家人持灯笼来接，友人要李宏志即景赋诗，李宏志脱口而出曰："谁剪破故纸，续断满长空。扑面天花粉，落帽白头翁。车前深二尺，牵牛路不通。夜晚当归去，冰片映灯红。"

李宏志的一生，没有热衷于科场功名，也未醉心于仕途钻营，仅以贡生名分育人授业度过了一生，乾隆七年（1742年）卒，享年七十五岁，葬于城西南五里杨庄东北祖茔之中。屈启贤撰其墓表："先生世守藏书靡弗，博涉淹贯，闻人有异书，必借阅而点校之。选授涉县教谕，力辞不就。先后邑侯招主春风书院，及门从游者，称济济焉。年登大耋以卒，葬县西南杨家庄东北岭之原。"

1965年，宝丰火车站建设时，位于火车站涵洞东南侧的李宏志家族墓由当地政府通知杨庄镇石院墙村耆宾派后裔迁移，石院墙村村民中华、长江、滴留等族人在现场参与迁移，发现有石棺、石椁、墓志，可惜均没有得以保存。因墓群较大、年代久远及当时的条件等原因，只好把先人遗骨用编织袋一墓一装，并按原次序复葬于石院墙村东南地树园。

《歧路灯》作者李绿园

李绿园

李绿园（1707—1790年），原名海观，字孔堂，号绿园，亦号碧圃老人，祖籍河南新安县北冶镇马行沟村。清康熙三十年（1691年）豫西荒旱时，其祖父李玉琳携家逃荒到宝丰县宋寨村（今平顶山市湛河区曹镇乡宋寨村），与当地李姓大族认了宗亲。开始是在大户人家菜园里种菜，村人一直把李玉琳当作普通的逃荒百姓。一次，大户人家请客时缺少人陪客，临时将正在菜园里劳作的李玉琳拉去凑数。李玉琳赶紧回家换上一身秀才的衣服。至此，村人才知道他是个有学问的人，于是邀请他到村边鱼齿山寺义学教书。

移家十六年后，李绿园在鱼齿山降生，他从小随祖父读书识字，聪颖好学，博闻强记。鱼齿山附近埋藏着战国至汉代墓葬群，流传着许多历史故事和优美传说，每到夏雨初霁之后，祖父就带他到山坡上观风看景，并搜拣那些经雨水冲刷露出来的秦砖汉瓦。山北不远处，可以凭高眺望中州名镇滍阳。滍阳的历史追溯到商周时期，周武王的儿子曾被封到这里，成为这里的主宰，在此建造了雄伟的都城，到了春秋时期被楚国兼并。李绿园是在祖父的故事和浓郁的历史文化环境熏陶中长大的。

乾隆元年（1736年），李绿园考中丙辰恩科举人。中举后，对未来前途充满信心和希望的他写下《赠汝州屈敬止》一诗："君不见隆中名流似管乐，抱膝长吟志淡泊。又不见希文秀才襟浩落，早向民间寻忧乐。一日操权邀主知，功垂青史光烁烁。男儿有志在勋业，何代曾无麒麟阁？"抒发了他誓将所学才智用于经世济国的宏愿。但此后三次赴京应试，每次都名落孙山。最后一次科考后留京谋职，当了三年教师。同时，他萌生了创作小说的念头，并着手写作《歧路灯》。他的学识德行，深受学生和同事们的钦佩和敬重，都觉得像他这样学问渊博的举人，考不上进士实在遗憾，于是想方设法为他寻找入仕的门路。后来，福建学生李杰考中状元后，在乾隆皇帝和吏部官员面前极力举荐恩师，李绿园被选任江浙漕运之职。从此，五十岁的李绿园开始了"舟车海内"的仕途游历生活。二十年间，足迹遍及大江南北运河两岸，阅尽了人世间百般风情，身经了宦海中沧桑变幻，不仅写出了《家训谆言》《绿园诗钞》《东郭传奇》（剧本）、《破山斧》（剧本）等文章，还著有《绿园诗稿》四卷、《绿园文集》、《拾菌（捃）录》十二卷。在创作长篇小说《歧路灯》的过程中，每章写完之后，他总是抄出来找人阅读，听取意见，征求市井闲人、担工车夫的看法，而后反复修改，方定其稿。

乾隆三十七年（1772年），李绿园被委任为贵州思南府印江县知县。此时的他，已是诗名远扬，书法超群，朝野内外均知其为才华横溢、书道老成的知名县公。但他初来乍到，印江又是西南小县，衙署职事与县内文人不知其大名，一些稍有才华者，看不起这个来自中原的七品县令。时值县试之日，李绿园亲自命题"学而时习之"，一些考生看了题目，讥笑说："这位新任县公看来没有读多少书，只好拿孔夫子的这句老话来考我们，这场考试再不费难了。"于是都轻轻松松交了卷。待第二场考卷发下来时，又是那个题目，许多考生大眼瞪小眼，看来这位大人也只记得这一句儒学格言了，但怎么才能写出文章呢？确实让他们犯了难。最后，满考场百名考生，只有十几位勉强胡诌一篇交卷，他们心想这一场没希望了，只有看最后一场了。谁知第三场开卷后，题目仍然是那五个字，这一次，全场考生窘无人言，也难以下笔应试，到时间后，竟无一人交卷。一些调皮且有后台的学生起哄说，这个知县老爷的官一定是拿钱买的，肚里的学问就这么一句，说不定还是半道偷听来的。李绿园让监考召齐考生，拿出案头文笺，三场时间内，篇篇以"学而时习之"为题，已草成十数篇，篇篇没有重复的话，一篇比一篇新奇深远，可以说字字珠玉，句句警言，告诫年轻学子需沉心养智，不但要读完诸子之学，更要读懂人世之学，不但要常学常习，切忌懈怠，还要多思多想，举一反三，这样才是求学之道。众考生传阅观看，个个惊叹不已，包括那些宿儒、学官、塾师在内，都佩服得五体投地。自此之后，印江学子学风大进，养成了勤学苦读的良好习惯。

  有关李绿园的书法，在当地也流传着一段佳话，在他任印江知县的第二年，云贵总督和贵州巡抚顺应印江百姓的意愿，拨款兴修印江天爷庙，但天爷庙的大匾却无人敢执笔书写，唯恐写不好遗人话柄。李绿园虽为七品县令，身份卑微，但他身怀雄才，胜券在握，挺身自荐一试，总督与巡抚也听说过李绿园主考印江一题三试的事情，知他颇有才华，就准许其书丹，只见李绿园大笔挥处，"红云一朵"四字已落到匾上，众人览书惊喜异常，督抚二官即邀李绿园馆驿相谈，所及学问无不言敏思精，新意独具，暗叹李绿园大材小用，就下令让他代理思南府知府。

《歧路灯》作者李绿园

乾隆四十年（1775年），李绿园回归宋寨老家，继续教书、写作。

乾隆四十二年（1777年），七十岁的李绿园阅尽人世百态，既吞咽过长子李蘉失教的苦果，又品尝了次子李蘧读书成才服务国家的甘甜，之后，将自己三十年来，为警示世间为人父为人母为人子者所写的小说《歧路灯》，续完结尾部分，正式脱稿。此后百多年间，这部小说一直在豫西民间以抄本的形式流传。《歧路灯》从开始写作到最后完成，前后花费约三十年时间。该书共一百零八回，六十余万言，以写实的手法，使用地方色彩的语言，描写了十八世纪中国封建社会普通人的生活，与《红楼梦》《儒林外史》等同为清朝文坛上重要的现实主义作品，主要以康乾盛世为背景，反映了富家子弟谭绍闻如何由一个败家子到浪子回头重振家业的故事，故事发生在祥符县（今河南开封）。谭绍闻丧父之后，被其母娇纵溺爱，加上庸师误诱，抛却书本，拈花惹草，狎妓宿娼，玩蟋蟀，斗鹌鹑，炼黄白，铸私钱，放荡挥霍，导致倾家荡产。在饱受饥寒交迫、穷困潦倒之后，逐渐悔悟。在父辈朋友劝说、义仆王忠扶持和族兄谭绍衣的提携下，终于改邪归正，重振家业。这也是一部中国小说史上仅有的以"浪子回头"为题材的长篇白话小说。作为一部文学作品，李绿园用他的巨笔丰富了我国文学艺术的人物长廊；作为一部活生生的社会风俗史，这部伟大作品为后人了解封建社会提供了宝贵资料。清乾嘉学者吕中一评李绿园是"以左丘、司马之笔，写布帛菽粟之文章"。

乾隆四十九年（1784年），李绿园被其子李蘧迎养于京城官邸，在京住了一段时间后返回宝丰，于乾隆五十五年（1790年）病逝，享年八十三岁。

《歧路灯》出版后，在海内外读者中引起强烈反响，激发了古典文学研究者的极大兴趣，形成一股研究热潮。近代小说史家蒋瑞藻称《歧路灯》："描写人情，千态毕露，亦绝世奇文也。"栾星在《校本序》中评价称："沿着（谭绍闻故事）这一线索，人物交错而出。作者以写实手法，为读者展示一幅浩瀚的社会生活图卷。每一穿插，又各自构成独幅风俗画面。"平顶山市文史专家潘民中对九十多年来《歧路灯》的研究归结为"十八个第一"：第一个将《歧路灯》与《红楼梦》《儒林外史》做比较研究的学者是郭绍虞；第一位论定《歧路灯》为中国古代第一部真正长篇小说的学者是朱自清；第一个整理、校注一百零八回全本《歧路灯》，并编著《〈歧路灯〉研究资料》的学者是栾星；1982年8月第一本《歧路灯》研究论文集出版；等等。其研究可谓具有标志性意义，历久不衰。

《国朝中州诗钞》辑录者杨淮

杨淮

半亩方塘漾碧波,倚栏随意数新荷。

闲锄绿竹医诗癖,细访黄庭逐睡魔。

雨过松棚添翠满,风来花径得诗多。

看山又到溪南路,坐听樵人踏踏歌。

纳凉宜在水心亭,好友来时酒一瓶。

风沾荷花沿岸白,云开天色倒池青。

一双娇鸟鸣深竹,几尾游鱼戏嫩萍。

坐久忽看明月上,夜窗还读《南华经》。

这是新安人李景沆对宝丰县城南杨老庄村杨淮家的题诗盛赞,从诗中所描绘的场景看,可知杨家是当地的富豪之家。而据《杨岸清传》云,其家"窗外杂植名花异草,暇则坐卧其中,为二子讲说经史"。后经杨淮营造增建，家庭规模更为可观，并题名：迎晓园。可见杨家在清代相当长的一段时间里是很富有的。

杨淮（约 1805—1870 年），字笠舟，号澄波，清代诗人。杨家系书香门第，八世祖杨归礼，字天叙，康熙时从新安迁至宝丰。七世祖杨光，字辉之；六世祖杨声，字海若。这三世均以孝行著称于乡里。高祖杨苾，字子秀，在县试曾独占鳌头。曾祖杨克长，字树德，号元亮，监生，赠奉直大夫。祖父杨岱，字觐东，号鲁詹，曾供职于布政司，是当时的图书收藏家。父亲杨岸清，字镜湖，号观亭，嘉庆十八年（1813 年）庠生，补博士弟子员，议叙八品衔，热心于乡邦公益事业，曾数次向书院、义塾捐资，著有《雅集书屋家训》。其曾祖母陈氏和祖母范氏均知书达理，通晓诗词，衍贯诸子。母亲丁氏也博学善诗，有《病甚别儿》诗流传。舅父秦福田，字符五，监生，著有《云樵诗稿》刊世。生于这样的世家，既有良好的学风，又有丰富的藏书，杨淮耳濡目染，十岁左右，每天绕于祖母膝前，得诗数百首，皆聆妙旨。

从师承来看，多是鸿儒俊雅之辈：启蒙老年李敬亭，孝廉出身，能读屏间画，诵孟习欧诗。第二位授业恩师是鲁山人潘业，字惕若，系嘉庆六年（1801 年）辛酉科进士，曾任长汀县知县，谢病归里，继为淮师，有诗作传世。杨淮侍侧听讲，晨夕相处，达五年之久。第三位恩师牛芳，为道光元年（1821年）辛巳科举人，对杨淮"训诲谆谆，期以远大"。

杨淮从小深得家学、师教真传，加之聪敏勤奋，有较高的文化修养，尤其在诗学方面，喜好韵律，造诣颇深，并长于品评诗篇。及长，经过会试，入庠补廪。不久，便出任长葛训导①，后于道光十九年（1839年）出任密县训导，以教育事业了其一生。

由于家里积书丰富，受家风影响，杨淮从小喜欢藏书。其家除了祖传的"竹筠山房""雅集书斋"，到杨淮时，经过精心搜求，更是多达数万卷。他将新安收藏家吕寸田的藏书收购大半，甚至连李绿园的《歧路灯》手稿也收藏其中。

杨淮喜欢交游，广结天下名士，切磋学问。新安的李方，字镜塘，号月桥，道光十二年（1832年）壬辰科进士，曾任词馆编修、江南道监察御史、京畿道监察御史等，与杨淮交情甚笃，曾称赞说，"宝丰杨君澄波氏，词源倒泻巫峡水。家藏玉海三万轴，交遍两河知名士。不惜千金购遗书，诗草束与牛腰比"，说得切实中肯。杨淮在编辑

---

① 训导：清朝官名，位阶约为从七品，为基层官员编制之一，主要负责教育方面的事务。

《国朝中州诗钞》时,聘知己好友襄城县的耿兴宗为总校。杨淮为多数作者写了传记,耿兴宗更为其所遗漏的五十余个作者补撰小传,汇为一册,取名《朱玉录》,刊刻行世。家在嘉兴的江东名流、大梁书院主讲钱仪吉与杨淮交情也很深,杨淮曾多次到开封拜谒这位地方文献学家。鄢陵拔贡苏源生曾为杨淮曾祖杨克长作传,为诗集订正。宝丰的丁浩是道光十六年(1836年)丙申科进士,亦为杨淮祖父杨岱作传,并参与了诗集的编选工作。

正是通过这种与名人交往,博采众家之长,开阔了自己的视野,杨淮的学识越发纯粹,善于吟诗的他,先后有《雅集山房诗钞》《雅集山房诗话》问世,影响很大。

《国朝中州诗钞》是杨淮把自己多年集存的清代豫省之诗,与同好推荐的各县名作汇为一编,历时八年寒暑筛选、考订、注释,编辑为三十二卷,刊刻于道光二十三年(1843年)。对于编纂的动机、范围、过程及成书年代,杨淮在自序中称:"伏念移风易俗,莫善于诗,而依咏和声,乃国家风教所关,用是窃不自揆括,取家藏昭代豫省之诗,更属同志者,搜访诸郡县名作,数年以来,盈箱集案。……淮枕藤饮馈其间,八阅寒暑,去糟粕,存精华,厘为三十二卷,并考作者爵里行实,分注姓氏之下,使读者得以知人论世。"

诗钞中所选之诗,是起自顺治三年(1646年)丙戌科与明末有官阶者的作品,止于道光二十三年

（1843年）时人的吟咏。共收河南籍诗人五百多人，计选诗作二千五百六十余首。每人少者一首，多者有五六十首。一至二十七卷为正统河南籍诗人之作；二十八卷为闺秀之作；二十九卷为流寓之作；三十卷为方外之作；三十一至三十二卷为附录：时人之作。这些作品可分为山水诗、离别诗、怀念诗、访友诗、饮宴诗、题物诗、闺怨诗、感时诗、纪实诗等。所选诗作皆有一定的分量，都是经过杨淮反复推敲，精选出来的上乘佳品。总体而言，所选诗大都有一定的进步性和知识价值。如卷九刘青黎的《宫市行》类似诗人白居易的《卖炭翁》，鞭挞了阉竖吞人财产的罪行。诗钞中的大多数诗篇是现实主义与浪漫主义相结合的产物，艺术造诣较深。如卷四陈鸣皋的《打虎儿》，描写了十岁小儿夜半随父深山打柴，草莽间恶虎突现，衔其父疾走。此时儿急，脑中只有父没有虎，持棍棒猛击虎。虎负伤，弃父而去，父得以生还。

今天，在我们重新衡量这部诗集的时候，应该说它是一部较好的诗集，无论是思想成就还是艺术价值，都是值得学习的。这些诗歌，在流传的其他诗集中，多不见著录。其内容不同程度地反映了当时河南社会生活各方面的风貌，保存了不少有用的历史资料，具有不可磨灭的文学和史学价值。因而可以说，杨淮的《国朝中州诗钞》不仅是清代河南的一份文化遗产，更给宝丰地方历史增添了文化光彩。

早期同盟会会员王治军

王治军（1883—1912年2月19日），小名河，字经武（敬五），宝丰县肖旗乡磁矿岭村人。他是早期的同盟会会员，是"辛亥革命河南起义殉难烈士"之一。

王治军的祖父名克俭，父亲名平，母亲原氏。早期家道清贫，光绪年间，祖父带领全家逃荒至临汝县城，以卖面条为业，省吃俭用积攒下钱，陆续在家乡置地四百余亩，盖房三处，共三十六间，并在郏县南街买宅一处，房屋十六间（原全轨旧宅第）。王治军弟妹共五人，治军居长，二弟治安，三弟治寰，大妹大贤，二妹双贤（即崔琦的母亲）。二弟治安曾任郏县区长、征收处长。三弟治寰，历任郏县县立中学校长、河南省教育厅督学、开封大陆电影院经理等职，在社会上颇有声望。

王治军聪慧好学，性格耿直，幼年随父在临汝读儒书，后考入河南武备学堂。1903年，只有二十岁的王治军与本乡范庄村崔氏结婚。崔氏无出，四十五岁时病殁。1906年2月，河南省抚院选派十九人赴日留学，因在开封革命活动泄密,清抚陈奎龙有意大事化小含糊处置,结果阎子固被开除,其他人员被送往日本留学。到日本后,王治军先是进宏文学院普通科学习,因身体羸弱,验未合格,遂入法政大学读书。在日留学期间,王治军接受了孙中山先生的民主革命思想,成为早期的同盟会会员,以身许国,奔走革命。

1908至1909年,鲁直晋陕豫各省同盟分会纷纷推举同志各归本省活动,河南同志担任此项工作者有杜潜、程克等,他们至豫,即召集学界同志刘芬佛、阎子固、杨源懋、张宗周、暴式彬、杨汉光、李心梅、邓警亚、李炯斋、王治军、任芝铭、王钟远等二十余人,在开封南关中州公学开秘密会议,校长杨源懋,杨汉光、邓警亚、暴式彬、李心梅等均任教员,故众议即假该校为河南省同盟会总分会会所,所有组织各县分会及招收会员事务,皆在该校秘密处理。王治军毕业返国后,南北奔走,宣传革命,捐纳銮舆,意图接近满奴,实行暗杀,未果。之后,王治军弃官回豫,在家卖土地两顷,想谋大事,打算联络陕、汝一带的豪侠待时而举。

在担任宝丰县第三任教育会会长后,王治军曾在老家修坟、祭祖、立旗杆,唱大戏三台庆贺。因无机可乘,才又返回河南开封等处从事革命活动。后又东渡,在日本与日籍女子结婚,生一子。

1911年10月10日，爆发了"辛亥革命"。王治军即偕妻子回国，并冒险去武昌，见黎元洪面陈机宜。黎嘉其义勇，委任他为"北伐左军粮台总办兼执法官"，其沿平汉路西侧桐柏山区北上。

1912年2月10日（辛亥年十二月二十三日），王治军随先锋队马云卿，率领革命军五营进入襄、樊，筹措北伐事务。当时，襄、樊革命军编为奋勇军，所需粮秣划定由河南自筹供给。且南阳所属各学校学生组织有"共和会"，专为欢迎革命军，并筹办粮秣供应军需，总机构设在樊城。但因豫鄂两省连接之地襄樊、宛城防卫甚严，不通往来，故入襄樊以后，南不助款，北无可筹之饷，陷于艰难困苦之中。

1912年2月14日（辛亥年十二月二十七日），马云卿由樊城进入新野。2月18日，北伐军兵不血刃而进据南阳。南阳镇守使谢宝胜闻风逃走。这时，响应革命军的襄阳招讨使季雨霖部，从河口率大军万余人抵达邓县（今邓州市），并委任应城李宜吉为邓县知事。次日，王治军带两名马弁到达邓县。诸志士报告，鄂军（即季雨霖部）所留知事李宜吉，不但不知政治为何物，且仍蹈清之旧习。王治军心中不快，说："吾辈掷无数头颅，推倒满清专制，复来一专制，是可忍，孰不可忍也。"随即致书李宜吉，请其早日成行，免生疑忌。在旧察院召开民众大会，王治军在演讲中，除宣传北伐革命之要义和推翻帝制建立民主共和国的前景外，还声言："邓县知事应由本地绅民公举，或由先锋队马队长呈委。季雨霖职守襄樊，不应越省委人……"言语间，颇有冲突。

大会结束，李宜吉请王治军入县署赴宴。道经署前，李宜吉护兵连打三枪，王治军和两个马弁一起遇害。李宜吉即随季雨霖部返回河口。王治军部下王天同（郏县人），曾受王治军救命之恩，闻噩耗后，遂带人去邓县，捉杀李宜吉之家属，为王治军复仇。王治军死时年仅二十九岁，先葬于邓县，后迁葬于宝丰县肖旗乡磁矶岭村南之祖坟。

王治军死后，其日籍夫人携子返回日本。当时，宝丰县政府为了表示敬意和安抚家属，拨给抚恤金大洋五百元。1934年12月，河南省政府为辛亥革命河南起义殉难烈士建陵立传时，给王治军以高度评价。国民党中央执行委员、河南省党部书记方觉慧及河南省主席刘峙曾为死难者立传、题词、刻石表彰（碑现存于开封市禹王台公园）。在传叙和题词中称："义之所在，并力以赴。危难非所顾，威力非所畏。""……烈士之死……为光复故土而死，不计成败而死，为欲免地方糜烂而死。皆能联袂接踵视死如归，亦云伟矣！……孰迫而为此，非激于大义救国心切使然乎。"

王治军是早期的同盟会会员,是追随孙中山先生进行民主革命的先驱,也是宝丰县为探求科学出国留学的第一人。他年轻有为,追求真理,向往进步,不怕困难,奔走革命,锋芒毕露,刚正不阿,投身于伟大的复杂的社会大变革的斗争中,贡献了自己年轻的宝贵的生命。他这种为民族解放、为人类进步而献身的革命进取精神,永远值得我们学习。

扶汉讨袁军领袖白朗

白朗

1913年11月10日下午，宝丰城内的医生谢二蹬给人看病归来，向县知事洪恩沛报告说："白朗的军队从湖北返回河南，已经到达方城一带，要攻打宝丰县城。"

洪恩沛问他看见了没有，谢二蹬说："我没看见，是听南乡人说的。"洪恩沛即刻召集县绅们商议，大家认为"二蹬、二蹬，说话不可听"。谢二蹬的话水分太多，向来就没人相信，当然也就没把这当回事，照常唱夜戏，没做任何准备。

次日凌晨，宝丰城东北角突然响起枪声，前半夜看了夜戏的团勇们困顿疲乏，枪声响起，竟无人抵抗。宝丰城被白朗义军打开，接着没收富商大户的粮食、钱财，倒在大街上，让穷人拿取。

攻下县城后，白朗带着队伍回到老家大刘村，乡亲们纷纷来看望他。见白朗仍穿着黑棉袄，还是庄稼汉打扮，有乡亲问："你们攻克不少城镇，打了那么多富豪，为啥家里不置一点产业？"白朗笑着说："我白朗不是为发财才拉杆干跶将的，这队伍里的人都是老百姓，只要穷哥儿们有口饭吃，咱自己要房子要地干啥？"

一、跶了绿林，打富济贫

白朗生于1873年，字明心，幼入私塾，年余辍学，及长务农。赶牛车拉过官盐，与人合伙开过炼铁厂。由于常年劳作，白朗的背稍微有些驼，说话声音不大，但却瓮声瓮气，眉毛粗重，眼窝深陷。白朗好结交侠义伙伴，爱打抱不平，被人称为"大哥"。

1910年，白朗被地主诬陷入狱一年多，母亲卖一顷多地才把他救出来。回到家里的白朗无事可做，卖了所有的土地，买了一匹马到禹县驻军项德高部下干马队，项营长见白朗的大青马壮实，将自己的老红马与白朗的大青马交换，还让白朗倒找五十两银子。刚换完马，部队北上，白朗不愿远去，又花了些银子打点，才得以和友人一起回家。

母亲怕白朗闹事，让他到城里女儿家避避。白朗找两个泥水匠去城里修房子，县令张礼堂诬说那俩人是土匪，竟然给枷死了。白朗气得大骂县官草菅人命，横下心要大干一场，报仇雪恨。一天晚上，几个朋友到家里来玩，几杯酒下肚，白朗竟出人意料地拿起酒瓶一阵猛喝，而后把酒瓶一摔，躺在屋里大哭一场，然后和朋友一起离开了家。

武昌起义爆发后，封建顽固势力怕革命党过来杀头，纷纷躲到了城里。城西姚店铺村的土财主郑虎不知道什么是革命党，只是一味地害怕，留下一些枪支和家丁看守门户，带着全家躲到县城里去了。

白朗得到消息，前去打探，一个家丁说："我们早就商量过了，没事时，我们站岗守卫，只要革命党一来就溜，谁会等着当替死鬼？"

探知到郑家的底细后，白朗带着几个弟兄奔向姚店铺，先是放了一枪，大喊道："我们是革命党，专杀老财，大家不要怕，不要惊慌！"家丁们听到枪响和喊声，心惊胆战，慌不择路，跑的跑，藏的藏，留下一所空荡荡的宅院。白朗等人拥入郑家院内，如数找出了枪支。

接着打开刘集，开仓放粮，设伏交马岭，劫击宝丰县令张礼堂。1913年，白朗进入母猪峡活动。每到一地，就打开地主、豪绅、富商的粮仓、钱庄、当铺，一部分留作军用，一部分救济穷人。义军纪律很严，对百姓秋毫无犯，深得百姓拥护，势力日益壮大。

二、东征西战，所向披靡

1913年7月，南方革命党人发动了反对袁世凯的"二次革命"。为配合国民党反袁斗争，白朗率部向湖北进军,刚刚到达湖北境内,得知"二次革命"已经失败,白朗率义军又返回宝丰。

"二次革命"前后,伟大的革命先行者孙中山先是派孙浩到白朗义军中协助工作,后又指使革命党河南支部派熊思羽、贾谊二人联络白朗义军。熊、贾二人还给白朗捎了一份委任状,委任白朗为豫湘鄂三省联军先锋司令。可惜他俩还没和白朗接上头,就被豫督张镇芳逮捕杀害。1913年8月,孙中山又派身边姓沈的参谋到白朗义军中,担任参谋职务,义军的重大战略决策,多由沈参谋筹划。此后,黄兴派徐昂、刘天乐、于庆华三人到白朗义军中任职。这些革命党人基本都担任参谋工作,对白朗义军的正规化建设、战略规划、战役指挥起了很大作用。

白朗和孙中山、黄兴取得联系后,其队伍发生了根本性改变,这支队伍作为革命党人的武装或革命党人的"盟军"出现在中国军事舞台上。

1914年,因镇压白朗义军不力,袁世凯撤了张镇芳的豫督之职,任命陆军总长段祺瑞兼代河南都督。段祺瑞调动鄂豫皖苏省军队数万人,对在这一地区活动的白朗义军四面包围,企图聚歼于霍山、六安、霍邱之间。段祺瑞还邀请英俄等国驻京使馆武官到信阳"观战",出动一架飞艇,由沙俄飞行员驾驶参战。但是,义军巧妙地突出了包围,于1914年3月上旬攻开湖北西部重镇老河口。他们打算取道陕、甘，进入四川，建立根据地。几天以后，又攻开了豫陕交界的荆紫关，打开了入陕的大门，白朗以"中原扶汉军大都督"的名义发布文告。

白朗义军进入陕西后，仅仅一个多月时间，横扫陕西十多个州县，而后进入甘肃，计划经甘南夺取四川。占领陇县后，通渭县知事陈鸿宝率士绅出城欢迎，白朗传令部下，驻军城外。陈鸿宝把白朗迎于一所高小学校内，饭后休息，白朗散步到一教室，见学生国文课本破旧，对部下说："这个城小如斗，民贫可怜，学生还可造就。"遂捐银两千两，交县知事保存，作为买书之用。

三、回师豫西，中弹身亡

甘肃人烟稀少，义军供给常常遇到困难，加上民族隔阂、地主武装的顽抗，义军遇到了前进障碍。攻占洮州之后，义军原拟进取狄河，但沿途要隘有甘军把守，前锋受挫。军师李白毛和副司令李鸿宾相继阵亡，徐昂又被俘杀，力量大为削弱。义军主要是由农民组成的，他们中的许多人本来就不愿离开家乡，在不利的形势下，思乡情绪日益强烈，骨干们多主张返回豫西，白朗错误地决定回师东归。

1914年5月31日，义军由洮州莲花山折而东返，且战且走，不时遭到官兵和民团的夹攻，人员纷纷离队，战斗力大为减弱。一路上，他们冲破重重堵截，克服种种困难，由甘肃到陕西，到达荆紫关时，湖北籍的"杆子"率先脱离而去，接着邓县籍的"杆子"也散回老家。远征西南的目标没有实现，军心有所动摇，组织分裂之风一开，很快就全军瓦解了。

白朗带着宝丰、鲁山、临汝、郏县一带的战士，冲破重重包围，挺进到宝丰、临汝两县交界的虎狼爬岭，此时他身边只剩下五六十名战士。穿黄衣裳的北洋拱卫军、穿蓝号褂的赵倜的毅军和穿"灰老鼠皮"的镇嵩军云集豫西，总统府悬赏十万元捉拿白朗。

困在三山寨上的残余义军，经过两天两夜的抵抗，虽然打退了各方军队的进攻，但有些人牺牲了，有些人负了伤，加上粮绝水缺，子弹也快打完了，只有突围一条路。当晚，白朗和弟兄们撤退时，使用了奇巧的"空灯计"。他们在山寨周围挂上不少灯，灯焰辉煌，剿军疑惧，不敢进犯，第二天派人到山寨侦察时，寨内已空无一人。

1914年8月3日，白朗在宝丰与汝州交界处的前张庄村因外伤过重，停止呼吸。

白朗领导的起义是袁世凯统治期间规模最大、坚持时间最长的一支武装反抗斗争力量，被称为中国最后一次农民起义。20世纪50年代，中外学者就开始了对白朗起义的研究，出版了一些专著和研究文章。1986年，白朗故居和白朗墓被公布为省级文物保护单位；2015年，白朗起义传说被列入河南省非物质文化遗产名录。

建国豫军总司令樊钟秀

樊钟秀

阴历二月，豫西大地万物复苏，杨柳舒展起嫩绿的枝条，在这美丽的景色里，一位少年蹦蹦跳跳地行走着，因舅爷家办喜事，他与几个表兄弟玩到傍晚时才返回。路过李文驿村时，耳旁隐约传来呻吟声，少年循声寻找，路边竟躺着一个老汉，衣衫不整，双目紧闭，酒气熏人，地上摞着钱褡，身前身后散落一些小铜钱。

少年走上前去，用手扳着老人喊道："老伯，你醒醒！老伯，你快醒醒！……"

老汉没有答应，他暗自思忖：天色已晚，老人酒醉昏睡，有可能冻出病来，如果遇上歹徒，不仅钱财要丢失，恐怕连性命也有危险，这该如何是好呢？思前想后，他将散落在地的铜钱拾起来，与钱褡里的银洋放置在一起。

少年等啊，等啊，直到星斗满天，老汉喉咙里像拉风箱般干咳几声，慢慢扭动身体，晃晃悠悠坐了起来。少年忙搀扶住，说道："大爷，我路过这里，看你一醉不醒，怕你遭歹人抢劫，就在这里陪陪你，现在你醒了，我也该回去了。"

老汉见面前站着个男孩，摸摸钱褡，知自己失态，感激地说："我姓郑，是个牛行经纪，今天讨账时在朋友家多喝了几杯，走到这里酒劲发作，本想坐下歇息一会儿，不想竟睡着了，真是喝酒误事。好在老天有眼，幸遇公子这样的侠义好人，小老弟的恩德老朽一辈子也忘不了。"说着，拉住少年的胳膊，追问其家庭住址，少年只得道出了自己的家世……

一、逃荒宜川，武装造反

那少年名叫樊钟秀，字醒民，小名全有，生于1888年，大哥钟灵，三弟钟尧，四弟钟华，钟秀排行第二，故外号称樊老二，宝丰县大营夏庄（今属平顶山市石龙区）人。父亲樊道隆，清末庠生，以教书和行医为生。叔父樊道德，有三个儿子。

樊钟秀幼年跟随父亲读私塾，喜看小说，几乎着迷，13岁时逃学到登封少林寺，拜恒林和尚为师，学习拳棒。在少林寺与徐万年、李亚东结为生死之交，三年后学成结业,他们一同到小商桥,凭吊民族英雄杨再生之墓,把酒痛饮,自命为当代豪杰。此后,徐万年、李亚东南游武汉,参加辛亥革命,樊钟秀回家种地。武汉首义成功,樊钟秀被邀至武汉,参加北伐,任左翼先遣军副司令,连克枣阳、新野、唐县,进占南阳。北伐军失败,樊钟秀遭通缉,回家乡无法存身。

时值清末,政治黑暗,官吏贪腐。加上豫西连年荒旱歉收,民不聊生,强梁者铤而走险,揭竿而起,怯弱者辗转沟壑或逃奔他乡,不少农民逃荒去陕西北部,樊钟秀全家也跟大伙儿一道,逃到陕西宜川县开荒种地。

陕北回军、捻军自清朝咸丰、同治年间与清军对抗,经过多年战争,人烟稀少,田园荒芜。河南逃荒的人到陕北后,并未得到官府的帮助,只有披荆斩棘开荒。可是官府规定客民开生荒和开无人的熟荒需交赋税,加上衙役的敲诈和地主的排挤压迫,河南客户不但不能安业,反而受尽了歧视和欺侮。樊钟秀一家也过着这种煎熬的日子。

宜川县南部有个黄龙山,山脉起伏,峰峦层叠,因天灾人祸,四五百里内都成了土匪出没之地。1912年,匪首黄大爷下山抢劫,途中看见樊钟秀的妹妹长得好看,便派人向樊家说亲,限日将姑娘送往山寨。

樊钟秀得知此事,忍无可忍,在征得父亲和哥哥的同意后,又约来相好的五个朋友,上山找匪首拼命。途中巧与两个骑匪相遇,樊钟秀领朋友隐于路边草丛中,待匪通过时,突然跳出将匪砍死。接着又遇三个土匪,他们又杀死两个土匪,剩下一个土匪跪地求饶,从他口中得悉大部分匪徒下山抢劫,只有匪首和四五个亲信在巢洞中。樊钟秀用计奇袭匪巢,将匪首黄大爷及其党羽杀尽。

消息传出,客民们一致拥护他组织自卫武装。樊钟秀趁机组成一支20多人的杆队,但官府士绅和民团却说客民要造反,接着派差官要枪要马,还传他们到县里见官认罪,激起客民的反抗。樊钟秀拒绝了官府的无理要求,接二连三消灭几小股土匪,力量日渐壮大,百姓们认为他才是地方的保障。

二、驱陆援陈,回师河南

樊钟秀打土匪、打民团所向披靡,陕督陆建章派人秘密联络樊钟秀,打算收编樊部作为统治陕北的地方力量。正进行间,值袁世凯称帝,全国声讨,陕北革命党人士惠有光劝樊钟秀说:"陆是袁的走狗,袁是民国的敌人,不可受他编制,遗万世骂名。"樊钟秀拒绝了陆建章的收编要求。

与此同时,陈树藩派其营长阎锡民联络樊钟秀,约他合作驱陆建章出陕。由于是同乡关系，樊钟秀答应了，集合队伍，断绝了延安通往关中的道路。

陆建章逃跑后，陈树藩升为陕西督军。由于在逐陆建章活动中樊钟秀立下奇功，陈树藩将樊部收编为一个营，列入陕军序列，驻防陕北清涧、定边等县。

陈树藩主政陕西后，见北洋军阀势力扩大，左右全国局势，背弃了革命的一贯主张，转身投靠皖系段祺瑞，被段祺瑞任命为陕西省督军兼省长，其军队由一个旅扩充为三个旅，从而引起关中革命党人士声势浩大的反陈运动。陈树藩再派阎锡民面见樊钟秀，诱以优厚条件，调其南下援助自己。

不明真相的樊钟秀率部南来，先到三原、泾阳一带，与胡景翼打了几仗。陈树藩又调他到省城应援，部队进城后，旋有人向陈进言，说樊部不是正规军队，万一发生意外，影响太大，陈乃令樊部移驻鱼化寨。樊钟秀正疑惑间，靖国军张义军写信说："听你的好友惠有光说，你是个见义勇为的好汉子，现在为何帮助民贼陈树藩打革命党队伍？"几次通信后，樊率部脱离陈树藩，移军蓝田，树起靖国军旗帜。

自从离开陕北进入关中后，樊钟秀认识了不少革命党人士，思想逐渐开明，自此奠定了一生政治认识的基础。不久，他自带百余骑兵，在灞桥南伏击东下的陈树藩军，将一个团击溃，并阻断了省城以西的交通。陈树藩派镇嵩军全部力量反攻，樊钟秀因敌众我寡，退守周至县城。段祺瑞又调五省兵力增援陈树藩，对靖国军各路同时进攻，樊军坚守了53日，在无援军到达的情况下，突围出来，经于右任同意，编入许兰洲师，借此整顿。

不久，许师奉调入豫，樊钟秀以自己是河南人，亦随许调回河南。适逢河南督军赵倜成立"宏威军"，其三弟赵杰为宏威军统领，因许兰洲再次北调，赵杰便把樊部编为宏威军一个团，归豫西镇守使丁香玲指挥。樊钟秀招选家乡子弟，补足缺额，加以整练。他没忘了革命，借刘承烈赴沪之便，托他向孙中山先生代陈向慕之忱。孙中山先生对樊的好印象自此开始。

三、脱离直系，救援穗城

1922年夏，河南督军赵倜被冯玉祥打垮，宏威军解体，樊部一时没有供给，吃穿困难。河南成了直系的天下，张福来接任督军，樊部又划归到他的麾下，队伍在登封、渑池、陕县、观音堂驻扎。

张福来接任河南督军后，豫西各地新一拨的反对军阀活动蜂起，最大的蹚将杆头老洋人张庆组建河南自治军，在临汝、临颍等地绑了8个洋人的票子，大闹洛阳，差点绑架了吴佩孚，外国人向北洋政府提出抗议。由于围剿失败，吴佩孚只好改变策略，把压服改为收抚，派樊钟秀只身闯虎穴，完成了对河南自治军的收抚。

1923年，吴佩孚联合陈炯明侵战广东，委樊钟秀为援粤豫军司令。樊钟秀利用直系的关系，到达赣南，派李肖庭与孙中山联系，于11月6日，在江西大庾通电就任孙中山委任的职务，接着击败了方本仁。樊率部7000多人抵达广州。这时，陈炯明军洪兆麟、叶举、林虎等部已占据石龙，粤军许崇智部和滇军杨希闵部相继溃退。陈炯明部抵广州石牌，占白云山、瘦狗岭，炮击总统府。

樊钟秀率豫全体官兵在黄沙车站下了火车，因军情急迫，未作停留休息，立即投入战斗。他命令部下说："此次保卫广州之战，是奉孙大元帅命令，生死都极光荣，只准进，不准退！只准胜，不准败！谁要当孬种，我先毙了他！"顿时军心振奋，士气旺盛，以闪电雷霆之势迅速击溃了郊区之敌。

陈炯明见战场上出现衣服破烂而身材高大、凶猛异常的北军，怀疑飞将军自天而降，其势锐不可当。天降大雨，河水不能徒涉，樊率数百官兵，从上游渡过去，绕攻陈部侧背。陈部全线溃退，樊钟秀乘胜收回广九车站、石牌，直抵石龙，广州转危为安。

战斗结束，樊钟秀裹挟着一身硝烟和尘土从战场归来之时，孙中山早闻他勇敢豪侠之名，猜想他是个北方粗豪大汉，不料竟是个温文儒雅的白面书生，且态度恭谨谦和，遂委任他为建国豫军总司令，并推心置腹地说："好！好！好！好同志，真革命！……"

樊钟秀慷慨地受任于败军之际，奉命于危难之间，力挽狂澜、扭转败局的忠贞行为，孙中山特别欣赏，十分看重他，对他恩宠有加。

1924年1月，中国国民党第一次全国代表大会在广州召开，樊钟秀被选为中央监察委员会候补委员。

四、北伐入豫，被炸身亡

1924年10月，孙中山联合奉、皖两系讨伐直系，部署了两路北伐军队，以程潜为援鄂总司令，假道湖南北伐，以谭延闿为援赣总司令直攻江西。樊钟秀曾驻防过江西，故归谭指挥参加北伐。

樊钟秀在孤军北伐途中，避实就虚，兼程急进，多走山险小径，少进镇大道，时而迂回迷惑敌人，时而夜行昼息隐蔽自己，遇小敌则击，遇大敌则避，几经艰难险阻，渡过长江天堑，使赣湘追兵望尘莫及。进入河南后，樊部先进入潢川、商城，后以南阳为根据地，以建国豫军为号召，地主、绿林豪杰，纷纷携械来投，不过数月，达到三四万人，枪约两万支，因给养困难，散处豫南、豫西各县。

1925年，上海"五卅惨案"发生后，樊钟秀利用临颍县城东南角黉学的房屋，创办沪案后援建国军军官学校，与广州的黄埔军校遥相呼应。各地不少青年学生纷纷到临颍投考，有南方川、广、云、贵、两湖、浙江等省的青年及学生，更有北方冀、鲁、豫、陕、山等省的青年，有北京、汉口、郑州、开封等大城市的青年，也有省内的商丘、淮阳、郏县、鲁山等县的青年，更有中小学生、大学生和中小学教职员响应参加，并有大批中共地下党员参加学习，临颍一时成为四方英豪会聚的风水宝地。

曹、吴战败后，胡景翼督豫，接着发生了胡憨之战，樊钟秀协力国民二军由禹县、登封进入洛河南岸，侧击憨玉琨军，刘镇华、憨玉琨战败，樊钟秀进驻洛阳。战事结束，胡景翼病死，岳维峻接任豫督，豫境杂军尽被收编，唯建国豫军的旗帜让岳维峻无可奈何，于是商请樊钟秀攻晋。樊率部采取奇袭的战法出敌不意，由顺德（邢台）西入峻极关，密经摩天岭小路，攻战辽州（左权县），太原震动。阎锡山令商震军阻击，商震正面设防以阻樊军西进，复派一小部军队砍断樊军后路运输，兼施坚壁清野，使建国豫军给养困难，被迫退回河南。

攻晋失败后，樊钟秀退据鲁山、宝丰、郏县一带。不久，吴佩孚分兵三路攻击国民二军，樊钟秀因新败，无力协助国民二军，随着国民二军的失败，樊钟秀退据鲁山以西山地自保。吴佩孚为巩固这个重占的根据地，自然不会允许打着建国豫军旗号的樊钟秀在其肘腋之下，派军准备肃清樊部。樊钟秀将部队化整为零，隐藏在尧山中，搭架屋栅，开田种禾。

1927年，吴佩孚在豫失败，仅率卫队逃走。此时，蒋介石派人面见樊钟秀，拟委以番号，意在收编。樊钟秀对蒋介石背叛革命本极痛恨，于是严厉拒绝了蒋的要求。由于他打着建国豫军的旗号，在政治和人事方面得不到任何帮助。不仅如此，在豫鄂边区和唐河县一带，还屡次和冯玉祥作战。后建国豫军被迫退往皖属涡阳、蒙城一带，樊钟秀通电下野。

1930年，阎锡山、冯玉祥联合反蒋，樊钟秀受蒋介石委任，回河南召集旧部打阎、冯，并派河南鲁山的郜子举任樊的参谋长。樊到河南后，依靠孙世贵、王太在豫鄂皖边区的两股土匪力量，组建起一支队伍，拉到许昌一带。

战幕揭开前夕，冯玉祥、阎锡山派邓宝珊见樊钟秀征询意见，樊、邓二人本是多年的老友，久共患难，友谊素笃，一言而决，即宣布反蒋。阎、冯遂委任樊钟秀为第八方面军总司令，邓宝珊为副总司令，郜子举仍为参谋长。

大战爆发后，战火只限于津浦、陇海两线，蒋介石仍想拉拢樊钟秀，送了一列车慰劳品，派人到许昌，请其让出许昌，以便直接进攻在郑州的冯玉祥大本营。樊钟秀严词拒绝，也不接受蒋的慰劳品，这样平汉线的战斗展开了。双方主力胶着于陇海铁路商丘南北之线，在平汉路正面，蒋介石派何成浚指挥北攻，许昌首当其冲，建国豫军屡挫蒋军攻势，因而在临颍以南小商桥一带形成对峙状态。蒋介石以其独有的武器——飞机，对樊军阵地和城市肆意轰炸扫射。1930年5月25日下午，樊钟秀视察阵地后返回许昌，行至南门外吊桥时，适逢蒋军飞机低飞侦察，他的随从人员劝他快步避入城门洞中。他一生在枪林弹雨中从没有畏缩，反而站立桥头，仰首大骂。轰然一声，飞机投弹爆炸，樊钟秀被炸伤，倒于血泊中，抬到司令部，当晚不治而亡，卒年42岁。冯玉祥、阎锡山派人将其尸体运往北平，在香山碧云寺举行了隆重的葬礼。

樊钟秀生性豪爽，富有正义感，早年参加辛亥革命，后追随孙中山始终不渝，献身民主革命事业，反帝、反封、反蒋，成为名扬海内外的著名爱国将领，被朱德总司令誉为民国两大奇人之一。樊钟秀待人宽厚，律己甚严，不置家产，不赌、不嫖、不纳妾，生活俭朴，为民族独立和社会进步做了很多有益的事情。

早期共产党员余自修

余自修(1888—1941年)，又名灵芝，小名兰，宝丰县石桥镇师庄村人，1924年加入中国共产党，她是20世纪20至30年代河南省开封市、宝丰县、南阳地区及湖北省随州市等地著名的妇女政治活动家。她兄妹四人，自修居末。其7岁时入私塾就读年余。其母认为女孩读书无用，令其停学。自修辍学后，在家仍坚持自学。当其长兄余海在家读书时，她就跟着读记。

1905年，余自修17岁，与本县林营村农民何重印结婚。后来，何重印卖掉土地和房产，购置枪支，拉起一支武装力量。1908年，何重印被杀。民国初年，兵荒马乱，长兄余海将余自修及其独生子有义接往师庄村居住，后余自修独身一人到开封当工人谋生。

1924年，余自修成为开封一所省立女工厂的监工。是年七八月间，她奉调到省立平民二厂任监工。当时正是国共合作时期，工人运动蓬勃发展，她先后加入了中国国民党和中国共产党，并被推选为开封市妇女工会的负责人。开封市办有六个省立工厂，工人们起早贪黑，干的是牛马活，吃的是黑窝窝，工资很少，有的厂主干脆不给工人发工资。由于厂主的残酷剥削，工人们为改善生活条件进行了英勇斗争，余自修及其他共产党员积极组织、领导工人与资本家做斗争。

当年冬季，余自修和杨春芙（平民二厂工人，后为中国共产党党员）等人筹建省立六个工厂的"工友联合会"。该会于1925年1月成立，"工友联合会"的大牌子挂在开封市内辘轳湾大街上。接着，她在更大的范围内组织工人为改善生活条件进行斗争，号召工人们团结起来与厂主进行说理斗争，要求增加工资，以解决温饱问题。1925年，《河南自治报》曾有一段对余自修活动事迹的报道："一九二五年一月十五日（民国十三年十二月二十一日），为河南市乡自治筹备员训练所举行开学典礼之期，各学校各团体各官厅无不派员参加，民众参观者以万计。余自修……曾不满意于某厅长，当在大庭广众之中，登台演说，揭破某厅长之劣迹数款。并提倡人民应该行使罢免权，侃侃而谈，旁若无人，台下掌声如雷，座间官吏失色。前之中山主义只入于人民之耳者，今已宣诸人民之口矣，此虽仍系一种论调，而今乞之伸张，可见一斑。"之后，"工友联合会"派杨春芙和孟九如等人回二厂，秘密串联各科工人，宣传"工友联合会"的任务,号召工人拥护"工友联合会"的主张,工人们热烈响应,情绪很高。厂长发觉后,想方设法控制串联,每天等工人们上班后,就将平时工人不断出入的各科小院门落锁,不准通行,就连出入提水也不准。

厂方的这一无理举动,激怒了日益觉醒的工人。他们先是派出代表找厂主说理,厂主拒绝接见。接着,余自修和杨春芙、孟九如及各科代表再次找厂长翟宾讲理。因翟宾不在,他们就找厂务主任秦宝善,余自修义正词严地说:"工人们是来做工的,不是来坐监的。"工人代表们纷纷要求厂方打开各科院门,让工人自由出入。秦宝善大模大样地说:"这是厂主的意思。"工人代表们又向厂方提出:工人们整年辛苦劳动,但不得温饱,要求公布账目。秦宝善不答应。另外五个厂的工人也进行了相应的斗争,但斗争均形成僵局。

鉴于这种情况,"工友联合会"召集各厂的代表和该会的全体委员共百余人,到省督分署建设厅请愿,他们一路高呼"要求增加工资""要求吃饱饭、穿暖衣"等口号,并高唱"打倒列强!打倒列强!除军阀!除军阀,努力革命,齐奋斗"的歌曲。

在去建设厅请愿的同时,各厂都配合请愿进行了斗争。二厂工人在联合请愿的鼓舞下,一拥而上,一面高喊着"打倒翟宾"的口号,一面砸开了锁着的院门。秦宝善恶狠狠地说："你们今天砸开了锁，明天照样锁上。"工友们又喊："打倒秦宝善！"秦宝善说："我量你们也不敢咋着我，你们快点回去，警察马上就来。"工友们忍无可忍，拔起院内已长成的萝卜，纷纷朝着秦宝善打去。大家高喊着："我们饿死也是死，我们不怕警察。"这时，工友中有人喊了一声："把他的衣裳撕下来！"大家蜂拥而上，将秦宝善身上的衣服扒得只剩一条裤头，使秦宝善狼狈不堪。

正在此时，来了四个气势汹汹的警察。警察一看，觉得众怒难犯，便装出调解的样子，让工人们派出代表，其他工人回去。工友们异口同声说："我们都是代表！"并说："每月两元钱吃不饱，我们要求增加工资。""请事假、病假一律不准扣工资，保障人身自由、开会自由，打开各院门锁，准许工人出入！"警察不敢再管，秦宝善也灰溜溜地躲了起来。这次斗争大杀了厂方威风，获得了初步胜利。

第一次请愿由于没达到预期目的，"工友联合会"接受了余自修的建议："带上请愿书，再次去建设厅要求增加工资，要求人身自由。"这次请愿去的工人比第一次更多，声势更大，建设厅迫于压力，接受了工人们的要求，给工人们开会的自由，二厂各科的院门锁也打开了，给工人们行动自由，工资由二元增加到三元六角，答应工人请病假、事假不再扣工资,厂主对工人们的态度也大有改变。其他工厂都相继给工人增加了工资,工人的生活条件得到改善。斗争的胜利极大地鼓舞了工人们的斗志。

日本出兵满洲的消息传到开封,激起开封市人民的无比愤怒。1926年1月5日,全市各界人士进行了示威游行,并由报界联合会发起,在省教育会召开各界人士代表会。余自修作为妇女界工业联合会的代表参加了大会。代表大会最后决议:通电反对日本帝国主义出兵满洲。

开封市当时的各种社会革命活动很少有妇女参加,而余自修却积极投身社会活动,逢会必到。她的活动能力及革命热忱给全市各界群众留下了深刻印象。

1925年夏至1926年4月,河南省组织派大批干部到农村开展农民运动,余自修在1926年春离开开封,到南阳一带开展农运工作。她首先和南阳地区唯一的地下党支部——刘宋营特别支部取得了联系,联络了当地红枪会总首领刘陈善,组织地方农民武装,任当地农民自卫军司令。

1927年1月26日,参加过北伐革命战争的建国军第一、二师,被军阀于学忠部包围于邓县城内。余自修知道后,只身到新野建国军总司令部见樊钟秀,共同商定援邓计划。接着，余自修在南阳南部召开了南阳、新野、邓县三县边沿地区几十个村庄的由红枪会骨干参加的动员会，她历述北伐军的好处及军阀的罪恶，指明援樊打于的意义。2月27日晨，余自修亲自率领集中起来的红枪会队员3000余人，由南阳至邓县东门外和于军接火，激战半响，等樊军解围后一同撤出邓县至随州驻扎。

1927年3月4日，湖北省第一次农民代表大会在武昌召开，余自修以随县农协代表的身份出席了大会，向大会汇报了随县农协情况，并向大会提出了一些建议。

会后，余自修回到随县，积极宣传、贯彻大会精神，并拟定整顿农协组织、建立自卫武装、加强工农联合、抗拒地租、均分土地等11项决议案和《告全县农友书》。5月30日，随县各革命团体举行大会，隆重纪念五卅运动两周年，到会有6000余人。余自修作为农民自卫军代表登台演讲，号召各革命团体，建立革命统一战线，打倒帝国主义及军阀，为五卅烈士复仇。会后，各界人士游行示威，沿途宣传、演讲、呼口号、唱革命歌曲。6月28日，陈独秀擅自解除湖北各地的工人纠察队和农民自卫军武装。后建国军司令部转移到河南南阳、新野一带，余自修遂参加建国军，任建国军游击旅旅长。其时，不少共产党员如吴镜堂、阎普润、张经武、刘国佑、唐天际、余自修等把建国军作为中共河南省党组织在豫西南进行活动的大本营和联络中心，开展革命活动。1926年7月1日，广州国民政府发表北伐宣言，蒋介石任北伐军总司令。北伐军出师之前，曾派员到南阳商谈请樊军南下接应、援助事宜。樊钟秀应北伐军之请遂亲率第一、第二两个军和余自修之游击旅共2万余人，日夜兼程向东疾进，一日夜行军200里，绕到敌人背后，潜至武胜关地区，于9月16日、17日跨过豫鄂交界处平靖关西真武山、凤凰寨，经骆驼店、香炉山夜袭信阳及武胜关吴佩孚阵地。时至深夜，吴军在混乱中应战，处处被动挨打，同时庞炳勋部又起义响应，转向樊军。

1928年，余自修回宝丰从事活动。她创建了妇女协会，领导全县的妇女解放运动，动员妇女放足，兴办平民学校，动员妇女协会会员捐款扶助穷人子女入学。

1939年，宝丰开展查禁鸦片活动，余自修积极参加，她经常走街串户查商贩。当年春，县长主持在县城文庙召开群众大会，焚烧鸦片，而执行焚烧任务的县医院院长王美卜，事先将查获的鸦片暗暗地换为泥土包好，搬到会场。余自修在会场上当众拆包查看，手捧假鸦片在会场中让大家辨认，并高声说："大家看看，这到底是烟土还是黄胶泥？"一时激起公愤，徇私舞弊的王美卜被当场逮捕查办。

1940年，宝丰两次掀起放足高潮，组织放足队，余自修深入农村，动员妇女放足并进行宣传检查，推动了全县妇女放足运动的进一步开展。

余自修长年为革命奔走呼号，积劳成疾，患了痨症，医治无效，于1941年病逝于宝丰县师庄村，卒年53岁。

余自修组织工人进行经济和政治斗争，揭露贪官污吏的罪恶行径，提高工人的思想觉悟，改善工人的生活条件，为工人运动做出了贡献。她从事农民运动，发动农民，组织武装，支援北伐，反抗剥削，为争取农民解放做出了成绩。她从事妇女运动，动员妇女放足，反帝反封建，争取男女平等，在争取妇女解放方面取得了显著的成绩。她是宝丰妇女界进行民主革命的先驱，她的革命精神永远值得我们学习。

抗战时期宝丰县县长曹子俊

曹子俊

曹子俊（1921—1979年），曾用名清泉、二高、高照，宝丰县肖旗乡史渡洼村人，祖籍张八桥镇大刘村。其曾祖父时迁到史渡洼村。1928年入私塾就读，1934年考入鲁山县立师范学校。1937年到镇平国民党豫鲁军政训练班训练3个月，随部到山东、豫北参加抗日救亡运动。1938年返乡教书。1945年参加革命，同年8月加入中国共产党，在抗日战争时期曾任宝丰县独立团团长兼县长。1949年11月，曹子俊南下，先后在长沙市工商联合会、长沙市食品杂货公司等地工作。1959年被错划为反革命分子，1979年1月病故。1987年长沙市市委为其平反。

一、青少年时期

曹子俊的祖父曹风祥当过私塾先生。其父辈兄弟二人，家境贫寒。叔父曹云章，曾参加白朗起义，随军劫富济贫，起义失败后被宝丰反动当局逮捕杀害。父曹云奇靠推卖煤、炭维持家庭生计，一次在去唐河县做生意时被当地土匪杀害。那时，全家剩下六口人：祖母、母亲、婶娘和子俊兄弟三人。哥清直、弟清海，子俊当时仅有四岁。那时虽有田地百亩，但因为幼儿寡母，在当时的社会里，仍然受到土豪劣绅的欺凌和压迫。曹子俊童年时就被派服公役、当更夫，也曾遭到恶霸土豪的打骂。后子俊家得到其舅父和姨妈家资助。

1927年，史渡洼寨被土匪打开，曹子俊一家逃往新宝镇（即高皇庙）姨妈家避居。其叔父和父亲的遭遇、土豪恶霸的欺压、逃难的岁月，使曹子俊兄弟在童年时就受到苦难日子的折磨。他们恨透了土豪恶霸，恨透了黑暗社会。

1928年，曹子俊入私塾就读，1930年转入新宝镇完小（即高皇庙小学）插班学习。他聪颖好学，品学兼优。1934年春，他小学毕业后以优异成绩考入鲁山县立师范学校。同年，其哥清直也考入黄埔军校西安七分校。青年时期的曹家三兄弟，个头高，人英俊，村里人都称他们为"曹三高"。这时本村寨首、县民团中队长赵××（曾任联保主任、伪保长）为拉拢势力、笼络曹家三兄弟，曾派牲口让子俊、清直上学等骑用，子俊兄弟一眼就看出他的用心，便横眉冷对，予以回绝。曹家三兄弟对村里的穷苦人总是热情相助，有求必助，自家一时没有的，转借也要相助。

二、投身革命

曹子俊上学期间，正值"九一八"事变后全国抗日宣传高潮，各地抗日救亡运动风起云涌。青年时期的曹子俊在抗日高潮的影响下，心潮澎湃，热血沸腾，决心投入抗日救国运动中。1937年，他师范毕业后，只身到镇平考入国民党当局所办豫鲁军政训练班。训练3个月后，随部到山东、豫北参加抗日救亡运动。1938年春，因国民党当局不肯接济，经费困难，该部便分散在豫北充实区乡政权。曹子俊感到抗日无望，便返乡就教。曹清直从黄埔军校西安七分校毕业后，分配到洛阳管理监狱，因营救（私放）地下党员郭民铎（曾任国民党专员）和进步军人、郏县老乡张全振（又名张醒民）出狱受挫，也返乡就教。曹子俊兄弟俩在学校开展抗日宣传工作。那时初出茅庐、血气方刚，志在为国为民建功立业的曹子俊，不安于现状。1939年，曾到河南省会开封报考县长（未第）。1940年，宝丰县国民党当局抽各校教员到县参加干训班，曹子俊受训两个月，与其他受训教员集体加入国民党。

1943年5月，由进步人士、国民党宝丰县参议长李乐水推荐，曹子俊就任新宝镇副镇长。在任职期间，他从不以权势欺压人民，目睹某些贪官污吏、土豪劣绅压榨农民的惨状，时常愤愤不平。

1944年春，日寇侵占宝丰，国民党军队西逃，地方政权溃散。素与曹子俊持不同政见的赵××摇身一变，成为日伪自卫队中队长。赵××视曹子俊兄弟为抗日阶层、激进分子，遂于同年6月30日，借故杀害了史渡洼村与曹子俊兄弟要好的穷苦农民康明一家老小，威胁曹氏兄弟。慑于形势压力，曹子俊兄弟又搬家到高皇庙姨妈家居住。赵××遂霸占了曹家的田产家业。曹子俊兄弟恼恨日寇，更恼恨日伪汉奸分子，国仇家恨一齐涌上心头，怒不可遏。当年秋，他们联络高皇庙枪法较好的贫民肖廷献等，决定除掉这个宝丰北部的地霸、日本汉奸分子赵××。一日，在赵官营集市上肖廷献等终于找到了赵××及其爪牙，肖廷献即对准赵××射击，但因子弹卡壳未击中，赵××逃脱。事后，曹子俊忧心忡忡，感到社会黑暗，前途渺茫，遂与哥弟商议，决心寻找革命之路，寻找光明。

1944年底，曹氏三兄弟告别母亲、妻子离家出走，他们在途中闻讯登封县、禹县间有八路军抗日军队活动，遂在禹县鸿畅村停留。为生活所迫，他们在鸿畅村南大街开了一个小酒店。在此期间，曹氏兄弟结识了当地新华印染社的爱国青年傅武兴、杨中伦、李宗树等。他们经常在一起交谈思想，议论国事，对国民党欺压民众、消极抗日愤愤不平。由于谈得投机，志向一致，经过酝酿筹划，他们在鸿畅村成立了一个秘密群众组织——青年抗日文艺工作社（后改为文艺工作团），曹子俊三兄弟均为团员。

1945年初，国民革命军第十八集团军（八路军）河南人民抗日军第四支队（以下简称四支队）根据党中央指示，在支队司令员兼政治委员张才千的率领下，挺进禹县西部山区，开辟豫西抗日根据地，并解放了禹县西部重镇神垕。3月，四支队敌后特务游击大队长兼政委武杰等在鸿畅做抗日宣传，接触了该组织的骨干成员傅武兴等。后，傅武兴又向武杰引见了曹家兄弟。经过交谈，武杰要曹家兄弟帮助八路军工作，子俊兄弟为之振奋，齐声应允。从此，小酒店就成了四支队武杰等同志的重要联络点。经过多次接触，曹子俊兄弟懂得了不少革命道理，认识到只有跟共产党走，发动民众搞武装抗日才有出路，中国才有希望。由于方向明确，思想进步，曹氏三兄弟积极向我党我军靠拢。不久，曹子俊经当地党组织王星辰、王明星介绍加入中国共产党，实现了他多年寻找革命的夙愿。

三、禹郏抗日

曹子俊入党后,思想开明,精力旺盛,在党的直接领导下,他们兄弟和全体团员,深入街道、农村,发动群众,组织武装,为发展壮大抗日力量做出了贡献。不久,在鸿畅周围各村组织起民兵百余人,骨干力量由原来的12人发展到30多人。

鸿畅镇是神垕通往禹县县城的东大门,地理位置很重要,当时由日伪自卫大队把守。神垕解放后,四支队决定解放鸿畅,确定由四支队派部队进攻,曹子俊、傅武兴带地方武装配合。结果,四支队所派部队还未赶到,敌自卫大队长闻风而逃,鸿畅随之解放。

1945年4月初,武杰带曹子俊兄弟在四支队司令部驻地赵沟村晋见了张才千,并受到杨秀昆、余品轩等领导同志的热情接待。曹子俊机警勇敢、有胆有识,深得张才千赏识。不久,由四支队司令员兼政治委员张才千、副司令员杨秀昆署名签发委任令,任命曹子俊为宝丰县独立团团长兼县长,曹清海、曹清直分别为四支队司令部宣传员和侦察员。同时分配曹清海随武杰做通信联络工作,曹子俊和曹清直到牛村开展工作,小酒店随之关门。

当时,牛村是国民党顽固派郏县县长刘子振的地盘。郏县沦陷后,刘子振盘踞在郏北安良一带,名义上是国民党县政府，实际上与日军相互勾结，变成了"维持会"。当郏北和神垕附近的几个村庄解放后，他慌了手脚，加紧其反动统治，派粮、派款、派壮丁，网罗五六百名武装，准备与八路军对抗，阻止我军南进。时在该部任中队长的张全振驻扎在牛村。张全振系安良北张店人，曾在国民党军田镇南部任团长，日寇发动河南战役，在许昌与日军作战时冲散，他带人枪200余返乡。他憎恨日军，不满刘子振的倒行逆施，在郏北地区颇有威望。一次，张才千司令员在谈到郏北斗争形势时指出："如果能把张全振争取过来，我们就能在郏北立住脚跟。"为执行张司令员这一指示，利用矛盾瓦解敌军、壮大抗日力量，武杰派曹子俊、曹清直去牛村做张全振的说服工作。曹清直是张全振的老朋友，又曾在洛阳监狱救过他的命。经曹清直表明来意，张全振深明大义，愿弃暗投明，举旗抗日。后曹清直向武杰引见了张全振，武杰请示后，由四支队任命张全振为郏县抗日独立大队队长。曹子俊和曹清直遂留在牛村帮助张全振开展工作。

刘子振对张全振的举旗抗日又恨又怕，便以他通"共军"的罪名，悬赏缉拿。他对大队长赵天祥说："你能把张全振拉回来，委你副团长，如能暗杀，赏烟土五百两。"还说："捉住曹子俊兄弟，就地正法。"

5月，为了给初创抗日根据地扫除障碍，杀杀敌人的气焰，四支队决定攻打郏县安良。武杰任指挥员，曹子俊任副指挥员，郏县独立大队和沟李民社配合。一天夜里，四支队布于安良西、北两面，独立大队组成100余人的突击队埋伏在安良东南隅。确定以枪响为号，开始攻击。由于指挥有方，经两个多小时激战，拔除了日伪据点——安良镇，生俘了日伪军300多人，收缴不少战利品，刘匪仓皇南逃，我军无一人伤亡。

同年夏，刘子振纠集郏、襄、宝三县自卫汉奸队3000多人，由日军配合，对我军根据地采取分割包围，妄图一举摧毁我军根据地，歼灭独立大队。牛村寨高壕深，只有一道北门，处境险恶。曹子俊、张全振、曹清直三人商定，从北寨门突围，再由东至西，阻敌北进，保卫根据地。在曹子俊、张全振等的率领下，经过一个多小时激战，冲出了重围。后随即占领了歇立沟东边的有利地形，援助四支队击退进犯神垕之敌。此次保卫战历时三昼夜，粉碎了敌人的围剿，保卫了抗日根据地。

在禹南郏北的三个多月时间里，曹子俊指挥地方武装配合四支队作战，共进行大小战斗数十次，其中较大的战斗有三次，他都冲锋陷阵，为开辟禹、郏抗日根据地做出了贡献。

四、回宝抗日

为扩大豫西抗日根据地，开展宝丰的抗日斗争，7月初，四支队决定派曹子俊回宝丰开展工作。张才千司令员对于开展宝丰工作指示曹子俊说："回去后，要靠党的政策开路，发动和组织群众，建立武装，宝丰一向多匪，统战工作更要重视，对他们的政策，一是争取他们反正，共同抗日，一是争取中立，不打我军。"还特别提出："在敌占区，要多动脑筋，灵活处置，对工作有利时，也可加入敌伪组织，并可任职。"曹子俊牢记张司令员的指示，满怀信心地回到宝丰。其哥曹清直留司令部做侦察工作。为帮助曹子俊开展工作，武杰又派傅武兴到宝丰，曹子俊利用关系，将傅武兴安排在新宝镇小学，公开身份是教师。

早在四月间，曹子俊已派好友许天喜（鸿畅村人）给家乡磁岭村的李振甲（进步教师）送回手书一封，信中说："振甲，我已参加八路军，望你发动群众，组织武装，准备迎接八路军的到来。"此后，他又多次与李振甲聚会，共商抗日救亡大计，并指派李振甲为独立团第一营营长。

曹子俊回宝丰后，利用在家乡的声望及亲朋等有利条件，一面与地方实力派袁福营（袁庄人）、任建林（赵官营人)、冯胜五(官衙人)暗中联络,保持统战关系。同时与开明士绅王廷范(高皇庙人,曹子俊的亲戚)、王云治(史渡洼人,两面保长)等建立了密切联系。在发动群众方面,他建立了三个工作点,即磁岭、高皇庙和史渡洼。骨干分子的积极活动,深入的抗日宣传,受到广大进步青年的热烈响应。不久,磁岭附近村庄已有50多名青壮年加入第一营。高皇庙、大王庄组织第二营(后未成)。郏县抗日独立大队编为第三营。在此基础上,曹子俊先后任命王廷范、王相文为独立团第一、第二副团长,王云治为参谋长。

此时,四支队一个团已进抵郏境的薛店,宝丰独立团准备接应向宝丰进发,得知日军投降消息,四支队撤回。

五、隐蔽斗争

日军投降后,四支队于1945年10月奉命南下桐柏山。行前,武杰受张才千司令员委托,指示曹子俊:"做好隐蔽,保存实力,掩护'抗属',待机斗争。"

抗日战争胜利后,国民党反动派把斗争矛头直指共产党及其所领导的八路军、新四军。同样,地方反动势力也把矛头指向共产党及其所领导的地方武装。这时,国民党宝丰县流亡政府搬进了县城,国民党顽固派宝丰县党部书记长白相贤杀气腾腾,剑拔弩张,随时准备镇压革命力量。这时,曹子俊根据四支队首长的指示,一面对独立团成员进行疏散隐蔽,转入地下斗争,一面准备应付必要时的战斗。

1945年11月的一天,曹子俊和李振甲秘密到潘庄村医生王传中家,动员王传中在必要时做独立团的医务工作。事尚未谈妥,县自卫团中队长赵××率部包围了潘庄村,声言要捉拿"共党"曹子俊。由于曹子俊、李振甲熟悉当地地形,经过智斗与激烈的枪战,两人在王相文、曹清海的接应下,先后脱险。县反动当局并不甘心,后又派中队长梁清泉带一个中队前往查抄。曹子俊为避敌人锋芒,暂离宝丰(行前将有关文件焚烧,唯留四支队对他的委任令,交王相文妥善保管),敌人找不到曹子俊,便抄了曹子俊的家。其妻王氏被抓走,遭严刑拷打。王相文的家也被两次查抄。

1946年10月,曹子俊为扭转当时的险恶局面,用重金贿赂时任宝丰县县长的李天平,又通过县参议长李乐水的疏通,二次就任新宝镇副镇长。任职后,曹子俊以副镇长的公开身份,做掩护革命同志的工作。一天,在高皇庙小学工作的地下党员傅武兴被县当局发现,准备派人抓捕,李振甲闻讯后,写纸条通知傅武兴,在李振甲、曹子俊的掩护下,傅武兴顺利离开宝丰县。当时宝丰政界派系斗争严重，以国民党顽固派为首的白相贤，对曹子俊始终前嫌不消，但又拿不出真凭实据，遂于1947年春，亲自坐镇新宝镇，以选举的卑劣手段将曹子俊的副镇长之位拿掉了。

曹子俊对此并不感到意外，他便打算离开宝丰找张才千的部队。就在这时，他闻讯地下党员傅清林被捕，关押在宝丰县城监狱，县反动当局还准备将傅清林杀害。曹子俊便一面派人看望，一面去做代县长陆在东、县参议长李乐水的工作。经多方活动，傅清林才免于遭难。在此阶段，曹子俊几次变卖家产，筹集资金，用于革命工作和营救被捕的同志。

六、寻军长沙

1947年11月初，宝丰县城解放，曹子俊兄弟欣喜若狂，他派曹清海进城找部队联系，因部队未停留，所以未能取得联系。后曹子俊与曹清海一起到豫南找张才千、武杰，没有找到便返回宝丰。由于王相文出外上学，证件（四支队的委任令）无法找到，曹子俊便往返于许昌、漯河、汉口、长沙、桂林等四省七市，决心找到张才千、武杰部队，但均未找到。其间，为维持生活，曹子俊沿途曾做小生意糊口，也曾随国民党某地方部队南逃打探消息，有时遇到乡友，有时只身忍饥奔波。

1949年11月，曹子俊由于找不到自己的老部队，遂向长沙市人民政府进行了登记，表明了身份来历，并请求安排工作。之后，曹子俊先后在长沙市工商联合会、长沙市食品杂货公司、长沙市南区服务总店工作。在此期间，他工作积极，团结同志，执行党的政策，在改造私营工商业中，做出了突出成绩，曾几次被评为市、区先进工作者。

1959年，在肃反审干中，由于极"左"路线的影响，组织上以曹子俊在宝丰任过伪职为依据，把曹子俊划为历史反革命分子，给予开除处分，将他下放到南区石灰厂（今长沙石棉制品厂）劳动改造。运动中曹子俊连遭"批判"受处分，工资降低（仅保留生活费），一家六口人的生活十分困难。

1964年，曹子俊患高血压，不能上班，生活更加困难。他的老伴余福桃，平时还能忍耐，生活实在不能维持时，便不时吐露出怨言。在这种情况下，曹子俊总是温和地安慰妻子："我的历史问题党组织会给我弄清的，困难是暂时的，以后日子会好起来的……"

曹子俊虽遭冤屈，但从不抱怨，丝毫没有动摇自己对党的信赖，没有动摇共产主义信念。1978年，他的病情加重，在生命垂危之时，他叮嘱妻子余福桃："我的病治不好了，我在宝丰的历史问题，党组织终究会给我弄清的。你要相信党,相信党的政策,冤案会平反昭雪的……这么多年你跟着我受苦受累,我对不起你,我死后,你要把孩子们养大成人,教育他们跟共产党走,干社会主义……"1979年1月22日,曹子俊高血压病发作,不幸病故。

曹子俊的一生,虽然历经曲折、坎坷,但是他的大节和主流是革命的,他的人格是光明磊落的。他在禹县、郏县、宝丰县人民抗日斗争中,为党、为革命事业做出了应有的贡献。他是宝丰人民抗日的先驱,是后人学习的榜样。

在解放军原总参谋部军务部副部长武杰的协助下,中共长沙市委落实政策领导小组于1987年7月6日发文批示:"撤销中共长沙市委五人小组1959年1月28日市五甄(59)第511号批复(即原来划定曹子俊历史反革命分子)的文件。"为曹子俊彻底平了反,恢复了曹子俊的政治名誉。鉴于曹子俊已病故,按有关政策规定对其家属和子女予以抚恤、安排。

2021年,曹子俊被评为平顶山市革命老区十大英烈人物之一。

上甘岭战役特等功臣赵毛臣

赵毛臣

1999年10月1日,在北京举行的庆祝中华人民共和国成立五十周年盛大庆典仪式上,人民英雄赵毛臣又像往年那样,被党中央、中央军委请到北京,坐在观礼台上,望着威武雄壮的阅兵和游行队伍,他感慨万千,为人民军队的发展壮大感到自豪,为中华人民共和国的繁荣昌盛感到无比骄傲。

赵毛臣生于1924年,宝丰县曹镇乡赵庄村(今平顶山市湛河区)人,父亲被饿死,弟弟被抓去当壮丁,妹妹被卖异乡。受尽磨难与欺凌的赵毛臣,在万般无奈的情况下,和母亲逃到沙河岸边的吉村渡口靠摆渡与打鱼为生。

1947年11月,中国人民解放军陈赓、谢富治兵团解放了宝丰,建立了人民政权,赵毛臣怀着翻身得解放的喜悦心情，踊跃报名参加了中国人民解放军。此后随部队到洛阳、郑州等地打仗，并参加了淮海战役，多次荣立战功。1948年12月，在淮海战役双堆集前线，他加入了中国共产党，之后在广西、贵州等地剿匪，并被提升为连队政治指导员。

1950年6月，美帝国主义发动了侵略朝鲜的战争，把战火烧到了鸭绿江边。以毛泽东主席为首的党中央果断决策，组建中国人民志愿军，抗美援朝，保家卫国。1951年3月，赵毛臣所在的部队踏上了硝烟弥漫的朝鲜国土。在数次战役中，他所领导的四连攻克敌阵，战无不胜。1952年秋，美帝国主义侵略者集中兵力，发动了对上甘岭的大规模进攻。

"上甘岭"原来有个村庄，早已被炮火摧毁，只剩下石头岭。上面有个前沿阵地，就是537.7高地和597.9高地。537.7高地的南山被敌人占领，中间山梁上有个"蛤蟆咀"，是阻击敌人最好的地方。597.9是主峰阵地，美帝国主义侵略者叫它"三角形山"。整个战役打完后，敌人在这里伤亡五万多人。阵地坑道离地面原有十米多，后来全被炮弹削平了。如果美军占领上甘岭阵地，对整个朝鲜战争形势的影响是很大的。

1952年10月14日，美军发动了大规模的进攻，企图夺取五圣山，居高临下，深入我军背后，控制东西两线，各种口径的炮弹落在阵地上，平均每秒落弹六发，一日落弹五十余万发。

10月19日，上甘岭前线激烈的争夺战已持续了五昼夜。五天来，战士们记不清打退了敌人多少次进攻。有时被进攻的敌人大量杀伤，则主动转入坑道，等敌人刚爬上表面阵地，又立刻冲出坑道，把敌人消灭掉。有时又配合反击部队，把敌人占领的表面阵地夺回。19日这天，敌人用四个营的兵力，向597.9高地进攻。战士们在打退敌人多次进攻后，又转入坑道。下午5时30分，我军向占领表面阵地的敌人发起了强大的反击。上级命令赵毛臣所在的四连占领二、七、八、十一号阵地。

四连的战士们随着层层延伸的炮火，向着二号阵地扑去，突然，出现一个没被我军炮火摧毁的大地堡，阻止了部队前进。冲在最前面的第一突击班班长马志德和几个战士负伤了，连长也负伤了，部队被敌人密集的炮火压倒在地上。指导员赵毛臣伏在松软的土地上，就像伏在一个土堆上，附近传来紧密的枪炮声，他知道，从主峰西北山脚向敌冲击的黄继光所在的六连正在顺利地前进；从一号阵地坑道的主峰冲击的龙世昌所在的钢八连也正在与敌人激战。而这一切，都迫切要求四连紧密配合前进，可四连仍被敌人压制在火网下。赵毛臣看到所有的战士都在望着他,于是他霍地站起来,大喊一声:"共产党员们,从右面爬上去,炸掉这个拦路虎。"这声音唤醒了一条腿已负重伤的马志德,他迅速向前爬进。炮弹、子弹飞溅起来的尘土,扑打着他的脸,落在他的伤口上。但是共产党员的责任感,驱使着他仍顽强地匍匐前进。他绕过敌人的火力网,从大地堡后把手雷狠狠投了进去。敌堡腾空而起,战士们冲上了二号阵地。

在激战中,副连长和副指导员又先后负了伤,现在全连的重担都落在赵毛臣一个人身上了,按照预定的方案,全连的计划只完成了一步。他观察了一下周围情况,二号阵地的右前方是八号阵地,左前方是十一号阵地,而右后方便是居高临下的537.7高地,也就是说二号阵地还处在敌人的三面包围之中。山坡下二号与八号阵地之间的洼地里的敌人黑压压一大片,像窝蚂蚁似地往上爬。

赵毛臣把部队整顿了一下,心情很沉重,因能参加战斗的人员已不多了。他顺着交通沟来到最前边的骈喜堂身边,悄悄告诉骈喜堂:"敌人上来了,看到了吗?看来敌人想跟咱们大干一场了!"骈喜堂紧握爆破筒,狠狠地说:"不怕死的就来吧。共产党员不是软骨头,是吓不倒的。"在旁边的党小组长张凤山补充说:"他们敢上来,我一个人也拼他十个八个的。"赵毛臣纠正张凤山的话说:"不是一个人拼,而是把大家组织起来,共同对敌。别看敌人来得这么多,可他们现在还没摸清我们的底,因此我们要把他们放得越近越好……"

赵毛臣又向炊事班爬去,嘱咐他们:"要沉住气,等敌人爬近了,再狠狠地打!"

赵毛臣回到了自己的指挥位置——二号阵地的坑道口。这时敌人的火力袭击已进行了20多分钟,敌人的步兵爬近了骈喜堂所坚守的阵地。他通过步话机向指挥所要求炮火袭击,当敌人离骈喜堂他们只有20米左右时,我们的炮火怒吼起来,卡断了敌人的退路。敌人像海里的浪头,想向前冲出一条生路。在这万分紧急的时刻,骈喜堂右肩负伤了,但他仍用左手继续投掷手榴弹。一会儿他头部也负了伤,昏倒在地上。他醒过来后,抓掉了别人缠在他眼睛上的绷带,又继续战斗。半小时后,敌人见这里前进不得,便向炊事班坚守的方向冲击。这里的同志把敌人放到眼前才开火,使得敌人尸体布满了山坡,最后敌人只好向八号阵地逃窜。赵毛臣知道,敌人是不会甘心失败的。他一面组织伤员转移到坑道,一面又把能参加战斗的战士组织起来,继续坚守阵地。敌人遭到两次失败后,又集中炮火向二号阵地轰击了,轰了一会儿,又用步兵来冲击,步兵的冲击失败了,又用炮火来轰击。这样的战斗一直持续到深夜。深夜12时,正当赵毛臣向上级报告情况时,敌人用四辆坦克掩护着步兵气势汹汹地冲了过来。赵毛臣立刻放下步话机,擎着两个手榴弹向坦克攻来的方向跑去。"同志们!坚决把敌人打下去,不准敌人爬上我们的阵地!"他跑着,喊着,奔向最危险的地方。这喊声一呼百应,共产党员李洪云在大声喊:"同志们,跟我来!"紧接着,炊事班的青年团员郑殿扬也在呼喊:"青年团员们,向共产党员学习,消灭敌人的坦克!"党小组长张凤山也在大喊:"同志们,使劲揍敌人的步兵,揍掉敌人的步兵,坦克就是死王八。"战士们的喊声、手雷和爆破筒的爆炸声滚雷般地混合在一起,把敌人坦克的马达声淹没了。赵毛臣在烟雾中看不到战士的影子,他相信战士们一定很机灵,打得很勇敢,但又感到坦克喷射的条条火舌对战士们威胁太大了。他立即跑到坑道口,通过步话机呼喊炮兵。刹那间,炮弹在坦克周围炸开了,敌人的坦克动摇了,他们竞相夺路逃跑。这时,步话机里传来了副团长的命令:"退守坑道,保存力量,拖住敌人,杀伤敌人,配合主力,再次反冲击。"

赵毛臣命令战士们按照指示,井然有序地进入坑道,原坚守在坑道内的战士们热烈欢迎他们。赵毛臣一进入坑道,迅速把四连的48个没有负伤的战士组成两个班,他指定林宝丰为第一班班长,张凤山为第二班班长,并命令第一班守住坑道口，要支部委员曹洁和党小组组长张凤山了解同志们的情况。布置就绪后，赵毛臣便去找原来坚守在二号阵地的五连连长杨金钩和兄弟部队的副连长苗怀志等商谈以后的问题。

从谈话中，赵毛臣了解到了坑道内部的情况。原来坚守在坑道内的是四个单位的战士，他们有的是从14日敌人开始向上甘岭发动进攻时就坚守在这里的，有的是后来不断向敌人反冲击时退守到坑道的。虽然能够参加战斗的总共不到10人，但他们仍不断地打击敌人。坑道原来有四个口，已被敌人破坏了两个。坑道里最大的困难是没有水，药品也用完了。赵毛臣发现战士们的情绪有了显著变化，他们不再像刚上阵地时那样生龙活虎了；有的产生了不安与恐惧情绪；而已负伤的同志，则忧虑着自己的伤口，担心坑道的安全。现在，坑道里数自己连的战士多，自己又是一个共产党员和政治工作者，他深深感觉到必须立刻扭转这种局面。

赵毛臣向大家布置了上级交给的任务，进行了鼓动，并建议将各单位的人组织起来，统一指挥，首先获得了杨金钩的支持。赵毛臣又提议由杨金钩任指挥，自己负责党的工作。苗怀志带伤挣扎着发表意见，并要求分配工作。接着，赵毛臣又提出如何坚守坑道的问题。在这个问题上有的主张坚守坑道，保存力量，配合反击；有的主张主动出击,消耗敌人。赵毛臣沉思后,否定了第一种意见,把自己的想法告诉了大家:我们不应该单纯防守,这种想法是消极的,应利用一切条件拖住敌人,疲劳敌人,消灭敌人,以提高胜利信心,使敌人不敢轻易接近坑道。大家对他的意见深表同意。

赵毛臣在指挥战士们集中消灭敌人的同时,及时组织战士挖开坑道口,并战胜严重缺水的困难,寻机主动出击。敌人从上面扔下烟幕弹、毒气弹。全体重伤员说:"指导员,你带同志们冲出去,我们守在这里,如果敌人进来,我们就用炸弹和敌人同归于尽。"赵毛臣坚定地对同志们说:"我们一定不能丢了阵地,丢了阵地就等于逃跑,就等于是对朝鲜人民和祖国人民的犯罪。我们一定要战胜敌人,坚守阵地,誓死保卫阵地!"

在赵毛臣的倡导下,迅速成立了以四连为主的坑道临时党支部,由赵毛臣和五连连长杨金钩具体负责领导全坑道的指战员与敌人展开斗争。在坚守阵地的日日夜夜里,赵毛臣组织战士们频频出击,打得敌人昼夜不得安宁。敌人也利用种种毒辣的手段破坏坑道。到10月28日,坑道中已经三天没见到水了,战士们有的在嘴里含一块石子,有的用嘴对着石壁吮点潮气,有的则喝自己的尿。在极端困难的情况下,赵毛臣一面想方设法弄水,一面带领战士们打击敌人。11月1日夜,志愿军发起反击，赵毛臣带领战士们配合反击部队消灭了进入阵地的敌人，收复了表面阵地。随后，他们又先后打退了敌人的50多次疯狂反扑，最终完成了上级交给的战斗任务。当上级首长登上高地见到赵毛臣这些如钢铁铸成意志的指战员时，紧紧抓住他们的手不肯松开，彼此都激动得久久说不出话来。

由于受到中国人民志愿军的沉重打击，美帝国主义被迫在谈判桌边坐下来，于1953年7月27日在停战协定上签了字。至此，中国人民志愿军与朝鲜人民并肩抗击美帝国主义侵略的正义战争获得了伟大的胜利。当天，赵毛臣给母亲写了一封长信，信中说："母亲，朝鲜停战了，我们胜利了，我们的敌人——世界头号帝国主义，被我们打败了！但是，为了长久的和平，为了祖国的安宁，我现在还不能回去，因为美国侵略军还没有撤出朝鲜，他们随时都有向我们进攻的可能……"

为表彰赵毛臣为中朝两国人民立下的丰功伟绩，中国人民志愿军总部给他记了特等功，并授予他"二级战斗英雄"和"模范政治指导员"称号，朝鲜民主主义人民共和国最高人民会议常任委员会授予他"二级国旗勋章"。

1954年9月15日，赵毛臣光荣地出席了第一届全国人民代表大会第一次会议，会上，他还代表全体志愿军指战员发了言，毛泽东主席听完发言，带头为他鼓掌。之后，作为军队的代表，他又出席了第二届、第三届全国人民代表大会，以及中国共产党第九次全国代表大会和湖北省第五届人民代表大会等重要会议，并多次受到党和国家领导人的接见。

赵毛臣从朝鲜回国后，相继走上了营、团、师的领导岗位，虽然职务在不断变化，但是普通老兵的本色却始终没有变。1956年，赵毛臣奉命参加指导《上甘岭》影片的拍摄工作，并担任这部影片的军事顾问。影片以气壮山河的英雄气概，艰苦卓绝的斗争精神，细腻入微的人物刻画，深深地打动了人们的心，赢得了广大群众的喜爱。

1957年8月，赵毛臣回到家乡宝丰，向全县人民发表了广播讲话，深刻地表达了他对党、对国家、对人民的满腔热情，给家乡的父老乡亲们以极大的鼓舞。那时候，他的母亲还健在，领着他到宝丰县城，交代他要详细给家乡人民汇报。乡亲们听了赵毛臣的广播讲话，议论说："赵大娘培养了个好儿子，儿子是功臣，母亲是模范，娘俩都是先进分子。"

赵毛臣说："上甘岭精神是革命的财富，应一代一代传下去。"他将大儿子、三儿子送到军队，大儿子牺牲在了对越自卫反击战中。

1988年7月,中央军委授予赵毛臣同志"胜利功勋荣誉章"。他把受勋作为人生新的起点,说:"只有退休的群众,没有退休的党员。"

几十年来,赵毛臣做了无数场革命传统教育报告。每逢新战士入伍,或者部队执行重大任务,他都要去讲讲上甘岭。他还到大中学校、厂矿和党政部门做传统教育报告,宣传党的方针政策。2007年8月23日,赵毛臣在湖北孝感因心脏病突发逝世,享年83岁,2008年11月18日魂归故里。

全国林业系统劳动模范李禄

一、响应号召，植树造林

李禄

李禄，1907年生，宝丰县观音堂乡赵沟村人。在同胞兄弟五人中，他是老大。在旧社会，他备受反动派和剥削阶级的压迫与剥削，新中国成立后获得新生。他对共产党、毛主席有深厚的阶级感情。在村里，他当过民兵队长、村主任，也当过农业互助组的组长、农业初级社社长和生产大队的大队长，并于1949年成为一名共产党员。

赵沟村四周尽是荒山秃岭，干旱缺水，农民辛勤劳动，所得无几，生活十分困难。1956年，毛主席发出"植树造林，绿化祖国"的号召，李禄积极响应，反复向群众宣传植树造林的好处，带领群众在山上抬石垒堰，建造梯田，护林护坡，防止水土流失。村里村外不仅栽上了大量的树木，农产品也取得了好收成。因成绩突出，李禄被评为县、地区农业劳动模范。

就在李禄雄心勃勃地和村民一道继续狠抓生产的时候，社会上刮起了"共产风"，继而，自然灾害降临人间。农业受到损失，林业遭到破坏，赵沟人在饥饿威胁下经受着生与死的严峻考验。

1961年，全国各地农民开展生产自救，发展农村经济。李禄主动向大队党支部提议，上尖山坡植树造林。当时的尖山坡环境极其恶劣，山上没有房，他睡石崖下；没有树苗，他翻山越岭，到处采集种子自己育；没有水，他到两千米外的泉眼里用扁担挑。乱石磨肿了脚，他不叫一声苦；荆棘划破了手，他不喊一声疼。天热了，他穿一件裤头；天冷了，他就不停地用镢头刨树坑。渴了，喝口凉水；饿了，啃口干粮。

在植树造林的过程中，他时常用毛主席《愚公移山》中的话鼓舞自己，用党员的标准要求自己。夏天，顶烈日骤雨；冬天，迎狂风暴雪，与天斗、与地斗、与豺狼斗、与毒蛇斗。艰苦的劳作环境，繁重的体力劳动，粗劣的吃喝穿戴，使他浑身长满了脓疮，患上了多种疾病。他以惊人的吃苦耐劳的精神和坚忍不拔的毅力在尖山坡上奋斗着，护坡、垒堰、整田，使村里的农、林、牧、副各业很快呈现出了生机。

全村群众在他的感召下，纷纷参与采种、育苗、植树。1962年，省委、省政府工作组到全省各地检查三年严重困难后的经济恢复情况，肯定了赵沟大队的成绩和做法，发现了李禄这个艰苦创业的典型。这一年，李禄因成绩突出，被评为河南省农业劳动模范。

二、全国劳模，当代愚公

李禄在尖山坡植树造林，当了先进，成了模范，引起各方面人士的关注。有人认为，这不过是李禄在"非常时期"采取的"权宜之计"，给群众发展生产引路罢了。但谁也没有想到，他会在山上继续待下去。

李禄上山后，先是露宿在石崖下，后来盖起一间茅草房。过了几年，他又把茅草屋改建成瓦房，还拉去了木板床，垒了锅灶，让老伴上山烧水做饭。在他的带动下，他的二弟李海堂、三弟李海水也上山参加了造林事业。1961年至1969年的九年时间里，他共绿化荒山四百多亩，植树八万多棵。

1970年，他先后被评为全省和全国林业系统劳动模范。《人民日报》以《人心红，秃山绿》为题，报道了他绿化荒山的先进事迹。当时的省林业厅负责人石振邦还把女儿石天酬送到尖山坡锻炼四年。不久，知识青年彭和平、申振行等也自愿报名下乡到尖山坡接受锻炼。

李禄成为大队党支部书记后,还被选为中共宝丰县委委员、许昌地委委员,1974年被推选为观音堂公社革委会副主任、贫代会主任,当选为全国第四届全国人大代表,1977年又当选为省第五届人大代表。

在社会上担任一些职务后,外出开会、办事的时间多了,但他总是念念不忘山上的事情。外出有交代,回来有察看,不论刮风下雨,他从不在外无故消耗时间。有时回到山上已经半夜了,他也要到林区巡视一遍。平时不外出在山上干活的时候,为了及时了解国家大事,掌握党的方针政策,他总是把小收音机带在身上,以便及时收听中央人民广播电台和省人民广播电台的广播节目。

随着年龄的增长,他不再担任一些党政职务,但仍不顾年迈体弱,继续坚持以山为家,造林不止。看到他带病劳动,人们劝他下山治病、休息,他总是回答说:"我离不开山,山也离不开我。"这些年来,有许多领导同志进山看望他,也有许多人到他那里取经请教,他的事迹不断通过多种渠道传送出去,受到社会的关注。

看到人们对植树造林很重视,他高兴地说:"人生在世离不开树,树是人的命根子。现在懂这个理的人越来越多了,这是国家兴旺的好兆头。"当听到有人赞扬时,他总是说:"我有啥贡献啊!说起工作,我不就是栽几棵树嘛，有多大功劳？我总觉得党给我的多啊！"

1986年，《河南日报》以《青山在，人未老》为题，赞誉李禄为绿化祖国荒山的老愚公。

三、精神感召，两代接力

在实现"植树造林，绿化荒山，建设美好家园"的目标上，李禄始终怀揣着一幅规划图。这幅图是他早在上尖山坡之初就勾画好的，只不过随着形势的发展，愈来愈趋于现代，愈来愈趋于完美。关于这幅图的内容，李禄给县乡领导谈过，给有关部门谈过，而谈的次数最多的是他的子侄们。在他还健在的时候，他就意识到，要使秃山变绿，青山常在，必须得后继有人。

在子侄中，李禄看中了在电厂工作的大侄子李小强，他语重心长地说："我和你爹老弟兄五个，都生在旧社会，没有共产党，咱这一大家子就不会有今天。树有根，人有心，你要好好听党的话，按党的指示办事，我相信你会按咱几个说的规划去实现咱的奋斗目标哩。"听着伯父的话，李小强默默地点着头。

李小强没有辜负伯父李禄的期望，他像伯父一样，动员小弟兄三个家庭十几口人一起上山，共同绘制尖山坡美好的蓝图。他们决定发展经济林，以山养山，绿化家园，开发旅游业，让尖山坡成为生态保护和群众共同致富的典范。为此，他们在山上种植了苹果树、柿子树、葡萄、山楂、花椒等，并解决了交通、用水、用电等问题。

1999年12月23日，92岁高龄的李禄走完了他的人生历程。李禄在世时，亲眼看到了侄儿们成立的"尖山坡风景区开发有限公司"。在他逝世不久，劳模事迹展览馆对外开放，全面展示李禄的生平事迹，弘扬他扎根深山、自力更生、艰苦创业、建设美好家园的革命精神。2001年，尖山坡被市委宣传部确定为全市青少年爱国主义教育基地。2007年，尖山坡又被河南省委宣传部批准为河南省爱国主义示范教育基地。

如今的尖山坡自然风景区已经成为集生态、观光、娱乐、学习、休闲于一体的旅游度假地，成为展示劳模精神的一块阵地。

诺贝尔物理学奖获得者崔琦

崔琦

1998年10月13日,一个让全世界华人都为之振奋的消息从瑞典皇家科学院传出,59岁的美籍华人崔琦和美国科学家罗伯特·劳克林、德国科学家霍斯特·斯托尔默共同获得诺贝尔物理学奖。崔琦是继杨振宁、李政道、丁肇中、李远哲、朱棣文之后第六位荣膺诺贝尔奖的华裔科学家。

这位物理学家虽然现居美国,但他的出生地却是宝丰县肖旗乡范庄村。崔琦生于1939年2月28日,当时父亲崔长生已42岁,母亲王双贤41岁。上有三个姐姐:崔慧秋、崔珂、崔璐。

崔琦的舅家在磁矿岭村,大舅王治军于1906年结识孙中山先生并加入同盟会,后为革命牺牲;二舅王治安是有名的教书先生,担任过宝丰县教育会会长;三舅王治寰曾任郏县县立中学校长，还当过河南省教育厅督学，后移居澳门。

崔琦的出生给家人带来了无尽的喜悦。即便如此，母亲也没娇惯着唯一的儿子，崔琦稍大一点就帮家里干活。农忙时他帮父亲到田里撒肥、锄地、浇水；农闲时还得给家里的毛驴割草，再不就是到附近树林里捡柴火，或者帮父亲收拾家里的院墙。母亲深知，人必须能吃苦、爱劳动才行，否则长大就会养成好吃懒做的毛病。同时，母亲还教育他不管到何时何地、自己有多大本事，都要保持谦虚待人的品格。只有这样，才会得到别人的敬重。母亲身体力行，为儿子示范。她时时处处以诚待人，平等善待所有乡邻。

崔琦的三个姐姐都是在三舅的资助下完成了大学学业。崔琦小时候也跟随舅舅生活过一段时间，年龄稍大时，到高皇庙小学上学。1949年，10岁的崔琦在高皇庙小学毕业时正好遇到土地改革，因村里识字人少，他被抽去帮助村里分地。老会计崔安见崔琦心不在焉的样子，心里生气，等地快量完时就问他丈量结果，崔琦一五一十竟说得分毫不差。崔安有些不信，故意找了一块号称"一杆旗"的地块来考他，谁知等三边的数据一量出，崔琦又是一口算了出来，惊得大伙直吐舌头。崔琦还是个多才多艺的人，不仅喜欢唱歌，还爱好演戏。

有一年村里排演戏剧,其中有一出戏叫《王贵和李香香》,王贵这个角色一直没有找到合适的人选。刚从舅舅家回来的崔琦听说后,自告奋勇要演王贵。因当天晚上就要演出,大伙儿有些担心他记不住台词,但见崔琦胸有成竹的样子也只好同意了。到了晚上,崔琦不仅在台上从容自如,而且把角色塑造得惟妙惟肖,把观众都打动了,还引得许多人直掉眼泪。

1950年,村里成立妇女识字学习班,崔琦除了帮父母干些农活外,还常常帮大姐和其他老师给妇女识字班及村小学代课。刚开始讲课时,大伙儿开他的玩笑,说小毛孩子给婶子、嫂子们画起道道来了,该不会糊弄人吧?谁想他讲得特别认真,而且通俗易懂,一听就会。后来大伙都喊他"小先生"。

1951年,崔琦离开父母,经北京辗转到香港求学。临走时,母亲王双贤拿着亲手做的一双鞋、袜子、内衣等生活用品,语重心长地说:"你现在出去念书,夏天收麦时可回来,不要想娘,要好好学习。"崔琦先到北京大姐家,不久又到香港二姐家,他怀着惊恐掺杂自豪和兴奋的心情从小学六年级开始进入正规学校读书。1952年考入久有盛名,尤以自然科学强著称的培正中学,那时家里已不能提供经济支持,于是他向学校申请减免学费,依靠学校发放的奖学金完成了学业。那时学校的教师多是国内著名大学毕业的优秀人才,他们不时提到在北京大学求学的光荣岁月,有意无意中让生活在商业化城市的崔琦和他的同学们看到了在金钱之外的世界,激发了他们探索人类知识未知领域的欲望。

崔琦中学毕业后,被台湾大学医学院录取。因考虑到双亲远在河南,如果去了台湾,不知今生能否在膝下承欢,所以他决定留在香港,后进入香港政府为中文高中毕业生所设立的特别班,备考香港大学。翌年春天,崔琦惊喜地收到位于美国伊利诺伊州的奥古斯塔纳学院的录取通知书,之后他进入该学院学习并获得全额奖学金。在那里,崔琦度过了一生中最美好、最难忘的三年。在学校,他从容地看书、思考,开始规划自己以后的学业,甚至选择哪所学校、什么专业已胸有成竹。

1961年,崔琦进入芝加哥大学攻读研究生,在那里,他结识并爱上了同学琳达·华兰,之后二人结了婚。崔琦有幸成为固体物理实验学家罗亚尔·斯塔克的研究助手,帮助建立了实验室,从而使他决定一生要从事实验物理的研究。1967年,获得芝加哥大学物理学博士学位的崔琦,前往世界著名的新泽西州贝尔实验室,从事固体物理研究,时间长达14年。他所做的是半导体方面的研究。在当时,半导体方面的主流研究领域是半导体的光学特性和半导体的高能带结构及其在半导体器件上的应用。崔琦在主流研究领域之外找到了自己的研究方向,这个新的领域后来被称为二维电子物理学。

1982年,崔琦在发现了分数量子霍尔效应不久,举家来到普林斯顿大学开始了他的教学生涯,并成为美国国家科学院院士。其间,他和德国科学家霍斯特·斯托尔默对强磁场和超低温实验条件下的电子进行了深入研究,发现在这种条件下,大量相互作用的电子可以形成新的量子流体,这些量子流体具有一些特异性质。一年后,美国科学家罗伯特·劳克林教授对他们的实验结果做出了解释。瑞典皇家科学院发布的新闻公报强调,这三位科学家的成果是量子物理学领域的重大突破,为现代物理学许多分支中新的理论发展做出了重要贡献。

崔琦主要是发现并解释了电子量子流体的特殊现象而获得诺贝尔物理学奖的。2000年,他当选为中国科学院外籍院士,2004年当选为美国国家工程院院士,2005年被中国科学院聘为荣誉教授。

崔琦教授成名后,一直关心家乡的经济建设和教育事业,始终有一颗报效桑梓的赤子之心。2007年,他出资35万元捐建了宝丰县"崔琦希望小学",还给学校捐赠钢琴一架、计算机数台等。

2014年,崔琦教授偕夫人回到离别63年的家乡宝丰县,回到了范庄村故居,看望了"崔琦希望小学"的师生，并用家乡话与儿时的伙伴、亲友、邻居、师生交流。在谈到父母当年年迈病逝的情景时，崔琦教授的两眼充满了泪花，并几度哽咽。崔琦教授说："离家60多年了，我一直想回来看看，踏上故土真的特别激动！祝家乡人民越来越幸福……"

　　崔琦教授矢志不渝、献身科学的敬业精神，勇于吃苦、克难攻坚、勇攀科学高峰的坚强意志，永远是后人学习的楷模。

宝丰说唱文化普及系列丛书
申红霞　主编

宝丰名胜古迹

贺天鹏　刘宏民　编著

中国·武汉

图书在版编目（CIP）数据

宝丰名胜古迹 / 贺天鹏，刘宏民编著. -- 武汉：华中科技大学出版社，2023.5
（宝丰说唱文化普及系列丛书 / 申红霞主编）
ISBN 978-7-5680-9378-1

Ⅰ.①宝… Ⅱ.①贺…②刘… Ⅲ.①名胜古迹—介绍—宝丰县 Ⅳ.①K928.706.14

中国国家版本馆 CIP 数据核字 (2023) 第 075721 号

宝丰名胜古迹
Baofeng Mingshengguji

贺天鹏　刘宏民　编著

策划编辑：彭霞霞	
责任编辑：梁　任	
封面设计：杨思慧	
责任监印：朱　玢	
出版发行：华中科技大学出版社（中国·武汉）	电话：（027）81321913
武汉市东湖新技术开发区华工科技园	邮编：430223
录　　排：天　一	
印　　刷：洛阳和众印刷有限公司	
开　　本：880 mm × 1230 mm　1/32	
印　　张：2.5	
字　　数：45 千字	
版　　次：2023 年 5 月第 1 版第 1 次印刷	
定　　价：168.00 元（全 9 册）	

本书若有印装质量问题，请向出版社营销中心调换
全国免费服务热线：400-6679-118　　竭诚为您服务
版权所有　侵权必究

《宝丰说唱文化普及系列丛书》编委会

总策划： 刘海亮

主　编： 申红霞

副主编： 杨淑祯　潘廷韬

编　审： 樊玉生　江国鹏

成　员： 曹俊青　杨东熹　周博雅　郭敬伟

　　　　　聂亚丽　徐真真　王少克　潘运明

　　　　　刘宏民　李全鑫　何清怀　张关民

　　　　　芮遂廷　贺天鹏　徐九才

序

文化自信是一个国家、一个民族发展最基本、最深沉、最持久的力量。进入新时代新征程，党的二十大做出了"推进文化自信自强，铸就社会主义文化新辉煌"的战略部署，为我们加强社会主义文化建设、弘扬优秀传统文化指明了方向。

地处中原腹地的平顶山市宝丰县，历史文化底蕴深厚，一代代先人在这里繁衍生息、创新创造，留下了丰富的文化遗产，成为中华优秀传统文化的重要组成部分。

宝丰县地处河南省中部偏西，是伏牛山脉与黄淮平原的交接地带。西部山峦绵延，中东部遍布平原，丘陵、小山点缀其间。沙河、北汝河两大河流护其左右，石河、泥河、净肠河、应河、柳杨河、运粮河穿境而过，滋润着这片沃土。二十四节气在这里活态传承，春夏秋冬四季分明，具备典型的暖温带气候特征。由此，在这块先民们生产生活的理想宝地上，形成了具有中原特点的农耕文化。

古时候，宝丰县是北连河洛、南控宛襄的交通要冲，成就了大营、马街、滍阳、翟集、老城等古老集镇，车马辐辏，商贾往来，号称"千年古县"。正是在这样一块宝地上，祖先留下了丰厚的文化遗产。

2017年1月，文化部（现更名为文化和旅游部）批准设立说唱文化（宝丰）生态保护实验区，至今历时6年。6年来，宝丰县在国家文化和旅游部、河南省文化和旅游厅、平顶山市

委市政府的大力支持下，为生态保护实验区的建设、中华优秀传统文化的保护和发展，做了大量扎扎实实、卓有成效的工作。《宝丰说唱文化普及系列丛书》的出版、发行，对重新审视祖先留下来的珍贵文化遗产，坚定文化自信，保护、继承祖先留下的优秀传统文化，具有十分重要的意义。

宝丰县历史悠久，文化灿烂。境内拥有马街书会、宝丰酒传统酿造技艺、汝瓷烧制技艺、宝丰魔术共4个国家级非物质文化遗产项目；拥有清凉寺汝官窑遗址、父城遗址、香山寺大悲观音大士塔及碑刻、小李庄遗址共4个国家级重点文物保护单位；拥有妙善观音传说、白朗起义传说、木偶戏、韩店唢呐、高腿曲子戏、河南坠子（西路）、大调曲子（墨派）、平调三弦书、翟集冯异小米醋酿造技艺、经担舞共10项省级非物质文化遗产项目；拥有文庙大成殿、文笔峰塔、塔里赤墓碑、解庄遗址、中共中央中原局中原军区宝丰旧址群等17个省级重点文物保护单位；拥有风搅雪坠子书、快板书、评书、祭火神、乐器制作技艺、刺绣、剪纸等64个市级非物质文化遗产项目；拥有前营遗址、贾复庙、玉带河永济桥、小店遗址等121个市县级文物保护单位；已经列入县级非物质文化遗产保护名录的还有越调、拜三皇、唱愿书、对戏等108项。境内还有保护较好的各级传统村落、历史文化名镇名村50余个。

这海量的优秀文化遗产，都是宝丰人民祖祖辈辈传承下来的中华民族智慧的结晶，也是宝丰人民的立足之本、精神财富，是我们值得骄傲和自豪的资本，更是我们崇德尚文、踔厉前行的动力。

《宝丰说唱文化普及系列丛书》是平顶山说唱文化（宝丰）生态保护发展中心组织本土专家学者，根据2017年"宝丰文化进校园"教材蓝本，进一步补充、完善的全民文化普及读物，由《宝丰曲艺》《宝丰戏曲·魔术》《宝丰民间习俗》《宝丰方言》《宝丰历史人物》《宝丰名胜古迹》《宝丰民间音乐舞蹈》《宝丰民间文学》《宝丰传统手工技艺》共9册组成。本书比较全面地展现了宝丰县的历史文化本貌、文化生态环境，文字简洁凝练，是传承、传播宝丰地方文化的大众读物。相信它的出版会对保护和传承中华优秀传统文化起到不可估量的作用。

　　习近平总书记说过："我们要坚持道路自信、理论自信、制度自信，最根本的还有一个文化自信。"文化自信是中华民族对自身文化价值的充分肯定和积极践行，是对其生命力持有的坚定信念。宝丰县的历史文化是黄河文化的重要组成部分，也是中国文化的精粹。热爱本土文化，热爱我们的家乡，传播和传承宝丰县历史文化，保护、抢救我们珍贵的文化遗产，既是宝丰人义不容辞的责任和义务，也是我们培育文化自信的动力和源泉。

　　《宝丰说唱文化普及系列丛书》将给大家带来精神上的愉悦和动力，激励全县人民携手并肩继承先祖的聪明才智，为传承发展我们的优秀传统文化贡献绵薄之力，共同建设好我们的美丽家园。

中共宝丰县委书记
2023年3月

目 录

宝丰名胜古迹综述……………………… 001

香山普门禅寺……………………………… 004

清凉寺汝官窑遗址及"两馆"………… 010

马街书会民俗园…………………………… 016

古父城遗址………………………………… 019

中原解放纪念馆…………………………… 022

中原军区暨中原野战军司令部旧址… 026

宝丰革命纪念馆…………………………… 028

杨家大院与程家大院……………………… 030

白雀寺与妙善三墓………………………… 036

文庙大成殿…………………………… 041

文笔峰塔……………………………… 046

甘罗古台……………………………… 051

崔琦旧居……………………………… 053

龙兴寺及石塔与龙兴寺水库………… 055

眼明寺………………………………… 059

君文国家湿地公园…………………… 063

十八里干河与九龟朝赧王…………… 065

汝江寺………………………………… 067

宝丰名胜古迹综述

宝丰县位于河南省中西部,属平顶山市辖县,地处北纬33°47′～34°02′,东经112°43′～113°18′。西倚伏牛山脉,东瞰黄淮平原,沙河润其南,汝水潆其北。东和东南与平顶山市新华区接壤,南和西南与鲁山县、平顶山市区及石龙区相连,西北与汝州市交界,北和东北与郏县毗邻。东西长54千米,南北宽27千米,总面积722平方千米,至2020年11月1日零时,全县常住人口为498157人。辖城关、周庄、闹店、杨庄、张八桥、大营、商酒务、赵庄、石桥9个镇,李庄、前营、肖旗3个乡及观音堂林业生态旅游示范区、龙王沟乡村振兴示范区、高铁商务区、铁路办事处。全县共有村(居)委会324个,其中村委会297个,居委会27个。自然村744个,村(居)民小组2052个。宝丰县政府设在城关镇。

宝丰县的名胜古迹以县境东部的妙善观音文化、西部的汝窑文化、南部的说唱文化、西北部的红色文化、北部的魔术文化和中部的宝酒文化为统领，以"六大文化"为主枝，又不限于"六大文化"。

创建于东汉末年的香山普门禅寺，古朴雄伟，建技尤精，是有名的佛教圣地。

古父城文物的发现，对研究商周、春秋、秦汉、南北朝时期的历史文化和观音文化具有重要的科学价值。

白雀寺创建于后秦姚苌白雀年间（384—386年），规模宏大，外形壮观，被列入古八景之一的"白雀异槐"的传说，优美动人；董展壁画，神韵飞动，为后世景仰。

唐代吴道子在前营乡小店头村的龙兴寺作壁画，笔迹磊落，势状雄峻，富有强烈的立体感，给后人以愉悦的精神享受。

县城东关的文庙大成殿，其陈设与布局反映了古代人们尊师重教的良好风尚。

县城南部的文笔峰塔，体现了古代士人期望后人成才的良苦用心。

张八桥境内的眼明寺，表现了天人合一和感恩他人的理念。

古宅大院的存在，不仅显示了古人精湛的建筑艺术，也体现了劳动人民艰苦奋斗的精神。

清凉寺汝官窑遗址的发现，破解了千年汝窑之谜，展现了汝瓷工艺技巧的高超，使我国陶瓷史和世界文化史大放异彩。

历史久远的马街书会，是国内外艺人竞艺观摩的曲艺盛会，被认定为"世界最大规模的民间曲艺大会"。

以中原解放纪念馆、中原军区暨中原野战军司令部旧址、宝丰革命纪念馆、观音堂大屠杀纪念馆等，以及柳林会议旧址、宝丰会议旧址、豫西行政干部学校旧址、宝丰烈士陵园等纪念地为主要内容的红色文化，用历史实物证实了宝丰县是解放战争初期中原地区的政治、军事、经济、文化、教育中心。

近年来，宝丰县着力打造"展馆之城"，建设和打造一批规模宏伟、馆藏丰富、品质高雅的展览馆、博物馆，保存和展示了宝丰县悠久的历史和光辉的成就，改变了宝丰文化之乡"有听头、没看头"的局面，增加了县城的文化内涵。

宝丰名胜古迹凝聚了无数古今劳动人民的血汗，是我们的祖先和现代宝丰人集体智慧的结晶。众多的文化遗产，尤其是特色文化，是宝丰人民的骄傲。

香山普门禅寺

香山普门禅寺是有名的佛教圣地，寺内大悲观音大士塔及碑刻为全国重点文物保护单位。

香山普门禅寺

香山普门禅寺简称香山寺，坐落在宝丰县城东南约 15 千米处的香山之巅，掩映在火珠山群峰之间，目前占地约 6 万平方米，满山苍翠，景色宜人，为国家 AAAA 级景区。香山寺创建于东汉末年，元延祐年间（1314—1320 年）曾称香山十方大普门禅寺。这里是观音菩萨修行证果之地，被称为真香山、大香山、观音祖庭。据香山寺碑刻记载，香山寺始建于东汉光和四年（181年），距今有1800多年的历史，是现在已知的中国早期佛寺之一，宗教文化特征非常突出，在中国佛教史和观音文化史上具有不可替代的重要地位。该寺在东汉、两晋、南北朝、唐、宋等朝代，都是皇家寺院，在唐代更是被佛教界公认为"观音菩萨证道之地"和"菩萨肉身舍利存放之地"。

香山普门禅寺有三大镇寺之宝，一是宋熙宁元年（1068年）神宗皇帝敕建重修的观音大士塔，二是宋代用千年香樟木雕刻的千手千眼观世音菩萨圣像，三是宋元符三年（1100年）由汝州知州蒋之奇撰文、翰林院大学士蔡京书丹的《香山大悲菩萨传》碑，此碑记述了菩萨修行证道的过程。

香山普门禅寺历代都有修建，于2008年恢复重建，先后建成了南北牌坊、南北山门、天王殿、大慈悲殿、地藏殿、妙吉祥殿、伽蓝殿、祖师殿、斋堂、居士院、上客堂、方丈室、大势至殿、香山讲堂、念佛堂、无碍居、南北管理房、僧寮等，寺院内部红石铺地，清净庄严。

据传，寺内所奉三皇姑为妙庄王（一说楚庄王）的三女儿妙善。她在（今）李庄乡境内的白雀寺出家，在香山寺修成正果，被称为大悲观世音菩萨，亦称千手千眼佛。距宝丰千里之遥的浙江有座普陀山，山上有个普陀寺，为观世音菩萨显灵说法的道场。所以，人们便认为白雀寺、香山寺、普陀寺是三位一体的佛教圣地。

香山寺坐北向南，雄踞山巅。寺后悬崖峭壁、怪石嶙峋，石间杂草丛生；寺前坡势稍夷，自山腰四大天王殿至山门间，原有石阶120级。东有大龙山耸峙其左；西有小龙山盘桓其右；西南方有如排兵布阵的塔林，林中有历代僧尼舍利砖塔47座，石塔30余座。寺院建筑规模宏大、布局合理。建于北宋神宗熙宁元年（1068年）的九级阁楼式大悲观音大士砖塔（又称玉峰塔），像一根擎天柱，昂立在寺院中央。塔面呈八角形，塔底层中央供奉千手观音佛一尊，第二层供奉玉佛一尊，塔身第三、四层外壁有壁龛数百，其余各层均由素面青砖平砌而成，由下而上每层高度递减，成八棱锥体，造型朴实大方，雄伟壮观。据说，妙善于此修炼成佛，圆寂后葬于塔下（一说妙善葬于今李庄乡翟集村南运粮河畔），故称该塔为"大悲观音大士塔"。塔旁铜钟高挂，西南隅碑碣林立。东、北两边崇台峻阁，雕梁画栋，梵宇峥嵘，气象森严。全盛时期，香山寺有殿堂阁楼20余处，斋寮、僧舍200余间，集中体现了中国传统建筑的艺术特色。

在塔底，有一个皇姑洞，内存北宋著名书法家、翰林院大学士蔡京书丹，汝州知州蒋之奇撰文的《香山大悲菩萨传》碑一通，内容主要是记述大悲观音菩萨得道证果的神话故事。

大悲观音大士塔1986年被河南省政府公布为第二批省级文物保护单位。2013年，大悲观音大士塔及碑刻被国务院公布为全国重点文物保护单位。

该寺自创建以来，历经宋、金、元、明、清，屡遭战乱，几经破坏，多次修复。1966—1976年，香山寺惨遭浩劫，除大悲观音大士塔及少数碑碣幸存外，其余建筑毁坏殆尽。后经落实政策，政府拨款加上僧俗捐助，加固了大悲观音大士塔，重建了大悲正殿、大雄宝殿、观音殿、广生殿、地藏殿、伽蓝殿、祖师殿、包公殿、九老阁、吕祖殿、四面观音殿、天王殿、正门、魁星楼，并重塑金像，复施彩绘。尤其是近些年，该寺明确由宝丰县和平顶山市新华区共同管理以来，宝丰县投资在山北坡建起了山门，铺垫了通往山顶的路基，对山体也进行了绿化。正是"寺眺青山上，峰峦尽觉低。磬声碧落近，塔影白云迷。斑见岩花灿，幽闻野鸟啼……"。平顶山市新华区在山南坡建起了山门、钟楼、鼓楼，重建了一座大殿。殿前新修的公路像一支彩笔，直通平顶山新城区。《香山大悲菩萨传》碑，是道宣律师揭示传世、蒋之奇撰写、蔡京书丹的一篇关于观音本生故事的妙善传说经典文本,也是世界上现存最早的观音本生故事,即妙善传说的经典文本。这一权威的碑文有力地说明了宝丰县是妙善故里、观音故乡,宝丰香山寺是观音菩萨得道证果之地,香山寺内的这一碑文是当今各种妙善传说的源头和母本。根据这个传说,宋代以后出现了许多以此为题材的戏剧、小说等文学作品。2009年2月,宝丰书画研究院依据从北京大学图书馆收集到的碑刻完整拓片整理校勘,由国家文物出版社正式出版发行了《香山大悲菩萨传》。

沿旧习,每年二月初一至十五日为该寺香火会期,其中二月初六为正会日期,香客、游人如织,许多人会在不同的神佛面前许下自己的心愿。后来,农历每月的初一、十五日均成大会,四方游客、香客云集,香火经久不衰。

明代一个名为《香山宝卷》的唱本,比较详尽地叙述了观音得道的故事。几百年来,全国各地流传的妙善观音传说多出于此。在佛教汉化的过程中,宝丰由于特殊的地理位置和人文环境,其佛教集中融合了儒学和佛教思想,体现了"孝"与"善"的人伦道德,且得到了深远而广泛的传播。

妙善观音传说塑造了有慈母之爱、女性之美、无上魅力，且平易近人的女相观音，享誉大慈大悲、救苦救难、普度众生的美好形象，最终形成了一个内涵厚重、内容丰富的文化现象，成为中国传统文化的一部分。

　　宝丰三皇姑妙善传说源远流长，据考最早发源于北齐武成帝、后主时期的父城庄王祠，距今1400余年。《隋书》《北史》中均有妙善传说的记载。妙善是观音的俗身，妙善由俗身得道证果化为观音菩萨的这一历程，就是观音菩萨的中国化本生故事。观音来历及形象从汉末至唐、宋经历了一个漫长中国化的蜕变历程，至元、明、清，在全国多地普遍流传，主要有观音来历的传说、观音由男变女的传说、千手千眼观音的传说、观音灵通的传说等，演绎妙善公主在白雀寺出家、于香山寺修行、舍身救父和涅槃成道的完整故事，形象传神，妇孺皆知。

清凉寺汝官窑遗址及"两馆"

一、清凉寺汝官窑遗址

清凉寺汝官窑遗址

汝窑是宋代五大名窑"汝、官、钧、哥、定"之一。窑址在宝丰县城西23千米的大营镇清凉寺村境内,地理坐标为东经112°51'21.41",北纬33°55'16.44"。该地地势自西北向东南倾斜,西部为山地,最高峰为锯齿岭，海拔670米，东部为平原，海拔200米。因宝丰县在宋代时隶属汝州，故名汝窑。在《中国陶瓷史》中，定其名为"宝丰窑"。2001年6月，清凉寺汝官窑遗址被确定为国家重点文物保护单位。

汝官窑遗址，南北长2.5千米，东西宽1千米，内涵丰富，窑口众多。东南部（韩庄村东南）有晚唐、五代时期的窑址，其余大部分为宋代民窑，有窑址20余处；西部为金、元时期的窑址，所产以印花青瓷与黑白瓷为主。

据记载，北宋大观元年（1107年）创建官窑，其遗址在清凉寺村南及村内，面积9.3万平方米，窑址地势平坦，四面环山，有小溪绕过西、南两面。该地制瓷原料丰富，煤炭、木材、高岭土、釉药等就地可取，并发现有玛瑙石等汝瓷釉的重要原料。

1987年，国家文物部门经过对窑址的试掘，探明了作坊、窑炉及汝瓷窑藏。出土文物主要是瓷器、窑具等，共计300余件。其中，宫廷御用汝瓷，香灰色胎，胎骨薄坚，多裹满釉支烧。釉为青色，釉层匀净淡雅，器表有复杂的纹片。这些瓷器制作规整，工艺考究，试掘中出土的较完整的器皿有鹅颈瓶、折肩瓶、细颈小口瓶、碗、盘、洗、盏托、盂、器盖等。这一次的发掘，确定了汝官窑烧制区的大致范围，解开了中国陶瓷史上寻找了半个世纪的"宋代五大名窑之魁——汝官窑"之谜。

国家文物部门在汝官窑遗址的挖掘共进行了14次，在第6次挖掘时才真正发现了汝官窑中心烧制区，面积8075平方米。区内民窑的分布范围较官窑广泛许多，所以挖掘过程中屡屡挖掘出民窑，发现多处陶瓷片和陶瓷匣钵碎片堆积。

为了进一步确定汝窑烧造历史、工艺技术、胎釉配方及汝官窑瓷器的烧造中心区，在1988年、1989年进行了两次大规模的挖掘，且每次都有较大的收获，但均未能准确找到官窑瓷器的中心烧制区。后在1998年，把工作重心转移到了村内居民住宅区，通过试掘，在有限的范围内发现了厚达10厘米的汝官瓷片堆积地层，收获汝官瓷片上千片，还有匣钵、垫饼、支钉、试烧片等窑具和大型建筑构件，初步判定此处为汝官窑烧造区。为了尽早揭开汝官窑遗址烧造区的神秘面纱，于2000年6—10月，对该区再次进行了挖掘，共清理出汝官窑窑炉15座、作坊2座、大型澄泥池2处、釉料坑2个、灰坑22个、水井1眼。除此之外，还发现了重要地层的叠压关系，出土了一大批形制完整的各种汝官窑瓷器及残片，还有烧制汝官瓷所用的各类匣钵、垫饼、垫圈、试烧片及插座等。

2000年9月，清凉寺汝官窑遗址被河南省人民政府公布为省级文物保护单位。是年10月17—18日，河南省文物局、宝丰县政府在宝丰县联合举行了"汝官窑考古新发现专家研讨会暨新闻发布会"，与会的20余名全国著名考古学者与古陶瓷专家，到清凉寺汝官窑发掘现场进行了实地考察，一致认为发掘所得遗迹、遗物充分说明汝官窑遗址在清凉寺无疑。

2001年6月，清凉寺汝官窑遗址被国务院公布为第五批全国重点文物保护单位，并相继被评为20世纪河南省十项重大考古发现和2000年度全国十大考古新发现。2002年3月30日，国家邮政局、平顶山市人民政府在平顶山市体育馆举行"中国陶瓷——汝窑瓷器"特种邮票首发式，邮票一套4枚，均为清凉寺汝官窑传世珍品图照。

2005年，清凉寺汝官窑遗址被财政部、国家文物局列入全国100处重点大遗址保护项目之一。

二、中国宝丰清凉寺汝官窑遗址展示馆

2012年9月，宝丰县在大营镇清凉寺、韩庄村开工建设"中国宝丰清凉寺汝官窑遗址展示馆"，遗址保护范围共计133.2万平方米，2017年1月建成开馆。展示馆为单层框架及钢网架结构，建筑面积5160平方

米，占地面积 30000 多平方米，总投资 6000 余万元。该馆分为"寻觅之路""揭开面纱""再现辉煌""不负耕耘"四个部分，重点对第六至第十四次考古发掘的主要遗迹进行保护和展示。馆名由著名古陶瓷专家叶喆民先生题写。

清凉寺汝官窑遗址在 1987—2016 年进行了十四次考古发掘，解开了汝官窑的窑址之谜，探明了清凉寺汝官窑遗址的确切范围和不同时期的烧造区域。在汝窑中心烧造区共清理出窑炉 20 座，作坊 3 座，过滤池（淘洗池）、排水沉泥槽、澄泥池 1 组，灰沟 3 条，水井 3 眼，灰坑 44 个和排列有序的陶瓮等，这些遗迹布局排列有序，地层叠压关系清楚，为汝窑的研究提供了完整系统的实物资料。

三、宝丰汝窑博物馆

宝丰汝窑博物馆位于大营镇清凉寺村，占地 5971 平方米。2014 年 7 月开工建设，2017 年 10 月 19 日建成开馆，总投资 7200 万元，为国内首家汝窑博物馆。馆名由我国文物鉴定专家委员会副主任委员、古陶瓷专家耿宝昌先生题写。博物馆地下一层、地上二层为框架结构。展示内容分为"汝瓷之源""青瓷典范""汝窑遗绪"三个部分。陈列展品 1100 余件，其中清凉寺汝官窑遗址出土文物893件，借展平顶山市文物局、平顶山博物馆、杭州南宋官窑博物馆和河南省文物考古研究院、宝丰县文物库房文物260余件。有46件汝瓷展品为首次展示，20余种汝瓷器型为传世汝瓷中所未见。主展厅以"汝窑为魁"为主题，展示汝窑源起、兴盛、至臻、续燃、推崇等发展过程；辅展厅以"物宝源丰"为主题，展示了宝丰悠久的历史文化。

宝丰汝窑博物馆

马街书会民俗园

马街书会盛况

马街书会民俗园位于宝丰县城南7千米的杨庄镇马街村，占地面积600余亩[①]，由火神庙、应河、主题雕塑广场、名人苑、状元苑、中华曲艺展览馆等景点组成。这里有原生态的曲艺说唱、原生态的表演舞台，有成百上千的亮书艺人和数十万的赶会群众，还有全面展示曲艺文化的主题展馆——中华曲艺展览馆、刘兰芳艺

---

① 1亩=666.67平方米，余同。

术馆和中国曲艺交易中心。马街书会民俗园 2020 年获评"河南省中小学专向性社会实践教育基地",成为省级研学实践教育基地,2022 年被国家旅游局批准为国家 AAAA 级旅游景区。

一、中华曲艺展览馆

中华曲艺展览馆是全国唯一一座以曲艺为主题的展览馆,占地面积 9800 平方米,建筑面积 3300 平方米,于 2014 年 2 月 12 日开馆。展馆展示了中华曲艺的发展历程和曲艺艺人心中的圣地——马街书会,内设中华曲艺展示厅、演艺厅、乐器制作坊、乐器展厅。展馆采用元代建筑风格,主楼为两层:一楼是中华曲艺艺术的集大成之地,主要介绍中华曲艺的发展历程和各种曲艺形式,充分运用现代声光电技术,通过点唱设备展示流光溢彩的音像和风格各异的唱段;二楼是关于马街书会的雕塑、实物、图片和文字资料,介绍马街书会的兴起与繁荣,集中展示了马街书会传承、发展的历史和现状。

展馆收藏有摄影图片 3000 余幅、图书 130 余册、光盘 200 余套,还有乐器 100 余种。

二、刘兰芳艺术馆

刘兰芳艺术馆总占地面积 19771 平方米,总建筑面积 12229 平方米，其中艺术馆建筑面积 5530 平方米，户外广场面积 6699 平方米，于 2018 年 2 月 28 日建成开馆，属于四合院格局，仿明清建筑风格。展陈部分主要由"序厅""成长""《岳飞传》的诞生""本色""辉煌道路""我爱宝丰我的家"等单元组成；艺术创作部分由小剧场茶馆、专业录音系统制作棚等组成；体验部分由 4D 影院、互感体验厅组成。该馆系统地展现了刘兰芳先生的从艺道路和艺术成就，表现了她孜孜不倦的创作精神。

刘兰芳作为著名评书艺术家，对马街书会和马街村情有独钟，她把马街村视为娘家，1981 年以来，以每两年不少于一次的频率到马街村 20 余次，把所收藏的录音、影像资料、书画、手稿全部捐献给宝丰县。她被马街村授予"荣誉村民"称号，被宝丰县授予"荣誉公民"称号。

三、中国曲艺交易中心

中国曲艺交易中心占地 12424 平方米，总建筑面积 7572 平方米，总投资 8000 万元，于 2019 年 2 月 17 日建成开馆，是一处集曲艺展演、交流、交易于一体的固定性基础设施。该中心分为两部分：第一部分为局部三层的八边形重檐仿古建筑，其中曲艺交易中心建筑面积 5128 平方米、戏楼建筑面积 1576 平方米；第二部分为一栋两层的配套用房，建筑面积 868 平方米。

古父城遗址

古父城遗址位于宝丰县城东20千米311国道南李庄乡古城自然村周围，是商朝至南北朝时期的古城址。商周时期这里为应国属地，春秋时期为楚国北方边陲重镇，是楚平王太子建的封邑。太子建是楚庄王的曾孙，他镇守父城期间曾设庄王祠，四时祭祀，所以后人就将父城楚庄王祠视作楚庄王故宅。

古父城遗址

古代文物的发现，对研究古代历史文化和观音文化起到了重要的作用，具有重要的科学价值。古父城遗址于2013年5月由国务院公布为第七批全国重点文物保护单位。此处，秦朝时设父城县，秦始皇二十二年（前225年），蒙恬曾率军在这里驻守。新莽时（9—13年），此地设为颍川郡父城县，苗萌任父城长（相当于现在的县长）。西汉至三国一直沿袭下来。西晋时改属襄城郡。自东晋十六国至北魏前期虽归属地多次变更，但县名一直称父城。到了北魏太和十七年（493年），父城县改名龙兴县。隋朝开皇年间（581—600年），撤去龙兴县。在这里居住的后人，为了纪念父城县，取村名为"古父城"，简称古城。

古父城原址分内外二城：外城呈长方形，四面城垣痕迹隐约可见；内城俗称"紫禁城"，位于外城内西北隅，亦呈长方形。城东北角有一条运粮河，河水潺潺，从南向北绕城而过。

城址内遗物丰富，春秋时期绳纹陶片及汉代板瓦俯拾皆是。20世纪80年代，城址内马庄、古城二村，先后出土春秋及战国时期的大型青铜壶、铜鉴等。城址南小谢庄、南牛庄发现有春秋战国墓葬区，出土有铜鼎、铜剑、铜铃、铜镜、铜戈等遗物。这些古代文物的发现，对研究商周、春秋、秦汉、南北朝时期的历史文化和观

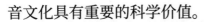

古父城遗址

音文化具有重要的科学价值。

2012年3月,宝丰县文物局对古父城的城墙范围、城门、河道位置及白雀寺的建筑遗址与规模进行了认真的勘探。2013年12月至2014年1月,河南省文物考古研究院对古父城遗址进行了考古发掘,采集和出土春秋战国至明清时期文物标本30余袋,布币(钱币)一枚,另有陶缸、陶盆、陶豆及夹砂红陶、灰陶鬲残片和铜镞、陶钵等。

如今,在这块早已废弃的古城遗址上,新建的白雀寺气势恢宏。大雄宝殿、千手观音殿、弥勒亭巍然屹立。一座座金碧辉煌的殿阁,恰好形成了一条笔直的中轴线。尤其是大雄宝殿,瓦脊上雕有六条振翼欲飞的巨龙,张牙舞爪,活灵活现。殿堂彩绘精雕,散发着古色古香的韵味。梁枋上有精镂猛虎,下有透雕燕尾。檐头的泥塑跑兽,栩栩如生;楹柱上古人所作的对联,鎏金溢彩。

中原解放纪念馆

中原解放纪念馆位于宝丰县城东南部，于2012年6月23日开建，2014年7月1日开馆。该馆为国家AAA级旅游景区，是河南省23个红色旅游景区之一。该馆坐北朝南，其后新世纪广场游人如织，向前为文峰路，东西两侧为居民区。

中原解放纪念馆

中原解放纪念馆为三层主体建筑,外观为魔方形状,寓意为扭转乾坤。东西长55.5米,寓意为淮海战役中歼灭国民党军队55.5万人;南北宽36米,代表着中共中央中原局、中原军区暨中原野战军首脑机关在宝丰召开的三次重要会议、运筹指挥的六大战役。馆内分接待区、展示区、库房区、办公区等几大功能区。其中展厅分为四个部分:第一部分为"千里跃进、逐鹿中原";第二部分为"运筹帷幄、问鼎中原";第三部分为"薪火相传、光耀中原";第四部分为"中原首府、魅力宝丰",主要采用文字、照片、历史实物等对中原解放历史和红色革命精神进行集中展示,真实再现了当年刘伯承、邓小平、陈毅等老一辈革命家率领中共中央中原局、中原军区暨中原野战军等驻守宝丰、指挥中原解放的光辉历史,突出展现了他们顾全大局、不畏艰难、协同作战的革命精神。纪念馆馆名由原国防部部长梁光烈将军题写。

2014年7月1日,中原解放纪念馆正式开馆。刘伯承元帅次子刘蒙少将,开国上将李达之女李彤妍,平顶山市委副书记张遂兴,河南省委党史研究室副主任路海江,平顶山军分区司令员傅生华,河南省文物局副巡视员李玉东等出席开馆仪式,并为刘伯承、邓小平、陈毅铜像落成揭幕,为中原解放纪念馆揭牌。

在开馆仪式上,刘伯承元帅之子刘蒙将自己手书的"得宝丰者得中原,得中原者得天下"对联和一本关于淮海战役中双堆集战役的书,赠送给中原解放纪念馆,并与大家一同回顾了中原解放战争的历史,诉说了对革命历史的理解和感悟。

中原解放纪念馆的落成开放,对提高宝丰乃至平顶山的对外影响力和美誉度,提升城市品位和人文内涵,增强文化软实力建设,推动经济社会更好更快发展意义重大。宝丰人民也将有效地利用中原解放纪念馆这一爱国主义教育基地,深入推进理想信念教育、爱国主义教育、革命传统教育。

据历史记载,解放战争时期,根据中共中央的战略部署,刘邓大军主力于1948年2月从大别山地区转出,1948年5月初进驻宝丰。刘伯承、邓小平、陈毅等老一辈革命家曾率领中共中央中原局、中原军区暨中原野战军,在商酒务镇北张庄村、柳林村居住半年之久。他们在这里运筹帷幄,指挥了宛东战役、开封战役、睢杞战役、襄樊战役、郑州战役与桐柏江汉战役，开创了中原人民解放战争的新局面。还办起了中原大学、豫西行政干部学校，召开了著名的宝丰会议，为淮海战役决战做了充分准备，为全国的解放做出了重要贡献。

中原军区暨中原野战军司令部旧址

中原军区暨中原野战军司令部旧址，位于宝丰县商酒务镇皂角树北张庄村，现为省级文物保护单位。1948年5月9日，中共中央和中央军委决定加强中原局的领导，邓小平、陈毅、邓子恢分别任中原局第一、第二、第三书记，中原局下设组织部、宣传部、城市工作部。1948年5月初，中共中央中原局、中原军区暨中原野战军司令部首脑机关移驻宝丰县。该旧址为民国建筑，现存西屋5间，硬山灰瓦顶。

中原军区暨中原野战军司令部旧址

当时，为贯彻实施宽大机动的战略方针，进一步消灭国民党军队的有生力量，根据中央指示，1948年初刘邓大军主力转出大别山，挺进豫西。5月初，以邓小平为第一书记的中共中央中原局和以刘伯承为司令员的中原军区领导机关转入宝丰区域。经过选址，中原局及各局直属机关进驻赵官营村，中原军区暨中原野战军司令部进驻北张庄村，司令部的军政处和情报处设在北张庄村东20米的何庄村，通信处设在北张庄村西北不足百米的皂角树村，军区政治部设在北张庄村南1千米的柳林村，军区供给部设在商酒务村。中共中央中原局和中原军区领导人刘伯承、邓小平、陈毅、邓子恢、李达等住在北张庄村，张际春住柳林村，李雪峰住赵官营村（北稷祖庙内）。他们在这里指挥了宛东、开封、襄樊等数次战役，为淮海战役决战做了充分准备，在解放战争史上有着重要的意义。

因此，这里成了河南省著名的革命圣地。刘邓大军驻地北张庄村于2005年被河南省委宣传部、河南省发展和改革委员会等部门确定为河南省23个红色旅游景区之一，列入河南省红色旅游精品线路。

近年来，为纪念中共中央中原局、中原军区在这里所创造的历史功绩，县人民政府将中共中央中原局、中原军区的旧址、会议会址、首长旧居进行整修，辟为革命纪念地。宝丰县对刘伯承旧居也进行了修缮，对整个景区建设进行了科学规划和设计。

宝丰革命纪念馆

宝丰县于1958年始建烈士陵园,占地面积16667平方米,陵园内安葬着为解放宝丰而献出宝贵生命的275名革命先烈,其中年龄最大的不过22岁,最小的只有16岁。另于1985年建立宝丰革命纪念馆,位于烈士陵园东北侧,当时建筑面积为150平方米。

烈士陵园

2017年5月起,县民政局牵头对纪念馆及整个园区进行升级改造,其中对宝丰革命纪念馆建设投资700余万元,对烈士陵园升级改造投资800余万元,总投资1500余万元。

纪念馆于2018年9月30日重新开馆,建筑面积由原来的150平方米扩建到960平方米,可同时容纳400余人参观。布展面积 1500 余平方米，共有 193 幅历史图片和 26 个展台，珍藏着恃山防御战、围剿红枪会、石灰窑阻击战、两次解放宝丰时期的战争物品。正门大厅陈列着青铜浮雕"解放宝丰"，雕塑主体人物躬身冲锋的姿势，代表着陈谢大军挺进豫西、奔袭宝丰、解放宝丰。馆内设有烈士纪念墙，张贴了在宝丰县烈士陵园安葬的烈士的图像。

宝丰革命纪念馆

近年来，该纪念馆平均每年接待游客 8 万余人次。每逢清明节、烈士纪念日、七一建党节、八一建军节等重大节日，平顶山市内各区、县，各乡镇，各单位及社会各界人士纷纷入馆参观和凭吊，该馆作为当地爱国主义教育基地的地位越来越重要。

杨家大院与程家大院

一、杨家大院

杨家大院位于杨庄镇杨庄村中部,始建年代不详。杨庄原名杨老庄,据说明末清初,杨家自洛阳迁居于此,以垦荒种地为业。清朝鼎盛时期,杨家很快发迹,土地最多时达32万亩。清咸丰、同治(1851—1875年)以后,由于杨家人丁不旺,家道逐渐衰落。

杨家大院

现存建筑推断约建于清嘉庆年间（1796—1820年），由庠生杨岱与其儿子杨岸清、孙子杨淮，历经清嘉庆、道光前后约五十年时间修建而成。杨岱，字觐东，喜欢收藏图书，重视庭院建设。杨家大院原有房舍百余栋，多为清代建筑，占地面积百余亩，规模宏大，布局合理。1966—1976年，宅院内房屋大半被毁，现存清代建筑24栋，建筑面积约2900平方米。1948年8月，中共中央中原局责成豫西行署创办"豫西行政干部学校"，校址即在杨家大院内。该校先后招生四期，培训学员1500余人。1949年5月校址迁至开封，后又迁往郑州，即现在的河南财经政法大学。

杨家大院

杨家大院内曾有一处老屋，除高大之外，最吸引人的莫过于门前的两个木柱及石柱座。木柱虽已被风蚀剥落，柱身布满蜂窝状的小孔，但历经百年风雨的石柱座却更显光滑。石柱座分三层，四面都有雕刻，最下层为梅花，中间是狮子，上层为小花图案。通过这处保存数百年的老屋，我们可以看出昔日主人的富足与讲究。

2004年3月，该大院被县政府公布为县级文物保护单位。2013年当地政府结合平顶山西火车站（现为宝丰火车站）改造方案，拟将分布零散的4栋古建筑迁入杨家大院中心区集中保护。

2015年12月起，县政府组织在杨家大院原址对古建筑群进行了修复性建设。2016年元月，该旧址被省政府公布为河南省第七批文物保护单位。

二、程家大院

程家大院位于李庄乡最东部的程庄村，程庄村又称"同协寨"，距县城22千米。明代时，"二程"（宋代理学家程颢、程颐）后人迁到这里定居，故名程家庄，简称程庄。该村南靠落凫山，北临南石公路，西临贺窑村，东与郏县周庄村接壤。"村村通"公路穿东西大街而过，村西、村东大路与南石线相接，交通十分便利。聚落呈椭圆形，地势南高北低，老村落周围寨壕保存完好。村内现有市级文物保护单位4处，不可移动文物15处，主要有刘家大院、程文奇老宅、程文明老宅、程文郁老宅、关帝庙、程家祠堂、刘春峰老宅等。传统建筑以明、清时期为主，集中连片分布在村中偏北部，以单层或二层阁楼式砖木结构为主，墙基与下槛墙以红石垒砌。这些青砖灰瓦顶，砖雕和木雕建筑，精美别致，保存完好。

程家大院

程家大院位于程庄村中部，属清代建筑，为程氏三兄弟祖上所建，从西至东分别为程文明（老大）老宅、程文奇（老三）老宅、程文郁（老二）老宅。据知情人士讲，兄弟三人的住所之所以会这样安排，是因为老三程文奇去世比较早，老大和老二为了方便照顾老三一家，故而在居住上作了这样的安排。

程文明老宅，原为一进三宅院，坐北朝南。现存倒座、过厅、西厢房、正房等。正房面阔三间三层：一层为暗室，九级台阶；二层装有红石窗户，内有木质楼梯、楼板及隔断；三层正中有一方窗，两侧各有一圆形窗户。墙体均用红石、青砖垒砌而成，过厅和正房均用灰板瓦覆顶，雕花筒瓦作正脊与垂脊，美观大方。

程文奇老宅，原为一进三宅院，坐北朝南。现存倒座、过厅、东西厢房、正房等。东西厢房均面阔三间，为七架抬梁式建筑。正房面阔三间两层，墙体均用红石、青砖垒砌而成，灰板瓦覆顶，雕花筒瓦作正脊与垂脊，内有木质楼梯。楼板及透雕屏风，古朴典雅，美观大方。

程文郁老宅，原为一进三宅院，坐北朝南。现存倒座、东西厢房及过厅。东西厢房均面阔三间。东厢房南山墙有一影壁。过厅面阔三间，有正脊和垂脊，为七架抬梁式建筑。地基为红石，墙体由青砖、土坯混砌而成，也就是农村常说的"里生外熟"，灰瓦盖顶，木质门窗，为硬山式砖木结构。

程家大院饱经沧桑，修修补补，保存至今，为研究清代民居建筑风格提供了实物依据。2012年9月，程家大院被公布为市级文物保护单位。

程家大院

程庄村不仅是省级非物质文化遗产妙善观音传说传承地，还于2013年8月26日入选第二批中国传统村落名录。李庄乡程庄村是国家级传统古村落，也是省级文物保护单位。

白雀寺与妙善三墓

白雀寺坐落在宝丰县李庄乡古父城,是境内最早的佛寺,规模宏大,造型美观,建筑结构严谨,层次分明,错落有致。白雀寺相传为妙庄王(一说楚庄王)的三女儿妙善的出家地。

白雀寺

寺院坐北向南,呈长方形,迎门为四大天王殿,东侧为关帝殿,西侧为吕祖殿,往内正中为千佛阁,许多人称它为皇姑殿,内供千手千眼佛。三楹为四坡五脊建筑,飞檐挑角,四角悬铃,叠脊筒瓦,雕梁画栋上镶嵌着云龙图案。千佛阁西北角长着一棵两人合抱有余的古柏。千佛阁北边偏院内有双层钟鼓楼，楼上悬挂着巨钟、大鼓，东面围墙外有一古井，由石砖砌成，呈楔形，名为"鹅皎井"，俗称"妙善浇花井"。

据传，白雀寺内有一棵大槐树，奇特蓊郁，树干高两丈余，枝叶繁茂，藏云蔽日，为环周杂树之冠。其叶秀嫩狭长犹如龙爪，枝节盘绕酷似龙形。树干上附藤萝数株，牵葛爬绕，遇春吐花，逢秋孕实，其花果煮茶有醒酒、镇痛、助产之效。丰收年景，必有白雀群集在树的顶端筑巢，啼声婉转，声飘四野。夏日入夜乘凉于此，可闻天庭丝竹之声，顿觉心旷神怡。明代《正德汝州志》载"白雀寺在父城保，世传楚庄王故宅，有白雀之瑞，异槐一株"，说的就是这件事。关于异槐，人们说得更加神奇，从中若抽出一枝，上面会显示密密麻麻的雀形图案——"群鸟燕舞图"。

如今当地还流传着白雀寺之名的由来：在父城始建白雀寺之前，这里就有这一槐树，高耸入云，遮阴数亩，每年大地回春、草长莺飞的二月，这里就是白雀的天堂。白雀夜以继日筑巢繁育的时期，是小麦返青拔节孕穗的时期，也是先民生活青黄不接期望庄稼早日成熟的时期。农田耕种闲暇时，便有村民来到树下观赏白雀筑巢，部分细心的村民经过长期观察，发现了这棵槐树上白雀筑巢与庄稼收成存在一定关系：当槐树上白雀筑巢多时，这一年的庄稼收成就好；当槐树上白雀筑巢少时，这年的庄稼收成就差，甚至为灾年。这样一来，父老乡亲便把每年庄稼收成的好坏寄托在白雀筑巢上，他们祈求白雀每年能多来些，且在这棵槐树上多多筑巢，渴望年年都是丰年。为了实现这一美好愿望，人们便在这棵槐树毗邻处修建了一座寺院，并取名为白雀寺。

清康熙《河南通志》卷五十《寺观·汝州·宝丰县》载："白雀寺在宝丰城东四十里父城堡内，每遇丰年，必有白雀巢于古槐之上，寺因以名。"现白雀寺内存有明万历三十九年（1611年）承德郎陕西西安府通判、邑人白鋐（宝丰县人，字真予，时官职六品，后升任延安府同知五品），其撰文镌刻的《重修伽蓝殿记·宝丰县白雀寺考》残碑一通，碑文中这样记载："乃父老相传，寺之先有异槐，白雀巢于其上，寺遂因以名。"

作为宝丰八景之一，白雀异槐在1945年秋末遭遇一场罕见的强风暴雨，这一饱经风霜、深受父老乡亲尊崇爱戴、历经千载的古槐树被狂风刮倒后，便永未再起。当时远近父老乡亲闻讯后都赶来为之伤心叹息。至此，作为宝丰八景之一的白雀异槐，便永久地留存于史书和美好的传说之中。

1984年以来，当地香客自发捐款筹资，在白雀寺原址上先后建起了千手观音殿、老佛殿、大雄宝殿、观音亭、弥勒亭及寺院大门、围墙等。每逢农历初一、十五，香客、游人络绎不绝。

观音殿

妙善三墓位于宝丰县李庄乡翟集村南运粮河西侧，北距省道南石线500米，西南距古刹白雀寺800米左右。相传，三皇姑妙善在香山寺修道成佛后，她的大姐妙颜、二姐妙音也开始修道向佛。结果，妙颜得佛果修成了普贤菩萨，妙音得佛果修成了文殊菩萨。大皇姑妙颜的道场，在郏县堂街镇东北象山（银山）北端的宝象寺（也有人称"白象寺"）；二皇姑妙音的道场，在郏县堂街镇东南紫云山上的紫云寺。刚巧，三寺均在方圆几十里的范围内，成三足鼎立之势，支撑起了高空的一片蓝天，人称三寺为"姊妹寺"。宝丰妙善观音传说故事为河南省第二批非物质文化遗产保护项目，其传承讲说故事的展示馆于2020年12月被河南省文化和旅游厅命名为河南省非物质文化遗产示范展示馆。

妙善三墓

文庙大成殿

文庙又称"孔庙",是封建时代为纪念孔子、提倡儒学而修建的建筑。从前,中国各州、府、县、乡(镇),甚至有些村落都建有孔庙。

孔子,名丘,字仲尼,生于公元前551年,逝于公元前479年,为儒家学派的创始者,春秋鲁国陬邑(今山东省曲阜市)人。他是中国著名的思想家、教育家、政治家,被联合国教科文组织评为"世界十大文化名人"之首;与弟子周游列国十四年,晚年修订六经,即《诗》《书》《礼》《乐》《易》《春秋》。

孔子生前曾周游列国,宣传他的政治主张,却不被统治者所采纳。他去世后儒学思想开始走向辉煌,成了我国封建社会2000多年的统治思想。孔子被尊为儒家始祖,受到统治者和文人士大夫及一般黎民百姓的尊崇。

相传孔子有弟子三千，其中有贤人七十二。孔子去世后，其弟子及再传弟子把孔子及其所有弟子的言行和思想记录下来，整理编成儒家经典《论语》。孔子在古代被尊奉为"天纵之圣""天之木铎"，是当时社会上的博学者之一，对后世统治者和世界都有深远的影响，孔子因而被列为"世界十大文化名人"之首。

孔庙的最初创建者是春秋时期鲁国的国君鲁哀公。公元前478年，也就是孔子去世后的第二年，鲁哀公由于政治需要，下令全国祭祀孔子，还把孔子生前居住的三间旧宅改作庙堂，用来收藏他的衣冠、琴瑟、诗书、车杖等物品。庙堂虽然简陋，但却开创了祭祀孔子的先例，为后来雄伟的文庙建筑奠定了基础。

宝丰文庙位于宝丰县城东街路北（今文庙小学院内），为明成化十二年（1476年）知县朱铨重建。其内主要建筑为文庙大成殿。大成殿即文宣王殿，始建于宋代，曾几经重建、扩建与重修。

文庙大成殿

文庙坐北向南，建筑沿袭旧制，规模宏大。大殿为庑殿式建筑，歇山挑檐。屋顶覆盖青瓦，四周系有风铃，檐下有斗拱，建在石砌的土台之上。殿前设有月台。正面为多扇门，大棂窗。殿内有明柱，柱础为石质莲花形，另有暗柱数根。明间和次间为隔扇门、木棂窗。殿内正中位置供奉着至圣先师文宣王孔子的塑像，还祀有四配、十二哲。四配：复圣颜子、宗圣曾子、述圣子思子和亚圣孟子。十二哲：闵子损、冉子耕、冉子雍、宰子予、端木子赐、冉子求、仲子由、言子偃、卜子商、颛孙师、有子若和朱子熹。纵观这些奉祀人物，可见古人尊师重教，期望后人考取功名的良苦用心。纵观大殿的栋、梁、檩、椽及斗拱，均饰有彩绘，生动活泼，赏心悦目。

除大成殿外，还有一些建筑，如东庑、西庑、神厨、神库、棂星门、戟门、泮池、明伦堂、魁星楼、文昌阁、献殿、崇圣祠、名宦祠、乡贤祠、忠义祠、乐器所等。可惜的是，这些建筑在不同的时代都已损毁。

1948年，中共中央中原局、中原军区进驻宝丰后，于7月28日至8月7日在文庙召开了团级以上军政干部会议，史称"宝丰会议"。会上，中原局第二书记、中原军区和中原野战军第一副司令员（兼华东野战军司令员、政委）陈毅，传达了1947年中共中央十二月会议精神和毛泽东主席在会上所作的《目前形势和我们的任务》报告，还作了《统一战线问题和关于整训中党的任务》的报告。中原局第三书记、中原军区第一副政委邓子恢就"如何在中原贯彻执行新区政策和解决经济问题"作了报告。中原军区、中原野战军司令员刘伯承作了《关于整军动员报告》。从此，中原部队整党整军转入了以检查团以上领导作风为重点的第三阶段。

1948年9月，中原大学校址迁至文庙，11月27日，在文庙举行了中原大学第一批学员毕业典礼，12月10日，校址迁往开封，后又迁往武汉，现为中南财经政法大学。

革命史迹为这座历史建筑增添了新的光彩，全国解

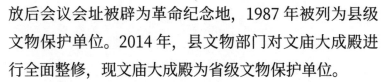

放后会议会址被辟为革命纪念地，1987年被列为县级文物保护单位。2014年，县文物部门对文庙大成殿进行全面整修，现文庙大成殿为省级文物保护单位。

宏伟的文庙是祖先留给我们的一笔宝贵遗产，是莘莘学子获得知识、悟明道理的所在地，是封建时代人们重视文化教育的象征，也是现代将领们谋划推翻旧世界、打造新中国的地方。

文笔峰塔

文笔峰塔又叫文峰塔,位于宝丰县城南笔山的射箭台上,由时任知县的范廷弼于明万历四十七年(1619年)七月主持建造。

笔山为东西走向的土山,长6千米,宽1.5千米,最高处海拔154米。由于它横亘在县城内泮宫(即县学,俗名黉学)的前方(南面),擅长喻物取吉的古代文人,带着希望后人通过勤奋学习成就大业的心愿,给它取了笔山、书山、文笔山等雅号。1981年地名普查时,把它的标准名称定为"笔山",其他称谓作为曾用名记入档案。

文笔峰塔由基石、3层条石、132层灰砖及塔刹4部分组成,总高12.4米,实心,呈六棱形,造型别致,风格独特,为全省塔列中之孤例。塔的南面镶嵌碑刻一方,碑文阴刻楷书,主要记述建塔主持人及捐款者姓氏。捐款者多属文人,在生员名次中,有辅佐李自成建立大顺政权的丞相牛金星之名。这一方石碑是牛金星为宝丰人的实证。

"文革"期间,塔基曾遭严重破坏,塔体倾斜并出现裂痕。1983年和1985年,国家曾两次拨款抢修。1986年11月,文笔峰塔被河南省人民政府公布为省级重点文物保护单位。

"笔山添秀色,古塔着新装。"经历了几百年风风雨雨的笔山、文笔峰塔终于迎来了历史的春天,迎来了最值得庆幸的时光。2004年2月,中共宝丰县委、县政府作出了建设文笔山森林公园的决定。接着,县领导组织有关人员运筹策划,多方筹资,社会各界捐款集资,鼎力相助;建设者们恪尽职守,精心设计,栉风沐雨,辛勤施工,为文笔峰塔砌座雕栏,在笔山植树造林,建碑廊、列碑属文,拓广场连路通衢,终于在2005年顺利完工。如今,笔山树绿花红,水碧山青,广场如坪,廊亭屹然,古塔雄伟,蔚为大观,可谓:"巍巍古塔焕然新,千亩森林作绿裙。碑刻排排抬望眼,游人队队仰风神。"这座锥形砖塔作为中国历史上科举制度的产物,成了中原乃至华夏古迹中的独特建筑,其丰富的文化内涵和标志性特征及传奇的色彩,耐人寻味、发人深省、引人瞩目。文笔山森林公园的落成,在拓展宝丰文化现象、保护文化遗产、优化生态环境、提供悠闲场所方面,具有不可低估的现实意义和深远的历史意义。

文笔峰塔自兴建至今400多年来，宝丰人民喜爱它、敬仰它，称它为宝塔，有关它的一些传说一直在民间广泛流传。

据说，文笔峰塔创建的起因与当时宝丰文化的发展密切相关。明代官吏选拔，延续隋唐以来的科举考试制度。自朱元璋于洪武元年（1368年）创建明朝，至万历四十七年（1619年）的250余年间，社会已经比较稳定，人们安居乐业，无论是平民百姓还是高官贵人，都以崇文尚武为荣，加上朝廷重视教育，各州、县分别设立县学和书院，地方设立儒学，所以全国各地教育比较繁荣。其间，宝丰教育却相当落后，只有明永乐年间（1403—1424年）的黄敬（双酒保人）和嘉靖年间（1522—1566年）的李秉仁两人登进士第。当时，宝丰地瘠民贫，再加上天灾人祸，人民生活朝不保夕，用在教育子女上的费用极其有限，所以教育十分落后。县令范廷弼一到任，就走访民间，体察民情，了解民意。范廷弼和文人学士们一心想要改变这种无视教育的局面，为了引起人们对教育的重视，除了加大宣传教育力度，还率领全县士绅、官员捐资，于1619年在笔山之巅修建了这座风水塔，并立碑于塔下，题词为"文峰冲天，世出魁元"八个大字，以此号召全县人民支持教育，勉励学子潜心学习，以求科场夺魁。精诚所至，金石为开，时过六年，即天启五年（1625年），大营镇的王之晋考中进士，名扬宝丰，这也是明代宝丰的最后一位进士。

文笔峰塔

附：

文笔峰塔的传说

李永庆

据传，文笔峰塔是一座宝塔，里面住有金母鸡和金鸡娃。如果人们把耳朵贴在塔身，用小石轻轻敲打，就能听见它们的叫声。这样的消息一传十、十传百，成了方圆几十里的一道奇闻妙景，来往听赏者络绎不绝。有些好逸恶劳之徒，打起了金鸡的主意，梦想捉住它们发横财。鲁山的张昌士、临汝的王昌碰、郏县的李抓子，还有襄城的赵老赖，先后捉弄多年，均未捉到。石洼村有个叫姬发财的人，住得离塔不远，每到早中晚金鸡出来放风玩耍时，他便手握长鞭出现在塔下。一天早晨，姬发财又一次来到这里，偶遇金母鸡带着一群金鸡娃在塔下玩耍。说时迟那时快，他手起鞭落，一只金鸡娃被抽死在地。不料，那金母鸡护子心切，狠狠地将姬发财的腿给啄伤。姬发财一瘸一拐忍痛回家后，那伤口久治不愈，成了毒疮，直到把卖金鸡娃的钱花光才治好。从此，再也没人敢伤金鸡了。

甘罗古台

据史料记载,宝丰八景之说,起源于宋,盛于明清。明成化十一年(1475年),宝丰县教谕曹轸赋诗记述宝丰八景。明正德元年(1506年),重修《汝州志》《宝丰县志》,将曹轸诗纂辑于志书。蔚为壮观的八景为香山奎聚、酒务春风、石渠仙蒲、朱砂空洞、沙河晚渡、白雀异槐、五朵莲屏和甘罗古台,堪称八绝。千百年来,这些自然景观、名胜古迹,通过文字记录,留下了很多风雅遗事和美丽的传说。其中,甘罗古台位于宝丰县城西张八桥镇附近,为夯土所致的平台,人工痕迹明显。

宝丰在古代为应乡地域,早先是周王室的京畿之地。面对强大的秦、楚、晋国的包围,为了谋求周王室的安全,在周王室当差的秦人周最建议把鹰城的应乡赠给秦宣太后当养地。后来,秦宣太后失势,范雎封为应侯。而范雎和甘罗有不解之缘,史书多有描写。

甘罗的事迹在民间的记述、传说颇多。甘罗12岁时出使赵国,使计让秦国不费一兵一卒得到16座城池。

甘罗因功得到秦始皇赐任上卿，封赏田地和房宅。后甘罗在今宝丰县张八桥镇甘罗寨会盟秦、楚，经其居中调停，秦、楚两国在此山顶会盟缔结友好关系，遂留甘罗台地名，流传至今。

曹轸《甘罗古台》诗曰：

登临遥上土胚胎，云是甘罗旧日台。
独步时名奇弱冠，曾如头齿尚婴孩。
云龙庆会逢佳运，麋鹿经游忆俊才。
剥落断碑成草草，东风回首半荒苔。

崔琦旧居

崔琦，美籍华人，科学家，1939年生于宝丰县肖旗乡范庄村，是诺贝尔物理学奖获得者。

2003年8月至2014年4月，宝丰县委、县政府在崔琦家乡范庄村建起"崔琦事迹展览馆"，系重建，在崔琦老家旧宅的基础上有所扩大。展览馆总面积511平方米，包括三间旧居草屋、两间生产生活用具陈设室、五间展厅、两间管理办公室、一大间门楼，另有一条通往旧居的入村道路。随后，这里被确定为全市青少年爱国主义教育基地，成了传播科技、启迪青少年刻苦学习科学知识的圣地。

崔琦于1951年秋经北京到达香港，1961年秋进入美国芝加哥大学物理系攻

崔琦

读硕士学位，1967年获博士学位，1968年在贝尔实验室固体电子实验室工作。1982年1月，崔琦与同事霍斯特·施特默一起发现分数量子霍尔效应，当年2月加入美国普林斯顿大学。1998年10月13日，崔琦同德国科学家霍斯特·施特默、美国科学家罗伯特·劳克林一起被瑞典皇家科学院授予1998年诺贝尔物理学奖，以表彰他们发现并解释电子量子流体这一特殊现象为量子物理学研究做出的重大贡献。崔琦成为继李政道、杨振宁、丁肇中、李远哲、朱棣文等人之后我国第六位获此殊荣的华人科学家。2000年6月，崔琦当选为中国科学院第四批外籍院士，2004年当选为美国国家工程院院士，2005年被聘为中国科学院荣誉教授。2007年，为支持家乡教育事业，崔琦捐献35万元在宝丰县肖旗乡范庄村建"崔琦希望小学"1所。

龙兴寺及石塔与龙兴寺水库

一、龙兴寺及石塔

龙兴寺

龙兴寺及石塔位于平顶山市宝丰县前营乡小店头村龙兴寺自然村,始建于东汉末年。隋开皇年间(581—600年),因邑境东南曹镇也建有龙兴寺,为了使两者有所区别,该寺按地域称作北龙兴寺;因唐宋时宝丰又名龙兴县,隶属汝州,故亦称汝州龙兴寺。元延祐年之后，龙兴寺又称训狐寺，盖因寺在训狐山之故。龙兴寺及石塔对研究古代历史文化、建筑雕刻艺术具有重要的作用，有较高的历史价值，2016年被省政府公布为第七批省文物保护单位。

龙兴寺寺院坐北朝南，地势西南高、东北低，殿宇建筑依山就势，北高南低，错落有致，原占地面积约2.7万平方米。现仅存明清时期建筑9栋，建筑依次为敌楼、下过殿、斋堂、客堂、皇姑殿、寮房、耳房、佛爷殿、西佛殿。其中西佛殿原为华严小殿，为明代建筑，其余建筑为清道光三十年（1850年）重建，总建筑面积约410平方米。该石塔位于村西北，于明嘉靖十年（1531年）创建。该塔为七级石雕塔，高3.5米，塔基呈2.5米见方的正方形，均为青石雕刻垒砌，塔身二、五层为八角形，三层为四角形，四、七层为莲花形，塔顶有塔刹。

唐代画圣吴道子曾于天宝年间（742—755年）在寺内华严小殿作画两壁，即东壁作维摩示疾、文殊来问、天女散花；西壁作太子游四门、释迦降魔成道。这些珍贵壁画，在宋代初期就已废坠。

宋绍圣元年（1094年），时任汝州知州的苏辙捐百缣（由多根丝线并在一起织成的丝织品）新修龙兴寺吴道子壁画，"不逾月，坚完如新"。随后，历代重修、增建、扩建，至清道光年间（1821—1850年），再建门楼。

1947年，寺内保存下来的建筑有下过殿、佛爷殿、地楼殿、西佛（铁佛）殿、皇姑殿及寮房、客堂、斋堂等殿室30余间。

1958年，正殿被拆去，殿内三尊铁佛毁于铁炉，现仅存石碑5块。

庆幸的是，西佛殿以覆盆莲花作柱基的石质殿柱上，楹联"法力靡涯万井千烟蒙庇泽，太平有象五风十雨庆清宁"完整地保存了下来。殿内清代的壁画，因民居烟熏过重，致使部分剥落，但大体轮廓还是保存下来了。

二、龙兴寺水库

龙兴寺水库位于前营乡龙兴寺村西石河上游。拦河坝全长750米，坝顶高程290米。1958年10月动工兴建，1960年5月基本建成，是周围村庄的水利灌溉资源。为了确保农业丰收，政府组织人员分别于1962年、1964年、1967年对其进行了整修加固。1979年完成了大坝加高、背水坡培坝、坝脚排水体加固、启闭塔修建、闸门改建和交通桥等续建工程。至此，形成了一个有拦河坝、溢洪道、输水洞、闸门、操纵塔、交通桥等设施的蓄水灌溉系统。

这座水库，除投入资金589万元（其中，国家投资

354万元，其余款项均由地方自筹）外，还投入了大量的人力，使其实际灌溉面积达4万亩，养殖水面积达1500亩，为农业丰收和养殖业的发展提供了可靠的保障。

龙兴寺水库

眼明寺

宝丰县城往西9千米，张八桥镇东去约1千米的土岭上，有一座四合院式的建筑，叫作眼明寺。寺院坐北朝南，寺门南望恃山二道河水库，北靠黄沟村，北墙外是宝丰通往西区的快速通道，东邻袁店，西为张八桥村。占地面积29亩。寺前柏树成林，郁郁葱葱，林中曲径通幽，莺啼枝头。

眼明寺

眼明寺名不见经传,但它却有一段为民解灾的传说,反映了乡民虔诚感恩的美好心愿。

相传在隋唐年间,一位修磨的石匠在今张八桥镇袁庄村北的岭上干活,不小心碰伤了眼睛,一时间疼痛难忍,眼前一片黑暗,失明多日。一天夜晚,有位身着白衣的仙人在梦中告诉石匠,在修磨(地点)的旁边,有一股泉水能治好他的眼睛。第二天清早,他急忙跑去用此水清洗眼睛,连续几天后,他的眼睛重见了光明,而且比以前更明亮。石匠认为这是观音菩萨显灵治好了他的眼睛,为感谢菩萨的大慈大悲,他决心修建寺院,并取名为"眼明寺",以示对菩萨的恭敬。后来很多有眼疾的人相继用此水治好了眼疾,眼明寺的香火也日渐旺盛,经久不衰。

事实上,佛教有《佛说眼明经》,虽传为伪经,却也是眼明寺命名的缘起之一。

宝丰眼明寺始建于唐代中叶鼎盛时期,规模宏大,雄伟壮观,香火旺盛,尤其在农历二月初八庙会期间,游人络绎不绝。该寺历史悠久,代有修建,缘兵燹颓废,且风击雨打,年久失修,至1947年,仅剩墙基和清道光年间(1821—1850年)、清同治年间(1862—1874年)重修的残碑两通,众进士和香客无不为之惋惜。1993年11月16日,在住持印明及弟子妙林、妙焕的感召下,寺内众弟子及广大善男信女踊跃乐从，募资捐物，义工劳作，在原寺院旧址破土动工。迄今已建起大雄宝殿五间，雕梁画栋，佛像金身，又筑寮房七间，斋堂三间，另植柏树三十余棵。

现在，南大门处有房舍五间，殿内敬有弥勒佛一尊，东西两侧有四大天王，北门口立有韦陀菩萨。

院内，东厢共七间，北边三间为地藏殿，中间敬有地藏菩萨，两边各站一神，南北山墙各有五尊十代阎君。南边四间为斋房。西厢共七间，北边三间为观音殿，中间敬有观音菩萨，两边站着善财、龙女。南边四间为念佛堂。

最后面是五间正房——大雄宝殿，殿前有一块5米见方的水泥平台，正门前3米处有一古泉。据传，此泉原是一小池塘，里面水位固定在某一位置，曾有人试图下挖增加储水量，结果下挖一尺，水位下降一尺，不再上涨，下挖二尺，水位下降二尺，仍不上涨。后来，人们用石块在池塘中间圈成了现在所见的这口井——眼明古泉。

眼明寺曾经是香山寺的下院，毁于近代。原先的眼明寺也算是碑石林立，记载着有关该寺的一些情况，20世纪50年代末修建河陈水库的时候，很多石碑都垫在了大坝的底部。眼明寺大殿东侧矗立的两通清朝时的石碑，是 20 世纪 90 年代初重修眼明寺的时候，山下黄沟村的村民从自家门前垫脚石中取出后交给寺院的。石碑上的文字虽已模糊，但可隐约看出，其中一通为清道光二年（1822 年）鲁山一位生员（秀才）而立，另一通为清同治十三年（1874 年）鲁山一群童生（尚未通过考试取得秀才资格）而立。碑文大意皆为祈求佛祖保佑。除此之外，还有两通记载重修眼明寺的功德碑与两通旧石碑静静地分立在眼明寺大殿前东西两侧，给人们带来无限的遐思和感慨。

君文国家湿地公园

君文国家湿地公园位于宝丰县城西北部，北至净肠河，南至南水北调干渠，西至昭平台干渠及洛平公路。君文国家湿地公园建设总面积约4平方千米，包括景观绿化、道路广场、桥梁建设、体育馆、游泳馆、体育场建设、君文阁、商业水街、配套污水管道工程及其他基础设施建设等，总投资约80000万元。

该公园的设计定位是集生态涵养、生态小区、休闲度假、户外运动和主题文化公园等主要功能于一体的示范性主题生态公园。整体形态以南水北调中线工程与净肠河为架构，重点打造滨水空间的生态功能，同时通过水系的延伸联系七大功能区，实现人与生态的自然共享，塑造"银河南北联宝丰，净肠河畔描北斗"的美好愿景。空间上形成"一廊一轴五岳"的功能结构："一廊"就是自西北向东南至南水北调主干渠，沿净肠河上游两侧，打造集水源涵养、健康氧道与生态展示等生态功能于一体的生态水廊；"一轴"就是垂直于生态水廊，建设展现南水北调工程,以及净肠河与宝丰历史文化特色的文化水轴;"五岳"就是用南水北调工程的土方打造中国五大名山。当前,五岳山基本完成修建,各山岳之间有步道相连,山路中间有休息台。另外,在各山之间,还有正在建设的体育、游乐设施。

君文国家湿地公园

十八里干河与九龟朝赧王

在观音堂林业生态旅游示范区驻地观音堂村东部，有一条从汝州市大木场方向通来的干河，名为"十八里干河"。平时，十八里干河河床裸露，河滩里遍布光滑圆溜的石头，是名副其实的干河。据说即便下很大的雨，三天内水也会全部落入地下。据当地民间传说，这种奇特的现象与东汉光武帝刘秀的"金口玉言"有关。

据说当年刘秀与王莽大战，刘秀战败，逃亡时被一条波涛汹涌的大河阻拦了去路。刘秀仰天长叹："天啊！如果不灭我，那就让河水从地下流走吧。"话音刚落，浩荡的流水陡然不见，于是便出现了这条十八里干河。这段河叫石河，实际上是一条暗河。据说大木场一带有群众将干麦秆、干麦糠撒入水中后，会从十几里外的观音堂七口泉眼的某一口中涌出，可见地下暗河相通。

观音堂村一带处于干河下游，有一个莲花泉。莲花泉是一个分界点，有七个泉眼，流水充沛，无论气候多么干旱，泉眼里总是清流不断。泉的上游是平时不见水的十八里干河，但是下游却汇聚成一条清澈见底、流水潺潺的河流。当地群众还把泉眼与观音妙善的故事联系起来，增添了十八里干河的文化色彩。

顺着十八里干河向下的河滩里，有九块巨大的石头，突兀耸立，因外观之故，被当地人比作九只大乌龟。据当地民间传说，九只神龟是要挽救一个君王，挽救一个王朝。上天不忍周代的末代君主周赧王濒临绝境，便派出九只神龟搭救，搭救未果，神龟化石。也因为"赧王"与"懒王"音近，群众附会了关于赧王的许多懒惰故事，劝诫人们勤劳，并抱着对历史上的周赧王的同情，将此地命名为"九龟朝赧王"。经历代史学家考证，周赧王的陵寝就在石河上游一带，俗称"周天子坟"。

抗日战争时期，日军在观音堂制造了惨绝人寰的观音堂大屠杀，造成中国军民300多人遇难。现在，这里仍存五一〇观音堂惨案遗址。

十八里干河

汝江寺

汝江寺

　　汝江寺又名水泉寺，位于宝丰县城以北，汝河南岸的赵庄镇范庄村东200米处。据有关史料记载，该寺始建于东汉末年，兴盛于唐，至明代宣德年间（1426—1435年），寺院已是规模空前，占地百亩，有僧尼、居士300多人，殿堂、寮房300间，庵堂1处，塔林1处，牌坊3座。每逢初一、十五及佛诞法会节日，来寺僧众信士"舟楫塞于江（旧时古人称汝河为汝江、汝海），车马堵于途"，香火之盛，令人惊叹。

相传汉光武帝刘秀为躲避王莽的追杀，曾隐身该寺，躲过一劫，与佛结缘。唐代诗人孟浩然驻足该寺后留下"谷口闻钟声，林端识香气"的佳句。大诗人李白穿梭该寺，留下了"朝发汝海东，暮栖龙门中"的吟唱。香山居士白居易曰："心仪汝江乐土，佛刹天籁，比邻而建乐天寨。"乐天寨又称"乐天居""白居易故居"，在该寺南3千米的官衙村。宋代文学家欧阳修在寺院里把玩汝水，与高僧谈经、论道、说禅，流连忘返。东坡居士苏轼留下了"青山玉瘗（yì），汝水涛涛，寺钟声声，禅意浓浓"的遗言而长眠于眉山。眉山又称小峨眉山，位于郏县西北处，距该寺9千米。由于历经战乱，寺院屡遭焚毁破坏，至清末，寺院已毁损殆尽，几乎夷为平地。

1993年农历3月，释深开（俗名关花莲）率众居士在原寺址上破土动工，先后建有接引殿、大雄宝殿、十二菩萨殿、地藏殿、九莲菩萨殿、达摩殿、伽蓝殿、天王殿、华严殿、三圣殿、藏经阁、斋堂、寮房、

汝江寺

客堂、山门和钟鼓楼等仿古建筑及房舍 136 间，占地面积 5202 平方米。殿堂内供奉木雕、铜质、精塑贴金佛菩萨像 21 尊，玉石像 15 尊。汝江寺布局严谨、寺貌整洁，是旅游观光的一个好去处。

宝丰说唱文化普及系列丛书
申红霞　主编

宝丰民间音乐舞蹈

何清怀　编著

中国·武汉

图书在版编目（CIP）数据

宝丰民间音乐舞蹈/何清怀编著.—— 武汉：华中科技大学出版社，2023.5
（宝丰说唱文化普及系列丛书/申红霞主编）
ISBN 978-7-5680-9378-1

Ⅰ.①宝… Ⅱ.①何… Ⅲ.①民间音乐—宝丰县②民间舞蹈—宝丰县 Ⅳ.① J607.2 ② J722.22

中国国家版本馆 CIP 数据核字（2023）第 075719 号

宝丰民间音乐舞蹈
Baofeng Minjian Yinyue Wudao

何清怀　编著

策划编辑：彭霞霞
责任编辑：梁　任
封面设计：杨思慧
责任监印：朱　玢
出版发行：华中科技大学出版社（中国·武汉）　　　电话：（027）81321913
　　　　　武汉市东湖新技术开发区华工科技园　　　邮编：430223
录　　排：天　一
印　　刷：洛阳和众印刷有限公司
开　　本：880 mm×1230 mm　1/32
印　　张：4
字　　数：68 千字
版　　次：2023 年 5 月第 1 版第 1 次印刷
定　　价：168.00 元（全 9 册）

本书若有印装质量问题，请向出版社营销中心调换
全国免费服务热线：400-6679-118　竭诚为您服务
版权所有　侵权必究

《宝丰说唱文化普及系列丛书》编委会

总策划： 刘海亮

主　编： 申红霞

副主编： 杨淑祯　潘廷韬

编　审： 樊玉生　江国鹏

成　员： 曹俊青　杨东熹　周博雅　郭敬伟

　　　　　聂亚丽　徐真真　王少克　潘运明

　　　　　刘宏民　李全鑫　何清怀　张关民

　　　　　芮遂廷　贺天鹏　徐九才

序

文化自信是一个国家、一个民族发展最基本、最深沉、最持久的力量。进入新时代新征程，党的二十大做出了"推进文化自信自强，铸就社会主义文化新辉煌"的战略部署，为我们加强社会主义文化建设、弘扬优秀传统文化指明了方向。

地处中原腹地的平顶山市宝丰县，历史文化底蕴深厚，一代代先人在这里繁衍生息、创新创造，留下了丰富的文化遗产，成为中华优秀传统文化的重要组成部分。

宝丰县地处河南省中部偏西，是伏牛山脉与黄淮平原的交接地带。西部山峦绵延，中东部遍布平原，丘陵、小山点缀其间。沙河、北汝河两大河流护其左右，石河、泥河、净肠河、应河、柳杨河、运粮河穿境而过，滋润着这片沃土。二十四节气在这里活态传承，春夏秋冬四季分明，具备典型的暖温带气候特征。由此，在这块先民们生产生活的理想宝地上，形成了具有中原特点的农耕文化。

古时候，宝丰县是北连河洛、南控宛襄的交通要冲，成就了大营、马街、漭阳、翟集、老城等古老集镇，车马辐辏，商贾往来，号称"千年古县"。正是在这样一块宝地上，祖先留下了丰厚的文化遗产。

2017年1月，文化部（现更名为文化和旅游部）批准设立说唱文化（宝丰）生态保护实验区，至今历时6年。6年来，宝丰县在国家文化和旅游部、河南省文化和旅游厅、平顶山市

委市政府的大力支持下,为生态保护实验区的建设、中华优秀传统文化的保护和发展,做了大量扎扎实实、卓有成效的工作。《宝丰说唱文化普及系列丛书》的出版、发行,对重新审视祖先留下来的珍贵文化遗产,坚定文化自信,保护、继承祖先留下的优秀传统文化,具有十分重要的意义。

宝丰县历史悠久,文化灿烂。境内拥有马街书会、宝丰酒传统酿造技艺、汝瓷烧制技艺、宝丰魔术共4个国家级非物质文化遗产项目;拥有清凉寺汝官窑遗址、父城遗址、香山寺大悲观音大士塔及碑刻、小李庄遗址共4个国家级重点文物保护单位;拥有妙善观音传说、白朗起义传说、木偶戏、韩店唢呐、高腿曲子戏、河南坠子(西路)、大调曲子(墨派)、平调三弦书、翟集冯异小米醋酿造技艺、经担舞共10项省级非物质文化遗产项目;拥有文庙大成殿、文笔峰塔、塔里赤墓碑、解庄遗址、中共中央中原局中原军区宝丰旧址群等17个省级重点文物保护单位;拥有风搅雪坠子书、快板书、评书、祭火神、乐器制作技艺、刺绣、剪纸等64个市级非物质文化遗产项目;拥有前营遗址、贾复庙、玉带河永济桥、小店遗址等121个市县级文物保护单位;已经列入县级非物质文化遗产保护名录的还有越调、拜三皇、唱愿书、对戏等108项。境内还有保护较好的各级传统村落、历史文化名镇名村50余个。

这海量的优秀文化遗产,都是宝丰人民祖祖辈辈传承下来的中华民族智慧的结晶,也是宝丰人民的立足之本、精神财富,是我们值得骄傲和自豪的资本,更是我们崇德尚文、踔厉前行的动力。

《宝丰说唱文化普及系列丛书》是平顶山说唱文化（宝丰）生态保护发展中心组织本土专家学者，根据2017年"宝丰文化进校园"教材蓝本，进一步补充、完善的全民文化普及读物，由《宝丰曲艺》《宝丰戏曲·魔术》《宝丰民间习俗》《宝丰方言》《宝丰历史人物》《宝丰名胜古迹》《宝丰民间音乐舞蹈》《宝丰民间文学》《宝丰传统手工技艺》共9册组成。本书比较全面地展现了宝丰县的历史文化本貌、文化生态环境，文字简洁凝练，是传承、传播宝丰地方文化的大众读物。相信它的出版会对保护和传承中华优秀传统文化起到不可估量的作用。

习近平总书记说过："我们要坚持道路自信、理论自信、制度自信，最根本的还有一个文化自信。"文化自信是中华民族对自身文化价值的充分肯定和积极践行，是对其生命力持有的坚定信念。宝丰县的历史文化是黄河文化的重要组成部分，也是中国文化的精粹。热爱本土文化，热爱我们的家乡，传播和传承宝丰县历史文化，保护、抢救我们珍贵的文化遗产，既是宝丰人义不容辞的责任和义务，也是我们培育文化自信的动力和源泉。

《宝丰说唱文化普及系列丛书》将给大家带来精神上的愉悦和动力，激励全县人民携手并肩继承先祖的聪明才智，为传承发展我们的优秀传统文化贡献绵薄之力，共同建设好我们的美丽家园。

中共宝丰县委书记
2023年3月

目 录

民　歌……………………………… 001

经　歌……………………………… 012

韩店唢呐…………………………… 020

铜器舞……………………………… 032

挑经担……………………………… 040

扭秧歌……………………………… 071

花棍舞……………………………… 075

竹马旱船舞………………………… 081

龙狮舞……………………………… 090

踩高跷……………………………… 100

打腰鼓……………………………… 105

民　歌

先民们有他们自古创作的歌曲，这些歌曲绝大部分作者已无法考证，是口头创作，口头传播，并在流传过程中不断经过集体加工，一传十，十传百，一代一代地传下来的。因此，民歌是某个民族创作的带有自己民族风格的传统歌曲，它是中国民族民间音乐的一种。

民间歌曲在整个民族民间音乐的各种形式中起着源头的作用。民歌的整理和传承，对于我们抢救非物质文化遗产、弘扬传统文化、建立和谐社会有着重要意义。

民歌的特点是表达劳动人民的思想、感情、意志、要求和愿望，具有强烈的现实性。民歌是各民族文艺中的一个重要组成部分，是无数人智慧的结晶，其形式简明朴实、平易近人、生动活泼。

民歌有着悠久的历史。早在原始社会，我们的祖先就在狩猎、搬运、祭祀、娱神、仪式、求偶等活动中开始了他们的歌唱。

《诗经》是中国第一部诗歌总集。其中的《国风》便是那时北方15个地区的民歌。继《诗经》之后，公元前4世纪出现了《楚辞》。它的最大特色是富于幻想和热情，为中国民歌的浪漫主义奠定了最初的基石。

宝丰民歌是宝丰人民在生产劳动和生活中创作出来的歌曲，遍及县域内各个角落。宝丰县是中国著名的曲艺之乡。在许多曲艺的演唱形式中，大部分都吸收了民歌的素材，如大调曲中的【阳调】【太平年】【小放牛】等曲牌都是原汁原味的民歌曲调。整个大调曲都是民歌曲调的组合体。曲剧作为河南第二大剧种，其多数曲牌也是从民间音乐中吸收的。因此，宝丰地区的民歌一部分已发展成为曲艺和戏曲。有些民歌直到现在还和民间舞蹈紧密结合在一起。

从调式上说，整个河南的民歌，宫、商、角、徵、羽五种民族调式在民歌中均有应用。但宝丰的民歌应用徵、宫两种调式最多，应用羽调式较少。

宝丰地区民歌的音阶，除使用五声音阶外，还有使用"4"（或 #4）或"7"的六声音阶[即1234（#4）56或123567]，以及"4"和"7"全出现的七声音阶（即1234567）。但是，七声音阶里所出现的"4"和"7"两个音都不是十分稳定，往往游移在"4"和"#4"之间，以及"7"和"b7"之间。这两个不稳定的变化音的出现，使宝丰一带的民歌风格特色更加浓郁突出。

现流传于宝丰的民歌主要有小调、号子和儿歌。

小调（或称小曲）广泛流传于宝丰城镇、集市中，是人们在休息娱乐、节庆等场合中使用的民歌体裁。长期以来，经过民间艺人的加工、提炼，小调形成了结构较均匀、节奏规整、曲调细腻、主题内容多样等一系列特征。小调民歌有《对花》《桑叶青、桑叶黄》《小放牛》《五更曲》《包打鲁山余官营》《滍阳街抹得光塌塌》《先打滍阳后打余官营》等。

号子是劳动号子的俗称。其主要功能是统一大伙儿的劳动节奏，协调劳动动作，调节人们的劳动情绪。多种多样的生产劳动产生了多种多样的劳动号子。每一种劳动号子的音乐都与这种劳动的动作特点紧密联系着。

不同的劳动会产生不同的音乐形象和歌唱形式。

劳动号子的歌唱方式,基本上以"一领众和"为主,即一人领、众人和,或众人领、众人和。在节奏较缓慢的劳动号子中,领句较长,和句稍短;而在较为紧张的劳动号子中,领句与和句都十分短促。在一般情形下,都是领句结束后,和句再进入。但也有在领句还未结束、和句就提前进入的情况,从而造成两声部重叠的结构形态。

宝丰各级政府非常重视农田水利基本建设,修水库需要用板车、架子车和人推独轮车去拉土、拉石头建大坝,这样就出现了《拉号》《拉板车号子》《拉大件号子》等劳动号子。

人们集体劳动时,由于装粮食或其他物品的麻包或口袋很重,需要四个人抬,这就出现了抬包号子。修水库大坝,需要把拉到大坝上的虚土夯实,或是在修建房子下根基前需要把基础下的土层夯实,这就需要四人抬夯打夯。为协调四人动作一致,就出现了一人领、众人和的夯歌,即打夯号子。可见,劳动号子类民歌与生产劳动紧密结合,最为流行。

民　歌

宝丰民间还流传着很多儿歌。演唱形式一般是边唱边舞，多为儿童在放牧时或做集体游戏时所唱，或者是大人给孩子催眠时唱的摇篮曲。儿歌大多反映儿童的心理想象和儿童日常生活，向儿童传播各种知识，促进儿童的智力发展。儿歌的节奏一般都是轻快、跳跃的，曲调较为明朗流畅，结构短小精悍，唱时上口，宜于学唱。

民歌精选：

对 花
（小调）

张秀廷 演唱
黄文博 杨文锋 周公亮 记录

1=F 3/4
中速

| 5̲ 3̲ 5 | 1̇ 1̇ 6̲ 5̲ | 5̲ 2 3̲ 2̲ | 1 — |

1. 正 月 里　什 么 花　高 挂 门　口？
2. 二 月 里　什 么 花　遍 地 金　黄？
3. 三 月 里　什 么 花　满 树 火　红？
4. 四 月 里　什 么 花　一 片 雪　白？
5. 五 月 里　什 么 花　朵 朵 高　架？
6. 六 月 里　什 么 花　白 格 生　生？
7. 七 月 里　什 么 花　纷 纷 落　地？
8. 八 月 里　什 么 花　单 根 独　立？
9. 九 月 里　什 么 花　金 黄 满　院？
10. 十 月 里　什 么 花　苦 霜 打　净？
11. 十 一 月　什 么 花　挂 满 房　檐？
12. 十 二 月　什 么 花　雪 里 飘　香？

| 1̲ 2̲ 2̲ 1̲ | 2̲ 5̲ 5̲ 3̲ | 2̲ 1̲ 1̲ 7̲ | 1 — |

1. 是 何 人　救 公 公　大 破 洪　州？
2. 是 何 人　担 着 山　去 赶 太　阳？
3. 是 何 人　在 园 中　结 拜 弟　兄？
4. 是 何 人　背 书 箱　周 游 四　海？
5. 是 何 人　阴 司 路　前 去 进　瓜？
6. 是 何 人　骑 白 马　搭 救 表　兄？

（2̲ 1̲ 3̲ 2̲ | 1 — —）

7. 是 何 人　反 五 关　闯 出 西　岐？
8. 是 何 人　喝 醉 酒　酒 后 精　细？
9. 是 何 人　救 主 公　手 持 钢　鞭？
10. 是 何 人　送 寒 衣　哭 倒 长　城？
11. 是 何 人　守 寒 窑　一 十 八　年？
12. 是 何 人　卧 冰 凌　孝 敬 老　娘？

民 歌

```
   1 1 5· | 3 3 2⌒1 | 2 1 1⌒2 | 1  -  |
```
1. 正 月 里　灯 笼 花　高 挂 门　口，
2. 二 月 里　菜 籽 花　遍 地 金　黄，
3. 三 月 里　蟠 桃 花　满 树 火　红，
4. 四 月 里　沙 梨 花　一 片 雪　白，
5. 五 月 里　南 瓜 花　朵 朵 高　架，
6. 六 月 里　葫 芦 花　白 格 生　生，
7. 七 月 里　山 谷 花　纷 纷 落　地，
8. 八 月 里　荞 麦 花　单 根 独　立，
9. 九 月 里　菊 花 开　金 黄 满　院，
10. 十 月 里　梅 豆 花　苦 霜 打　净，
11. 十 一 月　冰 凌 花　挂 满 房　檐，
12. 十 二 月　腊 梅 花　雪 里 飘　香，

```
   5 2 5 | 2 5 2⌒1 | 2 1 1⌒7 | 1  -  ‖
```
1. 穆 桂 英　救 公 公　大 破 洪　州。
　　　　　　　　　　(1 2 7·)
2. 杨 二 郎　担 着 山　去 赶 太　阳。
3. 刘 关 张　在 园 中　结 拜 弟　兄。
4. 孔 圣 人　背 书 箱　周 游 四　海。
5. 有 刘 全　阴 司 路　前 去 进　瓜。
6. 小 罗 成　骑 白 马　搭 救 表　兄。
　　　　　　　　　　(2 1 3 2 1 -)
7. 黄 飞 虎　反 五 关　闯 出 西　岐。
8. 有 刘 伶　喝 醉 酒　酒 后 精　细。
9. 黑 敬 德　救 主 公　手 持 钢　鞭。
10. 孟 姜 女　送 寒 衣　哭 倒 长　城。
11. 王 宝 钏　守 寒 窑　一 十 八　年。
12. 小 王 祥　卧 冰 凌　孝 敬 老　娘。

五更曲

（小调）

海鹏彦 演唱
周　斌　王楚雪 记录

1=G 2/4
稍慢

| 2 2 5 | 6 165 #4 56 | 5ᵛ 5 2 | 1 71 2.3 | 6 1 765 | 5 — |

一更里来　进妹　房，妹在　房　中　说短　　长，
二更里来　进妹　房，妹在　房　中　补衣　　裳，
三更里来　进妹　房，妹在　房　中　泪汪　　汪，
四更里来　夜更　深，从小　贫　苦　到如　　今，
五更里来　天大　亮，妹在　房　中　想主　　张，

| 6 1 765 | 5 — | 6.1 35 | 615 6 | 2.3 21 | 615 61 |

说短　　长。　粮食满仓人抢走，一日三顿青菜汤，
补衣　　裳。　纺车纺出棉线线，自己衣衫似鱼网，
泪汪　　汪。　棉被当了没钱赎，浑身冻得似筛糠，
到如　　今。　穷苦并非命注定，只怨富人没良心，
想主　　张。　为了穷人能活命，跟随哥哥离家乡，

| 2 2 5 | 6 165 5̇3 | 2 32 16 | 6 1 765 | 5 6 1 | 5̇ — |

半饥　半　饱饿断　　　　肠，饿断肠。
泪湿　棉　衣心悲　　　　伤，心悲伤。
寒夜　坐　到大天　　　　亮，大天亮。
处处　想　法坑穷　　　　人，坑穷人。
挑起　铺　盖走四　　　　方，走四方。

民 歌

拉大件号
（号子）

张空飞 领号
黄文博 接号
黄文博 周斌 记录

宝丰民间音乐舞蹈

民 歌

月奶奶

何清怀 记录

1=C

```
5  6  5  | 6⁴4 3 2  1 | 5  6  5 | 5 3 3 2  1 | 5  6  5  5 |
月 奶 奶,   黄 巴 巴, 爹 织 布,   娘 纺 花。 孩 子 哭 着

5 3 2  1 | 5. 6 5 5 | 6 3 2  1 | 5 3  2 | 6 6 1  2 |
要 吃 妈儿,买 个 蒸 馍 哄 哄 他。爹 一 口, 娘 一 口,

5 3  5 3 3 | 5 3  1 | 5   3 | 1.    0 ‖
咬 住 孩 子 的 小 指 头   小  指   头。
```

经　歌

经歌（音乐）是指宗教信众在举行祭拜仪式时所演唱的歌曲，主要用来阐明佛理，弘扬佛法，也可指世人创作的诵经歌曲。经歌是中国民族民间音乐的一个重要组成部分，带有一定宗教色彩。其形式多是在庙会上群众唱经或边唱边舞。演唱时多数是一人领唱，众人来和。

一、佛教经歌

宝丰的佛教经歌与宝丰境内的妙善观音文化息息相关。

位于宝丰县城以东的香山普门禅寺，始建于东汉灵帝光和四年（181年），是中国最早的香山寺，是汉化观音文化的源头，被誉为"大香山""观音祖庭""佛教圣地"。宝丰地区特别是闹店、李庄等乡镇，广泛流传着妙善菩萨（农民都亲切地称她"三皇姑"）出生于李庄乡的古父城王宫，出家于白雀寺，证道于香山的传说。观音信仰成为宝丰地区民间的重要信仰，真可谓"家家弥陀佛，户户观世音"。因此，宝丰地区产生了以妙善观音信仰为主要内容的经歌。

此类经歌多为宝丰地区善男信女烧香拜佛时所唱，既有跪下唱的，也有挑着经担载歌载舞唱的；既有独唱的，也有一人领唱、众人和唱。领唱者的唱词有具体内容，众人接唱则只是"咳咳、咳咳呼"等公式化的虚词，像创作歌曲中的副歌。这种接腔称为"搭赋"。经歌的曲调起初较刻板，后来随着社会的发展以及专业音乐工作者的介入创作，逐渐变得丰富多彩。

这些经歌蕴含清净、慈悲之情，使人听后动容，起欢喜之心，动孝善之念，成为音乐百花园中粲然绽放的一株清净莲花。

二、道教音乐与道教经歌

道教在宝丰历史悠久。宋金时兴建的道观有神应观、通仙观等。明代除对其重修外，又新建了朝阳观、真武庙、玉仙观、三元宫、龙阴宫、关帝庙等。清代及民国初年，旧有庙观多因年久失修而颓败，道教活动渐衰。

1980年开始，道教逐渐恢复活动。部分信众捐款重建最初修建于明代正德年间的龙山真武庙和龙阴宫，新建擂鼓台祖师庙。道观中香火较盛、影响较大的是位于李庄乡马圪垱村水泉沟林场的龙阴宫。每年农历二月十九，古庙会的香客很多，有1000余人。

道教音乐即法事道场音乐，是在道教进行斋醮仪式时，为神仙祝诞、祈求上天赐福、降妖驱魔以及超度亡灵等法事活动中使用的音乐。它是道教仪式中不可缺少的内容，可以烘托渲染气氛，增强信仰者对神仙世界的向往和对神仙的崇敬。

道教音乐的代表性歌曲有《道情》《三清胜景》《水之柔》《水落音》等。

道教音乐吸取了中国古代宫廷音乐和传统民间音乐的精华，渗入了道教信仰的特色，从而形成了道教音乐独特的艺术风格，成为中国民间传统音乐的重要组成部分。

一开始，道教音乐是由单纯的打击乐器钟、磬、鼓等伴奏，后来又增加了吹管和弹拨乐器。道教音乐在素材上不仅吸取了中国民间曲调的精华，还包括了一部分佛教音乐和西域音乐的元素。宋代是道教音乐发展的一个重要时期。宋代的道教音乐已具有南曲风格，丝竹乐也加入了道教音乐的行列。到了清代，民间道教音乐与各地的地方曲调广泛融合，形成了各地不同的道教音乐风格。道教音乐走上了多样化、地区化和世俗化的道路。

在表演形式上，道教经歌有独唱、齐唱、散板式吟唱、鼓乐、吹打乐及合奏等多种形式。其中独唱通常由高功（道教法师）、都讲（职掌讲经）担任。单纯的乐器形式常用于法事开头、结尾，唱曲的过门，以及队列变换、禹步（类似舞蹈的步法）等场面。声乐形式则是斋醮音乐的主要部分。其体裁主要有"颂""赞""步虚""偈"等格式。道教斋醮名目繁多，有水灾、旱灾、生亡、延寿等各种法事，音乐依法事的情节需要而变化。道教音乐长期以来吸收民间音乐的养料，经过1000余年斋醮科仪的传承发展，日益丰富，并且形成了不同的地方特点。一首歌，若为小型，则采用上下句式或起承转合四句式；若为大型，则每一曲调常有多段，甚至有十余段不同用途的词。这种一腔多用的组合变化，常与宗教念白、诵经腔、禹步等混合使用在法事中。

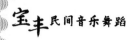

经歌精选：

十盼老母①

（经调）

$1={}^{\flat}B \quad \frac{2}{4}$

| 3 i | 2 i | 2̂1 6 | 5 - | i 1̂6 | 5 i |

1. 一 盼 老 母 坐 经 堂， 老 母 保 我
2. 二 盼 老 母 身 没 灾， 老 母 保 我
3. 三 盼 老 母 意 思 真， 老 母 保 我
4. 四 盼 老 母 心 有 度， 老 母 与 我
5. 五 盼 老 母 身 心 有 福， 手 捧 台 托②
6. 六 盼 老 母 心 不 在 家， 老 母 见 了 与 我
7. 七 盼 老 母 不 在 雄， 去 了 一
8. 八 盼 老 母 心 雄 高， 圣 母 遭
9. 九 盼 老 母 盼 灵 山， 跟 着 老
10. 十 盼 老 母 都 盼 完，

| 6̂ 5 5 3 | 5 - | 3 i | 2̂ 3 | 7 7̂ 6 |

1. 寿 诞 长， 献 清 茶， 捧 黄
2. 吃 长 斋， 吃 长 斋， 念 佛
3. 吃 迷 魂， 吃 迷 魂， 感 母
4. 送 油 盐， 家 里 邪 就 鬼 赶 出 价
5. 心 操 碎， 托 身 不 冷 是 无 得
6. 送 吃 穿， 搭 台 吃 果， 渴 心 仙
7. 两 袖 搭 饥 了 仙 小 鱼 了 复 人
8. 又 一 遭 五 色 中 国 来 娘
9. 中 国 院， 落 到 有 度 娘
10. 上 西 天， 西 天 个

---

①老母：指观音菩萨。
②台托：供台与托盘。

经 歌

| 5 - | $\dot{2}$ $\widehat{5\ 6}$ | $\dot{2}$ | 7 | 7 $\widehat{7\ 6}$ | 5 - ‖

1. 香， 孝 敬 老 母 如 孝 娘。
2. 来， 前 思 后 想 坐 莲 台。
3. 恩， 祖 祖 辈 辈 到 如 今。
4. 门， 一 年 季 母 收 金 银。
5. 宝， 盼 来 去 面 有 功 劳。
6. 安， 老 母 前 老 供 香 烟。
7. 茶， 跟 着 母 母 享 荣 华。
8. 位， 跟 着 老 烟 享 富 贵。
9. 烟， 十 度 人 台 八 道 全。
10. 庙， 稳 坐 莲 不 下 山。

扫经堂

1=F 2/4

| 5 32 | 55 32 | 55 32 | $\overset{3}{1}$ - | 55 53 | 23 21 |

1. 笤　帚　弯弯　　本姓　　黄，　　师傅 祝俺 殿花 开开
2. 东　楼　西楼　　都扫　　净，　　南楼 北楼 殿花 开开
3. 师　傅　面前　　一道　　河，　　又有 鸳鸯 殿花 开开
4. 点　罢　鸳鸯　　鹅飞　　去，　　朵朵 莲花 殿花 开开
5. 清　早　烧香　　香火　　明，　　香头 明明 殿花 开开
6. 大　龙　西去　　头前　　走，　　香头 明明 殿花 开开
7. 黑　了　晌午　　烧香　面向　南，　　扫扫 经堂 殿花 开开
8. 经　堂　接着　　九莲　　木，　　十二 老母 殿花 开开
9. 黑　了　烧香　　黑洞　　洞，　　金童 玉女 殿花 开开
10. 扁　担　搁到　　佛桌　　上，　　满堂 神圣 殿花 开开

| 1 2 16 | 5 - | 6 1 | 1 2 16 | 5 - ‖

1. 扫　经　堂，　　那　么　扫经　堂。
2. 都　扫　光，　　那　么　都扫　光。
3. 又　有　鹅，　　那　么　又有　鹅。
4. 照　满　河，　　那　么　照满　河。
5. 九　条　龙，　　那　么　九条　龙。
6. 顺　水　行，　　那　么　顺水　行。
7. 接　九　莲，　　那　么　接九　莲。
8. 把　道　传，　　那　么　把道　传。
9. 来　送　灯，　　那　么　来送　灯。
10. 喜　盈　盈，　　那　么　喜盈　盈。

经 歌

祈雨经

白云生生有神灵啊呀嗨嗨哟。
大旱三年不下雨，饿得民人不动腥啊哎嗨嗨哟。老母娘娘来送灯，一送送给赵老公啊嗨嗨嗨哟。赵老公他有三间房，也没有柱子也没有梁啊嗨嗨哟。里头坐着张玉皇，张玉皇请仙女说仙话，清风细雨往下下呀嗨嗨嗨哟。五谷杂粮往下打，喜坏民女笑哈哈呀嗨嗨嗨哟。

韩店唢呐

肖旗乡韩店村位于宝丰县城西北,是远近闻名的唢呐村。全村有2800多人,多数村民素有吹奏唢呐的技艺。每逢婚嫁迎娶、店铺开张、节日庆祝,身怀绝技的村民们便组成班子,应邀前往吹奏助兴表演。(图1)

图1 唢呐吹出幸福花

韩店村全村共有唢呐表演队40多个，从业艺人400余人。他们农忙时务农，农闲时从艺，依靠吹唢呐赚得丰厚收入。2015年，韩店唢呐被公布为河南省非物质文化遗产代表性项目。近年来，政府加大扶持力度，在村里建起了唢呐传习所和唢呐园。

唢呐是中国历史悠久、流传广泛、技巧丰富、表现力强的民间吹管乐器，宝丰人俗称唢呐为"大笛""喇叭"。唢呐由哨、气牌、侵子、杆和碗五部分构成。木制的杆上刻有8个音孔，杆上端装有铜质侵子，侵子上面套有气牌和芦苇做的哨，杆下端安有一个金属制的"喇叭"形的"碗"。

唢呐分高音唢呐（俗称海笛）、中音唢呐、低音唢呐三种。筒音在f^1以上的称高音唢呐，在f^1与f之间的称中音唢呐，在f以下的为低音唢呐。比如，筒音为a^1的唢呐，就叫D调高音唢呐；筒音为a的唢呐，则叫D调中音唢呐。唢呐的有效音域为两个八度。

唢呐最初是流传于波斯、阿拉伯一带的乐器，"唢呐"这个名称也是古代波斯乐器 surna 的音译。唢呐在公元 3 世纪流传至中国，在金、元时期又传至中原地区，明代时多用于官府演奏和军乐，之后又开始广泛流传于民间。明代后期，唢呐已在戏曲音乐伴奏中占有重要地位，用来伴奏演员的唱腔和吹奏过场曲牌。韩店唢呐兴起于清朝乾隆初年，当时的乡绅郭旦酷爱戏曲，出资供养两个戏班，为韩店村积淀了厚重的戏曲文化底蕴。民国时期，唢呐艺人刘林落户韩店村，从而推动唢呐这一民间艺术在这里生根开花。

韩店唢呐演奏时常有笙、梆子、锣、镲、鼓等乐器伴奏。这些乐器的演奏者组成"唢呐班"，或叫"响器队""响器班"。每个唢呐班一般是一人吹唢呐，两人吹笙，一人打梆子，一人打手镲。现在有的唢呐乐团还加入了电子琴、小号、架子鼓、萨克斯等西洋乐器伴奏。（图2）

图 2　韩店村民唢呐联奏

韩店唢呐对吹奏乐曲的素材也是兼收并蓄的。起初均为民歌小调，后来主要是豫剧、曲剧、越调等河南地方戏曲以及曲艺音乐等。近年来又增加了歌曲、省外戏曲和一些新创作的唢呐独奏曲，以反映新的生活。如唢呐独奏曲《百鸟朝凤》《万家乐》《一枝花》，地方戏曲《抬花轿》《朝阳沟好地方》《洼洼地里好庄稼》等。

唢呐演奏的形式是以吹为主，打、拉、咔为辅。其主要的演奏技法有滑音、吐音、打音、垫音、颤音、气拱音、气顶音、三弦音、倚音、泛音、箫音等。还有模仿鸡啼鸟叫，模仿男声、女声，或模仿戏曲不同行当人物的唱腔（俗称咔腔）等特殊技巧。唢呐的音色粗犷，变化丰富，音量较高，风格强烈，富于喜庆色彩。演奏者通过控制气息，能够奏出清幽的箫声，并擅长模拟飞禽走兽之声。

唢呐的演奏形态可分为动态和静态两种。其中，静态演奏是指在办婚丧的人家门口或院内坐着演奏；动态演奏是在婚丧、祭祀、典礼等仪式中行走演奏。

吹奏技巧也有创新，有用鼻孔吹的，有一口吹两个（甚至更多个）唢呐的，有边吸烟边吹奏的，真是花样百出，滑稽幽默。（图3、图4）

图3 韩店村民苏套在表演多支唢呐同时吹奏的绝活（一）

图4　韩店村民苏套在表演多支唢呐同时吹奏的绝活（二）

　　韩店唢呐已形成了自己独特的演奏风格，具有浓厚的乡土气息。观众不但在听觉上能够享受高亢明亮、抑扬顿挫的音乐之美，而且在视觉上也能感受到极强的冲击力、感染力。韩店唢呐具有较高的艺术价值，深受广大人民群众的喜爱。（图5~图8）

图 5　韩店村民练习吹奏唢呐（一）

图 6　韩店村民练习吹奏唢呐（二）

图 7 韩店村民练习吹奏唢呐（三）

图 8 韩店村民在宝丰县元旦晚会上表演唢呐合奏

唢呐曲谱精选：

迎亲曲

$1={}^bE$ $\frac{2}{4}$

#4 - 5 - 6 - $\overset{v}{\dot{2}}$ 3 2 3 $\underline{2\dot{3}}$ $\underline{2\dot{3}}$ $\underline{2\dot{3}}$ $\underline{2\dot{3}}$ $\overset{\frown}{2}$ - #4 - 5 - 6 - 2 - |

$\overset{\frown}{\#4}$ - $\overset{\frown}{5}$ - - $\frac{3}{4}$ 5　7 6 | 5·(3 $\underline{535}$) | $\underline{3765}$ $\underline{2556}$ 5·(3 $\underline{535}$) |

5 $\dot{1}$　5 $\dot{1}$ | $\underline{2\,53}$ $\underline{2\,17}$ | $\underline{6756}$ $\underline{276}$ | 5·(3 5 $\underline{35}$) | 5 $\dot{1}$　5 $\dot{1}$ | $\underline{2\,53}$ $\underline{2\,17}$ |

$\underline{6756}$ $\underline{276}$ | 5·3 $\underline{535}$) ‖: $\underline{3532}$ $\underline{1261}$ | $\underline{2323}$ $\underline{2\,27}$ | $\underline{6765}$ $\underline{2556}$ | 5·(3 $\underline{535}$) :‖

$\underline{\dot{2}361}$ $\underline{\dot{2}123}$ | $\underline{1255}$ $\underline{2327}$ | $\underline{6756}$ $\underline{276}$ | 5·(3 535 | $\underline{\dot{2}361}$ $\underline{\dot{2}123}$ | $\underline{1255}$ $\underline{2327}$ |

$\underline{6756}$ $\underline{276}$ | 5·3 535) ‖: 6·5 6 3 | 5·(3 $\underline{535}$) :‖: $\underline{665}$ $\underline{553}$:‖ $\underline{665}$ $\underline{663}$ |

5·(3 $\underline{535}$) | 0 $\underline{\dot{5}5}$ $\underline{5\,\dot{3}}$ | $\underline{\dot{2}\,53}$ $\underline{2\,17}$ | $\underline{6737}$ $\underline{6524}$ | 5·(3 535 | $\underline{\overset{\frown}{5\,\dot{5}5}}$ $\underline{5\,\dot{3}}$ |

$\underline{\dot{2}\,53}$ $\underline{2\,17}$ | $\underline{6737}$ $\underline{6524}$ | 5·3 535) | 0 $\dot{3}$　$\dot{5}$ | $\underline{6}$ $\underline{\dot{6}1}$ $\underline{6\,\dot{5}}$ | $\underline{3532}$ $\underline{1612}$ |

3·$\underline{2}$ $\underline{323}$ | $\overset{\frown}{\dot{3}}$ (3　$\dot{5}$ | $\underline{6}$ $\underline{\dot{6}1}$ $\underline{6\,\dot{5}}$ | $\underline{3532}$ $\underline{1612}$ | 3·$\underline{2}$ $\overset{\frown}{\underline{323}}$ | $\dot{3}$) 3　$\dot{5}$ |

韩店唢呐

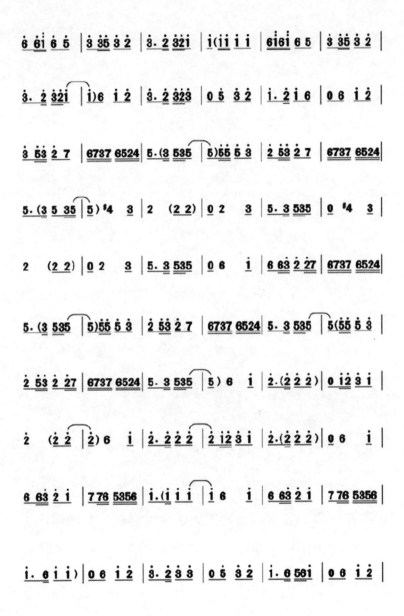

说明：《迎亲曲》一般是在迎娶新娘的路上吹奏，也有在庆典、联欢晚会等喜庆场合吹奏的。其曲调热烈欢快，好像抬轿坐轿一样，最后1/4拍节奏把乐曲推向高潮，戛然而止，回味无穷。

娃 娃

说明：《娃娃》这首唢呐曲牌在河南全省普遍流传，多用于豫剧、曲剧等传统戏曲中的唢呐伴奏。《娃娃》在民间音乐活动中也多作为曲牌来吹奏。

铜器舞

铜器舞盛行于宝丰县、鲁山县、郏县等中原地区，它是将民间器乐和民间舞蹈相结合的一种民间艺术。铜器是民间规模最大的打击乐器，包括鼓、锣、镲、铙等乐器。铜器乐（或叫锣鼓乐）是全部用打击乐器演奏的民间器乐合奏形式。在中国传统乐种中，铜器乐一方面以独立的乐种形式出现，另一方面以某一乐种中一种演奏形式而存在。铜器舞因铜器的演奏者边打边舞而得名。它场面恢宏，气氛热烈，震人心魄，很受农民群众的欢迎，被誉为"中国农民的迪斯科"。

铜器是中国青铜文化的产物，打铜器则是中原民间艺术的珍品，始于东汉晚期，距今已有1800多年的历史。据《三国志·武帝纪》载，建安二十四年（219年）五月，曹操与刘备争夺汉中。襄樊大战获胜后，曹操在摩陂（现在的郏县长桥镇青龙寨村）给将士庆功，命郏县人和宫中乐师打铜器助兴，以鼓士气。从此，打铜器在郏县、宝丰县等地广为流传，代代不绝。到明、清时，打铜器演变为驱邪消灾、祭天唤雨、婚嫁贺喜、庙会的礼仪活动。之后，打铜器成为欢度节日、庆贺丰收、迎送嘉宾、开业庆典等喜庆场合渲染气氛的礼仪活动。

逢年过节时，农村打铜器艺人们自发组织进行表演。清末，仅宝丰城关镇就有五六个铜器社，全县村寨大者皆有。大营镇的东、西、南、北四条街都组织成立了铜器社。节日比赛时，十面大旗在前，抬鼓扛铙的不下数十人。若两社相遇，互不让路，各逞技艺，往往昼夜不息，甚至有相持十天半个月的，谓之"对铜器"。1985年以来，每年春节期间宝丰县城都举办民间文艺大赛，每个乡镇都有1~3个铜器社参加，多的时候全县铜器社总数能有40多个。其中尤以城关镇北大街铜乐社、大营镇双城铜乐社、大营镇段寨铜乐社、石桥镇东大庄铜器社等最为有名。过去，仅限于男性在原地敲击，后加入了舞蹈动作，所以又称铜器舞。目前，铜器舞的音乐部分和舞蹈部分都得到进一步的挖掘、整理，从而推陈出新，百花齐放。（图1）

图1 宝丰县民间艺人在打铜器（一）

铜器是中国打击乐器的典型代表，也是中国最响亮的打击乐器。打铜器是用大鼓和铙、镲、锣等铜制乐器合奏。打铜器的曲牌丰富，多以时代背景而命名，有【五虎下西川】【曹操得胜鼓】【大二轿】【狮子滚绣球】【长兴鼓】等传统曲牌。

铜器舞的表演风格粗犷、奔放、酣畅、真挚，显示出中华民族积极向上、敢于拼搏的精神。表演时，由一人使鞭鼓敲击指挥，数十件大小锣、大鼓、铙、大小钹配合敲打起舞，气势宏大而磅礴，通过抑扬顿挫的锣鼓声和起舞者的神情舞姿，表现人们的思想情感。如在表演"三不照"时，当大铙、镲和大鼓舞至高潮时，数名

使铙表演者同时将十多面重达十几斤的铙片同时抛向空中，当铙片下落时，又同时接住。其精湛的技艺令人赞叹不已。（图2~图4）

图2　宝丰县民间艺人在打铜器（二）

图3　宝丰县民间艺人在打铜器（三）

图4　宝丰县民间艺人在打铜器（四）

铜器舞的表演人员有15人至60人不等，边敲打边起舞。前面长生锣开道，紧随其后的是黄落伞和16面尖子旗。其后，4面至6面大鼓居中，一侧4对至8对大铙，一侧4对至8对大钹。鼓前小铙、手钹数对。另有弓锣数面挂在弯弓形的龙头杖下，龙头上有布或绢制的艳丽花束。两排大鼓后面是鞭鼓，再后面是大锣数面，挂在花束之下，还有大小彩旗数面。后面还有五面都督大旗，旗杆高两丈有余，旗上绣有喜庆字样。指挥者手持令旗在前面指挥引队开路，场面非常壮观。民间将铜器舞的表演形式概括为四句话："传锣在前开，马锣前中排。旌旗两边站，大鼓中心摆。大铙分两边，手铙对着摆。鞭鼓领头叫，令旗一摆舞起来。"

铜器谱精选：

马连川
(锣鼓经)

当、当、当当　○、○、×○○　尺而×一工工尺而××一工工

×、×、××××尺而×工　××工、××工　×、×、××工

工××××尺而×　工××××尺而×　工、工、工、工、工、工

工工一工一工工　○、○、×○○　×××××　×

××一×一××　×、×、工××　工、工、一工一工工

××一×一××　工工一工一工工　××一×一××　工××尺而×

工××尺而×　○、○、×××　○、○、×××　○○×　○○×

〇、〇、　〇〇× 　〇×一×一×× 　〇×一×一×× 　×、×、×、×、

××工×尺而× 　工、工、　××× 　工、工、××× 　〇〇×

〇〇× 　〇×〇×〇〇× 　〇〇× 　〇〇× 　〇×〇×〇〇×

尺而××〇〇× 　尺而××〇〇× 　尺而× 尺而× 　尺而××一工工

工、工、一工工 　尺而××一×× 　工、工、一工工 　尺而××一××

工、工一工工 　尺而××一×× 　××一×一×× 　××× 　×××

××一×一×× 　××× 　××× 　××一×一××

×、×、〇××豆豆× 　一××豆豆××× 工×工×工××

×、×、×、×、×、×、×、 　工×工×工××

×、×、×、×、×、×、×、××× 　××工××× 　××工

铜器舞

××××× 工　　×××××× 工　　×× 工
×× 工
×× 工 × 工　　×× 工　　×× 工　　×× 工 × 工
工 ××× 尺而 ×
工 ××× 尺而 ×　　○、○、　　○○○　　○、

说明：

（1）铜器中，边鼓为引领，大锣、小锣用来打拍，铙一般随鼓走，镲依谱独奏。

（2）几种符号的含义。

① "○" 读音 "咚"，击鼓一声。

② "×" 读音 "镲"，拍镲一响。

③ "当" 读音 "当"，击边鼓一下。

④ "一" 空一拍，恰好锣响一声。

⑤ "工" 只铙奏一响，鼓槌轻击鼓边。

⑥ "尺而" 读音 "尺儿"，在一拍中鼓、镲同奏，鼓四响，镲一响。

⑦ "豆豆" 读音 "豆豆"，只击鼓两声。

⑧ "、" 表音停顿，独占一拍。

挑经担

挑经担又名经担舞，是宝丰县历史悠久的一种民间舞蹈。其起源于宝丰县香山寺的一种佛教舞蹈，后逐渐发展，从娱神到娱人，在民间广泛流传，发展成为一种以娱乐为主的群众性舞蹈艺术形式。挑经担以李庄乡、石桥镇、周庄镇为中心，辐射全县13个乡镇（林站）及周边县市。2021年，挑经担被河南省列入省级非物质文化遗产代表性项目名录。

挑经担的表演者多为老年女性，她们经常三人一群、四人一伙，逢农历每月初一、十五，以"龙花会"（又称"香火会"）的形式尊神信佛，自由结合集中于香山寺塔西南广场翩翩起舞。或者逢年过节、农闲时，表演者自发地到邻近村庄、院落（如在崔庄、耿庄、石桥、中和寨、二郎庙、东黄庄等村）参加自娱联欢，从而形成了一种传统的活动习惯。这种活动既是寺庙舞蹈，也是民间自娱舞蹈，尤其是在宝丰县东部的周庄、闹店、李庄、石桥等乡镇更为盛行。

逢每月香山寺"龙花会"，表演者聚在一起，尽管既不知道对方是从哪方来的，也不知道对方姓甚名谁，更不了解对方会不会挑经担，但只要有一人先说："姐妹们，与神欢乐欢乐！"在场的多数人都会应声说："好！欢乐欢乐！"就这样自愿结合，挑起经担，边唱边舞。无经担的在一旁配敲钵盂，或是双手齐打两片竹板，原地不动稍做配合动作，从手势到脚步，表演动作幅度比较大，有原地跑跳的动作感。嗓子好的应邀领唱，众人应声配唱。领唱加配唱，声音洪亮，经曲韵味，别具一格。

关于挑经担所表现的内容，据石桥镇民间女艺人鲁志敏老人讲，挑经担是4个积善信佛的老大娘肩挑经担，去寺院焚香，行至途中偶遇，亲切如一。姐妹们畅谈积德行善的共同心愿，想象妙善观音能命她们取经、担经、送经，以表达她们的虔诚之心。姐妹们还想像妙善观音那样除恶行善、积德行孝、普度众生。姐妹们还祈求妙善观音每年能保佑人间无灾无难，风调雨顺，五谷丰登，除恶造福，共享荣华富贵，共保天下太平。

舞蹈的表演者演出时一般不化妆，对服装没有特殊要求。一般是身穿俊装，以简便利落为原则。

挑经担风格欢快，很有风趣。表演者的思想感情是喜悦的，性格是开朗又泼辣的。此舞有情有趣、热情大方、耐人欣赏。

挑经担的表演技巧着重于挑法上变换多样。在表演中，一般的挑法是用手握扁担，左右肩轮换着挑。比较有难度的挑法是：双手不握扁担，左右下臂灵活甩手挑；双手不握扁担，掐腰前走后退挑；扁担横肩，双手抓担，左右前后退挑；双手端平扁担，前走后退挑。更有高难度的挑法是：把扁担顶在头上，双手掐腰来回走动挑。

各不相同的挑法组成了一个完整而又统一的动态，再加上技巧娴熟的表演，可以说是挑经担的精华。

挑经担的表演者，主要路线是走"∞"字形，俗称剪子股。此外，有时走大"∞"字形，有时走小"∞"字形。队列有走横"一"字形、斜"一"字形的，也有走"0"字形的。此舞队列变换多样，看起来动而不乱，舞蹈健美，行动有线，舒展灵活，有快有慢。

挑经担的表演，从舞步上有几种不同的走法。其舞步主要有"踏步""正十字步""斜十字步""花梆步""掖步"和"卧鱼"。其步伐灵活，脚步轻盈，上身和头部随舞步微动，以显示其欢乐风趣之感。

挑经担的表演从手势上也有几种不同的做法，有左、右"斜托掌"，双手"紧鞋带"，单手"提鞋跟"，左右手"扑尘"，等等。此舞具有浓厚的民间乡土气息，具有独特的地方色彩，赢得了民间广大群众的喜爱。

据李庄乡火口村的练绍姑老大娘讲，她7岁那年在香山寺就见过七八十岁的表演者在寺上挑经担。这种表演相传已有四五百年的历史了。

关于"龙花会"的名称，据周庄乡吕庄枝老大娘讲，"龙"是吉祥的象征。妇女们长年累月在家里，大门不出、二门不迈，受着封建礼教的约束，一本正经地当婆婆或做媳妇，在家里她们没有唱跳娱乐的机会。而"龙花会"则是她们娱乐的好机会，她们好不容易盼到了"二月二龙抬头"这样春暖花开的大好日子，在"龙花会"上尽情地舞，高声地唱，把长期积压在心里的不愉快的事情统统抛到九霄云外，把自己喜悦的心情像春雷一声震天响一样地抒发出来，边唱边舞，不觉疲劳，跳得高兴，跳得痛快。

随着历史的发展，挑经担不断减少祭祀成分，增加新的艺术成分，由"娱神"活动逐步演变成"自娱"的民间舞蹈艺术。（图1~图3）

图1 宝丰群众表演挑经担（一）

图2 宝丰群众表演挑经担（二）

图3 宝丰群众表演挑经担（三）

一、挑经担音乐

挑经担音乐叫"经担歌"，又称"念经曲"，别名"花子经"。其主要曲调旋律是寺庙"念经曲"。

挑经担无弦乐伴奏，只有钵盂和两片竹板配奏节拍。其曲调比较简单流畅，便于上口，易懂易记，反复多遍，始终一样，听起来却没有俗烦的感觉。此曲虽然在音乐体制方面和史料记载中尚未查到可靠的根据，但在宝丰县内长期流传。

在代代传唱过程中，可断定此曲是寺庙中的"念经曲"。

经担歌精选：

经担歌

1=A 2/4

中速 爽朗 充满希望地

王 云 传授
魏聚才 记谱

（众唱）
5 6̇1̇ | 3 6̂5̂ | 5 3̂2̂ | 1 1 | 6̣1̣ 6̣1̣ | 5 3̂2̂ |
咳 咳咳弥 呀 呀咳咳陀 呀，呀哩呀咳 佛啊哈

1̣ 6̣ 2̣ 6̣ | 1 — ‖: 5 1̇ 1̇ | 3 2̂1̂ | 2 7̇ 6̂ | 5 5 |
咳 咳咳 呀。 一 根这 金 棍 三 尺哩 三 哪，
　　　　　　 紧 紧这 鞋 带 提 提哩 鞋 呀，

6 6 6̇1̇ | 3 6̂5̂ | 6̂3̂ 3̂5̂3̂2̂ | 1 1̂3̂ | 2̂1̂ 3̂2̂ | 1 — |
老母娘 那 命俺 把 经 担 那呀 咳呀 咳咳 呀。
咱 把这 经 担 担起 来 那呀 咳呀 咳咳 呀。

（众唱）
5 6̇1̇ | 3 6̂5̂ | 1̇ 3̂2̂ | 1 1 | 6̣1̣ 6̣1̣ | 5 3̂2̂ |
咳 咳咳弥 呀咳 呀 咳咳陀 呀，呀哩咳咳 佛啊哈
咳 咳咳弥 呀咳 呀 咳咳陀 呀，呀哩咳咳 佛啊哈

1̣ 6̣ 2̣ 6̣ | 1 — ‖: 5 1̇ | 3 2̂1̂ | 1̇ 6̇ | 5 5 |
咳 咳咳 呀。 一 担 担到 这 焚 金 炉 呀，
咳 咳咳 呀。

1̇ 1̂3̂ | 5 | 3̂.5̂ 6̂5̂ | 5 5 | 6̂ 7̂ 6̂ 1̇ | 1̇ 3̂ 6̂5̂ |
洗 洗哩 脸 那 净 净哩 面 哪， 脚 趾 莲花 这

5̣ 3̂.2̂ | 1 1̂3̂ | 2̂1̂ 3̂2̂ | 1 — ‖: 5 6̇1̇ | 3 6̂5̂ |
去 修 仙 那咳 呀咳 咳 呀。 （众唱） 咳 咳咳弥 呀咳

挑经担

```
 5                    [44]              [48]
⸌3  32 | 1  1 | 6̣1 6̣1 | 5  32 | 1͡6 26̣ | 1 - :‖
呀 咳咳 陀 呀   哪咳 呀咳  佛 啊哈 咳  咳咳  呀。
```

```
 [49](领唱)              ̇2      [52]           ̇1
‖: 5  ̇1 | 3  ̇2 ̇1 | 7 6͡5 | 5  5 | 6͡7 6 ̇1 ̇1 | ̇3 6͡5 |
大 年   初 一 这  南 门  开 呀   咱 把 这 真  神
一 请   请 到 这  中 宫  院 哪   红 灯 蜡  烛
西 风   刮 哩 是  西 家  寨 呀   东 风 刮  哩 是
邪 门   歪 道 这  刮 出  去    荣 华 这 富  贵 这
```

```
 ̇1              [56]                    (众唱)  [60]
 3  32 | 1  13 | 2͡1 32 | 1 - | 5 6̇1 | 3 6͡5 |
请 回   来 哪呀  咳呀 咳咳  呀    咳 咳咳 弥 呀咳
着 上   来 哪呀  咳呀 咳咳  呀    咳 咳咳 弥 呀咳
财 家   来 哪呀  咳呀 咳咳  呀    咳 咳咳 弥 呀咳
刮 回   来 哪呀  咳呀 咳咳  呀    咳 咳咳 弥 呀咳
```

```
5͡3  32 | 1  1 | 6̣1 6̣1 | 5  32 | 1͡6 26̣ | 1 - :‖
呀 咳咳 陀 呀  那咳 呀咳  佛 啊哈 咳  咳咳  呀。
呀 咳咳 陀 呀  那咳 呀咳  佛 啊哈 咳  咳咳  呀。
呀 咳咳 陀 呀  那咳 呀咳  佛 啊哈 咳  咳咳  呀。
```

```
   (众唱) [68]                   [70]
5  6̣1 | 3  6͡5 | 5  32 | 1  1 | 6̣1 6̣1 |
咳 咳咳 弥 呀咳 呀 咳咳 陀 呀  那咳 呀咳
咳 咳咳 弥 呀咳 呀 咳咳 陀 呀  那咳 呀咳
咳 咳咳 弥 呀咳 呀 咳咳 陀 呀  那咳 呀咳
咳 咳咳 弥 呀咳 呀 咳咳 陀 呀  那咳 呀咳
咳 咳咳 弥 呀咳 呀 咳咳 陀 呀  那咳 呀咳
咳 咳咳 弥 呀咳 呀 咳咳 陀 呀  那咳 呀咳
```

[72] | 5 3 2 | 1̂ 6̇ 2 6̇ | 1 - :|| 1̂ 6̇ 2 6̇ | 1 - [76]

佛　啊哈　咳　咳咳　呀。
佛　啊哈　咳　咳咳　呀。
佛　啊哈　咳　咳咳　呀。
佛　啊哈　咳　咳咳　呀。
佛　啊哈　咳　咳咳　呀。
佛　啊哈　　　　　　　　　　　咳　咳咳　呀。

二、行当、服饰、道具图

（一）行当

行当见图4。

图 4

（二）服饰

表演者一般不化妆，身穿便装，以简便利落为原则。

（三）道具

（1）扁担：扁担用厚竹板制作，长110厘米，宽3厘米，厚1厘米。扁担两头约占扁担的三分之一处缠

有红、黄、绿三色短穗。扁担是软的，担起来两头忽闪忽闪一上一下地抖动。（图5）

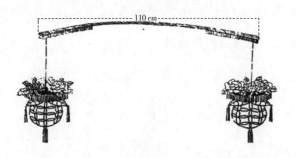

图 5

（2）绣球形经担：此担制作分上、中、下三部分。绣球上边有一个平圆形的花盘，盘的周围有绿色短穗，盘上边放着6个大花朵，即3朵红牡丹和3朵黄菊花。紧贴花盘下面有4片大绿叶，叶的尖端系着一缕绿色短散穗。中间是一个粉红大绣球，用料是缎子。球下方吊一缕绿色长垂穗。（图6）

图 6

（3）鲤鱼形经担：主要造型是鲤鱼。鲤鱼形经担长47厘米，高12厘米，上下总高30厘米，用料是红缎子。其共分上、中、下三部分，上有一缕黄色长吊穗，中有一朵粉红大莲花，下有鲤鱼一条。鱼脊背有绿色短散穗，鱼鳞是用银色亮片粘贴。（图7）

图7

（4）毛篮形经担：篮围用黄缎子粘贴，篮沿、篮底缀有绿色散穗，篮围有6条大红色小飘带。带下方缀有小银铃，篮内落有金、银两只凤凰鸟。篮高10厘米，篮口直径15厘米。（图8）

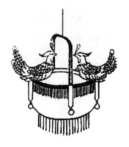

图8

(5)莲花形经担:莲花形经担是一朵开放的粉红大莲花,高15厘米,宽15厘米,用料是缎子。莲花蕊周围是正在开放的4大莲花瓣,每个花瓣里站着一个仙人。一个莲花经担共站着8个仙人。莲花下面还吊着一缕绿色长垂穗。(图9)

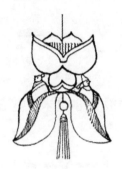

图9

(6)钵盂:用黄铜制成,口直径6厘米。钵盂中心钻一个小孔,安有12厘米长的一根细竹竿。(图10)

图10

(7)铁棒：铁棒长15厘米，一头稍粗，一头稍细，粗的尾部绑有黄绿两散穗。（图11）

图11

(8)竹板：竹板长8厘米，宽5厘米，厚1厘米。（图12）

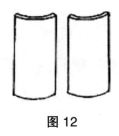

图12

三、动作说明

（一）基本步法

第一拍：左脚向前半步，脚跟先着地，双膝稍屈，右脚跟抬起。（图13）

图 13

第二拍：做第一拍对称动作，此动作可以连续前进，也可用此步后退。

（二）基本动作

动作一：挑担。

走基本步法，左肩挑担，左手握扁担，右手随节拍摆动。（图 14）

图 14

动作二：托掌。

除右臂伸向右上方外，其他同动作一。（图15）

图 15

动作三：洗脸。

除右手在面部前画半圈做洗脸状外，其他同动作一。（图16）

图 16

动作四：花梆步。

两脚做花梆步，右手斜托掌，其他同动作一。（图 17）

图 17

动作五：摊掌。

左臂稍屈，左手掌心向上。伸至头左前侧，其他同动作一。（图 18）

图 18

动作六：做动作五的对称动作。

动作七：竖挑担。

除两手自然下垂，随节奏前后摆动外，其他同动作一。（图19）

图 19

动作八：下场步。

左脚开始向前走基本步三步，第四步右脚向后退半步。当后退一步时，面向观众，步伐轻快。（图20）

图 20

动作九：十字步。

脚走十字步，双手拉担绳。（图21）

图 21

动作十：托担。

原地踏步，双手托担，至前胸。（图22）

图 22

动作十一：放担。

右脚在前，左脚在后，两腿相交，俯身放担。（图23）

图23

动作十二：扑尘。

走十字步，双手分别在左右下臂、胸前扑尘。（图24）

图24

动作十三：紧鞋带。

右脚向左前迈一步，俯身双手拉鞋带。（图25）

图 25

动作十四：提鞋。

掖左腿，左手高举，右手提鞋。（图26）

图 26

动作十五：踏步半蹲。

右肩挑担，右脚踏步半蹲，左手伸至上方，手心向前。（图27）

图 27

动作十六：横挑担。

双肩横挑经担，双手拉担绳，走基本步法。（图28）

图 28

动作十七:举担。

左手高举经担一头,走基本步法。(图29)

图 29

四、场记图

演出场地:寺庙或村庄院落。

表演者:四个老大娘,分别用"1""2""3""4"表示。

(1)场记图一(图30):

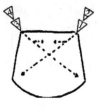

图 30

说明：[1]—[8] 四名老大娘做动作一，上场至箭头处。

（2）场记图二（图31）：

图 31

说明：[9]—[16] 取下经担，做动作十。

[17]—[18] 做动作十一，向后退四步，至箭头处。

[19]—[26] 走三个"十字步"后，在箭头处做动作十二。

[9]—[12] 原地做动作十三、动作十四。

[13]—[18] 俯身双手捡起经担，放至左肩上。

（3）场记图三（图32）：

图 32

说明：[19]—[26]1 与 3，2 与 4 各交叉两次，归回原处，原地踏步。

(4) 场记图四（图33）：

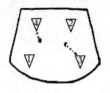

图 33

说明：[27]—[30] 做动作二。

[31]—[32] 做动作一，3、4表演者走至箭头处，与1、2表演者成斜排。

(5) 场记图五（图34）：

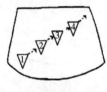

图 34

说明：[33]—[34] 侧身，向左后退四步，同时做动作三。

(6) 场记图六（图35）：

图 35

说明：[35]—[38] 做动作四。

(7) 场记图七（图 36）：

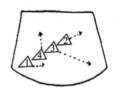

图 36

说明：[39]—[40] 四位表演者做动作一，分别走至箭头处。

(8) 场记图八（图 37）：

图 37

说明：[41]—[48] 反复两次做动作一，四位表演者按箭头方向走两个"∞"归回原处。

(9) 场记图九（图 38）：

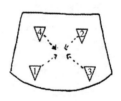

图 38

说明：[49]—[50] 做动作六。

[53]—[56]1、4表演者把担换至右肩,四人同时向台中走四步至箭头处,做动作十五。

(10)场记图十(图39):

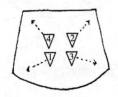

图39

说明:[57]—[58]起身,1、4表演者把担换至左肩,四人同时起步,走回箭头处。

(11)场记图十一(图40):

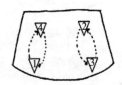

图40

说明:[59]—[66]做动作十六,1、4表演者和2、3表演者分别交换位置,后归回原处。

[49]—[50]四人原地踏步。

[51]—[52]做动作六。

(12) 场记图十二（图41）：

图 41

说明：[53]—[58] 做动作十七，同时走至箭头处踏步。

(13) 场记图十三（图42）：

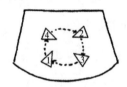

图 42

说明：[59]—[64] 做动作十七，同时四人斜身面向台中，按顺时针方向转一圈。

(14) 场记图十四（图43）：

图 43

说明：[55]—[66] 按 1—3—4—2 的顺序排成斜队。

(15) 场记图十五（图 44）：

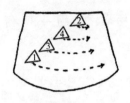

图 44

说明：[49]—[52] 原地做动作五。

[53]—[54] 经担由右肩换至左肩，四人从右台走至左台箭头处，排成斜队。

(16) 场记图十六（图 45）：

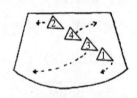

图 45

说明：[55]—[56] 原地做动作六。

[57]—[58] 全体做动作一后走至箭头处。

(17) 场记图十七（图 46）：

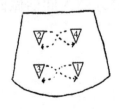

图 46

说明：[59]—[62] 四人同时踏步。

[63]—[66]1 与 3、2 与 4 左右交叉一次，走回原位。

(18) 场记图十八（图 47）：

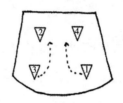

图 47

说明：[49]—[52] 做动作六。

[53]—[58]1、3 做动作一，斜身后退，四人踏步。

(19) 场记图十九（图 48）：

图 48

说明：[59]—[66] 四人向前做四个动作九，至箭头处。

(20) 场记图二十（图49）：

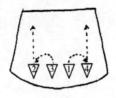

图 49

说明：[67]—[70] 四人做动作七，分别走至箭头处踏步。

(21) 场记图二十一（图50）：

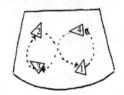

图 50

说明：[71]—[74] 四人做动作一，同时起步走"∞"形。

(22) 场记图二十二（图51）：

图 51

说明：[67]—[74] 按2—3—1—4的顺序走至台前，成一横队，做踏步。

[67]—[70] 原地做动作七。

[71]—[74] 做动作一，2、3与1、4表演者分别交换位置。

[67]—[70] 原地做动作七。

[71]—[74] 做动作一，2、3与1、4表演者分别交换位置。

（23）场记图二十三（图52）：

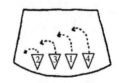

图 52

说明：[67]—[74]2、3、1、4同时走至箭头处，列为斜队。

（24）场记图二十四（图53）：

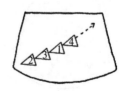

图 53

说明：[67]—[76] 四人同时做动作八。步伐渐快，循序下场。

扭秧歌

扭秧歌是中国北方喜闻乐见、较具代表性的一种民族民间舞蹈，也是民间广场舞中独具一格的集体歌舞艺术。扭秧歌是中国第一批列入国家级非物质文化遗产名录的项目之一，在宝丰地区广为流传。

扭秧歌历史悠久。它的前身是农民在插秧时的一种歌咏活动，起源于插秧、耕田等农业生产劳动。每年春耕时，农家的妇女儿童一起在田里插秧，一人敲起大鼓，鼓声一响，"群歌竞作，弥日不绝"，称之为"秧歌"。还有一种说法，秧歌与古代祭祀农神、祈求丰收、祈福禳灾时所唱的颂歌、禳歌有关。秧歌在发展过程中最早是以唱歌的形式出现的，后不断吸收农歌、民间武术、杂技以及戏曲的技艺与形式，发展成为舞蹈表演的形式，并流传于全国。

1942年，毛泽东在《在延安文艺座谈会上的讲话》

中第一次郑重论述了人民大众在中国文艺发展史上的作用。从此，延安掀起了"延安新秧歌运动"，中国舞蹈艺术翻开了崭新的一页，扭秧歌成为人们的时尚舞蹈，到处都有"仓仓|仓仓七|逮住 老蒋|分东西|"的秧歌声，人们扭起秧歌，庆祝分田分地，翻身解放。（图1）

图1 群众在宝丰县城人民路上表演秧歌舞

各地秧歌具有不同的风格特点。秧歌表演生动活泼，形式多样，多姿多彩，红火热闹，规模宏大，气氛热烈。秧歌队一般由十多人至百人组成，舞者扮成历史故事、神话传说和现实生活中的各种人物，手拿扇子、手帕或彩绸等起舞。在表演形式上，开始和结束时为大场，中间穿插为小场。大场为变换队形的集体舞，小场是两三

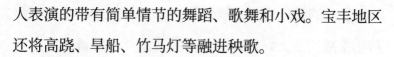

人表演的带有简单情节的舞蹈、歌舞和小戏。宝丰地区还将高跷、旱船、竹马灯等融进秧歌。

各个秧歌队各有绝活，有漂亮姑娘扮成摆旱船的，有小伙子扮成老汉推车的，有小孩子扮成大头娃娃的，有老汉扮成唐僧、孙悟空、猪八戒、沙僧等人物的，还有倒骑毛驴的、挑花篮的，等等。真是活灵活现，生动有趣。

秧歌的基本舞步有十字步、左右摆、蹦跳步等。而十字步是扭秧歌最基本的舞步。舞者有的右手握扇，左手拿手绢表演；有的腰上系红彩条，双手握彩条各一端表演。

以上这些特点促使扭秧歌成为大型群众性娱乐、欢庆、宣传的主要形式。秧歌内容丰富，多姿多彩，形式多样又富于变化，再加上扭秧歌舞蹈动态丰富，使看秧歌的人豪情倍增，因而深受人民群众欢迎。

现在，无论是清晨还是黄昏，在各地的公园里、小区边、广场内，一群群人在锣鼓唢呐的伴奏下，扭着秧歌，载歌载舞，喜气洋洋。扭秧歌不仅锻炼了人们的身体，提高了人们的生活情趣，而且还成为城乡群众文化的一大景观。

秧歌的音乐可分为器乐和声乐两类。一般情况下,器乐主要用于大场舞蹈,声乐主要用于小场舞蹈。声乐大多是民歌与小戏演唱。

秧歌的器乐又可分为锣鼓乐和吹奏乐两种基本形式。按传统习惯,宝丰地区的秧歌只用锣鼓乐,而较少用唢呐伴奏。锣鼓乐的基本节奏一般是"仓仓|仓仓七|仓仓 仓仓|仓仓七|"。乐器是鼓、镲、锣、小锣等,后来在秧歌舞伴奏中加入了唢呐。唢呐吹奏主要旋律,并和鼓、镲、锣等乐器配合。因此,此类秧歌乐队是在民间打击乐的基础上形成的,有豫西地域性乡土风格。如四二拍的唢呐曲《过街落》和传统的秧歌锣鼓乐配合,适合为行进中的秧歌队的舞蹈伴奏。有些唢呐手还吹奏了《好日子》《开门红》等现代民歌来作为秧歌舞的伴奏。

花棍舞

花棍舞，俗称"打花棍"，以其道具"花棍"而得名，是流传于宝丰等地区的民间舞蹈艺术。花棍舞世代相传，从自娱自乐到迎接解放军进城，欢庆翻身得解放，欢庆改革开放带来的新生活，集中表达了人民的心中愿望，反映了人民的心声。（图1~图4）

图1　张八桥镇花棍舞表演（一）

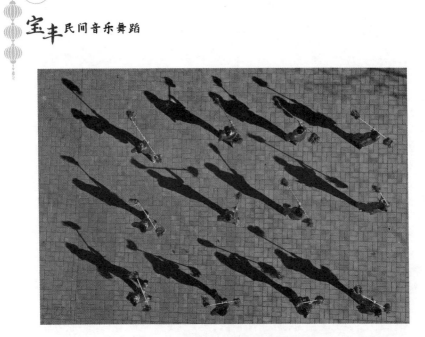

图2 张八桥镇花棍舞表演(二)

图3 张八桥镇花棍舞表演(三)

花棍舞

图 4　张八桥镇花棍舞表演（四）

相传古时多天灾，民不聊生，灾民沿街乞讨，手握打狗棍上下左右翻飞挥舞，驱赶恶狗，动作滑稽幽默，粗犷奔放，后经传承加工发展成"花棍舞"。其作为传统舞蹈，却又带有武术动作，使人从肩部到脚部都得到了活动。花棍舞动作规范、优美大方、节奏感强、韵味浓厚，成为百姓喜闻乐见的一种健身娱乐的民间舞蹈项目。

宝丰地区流传的花棍舞所用的道具花棍，是用木棍或竹竿制作而成的，长约1.5米。木棍或竹竿缠以五颜六色的布条。棍的两端挖有孔洞，洞中嵌入铜钱或小铜钱。摇动花棍，铜钱撞击孔壁哗哗作响。有的则在棍的两头系上铜钱或铜铃及彩缨。

花棍舞在民间的艺术发展中形成了以下主要特征。

（1）武术性。表演者的排列组成类似军事编排，动作如军事动作，整齐划一，与古战阵相似，还带有中国武术的特点。

（2）自娱性。花棍舞产生于民间，演出活动走街串村，弥补了劳动人民娱乐生活的不足。近几年又加入广场舞的行列，具有了自娱的特征。

（3）动作性。花棍舞的动作节奏感强，使人从肩到脚都得到活动，从整体上形成舞蹈动律。花棍的两头系上铜钱或铜铃及彩缨。表演时，常由一人、数人或数十人执花棍起舞。基本动作为摇棍，或用棍碰击肩、背、肘、两手、两膝、两足以及两棍相击，都可震动铜铃或铜钱作响，带来复杂的节奏变化的音响效果，并配合以各种舞姿，真是花棍飞舞，铃声当当，优美大方，煞是好看。

花棍舞中花棍的打法根据各地风俗习惯不同而各具特色。流传于宝丰地区的花棍舞的基本打法有6种：一是行进中打，二是双人对打，三是肩胸自打，四是四步跳打，五是队列变换穿插打，六是脚腿手臂原地打。

花棍舞的具体步法可分为行进步、半跪步、转身步等。行进步以八拍为节，表演者手握花棍的中部：第一拍，以棍平举胸前，用下端击左上臂，同时左脚前迈一步；第二拍，以棍上端击右上臂，同时右脚跃前一步；第三拍，以棍下端击左肩，同时左脚前迈一步；第四拍，将棍下端从顶绕过击右肩，同时右脚跨到左脚并排处；第五拍，左手扶棍下端，随右手手腕扭动，将花棍在身体右侧绕一圈；第六拍，顺势以下端击右胯，同时以左腿为重心，右膝微屈，右胯稍送出；第七拍，右脚跳落地，左腿在右脚后45度勾起，同时以棍下端击左脚掌；第八拍，左脚落地，右手握花棍下端拄地。整个动作行进之时胯放松，略左右摆，第七拍小跳时有控制，第八拍前俯，柔美中有脆劲，蓄力中有偶发。队形以双排行进为主，走圆圈，变方阵，穿梭交叉，千变万化，配合默契。

花棍舞起初无音乐伴奏，后来演变为众人排队，随着锣鼓声中的节奏边走边舞。现在的花棍舞则是在节奏感强的新创作歌曲声中表演的。如广场花棍舞《开门红》

就是在《开门红》的音乐声中边唱边舞的。参加表演的舞者由原来的以农村中老年人为主，发展到今天年轻人也参与表演。有的花棍队还由专业音乐工作者配上舞曲，加入电子乐器伴奏，使花棍舞既充满强烈的时代气息，又不失浓郁的乡土特色。

竹马旱船舞

竹马,即用竹子、草纸扎成马的形象来表演某一戏剧故事,后演变为民间传统舞蹈。旱船是一种模拟在水中行船的民间舞蹈。因为农村常常把"竹马""旱船"这两种舞蹈形式合在一起表演,所以称为竹马旱船舞。

一、竹马舞

竹马舞起源于宋朝,在元朝时最为盛行,在宝丰县民间广泛传承并且流传至今。

竹马舞的主要道具为竹马,竹马是用竹架制成马头、马尾,糊上彩纸或布后,施以彩绘,并且装饰铜铃等物。马的颜色可以用白、黄、大红、粉红、黑等色装扮。

表演时,表演者将竹马吊在腰间,像人骑着马,随着音乐节奏，竹马前俯后仰，自由地翻腾跳跃，似天马行空，忽而徐行，忽而疾驰，边歌边舞，颇为壮观。那诙谐幽默的造型和叮当作响的铜铃声交融，时而轻松活泼，时而激情奔放。

表演竹马者，十数人至数十人不等，均身缚"竹马"拟骑马状。其可分生、旦、净、丑等戏剧角色。老生骑红马，青衣（俏闺女）骑黄马，小生骑绿马，花旦骑白马，小丑骑黑马。演员的服装模仿戏剧中人物。如打扮成《三国演义》中的刘备、关羽、张飞，或打扮成《瓦岗英雄》中的程咬金、秦琼、罗成等人物。

在打击乐声中，表演者按拴马、刷马、牵马、狂奔等状态表演。有的戴面具装扮成钟馗、大头和尚等展袖起舞。（图1~图3）

图1 竹马表演（一）

竹马旱船舞

图2　竹马表演（二）

图3　表演者扮成《西游记》中人物

跳竹马的方法多种多样，讲究阵式，最初以"五梅花形"为主，后来发展为"五马盘柱""一字阵"等多种阵式。但无论哪种阵式，都离不开退一进二、三角交叉、四边兼顾、梅花五点的基本跳法。

宝丰有的地方把竹马改为毛驴来表演，主要表演小两口赶庙会或回娘家的故事。小伙子头扎白毛巾、手执鞭子在后面赶驴（图4、图5），表演毛驴上山、下坡、过河、跳沟、前栽后踢等动作。新媳妇骑驴随之起舞，尤以拉犟驴的舞姿逼真动人，风趣幽默。（图6）

图4　新媳妇骑驴回娘家

图5 宝丰民间艺人在表演"赶毛驴"

图6 拉犟驴舞姿风趣

竹马舞的伴奏除锣、鼓、镲等打击乐器外,也可以用热烈奔放的民间小调,以及豫剧、曲剧等戏曲来伴舞。现在有的竹马舞还使用现代新创作的节奏感强的民歌来伴舞。

二、旱船舞

旱船舞也叫跑旱船，起源很早，与祭祀有关。

2000多年前，爱国诗人屈原投汨罗江而死，每到端午节，人们便在江中赛龙舟以示纪念。但有的地方河浅，不能竞舟，人们就用竹和纸扎成龙船，鸣锣击鼓，表演游行于市。这种活动流传下来，便形成了跑旱船。宋代就有文字记载跑旱船的盛大场面。

民间还有一种旱船舞起源的传说。相传春秋时期楚国伍子胥蒙冤逃难，过江被阻，幸有洗衣女指路，才得过江。随后追兵到，洗衣女明大义，不为贼人指路，抱石投江而死。伍子胥过江后，为感谢并纪念洗衣女，在江岸为她修盖庙堂，并令人打造花船，船上有洗衣女塑像，顺水漂流。后来，为纪念洗衣女，人们逢年过节便模仿着打造花船，载歌载舞，热闹一番，相沿成习。

旱船舞的道具是花船。花船一般用竹篾（或秸秆）扎成船形，糊上纸或花布，饰以彩绸、纸花。船上有彩亭，亭角挂彩珠、花卉，船形下围有青色帷幕，上面画有清波，帷幕遮住了表演者的腿脚。各地船形花样繁多，如果是晚上表演，船上还要燃起灯烛。旱船一般长2米左右，大的也有3~4米。船中间有表演者的活动空间。

竹马旱船舞

宝丰民间跑旱船，船上坐一少女（多为男扮），船外边有艄公模拟划船动作。艄公头戴翻草帽，身穿长袍，腰系丝带，手中持篙。表演时，艄公划桨，在前头带路，做出各样的划船动作。少女站在花船中间，将红绫条下头系在船沿，上头挎在肩上，有的上头系在少女腰间，双手掂船沿，随船娉婷起云步（小碎步）在地上快速行走，犹如船在水面上飘动。少女和艄公配合默契，再加上船的布料柔软，少女用手抖动船，时起时伏，轻歌曼舞，变化万千，活灵活现。船随浪颠，似碧波荡漾；船随篙进，有疾有缓。有时，船似随着波浪旋转、颠簸，演绎出一幅水上行船的生动画卷。旱船舞常用动作有起锚、行进、逆风行船、顺风行船等。（图7、图8）

图7　广场上的旱船表演（一）

图 8 广场上的旱船表演（二）

还有的旱船舞，表演者扮成了渔家夫妇或渔家父女，女在船中，男在船外撑篙或划桨，表演水中行船或捕鱼的劳动生活。撑船或划桨时做一些"虎跳""扫荡腿"等技巧性动作，以示与风浪搏斗。女子手握船舷，与脚步配合，表现船在旋涡和波浪中起伏。其生活气息浓厚，一系列的水上动作使人有身临其境的真实感。旱船表演少的有数条船，多则几十条船，气势宏大。（图9）

竹马旱船舞

图9 群众在县城表演旱船舞

近些年来,跑旱船在原有基础上又有发展,表演时大多用锣鼓、唢呐等乐器伴奏,也有边演唱民歌边表演的。传统民歌主要有《十对花》《小小花舟花又花》《十二个月》等,也有演唱着《欢乐中国年》《好日子》等现代歌曲表演的。

现在宝丰县每年春节和元宵节期间举办的全县民间艺术大赛中,都有竹马旱船的表演。

龙狮舞

龙舞是以龙灯为道具表演的民间舞蹈。狮舞是人装扮成狮子表演的民间舞蹈。因为龙舞和狮舞常合在一起表演，所以合称"龙狮舞"。龙狮舞是较能体现中国民间传统文化的民间舞蹈，是珍贵的非物质文化遗产。

一、龙舞

龙舞也称"舞龙"，宝丰一带又叫"玩龙"。龙图腾是中华民族的图腾，龙舞是华夏精神的象征。龙舞体现了中华民族团结合力、奋发进取的精神风貌，包含了天人和谐的文化内涵。

据汉代学者董仲舒的《春秋繁露》记载，汉代已经有了形式比较完整的龙舞。此后历朝历代的诗文中记录宫廷或民间舞龙的文字屡见不鲜。在祈雨雪的祭祀活动中，人们春季舞青龙，夏季舞赤龙或黄龙，秋季舞白龙，冬季舞黑龙。每次舞龙时龙的条数不等，龙的长短也是数米至20米不等。经过2000多年的创造发展，宝丰的民间龙舞已具有相当高的技巧，表演的形式也丰富多彩，成为民间喜庆场合普遍存在的舞蹈形式。其气氛热烈，令人振奋。（图1~图4）

图1 宝丰民间艺人表演"龙舞"（一）

图2 宝丰民间艺人表演"龙舞"(二)

图3 宝丰民间艺人表演"龙舞"(三)

龙狮舞

图4 群众村头表演"龙舞"

龙舞的主要道具是龙灯。宝丰民间表演的龙灯是用竹篾扎成若干竹圈组成龙体,现在也有用铁丝做成架子的。龙头多用桐木板或硬纸壳做成,外用绸布裹装。龙身的节与节之间,用布缝成筒状连接,然后彩绘其形。龙身的每节中部插置蜡烛,下部安置木柄供

表演者抓握。宝丰民间制作的龙灯高大粗重，风格古朴刚劲。（图5）

图5　春节民间艺术大赛——龙舞表演

龙舞表演时，小伙子头扎毛巾或头戴彩帽，身穿民族服装。一人手握彩灯（象征宝珠）在前领舞，其他多人手握龙头、龙身、龙尾下的木柄，左右挥舞，表演"二龙戏珠""金龙蟠玉柱"等。巨龙时而在空中悠悠游动，时而跳跃翻滚旋舞，时而盘在一起，时而展开，惟妙惟肖，令人眼花缭乱。

龙灯如在节庆之夜舞弄，还要点燃龙体内的蜡

烛，辅以彩灯、莲花灯等各种花灯，以锣鼓、唢呐伴奏，同时燃放烟花爆竹，场面蔚为壮观，十分热闹。（图6）

图6　巨龙腾飞

二、狮舞

狮舞又称"狮子舞""舞狮子"，是民间喜庆舞蹈之一。狮子在中国人民心目中是瑞兽，象征着吉祥如意。因此，狮舞寄托了人们消灾除害、求吉纳福的美好意愿。每逢元宵佳节或集会庆典，民间多以狮舞助兴。（图7）

图7 宝丰民间艺人表演"狮舞"

狮舞历史久远,最早的记载见于《汉书·礼乐志》,书中提到的"象人"便是扮演狮子的艺人。唐宋诗文中多有对狮舞的生动描写。如白居易的诗《西凉伎》:"西凉伎,假面胡人假狮子。刻木为头丝作尾,金镀眼睛银帖齿。奋迅毛衣摆双耳,如从流沙来万里。"这说明唐代已有狮舞,并且已发展成为上百人表演的大型歌舞。狮舞还作为燕乐舞蹈在宫廷表演,后又流传至日本。唐代以后,狮舞在民间广为流传。宋代的《东京梦华录》中记载,有的佛寺在节日时开狮子会,僧人在狮子上做法事、讲经,以招徕游人。

狮舞至今已有1000多年的历史,现已变得更加丰富多样。在春节、元宵节等重大节日,狮舞已成为宝丰县群众喜爱的娱乐活动。

民间狮舞有双人合扮的大狮和单人扮的小狮。表演大狮时,两人前后配合,前者双手执道具戴在头上扮演狮头,后者俯身双手抓住前者腰部,披上用牛毛缀成的狮皮、饰盖扮演狮身,两人合扮一只大狮子。另有一人头戴狮头面具,身披狮皮扮演小狮子。还有一人手握彩球逗引狮子。(图8)

图8 前营乡郭湾村的狮舞

宝丰民间狮舞一般为两人舞一头大狮，舞者裤子和鞋都会披上毛，虽未舞动但看起来已是惟妙惟肖的狮子。狮头有红色者为雄狮，有绿色者为雌狮。（图9）

图9 宝丰民间狮舞中的雄狮和雌狮

狮舞有文狮、武狮之分。文狮一般以一人着装导舞，动作细腻诙谐，主要表现狮子的活泼及嬉戏神态，如抢球、戏球、舔毛、搔痒、打滚、洗耳、打瞌睡等，富有情趣。武狮则由武士导舞，重技巧和武功的运用，如跳跃、滚翻、爬桌子（登高）、高举、过天桥等高难度动作，以表现狮子的威武性格。曹镇表演队的狮子过天桥，是以两根高杆竖立地面，顶端用横木贯之，置以圈椅，以四根托绳成坡度由顶向下拉紧，固定于地面，表演时狮子顺绳上下，凌空施展动作，场面诙谐壮观。前营乡郭湾村的狮舞是用3个大方桌叠垒起来，双狮在3米多高、面积仅1平方米的桌面上跳跃、翻滚，表演各种高难度动作，令人叹为观止。

狮舞一般配以大鼓、大锣、大钹等打击乐伴奏，不同的音乐节奏和狮的舞蹈动作相配合。这些伴奏音乐多数为本地的民歌或民乐。

踩高跷

踩高跷又叫"高跷""高跷秧歌""踏高跷""走高脚"等,是一种广泛流传于全国各地的民间技艺,也是中国民间盛行的一种群众性技艺表演。踩高跷多在一些民间节日里由表演者脚上绑着长木跷进行表演。踩高跷技艺性强,形式活泼多样,深受群众喜爱。

高跷历史久远,起源于人们的劳动生活,与原始氏族的图腾崇拜、沿海居民的捕鱼生活有关。据历史学家考证,尧舜时代以鹤为图腾的丹朱氏族,他们在祭礼中要踩着高跷模拟鹤跳舞。考古学家认为,甲骨文中也有近似踩跷起舞形象的字。两者可互相印证踩高跷的起源。另外,沿海地区的渔民有踩着木跷在浅海中捕鱼的风俗;古人为了采摘树上的野果,给自己腿上绑两根长棍;有的地方居民所住街道地势低,常被水淹,他们便在被淹地段踩着高跷来往。以上这些都成为当地踩高跷源于劳动生活的佐证。

踩高跷本属中国古代百戏的一种,早在春秋时已经出现,公元前500多年就已流行。表演者不但以长木缚于腿足行走,还能跳跃与舞剑。高跷在汉魏六朝被称为"跷技",宋代被称为"踏桥",清代被称为"高跷"。踩高跷还用于宗教祭礼仪式,又从杂技表演演变为扮演戏曲人物的舞蹈形式。(图1)

图1 民间艺人在表演踩高跷

宝丰地区流传的高跷，是传统高跷与曲剧等地摊戏相结合的产物。清末民初，曲剧等地方戏多由观众围坐成摊演出，被称为地摊戏。因在地上演出，群众一多，围着观看不便，于是演员便绑上木腿，登高演出，故称高跷。由于演员踩跷比一般人高，便于远近观赏，而且行动方便，无异于活动舞台，踩高跷技艺深受群众喜爱。（图2）

图2　民间艺人在练习踩高跷

踩高跷的主要道具是木腿。木腿由40~100厘米长的木棒和脚踏板组成，表演者脚踏在木腿的脚踏板上，用布带将木腿上部捆扎在小腿上，使木腿和人腿

踩高跷

成为一体。

表演踩高跷时，视剧情需要，有二三人、数十人不等。在锣鼓、民族管弦乐的伴奏下，表演者脚踩高跷，可以做舞剑、劈叉、跳凳、过桌子、扭秧歌等动作。他们扮演成渔翁、媒婆、傻公子、道姑、和尚等人物，有的地方还会扮演成关公、张飞、吕洞宾、何仙姑、张生、红娘、济公、唐僧、孙悟空等人物。他们边演边唱，生动活泼，逗笑取乐，脚踩高跷如履平地。服装道具则根据表演者所扮演的人物而定，如孙悟空身穿猴服，头戴金箍僧帽，手持金箍棒；猪八戒手拿大铁耙；等等。

高跷舞蹈的队列在街道上行进时，一般采用一字长蛇阵的单列，在繁华地段则采用双人并列队形。步子变换为走"8"字形穿插步，还以龙山跑跳、劈叉等高难度动作吸引观众。

高跷的音乐伴奏一般是锣鼓乐队的伴奏。踩高跷的步伐，全靠锣鼓乐队鼓点节奏快慢的指挥。有些地方则用唢呐、笙等乐器吹奏曲牌或歌曲进行伴奏。高跷舞体现欢腾、奔放、热烈、火爆的基调，又不失优美、抒情、风趣、诙谐的特色。而音乐、舞蹈、杂技、戏曲等多种形式的综合，又构成了以舞蹈为主体的综合性高跷广场艺术。

全国闻名的宝丰龙泉寺村在传统节日或农闲时都走高跷，有时排队在街上走，有时在文化大院广场上走。在每年的宝丰全县春节民间艺术大赛中，他们的高跷大秧歌颇受群众欢迎，并曾获大奖。（图3）

图3　龙泉寺村民间艺人在文化大院走高跷

打腰鼓

打腰鼓也叫腰鼓舞,是民间一种历史悠久的传统民俗舞蹈。舞者在腰间挂一椭圆形小鼓,即腰鼓,双手各执鼓棒,交替击之,边敲边舞。打腰鼓现已成为城镇乡村、学校在节日里经常表演的传统舞蹈。(图1、图2)

图1 宝丰县东城门小学的腰鼓表演(一)

图2 宝丰县东城门小学的腰鼓表演（二）

腰鼓舞起源于中国北方。据说在秦汉时期，腰鼓就被驻防将士视同武器，成为行军打仗不可缺少的装备。当时守边疆的将士，手握刀枪，身背着鼓，遇到敌人突袭，就击鼓报警，传递讯息；两军对阵交锋，以击鼓助威；征战取得胜利，又击鼓庆贺。随着时间的流逝，腰鼓从军事用途逐渐发展成为各地民众祈求神灵、祝愿丰收、欢度佳节时的一种民俗性舞蹈道具。在击鼓的风格和表演上，腰鼓仍继续保留着某些秦汉将士的勃勃英姿。

1942年，延安和陕甘宁边区兴起新秧歌运动，腰鼓这一古老的民间艺术由此得到大力发展，后遍及中华大地，成为亿万军民欢庆胜利、庆祝翻身解放的一种象征。特别是21世纪初，宝丰县文化局组织专业老师对腰鼓队员进行培训，从而使腰鼓舞在宝丰得到了进一步的普及，表演水平也有了很大提高。腰鼓表演少则几人，多则几百人一同进行，阵容强大、动作齐整、花样翻新、彩绸飞舞、鼓声震天、十分壮观。磅礴的气势和精湛的表演，令人陶醉，令人震撼。

腰鼓舞的道具主要是腰鼓与鼓棒。腰鼓的鼓身是用木制成的，形如木桶，中间粗而两端稍细。鼓身涂以朱漆或绘有花纹图案，两端蒙牛皮（或羊皮、马皮）。鼓身一侧装置两个鼓环，环上系红绸作为鼓带。腰鼓有不同的规格：大号腰鼓的鼓长为38厘米，面径为20.5厘米；二号腰鼓的鼓长为33厘米，面径为16厘米；三号腰鼓的鼓长为31厘米，面径为14厘米；四号腰鼓的鼓长为26厘米，面径为12厘米。鼓棒长25厘米左右，两头一样粗细，其中系有红绸的一头是表演者用来抓握的。红绸长约50厘米。每个腰鼓配有两支鼓棒，当舞者两臂挥舞时，红绸随之飘舞，耀眼无比。

依据不同的风格特征，腰鼓原有文、武之分。文腰鼓轻松愉快，潇洒活泼，动作幅度小，类似秧歌的风格；武腰鼓则欢快激烈、粗犷奔放，并有较大的踢打、跳跃和旋转动作，尤其是鼓手的腾空飞跃技巧，给人们以英武、激越的感觉。目前，文、武腰鼓逐渐融为一体，形成新的风格，生动地反映了群众憨厚、淳朴的气质和性格特征。特别是在腰鼓表演中，又有机糅合了民间武术和秧歌舞动作，使其有张有弛，活而不乱，进退有序，气势磅礴，浑厚有力。（图3、图4）

图3　宝丰县赵庄乡袁庄村村民在表演腰鼓（一）

图4　宝丰县赵庄乡袁庄村村民在表演腰鼓（二）

腰鼓的风格特征可概括为以下几点。

（1）通过动律的变化表达舞者的内心激情。舞者击鼓时情不自禁地微微摇头晃肩，使内在感情与外在动律有机结合，达到形神兼备，和谐自如的状态。

（2）舞者挥棒击鼓英姿飒爽。无论是上打、下打，还是缠腰打，双手都要将鼓棒甩开。但狠而不蛮，显得挺拔浑厚，猛劲中仍不失其细腻之感。

（3）做踢腿、跳跃动作时，无论是大踢、小踢还是蹬腿动作，都要有股子"蛮"劲。节奏欢快，难度较大，代表了腰鼓粗犷豪爽、刚劲泼辣的风格。

（4）击鼓转身是腰鼓表演的关键。在舞蹈中，凡做蹲、踢动作必有转身，转身时必须要猛。特别是做腾空跳跃落地蹲、边转身、边起步的一套动作组合时，必须在固定的节拍里，运用猛劲才能完成动作的变化与连接。

(5) 动律形态复杂，跳跃幅度较大。表演者随着节奏的加快，脚步便开始进行复杂的踢踏跳跃，并加大身体左右摆动的幅度。比如，在做"马步蹬腿""连身转""马步跳跃"等动作时，舞者运用弓步向后连跳两次，然后左腿大步前跨，右腿发力蹬地而起，势若龙腾虎跃，展示出一种顽强拼搏的精神状态。

腰鼓的表演形式可大致分为路鼓和场地鼓。

路鼓是腰鼓队在行进中边走边舞的一种表演形式，前由两名伞头领队，后随挎鼓子舞队。路鼓由于在行进中表演，一般动作简单，幅度较小，多做"十字步""走路步""马步缠腰"等动作。常用的队形有"单过街""双过街""单龙摆尾""双龙摆尾"等。

场地鼓是指腰鼓队到达表演地点，打开场子后的表演形式。开始时由伞头挥伞号令，顿时鼓乐齐鸣，众舞者随伞头翩翩起舞。这一段叫"踩大场"，表演节奏缓慢，目的是打开场地，拉开队伍，稳住观众情绪。第二段载歌载舞，表演节奏渐快，动作幅度较大，队形变化繁多。

随后挎鼓子在场内单独即兴表演。众鼓手在头路鼓子的指挥下，精神振奋，击鼓狂舞。此时只见鼓槌挥舞，彩绸翻飞，鼓声如雷，震撼大地，声势逼人，极富感染力。这一段结束后，再穿插表演其他形式的小场节目，如"跑驴""旱船""高跷"等。节目形式视各队的人才和条件而定。小场节目结束后，再接着表演一段大场腰鼓。此刻锣鼓敲得快，唢呐吹得紧，击鼓更激烈，情绪更欢快，整场表演在强烈的气氛和高昂的情绪中结束。

腰鼓手表演讲究"六劲"，即表演起来有股猛劲，挥棒有股狠劲，踢腿有股蛮劲，转身有股猛劲，跳跃有股虎劲，全身使出一股牛劲。动作有跑、跳、扭、转、蹬、闪、踩、摇、跨、昂、跃等构成要素。其中，扭是腰鼓的基本动作之一，有正步扭、十字扭、扭软腰等。

腰鼓是与舞蹈、武术、打击乐、吹奏乐、民歌等有机结合的多维性艺术，也是一种独特舞蹈。它不受时间、地点和场合限制，既可在街道上行进中表演，也可在广场上、舞台上表演，具有较强的适应性和灵活性。（图5）

图5 宝丰民间艺人在表演腰鼓

腰鼓的鼓点有花点、碎点、单点、双点、帮点、边点等。"花点"就是"咚"和"吧"的穿插进行。"碎点"就是"咚"的轻轻地、连续地敲打。"单点"就是"咚、咚、咚、咚"右手的敲打。"双点"就是右手和左手同时敲打一面鼓皮,或者右手敲打右边的鼓皮,左手同时敲打左边的鼓皮。"帮点"就是用鼓棒敲打鼓身发出来的"啪"的声音。"边点"就是用鼓棒敲击鼓皮的边缘发出来的"啪"的声音。

腰鼓基本的鼓点节奏是"咚吧、咚吧、咚咚吧、咚

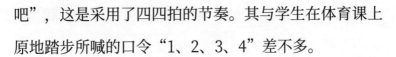

吧",这是采用了四四拍的节奏。其与学生在体育课上原地踏步所喊的口令"1、2、3、4"差不多。

"咚吧"和"咚咚吧"的击打区别如下。

"咚吧"的敲打方法是用右手的棒尖敲打腰鼓鼓皮的中心一次,打中之后要立即将鼓棒移开,将右手移到身体的右侧,右手的这次敲打发出来的响声叫"咚"。这里要注意:一是右手手腕要灵活;二是在右手下落时,鼓棒棒尖由原先的朝上变为朝下。在右手往身体右侧运行时,再用左手的棒尖碰击鼓皮一次,碰击之后鼓棒仍然放在鼓皮上,待右手再次摆动时才将左手鼓棒移开,这个左手的碰击发出来的响声叫"吧"。这里要注意:一是左手手腕要灵活;二是在左手弯曲时,鼓棒棒尖由原先的向内变为向外。这样,右手发出的"咚"和左手发出的"吧"合起来的声音就是"咚吧"的鼓点节奏。

"咚咚吧"的敲打方法与上面"咚吧"的打法一样,只是要用右手的棒尖连续敲打鼓皮两次后,再用左手的棒尖碰击鼓皮。其他注意点都与"咚吧"的相同。这里需要指出的是,"咚咚吧"的鼓点节奏不像"咚吧"那样左手跟着右手自然连接就可以,而是要在右手连续两次敲打以后，左手再迅速跟着碰击，否则，"咚吧"和"咚咚吧"所占用的节拍长短就不一致了。另外，右手鼓棒在打出"咚咚吧"里的"咚咚"的时候，要比之前两次"咚吧、咚吧"的"咚"要响一些，击打时要用力一些。也就是说，"咚吧"的鼓点要打得温柔一些，而"咚咚吧"的鼓点要打得刚强一些。（图6）

图6　宝丰县赵庄乡袁庄村的腰鼓表演

注意，在正确敲打鼓点节奏的同时，还要注意两只手摆动的方向。

完整的四拍鼓点节奏"咚吧、咚吧、咚咚吧、咚吧"表演步骤如下。

第一拍：预备姿势站好，然后将举过头顶的右手从上往下运行。注意鼓棒棒尖的方向调整是由朝下变为朝上，还要注意经过腰鼓，也就是让右手从身体面前的左侧落下，这样右手的鼓棒才可以够着腰鼓敲打。当右手落到腰鼓位置时，用右手击打鼓皮一次，鼓皮发出"咚"之后，左手手臂就要开始自然弯曲，把左手往胸前运行，在右手移到身体右侧后，左手的鼓棒刚好碰击腰鼓一次，发出"吧"。注意这时左手的鼓棒棒尖应该是指向前方的，也就是指向身体的外侧。所以，这是在左手的鼓棒棒尖指向外侧时才碰击鼓皮发出的"吧"音。就这样，在以上的两手摆动中，就完成了第一拍"咚吧"的鼓点敲击。

第二拍：先动右手，将刚下摆到身体右侧的右手往上弯曲，往胸前运行，还是注意要经过腰鼓，当右手运行到腰鼓处，击打鼓皮一次，发出"咚"。接着是左手向左前方伸展，注意这里要转动左手手腕，将左手的鼓棒棒尖指向自己。然后用棒尖碰击鼓皮一次，发出"吧"，这时候的右手也刚好摆动上举到胸前的位置，注意鼓棒在上举的时候要把棒尖朝下。这样，两手在以上的摆动中也就完成了第二拍"咚吧"的鼓点敲击。

第三拍：先把举着的右手从上往下运行，接着把左手弯曲放在胸前。当右手鼓棒敲打鼓皮两次，发出"咚咚"之后，左手也跟着往胸前摆动。当右手下摆到身体右侧的同时，左手鼓棒正好碰击鼓皮一次，发出"吧"。在这样的摆动中，完成右手鼓棒击打鼓皮两次，左手鼓棒击打鼓皮一次。这样也就完成了第三拍"咚咚吧"的鼓点敲击。

第四拍：先动右手，将右手往上举起，注意右手在上举时，鼓棒棒尖要指向下方。不过这次要把右手弯曲放置于头部面前，也就是这次比前两次要举得高一些。左手后动，将左手伸向左前方，左手的鼓棒棒尖要变成指向自己。在这样的摆动中，右手鼓棒击鼓一次，发出"咚"，左手鼓棒跟着碰击腰鼓一次，发出"吧"。这样也就完成第四拍"咚吧"的鼓点敲击。

以上四个动作步骤合起来就是一个四拍。鼓点节奏是"咚吧、咚吧、咚咚吧、咚吧"。如果继续往下打，就按照以上顺序反复进行即可。

腰鼓花样鼓谱附后。

腰鼓花样鼓谱

1. 起鼓点：咚咚吧　咚吧咚（两遍）

2. 行进步：咚吧　咚吧　咚咚吧　咚吧

3. 秧歌步：咚吧　咚吧　咚咚吧　咚吧

4. 弓步前进：咚吧　咚吧　咚咚吧　咚吧

5. 弓步击后鼓：咚咚吧　咚吧　咚吧咚

6. 垫步侧打鼓：咚咚吧　咚吧　咚吧咚

7. 走四方块：咚吧　咚吧　咚咚吧　咚吧

8. 飞燕对打：咚咚咚咚吧咚

9. 打鼓边：咚咚吧咚　打打打　咚咚吧咚　打打打　咚咚吧　咚吧　咚吧咚　打打打打　打打打

10. 换位飞燕：咚吧　咚咚吧咚吧　咚咚咚咚吧咚

11. 垫步换位前点：咚咚吧咚吧咚吧咚　咚咚吧咚吧咚吧咚

12. 抬腿击鼓：咚吧　咚吧　咚咚吧　咚吧　咚咚吧咚吧咚

13. 前后扭身击鼓：咚吧咚　咚吧咚　咚吧咚　咚吧咚

14. 弓步挑鼓击边：咚咚咚　打打打打（四遍）

15. 弓步双击鼓（喊）：嗨嗨嗨！嗨！嗨！嗨！嗨！嗨！嗨！嗨！嗨！

16. 左右退场：咚吧　咚吧　咚咚吧　咚吧　咚吧　咚吧　咚咚吧　咚吧

说明：

①右手打"咚"，左手打"吧"。

②预备动作：侧身丁字步，两手自动垂直，左手自然垂于鼓上。

宝丰说唱文化普及系列丛书
申红霞　主编

宝丰民间文学

芮遂廷　潘运明　编著

华中科技大学出版社
http://press.hust.edu.cn
中国·武汉

图书在版编目（CIP）数据

宝丰民间文学 / 芮遂廷，潘运明编著. -- 武汉：华中科技大学出版社，2023.5
（宝丰说唱文化普及系列丛书 / 申红霞主编）
ISBN 978-7-5680-9378-1

Ⅰ. ①宝… Ⅱ. ①芮… ②潘… Ⅲ. ①民间文学－作品综合集－宝丰县 Ⅳ. ① I27

中国国家版本馆 CIP 数据核字（2023）第 075722 号

宝丰民间文学
Baofeng Minjian Wenxue

芮遂廷　潘运明　编著

策划编辑：彭霞霞
责任编辑：梁　任
封面设计：杨思慧
责任监印：朱　玢

出版发行：华中科技大学出版社（中国·武汉）　　电话：（027）81321913
　　　　　武汉市东湖新技术开发区华工科技园　　邮编：430223
录　　排：天　一
印　　刷：洛阳和众印刷有限公司
开　　本：880 mm×1230 mm　1/32
印　　张：4.5
字　　数：84 千字
版　　次：2023 年 5 月第 1 版第 1 次印刷
定　　价：168.00 元（全 9 册）

本书若有印装质量问题，请向出版社营销中心调换
全国免费服务热线：400-6679-118　竭诚为您服务
版权所有　侵权必究

《宝丰说唱文化普及系列丛书》编委会

总策划： 刘海亮

主　编： 申红霞

副主编： 杨淑祯　潘廷韬

编　审： 樊玉生　江国鹏

成　员： 曹俊青　杨东熹　周博雅　郭敬伟
　　　　　聂亚丽　徐真真　王少克　潘运明
　　　　　刘宏民　李全鑫　何清怀　张关民
　　　　　芮遂廷　贺天鹏　徐九才

序

文化自信是一个国家、一个民族发展最基本、最深沉、最持久的力量。进入新时代新征程,党的二十大做出了"推进文化自信自强,铸就社会主义文化新辉煌"的战略部署,为我们加强社会主义文化建设、弘扬优秀传统文化指明了方向。

地处中原腹地的平顶山市宝丰县,历史文化底蕴深厚,一代代先人在这里繁衍生息、创新创造,留下了丰富的文化遗产,成为中华优秀传统文化的重要组成部分。

宝丰县地处河南省中部偏西,是伏牛山脉与黄淮平原的交接地带。西部山峦绵延,中东部遍布平原,丘陵、小山点缀其间。沙河、北汝河两大河流护其左右,石河、泥河、净肠河、应河、柳杨河、运粮河穿境而过,滋润着这片沃土。二十四节气在这里活态传承,春夏秋冬四季分明,具备典型的暖温带气候特征。由此,在这块先民们生产生活的理想宝地上,形成了具有中原特点的农耕文化。

古时候,宝丰县是北连河洛、南控宛襄的交通要冲,成就了大营、马街、滍阳、翟集、老城等古老集镇,车马辐辏,商贾往来,号称"千年古县"。正是在这样一块宝地上,祖先留下了丰厚的文化遗产。

2017年1月,文化部(现更名为文化和旅游部)批准设立说唱文化(宝丰)生态保护实验区,至今历时6年。6年来,宝丰县在国家文化和旅游部、河南省文化和旅游厅、平顶山市委市政府的大力支持下，为生态保护实验区的建设、中华优秀传统文化的保护和发展，做了大量扎扎实实、卓有成效的工作。《宝丰说唱文化普及系列丛书》的出版、发行，对重新审视祖先留下来的珍贵文化遗产，坚定文化自信，保护、继承祖先留下的优秀传统文化，具有十分重要的意义。

宝丰县历史悠久，文化灿烂。境内拥有马街书会、宝丰酒传统酿造技艺、汝瓷烧制技艺、宝丰魔术共4个国家级非物质文化遗产项目；拥有清凉寺汝官窑遗址、父城遗址、香山寺大悲观音大士塔及碑刻、小李庄遗址共4个国家级重点文物保护单位；拥有妙善观音传说、白朗起义传说、木偶戏、韩店唢呐、高腿曲子戏、河南坠子（西路）、大调曲子（墨派）、平调三弦书、翟集冯异小米醋酿造技艺、经担舞共10项省级非物质文化遗产项目；拥有文庙大成殿、文笔峰塔、塔里赤墓碑、解庄遗址、中共中央中原局中原军区宝丰旧址群等17个省级重点文物保护单位；拥有风搅雪坠子书、快板书、评书、祭火神、乐器制作技艺、刺绣、剪纸等64个市级非物质文化遗产项目；拥有前营遗址、贾复庙、玉带河永济桥、小店遗址等121个市县级文物保护单位；已经列入县级非物质文化遗产保护名录的还有越调、拜三皇、唱愿书、对戏等108项。境内还有保护较好的各级传统村落、历史文化名镇名村50余个。

这海量的优秀文化遗产，都是宝丰人民祖祖辈辈传承下来的中华民族智慧的结晶，也是宝丰人民的立足之本、精神财富，是我们值得骄傲和自豪的资本，更是我们崇德尚文、踔厉前行的动力。

《宝丰说唱文化普及系列丛书》是平顶山说唱文化（宝丰）生态保护发展中心组织本土专家学者，根据2017年"宝丰文化进校园"教材蓝本，进一步补充、完善的全民文化普及读物，由《宝丰曲艺》《宝丰戏曲·魔术》《宝丰民间习俗》《宝丰方言》《宝丰历史人物》《宝丰名胜古迹》《宝丰民间音乐舞蹈》《宝丰民间文学》《宝丰传统手工技艺》共9册组成。本书比较全面地展现了宝丰县的历史文化本貌、文化生态环境，文字简洁凝练，是传承、传播宝丰地方文化的大众读物。相信它的出版会对保护和传承中华优秀传统文化起到不可估量的作用。

　　习近平总书记说过："我们要坚持道路自信、理论自信、制度自信，最根本的还有一个文化自信。"文化自信是中华民族对自身文化价值的充分肯定和积极践行，是对其生命力持有的坚定信念。宝丰县的历史文化是黄河文化的重要组成部分，也是中国文化的精粹。热爱本土文化，热爱我们的家乡，传播和传承宝丰县历史文化，保护、抢救我们珍贵的文化遗产，既是宝丰人义不容辞的责任和义务，也是我们培育文化自信的动力和源泉。

　　《宝丰说唱文化普及系列丛书》将给大家带来精神上的愉悦和动力，激励全县人民携手并肩继承先祖的聪明才智，为传承发展我们的优秀传统文化贡献绵薄之力，共同建设好我们的美丽家园。

中共宝丰县委书记
2023年3月

目 录

传说故事…………………………… 001
民谣选录…………………………… 079
谚语选录…………………………… 113
歇后语选录………………………… 127

传说故事

宝丰说唱文化普及系列丛书

马街书会起源传说

一、黄龙战恶蛟的传说

很早以前,在宝丰县和鲁山县的交界处,有个村镇叫马渡街,街上住着个读书人,名叫张百泉。此人性格耿直,仗义疏财,很受乡邻爱戴。又因他平素喜欢弹唱,远近艺人都与他交往密切,故而家中经常乡邻、艺人来往不断。

一天傍晚,张百泉散步来到应水河西岸,正在观看水中游鱼,忽听有人亲切地召唤:"百泉,你可来了,请到我家稍坐!"他抬头定睛一看,是个素不相识的老人,遂问道:"老人家住何处?"老人答道:"就在这里。"他说着挥手指河,只听"呼啦"一声,河中出现一座宅院。老人拱手道:"请进吧!"百泉心中惊奇,只好跟随老人进屋,但见屋内陈设整齐,墙上挂满了乐器,心中大喜。老人指着乐器说:"我与贤弟爱好相同,请你随意玩赏!"接着自我介绍道:"我姓黄,名龙晏,祖居应水礓石潭。久仰贤弟人品,可恨相见太晚。"百泉笑答:"不敢!"之后,二人坐下谈心,相谈甚欢。从此,他们经常相聚,聊天弹唱。

一日,二人又相会于应河,却见老人满面愁容,百泉急忙询问缘由,老人告知:"应河上游有一恶棍,名叫胡蛟缠,他无恶不作,专好兴风作浪,鼓动大水出岸,淹没庄田。因他行为不端,我与他素不和睦。今年正月十三,他又无理取闹,说我弹唱妨碍他休息,叫我马上离开应河,因此我俩进行搏斗,他被我打败逃跑。后又送来战书说:'今年正月十三遭你打,明春此日加倍还。'为此,我日夜担心,生怕他前来报复。"百泉说:"原来连年水灾,就是他在作怪。请你放心,只要我把此事转告乡亲,他们定会全力相助。"老人高兴地说:"只要乡亲们全力相助,不用刀枪就可战胜恶棍。到那天,只需贤弟叫艺友沿河说唱,叫乡亲们带足石块和馒头在河岸伫立,若见河水黑就将石块砸下,若见河水黄就把馒头投入,这样胡蛟缠就必死无疑。"百泉听罢告别老人回村,把事情原委转告了乡亲们和艺友。

冬去春来,一元复始。农历正月十三那天,百泉带领乡亲们和艺友浩浩荡荡向应河进发,途中忽然狂风大作,黑云密布,百泉急令众人赶向应河两岸,按计布阵,然后艺人们同时高声说唱,乡亲们观察着河水的动静。不一会儿,河水果然变成黑水,乡亲们就纷纷将石块砸下,这时隐隐约约听到水中有呼叫声;河水慢慢变成了黄色,乡亲们迅速将馒头投入,这时隐约听到了水中有笑声。片刻后,风停了,浪静了,天空也明朗了。黄龙晏出现在众人面前说:"感谢大家帮助,胡蛟缠已死,往后不会再遭水灾了!不过大家还应居安思危,他还有子孙,若再报复,大家还得帮助。"百泉上前应道:"老兄,无妨。今后每年正月十三,我们都会在河岸集会,一来庆祝胜利,二来提防不测。"大家听后,十分赞同,并纷纷表示:要年年来,会会到。最后有人提议尊黄龙晏为"河大王",请他平日监督胡蛟缠的子孙,一有情况就及时报信(后来在应河东岸建有河大王庙)。来年正月十三,艺友和乡亲们如约来到应河两岸,艺人们说拉弹唱,乡亲们伫立注视,然而,这一天河晏风清,安然无事。就这样,年复一年,各地艺人和父老乡亲都"年年来,会会到",逐渐形成习俗,进而演变为书会。

搜集整理:孙光裕 司连升

二、马街火神爷的传说

马街古镇的应河边有座火神庙,据说过去是豫西一带沙河、汝河流域各村各寨的总庙,庙里香火旺盛,四方百姓多来朝拜,因为听说这里供奉的火神爷很灵验。火神爷名叫罗宣,是封神榜上有名的神仙,神通广大,法力无边。这里到处流传着火神爷罗宣奉旨火烧赊家店的故事。

在很早以前的一年腊月,去南阳贩芦席子的小车帮途中遇到一肮脏乞丐,这乞丐想要搭车捎一段脚。众人见乞丐衣衫褴褛,蓬头垢面,肩上扛一捆烂铺盖似的行李卷儿,走起路来一瘸一拐,身上爬满了虱子、跳蚤,那虱子"啪啪"地直往地下掉,人见人躲,没有一人愿意搭理他。唯有一心地善良的年轻人见乞丐面黄肌瘦,有气无力,腿脚又不灵便,便让其搭上了自家的车,乞丐自是感激不尽。一路上,年轻人和乞丐拉起家常,得知此人是宝丰县马街镇人,姓罗,只身一人去赊家店办事。这位年轻人犯了猜疑,乞丐都是四处漂泊哪里有家?从来都是只为填饱肚子,随遇而安,为何还要专程去赊家店办事呢?再三盘问,乞丐闭口不答,只对他说:"如果相信我,你只管拐个弯到赊家店,保你这趟生意稳赚不赔。"年轻人半信半疑,以为是疯癫话,但他还是拐了弯把乞丐送到了赊家店。

当晚,俩人夜宿在赊家店镇外的破庙里。酣睡中,年轻人被一片嘈杂的喊叫声吵醒,不见了乞丐,但只见不远处的镇内人声鼎沸,火光四起,顷刻间全镇烈焰滚滚,半边天都烧红了。天亮到镇里一看,原来镇里鳞次栉比的商铺,烧得只剩下断壁残垣。救了一夜火的人们在凛冽的寒风中瑟瑟发抖,一见到年轻人满车的芦席,也不讨价还价,霎时间一抢而空,都搭席棚藏身去了。就这样,年轻人发了一笔意外之财,心里暗暗感激这位姓罗的马街人。

回到家中,年轻人越想越觉得此事蹊跷,便要到马街去探个究竟。谁知他问遍全镇的人,大家都说没有姓罗的这户人家。只有一位长者说:"村东头大杨树下那火神庙里的火神爷不是姓罗叫罗宣嘛,莫不是你要找的是火神爷?"年轻人此时才恍然大悟,立马赶去朝拜。

来到应河边,只见大杨树下殿宇巍峨,火神爷塑像前香烟缭绕,两边的回廊柱上书写着"鞭打天下不孝子,火烧世间昧心人"。年轻人如梦初醒,难不成赊家店失火被烧是因为那里昧心人多吗?他心里这样想着,却因一路奔波劳碌，筋疲力尽，两眼一合，便歪头在供桌前的蒲团上打起了瞌睡。朦胧间，只见眼前的火神爷神像晃动起来，又一看颇似搭他便车的乞丐，张口便说："年轻人，赊家店原本是一个小村庄，只有十几户人家，因一姓赊的善人开了家店铺，不管是南来的北往的，卖姜的卖蒜的，推小车的算卦的，补锅的挑担儿的，他都热情招待，童叟无欺。如有哪个商贩手头紧了，无银两支付食宿钱，店家一概允许赊账，早晚手头宽松了再还也行，不还也不怪罪。由此名声大震，远近客商都来这里做生意，赊家店也出了名，越发繁荣热闹。三代以后，赊家店成了商埠大码头。谁知道，赊家的儿孙却坏了赊家店的名声。其间，有一客商上门借了一千两银子，借据上的'一'字被店主家加了两横，变成了三千两。客商日后去还账，店主硬要人家还他三千两。客商不服，官司打到了县里，恰遇一糊涂县官断案，硬把客商下了大狱，客商被酷刑折磨，冤死狱中。这客商鬼魂来到阴司告冥状，三曹官打开生死簿一看，此人不当死，便把冤情禀告天庭。天庭震怒，天旨下到我马街火神庙，我罗宣展开天旨一看——'火烧赊家店'。我领了圣旨，哪敢怠慢，立即赶去执行旨意。待我去一看，那个村镇就叫赊家店，我就一把火烧了个精光。谁知，天庭的本意是要火烧那个昧良心的赊家店铺，而赊家店镇子因赊家老店而得名，因旨意下达含糊不清，致使整个赊家店都被烧光了。到如今，我还因为错烧了赊家店其他商铺和老百姓的房屋而心中愧疚呢。"

一梦醒来，年轻人倒头便向火神爷参拜，燃起三炷高香就往香炉里插。谁知道香炉里似乎有什么东西挡着，高香就是插不下去。年轻人伸手往香炉里一摸，掏出来一对金灿灿的大元宝。

"马街火神庙里火神爷显灵了！"人们奔走相告，这故事越传越远，越传越神奇。火神庙里的香火更加旺盛了，连赊家店的人也大老远跑到马街来，一来赶赶书会，二来拜拜火神爷，希望给自己带来好运。后来，赊家店的人为朝拜方便，干脆在自家镇子也修了座火神庙。

口述：卢大仓
搜集整理：樊玉生

注：2006年，马街书会被国务院批准列入第一批国家级非物质文化遗产名录。

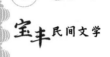

宝丰酒的传说

一、醉倒吕洞宾

传说在隋唐时期,宝丰城内有一家大户,在仓巷街开了一个酒馆,专门酿造和卖酒。由于他家酿的酒好,生意兴隆,几年内便发迹,成为名扬全县的富翁。这富翁感到十分得意、十分满足。于是,他便和家人商量,挂出了个"知足牌",上写"凡是愿来馆内喝酒者,不论贫富,分文不取,喝足为止"。

一天,吕洞宾和铁拐李驾着云头从宝丰上空经过,看到了这个"知足牌",便想一探究竟。于是二仙落下云头,化作两个要饭老头来到这家酒馆门前。看门的禀报主人,说是有两个要饭花子要到馆内喝酒。主人说:"请!"二人便被请了进去。二仙进去后,家人便拿出酒来让他们痛饮。他俩一直喝了三天三夜,还没醉意,可是酒几乎已被喝完。家人看到这种情景赶紧禀报了主人。这时,主人已知他俩不是凡人,便吩咐家人把所有的酒都拿出来让他俩喝。家人怕酒不够，便把院里的井水打上来，兑在酒里。他俩又喝了半天，中午时起身要走，主人忙随后相送。二仙走到院中被风一吹，酒力发作，吕洞宾身子一晃，便倒在了井边，满腹的酒便涌了出来，正好吐在井里，立时人们便发现一朵大莲花罩住了井口。后来，这个井便被称为莲花井。传说用这口井里的水酿酒，燃着后有莲花出现。后来，宝丰酒的名气越来越大，竟惊动了朝廷。于是，宝丰酒便成了朝廷的御用酒，而且用量也越来越大。这家酒馆向朝廷进贡的酒，得不到钱，便破产了。富翁一怒之下便把莲花井填平了，从此停业不再酿酒了。

搜集整理：张治安

二、秦伯度修春风亭

清朝嘉庆年间，桂林有个名叫秦伯度的儒生进京赶考。这天，他走到宝丰县商酒务镇时天色已晚，便住在镇南大路边的程夫子庙里。由于他求官心切，一住下便伏案攻读，但因困乏过度，不知不觉便睡着了。在他蒙眬之际，却见一位白发老翁走到他跟前说："今年科举是中《春秋》不中《礼记》，你要牢牢记住。"当秦伯度问他姓名时，那老翁却飘然而去。他惊醒过来，原来是一场梦。第二天，秦伯度便在这里访问庙的情况，得知宋代程颢在此当过管酒的官吏，因为他对当时在镇上卖酒的七十二家酒馆政策宽松，声誉很高。程颢走后，为了纪念他，这七十二家酒店捐钱给程颢盖了这座庙，塑了像。于是秦伯度走时还专门买了一壶宝丰酒带在身边。到京城时已是考试的前一天。这天晚上，秦伯度不顾一路的风寒辛苦，展卷温习功课，准备应试。但他越学越觉得糊涂，感到文章无从作起。鸡叫两遍天将明时，他觉着精疲力竭，再也支持不住了。这时他忽地想起带来的宝丰酒，便咕嘟咕嘟地喝了起来，喝罢顿觉精神大振，他按照白发老人的指点作了文章，中了进士。

秦伯度中了进士后，为了报答梦中那位老翁，便向朝廷提出到宝丰当县令。他到宝丰上任后，一方面振兴宝丰的酿酒业，一方面着手整修程夫子庙，并在庙内修了一座亭台，名曰：春风亭。当工匠们问亭建多高时，秦伯度说，站在亭子上要能看到宝丰城。工匠们按照秦县令的要求，很快便建成了这个亭子。这就是被誉为"宝丰八景"之一的春风亭。那时，商酒务镇是通往汝州的交通要道，是宝丰酒的集散地。因此，秦伯度每次来到商酒务镇,总要登上春风亭,瞭望宝丰,回顾往事。从此,宝丰的酿酒业更加兴隆了。

搜集整理:张治安

三、双酒湖的传说

在河南宝丰县城西北二十五里处,有个村庄叫"商酒务"。其实,这个村原来叫"双酒湖"。相传,很早很早以前,宝丰这个地方的酿酒业非常兴旺,当地群众都依照酿酒始祖仪狄传授的酿造方法来酿酒。

有一天,玉皇大帝在灵霄宝殿突然闻到一股清香甘醇的酒味,那芬芳的酒香,使他不由脱口说道:"好香呀!"玉皇大帝便立即吩咐,"太白金星快查一下,这冲天酒香来自何方。"只见太白金星驾起云头,领旨下界,察看了一番,便回到天宫向玉皇大帝汇报说,此酒香产于中原大地伏牛山以东、汝水以南、滍水以北的父城。玉皇大帝闻言哈哈大笑,十分高兴地说:"蟠桃盛会正缺好酒,这个酒该派人去取来一些,以助蟠桃盛会之兴,也让众爱卿一饱口福。"太白金星听玉帝一说,便自告奋勇要下界取酒。可玉皇大帝却说太白金星已去了一趟,该歇一歇了,转脸命令天蓬元帅:"你力大无比,就由你下界取酒,越快越好,不得误事。"谁知,这天蓬元帅是个好酒之徒,玉帝要他下界取酒正中他下怀。天蓬元帅随即驾起祥云直奔伏牛山。不多时,天蓬元帅来到父城上空,往下一看,只见山民们都在忙着酿酒,那股迷人的酒香使他垂涎三尺。天蓬元帅不顾一切,只想马上喝上美酒,因此,便在上空施展法术,让山民们个个都在刹那间定住。天蓬元帅趁机按落云头,见酒就喝,喝完这个山村的酒,再去喝那个山村的酒,整整喝了九九八十一天,才稍有些过瘾。这时候,天蓬元帅才想起玉皇大帝的圣旨,便挑起两个大桶把几十个山村的酒全都装进桶里,然后驾起云头,回宫交旨。不料此时酒力发作,天蓬元帅摇摇晃晃,两腿、两手都不听使唤,"扑通"一声巨响,连人带酒从空中栽到地上,迷迷糊糊地躺在伏牛山上睡着了。那两个大桶把地上砸出两个大坑,两桶酒也全倾入两个大坑里,形成了两个酒湖。

再说那玉皇大帝,久等不见天蓬元帅回来,急得坐卧不安,生怕耽误了王母娘娘的蟠桃盛会,因此忙派一名小将下界寻找。这位小将领旨下界,在伏牛山找到了正在酣睡的天蓬元帅,走至近前便闻到一股浓浓的酒香。这位小将又推又喊,才把天蓬元帅叫醒了。

天蓬元帅睁开双眼一看是玉皇大帝派来找自己的人，便无所适从地憨笑一声："哈哈，好酒！好酒！我喝醉了，在这里睡了一觉。"他怎知，天上一日，便是人间一年。天蓬元帅醉在这里睡了一觉，不觉已经三年。天蓬元帅自知犯了天规，罪行不轻，因此，他不顾一切，急忙收拾酒桶。见两桶酒变成了两个酒湖，天蓬元帅想把两湖的酒装回桶里，回天宫请罪交旨。可是，两个桶都装满了，两湖里的酒却没有下去多少。天蓬元帅不知道，他跌倒的时候，两桶酒不仅把地上砸了两个又深又大的坑，而且把地下泉水冲了出来，使酒和地下泉水融为一体，形成了自然勾调，又经三年贮陈，不但未降低酒的质量，反而使酒更香、更醇。有人说，现在酒师们采取的原酒贮陈和勾调降度法就源于此。从那以后，不知又经过了多少年代，随着自然变化，这两个酒湖慢慢被淤平了。但是双酒湖还留下个"五龙泉"，早年曾被誉为"神水"，用此泉水酿的酒也格外好喝。

　　有史以来宝丰的酒业都很发达，特别是唐宋时期更为兴旺，北宋神宗钦派程夫子（程颢）来宝丰监酒。那时候，商酒务村是个商洽卖酒的集散地，官府在这里设有酒的专卖机关——酒务。所以有人把"双酒湖"这个村叫成"商酒务",可是百姓们还习惯性地称这个村为"双酒湖"。

搜集整理:马茂林 王文芳

四、双酒壶的传说

相传很早以前,有兄弟二人,都已成家。哥哥常年在外,弟弟领着妻子和嫂嫂在家过活,一家人相处得十分和睦。

后来,不知怎的弟弟总觉得自己的妻子长得丑陋,不如嫂嫂,时间一长,竟害起相思病来。他的妻子不明原因,看着躺在病床上的丈夫,心里很着急,便问丈夫怎么才能治好他的病。弟弟回答说:"只有嫂嫂才能治好我的病。"于是,他的妻子就把这话告诉了嫂嫂。嫂嫂不但人长得漂亮,而且很聪明、贤淑。当她明白弟弟的意思后,不仅没有气恼,还说要请弟弟一同吃酒。

听了妻子的回话,弟弟以为嫂嫂答应了他,很高兴地和嫂嫂对坐在桌旁,然而当他看到桌上放着一新一旧两把酒壶时,心里很纳闷。正在这时,嫂嫂从新壶中倒了一杯酒递给了他,等他喝完后,又从旧壶中倒了一杯酒,让他喝下去,然后就问两把酒壶中酒味有什么不同，喜欢喝哪个壶里的酒。弟弟回答说是一样的酒，嫂嫂听后很高兴，说道："是的。只是装酒的壶不一样，但酒的味道是相同的。不能认为壶不同，就说酒的味道不一样。"

弟弟听了非常惭愧，他明白了嫂嫂请自己吃酒的用意，因而更加敬重嫂嫂了。为了不再犯错，他就把住的地方叫作"两把壶"，后来人们认为不顺嘴，就改成"双酒壶"。后人念走了音就称作"商酒务"。

搜集整理：马茂林　王文芳

注：2008年，宝丰酒传统酿造技艺被国务院批准列入第二批国家级非物质文化遗产名录。

妙善观音的传说

一、三皇姑父城出生

相传，在春秋时期，父城有一国君称苗庄王。苗庄王无儿子，有三女，长女名妙颜，次女名妙音，三女名妙善。妙善是王后在梦中生下来的。一天,王后正在龙凤床上安睡,忽然梦见天上的圆月朝她怀中飞来,王后一惊,吓得出了一身冷汗,当王后醒来时便听见哇哇的婴儿哭声,一看是生了一个小公主。当时,王后虽然生产,但没有一点儿疼痛的感觉,看到的是红光满室,闻到的是馨香浓郁,王宫上面是祥云瑞气。庄王和王后都觉得这个三女儿神奇异常,便把她视为掌上明珠,百般宠爱。

二、三皇姑白雀寺出家

据传说,妙善幼年相貌端正俊秀,聪敏颖悟,好学上进,十来岁就会吟诗作赋;不慕荣华富贵,不事华饰,乐诵经文,喜谈佛法,言必劝诫。她看到王室的暴虐心生厌恶,非常同情下人的不幸遭遇,时常想方设法巧妙地帮助他们,使他们少受苦难,人们尊称她为三皇姑。三皇姑十五六岁时出落得亭亭玉立,像出水芙蓉,非常惹人喜爱。苗庄王为了讨好强大邻国的国王,有意将其许配给邻国的王子。三皇姑闻讯,伤心极了。她知道自己的国家是个小国,每年都要向邻国朝拜,进贡一些珠宝、玛瑙,自己和这些珠宝、玛瑙又有什么区别呢?她整整哭了三天三夜,宁死不从。

苗庄王无奈，挑选了一个能说会道的媒婆去劝说。媒婆走进三皇姑的闺房："二八女，该出嫁，嫁到邻国王子家，既有车，又有马，能住华屋和广厦，又有老妈来叠被，又有丫鬟来奉茶。"三皇姑讨厌媒婆的胡编乱诌，卖弄口舌，不等媒婆说完，就针锋相对地说："二八女，不出嫁，不慕富贵与荣华，不要车，不要马，不受他人打和骂！不要华屋和广厦，渴了亲手去端茶。"媒婆见荣华富贵打动不了三皇姑的心，眼珠一转接着说："开天辟地几万年，女大当嫁顺应天，父母之命媒妁之言，孝女理应照此办。"三皇姑见她想用人伦之理压服自己，便胸有成竹地说："女大当嫁是自然，千年规矩能改变，只要男女两相爱，喜结连理配姻缘，不出嫁，愿出家，愿入庙堂去削发！矢志出家修正果，誓为世人免灾难。"媒婆看自己的话没有用，丝毫打动不了三皇姑的心，就灰溜溜地走了。苗庄王一怒之下把三皇姑囚禁于后宫严加看管，三皇姑就不吃不喝，一连几天水米不进，容颜消瘦。王后心疼闺女，背着苗庄王，悄悄地把三皇姑放走。三皇姑出宫后，便到白雀寺出家，由于三皇姑皈依佛门，心诚志坚，法相庄严，人称大悲观世音菩萨，远近乡民顶礼膜拜，至今白雀寺香火旺盛。

白雀寺位于宝丰县城东 18 千米李庄乡古城村西南 200 米处，因古寺中有异槐，每遇丰年白雀筑巢于其上而得名，该寺为古代"宝丰八景"之一。

讲述人：崔奇
搜集整理：方会城

三、三皇姑修道香山

　　苗庄王听说三皇姑在白雀寺出家，就派兵把白雀寺围了个水泄不通，又派人搬来柴草，在白雀寺周围摆成了一个圈，点着火烧了起来。三皇姑被围在白雀寺，困在大火里。这时南边龙山上一只通灵的老虎知道三皇姑小小年纪就吃斋行善，日后定成佛祖，就从空中飞到火里，把三皇姑悄悄驮了出来，往西南方飞奔，跑了十来里路，来到香山。这座山到处是悬崖陡壁，林茂草密，渺无人烟。三皇姑就在香山顶上搭了一座草庵，饿了吃野果，渴了喝山泉。整天在庵里坐禅诵经修行，终于证得佛果，修成了大慈大悲观世音菩萨。三皇姑在这里建了庙院，就是现在的香山寺。

四、三皇姑剁手挖眼救父

　　香山寺掩映在宝丰东南的火珠山群峰之间，凡到此游览过的人，都知道寺内有一座千手千眼的菩萨。据老年人讲，这座规模宏伟的庙宇，是经苗庄王盖起来的，那座神态惟妙惟肖的菩萨是苗庄王专为他的小女儿三皇姑塑造的。

苗庄王五十岁那年，染上一种怪病，终日头昏脑涨。王后遍请名医，多方诊治，不但不见好转，病情反而日益加重，不到三个月，苗庄王就瘦得皮包骨头，气息奄奄。

一日，宫门外走进一个云游四海的巫医，声称他能治好苗庄王的疾病，当即开了一个药方，不过他说，需用亲骨肉的眼和手做引子这剂药才能生效。

苗庄王下诏把出嫁的大女儿、二女儿召回宫。王后哭着对她们说明了前因后果，指望她们尽心行孝，治好苗庄王的病。听母亲说完，大皇姑眨眨眼看看妹妹说："哎，剁了手非疼死不中！"二皇姑向姐姐瞟了一眼说："哎，剜了眼不丑死才怪哩！"说完，姐妹俩就走开了。

三皇姑听到了这个消息，内心痛苦又矛盾，她想去救苗庄王，又记恨他对自己的遗弃，不去为父亲治病，又觉得于心不忍，最后她想：自己信奉佛教的宗旨就是要普度众生，更何况他是自己的父亲！要是看着自己的生父死而不顾,还谈什么修身行善?想到这里,三皇姑就一直朝京城走去。回宫拜罢王后,三皇姑就让那巫医剁掉了她的一只手,挖出了她的一颗眼珠。苗庄王吃了巫医配制的药果然痊愈了。他被女儿的孝心感动,决定在香山为女儿修一座寺院,在寺里为女儿塑一尊巨大的金像。

三皇姑虽然残疾了,但她的心是善良的,现在她更爱美了。她听说苗庄王要为自己塑像,就对父亲说:"父王,听说您要为女儿塑像,女儿很感激,但要是塑像可不能照现在的样子啊,您一定要给我塑一尊全手全眼的像!"年迈的苗庄王耳聋眼花,错把"全手全眼"听成了"千手千眼",于是就在这座新建的寺院——香山寺里照三皇姑的模样塑了一尊千手千眼的大佛。

从此,三皇姑就被人称为千手千眼菩萨。

搜集整理:方会城 沈琴

注:2011年,妙善观音传说被河南省人民政府批准列入河南省省级非物质文化遗产名录。

白朗起义传说

一、拳打李康娃

清朝光绪年间，宝丰城有个衙役名叫李康娃。这个人吃喝嫖赌，挥金如土，坑害百姓。有一天，李康娃头戴毡礼帽，脚穿双脸鞋，手执拐杖，身披长衫，耀武扬威地径奔城西大刘村而去。李康娃一进村逢人就抓，见车就抢，谁要说个不字，出口就骂，举棍便打。这时，只见人群里闪出一个身材魁梧的年轻人，两道乌黑的剑眉，一双明亮的大眼睛放射出愤怒的光芒。他紧绷着气紫的嘴唇，握着铁样的拳头，二话没说，走上前去揪住李康娃便打，李康娃连声讨饶，壮士方才放手。

当李康娃灰溜溜地滚开时，那壮士厉声对他说："爷爷叫白朗，这个村的人可不是好惹的，我知道你舅舅李文德是县老爷，以后你胆敢再仗着老狗的权势胡作非为，坑害百姓，小心你的狗命！"李康娃只好作揖连声说："小人不敢！小人不敢！"

从此，不但大刘村的群众对白朗很佩服，而且四乡的人们也都很佩服白朗那种不畏权势的精神，无不拍手称赞。

二、夺枪起义

大刘村北边有个姚店铺，那里有个郑员外，是个有几百亩地的大财主。武昌起义后，他害怕革命党过来，便率领全家逃到宝丰城内，家中留下家丁们看守门户，有笨炮、单响拐子、铅疙瘩，还有一根惹人喜爱的新快炮，总共有枪二十八支。当时这个反动武装组织是老虎的屁股摸不得。白朗看准了这个目标，于十月十五日亲入虎口，对那些看门的家丁说："伙计们，咱都是穷人，又是乡亲，我实话告诉你们，革命党可真是进了鲁山城啦，你们掌柜早就跑了，你们给人家看门是想当替死鬼哩！"那些人听他说得有理，就对白朗说实话："谁愿当替死鬼？革命党来了俺们也跑。"这一下白朗摸清了底，当晚回家发动二十多名青年，有的赤手空拳，有的手执棍棒，夜至三更去到姚店铺郑家门口齐声高呼："革命党来了，缴枪不杀！"家丁们在梦中惊醒，手忙脚乱，听到喊声真的一哄而散了。白朗找到里边的"大户混"李占魁、段广德里应外合在郑家院内把所有的武器全部搜出。从此，宝丰地区农民的武装组织中便增添了一支劫富济贫的"袄片队"。

三、截张官

白朗在姚店铺夺枪起义后，第一个漂亮仗就是截张官。这个张官就是宝丰知县张理堂，他是直隶河北人氏，宣统二年到宝丰上任时身边跟随一名"干将"毕文德，带着一支精壮人马，三十五支快炮，受命镇压当地造反群众。哪知不到两年时间，辛亥革命便宣判了清王朝的末日。武昌起义后，清朝官吏胆战心惊。宝丰知县张理堂如坐针毡，像热锅上的蚂蚁一样急着向外跑。可人民群众已撒下了天罗地网，想携带武器安全逃脱实是做梦。没办法，张理堂便到城南杨老庄找到曾挂过千顷牌的大地主杨小瑞（人称杨大少）帮忙出主意。杨小瑞见知县有求，自是欣然同意，马上差人指示驻扎在大营的快炮队头目杜起彬行此情。说起杜起彬，表面上打的是"蹚将"旗号，实际上他听命于杨大少。杜起彬立即满口答应并对来人夸口说："请回禀杨大少和张老爷，请他们放心，这一带只要我们不出头，量也无人敢截，如有差错，我管包揽。"

杨大少和张知县听了差人禀告连连点头，随即择定吉日于腊月二十二日启程,确定由大韩庄出境,返回直隶。

却说白朗那支笨炮队,起义不到两个月时间,人数达七八十名。别的杆子(指揭竿而起的人)为了保存自己的实力都盘踞在大营南的山区里,进行秘密活动,唯有白朗公开劫富济贫,与反动势力展开殊死斗争。当时,白朗住在城北稻谷田,正伺机攻城。这时,县衙里有个棚头韩连,外号韩合义,素与白朗交好。这个人出身贫苦,眼力敏锐,他早有摆脱官府起来造反之心。今闻白朗屯兵城外,心中暗自佩服。当韩连知道张知县准备逃跑的秘密时,忽然灵机一动,于腊月二十一日晚亲访白朗,泄露了张理堂逃跑的机密。白朗当机立断,率领袄片队于夜深人静时,在张知县准备回家的路上做好埋伏。

次日,天还未亮,张知县已将搜刮来的金银珠宝收拾停当,命令毕文德、韩合义整顿人马,自己坐上轿车,前呼后拥出了北城门,径直奔向预定的逃跑道路。

他们畅通无阻地越过了皮庄,翻过了交马岭,安全地走了八里路。这时,张知县在轿车内想:"前有毕文德率领三十五支快炮开路,后有韩合义带着二十名衙役护送!只要杜起彬不截,其他小杆子不经杨大少许可,谅他们也不敢盲动。半天即可走出宝丰县境。"

时至腊月,寒风凛冽。走到岭北交界河时正当黎明,寒气格外逼人。张知县在车上冻得直打哆嗦。这时他打开被子正想躺下去睡一觉,谁知白朗预先埋伏的队伍跳了出来,几十支笨炮响声震天,烟雾弥漫。官兵毫无准备,手足无措。在夺枪的斗争中,毕文德乘机掩护着张知县逃出了重围,返回城内。义军得到十支快炮,在清扫战场中见路边有一辆轿车,上边坐着一位少年,车夫说:"他就是张知县的少爷。"白朗一听心中暗喜,忙命车夫把车开到姚店铺,然后派一俘虏告知张知县,只要把武器全部交出来,就可以换回车马和他的少爷。张知县无奈只好乖乖地照办了。这一仗打得既省劲又漂亮,笨炮队变成了快炮队。从此,袄片队士气日益高涨,愈战愈强,这支队伍就是近代革命史中"中原扶汉军"的前身。

搜集整理:杨均

注:2015 年,白朗起义传说被河南省人民政府批准列入河南省省级非物质文化遗产名录。

关于王莽撵刘秀的传说

一、古石桥脱险

宝丰县杨庄镇柳沟营村的小河沟上有一座千古石桥。现在看来虽不雄伟壮观,没有惹人注目的地方,但它的原貌却具有典型的传统建筑特色,并且还有一则传说与它有关。

据村中老人讲,此桥为三孔石桥,南北长约七米,桥面宽约四米,高一米半。两个桥墩用长石墩垒砌,两个龙头朝西,嘴里含着"避水珠";两条龙尾朝东,一条尾巴盘卷着,一条伸展着。龙头龙尾都镌刻着花纹,形象逼真,至今还隐约可见,据说是一雌一雄。桥面用一尺多厚的青石板铺建而成,桥两旁每侧各排列四根不足一米高的石柱,石柱上方呈球状,远看好似八名卫士分列两旁,石柱中间由青石板连接成栏杆。另有四条加厚石板分别呈八字形平铺在桥的两头。桥南东侧河边立有三通石碑,其中一通较大,戴有碑帽,据一位七十多岁的老人讲，这三通石碑是重修此桥时所立的，上边刻有许多人名，是修桥捐钱的记载。但此桥于何年代修建、重修，因碑文经风雨吹打已模糊不清，村里也无人知晓，然一则王莽撵刘秀的传说却从另一个角度在诉说着这座石桥的古老与沧桑。

西汉末年，外戚王莽篡权，天下大乱，汉室后裔刘秀起兵征讨。某年夏秋之交，王莽调大军把刘秀围困在昆阳（今河南省叶县）。刘秀因兵力不足，亲自带骑兵出城求援。刘秀路经这座石板桥时天色已晚，并且人困马乏实在难以前行，于是便下马在桥北头东侧一块石桥上酣然睡去。时隔不久，谁知王莽也追至桥南，但此时夜色已浓，伸手不见五指，并且同样人困马乏，无奈也下马休息。两人谁也不知相距会如此之近，心中各自盘算，待翌日拂晓鸡鸣继续前行。或许天命自有定数，桥南蚊子横行，加之桥下流水叮咚而响，使王莽久久不能入睡。而桥北刘秀睡的石板周围无一只蚊子袭扰，他便早早进入了梦乡。说也奇怪，大约不到午夜时分，桥北农家雄鸡提前鸣叫，惊醒了刘秀，他便即速起身上马继续前行。此时桥南王莽却刚刚入睡，没有听到任何动静，一觉醒来天已大亮，于是赶紧起身催马追赶刘秀，但此时刘秀早已无影无踪。待王莽寻刘秀不见又回到昆阳时，刘秀的援兵已到，内外夹攻打败了王莽的军队。王莽从此一蹶不振，刘秀名声大噪。后来，刘秀得天下人相助，重收汉室河山，建立东汉政权，成为历史上著名的光武帝。从此，这座石桥救刘秀的传说一代代流传了下来。

搜集整理：王广清

二、马渡河与马街

在豫西伏牛山东麓宝丰县城南约7.5千米处有一条河，名曰应河。但这条河流经马街到马头寨的一段，却被当地人称作马渡河。

这名称自昆阳之战而来。相传，西汉末更始元年（公元23年）六月，王莽派十万大军包围了昆阳（今河南省叶县），城内的更始军只有八千人，更始军将士站在城门楼上一望，只见远方黑压压的队伍全是王莽军队。他们害怕了，一时乱了阵脚。这时，一位军校不慌不忙地站出来说："现在我们不能乱，只有找出对策，才能取得胜利。"接着他信心百倍地向大家说出了取胜的策略，人们听了他的一席话如吃了一颗定心丸，很快平静下来，这位军校就是后来的东汉光武帝刘秀。在他的提议下，王凤、王常负责守城，只守不战，刘秀带十三骑快马趁黑夜冲出重围搬兵。不久,他就集合了数万大军去解昆阳之围。当兵马走到应河岸时,河水猛涨,滔滔洪水挡住了他们的去路,刘秀急中生智,下令让骑兵先渡河,由于马会游水,迅速抢渡成功,当步兵到河边时水势已降,全军的成功抢渡为昆阳之战夺得了战机。后来,刘秀做了皇帝,人们为纪念他指挥兵马渡河有方,就把这段河叫作马渡河。

斗转星移,不知又过了多少个春秋,这里成了宛(南阳)、洛(洛阳)来往的商道,过往客商越来越多,河边就相应出现了供商客食宿的饭铺、旅店,人们就叫这地方为马渡店;再后来,店铺愈来愈多,相连成街,又叫马渡街;日久天长,人们为叫着方便简称"马街",相沿至今。

搜集整理:李永庆

三、扳倒井的传说

在宝丰县肖旗乡枣庄村西头,原来有一口溢水井,井水从井口缓缓流出,长年不断。这口井传说和刘秀有关。

西汉末年,王莽篡汉,建立新朝,实行苛政,民不聊生,哀鸿遍野。于是天下群雄蜂起,刘秀兄弟也在家乡南阳拉起了一支义军。但是，开始时，由于义军士兵都是农民出身，战斗素质差，且人数也不多，经常被王莽军队追得四处逃窜。一日，刘秀带领残兵败将行至枣庄村时，已是人困马乏，饥渴难耐。这时，大家忽然发现路边有一口井，顿时喜出望外，纷纷涌向井边。到了井边，军士们大失所望，因为井水水位太低，离井口太远，没有取水工具根本喝不到水。这时，刘秀心想：水如果能从井口流出来该多好啊！这样想着，便自言自语说了出来。因刘秀是真龙天子，自然金口玉言，话音刚落，就见井口倒向了东边，井水从井中缓缓溢出，军士们看见清凉的井水，皆痛饮了一番。说也奇怪，军士们饮用井水后，刚才的饥渴感全没有了，且一个个感觉神清气爽，浑身是劲儿，于是飞身上马，绝尘而去，把王莽军队远远抛在身后。

此后，人们发现了这口溢水井，便在此定居，繁衍生息，形成了村庄。

搜集整理：李全鑫

注：2013年，王莽撵刘秀传说被平顶山市人民政府列入平顶山市市级非物质文化遗产名录。

传说故事

贾复与净肠河的传说

西汉末年,王莽篡权,群臣不服,天下大乱。不少有志之士纷纷组织武装,讨伐王莽。在各路武装头领中有一南阳郡蔡阳县人,名叫刘秀。

刘秀为人聪明,深晓民情,知道礼贤下士,懂得知人善用,因此不少人都投奔他的门下。其中有位能征善战、智勇双全的将军,姓贾,名复,字君文,南阳冠军(今河南邓州西北)人,弃更始帝投刘秀,为创东汉帝业屡建奇功,并得到刘秀赏识,官拜执金吾,后封为胶东侯,明帝时被封为"云台二十八将"之一。

且说昆阳之战后,王莽军败宝丰东十里交马岭,贾复率军追击,两军在交马岭对阵交战。从东方拂晓一直杀到日色偏西,王莽军队大败,向宝丰溃退。贾复拍马追赶到西南离县城五里外,贾复不幸中箭落马,被敌将枪挑破肚,后有援兵赶到救了他。

贾复被救起身,他解下腰带,纳肠裹腹,扎紧伤口,又翻身上马，继续追击敌人。

日落西山，敌兵溃散，贾复骑马来到城北环城河边，只见河水映晚霞，波光闪闪。当时正是夏初季节，天气炎热，贾复一天血战，真是人困马乏。他翻身下马，一手提枪，一手牵马来到河边，让马饮清水，自己脱衣洗汗。他把腰带解去，啊呀，伤口大似碗，肠子和淤血一起流出来。他忍住剧疼，用水来冲洗肠上的淤血和污垢，恰在这时，有位洗衣姑娘提篮下河，她来到河边，猛抬头，看见贾复洗肠情景，不禁惊叫："壮士，你……不怕疼吗？"

"哈哈！怕疼能算好汉？这河水中含有药物，洗了伤就会好！"

"啊！照你说，这河是净肠河了？"

姑娘回家后把看到的情景和听到的话告诉了邻居。就这样一传十，十传百，一代一代相传，宝丰北关的河就成了净肠河啦！

搜集整理：申玉兰　阎振谦

注：2013年，净肠河的传说被平顶山市人民政府列入平顶山市市级非物质文化遗产名录；东汉大将贾复的传说被宝丰县人民政府列入第三批宝丰县县级非物质文化遗产名录。

济公训狐的传说

宝丰县城西二十五千米处,有座历史悠久、规模宏大的名刹,名叫龙兴寺,当地人称为训狐寺。

很久以前,这寺里苍松翠柏,古树参天,殿堂相映;寺外山势奇异,峭壁深潭相间,风景幽雅,引人入胜。慕名来游者络绎不绝。这里有游人留言的"摩崖石刻",有悬崖峭壁下的深渊"黑龙潭",有奇形怪状的石窟"海带洞"等景观。

某年春暖花开时节,杭州西湖灵隐寺名僧济公云游至此,与该寺住持僧觉玄交为朋友。济公行踪无定,来去莫测,但附近小店头、大店头、槐树岭、岳坟沟是他常去的地方。他在医病时发现这里常有害邪病的,得了这种病后面黄肌瘦,病情越来越重,直至丧命,但病者闭口不谈病因。一天,济公游至一村,有个姓施的老汉见了济公就跪在他面前,苦苦恳求济公救他儿子的命。原来,施老汉只有一个儿子,因相貌出众,聪明伶俐,名为施俊。近日得了邪病，老汉正愁得要命，听说济公手到病除，久求不遇，今碰巧相见。济公立即到施家，看罢施俊的病，决心查明病因。经一番细致的访察，得知此病是龙兴寺西不远的山林密处山洞内一只千年黑毛狐狸精所为。这只狐狸精十分贪色，哪个村子的美貌男子若被她看中，一到夜深人静时，她就变成美女，潜入住房相缠。济公没有对该狐狸精舞刀弄剑，而是抓住她爱听箫声的嗜好，采取训教的方法，每天不厌其烦地在夜深人静时，坐到狐穴附近的山巅上吹箫，吹了一个时辰就停下来讲道理，讲了再吹，吹了再讲，这样日复一日，讲了七七四十九天，狐狸精受到训教，悟得道行越深，越应该自爱自重，应尽自己之能抑恶扬善，为民众办好事。狐狸精由原来怕见济公转变为主动找济公道谢教诲之恩，并表示决心痛改前非，永不再犯。从此，这里再也没有人害邪病了。后来，龙兴寺方圆村上的百姓为了纪念济公训狐救民之恩，就称龙兴寺为训狐寺。

搜集整理：李永庆

注：2013年，济公训狐传说被平顶山市人民政府列入平顶山市市级非物质文化遗产名录。

墨状元传艺

20世纪20年代,南阳府石桥镇有一位奇人,姓墨,名子亮。此人家中有良田千顷,庄园数座,骡马成群,仆人如云,当为石桥镇首富。一生别无嗜好,唯独酷爱大调曲子,日日把南阳一带大调曲子的弹唱高手邀聚家中,设宴款待,尽情弹唱。就这样唱了吃,吃了唱,日复一日,年复一年,一亩亩土地被吃掉,一座座豪宅被卖光。几年内把偌大一份家业挥霍一空。但墨子亮却集众曲友精湛技艺于一身,三弦弹技卓绝,出神入化,唱腔圆润悦耳,娓娓动听,真可谓余音绕梁,三日犹存,遂成了南阳一带大调曲子的顶尖高手,被誉为"曲状元"。

1938年农历正月初九,已经一贫如洗的墨状元一心携琴访友,一路北行,于正月十三行至宝丰县马街时,恰逢马街书会。但见人潮如水涌向会场,真是万头攒动、摩肩接踵,各路艺人汇聚,各类曲种汇集,可谓气势如虹、震撼人心。无数艺人扶鼓操琴，放喉高唱。写书人耐心倾听，品艺还价，听书人不断喝彩求唱。墨状元见如此艺海显技的大场面心情万分激动，不觉技痒难耐，心想此时不亮绝技更待何时。只见他席地而坐，怀抱三弦，弹一曲高山流水如珍珠撒玉盘，唱一段西厢妙词赛杏花溢芳香，真是喝彩声源源不断，鼓掌声震耳欲聋。写书人争相邀请，怎奈墨状元坚持亮书不卖书，在众人的叫好声中唱了一曲又一曲，眼看日落西山晚霞洒辉，听众仍不肯离去。时有宝丰城内士绅杨馥斋、赵敬斋等视墨状元为高人，请其到家中，待若上宾，墨状元再现绝技，众人叹服，求墨状元传艺。墨状元沉思良久，看中马街艺海宝地，相中众人求师心切，从此在宝丰开始传授大调曲艺。当时墨状元教授的徒弟有杨馥斋、杨杏佛、杨叶五、赵敬斋、郑伯鸿等人。墨状元根据各人的不同嗓音条件，或传授三弦、古筝，或传授水浒、三国段子，或传授西厢、红楼妙曲。众学徒各得其妙传，受益匪浅。

一日，年过古稀的墨状元，把一曲伯牙碎琴唱到了极致，弹到了佳境。在众学徒的喝彩声中，忽听三根琴弦齐声崩断，再看墨状元如痴如醉怀抱三弦，已撒手人寰，驾鹤西去。墨状元逝后，诸人成立了大调曲子研究所，继承和发展大调曲子，时入所者达数十人之多。后起之秀李含道、苏中岳最著，知名于河南曲坊。如今县里成立了大调曲子传习所，古曲大调在宝丰盛传至今。

搜集整理：冯河水

注：2013年，墨派大调曲子被平顶山市人民政府列入平顶山市市级非物质文化遗产名录。

九龟朝赧王

宝丰县西部观音堂境内的石河川里，零乱地伏卧着九个高达数丈的大石龟，老百姓叫作九龟朝赧王。

赧王，姓姬，名延，是周王朝的末代君主，公元前314年登基。公元前256年，秦军乘虚而入直攻周朝。他无力抗拒，无计可施，即率群臣百姓到文、武之庙大哭三日，捧起所有舆图，亲献秦军，延续近八百年的周王朝宣告灭亡。秦昭襄王把他降为周公，封住梁城（今汝州市临汝镇南部紫罗坡），后迁五朵山下（明定为"宝丰八景"之一），后世人们通常把他叫作赧王。

相传周赧王被贬时就住在五朵山下石河上游的上寺村（周时属梁邑辖区，以后长期属宝丰县辖）。天有不测风云，人有旦夕祸福。一天傍晚，县境西部山区狂风大作，乌云密布，电闪雷鸣，倾盆大雨从天而降，滔滔山洪冲向上寺村，赧王遇险被困。当晚，石河下游里的九个神龟结伴同行，逆水而上前去上寺村搭救赧王。不料，领头的大龟在观音堂杨庄西边的河岔里迷了路，他们东摸西闯怎么也到不了上寺村。鸡一打鸣，这九个神龟再也不能动弹了，天明变成了高达数丈翘首上望的九个大石龟，伏卧在石河川里。赧王被困死在上寺村，葬在五朵山下，后人为纪念他就把沿河的九个大石龟称为九龟朝赧王。

搜集整理：张署光　孙广志

注：2012年，九龟朝赧王的传说被宝丰县人民政府列入宝丰县县级非物质文化遗产名录。

九子山的传说

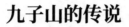

伏牛山群峰中有座原叫金山的九子山,这座山为什么改名了呢?

传说在很久很久以前,县境西部观音堂山区金山脚下土地肥沃,物产丰富。这儿有个小小的村庄,名叫天府寨,寨里除一户姓刘的地主外,其余都是贫农,他们常年辛辛苦苦给刘家种地干活,但一年到头累死累活也得不到暖衣饱食。而刘财主家却吃着山珍海味,住着华屋广厦,骡马成群,仆人无数,过着人间天堂般的生活。刘老财常说:"百亩不靠天,三盘龙拽碾,要得穷了刘老三,天塌、金山陷。"

有一天,刘家的长工永福在深山里砍柴,因为砍的柴多,担子重,一直到日头落才走了一半路。当永福来到金山脚下时,肚里饥,口里渴,实在走不动了,便放下柴担靠着一块大石头歇息,不知不觉睡着了。当永福睡得正酣的时候,猛然被一阵马叫声惊醒。永福扭头一看，只见金山的石缝里射出了一道金光。永福感到奇怪，侧着身子，弯着腰，睁大眼睛往石缝里一看，呀！里边金光灿烂，金马银驴正在拉磨呢！磨的究竟是什么东西，看不清楚，只见磨盘上一闪一闪，好似宝石放光一般。永福看迷了，心想：这就是人们常说的"金山三更开，珠宝成车载"吧！现在究竟到了什么时候，永福也弄不清楚，忽然听到远处寨里传来了鸡叫声。"啊，天快明了！"当他再看时，金光没有了，石缝也没有了。这时，永福更觉饥渴难忍，便挑起沉重的柴担，摸着黑黢黢的山路继续赶路，回到天府寨时东方已经亮了。永福累得很，把柴担到牛院，就一头钻进牛棚的草堆里睡着了。也不知睡了多长时间，一个小伙计慌慌张张地来喊永福说："三爷喊你哩，问你夜间往哪儿去了。"永福一听，慌忙去见刘老三，并一五一十地把夜间晚回及在金山脚下遇到的情况从头至尾说了一遍。刘老三听罢，立即转怒为喜，笑着说："永福，永福，你真是个大福人。今晚你领着我那九个儿子去金山取宝，取回来了多给你点。"刘老三可高兴啦，他把永福留在客厅里吃早饭，还特别优待他，比平常多添了两个窝窝头和两瓣咸蒜。吃罢饭临走时刘老三又再三嘱咐永福不要往外说。这一天，刘财主老早就叫车把式喂饱骡马，套好三辆大马车，天黑时刘家九个兄弟和永福赶着马车就来到金山脚下。

他们等啊，等啊。夜越来越深了，刘家九兄弟也瞌睡得睁不开眼。就在这时忽听一阵骡马嘶叫，接着"哗啦"一声，金山大门开了，山腰间裂开一道五六尺宽的缝，缝里放出万道金光，把山前照得如同白昼一般。刘家九兄弟不由分说拿起早已准备好的口袋就往山洞里钻，永福走在后边。山洞里五光十色，金马驹、银驴娃，正在呼呼地拽磨。磨上放的尽是闪闪发光的金豆、银豆。谁还顾着看呢！只管一股脑儿地把磨盘上的宝贝往口袋里撮。撮的撮，背的背。永福先扛了一袋出去，九兄弟装满了口袋还嫌不足，又卸下金马、银驴往洞外牵。这些宝贝畜生犟着不肯走。当九兄弟还没有走出洞口时，忽然后边追来了一位美丽的姑娘，愤怒地斥责他们："你们好大胆子，贪财不要命，竟敢来我家的宝库里偷盗！我放不了你们这群强盗……"可是，九兄弟却一心扑在宝贝上，哪能听见姑娘的话呢！只管背着满袋的金银，牵着一匹匹的金马、银驴往外走，眼看就要出洞了，刚到洞口，只听得一声震天动地的巨响，金山塌陷了。刘家九兄弟一个也没出来，全部被砸死在洞口。这时，永福刚背着一袋金银财宝来到马车旁，被这一声巨响吓呆了，好大一会儿他才醒悟过来。他扭转头来，向金山望去，只是漆黑一团什么也看不见了。停了好大一会儿，只见对面的金山脚下，有一盏明亮的灯火由远而近，一位姑娘走到眼前说："永福哥，我知你是个忠厚善良的受苦人，我特来搭救你的，我是看守金山宝库的观音老母的幼女，今夜宝库被强人偷盗，宝贝丢失无数，刘家九兄弟我已处死，我是不敢再回去了。我愿与你一起去东海蓬莱仙岛，过人间的幸福生活。"永福听了不知如何回答，只是默默点头，不敢仰视。姑娘说罢，便叫永福拣了两匹肥壮的大马，装上永福背出来的那袋金银财宝。姑娘端坐在车上，永福扬鞭，"啪"的一声，马车便一溜风地往东海驶去。

再说刘老三一夜没合眼，一心等着九个孩子载着满车的财宝回来。谁知等到东方日出还是不见他的九个孩子回来，连一点信儿也没有。刘老三很焦急，实在等不下去了，连早饭也顾不得吃，就独个儿朝着金山走去，走了多半晌好不容易才来到金山跟前。这里什么也看不到，只见金山塌了一个角。刘老三看到这番景象，心里已经凉了半截。他想：准是凶多吉少。当他走到乱石堆前一看，不禁大吃一惊，他的九个孩子全被砸成了肉柿饼。他望着自己惨死的孩子们，仰天长叹。忽然间，山上又滚下几块石头，正巧砸住了刘老三的一条腿，幸亏没砸断，可是鲜血直流，他疼痛难忍，站也站不起来。

他恐怕再有石头滚下来,想爬着回家。说也奇怪,在刘老三正要动身时,飞来了一群蛐子,把他团团围住了。刘老三定神环视四周,正好是九个飞蛐,他看到这种情景,不由得心里难受极了,含着眼泪对着这九个飞蛐自言自语地祈求着说:"孩子呀!你们不要显灵了,我知道你们兄弟是咋死的,一切都怨爹贪财不知足,才害了你们呀!"说罢,九个飞蛐扑棱飞走了。刘老三不禁毛骨悚然,不敢再待,就拖着疼痛的伤腿,爬着回家去了。他到家不久就一命归天了。

从此以后,当地群众就把金山改名叫九子山。九子山上的飞蛐也成了九兄弟的化身。因此,这一带的群众也把蛐子叫作九子。

搜集整理:兰泽波

牛金星造反

明朝末年,河南省宝丰的大营地区出了两个有名的人物:王之晋和牛金星。王之晋在崇祯时为兵科给事中,实掌兵、刑、户三部的大印。牛金星是当时的举人,后来成了李自成农民起义军的军师。

牛金星是咋当上李闯王的军师的呢?这还得从他和王家的儿女亲事说起。牛金星祖籍卢氏。他爷爷迁居于宝丰县大营西边五六里的地方,后逐渐发了迹,人们便把这个庄称为牛庄。到牛金星理事时,家中已有土地七八百亩,他又中了举人,所以在宝丰当地算是个有名的人物。

那个时候,婚事讲究门当户对。牛金星有个女儿,配与王之晋嫡亲近支家当媳妇。当时王家是"一人得道,鸡犬升天",伯叔子侄计有三十六块官印,仅居于乡绅地位的牛金星怎能与王家相比?牛家女儿过门后被王家看不起,备受委屈,熬不出头。这个闺女秉性刚烈,一气之下竟上吊自尽了。噩耗传来,牛金星悲愤万分,赶赴王家理丧。

按照常理,闺女不明不白死去,娘家人是不依的,不经官也得大闹一番。可牛金星慑于王家威势,一个字也没敢提,一句话也没敢说。谁知王家自恃官大势重,跋扈成性,根本不把牛金星放在眼里。理丧的棺椁衣衾随心所欲,殡葬的礼仪想怎么办就怎么办,一点儿也不征求牛金星的意见,并且入殓时连女儿的最后一眼也没让牛金星看，牛金星怎会不生气呢？俗话说："光棍不吃眼前亏。"牛金星按下满腹的恨气、怨气，思索着报复的机会。

殡罢人，吃过饭，牛金星要回家了。因为正客得由主家亲自送行，按当时礼节，主人送行到门外，客人转过身来迎面一揖，这叫辞行。辞行后，主人还礼方可回去。若客不辞行，主家纵然不愿远送，碍于礼节也得硬着头皮陪客人往前走。主人送牛金星出来，牛金星和他边走边谈没有辞行，主人只好送了一程又一程。这时陪送的其他人因有事一个个回去了。出了大营，大约有半里之遥，牛金星见只剩主人一人，猛然转过身，用力扇主人两耳巴子，骂着说："你们真衣冠禽兽，我在你家没势力，在这儿拼个子我也不怕你了。我在家候着你，看你能把我牛金星怎么样！"说罢扬长而去。主人被打了一顿，那真是"蛐虫儿挨一棒槌——吃不了也架不住"，感到丢人丢大了。这一对一也对付不了牛金星，只有干生气。回到家里他想呀想，为了能把牛金星收拾得彻底，仇报得解恨，只有利用父母的官势最顺手，俗话说："灭门知县，不怕官，就怕管。"但是，宝丰是三等小县，县令仅是七品芝麻官，官衔太低，族人谁愿去当？他想来想去也想不出合适的人来，最后决定让一个忠实的奴才充任。王家果然神通广大,买通了吏部,送他家的奴才去宝丰县当县太爷。这位县太爷当然完全听王家的指挥了。那真是王家叫他往东,他不敢往西。

牛金星自从打了王家主人之后,谨小慎微,处处留神。他清楚地知道,王家的奴才当宝丰县令,不会善罢甘休。所以他决定:一是及时完粮纳税;二是不进城当客,纳粮让仆人代缴;三是避免词讼。这一来那真是"老和尚坐大殿——整日四(寺)门不出"。这位宝丰县令只有干着急,抓不住牛金星的一点儿短处,为这事他受到主人不少的责骂。光阴似箭,不知不觉过了两年。

牛金星有个外甥是大营北沟湾人,大约有土地三千亩,是个财主。这一年他往宝丰县城纳粮,这位县令打听到他是牛金星的至亲,把他扣押在监牢里。牛金星听说亲外甥无故被扣,愤然对家里人说:"他为刀俎,我为鱼肉,看来祸事是避免不掉的。汉子做事汉子当,天大的事我一人顶住,不能拖累他人!"他毅然亲自前往宝丰城里和县令面理。县令一见牛金星,不论分说就将他扣起来,并释放了他外甥。他外甥和他分别时,暗说:"舅舅!这位县令太不讲理了!我准备到府里告状去!"牛金星叹口气,说:"不要说你往府里告状,往皇上那里告状也不中。你没看看如今是谁的天下！""啊！这样说来我们只有等死了！"牛金星的外甥愤愤地说。牛金星悄悄地说："我想了很久，太平日子是过不成了。你回去见你妗子，把我家的田地全部卖掉了吧。"外甥不解地问："卖了地能换来太平日子吗？我想人总是要想法子活下去，不得已还有梁山这条路哩！"牛金星说："有志气的孩子！你说得对，活不下去的何止你我！普天下多着哩！他们都有这种想法，我叫你卖地的原因就在这里。地虽说卖了，但换来的好处要比八百亩地多哩。""要说卖地，我家的地比您的还多哩，不如卖我家的。"牛金星的外甥说着就哭了："只是舅舅现在身在监牢……"牛金星打断了他的话，接着说："你不要把事情看得太死！只要有雄心壮志，自有为我们出气的人。那你就连你的地和我的地统统卖掉。听我的话，你拿着钱到蒙古贩马去。回来时，马不要零卖，谁能一下子买完，你就分文不要，全部送给他。买马的若问你为什么这样做，你就说是舅舅的嘱托。"他们商量一阵，就这样决定了。牛金星的外甥是个性急的人，说干就干，把地一卖，一收拾就上路了。

那时候，陕西北部连年灾荒，一年无雨，草木枯焦，收成无望，农民靠吃蓬草子、树皮过日子，官府却用严刑拷打催逼粮税。陕北农民活不下去了，在高迎祥的率领下揭竿起义。米脂县人李自成痛恨明王朝的腐朽，也率领农民起义，并参加了高迎祥的义军。后来遇到挫折，高迎祥去世，李自成又接连打了败仗，决定重整人马。这时，牛金星的外甥正好从蒙古赶着大群马过来。义军纪律严明，从不肯无故要老百姓的东西，便派人和牛金星的外甥联系。牛金星的外甥了解情况后，便对来人说："我不是马贩子，也不是营利的客商，我是奉舅舅之命送马给大王的。马钱分文不要。"来人喜出望外，即时把情况汇报给李自成。李自成觉得这事儿有点蹊跷，便亲自接见了牛金星的外甥，问："难得你赴难助民，资助义军！你舅舅何人？做什么的？"牛金星的外甥回答说："我舅舅名叫牛金星，是个举人。他嘱咐我问候大帅！"李自成知道，自古以来，要想成大事就离不了识字人，他猜想牛金星不单纯是个识字的，远在千里之外就知道义军急需战马。如果此人真心归顺我，不愁大事不成！想到这里又问道："牛举人现在在哪里？他身体可好？"牛金星的外甥遂把牛举人怒打王之晋家人及被无故监禁之事说了一遍。李自成听罢道："天下竟有这样的事情！一定为牛举人报仇雪恨。我军正在困难之时，牛举人派人送来战马，我军如虎添翼，此恩此德，功大如天。牛举人现在监牢，若不去搭救，我们就不算什么义军了。"于是，连夜整编队伍，渡过黄河，一路浩浩荡荡杀向河南宝丰。宝丰县的官兵闻风丧胆，一枪没开就跑了。李自成进城砸开监牢，救出牛金星，并请他坐在一起商讨推翻明王朝的事。牛金星问李自成："你带这么多人马，惊动了官府，到底是想干什么？"李自成十分坚决地说："造反！"牛金星严肃地说："自古造反，一要杀赃官，二要开仓放粮，这两件事你一件也没做，怎称得上造反？"李自成诚恳地接受了牛金星的意见，马上整顿人马二次攻打宝丰，并杀了赃官和一些土豪劣绅，开仓放粮，救济了穷人。此时，百姓欢呼雷动，李自成名望大振。李自成以隆重的礼节拜牛金星为军师。牛金星有权后，随即率大军来到宝丰西四十里地的大营，把王之晋家老坟里的石人、石马、石碑全部打碎，挖掘坟墓，撒骨扬尘，报了私仇。

　　后来，牛金星又举荐了宋献策等人。在李自成的率领下，起义军越来越壮大，所到之处，战无不胜，攻无不克，终于打到北京，推翻了明王朝。

搜集整理：李流柱

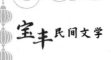

芮侍卫为官不徇亲

清道光年间,宝丰县城北韩店村芮振朝中癸卯科解元,以其高超武功殿试被钦点选为御前侍卫。当地百姓称他为芮侍卫。其兄芮振东居家为民。

一天,芮家的邻居摆完基石欲盖新房。芮振东发现后便气势汹汹地对邻居说:"你难道没看界石?为啥多占我家宅地?"邻居怯懦地辩道:"俺是按宅契上的尺寸丈量的,一寸也不多!"芮振东一听邻居分辩,勃然大怒:"啥宅契不宅契,限你明天给我扒了挪过去。延期不挪,别怪我不讲情面!"

第二天,芮振东一看基石未动,暴跳如雷,立刻叫家人拿来镢头,丝毫不顾邻居的苦苦哀求,硬是把基石扒了一截,并把指头捣到邻居脸上辱骂不止。邻居自知芮家官高势大,争不过,告不赢,气得一家人关住门哭泣。

此时,恰逢芮侍卫从京城回来探亲,听说此事,十分生气地对其兄说:"你仔细想想,我是当朝侍卫,人家小心谨慎还来不及呢,哪儿敢多占咱家尺寸之地?你咋能把人家摆好的基石给扒了?"芮振东说:"一个平头百姓竟敢欺负到咱当朝侍卫的头上,不给他点颜色看看还行?没揍他就够便宜他了。"芮侍卫说:"我不信人家会欺负咱,你说人家多占宅地有啥证据?"芮振东说:"界石不是在那儿摆着吗?""界石不足为凭。"芮侍卫说,"界石是活的,尺寸是死的,你不妨先把咱家的宅地量量。"

芮振东拿尺子一量,竟料想不到离界石一尺就够自己的了,于是沉默不语。芮侍卫沉思一会儿后说:"哦!我明白了,当初丈宅地时,咱家为官,场行(买卖地的经纪)偏向咱,多量了一尺,人家少了一尺,现在理当退还人家。"此时,芮侍卫见其兄面有愧色,便语重心长地说:"不管做官还是当老百姓,办事都得讲公道,论理,分是非,当官的要体恤百姓,与人为善,不能仗势欺人,横行霸道……"芮振东听后心悦诚服,点头称是。于是,芮侍卫领着其兄到邻居家道歉,并当面挪了界石。邻居一家人十分感动。从此,芮侍卫"官大不压乡邻,权重不祖族亲"的美名便在当地广为传颂。

八车姜的故事

清末民初,宝丰县石桥镇有一富裕人家,这家的老爷喜欢吹拉弹唱,少爷自幼受熏陶亦痴迷于大调曲子。每到农闲时节,父子共聚一堂,邀上三五好友,烟、酒、茶伺候着,《上小楼》《倒推船》等100多个大调曲子调门玩得娴熟,《三国》《西厢》《红楼》等唱得炉火纯青,真是一对父子曲友。这对父子每日里还要吃酒猜拳,和众多大调曲子朋友乐呵上一阵子,因此,二人远近闻名。

有一年,地里种的几亩姜丰收了。老爷让少爷雇上八辆马车往南阳贩姜,想要卖个大价钱。果不其然,少爷领着八辆马车来到南阳,不几天就把满满八车姜卖了个一干二净。少爷把车把式叫到一起说:"你们先回去吧,给老爷子禀报一声,就说我还得在南阳待上几日,到客户家里讨要姜钱。等账收齐,就回去了。"车把式回到石桥镇,便把少爷的话传给了老爷,老爷听后自然满心欢喜。

谁知道少爷这个大调曲子玩友，一头扎进南阳的大调曲子茶社里，今日和这几个曲友唱《三国》弹《西厢》，做东请客，通宵达旦；明天又到一个地方，和另外几个曲友摆开龙门阵，吹拉弹唱，切磋技艺，出手更是阔绰，整桌整桌地宴请，广交曲友，反正兜里有的是银子。三个月过去了，少爷兜里的银子所剩无几，他才想起回家的事。怎么办？一年辛辛苦苦的收入几个月被他挥霍得差不多了，回家如何向老爷子交差？不被暴打一顿也会被臭骂一顿。少爷冥思苦想，突然想到一计，老爷子喜欢三弦，且有收藏之癖，剩下的钱不如给老爷子买一把上好的三弦带回去，或可免灾。于是，少爷托曲友四下打听，最后终于从一落魄文人手里购得一把三弦，心里七上八下地背回了石桥镇家里。

老爷见少爷风尘仆仆从南阳回来，并且带回来一把三弦，连忙打开观赏。只见紫檀琴杆闪闪发光，镶嵌着白玉的琴轴做工考究，上等蟒皮蒙着的琴鼓溜光圆润，用手拨弄音质纯净优美，大喜过望，连日连夜躲在书房里摆弄不休，爱不释手。一日，老爷大宴宾客，向众曲友炫耀得一至宝，把八车姜钱忘得一干二净。时间长了，老爷想起八车姜钱，询问少爷钱的下落，少爷吞吞吐吐假装委屈地说："都是为给你买这把三弦，我跑遍南阳各县，银子也花光了。"老爷仍沉浸在收获三弦的喜悦里，遂不追究。

一百多年来，这把三弦历尽人世沧桑，几经辗转，主人换了几茬，都爱惜有加，仍然毫发无损，音质愈加纯美。宝丰县颇有名气的大调曲子传承人畅天赐手里弹的正是这把三弦，美其名曰"八车姜"，八车姜的故事仍继续传承。

搜集整理：樊玉生

巧充军

俗话说："官向官，民向民，哪里人还向哪里人。是亲三分向，不向急得慌。"这话虽说一点不假，但是，向人得向理啊！向得对，会流传千古，向得不对，会受到万人唾骂。下面咱就讲一则宝丰地区流传的县长向好人的故事。

从前，河南省宝丰西有个人到外省某县城做生意。

一天，他在街上一不小心踩了一个人，出于礼貌，他就急忙作揖赔不是。谁知此人是当地绅士的儿子，外号"恶少爷"，平时专门逛大街找碴儿，借以敲诈勒索。今日一个外乡人碰撞了他，他岂肯善罢甘休？说着抬手就打，宝丰这位生意人在家学过武术，有些武艺，见"恶少爷"的拳头狠狠地从头上砸来，本能地抬手轻轻这么一挡，不想就把"恶少爷"的胳膊弄断了。"恶少爷"本就身体虚弱，加上这么一整，登时就昏过去了。当地的地保为巴结"恶少爷"那有势力的老子，不由分说，把宝丰这位生意人就扭送到了官府。绅士们一看，一个外地人打伤了同僚的儿子，这还了得？一起要求县长惩治这个生意人，非判这个生意人死刑不中。谁知那位县长也是宝丰人，一问根底，知道是老乡哩，就因为这么点小事，判死刑也未免太过分了！县长想护此人周全，但一则当着绅士们的面不能说没事，二则自己任期已满，新官马上就要接任，必须在任期之内了结此案。于是，他心生一计，当场宣判道："锯齿岭，赛狼牙，四十五里虎狼爬，罚他充军到老玳沟，那里有很多老玳（一种有毒的动物），叫老玳把他吃了吧！"

人们只听说过老虎、豹子，没听说过老玳，一说老玳会吃人，就猜想老玳可能比老虎、豹子还厉害呢！同时,把他充军到跟锯齿一样的山上,四十五里净是虎狼,恐怕连个尸首也难落,就这样稀里糊涂地落了案。宝丰这位生意人穿上罪衣,由两个公差押着,往老玬沟进发,一路上吃饭不掏饭钱,住店不掏店钱,一直到宝丰张八桥,离老玬沟还有几里路,两个公差不敢往前走了,他俩偷偷地问当地的老百姓:"老玬啥样?"老百姓按当地流传的话告诉他俩:"老玬老恶,您没听说过恶老玬吗?"于是,两个公差心里就害怕了,想:咱俩要是和犯人一起去老玬沟,老玬那么恶,岂不被老玬一起吃掉?那是抬枪打小虫——太不划算啦。对!咱们站远处瞅着,干脆叫他一个人去吧!随后威胁说:"你要老实点,不往老玬沟去,再逮住你非就地处决不可!"

"是!是!是!"这位生意人连连应诺。

这两个公差哪里知道,锯齿岭、虎狼爬、老玬沟都是宝丰西边的地名,哪里有什么虎狼,更没有会吃人的老玬了。这位生意人也真是高兴极了,他恨不得一步就走到老玬沟,为啥?因为老玬沟就是他的家啊!他做生意出门这么多天,心里当然急于和父母妻小团聚了。

搜集整理:李流柱

玉带河的传说

玉带河位于宝丰中部，古称激水，亦名柏水，现在的名字来自明县令黄泰治水患的传说。

相传，明弘治十二年（1499年），时任宝丰县令的黄泰，为官清正廉洁，能为百姓排忧解难，在任期间办了不少万民称道的好事。当时城西激水因过去建城时，由穿城而过被改道成绕城向东南流，故一遇洪水，便泄流不畅造成城郊水患。黄县令查明原因后，决定由西城外向北挖段新河，使其与柏水（今净肠河）交汇以泄洪消灾。工程开始后，黄县令十分关心，经常沿工地巡视。当工程即将完工时，黄县令又到工地巡视，民工们听说县太爷来看，干劲倍增，一个小伙子不慎将一锨泥水一下子撂到黄县令的玉带上，随从衙役见此情景，怒吼着要抓小伙子问罪，黄县令却严肃地说："不！不能！他在下边看不见我，是无心之过，不能追究！"并对民工说："不要害怕，好好干吧！"而后擦掉玉带上的泥水，就继续巡视去了。此事不胫而走，很快传遍宝丰城乡，成了街谈巷议的佳话。后来，宝丰百姓为纪念黄县令清正爱民之美德，就称这段新挖的河叫"玉带河"。自此以后，城郊水患被治好了，西来之激水到城西关分流，北经玉带河到城西北角三角潭处汇于柏水，南经明渠（明代改河道所挖）经城西南角东流与原河道相交，在现在城东何庄村汇入净肠河。

搜集整理：李永庆

徐玉诺的传说

一、徐玉诺与陆渐魁

徐玉诺，名言信，字玉诺，笔名红蠖，鲁山县徐营村人。11岁时跟着本村徐名贤上学一年。第二年，经祖籍鲁山辛集后迁宝丰马街居住的张书第之父介绍，向马街陆渐魁求学。先寄宿在张书第家。后陆渐魁发现徐玉诺聪慧好学，是个好苗子。加上其子莲炬学业已满，开办药铺行医，家里书库无人管理，就叫徐玉诺在自家吃住，兼管书库，重点培养。陆渐魁对徐玉诺关怀备至，连他的媳妇张澄臣也是陆渐魁先生做媒定下的。徐玉诺18岁时赴鲁山县城上公立小学堂，小学堂毕业后，又赴开封上师范学堂。这就是说，他的整个少年时期是在宝丰马街度过的，陆渐魁是他的启蒙老师。徐玉诺跟陆渐魁读书那6年，不仅丰富了文学知识，陆渐魁的思想行为对他的成长也产生了重大影响。

陆渐魁是清朝科举最后一次乡试考中的举人，他对旧制度、旧习俗、旧思想具有强烈的叛逆心理。陆渐魁出身于封建官僚富豪家庭，他的先辈连续四代做官，置地6顷有余，使唤的丫鬟仆人成群。陆渐魁利用富有的家庭条件，苦读诸子百家书籍，掌握许多高深学问。到他先辈去世，自己可以独立持家之时，一改先辈之志，一不从军，二不做官，卖地遣仆，只留35亩地维持家庭生计，一心一意地坐馆教书，行医施善。他一生有70年在坐馆教书兼行医，教过的弟子有2000多人。

陆渐魁教书行医只为育人救人，图谋行善。教书就是他行好施善的一种重要手段。他对寒门弟子不收学粮，有的甚至连书本也不叫他们购买。徐玉诺就是他寓教于济的一个受益者。陆渐魁还以免费为人治病的办法行善。在旧社会，对人伤害最大、死亡率最高的传染病是瘟疫、伤寒、脑膜炎。陆渐魁对患此三种病的人不分贫富一律免费。治疗其他疾病，有钱收钱，无现钱记账，到年底不付者，他都视作还不起账而勾销。

在清朝时期，马街有座以里为单位创办的义仓。这是个富帮穷、群众互助的救济机构。其具体实行办法是：由富户自愿捐粮入仓，供饥荒户断炊时借用，下年收粮时偿还。还不起者，由大家推举的理事会讨论批准免还。义仓亏空大时，再由富户自愿出粮补充。在光绪年间，陆渐魁是马街义仓的最大支柱，数他捐粮最多。陆渐魁还能大公无私地维护义仓管理制度。有一次，一个绅士强行动用义仓粮食，要用于自己开办的酒馆，陆渐魁出面劝诫无效，就用一块红布写上诉状，骑马用一小竹竿挑着进城找县长告他。在县长的干预下陆渐魁制止了绅士的行为，维护了集体利益。

平时，陆渐魁凡见穿戴破烂或衣不遮体者，就要脱下自己的衣服送给人家穿。他还有个不改的习惯，是每到大年三十这一天，他都要打发他的儿子和学生到附近村庄的寺庙找寻寄宿的外地人。因为出门人都有年终赶回老家过年的习惯，他认为只要是大年三十仍在寺庙住的必是无家可归者，都要把这些人请到自己家过年。过罢年，再因各人情况送钱给食打发他们自便。

陆渐魁因善行而在当地名声很大，在清光绪十五年，河南巡抚沈某曾颁发给他一方刻着"济贫保富"的巨匾，悬挂在他家的门上。他还喜爱写作，在清末民初的宝丰文人中，出教书先生不少，没听说有几个著作家，而他一生有《平心诗集》《展卷有益》《通鉴启蒙扼要》等著作留世。

徐玉诺先生是民国时期的著名文学家，爱写能作，一生有大量诗歌、散文、剧本、小说等文学作品留世。他又是个爱国主义者，在反帝抗日、抗美援朝运动中做出了重大贡献。他也是主张正义、不谋私利、惜民爱民、舍己救人，勇于向不公不法、贪污腐败以及各种社会蛀虫做斗争的人。拿徐玉诺一生感人的言行同他的启蒙老师陆渐魁的生平事迹一比较，就可知徐玉诺幼时受陆渐魁的教育和影响是多么深刻，就可知徐玉诺为什么能够成为后人广泛尊崇的大好人。

二、徐玉诺与陆氏书库

徐玉诺在18岁就因为改入新学堂离开了陆渐魁，陆渐魁虽于1931年（徐玉诺37岁那年）就已辞世，但徐玉诺一直同陆渐魁家保持着紧密联系。

一是徐玉诺与陆渐魁之子陆莲炬关系密切，情同手足。陆莲炬大他16岁，因为"一个锅里搅稀稠"同吃同住了多年，对徐玉诺也当亲兄弟对待，两人建立了深厚情谊。所以，以后俩人无论出外上学、就业，都不忘"常回家看看"。俩人每次见面，无国事谈家事，总有说不完的话题。例如有一次见面，谈到子女们的事情，徐玉诺提出要把女儿西兰许给莲炬的儿子中立，两家结成亲家。莲炬当即答应，说："我给他俩合合'八字'，合适就行。"互通了生辰"八字"，经掐算不合，两人一笑了之，转了话题。徐玉诺说："还是你跟老先生学习时间长，连医术、算命都会了，我就不如你。"莲炬说："你已成文学家、大教授了，后悔没学医干啥。想学算命，我给你一本书，今天就把你教会。来，把你、弟媳、西兰的生辰'八字'都说说，我搬住本儿念，你记。这几口人的命算下来，你就出师了。"他俩就是这样，无话不说，一见面就难分离，每次见面，一住就是几天。

二是徐玉诺始终惦记着陆渐魁遗留下来的三间书库。陆渐魁一生酷爱收藏书。陆渐魁经常赶会逛书摊；也有很多书贩知其好买书，经常登门售书，只要是没有的书，陆渐魁都要购买。有些珍贵书，陆渐魁甚至不惜代价托人长途跋涉到大城市去采购。陆渐魁也不惜用田产换购书籍。有些没有印刷的名人书稿，陆渐魁让他的学生们手抄、收购。比如李绿园的《歧路灯》小说，陆渐魁就组织学生手抄了一套。陆渐魁收藏的书籍种类很多，有些在省城大图书馆找不到的在他那里却能找到。1942年，徐玉诺的老朋友河南大学教授罗绳武去徐营村看望徐玉诺。徐玉诺带他去马街，一看书库藏书之多，罗绳武都惊呆了。罗绳武此次访徐玉诺总共8天，有几天就是徐玉诺陪着罗绳武在陆莲炬家住着看书，临走书题"万卷图书插架，满院花木藏春"感词敬送陆莲炬。

陆渐魁先生在教徐玉诺的第二年，徐玉诺吃住在他家后，就把管理书库的责任交给了徐玉诺。徐玉诺利用这一便利条件，除了《四书》《五经》，还读了许多课外杂志。这不仅丰富了徐玉诺的知识，也使他更加热爱这座书库。1912年，徐玉诺虽然离开陆渐魁老先生，但他仍对这座书库念念不忘。从1912年到1920年在鲁山公立小学堂和开封第一师范学堂上学这9年间，每年徐玉诺都要趁放暑假回马街亲自翻晒整理库存书籍。

在徐玉诺以后走向社会，甚至在全国各地教书期间，每次回鲁山老家，他也总不忘去马街看望陆莲炬，看看心爱的书库，还回借阅的书，再选几本想读的书带走。这座书库就是徐玉诺知识的源泉。著名教育家、文学家冯友兰在主持出版李绿园的《歧路灯》时，委托徐玉诺校阅。徐玉诺在校阅过程中在书稿上加了许多眉批，就是因为他熟读、研究过书库收藏的这部书的传抄本。

三、徐玉诺与宝丰

徐玉诺的文学创作深受五四运动和新文化运动影响。他在开封师范求学期间，受《新青年》杂志影响，开始倾向新思想、新文学。学生运动受挫后，作为学生运动最为热心的领导者，他无法接受"五四"运动退潮的现实，痛苦不堪，开始专注于文学创作。1921年1月7日，徐玉诺在《晨报》副刊上发表处女作短篇小说《良心》，对黑暗社会进行深刻的揭示和控诉。徐玉诺的作品以现实和浪漫兼具的风格引起读者的广泛关注，获得诸多名家的高度评价。小说《一只破鞋》引起轰动，小诗《夜声》被闻一多推为"超等作品"。徐玉诺成为20世纪20年代活跃在中国文坛的著名诗人、小说家，被誉为"五四诗人"，与郑振铎、叶圣陶等交往甚厚。同在文学研究会的诗人王任叔称赞徐玉诺为"绝大的天才"。朱自清在主编《中国新文学大系·诗集》时，选录徐玉诺的九首诗。鲁迅先生曾"三番五次嘱咐孙伏园"给徐玉诺写信，让徐玉诺"把发表在《晨报》副刊等的二十来篇小说收集出版"，并表示"自愿作序"，但徐玉诺自己感觉这些小说很不成熟，婉言谢绝。

徐营村原是明洪武年间设的移民军垦点，经数百年的繁衍形成了一个居民村。原属宝丰县域内的一块插花地，归汝州府直管，它和如今散存在宝丰县东南部的叶营、柳沟营、余官营、石桥营等20多个村庄，同属汝州管理。1936年调整行政区划，所有插花地分别就近归属各县管辖时，徐营村先划归宝丰县，后划归鲁山县管。但徐营村是鲁山东部的一个边沿村，东、北两面都和宝丰接壤，并距宝丰县城和宝丰所辖马街、瀍阳两大集镇较近，虽西、南两面同属鲁山县地，但有条大沙河相隔，因此，徐营村人和宝丰人交往较多，他们的亲戚朋友家也多在宝丰。

徐玉诺少年就在马街上学，妻子也在马街。徐玉诺成年后出外活动的地方也多在东方和北方，出入必经宝丰，所以，他与宝丰人的交往多，施爱多，故事也多。如《徐玉诺先生的故事》一书中《徐玉诺买椿树》的事情就发生在宝丰的韩寨村。有一年，他一行三人东去办事，经过韩寨，听见一院有妇人哭声，寻去一问，得知这位妇人前年丈夫暴病身亡，这次儿子又浑身发热，昏迷不醒，无钱医治，因过去欠外债太多，再借无门。徐玉诺说："卖东西也得给孩子治病呀！"妇人说："家里已经没有值钱东西可卖了。"他想了想，怕自己是个生人，给钱人家不要，就指着院里一棵擀杖粗的小椿树说:"我看你这棵小椿树长大就能卖钱,先预付给一块现洋,等长大后咱再结算。"交给她一块现洋,解了此妇人的燃眉之急。

《徐玉诺街头脱衣赠穷人》的故事,发生在宝丰县城。有一年冬天进城,他见街头一角有一簇人围观,拨开人群走近一看,是一个穷汉倒在地上蜷缩成一团瑟瑟发抖,一看就知是饥饿所致。他二话没讲,跑到饭摊上买一碗杂碎汤端去就喂。喝完这碗汤那人就清醒了。他又把自己身上正穿的一件外衣脱下给他穿上,把这个遭难人感动得失声痛哭,围观的群众也无不啧啧称赞。

徐营村有一人赶辆牛车往北乡办事,走到宝丰南关被一无赖拦住要用车。赶车人说:"有关紧事要办,不能耽误。"那人就满口酒气骂他,并蹦到车上躺下说:"不叫我用车,你就别想走了。"一会儿,徐玉诺进城办事遇见,问明情况后,用拐杖敲打那无赖,说:"这是我租用的车,下来下来!"无赖睡着不动。徐玉诺于是就对牛把式和围观的群众说:"上去,把他抬住给我撂下来。"无赖问:"你是啥官儿,恁厉害?"徐玉诺答:"我是徐玉诺,不是官,好论理。"他听到"徐玉诺"这个名字就乖乖地自己下车了。

徐玉诺在抗战时期,曾一度在鲁山县民众教育馆任馆长。徐玉诺在任馆长期间，办抗日小报和组织文工团宣传抗日。徐玉诺曾亲自带领他的文工团到马街、潢阳、宝丰县城街头贴标语、唱歌曲、演短剧，宣传动员宝丰民众抗日。

1938年冬，徐玉诺带领抗战宣传队到宝丰南关，在古刹大会上进行抗日宣传。徐玉诺首先登台宣读孙中山遗嘱："余致力国民革命，凡四十年，其目的在求中国之自由平等。积四十年之经验，深知欲达到此目的，必须唤起民众及联合世界上以平等待我之民族共同奋斗。现在革命尚未成功……"接着，徐玉诺控诉了日本帝国主义对我国东北、华北地区发动侵略，造成中华民族空前苦难的事实。接下来，徐玉诺指挥抗日宣传队演唱抗日歌曲《义勇军进行曲》《大刀进行曲》。宣传队还到十字街演出街头剧《放下你的鞭子》《奇怪的理发店》。宣传队返回路过马街时，徐玉诺又向民众演讲："父老乡亲们，我刚从华北前线回来，前方将士在战场上英勇杀敌，奋不顾身，誓与中华共存亡，打得鬼子丢盔弃甲，节节败退，缴获了大批枪支弹药。日本鬼子一定会失败的，中国抗战一定胜利。"徐玉诺讲后，宣传队又演出了抗日文艺节目，场面十分热烈，极大地鼓舞了宝丰人民的抗日斗志。

在抗日战争和解放战争时期，徐玉诺回徐营老家办私塾教学。徐玉诺教的学生，有一半都是宝丰家长们送去的。

徐玉诺信任共产党，能接受新思想、新事物。1947年，因战乱的原因，城乡所有中小学校都解散了。同年11月初，鲁、宝两座县城解放后，别人还都在惶惶不安的时候，徐玉诺立即就在他的家乡徐营村办起了一所小学，专招鲁、宝两县附近村庄的贫困农民子弟上学。没有书本，就自编课文、歌曲教学生读、唱。徐玉诺还叫学生家长为学生们做红袖章、红缨枪，带上出去把路口、查路条，协助地方维持治安。在徐玉诺的带动下，其他村庄的小学也迅速兴办起来，并都效仿徐玉诺的办法教学。同年12月，听说鲁山县城建立了豫陕鄂党委、政府、军区，附近的马街建立了五地委、五专署、五分区和宝丰县人民政府，徐玉诺就带着学生去马街演出祝贺。五分区司令员牛子龙代表五地委、五专署、五分区接见徐玉诺时，称赞他办的学校是"鲁宝第一完小"。

1948年秋，中原大学在宝丰县大白庄开学。举行开学典礼时，徐玉诺应邀参加。徐玉诺挑了一担甘蔗步行四五十里赴会，赶到时会已快开完了。大会主席请徐玉诺讲话时，他说："中原大学开学，我很高兴，送给大家一担甘蔗表示祝贺。这甘蔗是我自己种的，也是我亲手选的。与会同志不够每人一棵，只够每人一节。劳动人民的果实应该由劳动人民吃。咱们这一带解放了，革命果实来之不易。今天我们享受革命的成果，像吃甘蔗一样甜。"

1950年4月，徐玉诺被选为省人民代表，出席了河南省第一届各界人民代表大会。在首届代表会议上，决定筹备成立省文联，徐玉诺又成为省文联筹委会委员。1951年初，成立河南省戏曲改革委员会，徐玉诺被任命为省戏曲改革委员会委员。1953年8月，徐玉诺被调往河南省文史馆兼任文史馆员。1954年4月，省文联正式成立，徐玉诺被选举为省文联常务委员。1955年，徐玉诺被选为河南省政协代表。1956年徐玉诺加入中国作家协会。徐玉诺一贯兢兢业业，非常重视党和人民交给他的每一份工作。

1951年，徐玉诺当上省戏曲改革委员后，当年冬天就乘车到许昌地区搞改革试验。第一个试点选在宝丰。当时，许昌和宝丰之间不通汽车，徐玉诺就冒雪步行到宝丰，住了一个多月，亲自教宝丰县豫剧团学会了《张羽煮海》和《刘海砍樵》两个节目。第二年徐玉诺到鲁山县帮助鲁山县豫剧团排练了新剧目。

就在1951年冬住宝丰县文化馆搞戏曲改革的一天上午，徐玉诺发现时过8点，城关税务所仍大门紧闭，门前聚人很多。上前一问，都是等待上班报税的人。徐玉诺就拍门叫喊。进去一看，见几个工作人员正围着火炉说着闲话，徐玉诺说："报税人都在外边冻得发抖，你们为什么还不开门上班？"一人问："你是干什么的？有意见找县政府去提。"徐玉诺就说："我是河南省人民代表，有权监督你们的工作。共产党的干部作风得和国民党有所区别。你们这种做法不行，我当然要找领导反映。"徐玉诺离开税务所后，就去政府找了县长。县长征求徐玉诺的处理意见，他说："这些刚参加工作的年轻人啥都不缺，就是缺少为人民服务的意识。要召开一次全县税务干部大会，进行一次为人民服务教育。开会时，会场不要设在屋里，要在院里召开，叫他们尝着挨冻的滋味听报告、做讨论，受教育会深刻些。我也愿意参加这个会并讲几句话。"

1952年，为配合宣传贯彻《婚姻法》，宝丰豫剧团决定排演《红楼梦》，徐玉诺从省城回来得知消息后，主动到剧团自荐当导演，主持排演了《红楼梦》《打面缸》等传统剧目。此间，徐玉诺的生活作风、治学精神给宝丰剧团老艺人留下了深刻的印象。剧团当时刚刚成立，设备条件差，演员大多没有文化，记忆力差，学台词主要靠口授。徐玉诺不厌其烦，一字一句亲口传授，十遍、二十遍，直到一字不误教会为止。老艺人程秋法回忆说："我不识字，记性不好，有时候一板戏词三五天也记不准。可每次徐先生都是耐心地给我说，从来不嫌烦。"在舞台表演方面，每一个细小的表演动作，都是徐玉诺根据剧情自己设计的，要求演员一招一式认真去做。一个上了年纪的人，能做出男女各种角色的不同动作，常常引起在场演员的捧腹大笑。可徐玉诺总是一本正经，认认真真地要演员去学，一个动作甚至能重复数十次，直到满意为止。宝丰剧院是一个仅有舞台的露天大剧场。当徐玉诺导演的《红楼梦》在舞台上彩排时，天正下着大雪。徐玉诺坐在台下的观众席上认真观察彩排效果，雪花把身上都落白了仍全神贯注。演员表演过程中的每一个细小的错误，徐玉诺都能及时发现并予以纠正，主演白云秋就曾经几次被难为得落泪。由于徐玉诺要求严格，导演有方，《红楼梦》排演得颇为成功，正式上演后，全城轰动，场场爆满。

20世纪50年代，文学艺术界正在批判俞平伯先生的《红楼梦研究》，排演《红楼梦》剧目是要担很大风险的。但徐玉诺坚持自己的见解，从不随波逐流，表现出其特有的高风亮节及其"怪诗人"的风格。

  1953年冬的一天,徐玉诺一行三人从鲁山赴开封,途径宝丰滍阳集市,正赶上饭时,只有供销社食堂一家开个窗口排队才能买到馍。但未轮到他们购买,窗口就关了。没买到馍的人很多,责骂声一片,徐玉诺就从大门进供销社交涉。接头的人答复:"主任交代的数卖够了,不卖了。""您主任呢?""在区委开会。"徐玉诺扭头到排队处说:"乡亲们都别急,一会儿就能买到馍。"说罢,他从提包中掏出笔记本写几句话撕下来交给一随行人员说:"你去区政府找他们的领导。"这个人去后交给供销社主任,主任看了交给区长。区长一看信上反映的问题,下面落款是"省人大代表徐玉诺",会也停下了,就带着全体与会人员去请徐玉诺到区政府吃饭。他说:"我去区政府吃饭,这些人(指排队人)都咋办?""敞开供应。""今天都叫吃上了饭,以后怎么办?"区长又答复:"我们要研究办法请示县政府解决。"

  诸如此类的"好管闲事"、尽职尽责的热心事例在宝丰还有很多。

搜集整理:阿卫国 孙广志

宋三才子传说

一、宋三才子答主考

古时候，鲁山县有个叫宋三的人，是个不第举子，因为此人很有才华，大家都称他为"宋三才子"。

这一天，有位主考不相信宋三有什么本事，于是把宋三找来，想亲自考考他。宋三被叫来后，主考问："大家都说你才学渊博，你会倒念碑文吗？"宋三答："学生虽然才学疏浅，但倒念碑文还是可以的。有个碑文我还可以倒背过来，后土、土后。土后、后土。"

主考大人听罢，心中暗暗想道："看来此人是有几分歪才。"就又出题说："听说你天文、地理、古今中外什么事情都很通，你能不能说说是先有鸡娃，还是先有鸡蛋？"宋三不慌不忙地说："禀大人，你能回答是先有大人呀，还是先有小孩，我就立即回答是先有鸡娃，还是先有鸡蛋。"主考大人被问得无言回答，但他是不愿当面认输的，只好说："好吧，先不说这个。"停了一会儿，主考大人眼珠一转说："听说你智谋深广，你能不能把我从屋里诓到院里?"宋三忙答:"启禀大人,我虽不能把你从屋里诓到院里,但我有本事把你从院里诓到屋里。"主考大人一听,赌气走到院里,说:"你诓吧!"宋三一见哈哈大笑说:"我不是按照大人出的题目把您从屋里诓到了院里吗?"

这时主考大人才恍然大悟,是自己中了计,这才口服心服地说:"你真是个宋三才子!"

二、秀才认姨

宋三在汝州考上秀才之后,又和其他被录取的学友一道去省城开封考举人。这一天,他们走到一个村庄,见一位六十来岁的老妇人双手叉腰,唾沫四溅,一蹿一蹦地正在为丢鸡子的事骂大街,那污言秽语简直不堪入耳。宋三听不下去了,对学友们说:"你们不要看她现在这么厉害,我管叫她马上停止叫骂,并且还要热情招待咱们!"

宋三的脑瓜灵,点子多,这在鲁山当地是出了名的,但这儿远离家乡,老妇人又正在气头上,一个素不相识的人说她她会听?所以学友们谁也不相信。

只见宋三走到那老妇人身旁,亲亲热热唤了一声:"姨!鸡子丢了?"那老妇人听见喊声,扭头一看,根本不认识这个年轻人,不由得打了个愣怔。她想:当面问问是谁家的孩子吧,在大街上这样做好像有失自己的身份,人家面对面唤着姨,还能不是外甥?唉,自己年老眼花,真是糊涂了,这几年家务忙,不曾串亲戚,晚辈们长得又快,一年一个样,咋能都记得。她脑子一转圈,就不再骂大街、找鸡子了,赶紧把宋三等请到家里。

当时已近中午。到家后,老妇人就手脚不停地急忙烙油馍、煎鸡蛋,做好吃的招待宋三他们。他们呢,也不客气,大模大样地在老妇人这里美美地饱餐了一顿。

吃罢饭,老妇人才腾出手脚,搬个凳子坐下来和宋三拉家常:"你这个外甥是哪一门的?我想了半天也没想起来。"

宋三不慌不忙,一本正经道:"咱娘俩是头一次见面,您当然不认识我!俺娘找鸡子骂大街也是一蹿一蹦的,和您一个样,我想着,您一定和俺娘是姐妹!"

宋三这么一说,老妇人的脸拉长了,就凭这一点来认姨?但是,饭已经管了,再骂街也没用啦!

搜集整理:李流柱

注:传说宋三才子是鲁山县辛集乡三鸦街人,有人说叫宋锡硅,也有人说叫宋锡圭。还有人说叫宋元宾,字翼周,

乾隆癸巳岁贡。宋元宾，祖父宋文运，字天开，乾隆三年赠修职郎，卫辉府洧川县教谕。其父宋焕发，字百谷，一生教书育人。焕发有三子：寅宾、瑞宾、元宾。元宾为第三子。长兄寅宾，字平天，雍正己酉科举人。曾主宝丰春风书院，分修县志。二哥瑞宾，字应午，习医，集验方数百条，名曰"医方摘要"，凡二十卷。元宾排行老三，即宋三才子，著有《四书讲义》一书，好诗。经其嫡系后人确认，宋元宾最符合宋三才子的几个重要特点。宋三才子去汝州赶考经大营镇一带，所以宝丰西部有关宋三才子的传说很多。

民谣选录

宝 丰 说 唱 文 化 普 及 系 列 丛 书

蚂蚱经

一、版本一

蚂蚱经,蚂蚱经,蚂蚱本是土里生。
蚂蚱只活八个月,一霜打哩直拉脚。
青头蚂蚱得下病,蛐子①慌忙请先生。
请了一位麦大夫②,抓那一服土骨灵③。
喝了汤药冇治好,绿豆棵下丧了生。
乌鸦飞着去报丧,蛤蟆急忙来打更。
一百蚂蚁来守孝,蛛蛛④慌忙去扯灵棚。
灭儿⑤瞪着那灯两盏,两个蛴螬来上供。
两个蛴螬把供上,四只白蛾来念经。
一群蚊子来吊孝,还礼还是随头虫。
搬草洞,把麦淘,土驴子⑥拉磨一阵风。
磨的面,白生生,屎壳郎卵蛋把馍蒸。
蹬倒山⑦,心里惊,借来桌椅和板凳。
臭斑虫,把菜端,蛤蟆倒酒两三盅。

酒吃三巡菜五味，众客告辞要起灵。

起灵本是先点纸，响器⑧吹打真是精。

金金花⑨扛着大笛子，蚊子吹的是卷脚笙。

节节虫⑩敲着那嘚嘚尺，达达虫拍着镲嘭嘭。

四根出串⑪作杠子，一根长虫打沙绳。

蝎出溜⑫打路祭，后边虫蚁儿⑬放悲声。

秋了⑭哭哩啦啦叫，蚰子哭哩仁义情。

蛐蛐哭哩如酒醉，马唧了⑮吊孝放悲声。

蝎子扛锄头前走，蝎出溜拉灵随后行。

小蚂蚱手里拿老盆，贴着棺材紧跟行。

螳螂扛着大柳幡，又拿老盆头上顶。

兔子看哩好茔地，老鼠打哩深墓坑。

青头蚂蚱旁边站，布袋娘娘⑯扑棱棱。

一只蚂蚱身威风，地下虫虫都数清。

隔墙撂对锤，砸住他大那个带把灯。

注：

①蚰子：学名蝈蝈，是螽斯科昆虫。蝈蝈的身体呈扁形或圆柱形，触角一般长于身体。通过左右两翅摩擦而发音。

②麦大夫：学名米象，一种米谷中的小黑甲虫，俗称麦牛子。

③土骨灵：蝮蛇的一种，又称土虺，亦称土骨蛇、土脚蛇。

④蛛蛛：学名蜘蛛，别称网虫、蟢子。

⑤灭儿：学名萤火虫，头狭小，眼半圆球形，腹部7～8节，末端下方有发光器，能发黄绿色光。

⑥土驴子：一种昆虫，体形矬粗短胖，翅膀极短，浑身土色，行动笨拙。用两块泥把它双眼粘上，它就会满地打转，像驴拉磨。

⑦蹬倒山：学名棉蝗，是蝗虫大家族中的一种，个体比较大，双腿长满锯齿，弹跳力好。

⑧响器：指唢呐，又名喇叭。

⑨金金花：学名金龟子。

⑩节节虫：学名地鳖，俗称土鳖虫、蟅虫、过街、地乌龟、接骨虫等。作为中药时称作土元，对接骨续筋有效。

⑪出串：学名蚯蚓。

⑫蝎出溜：学名壁虎。

⑬虫蚁儿：泛指昆虫及小鸟。

⑭秋了：一种昆虫，形体较小，入秋开始鸣叫。

⑮马唧了：学名蝉。

⑯布袋娘娘：俗称布袋虫，也称袋娘，一种软体树虫，能吐丝结袋，保护自己。

这是一首在当地老百姓口中传唱的民谣，其中包含了豫西地区常见昆虫的名字，均是俗名，并用方言发音，唱诵时发出的韵调别有一番风味，是对乡愁的一种舒缓和回味。

二、版本二

蚂蚱经，蚂蚱经，蚂蚱本是土里生。
蚂蚱只活八个月，一霜打得直拉脚。
青头蚂蚱得了病，红头蚂蚱请先生。
一请请个麦大夫，抓药抓的马兜铃。
头一服吃吃不见轻，二一服吃吃丧了命。
听说蚂蚱亡故了，同类都来把孝行。
白头翁慌着戴孝帽，灵前跪着磕头虫。
小白鸽穿着孝衣来，马唧了哭嘟不绝声。
屎壳郎推蛋蒸蒸馍，鹦鹉鸟门外把客迎。
十二个蚂蚁抬大柱，出串慌着打墓坑。

蹚将歌①（又名"打山屯"）

"中华民国"冇朝廷，蹚将越闹越高兴。
夜聚明散对码子，跑到乡下捞票子。
进寨子，点房子，回家拉的好叶子，朋友说和送银子。
买马匹，说秀子②，然后置地买房子。
趸成群，变成杆，乡下百姓也没法儿。
趸成杆，变成群，头架杆子叫老洋人。
老洋人，牌子横，二架杆子叫张得胜。
樊瞎子，老是恶，仗着樊家弟兄多。
樊老二，个子大，听说打仗他不怕。
樊老五，个子小，听说打仗头里跑。
老樊柱，老是能，他们打仗先摸营。
樊老五，会掐八卦，已被陕西收抚啦。
樊瞎子，开眼叫，叫声五弟你是听：
你到西省去受抚，我到东京把咱的财产拉回城。
樊家父子老是红，码子一对往正东，开炮先打禹州城。

打开禹州还不算,一连打开七个县。

金银财宝都不要,单要珍珠和玛瑙。

打开襄县发了财,码子一对拉回来。

好马得那八百匹,回来又驮些大闺女。

路过宝丰停一停,商酒务转圈扎住营。

几个蹚将一碰头,一心要打老汝州。

县知事,心害怕,直奔洛阳打电话。

卢尊义,老是恶,仁师开过来三万多。

顺着汝州往南行,扎半扎,和大营,哩哩啦啦到宝丰。

扎下汤,和瓦屋,又扎土门鲁山城。

卢尊义,老是红,把蹚将打得没处拧。

连庄射,撂炸弹,蹚将吓得一头汗。

张得胜,开眼硬,叫声弟兄恁是听:

弟兄们,别学赖,连夜退到老婆寨。

老婆寨上停一停,听听后边啥动静。

吴佩孚,下传令,一张公函拿在手,叫咱收抚把仗停。

魏斯奎,枪老多,听说收抚恼心窝。

王老五,年纪幼,他说才蹚没蹚够。

陆华说,收了吧,收住回家把官来做。

老曹聚,老是恶,带人二百吃二馍③。

他吃二馍还不算,岗上还有一个崔二旦。

崔二旦，老王泰，他们的行为更是赖。

唐河北，到邓县，他们把坏事都干完，落个外号大坏蛋。

趸成群，变成杆，宝丰西还有几小杆。

老赵拉儿，崔石碴儿，还有一个架杆叫聋子顺儿。

张聚娃儿，牛圪垯儿，还有一个架杆叫马天才儿。

张林贵，林里白，还有一个架杆麻子才儿。

秦椒红，魏国柱，还有一个架杆是小闺女儿。

这些架杆都不说，新出个架杆李小月。

李小月，老是躁，田地卖卖买枪炮。

买挺快炮打不响，又买两把盒子枪。

盒子枪，打不连，又买八台新机关（枪）。

李小月，开眼硬，叫声弟兄恁是听：

弟兄们，别害怕，梯子扎那儿七八架。

站岗的，也不防，梯子一横上寨墙。

上去寨，恁别慌，先打两盘机关枪。

打两盘，不沾弦，再打八盘新机关（枪）。

李小月，打得多，上去把住东南角。

寨里局子都害怕，一伙退到十字街。

小屯街，离城近，县政府里传封信。

王县长，打开看，一看吓得一头汗。

县长一看心发焦，赶快见见王延昭。

王延昭，他不怕，连夜黑底攒人马。
他把人马都攒齐，骑上马，挎上炮，伙杆④三时⑤都怼到。
带着人马走得快，顺便见见黄金泰。
黄金泰，脾气赖，要把蹚将来打败。
怼怼怼，摧摧摧，一伙摧到日头落。
日头落，还不说，一伙打退八里多。
别的杆子都退完，光剩李小月不沾弦。
把李小月打得只是哭，自己喊着要收抚。
举着枪，缴了炮，连夜带到关爷庙。
关爷庙里黑咕咚，转圈点着琉璃灯。
琉璃灯，还不算，警卫员掂枪来回转。
关爷庙里到天明，男女老少都找绳。
捆的捆，拴的拴，一伙带到南河滩。
呼里啪，啪里呼，呼里啪啦摧个净。
远的不知道打多少，光知道二百七十还有零。
同志们，想一想，蹚将落的啥下场。
拿起枪杆齐对外，保卫祖国和家乡。
拿起枪杆齐对外，保卫祖国和家乡。

注：

①蹚将歌：蹚将一般指土匪，在这里更侧重指绿林好汉，宝丰当地流传有丰富的相关歌谣，以《蹚将歌》为名。这些

歌谣中较为普遍地出现蹚将隐语,如"码子"(指联系)、"叶子"(被盗匪掳去当人质的人)、"杆子"(一帮武装集团)、"二架"(副首领)等。

②秀子:方言,妻子。

③吃二馍:方言,原本指吃别人剩下的馍,这里指捡拾蹚将过后丢弃的财物。

④伙杆:指组织起来的队伍。

⑤三时:指寅时。

十二个月撒花

正月里有个正月八,观音菩萨度俺来撒花。
　东一撒,西一抓,抓来一把迎春花。
　迎春花,敬菩萨,菩萨敬得是笑哈哈。

二月里有个二月八,观音菩萨度俺来撒花。
　东一撒,西一抓,抓来一把油菜花。
　油菜花,敬菩萨,菩萨敬得是笑哈哈。

三月里有个三月八，观音菩萨度俺来撒花。
东一撒，西一抓，抓来一把小桃花。
小桃花，敬菩萨，菩萨敬得是笑哈哈。

四月里有个四月八，观音菩萨度俺来撒花。
东一撒，西一抓，抓来一把小麦花。
小麦花，敬菩萨，菩萨敬得是笑哈哈。

五月里有个五月八，观音菩萨度俺来撒花。
东一撒，西一抓，抓来一把石榴花。
石榴花，敬菩萨，菩萨敬得是笑哈哈。

六月里有个六月八，观音菩萨度俺来撒花。
东一撒，西一抓，抓来一把小荷花。
小荷花，敬菩萨，菩萨敬得是笑哈哈。

七月里有个七月八，观音菩萨度俺来撒花。
东一撒，西一抓，抓来一把茄子花。
茄子花，敬菩萨，菩萨敬得是笑哈哈。

八月里有个八月八，观音菩萨度俺来撒花。

东一撒,西一抓,抓来一把香桂花。
香桂花,敬菩萨,菩萨敬得是笑哈哈。

九月里有个九月八,观音菩萨度俺来撒花。
东一撒,西一抓,抓来一把小菊花。
小菊花,敬菩萨,菩萨敬得是笑哈哈。

十月里有个十月八,观音菩萨度俺来撒花。
东一撒,西一抓,抓来一把荞麦花。
荞麦花,敬菩萨,菩萨敬得是笑哈哈。

十一月里有个十一月八,观音菩萨度俺来撒花。
东一撒,西一抓,抓来一把小雪花。
小雪花,敬菩萨,菩萨敬得是笑哈哈。

腊月里有个腊月八,观音菩萨度俺来撒花。
东一撒,西一抓,抓来一把蜡梅花。
蜡梅花,敬菩萨,菩萨敬得是笑哈哈。

口述:解提
整理:郭敬伟

唱白朗

年年有个正月正,白朗起义在宝丰。
二月里来龙抬头,白朗打下小禹州。
三月有个三月三,白朗威镇荆紫关。
四月有个四月八,白朗暴动闹中华。
五月里来五月五,白朗南下到瓦屋。
六月有个六月六,白朗专打狗财主。
七月里来七月七,白朗横扫到陕西。
八月有个八月八,白朗单把赃官杀。
九月有个九月九,白朗讨伐袁大头。
十月有个十月十,白朗单刮高鼻子。
十一月来剩一月,白朗往南过唐河。
十二月来整一年,白朗威名天下传。

颂胡兰

纺花车,圆又圆,里面坐个刘胡兰。
敌人拷打不投降,面对铡刀心不慌。
刘胡兰,十五岁,参加革命游击队。
送炸药,埋地雷,崩死敌人一大堆。
毛主席为她写题词:"生的伟大,死的光荣。"

打老蒋

一二三,到北关,北关到,吹洋号,
洋号响,打老蒋,老蒋退,赶紧追。
民兵们,别做活,甭叫老蒋过来河,
远的用枪打,近了刺刀戳,不远不近盒子撴!

荠荠菜

荠荠菜,水里漂,我跟大姐长得一样高。
大姐穿的花花鞋,我咋穿个泥歪歪;
大姐穿个花裤子,我咋穿个驴肚子;
大姐穿个花布衫,我咋穿个驴脊梁;
大姐戴哩花帽子,我咋顶个热鏊子;
大姐骑的好白马,我咋骑个树柯杈。

小雀飞,翅膀乍

小雀飞,翅膀乍,
公公犁地婆子耙,媳妇跟着打坷垃。
走路客人你甭笑话,俺全家种的好庄稼。
高的是黍黍,低的是芝麻,

不低不高是棉花,棉花地里是打瓜(小瓜蛋)。
打瓜蛋,圆周周,巴掌打,指甲抠,
抠出红瓤我吃了,抠出瓜子拜朋友。
一拜拜到瓜园里,瓜大哥,瓜二哥。
敲一声,唱一声,官家姑娘都来听;
大闺女穿的是水红,二姑娘穿的是桃红,
三闺女没啥穿,穿她娘的烂布衫。
床上一碗油,仨闺女都梳头,
大闺女梳的盘龙髻,二闺女梳个狮子滚绣球。
三闺女没啥梳,梳个爬角去放牛,
牛不吃坡上草,三姐气得往家跑,
牛不喝河里水,三姐气得噘着嘴。

小虫小,穿花袄

小虫(麻雀)小,穿花袄,
牵大马,送嫂嫂,一送送到大石桥。
尿泡尿见到底,石磙往上漂。
扫帚开莲花,棒槌结樱桃。

小粉盒，歪点多

小粉盒，歪点多，今年不如年时个。
去年跟着爹娘过，今年跟着公婆过。
人家烙油馍，我到后院打水喝。
受不哩气，挨不哩打，搓根麻绳吊死吧！
一跑跑到后院里，弯弯腰，直直腰，
看见娘家的柳树梢，娘那脚，回去吧，
好死不胜赖活着。

小蛐蛐，一脸灰

小蛐蛐，一脸灰，打灯笼，找妹妹，
妹妹没在床上睡，都是蛐子捣的鬼，
叫螳螂拿大刀，快把蛐子的头割了。

板凳板凳摞摞

板凳板凳摞摞,那里住个大哥。
大哥出来卖菜,那里住个奶奶。
奶奶出来烧香,那里住个姑娘。
姑娘出来拜拜,那里住个秀才。
秀才出来读书,那里住个尼姑。
尼姑出来摇铃,那里住个小虫。
小虫出来喳喳,那里住个蚂蚱。
蚂蚱出来蹦蹦,那里住个臭虫。
臭虫出来骨融,骨融!

小白鸡,脸皮薄

小白鸡,脸皮薄,杀我不如杀那鹅。

那鹅说，我的脖子长，杀我不如杀那羊。
那羊说，我四肢白蹄朝前走，杀我不如杀那狗。
那狗说，我看门看得喉咙哑，杀我不如杀那马。
那马说，城里走，乡里游，杀我不如杀那牛。
那牛说，长尺耙，短尺犁，杀我不如杀那驴。
那驴说，您吃面，我吃麸，杀我不如杀那猪。
那猪说，吃您的麸子喃您的糠，
唧唧咛咛上杀床，哧啦一刀见阎王。

落花生

落花生胖墩墩儿，我到婆家住一春儿。
婆打我，我喜欢，妗子瞅见瞪两眼。
妗子妗子你甭瞅，豌豆开花俺就走。
豌豆白俺再来，一直住到薅花柴。

老鼠怕猫

老鼠怕猫,猫怕狗咬。
狗怕掌柜打,掌柜怕官杀。
官怕朝廷斩,朝廷怕天塌。
天怕刮大风,风怕墙来挡。
墙怕鼠打洞,鼠怕狸猫抓。

小白鸡,叨柴火

小白鸡,叨柴火,
一天叨了一大垛,
给爹睡,爹打我,

给娘睡，娘拧我，
咯嗒咯嗒气死我。

小鸡嘎嘎，好吃黄瓜

小鸡嘎嘎，好吃黄瓜，
黄瓜有籽，好吃鸡腿，
鸡腿有毛，好吃仙桃，
仙桃有核，好吃牛犊，
牛犊撒花，跑到天边，
天边有个井，井里有个桶。
桶里有个盆，盆里站个人。

麻野雀，尾巴长

麻野雀，尾巴长，

娶了媳妇忘了娘。
有钱买洋车,
无钱养爹娘。
你说荒唐不荒唐。

小白孩,快快长

小白孩,快快长,
长大跟着共产党。
斗地主,打老蒋,
分田地,住新房;
爹娘跟着把福享。

月奶奶,黄巴巴

月奶奶,黄巴巴,

爹织布,娘纺花。
小孩哭哩吱哇哇,
买个烧饼哄哄他。
爹一口,娘一口,
咬住小孩的手指头。

小狗娃,跑大路

一、版本一

小狗娃,跑大路,大路窄,
喊大伯,大伯在家缝布袋;
喊二伯,二伯在家桲大麦;
喊婶子,婶子在家磨粉子;
喊姑姑,姑姑在家打糊涂;
喊妞娃,妞娃在家生豆芽;
豆芽弯,顶住天,当啷当啷又一会儿。

二、版本二

捶金鼓,过金桥,
观音老母摘仙桃。
　摘一千又一千,
观音老母上北山。
北山有个爷爷庙,
　通通放三炮,
问问头关饶不饶。

三、版本三

豆芽经,豆芽经,
豆芽一天三遍冲。
冲得豆芽起明条,
全家老少过金桥。
过去金桥慢慢挪,
金童玉女来接我。
接一程,送一程,
一直送到享福庭。

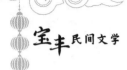

金大姐骑金马

一、版本一

  金大姐骑金马,
  金马不走金鞭打,
  一走走到金娘家,
  金门楼,金院墙,
  琉璃井,金蛤蟆,
  梧桐树,金老鸹,
  开开庙门金菩萨。

二、版本二

  小老鼠,上灯台,
  偷油喝,下不来,
  叫小妮抱猫来,
  哧溜儿跑了。
  跑到南场里,

有个卖糖哩,

啥糖,芝麻糖,

交给老爷尝尝。

粘住老爷的嘴,

给老爷喝口水,

粘住老爷的牙,

给老爷喝口茶。

卖糖哩,你走吧,

俺娘出来无好话,

高底鞋,毛带花,

一脚蹬你个仰八叉。

三、版本三

月亮奶奶亮堂堂,

骑着大马去烧香。

大马拴在梧桐树,

小马拴在庙门上,

扒着庙门瞧娘娘。

娘娘搽着粉儿,

和尚噘着嘴儿;

娘娘戴着花,
和尚光着脑袋瓜儿。

四、版本四

煤疙瘩,怕纺花,
搬着车子走娘家。
娘家有个老黄狗,
照住屁股咬一口。
娘,娘,快打狗,
小鳌妮子你没长手。

二十四节气农事歌

一月小寒又大寒,规划全年大生产。
二月立春和雨水,春耕生产做准备。
三月惊蛰春分暖,精耕施肥忙不闲。
四月清明和谷雨,春耕早播要适时。
五月立夏小满到,夏收夏种准备好。
六月芒种夏至天,收打抢种争时间。

七月小暑连大暑,抗旱防涝莫停锄。
八月立秋处暑连,早秋收割搞深翻。
九月白露到秋分,三秋工作要抓紧。
十月寒露到霜降,秋冬播种保质量。
十一月立冬和小雪,妥当安排农副业。
腊月大雪冬至前,认真总结好经验。

十对花

俺说一,谁对一,什么开花在水里?
您说一,俺对一,莲花开花在水里。
俺说二,谁对二,什么开花一身刺?
您说二,俺对二,黄瓜开花一身刺。
俺说三,谁对三,什么开花叶儿尖?
您说三,俺对三,秦椒开花叶儿尖。
俺说四,谁对四,什么开花起条子?
您说四,俺对四,韭菜开花起条子。
俺说五,谁对五,什么开花过端午?

您说五,俺对五,石榴开花过端午。
俺说六,谁对六,什么开花爬墙头?
您说六,俺对六,梅豆开花爬墙头。
俺说七,谁对七,什么开花把头低?
您说七,俺对七,茄子开花把头低。
俺说八,谁对八,什么开花白花花?
您说八,俺对八,荞麦开花白花花。
俺说九,谁对九,什么开花做好酒?
您说九,俺对九,蜀黍开花做好酒。
俺说十,谁对十,什么开花铺满池?
您说十,俺对十,雪花飘飘铺满池。

为人莫交无义友

山前梅鹿山后狼,两兽结交在山岗。
狼有难来鹿搭救,鹿有难来狼躲藏。
为人莫交无义友,狼心狗肺不久长。

事不足

人生在世事不足,
想了吃的想穿的。
吃穿二字他都有,
抬头看见房子低。
盖了楼房和大厦,
又想着房中无有妻。
娶了一妻并两妾,
又想着出门没马骑。
槽头上拴着高头马,
又想着头上没官职。
三千银买个七品县令,
又想着小官又被大官欺。
皇王爷脱袍让了位,
又想陪玉皇下盘棋。
正陪玉皇把棋下,

又想娶玉皇的三闺女。
王母娘娘一听那才恼,
一巴掌打他个嘴啃泥。
把他打到尘埃地,
叫他磨道里变个驴。
碰见一个恶婆娘,
一套磨了三斗七。
一天磨了整三套,
把他累死在磨道里,
看他知足不知足。

劝民节俭歌

劝吾民,要节俭,
分明节俭有效验。
别的费用且休说,
只把三日口粮算。
假若一日吃三餐,

两日吃了三日饭。
多爱惜，少作践，
一年可积一年半。
虽然目下好收成，
时时要记遭荒歉。
荒歉时，好惨凄，
食草根，剥树皮，
卖儿卖女又卖妻。
若是一日肯积攒，
免叫骨肉活分离。
可惜愚民无见识，
一饱忘了千年饥。

戒民赌博歌

宝丰民，听我劝，赌博营生不可干。
谁家富贵赌博来？个个赌博落贫贱。
饶你巧，饶你算，灯后头家抽一半。

偷底摸张你都会，到了能输千万贯。
今日哄，明日赚，藏头露尾谁不见。
一伙光棍圈套你，恨不将你囫囵咽。
赢的急，输的乱，一点正事不想干。
偷东摸西还想赌，先落一个做贼汉。
典了田，卖了院，祖宗产业凭人算。
没吃没穿为甚来？这是赌博受饥寒。
拿到官，捉到县，吓得心惊又胆战。
赌钱只说人不知，今朝却把王法犯。
大充军，小摆站，枷号游营都传遍。
亲戚邻里谁不羞，这是赌博遭刑宪。
宝丰民，听我劝，赌博营生不可干。

谚语选录

宝 丰 说 唱 文 化 普 及 系 列 丛 书

生产谚语

粪是地里宝,有粪年景好。

庄稼一枝花,全靠肥当家。

种地不上粪,等于瞎胡混。

地没赖地,戏没赖戏;地在人种,戏在人唱。

扫帚响,粪堆长。

茬口倒顺,强似上粪。

犁地深一寸,等于上层粪。

犁地要见死土,耙地要见扑土,耩地要见湿土。

光犁不耙,枉把力下。

犁地如线,耙地如画。

人误地一时,地误人一年。

不稀不稠,入下指头。

有钱买种儿,没钱买苗儿。

宁叫稠一坡,不叫稀一窝。

庄稼种得稀，不够喂小鸡。

壮苗三分收，弱苗一半丢。

好种出好苗，好树结好桃。

合理密植好，光长庄稼不长草。

旱豇豆，涝小豆，不旱不涝收绿豆。

晒不死的棉花，下（雨）不死的南瓜。

淹不死的白菜，旱不死的葱。

桃三杏四梨五年，枣树当年能换钱。

锄头有粪，越锄越嫩。

锄头有水，杈头有火。

晴天不锄草，阴天忙不了。

锄地不看墒，到底瞎慌张。

干锄一遍光，湿锄十遍荒。

豆子锄三遍，豆角结成串。

麦锄三遍没有沟，豆锄三遍圆溜溜。

春争日，夏争时，一年大事不宜迟。

惊蛰不耕地，好比蒸馍跑了气。

春分麦动根，一刻值千金。

清明前后一场雨，胜似秀才中了举。

谷雨前后，种瓜种豆。

一穗两穗（麦），一月上囤。

打春一百（天），磨镰割麦。

蛤蟆打哇哇，四十五天吃疙瘩。

立夏不出（麦）头，只好割了去喂牛。

立夏不下（雨），高挂犁耙。

麦熟一晌，蚕老一时。

八成熟，十成收。十成熟，三成丢。

夏至（在）五月头，不种芝麻吃香油。

夏至（在）五月中，十个油坊九个空。

夏至不出蒜，必定散了瓣。

五黄六月不出工，十冬腊月喝北风。

掏钱难买五月旱，六月连阴吃饱饭。

冬天刮破皮，胜过春天犁一犁。

头伏萝卜，二伏芥，三伏里头种白菜。

处暑不种田，种田是枉然；处暑不种田，逮住吃半年。

七月边，枣红圈。

七月枣，八月梨，九月柿子红了皮。

宁种八月土，不种九月墒。

秋分种高山，寒露种平原，洼地种到霜降前。

秋分早，霜降迟，寒露种麦正当时。

寒露到霜降，种麦不慌张。

耧铃响，红薯长。

麦收一张犁，秋收一张锄。

麦盖三场被，头枕蒸馍睡。

腊月雪满天，来年麦子堆成山。

一棵红薯一把灰，红薯结哩成大堆。

夜里下雨白天晴，粮食收得没处盛。

寸草铡三刀，没料也上膘。

田间管理如绣花，功夫越细越到家。

生活谚语

人往高处走，水往低处流。

秋蛉叫，懒婆娘吓一跳；鞋子没做好，又得缝棉袄。

你敬我一尺，我敬你一丈。

你有一来，我有一往。

一个老的能养十个小的，十个小的养不了一个老的。

萝卜快了不洗泥。

一分价钱，一分货。

不行春风，哪有秋雨。

有向情，无向理。

远亲不如近邻，近邻不如对门。

要想人不知，除非己不为。

纸里包不住火，雪里埋不住死尸。

山高遮不住太阳，儿大挡不住爹娘。

冬吃萝卜夏吃姜，不劳医生开药方。

贼不打三年自招。

只有再一再二，没有再三再四。

谁吃盐，谁发渴。

饥给一口，强似饱给一斗。

小子不吃十年闲饭。

不怕衣服破，就怕肚里没有货。

年年防旱，夜夜防贼。

有理走遍天下，无理寸步难行。

雨不大淋湿衣裳，话不多气坏心肠。

只有害病害死，没有干活使死。

竖起招兵旗，就有吃粮人。

吃人家的嘴软，拿人家的手短。

一日夫妻百日恩。

不怕人老，就怕心老。

笑一笑，十年少，愁一愁，白了头。

良田千顷，不如薄技在身。

路无尽头，学无止境。

喝过黄连水，才知井水甜。

吃不穷，穿不穷，打算不到一世穷。

地不种荒一季儿，孩子不管误一辈儿。

人怕没脸，树怕没皮。

不怕先告状，就怕后没理。

弓是弯哩，理是直哩。

明白人好说，糊涂人难缠。

指亲戚，靠邻居，不如自己立志气。

听人劝，吃饱饭。听人调，抱住瓢。

不怕门门通，就怕一门精。

不当家不知柴米贵，不养儿不知父母恩。

冬练三九，夏练三伏。

一勤天下无难事。

曲不离口，弦不离手。

树高千丈,叶落归根。

宁走十里光,不走一里荒。

细水长流,吃穿不愁。

瓜熟自落,水到渠成。

独脚难行,孤掌难鸣。

灯不拨不亮,话不说不明。

不怕不识货,就怕货比货。

补漏趁天晴,读书趁年轻。

花香自有蜂蝶来,货好顾客满柜台。

有志不论年老少,无志枉活一百春。

一分利吃饱饭,十分利饿死人。

一遍生,二遍熟,三遍变成老师傅。

天黄有雨,地黄有风,人黄有病。

饱备干粮晴备伞,丰年也要防灾年。

泉水挑不尽,知识学不完。

书到用时方恨少,事非经过不知难。

由猴变人,需要一万年;由人变猴,只需一斤酒。

好赌牌,头发白;狂喝酒,会长瘤。

丰年不忘荒年苦,饱时不忘饿时难。

一天省一把,三年买匹马。

一天省一口,三年买头牛。

三年锅里不长豆,就能省个瓦门楼。

三年不吸烟,买个大黄犍。

新三年,旧三年,缝缝补补又三年。

有菜半年粮,不怕饿断肠。

冬不节约春天愁,夏不劳动秋无收。

有钢使在刀刃上,有钱用在正路上。

囤尖省,日子长;囤底省,打饥荒。

宁吃半顿,不叫断顿。

宁叫顿顿稀,不叫一顿饥。

大吃大喝顾眼前,省吃俭用度荒年。

行船靠掌舵,理家靠节约。

越吃越馋,越闲越懒。

勤扫院子少赶集,三年买头大黑驴。

气象谚语

东虹忽雷西虹雨,南虹出来发大水。

早烧（云）不出门，晚烧晒死人。

早看东南，晚看西北。

要得暖，椿头大似碗。

进入七月节，夜寒白天热。

瓦碴云，晒死人。

（一种水鸟，俗称水鸭儿）早叫阴，晚叫晴，半夜叫唤到不明。

天上钩钩云，地上水淋淋。

疙瘩云，下满盆。

老云接驾，不阴就下。

日落云里走，雨在半夜后。

早上炮台云，午后风雨临。

云往南，雨涟涟。云往北，晒干坯。

云往东，一场空。云往西，观音老母披蓑衣。

东北风，雨祖宗。

蚂蚁拦路，大雨如注。

南风大，转了北风就要下（雨）。

风三风三，一刮三天。

东风雨，西风晴。

有门是风圈，无门是雨圈（月亮的晕圈）。

星星眨眼，必有雨点。

月亮烤火，非下不可。

月亮靠北坡，有雨也不多。

月晕而风，础（墙根脚）润而雨。

烧云过顶，下满井。

秋后打雷，百日无霜。

九月雷声发，大旱一百八。

鸡子上架晚，来日必变天。

长虫（蛇）挡道，雨打青苗。

蚂蚁连成行，晴天不会长。

蜻蜓飞成片，河水涨上岸。

开门风，关门住，关门不住刮倒树。

头九变，九九变；头九好天，九九好天。

八月十五云遮月，正月十五雪打灯。

水缸穿裙，阴雨来临。

云下高山将下雨，云上高山好晒衣。

四面雾腾腾，五更便刮风。

久雨见星光，次日雨更旺。

雷打惊蛰前，四十八天雨绵绵。

冬暖夏雨少，冬寒夏雨多。

七阴八下九不晴，十一、十二还找零。

干冬湿年下。

清早下雨一天晴。

夜晴没好天。

一天南风三天暖，三天北风九天寒。

热生风，冷生雨。

春雾晴，夏雾热，秋雾雨，冬雾雪。

春风头，秋风尾，就怕北风两条腿。

太阳出来露一露，不下一月二十九。

羊恋坡吃草，明天风雨来得早。

淋伏头，晒伏尾。

母猪垫窝，不是冷风定下雪。

西北恶云长，雹子在后晌。

黑云黄稍，定下冰雹。

白云黑云对着跑，这场雹子小不了。

闷雷打横闪，雹子大如碗。

九月九不下等十三，十三不下一冬干。

行云逆风天气变。

云交云，雨淋淋。

秋不凉，籽不黄。

天上鲤鱼斑,明天晒粮不用翻。

旱刮东风不怕雨,涝刮西风也不晴。

鱼儿跳,雨来到。

老母猪过河,大雨滂沱。

水缸穿裙山戴帽,蚂蚁搬家蛇过道,必是大雨要来到。

雨交雪,下半月。

大雪年年有,不在三九在四九。

歇后语选录

宝 丰 说 唱 文 化 普 及 系 列 丛 书

歇后语选录

八月十五吃月饼——老规（方言读 kuī）程

棒槌拉二弦——粗而糙

茶壶里煮扁食（饺子）——嗉里有道（倒）不出来

唱戏吹胡子——假生气

穿钉鞋拄拐棍——稳上加稳

窗户上的纸——一点就破

秋后的蚂蚱——蹦不了几天了

从小嫁给张罗的——背一辈子圈

醋缸里的圪针——尖酸

碓杵撽磨扇儿——实（石）打实（石）

对镜子作揖儿——自己恭维自己

豆腐掉进灰堆里——吹打不得

独木桥上唱戏——心宽路窄

六个指头搔痒——多一道

粪坑里的石头——又臭又硬

隔（方言读 gāi）河作揖——承情不过

擀面杖戴个牛笼嘴——光棍身子眼子头（宝丰方言，指脑子不灵活又不懂行，总是上当的人）

圪针对麦芒儿——尖对尖

狗攥鸭子——呱呱叫（意为最好最优）

沟里背柴火——恼（用肩扛）上来了

刮大风馕（方言读 nǎn，先将干碎食物抓在手里，再往嘴里倒着吃）炒面——咋张开嘴了

河里螃蟹——有家（夹）儿

猴掰玉米——走着丢着

画匠不给神磕头——把底

黄鼠狼给鸡拜年——没安好心

叫花子唱戏——穷开心

镜子里的烧饼——能看不能吃

老和尚卷铺盖——离辞（寺）

老母猪吃秫秫——顺杆（秆）子爬

老鼠拉木锨——大头在后头哩

老鼠钻到风匣（方言读 xiǎn，风箱）里——两头受气

老鼠给猫捋胡子——破死哩巴结

撩（方言读 liǎo）地（野地）白菜——不在畦

萝卜做棺材——菜货

马尾穿豆腐——提溜不起来

蚂蚁尿到书本上——识（湿）字不多

卖个孩子买盒笼——争（蒸）气哩

卖豆腐搭台子——生意不大，架子不小

豆腐渣上船——不是货

磨道找蹄印儿——找事儿哩

木匠吊线——睁只眼合只眼

木匠斧子——一面儿砍

泥菩萨过河——自身难保

竹篮子打水——一场空

肉包子砸狗——有去无还

三眼枪打兔子——没准儿

扫帚顶门——净叉儿

筛子盖蒸笼——存不住气

绱鞋不使锥子——真（针）中

十五个吊桶打水——七上八下

拾个芝麻丢个西瓜——因小失大

老洋人的队伍——支兑糊

姚店铺到西火山——正（郑）行（邢）

大营牛铃——响哩远

娘娘山的煤——烟大火大

翟集米醋——老酸

龙泉寺的疙瘩药——一扫光

客打店主一头血——闹店

宝丰说唱文化普及系列丛书
申红霞　主编

宝丰传统手工技艺

李全鑫　刘宏民　编著

中国·武汉

图书在版编目（CIP）数据

宝丰传统手工技艺 / 李全鑫，刘宏民编著 . -- 武汉：华中科技大学出版社，2023.5

（宝丰说唱文化普及系列丛书 / 申红霞主编）

ISBN 978-7-5680-9378-1

Ⅰ.①宝… Ⅱ.①李…②刘… Ⅲ.①民间工艺—介绍—宝丰县 Ⅳ.①J528

中国国家版本馆 CIP 数据核字（2023）第 075720 号

宝丰传统手工技艺　　　　　　　　　　　　　　李全鑫　刘宏民　编著
Baofeng Chuantong Shougong Jiyi

策划编辑：彭霞霞
责任编辑：梁　任
封面设计：杨思慧
责任监印：朱　玢
出版发行：华中科技大学出版社（中国·武汉）　　电话：（027）81321913
　　　　　武汉市东湖新技术开发区华工科技园　　邮编：430223
录　　排：天　一
印　　刷：洛阳和众印刷有限公司
开　　本：880 mm × 1230 mm　1/32
印　　张：3.5
字　　数：62 千字
版　　次：2023 年 5 月第 1 版第 1 次印刷
定　　价：168.00 元（全 9 册）

本书若有印装质量问题，请向出版社营销中心调换
全国免费服务热线：400-6679-118　　竭诚为您服务
版权所有　侵权必究

《宝丰说唱文化普及系列丛书》编委会

总策划： 刘海亮

主　编： 申红霞

副主编： 杨淑祯　潘廷韬

编　审： 樊玉生　江国鹏

成　员： 曹俊青　杨东熹　周博雅　郭敬伟

　　　　　聂亚丽　徐真真　王少克　潘运明

　　　　　刘宏民　李全鑫　何清怀　张关民

　　　　　芮遂廷　贺天鹏　徐九才

序

　　文化自信是一个国家、一个民族发展最基本、最深沉、最持久的力量。进入新时代新征程，党的二十大做出了"推进文化自信自强，铸就社会主义文化新辉煌"的战略部署，为我们加强社会主义文化建设、弘扬优秀传统文化指明了方向。

　　地处中原腹地的平顶山市宝丰县，历史文化底蕴深厚，一代代先人在这里繁衍生息、创新创造，留下了丰富的文化遗产，成为中华优秀传统文化的重要组成部分。

　　宝丰县地处河南省中部偏西，是伏牛山脉与黄淮平原的交接地带。西部山峦绵延，中东部遍布平原，丘陵、小山点缀其间。沙河、北汝河两大河流护其左右，石河、泥河、净肠河、应河、柳杨河、运粮河穿境而过，滋润着这片沃土。二十四节气在这里活态传承，春夏秋冬四季分明，具备典型的暖温带气候特征。由此，在这块先民们生产生活的理想宝地上，形成了具有中原特点的农耕文化。

　　古时候，宝丰县是北连河洛、南控宛襄的交通要冲，成就了大营、马街、滍阳、翟集、老城等古老集镇，车马辐辏，商贾往来，号称"千年古县"。正是在这样一块宝地上，祖先留下了丰厚的文化遗产。

　　2017年1月，文化部（现更名为文化和旅游部）批准设立说唱文化（宝丰）生态保护实验区，至今历时6年。6年来，宝丰县在国家文化和旅游部、河南省文化和旅游厅、平顶山市

委市政府的大力支持下，为生态保护实验区的建设、中华优秀传统文化的保护和发展，做了大量扎扎实实、卓有成效的工作。《宝丰说唱文化普及系列丛书》的出版、发行，对重新审视祖先留下来的珍贵文化遗产，坚定文化自信，保护、继承祖先留下的优秀传统文化，具有十分重要的意义。

宝丰县历史悠久，文化灿烂。境内拥有马街书会、宝丰酒传统酿造技艺、汝瓷烧制技艺、宝丰魔术共4个国家级非物质文化遗产项目；拥有清凉寺汝官窑遗址、父城遗址、香山寺大悲观音大士塔及碑刻、小李庄遗址共4个国家级重点文物保护单位；拥有妙善观音传说、白朗起义传说、木偶戏、韩店唢呐、高腿曲子戏、河南坠子（西路）、大调曲子（墨派）、平调三弦书、翟集冯异小米醋酿造技艺、经担舞共10项省级非物质文化遗产项目；拥有文庙大成殿、文笔峰塔、塔里赤墓碑、解庄遗址、中共中央中原局中原军区宝丰旧址群等17个省级重点文物保护单位；拥有风搅雪坠子书、快板书、评书、祭火神、乐器制作技艺、刺绣、剪纸等64个市级非物质文化遗产项目；拥有前营遗址、贾复庙、玉带河永济桥、小店遗址等121个市县级文物保护单位；已经列入县级非物质文化遗产保护名录的还有越调、拜三皇、唱愿书、对戏等108项。境内还有保护较好的各级传统村落、历史文化名镇名村50余个。

这海量的优秀文化遗产，都是宝丰人民祖祖辈辈传承下来的中华民族智慧的结晶，也是宝丰人民的立足之本、精神财富，是我们值得骄傲和自豪的资本，更是我们崇德尚文、踔厉前行的动力。

《宝丰说唱文化普及系列丛书》是平顶山说唱文化（宝丰）生态保护发展中心组织本土专家学者，根据2017年"宝丰文化进校园"教材蓝本，进一步补充、完善的全民文化普及读物，由《宝丰曲艺》《宝丰戏曲·魔术》《宝丰民间习俗》《宝丰方言》《宝丰历史人物》《宝丰名胜古迹》《宝丰民间音乐舞蹈》《宝丰民间文学》《宝丰传统手工技艺》共9册组成。本书比较全面地展现了宝丰县的历史文化本貌、文化生态环境，文字简洁凝练，是传承、传播宝丰地方文化的大众读物。相信它的出版会对保护和传承中华优秀传统文化起到不可估量的作用。

　　习近平总书记说过："我们要坚持道路自信、理论自信、制度自信，最根本的还有一个文化自信。"文化自信是中华民族对自身文化价值的充分肯定和积极践行，是对其生命力持有的坚定信念。宝丰县的历史文化是黄河文化的重要组成部分，也是中国文化的精粹。热爱本土文化，热爱我们的家乡，传播和传承宝丰县历史文化，保护、抢救我们珍贵的文化遗产，既是宝丰人义不容辞的责任和义务，也是我们培育文化自信的动力和源泉。

　　《宝丰说唱文化普及系列丛书》将给大家带来精神上的愉悦和动力，激励全县人民携手并肩继承先祖的聪明才智，为传承发展我们的优秀传统文化贡献绵薄之力，共同建设好我们的美丽家园。

中共宝丰县委书记

2023年3月

目 录

农耕文化与传统手工技艺…………… 001

土布纺织及印染技术………………… 005

编制技术……………………………… 013

砖瓦制作技艺………………………… 020

村镇民居建造技艺…………………… 025

农具制作技艺………………………… 031

宝丰酒酿造技艺……………………… 036

汝瓷烧制技艺………………………… 045

米醋酿造技艺………………………… 054

偶人制作技艺………………………… 060

乐器制作技艺……………………………… 065

剪纸技艺…………………………………… 073

石雕与泥塑制作技艺……………………… 079

美食制作技艺……………………………… 085

粉条制作技艺……………………………… 093

豆腐制作技艺……………………………… 099

农耕文化与传统手工技艺

  手工技艺是在劳动中逐步产生、发展的。它是宝丰人民智慧的结晶,是中原文化的重要组成部分。

  宝丰有灿烂的历史文化。早在一万多年以前,先民的足迹就已留在了宝丰这块土地。先民在今宝丰西南部观音堂林站的庄科村一带找到了栖息地,住洞穴,捕野兽,采野果,用打制的简单石器处理猎物,并用火烤熟了吃。

  在以后的漫长岁月中,先民的足迹几乎踏遍了整个宝丰大地。杨庄镇的小李庄村,县城东关净肠河西岸,石桥镇的高铁炉村,寺门村的窦庄,前营乡的前营村,肖旗乡的解庄村,都留下了先民生活的印记。他们使用的器具已有了磨制石器,其中包括制作精细的钻孔石刀、石铲;此后,又增加了玉器、金属器皿及轮制陶器。人们也由原来的从自然界直接获取食物,转向种植收获农作物和用粮食驯化养殖家禽、家畜,开启了农耕的新时代。

石铲　　　　　　　石刀

　　从已经掌握的资料来看，人类文明起初发展速度是很缓慢的。从旧石器时代到新石器时代，人类用了几千年至几万年。磨制石器促进了生产的发展，而随着生产的进一步发展，原来的生产工具又显然不能适应生产发展的需要。于是，新的生产技术和生产工具出现。而新的生产技术及生产工具的出现，又促进了社会生产的大发展。社会就在发展——改革——发展的循环中呈螺旋状不断向前迈进。在农业发展中，生产技术和生产工具的改进，对推动社会进步起着至关重要的作用。

　　在生产技术和生产工具改进的同时，人们的衣、食、住、行也在发生着巨大的变化。人们学会了用棉花纺线织布，学会了用金属器皿煮饭做菜。从洞穴、窝棚发展到四面有墙、有门、有窗，用木架支撑覆盖草或瓦的"人"字形坡面的房屋，屋内增加了坐具、卧具、桌子等。人们学会了驯化牲畜，用来骑行或拉车。人们学会了用船涉水。运输也从肩扛背驮发展为车推、车拉。人们在精神生活方面也有了一定的追求，于是出现了各种艺术。

勤劳智慧的宝丰先民在一次次的改革和发明创造中丰富了自己的生活，推动了人类历史的进程，创造了灿烂的文化，为中华民族的文明做出了重大贡献。

任何一项发明创造都不是一蹴而就的，是经过无数人无数次的尝试、总结，再去粗取精、去伪存真，虽有时会经历失败，但最终找到正确的方法而创造出来的。

一些勤奋、肯动脑子的人善于总结。他们在集体智慧的基础上，形成了具有鲜明个人特点的发明、创造。此后，或家族相传，或师徒相传，形成了自己的技术体系，他们便是民间工匠与艺人。例如，农村的木匠、铁匠、泥瓦匠，编织的竹匠、席匠，酒醋作坊的把式，制作和烧制瓷器的艺人、窑匠等。社会发展越向前，民间技艺的门类就越齐全，技艺也越精湛。

民间风貌

　　长期以来，很多技艺是由家长或师傅口传亲授，缺乏理论总结，加之工匠艺人对技术的封锁，所以至今仅为少数人掌握。总体而言，民间工匠艺人的劳动推动了社会的前进，促进了区域文化的发展。

土布纺织及印染技术

纺织技术是服饰文化的重要前提。印染技术则已从单色印染逐步发展到多色印染。土布纺织及印染技术为这个美丽的世界增添了新色彩。

一、土布纺织

人们常说"衣食住行",可见衣服是处于第一位的。衣服具有遮盖身体,美化生活,显示身份、地位、民族信仰等作用。服饰是民族历史文化的重要载体,而纺花织布是服饰制作的基础和前提。

纺花织布是很烦琐的劳动,民谣《纺花难》道出了古代妇女对纺花织布的无奈和自我劝诫的矛盾心理。"纺花难,纺花难,纺花不胜买布穿,这思想,那思想,买布不胜买衣裳。描云画凤不算巧,纺花织布纳粮草,见过大车拉白布,没见过大车拉花哨。"这首民谣前半部分反映了劳动妇女梦想什么时候能从繁重的纺花织布的劳动中解脱出来;后半部分则劝诫自己（也劝诫别人）要脚踏实地，不可胡思乱想、好高骛远，同时也肯定了纺花织布对家庭和社会都是有贡献的。

土布纺织印染技艺市级代表性传承人刘凤先正在用老式织布机制作土布

土布纺织需要经过纺线、浆线、经线、引线、绑机、织布等过程，每个环节的工序都很繁杂。

（一）纺线

纺线需要完成三步工序。

第一步，去除棉花种子。起初是用手工抠出棉花中的花籽，用弹花弓弹成瓤棉；后改成用弹花车弹出花籽，再用轧花车轧成瓤棉。

第二步，把瓤棉搓成花捻儿。方法是右手先撕一定量的瓤棉，放在一个平台上，左手执圪垱儿（高粱穗的柄），压在棉花内侧，右手把棉花裹在圪垱儿上向前推，使棉花裹住圪垱儿一起转动。这样棉花就被搓成了条状，这就是花捻儿。抽出圪垱儿，再搓下一根。

第三步，摇纺车纺线。纺第一根花捻时，左手先捏住花捻儿，抽出一节线，将线按逆时针方向缠在锭子上。右手按顺时针方向转动纺车，纺车通过纺车架带动纺车弦，弦带动左侧的锭子，同时左手徐徐向后抽出棉线。当线抽到胳膊所能达到的最远距离时，纺车向反方向稍微转动一下，左手将线自然回扯，缠绕在锭子上。这叫一抽儿线，然后纺第二抽儿。锭子上的线越缠越多，由初时的圆锥形累积成了柱锥形。等缠到比鹅蛋稍大点时，线穗就纺成了，将其轻轻取下。线纺的粗细和纺线速度的快慢全靠两只手的协调来控制。

纺车

（二）浆线

先把线穗用拐子（一种双层十字木架，顶端用横木连接的工具）制作成分量差不多的线拐儿，接着把线拐儿放在熬煮的稀面糊或饼馍泡浓的面糊里浸泡。浸泡均匀后，将线捞出，搭在木架上，用线棒使劲拃。因拃时会发出"嘭"的响声，且水星四溅，故浆线又称澎线。浆线的目的是增强线的柔韧性和抗拉力。

（三）经线

经线要先络橡。橡类似拐子，但双十字架短，连接的横木长。络橡是把浆过晾干的线用风车撑起来，缠绕到橡上。工作时，风车在左，橡在右，都有木架支撑，橡上有孔。先找出线头，然后手工绑在橡上，找一根小棒插在橡的孔中转动，线就从风车上缠绕到橡上。

经线

经线的过程是：选择一块宽敞地方，将络好的橡顺着排成一行，橡的数量必须是双数。线头一一垂直穿过挂在高处的经圈。地上的两端摆放经耙或在地上横着揳一排橛儿，每排四五个。无论用经耙还是揳橛，都需要开头顺着揳两个较高的橛儿，称为交橛，以备经交线用。经线开始，经线者先将线头两两绑在一起，一一盘成"8"字形挂在交橛上，然后牵着线走向另一端，由挂线的人把线鼻儿（两头连在一起的线）挂在橛上，再牵着线回到起始端，由挂线人像接水管那样依次挂在橛上。到末端一个橛时改变方向回牵着挂。如果想织花条子布，摆橡时需将有色线和白线根据设计好的条形相间摆开。经完后，从最后的橛开始取下，线鼻儿用线绑住，依次去掉，盘成大团。交线取下前，用两根木棒（俗称交杆）按原样先撑住。

（四）引线

先根据经线时线头的多少，选用适当的引布杼。引布杼不管孔有多少，其长度都要与剩子宽度一致。操作方法为：用闯杼篾将线鼻儿从杼孔中穿过，线头完全穿过后，用一根细棍从线鼻儿中横穿起来，缠在剩子的齿上把剩子架起来；固定好线头后，将交杆和杼往前推，线就由条状变成了长方形线面，如果有不通顺的地方，可用手梳理通顺，梳理过的线面用剩子卷起来。这就是引线的过程。

引线

（五）绑机

线引好后，将引线用的交杆换成小交杆，剪断线头，将原来交杆分开的上下两层的线分别穿过两片缯，再集中穿过织布杼。这一过程称为掏头。掏头完成后，将剩子安放于织机的后面。每片缯的上下方系有两根线绳，上方与机楼连接，下方与脚踏板连接。将杼固定在机框上，然后将线头分绺打结，与卷布轴的碎头手巾上的线头连接，这样绑机就完成了。

（六）织布

织布前要把线用纺车缠在长约7厘米、小指头粗细的竹管上，俗称打穗符。织布前先把穗符用一根细竹条穿于梭子内。梭子的一侧有孔，把穗符上的线头放在孔旁，用嘴一吸，线头就出来了。织布者坐于织布机的最前端，先用手把机框往后推，同时一只脚踩脚踏板，脚踏板带动缯，机楼上连接缯的是一个可以上下活动的装置，这时缯就把线分成了上下两层。织布者一手持梭子，小心地让梭子从两层线中穿过，将梭子中的线（纬线）留在两层经线中间。然后踩另一个脚踏板，带动缯上下互移，机框猛劲回一下，纬线就被织在了经线上。每前织一丝，织布者的胳膊就要往前多伸一截。等胳膊够不着时，后面的布也就有三四寸了。织布者用手拉动一下控制剩子齿的装置（俗称磕头虫，也叫扳不倒，上面刻有锯齿状的豁牙），将织出的布卷在卷布轴上，带动剩子随着转动一段，织布者手一松，剩子的齿就被绊住了。卷布轴用别棒别住，织布时，前后都不会松动，织出的布面用撑子撑着，以保证布面宽度一致。熟练的织工每天能织两三丈布。

织布

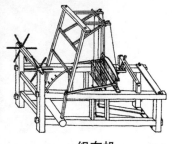

织布机

二、印染

家庭染布多为单色（黑、蓝或黄）。20世纪70年代前，黑布多先用橡果壳、石榴皮煮染成灰褐色，再用坑塘泥反复浸泡揉搓十余次，洗去浮泥晾干，名为"坑布"。20世纪70年代后就多用桶装或袋装的色料煮染。

作坊多染蓝布。染前应先制染料，将自家种植的槐蓝、丝兰的叶子在水池中浸泡后反复搅拌、捶打，再静置一段时间后，放入草木灰进行碱分解，加入清水过滤后即成为染料。制成的染料质地略呈乳状。

染布时，将布放入温度适当、颜料浓度适宜的染池中搅拌均匀，再洗去浮色，就染成了。染坊可染浅蓝和重蓝色的布料。若染花布，老板会请雕刻匠用木头刻出龙、凤、梅花等图案，然后染匠根据客户需要进行印染。这些印染布多为单色，多色需再次套染。

土布纺织印染技艺市级代表性传承人刘凤先展示制作出来的土布

编制技术

编制技艺与人们的生活密切相关,渗透于生活的每个角落。竹编的程序为制篾、软化、编制,编制方法多为经纬编制。编席也要经过制篾、软化、编制环节,编制方法多为交叉编制。

编制匠敬奉鲁班,但编制业究竟起源于何人何地何时,无人知晓。编制与人们的生活联系非常密切。农家可以没有家具,可以没有瓷器,但绝对少不了床席、箩头、筛子、筐子。编制工艺可以就地取材,制作也不复杂,因此,宝丰的编制工艺在农耕文化中的地位不可小觑。人们的日常生活中也留下了许多与编制有关的口语,如做事情白忙了叫"竹篮打水一场空";麻烦周围的人为自己办事会说"捋哩筛子笸箩乱动弹";形容人不会办事又假装会办事,办事总办砸叫"大擀杖顶个牛笼嘴——光棍身子眼子头";

等等。各村都有一些出名的编制工匠，也因编制材料的不同形成了一些专业村，如擅长竹编的赵庄镇张庄村、擅长柳编的任寨村、擅长苇编的闹店镇洪寺营、擅长荆编的观音堂林站大石扒村。随着时代的发展和工具的改进，如今，编制业的市场越来越小了。

编制技术各有特点，竹编和荆编大同小异，多为经纬编制。柳编则是用棉线绳在地上扯地蹦（锥）子，把去皮泡软的柳条用力勒成器具雏形，再修整定形，器具成品非常致密，盛水可不漏。

荆编技艺

一、竹编

竹编的主要工序分为材料处理、编制和收尾三个阶段。

传承人正在编制竹制品

（一）材料处理

材料处理就是把竹子制成竹篾。

第一步，选择生长两三年的竹子，经过暴晒晒干。用竹刀刮去竹毛、竹节后，先从中间剖开，劈成均匀的竹篾，粗细一般与细韭菜叶差不多，再把竹篾劈成两层，刮去棱角，打磨光。

竹编

第二步，把处理好的竹篾浸在水里泡或卷放在笼屉里蒸，使竹篾绵软柔韧，这样使用起来更顺手。

（二）编制

编制的方法有经纬编、疏编、密编、削编、扎编、套编和穿插编。宝丰编制以经纬编为主，即先用经作肋骨，再在经篾上纬编。

如果编竹帽，则先编帽顶，有两种起头法：一是经线在帽顶交叉作经，开始编纬；二是竹篾交叉于帽顶暨成小圆孔，而后理出经线编织。当帽子编到直径约 20 厘米时，开始向下编帽壳。帽壳高约 15 厘米，帽壳的中心可编成"米"字或方孔，既美观又实用。帽壳编成后再编直径约 40 厘米的帽檐。也有的编成安全帽形状，帽壳较大稍微出檐即可。最后锁边，即把经篾的末端按一定花样绕边编起来，使经篾的头藏而不露。纬篾连接处也要做到藏而不露。

如果编竹篮，则先从底部编起，篮底编成圆形，篮身编成元宝形，配合篮襻，可以提，也可以挎。

编筛子要用上套编，即编两层。外部是粗篾，编成稀疏的六边形大孔，起加固内层的作用。内层的孔以不漏麦为宜，草筛的孔比粮筛稍大些。

竹编产品——3号篮

（三）收尾

器物编制成形后，要用砂布里外打磨，使产品看起来发亮，摸起来光滑，用起来方便。

二、编席

过去床席多用芦苇编制，也有用高粱秆编制的，编制的过程如下。

编席

（一）备料

选择粗细适宜、无虫蚀、无杂色的芦苇秆或高粱秆，去叶皮，在水中浸泡软化。用劈刀劈成长宽相当的席篾，用石磙碾压，使其更柔软好用。如果是高粱秆，碾压后，还要用刀剔除里边的瓤。

芦席材料

（二）编制

先从中间起头，交叉编，一般互相间隔两根篾，依次错一篾。编过后横着呈"人"字纹，接近两宽边的地方，把横的"人"字纹改成纵纹。四边接近15厘米处，要各编一行隔四篾的纹，称为水道，以备锁边用。席的规格按市制"四六"席较多，即宽四尺、长六尺。如果编喜席，要提前把席篾一半染成红色。"人"字纹编成红白相间，既美观，又喜庆。

芦席编制

（三）锁边

这是编席的关键工序，把编好的席翻过来，边缘部分7厘米左右的毛头，用扦刀慢慢弯过来，要做到弯得整齐，且不使席篾折断。然后用扦刀挑开原先预留的隔四篾的"水道"的反面，把毛头插进去。这样可以做到既插得牢，外边又不露痕迹。席的四角要巧妙地结合在一起，毛头互插，也要做到藏而不露。

砖瓦制作技艺

宝丰制砖制瓦历史悠久。境内小店遗址和廖旗营遗址等出土的战国至汉朝的文物中,已有了绳纹板瓦、筒瓦、砖、莲花瓦当等,但那时大多只是官家、寺庙、道观使用。从宝丰县境内保存完好的民居(如马街村、大营村、高皇庙村、程庄村等)来看,民间富裕人家普遍使用砖瓦。

制砖对土壤的要求不高,黏土、壤土都可以,技术性也不是很强。制好砖瓦的前提是选好适宜的土并和好泥,只有泥和得好,才能做出好砖瓦。过去,差不多各村都有砖瓦窑,虽然名为砖瓦窑,但一般只是烧砖,因为制瓦对土壤的要求较高,一般的土壤制的瓦容易破碎,用来盖房子容易漏水。

一、制砖

制砖大体分为制前准备、制作和制后处理。

（一）制前准备

制砖前要先把场地压实碾平，表面薄薄撒一层沙或细炉渣，防止湿砖坯和场地粘连。将准备好的土堆在场地边缘，先洇水，后用脚踩匀，用铁锨拢成堆。为了使泥更黏，泥中没有小团粒结构，要用铁棍使劲扛两三遍。扛的过程中要捡出石子和硬物，扛后拢堆备用。

（二）制作

制作所用的工具有砖斗和擀棍。砖斗以两连居多，即每幅斗子每次可以制两个砖坯。砖斗多用楸木制成，因楸木湿水后不容易开裂。制作前，将砖斗一端用砖头垫起，以增强稳定性，使端斗的人也少弯点腰。制作时，制作人两手挖起约一块砖用量的泥，稍微团一团，两手搬起，用力摔入砖斗中，以保证其充满砖斗的每个边角。两个都制好后，用擀棍在沿口抹一下，刮去多余的泥，由辅助工端走磕在场地上。辅助工磕出砖坯后，要用沙子在斗子内过一下，防止粘斗。

（三）制后处理

砖坯晾晒至半干时，竖起来稍晾一会，再七八个横着拢一起，用砖斗四面使劲拍打，使砖坯的棱角更规整。每天收工前，要把当天做的砖坯架起来。架坯时，砖坯间要留一定空隙，使其通风晾至干透。架第二层时要斜着放。一次不可码太高，防止压坏砖坯。

二、制瓦

制瓦的工序与制砖类似，不过制瓦需要把泥和得更匀实，至少要多扪两遍。

制瓦

制瓦是在一个圆形的工作台上进行的。工作台上有一个高约 20 厘米、直径约 28 厘米的上部稍小的圆台，这是瓦的内模。外模叫瓦轧子，为双层，内层是一块面积与瓦内模圆台体侧面积相等的布，外层采用与砖斗材质一样的木料做成，侧面积略大于内层，且可以拆开。工作台的中心用轴和轴承固定。制作时，制瓦工用特制的弓子（用钢丝作弓的弦）在泥坨上切下一块与瓦厚薄大小相当的泥,用双手托住,将瓦轧子内层贴在内模上,外层先拆开,把泥附于瓦轧子的内层,合上外模,用手使劲拍打,使瓦的内部更紧密均匀,边拍打边转动瓦模。拍打两圈后,刮去挤出的泥,瓦坯就制成了。每模有四片瓦,瓦与瓦之间有分割裂纹,很薄,但不断掉。制成后从内模上去掉放在场子里,去掉瓦轧子。

等瓦坯半干时,轻轻把瓦片掰开,稍微整理一下边角,单个晾晒。制成后每片瓦高约20厘米,弓长略小于高,上弦略小于下弦。

由于制瓦对土壤的要求高,宝丰境内过去只有西彭庄烧的瓦质量较好。

小汉瓦

三、烧窑

传统的烧法是自制圆柱形或长方体形土窑,可大可小。烧窑之前要先装窑,砖瓦之间留一定空隙,按一定规格摆放，保证每块砖瓦都能过火。装好后，封闭窑门和顶端。窑匠师傅开始点火烧窑，宝丰境区一般用煤烧。宝丰的窑匠师傅在实践中总结出根据烟囱中冒出的烟的气味判断烧窑程度的方法，一般要烧一周左右。烧成后捂火，密封炉门、烟囱。从窑顶开始洇窑，洇窑时下水速度不可过快，过快会形成花大脸，即蓝不蓝、红不红，这种砖瓦的价格会低很多。一般是烧七天，洇七天。

龙腾盛世小区附近废弃的土窑

砖瓦技术的普及使得砖瓦结构的房屋大量出现。因此，砖瓦技术是建筑文化发展的前提，它对推动建筑文化的发展起着至关重要的作用。

村镇民居建造技艺

中原地区自古以来就是适合人类生存和居住的地方。宝丰人同中原地区的其他居民一样,推崇坐北朝南的三合院或四合院。按照这样的院落布局,宝丰人在自己的宅基地上营建住房,通常是主屋三间,坐北朝南,东西配有厢房,并以院墙相连;在南面的围墙上设有大门,或者在盖有南屋(或临街房、或门面房)的前后墙之间设"过道门",这也是宝丰人长期形成的居住习惯。

历史上,宝丰人的房屋结构与样式有以下几种。

一、草房

草房又称"茅屋",是最早形成的"上栋下宇"风格的住房。在正常情况下,宝丰人用土(或坯)作为砌墙的主要材料,也有人用麦草拌泥垛成墙壁;山区或有石料的地方，墙基用石头垒砌；经济条件稍好的家庭，垒墙时可用青（红）砖砌"垛子"（即房屋的4个墙角），或在墙四周用砖垒起"根脚"（房子地基中出土部分）。在根脚上砌土坯，砌到一定高度（通常为3~4米），到房檐高度时，在前后墙上架起房梁，架起檩条（以7根檩条居多），檩条上钉上椽子，椽子上平排铺上高粱秆或苇子秆，再铺上席子（俗称"箔席"），用白灰和泥抹上厚厚一层，趁泥未干时覆盖上约0.2米厚的麦草、茅草（也有用稻草和龙须草的），这样，一间草房（茅屋）就建成了。草房内多是土地坪，铲平夯实即可入住。房间的大小和房屋的高低取决于房主的居住要求，其尺度通常是进深1.6丈（5.3米）、檐高9尺（3米）、屋高1.1~1.5丈（3.7~5米），前墙正中开门，门两边可开窗，山墙的高处可开"通气窗"，后墙通常无窗。

二、瓦屋（瓦房）

瓦房也是历代宝丰人住房的重要形式，其建筑式样大体同草房，但建筑材料有所不同。其一是瓦房房顶盖瓦而不"覆草"，多用"青瓦"，也有用"红瓦"

的，层层相扣，铺成整齐而好看的屋顶。其二是瓦房通常要"起脊""盖（瓦）边""吐舌头"（即在屋顶和房顶靠山墙的部分隆起一部分，房檐处加铺薄层方砖"出檐"）。除此之外，瓦房所用的建筑材料好于草房所用材料，因而其门窗式样也比较讲究，比草房耐用。建造瓦房花费较大，农民往往需要多年积累才敢动工，因而，瓦房就成了房主身份、地位和经济条件的象征。

房梁、房檩、椽子和门窗的木工由专门的建房木匠来做。木匠们自己都有斧头、锛、锯、刨子、凿子、曲尺、墨斗等一套工具。面对木材，先要打墨线，之后拉锯锯断，再用锛斧等工具砍平凿榫。传统的房梁是"立"字形重梁，木料粗实笨重，费料、费工，但确实支撑得起庞大的房顶结构。后来人们大都采用"人"字梁，这种梁形省料、省钱，支撑力不亚于"立"字梁。

泥水匠负责垒砌。待两旁山墙垒到成形，该上房梁时，房主人在屋后墙上用黄表纸写上"姜太公在此，诸神退位"，摆上供品，插上三炷香，磕头祷告一番，口中念念有词，说的无不是上梁大吉、求神保佑等。

接着在房梁上贴上"青龙缠玉柱，白虎架金梁"之类的大红喜帖，梁头两旁贴上"黄道吉日""吉星高照"的字样，然后鞭炮就噼里啪啦地响起。许多男劳力都会到场，墙上的人用力拉，地上的人用力举，领头人喊着号子，房梁就顺顺利利地上墙了。

上了梁，木匠的活儿就从地面转到了房顶，檩条、椽子要依次用抓钉钉好，抓钉是专门为建房打制的，既长又厚，两端弯曲，钉入木料后可使其连接牢固。待到箔席铺上，用白灰和泥抹上厚厚一层，趁泥未干时苫瓦。苫瓦也是技术活，苫不好会漏雨。小瓦是层层叠加，从下往上苫，每一片瓦都要盖住下面一片瓦的一部分，直到房脊部位。苫瓦时要顺带把瓦反过来，处理两间房屋之间的连接部分。前后两坡都苫好了，还要处理房脊。

处理房脊的目的是使房屋顶部前后坡交接部分不漏水。做法一般是用砖平铺后垒成高花墙。在房脊的两端，

房脊

会安置兽头。兽头讲究青龙、白虎之意，或龙头形或虎头形，也有猫头形的，既有实用功能，也有美化作用。

三、缘边房

缘边房是一种草房和瓦房相结合的房屋，也被称为"瓦缘边""瓦边屋"。其建筑结构和建筑风格介于瓦房与草房之间，与草房更接近。其房顶通常铺草，待草铺好后，再在房缘上覆盖青瓦或红瓦，以防雨水冲刷，减少"换顶"次数。过去这类房子较多，现已不见。

四、楼房和水泥平房

过去，经济富裕的人家及城镇中的较大商号，为显示自己的富有或便于招揽生意，会用较好的建筑材料兴建楼房。这些楼房通常是两层，用厚厚的木楼板隔开。上层低矮，放些家什并住人，下层宽敞，用来接待客人或作为商业营业用房。20世纪50年代，个人兴建楼房的并不多，而工矿企业和机关单位，却由于职工较多而建造楼房。新楼风格与过去的老楼不同，多是采用钢筋混凝土结构，楼层增多，房间增大。20世纪80年代前，楼房多是三四层，20世纪80年代以后，四五层的楼房渐多。同时，个人兴建的楼房也发生了较大变化，楼房多为两层，少数是三层，形同城市中的"单元房",层高一般是3米,设计新颖,着重内在质量和外观形状,有些还采用外粉刷,水磨石粉饰和大理石立柱,如同公馆一样。这类房屋在县城南关、大营镇及张八桥镇辖区内较富裕的矿区农村中居多。

五、庵棚

庵和棚是人们最早的住房形式,直到现在,一些乡村的菜地、瓜地或果树园中,为方便挡风避雨和看守瓜果,还有人在地里搭起庵或棚,颇有古人巢居遗风。

农具制作技艺

农具的出现促进了农耕文化的发展，大大提高了劳动生产率。在传统技艺中，农具的出现要早于其他技艺。从宝丰诸遗址出土的大量石质农具中可以看出，新石器时代，宝丰的先民已经能制造农具。经过无数次的改进提高，创造发明，农具日臻成熟、科学、完备。宝丰的农具制作是中原文化，乃至华夏文化的重要组成部分。牛车和犁是使用普遍的农具。

一、牛车

车在中国历史上是出现较早的工具。早在夏朝末期，商朝的军队就用战车打败了夏朝的军队。此后，在相当长的时间内，牛车都是农村主要的交通运输工具。

牛车的主要部件包括车头、延条、车棚和车轮。牛车的制作包括车轮的制作和车体的制作。在宝丰，车轮的制作属于木工技术的分支，一般的木工做不了这项活儿。

（一）车轮的制作

当地称制作车轮的工匠为镟轴匠。镟轴匠的工作就是把木质的车轴和铁质的车脚（轱辘）有机地结合在一起。

车轴选用的是木质坚硬的檀木，有通轴和接轴之分。做车轮前，木工先量好车脚的轮圆、车毂的内径。然后在车轴上打出几道墨线，得出适合车脚的弧度。很多人不知道车轴是弯的，而弯度恰到好处，车子拉起来才轻松。肖旗乡白庄村的镟轴匠总结出"勾三扯二五，车轮响如鼓"的顺口溜。"勾三"即车轮上端向里勾三分，"扯二五"即前端向里收二分五。车轴弧度确定后依据车毂尺寸在轴的两端有层次地制作成两级圆台状。为增强抗磨能力和光滑度，圆台上分别钉上两排金属键，类似于轴承的作用。突出车毂外的部分凿孔插销子。镟得好的车轴，车子走起来不仅轻松而且响声清脆悦耳，名为"一步三圪当"，夜静可声闻数里，使赶车者心情愉悦，减少赶车的疲劳。

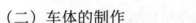

（二）车体的制作

1. 备料

车体选择比较坚硬的木料，比如洋槐木、榆木等，用大锯解成13~14厘米厚的木板。截出2块长约2米、宽约23厘米的木板做车梯，5根长约1.2米、宽约5厘米的木料做掌，再截取与车梯宽窄相当、长约1.3米的木料做和掌平行的前后车框。

2. 制作

第一步：做车棚。在车梯上分别凿出6个1.7厘米宽、7厘米长的孔，在车掌上开出与孔大小相同的榫，在两个车梯的前面开双榫，拼装时不露榫。孔和榫都做好后先把两车梯与掌和后框连接起来，再安前框。前框又叫"牛屎框"。前后框与相邻的大掌间用三根小掌连接形成四个方孔（也叫插轴孔），以备安插轴用。车棚合好后，再铺上1.7厘米厚的底板，在车梯上分别安上压栏，车棚就算做成了。压栏的作用主要是固定附件（如粪厢板、样杆）。

第二步：做延条。选择一根长约3米、碗口粗细的结实的圆木，前端（不到头）顺着固定一块宽约5厘米、长约70厘米的木块（也叫虾蟆木）。虾蟆木前安抬延。抬延的作用是抬延条和压牛领头，是牛拉车时力的作用点。抬延中间的下方连接一个"凹"形木块，延条的前端插进"凹"形木块的凹槽里，连成有活动空间的"T"字形。抬延的两端各配一根长约80厘米的铁链，名曰"门摇"。门摇的另一端共同连接于虾蟆木后的一个横截面直径约12毫米的铁环，名为"项圈"，与两根门摇略成等腰三角形。当抬延和延条连在一起后，门摇的链条中间加上撩子（门摇撩）。抬延与延条之间形成可活动而又有机结合的构造，抬延上做上4个橛，用来连接牛套和牛络绳。

第三步：合体。将延条后端与上面车棚连接，下面与车轴连接，完整的牛车才算做成。

二、步犁

步犁是很常见的耕地工具。构件主要有犁延、犁底和犁梢。犁延用熟铁锻造，四棱体，大体呈"S"形。靠近犁底的部分宽扁，中间段短粗，横截面接近四方形，前端细，有钩，耕地时可挂牛套。犁底和犁梢多选用木质坚硬的洋槐木或枣木。

制作时，犁梢两端开榫，下连犁底，上安扶手，中间稍偏下凿一个长、宽均约7厘米，厚约2厘米的孔，犁延从中穿过，犁底上凿两个孔，一个连接犁梢要凿通，一个固定犁延不凿透。犁底像粗大的箭头，箭头顶端用来安犁铧，固定犁面。犁面上部通过摽棍、靠撩与犁梢结合为一体。

传统农具：镰刀、锄头、镢头、铁耙子、剜铲等

宝丰酒酿造技艺

宝丰是中国酒文化的发祥地。宝丰的酒文化源远流长。早在大禹治水时期，被后世称为酒祖的仪狄就在宝丰酿造出了较为纯正的白酒，曾"进之禹，禹饮而甘之"。历史上，宝丰的酿酒业长盛不衰，受到世人的高度赞誉。应国遗址中出土了大量酿酒器、盛酒器、饮酒器。唐宋时期宝丰酿酒业达到鼎盛，宋时呈现出"千村飘香、万家立灶""酒旗似襄"的景象。当时汝州共有酒务9处，仅宝丰就有7处。李白、孟郊、元好问等著名诗人对宝丰酒俱赞赏有加，留下了脍炙人口的诗句。

宝丰酒酿造工艺独特，酒质风格典型，具有清香纯正、甘润爽口、回味悠长的特点。宝丰酒声名远播，曾获国家金质奖章及"中国标准样品酒"称号，有过原酒出口量全国第一的纪录，并被确定为中国十七大名酒之一。宝丰酒酿造技艺被列入第二批国家级非物质文化遗产名录。

当地学生参观宝丰酒文化博物馆，了解宝丰酒酿造技艺的历史渊源

宝丰酒的酿造需经过选料、粉碎、制曲、养曲及酿造五大工序，经过存储、勾兑、包装后成为成品。

宝丰酒酿造的详细过程如下。

一、选料

精选颗粒饱满、无杂质、无霉变、无虫蛀的高粱、小麦、大麦、豌豆为原料。其中高粱为酒糟原料，其他为制曲原料。

制作酒糟

二、粉碎

用石磨将高粱粉碎成 4 瓣、6 瓣或者 8 瓣，以多糁少面为宜。小麦、大麦、豌豆分别粉碎，以能通过 1.2 毫米标准筛孔颗粒占总量的 55%~60% 为宜。

三、制曲

曲是酿酒的精髓，在酿酒的过程中起着发酵、生香的关键作用。制曲的过程是先将粉碎好的小麦、大麦、豌豆按一定比例加水掺拌，加水后以手握成团、放下不散为宜。水温冬季 50℃ 左右，春秋季 30~40℃，夏季无须加温。粮食中豌豆的比例要依据季节而调整，因为豌豆黏性大，容易结成团，一般是冬季豌豆用量较夏季少一些。料兑水搅拌均匀，无结块后，人工踩压制作曲坯。曲块长27~28厘米，宽18~19厘米，厚5~6厘米，比砖块稍大。曲坯踩压后要达到曲块平整、棱角突出、六面光滑、软硬一致的要求，有的制作厂家甚至连踩几脚都有明确规定。

制曲

四、养曲

曲坯制好后，移入曲房，堆放成"品"字形，间距3~4厘米，覆盖苇席。养曲全凭"观、闻、触"来掌握有益菌的生长情况，无须人为添加菌种。火候的掌握为"前缓、中挺、后缓落"，即曲入房后，缓慢起火，中间火温升高到预定温度，将其控制一段时间，后期缓慢回落。养曲人员要根据不同季节控制通风频率、翻动频率及温度。上霉阶段温度应控制在15℃左右，并保持湿度，经过72~80时，使品温升至38℃，如超过40℃应掀去覆盖物。品温下降后再覆盖苇席，培养至曲坯90%以上上霉良好。当曲坯表面上霉完成后，要适时晾霉，使表面曲丛不会太厚或太薄，这个阶段是制曲的关键阶段。在晾霉2~3天后关闭门窗进入潮火期，当品温升至36~38℃，最高42℃时，每天要排放2~3次潮气，并对曲坯进行翻倒，加大层高。曲坯品温逐渐升至45℃左右，此过程需4~5天。大火阶段，菌丝由外向内生长，水分和热量由内向外散发，要开启门窗调节温度，使之保持在45~46℃高温7~8天。大火期后，曲坯逐渐干燥，品温也缓慢下降，由44℃左右逐渐下降至32~33℃，进入后火期。后火期3~5天。

酒曲储藏车间

蒸料

整个养菌阶段,翻动曲块时要注意距离远近,按照"热则宽,凉则近"的原则,灵活控制。

后火期后,曲心还有余水,宜用微温蒸发,用外火保温至32℃,将曲心内的水蒸发干后,出房储存待用。整个过程需26~28天。

五、酿造

1. 堆集润料

将粉碎后的高粱加入10℃左右的水,水量为高粱总量的30%~40%,拌匀堆集,一般需24小时左右。

2. 入甑蒸粮

将润好的高粱装入酒甑,点火蒸煮,全凭经验掌握火候,要保证蒸熟而不蒸过,以能用手捻成粉为宜。

3. 入缸发酵

将蒸好的高粱用叉子扬撒降温后,加入粉碎成大如绿豆、小如芝麻的曲料,曲料量为高粱总量的15%,入缸发酵。经25天左右,酒醅成酱紫色,散发出酒香,表明发酵成熟,就可以蒸酒了。

传统地缸发酵

4. 装甑蒸馏

按"轻、松、薄、匀、散、齐"六字法装甑,也就是一层层均匀撒入,以均匀上气,保证出酒率。蒸酒的过程从小火蒸馏到大气追尾。酒醅内的酒精随着温度的升高逐渐汽化,通过顶盖冷却成液体,集中于接酒器中流出,即为原酒。

出酒

5. 看花截酒

从接酒器流入盛酒器的酒泛起的气泡叫酒花。酒花分为大清花、二清花、小清花、绒花、过花和水。根据酒花的大小、透亮度、消失快慢区分酒的含量,分级截酒。

6. 储藏调制

新酒至少储藏一年，经调酒师加入各种香料等进行勾兑，制出各种品级的酒，再经过分装、包装制成成品酒。

宝丰酒"酒海"储存库

陈酿酒储藏车间

汝瓷烧制技艺

宝丰是汝瓷的故乡，汝瓷是中华文化的瑰宝，至今已有一千多年的烧造历史。据史料记载，汝瓷烧制始于中唐，盛于北宋，延至金元。北宋时汝、哥、官、定、钧五大名窑，汝窑为魁，因此而专制贡瓷。汝瓷瓷色以天青为贵，产品既有造型秀丽、做工精细、技术卓绝之特点，又有青色淡雅、温润如玉、釉层匀净、宝光含秀之特色。汝瓷具有较高的文化品位、高雅的艺术风格、超凡的工艺技术和含蓄的时尚美学，有"似玉非玉胜似玉"的美称。清代高士奇有诗赞曰："谁见柴窑色，天青雨过时。汝州磁较似，官局造无私。粉翠胎全洁，华腴光暗滋。指弹声戛玉，须插好花枝。"

汝瓷烧制技艺国家级代表性传承人王君子与刚出窑的汝瓷作品

经过历代传承，特别是中华人民共和国成立后，政府的重视加上艺人的刻苦努力，汝瓷研究取得了突破性进展，破解了宋代汝官瓷原料、瓷胎和瓷釉的化学成分，并掌握了选料、练泥、制坯、素烧、制釉、施釉、烧制的一系列工艺技术。2000年宝丰清凉寺汝官窑遗址被列为全国十大考古新发现，2001年6月被国务院公布为第五批全国重点文物保护单位。2011年6月，汝瓷烧造技艺被列入第二批国家级非物质文化遗产名录。2016年12月，宝丰清凉寺汝官窑遗址入选国家《大遗址保护"十二五"专项规划》。2017年3月30日，中国工艺美术协会授予宝丰"中国汝瓷之都"牌匾。

汝瓷经典器型——莲花温碗

汝瓷烧造技艺的主要流程包括选料、练泥、制坯、素烧、制釉、施釉、烧制七大步骤。

一、选料

制坯料以高岭土为主，制釉料以石英石、二氧化锰、长石为主。制坯料采回后要经过精挑细拣，去除杂质后，煅烧粉碎。也可以自然风化，再加工研磨、筛选，倒入澄泥池加水沉淀，再加水，再沉淀。

制作汝瓷釉料的原材料之一：玛瑙石

二、练泥

将沉淀后的泥料反复水洗，淘去杂质，待软硬适度后，对泥料反复捶打、揉搓，泥料内没有空气，分子排列均匀后再进行陈腐，使泥料达到软硬适中、细密有度、黏稠适用的制坯标准。

三、制坯

制坯的方法有捏制、拉坯、盘筑和范模拓制。

捏制是较原始的方法，即用手直接捏出器物的形状。现代工艺制成形后，附加物仍要捏制添加。

拉坯是最常用的制坯方法，工具是一个圆形旋转台。先将与欲制器形分量相当的泥置于旋转台上，用拇指在器物外侧控制器形结构，另四指抚于器物内侧把握内部轮廓，通过上提、外扩、内收等手法拉制以圆柱体外形为主的不同形状、不同规格的器物坯型。

汝瓷烧制技艺代表性传承人王国奇在传授徒弟拉坯技艺

汝瓷烧制技艺

制坯

汝瓷烧制技艺省级代表性传承人马聚魁在"手拉坯"

盘筑是将搓制好的泥条放在转台平面上，像搭积木一样，叠加出器物外部轮廓。

范模拓制是预先制出模具，制作时用泥料在模具内部制出器物的坯体，然后去掉模具，再对坯体进行修整、刻画等精细加工。

四、素烧

把晾干后的坯胎放入窑炉中，根据坯胎厚薄、器物大小，先经过低温除湿，再把炉温掌握在600~900℃完成素烧。

待施釉的汝瓷素坯

五、制釉

将石英、长石、黄金土等制釉原料按一定比例加水，研磨成浆、过筛，黏稠度调至适中待用。天青釉配方更复杂，对各种釉料要求更精细。配方为：石英 24.7%，氧化铜 0.9%，四氧化三铁 2.47%，碳酸钡 0.10%，氧化锰 29.65%，四氧化二钴 6.92%，氧化镁 0.10%，石灰石 0.30%，氧化铝 34.58%，碳酸钠 0.20%，等等。

六、施釉

挑选出器形完整、胎表光滑、无瑕疵的胎体进行施釉。如有内腔，施釉时先把釉浆注入器物内腔，双手把握胎体外部，不断变换角度摇晃，使内腔各个部位均匀受浆。再把器物表体浸入釉浆中，稍停片刻取出，反复两三次，使胎体吸附适当厚度的釉浆。而后进行补釉，修补器形上留下的手印、工具印、气泡等，对坯胎釉浆过多部位，用工具进行修整，保证施釉均匀。

施釉

汝瓷烧制技艺代表性传承人王占稳在给徒弟们传授修釉方法

七、烧制

烧制是汝瓷烧造技艺的核心。器物入窑后，先将匣钵、垫饼、垫圈、支钉等窑具备齐。将器物用支钉、垫饼等支妥放稳，放入匣钵内，然后入窑烧制。传统的烧制主要有柴烧、煤烧和炭烧三种方法。烧窑是高温氧化还原反应，先经过30小时的预热除湿、升温氧化、拉火还原等程序，将温度控制在1000~1400℃，边烧边观察窑内器物表面的釉色变化，待窑变完成后逐步降温。温度是成色的关键，天青釉色是在重还原气氛中和高温条件下烧成的，粉青釉色是在中等还原气氛中和稍低温度条件下烧成的，豆绿釉色是在轻还原气氛中和低温条件下烧成的。温度不同，汝瓷釉色不一，品质和价值也差之千万，这也是一窑之内成品有多种釉色的主要原因。

现代烧制汝瓷多用自制炉，以煤气为燃料。

传统烧制汝瓷的场所——煤烧窑炉

烧制

米醋酿造技艺

宝丰境内素有酿造米醋的习俗。翟集米醋特点突出、闻名遐迩，在中原食醋酿造业中独树一帜。

过去差不多每个乡镇都有酿造米醋的作坊，而尤以翟集醋品味上乘。翟集位于宝丰县东部李庄乡境内，现有翟东、翟西两个行政村。翟集米醋历史悠久，始于西汉末年，经过历代技术改进，已成为酿醋业的佼佼者，在中原食醋酿造业中享有盛名，与宝丰酒、宝丰汝瓷并称"宝丰三宝"。北宋理学家程颐、明成祖朱棣都对翟集米醋赞赏有加，朱棣还钦定翟集米醋为"贡醋"。著名国际共产主义战士白求恩仰慕翟集米醋之名，在我国工作期间曾托人代购几十斤。改革开放以来，翟集米醋酿造业发展迅速，特别是冯异醋业发展有限公司成绩更加斐然。翟集米醋曾于1989年荣获中国农产品"食品博览会"银奖，1991年获"河南省优质食品"证书等。

翟集米醋以精选的小米为原料,经过精心酿造后,以"醇厚素和、清香爽口、体态澄清、色泽鲜亮、久储不坏"闻名遐迩。

翟集米醋酿造工艺非常繁杂,大体包括选料、粉碎、混合润水、扬料、蒸煮、入缸糖化、出缸拌料、入缸成曲、掺糠醋化、搅缸、翻缸、倒缸、加碘盐、镇缸、陈酿、着色、淋醋、灭菌、加香料、罐装、分装等步骤。

由于步骤繁杂,只能大致叙述。

一、粉碎、混合润水

料选好后,进入车间粉碎,粉碎后倒入浸米池中,放入清水,水温控制在 20~25℃。水面淹过米面约 30 厘米,浸泡 30 分钟左右。

小米加水浸泡

二、蒸煮

待清水完全浸入小米后，为避免米料浸润不均匀，要充分搅拌。然后加入各占小米分量 0.3% 的大麦、豌豆，放入笼屉内蒸约 30 分钟，观察蒸煮效果。熟而不黏、内无生心时即为蒸熟。

蒸料

三、入缸糖化、出缸拌料、入缸成曲

蒸熟后，加入糖化酶或放入发酵池自然糖化。此反应前期以糖化为主，后期以酒精发酵为主。当糖化完成后，出缸反复搅拌，继续放入发酵池冷却 5~7 天，当酒香扑鼻时，说明酒化正常，已制成酒曲。

四、掺糠醋化

在制成的酒曲中，掺入占酒曲分量 30% 的小米糠，再加适量的水，装入池或缸中，使其醋化。当酒液开始变酸，温度达到 30℃时，表明醋酸菌已经开始生长发育。为了更好地培育醋酸菌，降低酒精度，可再加入一定量的水，使其自然醋化。

五、搅缸、倒缸

加水后观察温度变化，当温度再升到 30℃时，开始搅缸，并注意温度变化，降到 5℃时停止搅缸，再升至 30℃后再次搅缸。如此 7~8 次之后，待温度升至 25℃开始倒缸。倒缸就是把酒缸中澄清的醋液倒出，集中在一个空缸里。倒缸 5~7 次，缸内产生的醋已基本倒完，结束倒缸。

小米与醋曲搅拌后放入陶缸

六、镇缸

向集中在一起的醋中加入碘盐（占醋分量的1%），反复搅拌均匀。把不满的缸加满静置，使里面的固体物质沉淀，这个过程叫镇缸。然后，将醋放于发酵车间陈酿，使醋香更醇厚。

封盐镇缸，进行2年以上的固态陈放

七、着色、淋醋

将小米放入烧热的铁锅中炒，炒出米油，显色为止。将酿好的醋加入自供井水（占醋分量的66%），灌入淋醋池中，加入炒成的色料，浸泡35分钟，将醋过滤至铁锅内冷却。冷却后注入醋罐，经过无菌化处理，加入香料，再静置24小时，即可分装。

淋醋

因为酿醋大部分工序是在低温条件下进行的,易感染有害菌,为防止其他菌种侵入及酿造过程发生其他化学反应,工具多采用木质或陶器。即使如此,用后及再用前每项设备及工具仍须经过严格、全面的消毒,保证干净卫生。

偶人制作技艺

宝丰提线木偶源远流长,正史虽没有记载,但从传说中可以窥见它的历史踪迹。这些传说可上溯到春秋时期,此后历代传承不衰,至清末能估算出的团体就有300余家。目前,宝丰提线木偶已被河南省政府确定为省级非物质文化遗产项目。

作为木偶表演艺术的道具,偶人(艺人行话为"人子")制作技艺是宝丰文化的重要组成部分,距今已有千年历史。

在宝丰,木偶艺术广泛流传于民间,存在于人们的生活中,表现在人们的口语里。如人们称没有主见而偶然有作为的人为"木偶不会自己跳,背后必有牵线人";称受别人控制的人或组织为"傀儡";等等。

提线木偶戏传承人教学生表演

宝丰提线木偶偶人制作材料简单，但工艺繁杂。以"草扎胸腹、木雕（泥塑）五官、纸塑器形、丝丝相连"为基本特点，所需材料主要有泥、木、纸、布等。人物的身体用苇草或麦秆，剪头去尾，取中间部分（约7厘米）晒干捆扎而成，五官由泥或木雕塑。动物偶人的身体都由纸塑而成，四肢用彩绸缝制。不同偶人材质不同，制作方法也不同。

一、木质偶人

（一）选材

木质偶人一般选择多年生、干透的桐木，采用纹理较细腻的部分雕刻。这是因为桐木较坚韧耐用，不容易摔坏，又易于雕刻。

（二）制作

制作共分四步。

第一步，木材选好后，截取与身体相搭配的尺寸，即身体7厘米，头部直径为2~3厘米。用刻刀刻出五官的雏形，再进行精雕细刻，直到制作者满意为止。

第二步，用砂布将制作好的作品磨光。

第三步，上彩。先用白漆打底，等白漆完全晾干后，再用红漆给脸部上色，最后用黑漆画头发。每涂一遍都要打磨光亮，确保有人的肉、发的感觉。

第四步，开眼。这是最关键的一步，因为眼睛是心灵的窗户，通过眉眼可以窥到人物的内心。例如，人的善良与凶恶、虚伪与真诚、忠实与奸诈等，倔强与随和、刚强与懦弱、暴躁与温柔等，兴奋与忧虑、愤怒与平静、痛苦与愉悦等，这些通过偶人的眼睛都可以一目了然。

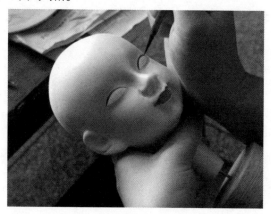

开眼

二、纸质偶人

（一）选料

纸质偶人的制作使用的是上好的桑皮纸，制泥坯用的是黄胶泥或黑煤土。

（二）制作

制作分两步。第一步先制作泥坯范模；第二步以泥坯为模具，在泥坯上塑纸偶。

1. 制坯

把选好的黏土、棉花加入水和成黏泥，搓、揉均匀后，反复打砸，使黏土与棉花充分融合，直到光滑细腻为止。泥制好后，趁湿捏制成人、兽、鸟、物造型，用刻刀刻出眼、耳、鼻、口，放置于通风避阳光处晾干。夏天一般晾5~7天，冬天则需10天以上并防止冰冻。晾干后，用砂布把坯胎表面打磨光滑。

制作偶人的坯胎

2. 塑型

用桑皮纸反复糊粘在坯胎上，一层纸一层胶，晒干再糊，反复七八次。完全糊成晒干后，在脖子、腰部、后脑等部位，用刀具划开，取出坯胎。在有关部位穿入细铁环，用皮胶固定，以备穿丝线用。

3. 定型

用柔软结实的布料将偶人的各个部位连接起来，

以便于灵活操作偶人。

4. 上彩

一个偶人整体做好后，还要根据故事情节和表情、节目的需要，涂上各种颜色。一般上京剧彩妆，现在多用油彩，以前只能用粉彩，对工艺要求更严。

5. 开相

根据生、旦、净、末、丑的角色刻画脸谱。在已上彩的偶人脸部仔细画出眼睛、眉毛、嘴巴。一个偶人的毛坯制作出来是千人一面，但开相要根据角色及剧情，画出喜、怒、哀、乐、愁的表情，赋予偶人不同的性格特点。

开相

6. 着装

偶人刻画好后，还要栽上胡子，从头到脚配上服饰，这样整个偶人才算制作完成。

乐器制作技艺

宝丰素有崇尚音乐的传统，在不少名人的诗词中都有音乐的痕迹。苏辙有"梦想笑谈倾满座，卧闻歌筦逐春风"的诗句，宋代著名文人孔夷也有"远羌管，吹三弄"的词句。据推断，闻名世界的马街书会距今至少有700年的历史。马街书会诞生于宝丰，跟宝丰人崇尚音乐有一定关系。宝丰人历来喜欢戏曲，据不完全统计，20世纪初，宝丰的各种戏剧班子超过140个，曲艺团体36个，唢呐班子30多个。民间还有很多人家里放有乐器，闲时唱着玩。这么多人玩乐器，就有人从中看到了商机，开始摸索制作乐器，久而久之形成了传统。自制乐器主要有坠胡、曲胡、二胡、越胡、板胡等胡琴类乐器，八角鼓、手板、简板等击打类乐器，也有自制笙等管制乐器。胡琴类乐器的构件主要有琴筒、琴杆、琴皮、琴轴、琴弦、弓杆、千金、琴码和弓毛。曲胡、越胡、二胡的琴筒为六角形、八角形、圆筒形，后面镶有木雕花窗，琴皮为蛇皮，琴筒是胡琴的共码箱，琴筒、琴轴多用红木、檀木等。弓杆用细实的紫竹，弓毛为马尾毛。琴弦过去是皮弦、丝弦，现在多用钢弦。板胡的琴筒为槟榔壳，鼓面为桐木板。大三弦鼓面为双面皮，三弦鼓面为木质。下面以二胡制作为例略作介绍。

马街书会上的乐器展销

乐器制作技艺代表性传承人谷军政正在制作二胡

乐器制作技艺

乐器制作技艺代表性传承人谷军政教徒弟制作二胡

一、琴杆制作

琴杆一般长80厘米左右，共分上、中、下三部分。下部为圆杆（椭圆），中部为方杆，上部为圆杆。

琴杆的制作工序包括直杆、刨杆、榜杆、画线打眼、琴头制作、制脚梢、制肩架、清除刨痕等。

1. 直杆

将琴杆有弯曲的地方用微火烤，趁热捏直。

2. 刨杆

将琴杆锯出毛坯，直径大头21毫米，小头18毫米，画出肩架线。用小刨子在肩架之间刨出20.5毫米见方的孔眼，不打孔眼的两面制成略带圆弧形的面，俗称"鲫鱼背"。

3. 榜杆

南方制琴有专用的榜子，宝丰多使用较小的刨子，以琴头为基准，向下量至 225 毫米处为下肩架线，70 毫米处为上肩架线。将琴杆正面刨出一个约 4 毫米宽的平面，平面两侧刨出斜面，与琴杆背面的椭圆自然结合。

4. 画线打眼

在琴杆距平头（上端）110 毫米和 185 毫米处，分别画出琴轴眼的中心线，两琴轴眼中心距为 75 毫米，以锥型钻头分别打两个琴轴眼，然后用通条烙大。

5. 琴头制作

月弯头用乳白色材料或牛骨片制作，中间镶上红、白镶片，用火烧热涂上胶剂，趁热将月弯头与镶片粘在一块。

6. 制脚梢

脚梢装配在琴筒的方眼内，有使琴筒牢固的作用。末端是略带锥形的圆柱，用于安装琴托，使琴杆、琴筒、琴托牢固地结合在一起。

7. 制肩架

用锉打磨出对称的肩架圆弧。

8. 清除刨痕

用平锉反复打磨，使表面光滑、圆整、匀称。

二、琴筒制作

制琴筒有制板、堆筒、打凹、起线、平口等步骤。

1. 制板和堆筒

以六角琴筒为例，每块板宽窄、厚度要相等。每块长 131 毫米，前口外边宽 51.9 毫米，内边宽 41.6 毫米，后口边宽 46.2 毫米，内边宽 35.8 毫米，厚 9 毫米。每块板两边刨成的角度为 60°，这样正好粘成六边形。八角形与正六边形的做法类似。

2. 打凹

先用肩铲铲出凹或用大尖木锉锉出凹，然后用半圆光锉将表面锉光，用砂布打磨光滑。

3. 起线

筒后口用钻笔先画出标记，用小锯开出。圆筒二胡要将琴筒车圆，筒后口车上三条阔狭线（起线），并在前中部车出长凹形（打凹），最后将筒内径车圆磨平。

4. 平口

筒前口是要蒙皮的，与发音关系密切，所以前口要平。同时要锉去各边的硬棱，以防损坏皮膜。

三、琴托制作

琴托由 3 块板头拼合而成,在左右侧及琴托底粘小木条,待胶干后再进行造型处理。

四、琴轴制作

将选好的材料锯成小段,修圆。细端旋成 1∶12 的锥度,粗端刻出瓣纹,用锉清沟、磨光。

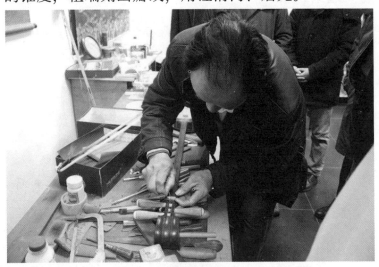

琴轴制作

五、琴轴与琴杆的安装

琴轴的锥度一定要和琴杆轴孔的锥度相匹配,上下轴安在同一条直线上,轴眼与琴轴处要紧密结合,以保证演奏中琴轴不打滑,琴弦不会松。

六、琴杆与琴筒的安装

先在琴筒上以距前口边线(包括振动膜在内)37~38毫米处为圆心钻上、下孔。下孔钻好后烙方。安琴杆必须严紧,洞口形状与琴杆截面形状要相同。

七、蒙皮

将截好的蛇(养殖)皮放入冷水中泡软泡透,将蛇油、蛇肉刮干净,使皮面均匀,待皮面水分干后再蒙。蒙皮前,在琴筒前口和四周均匀地涂上胶水,一边砸楔子,一边用烧热的烙铁或铁片烫涂胶部位,使皮膜完全绷紧。

蒙皮

八、做琴弓

琴弓用竹子的根部做弓尾,用马尾毛做琴弦,马尾毛的数量为160~220根。装时倒顺各半,在弓尾加上调节螺丝,用以张紧马尾毛。

九、做琴马

琴马中间的桥孔大小要适中,琴马受压后与琴皮相吻合,使弦的音源通过琴马带动琴皮的振动传至琴筒。琴马以质地松紧合适的木料为好,如用红木,会使音色发尖,影响音源传送。

千斤的位置:将胳膊放在琴筒上,五指并拢,胳膊贴住琴杆,千斤的下沿放在小指第二节或与根部齐平为佳。

宝丰说唱乐器制作的部分工具及部分原料

剪纸技艺

剪纸是一项传统技艺，是宝丰文化的重要组成部分，其历史可追溯到商周时期。从宝丰各地流传的年俗、婚俗、丧俗中可以看出，剪纸在宝丰人的生活中应用广泛。

剪纸工艺取材简单、工具普通，一张彩纸、一把剪刀即全部行头，制作也不复杂，从艺者甚多。宝丰县域各乡镇都有剪纸的名家，有各自不同的艺术风格。赵庄镇的岳爱花、商酒务镇的李翠、大营镇的段凤彩、肖旗乡的王文志等都是宝丰有名的剪纸技艺传承人。

剪纸艺人主要通过构思、折叠、画图、剪裁、展开等步骤制作出理想的剪纸作品。大家可以通过下面几种简单的制作，初步领略剪纸的奥妙。

宝丰剪纸技艺传承人孙花叶历时两年多时间创作的剪纸作品《清明上河图》，长 11.05 米、宽 0.5 米

剪纸艺人交流

一、剪对称图形

1. 剪蝴蝶

对折,画出蝴蝶的触须和半边翅膀。注意上翅大、下翅小,剪时不要把触须剪断。剪完后展开就是一只展翅欲飞的蝴蝶。

2. 剪燕子

对折,画小燕子的嘴,于折缝处画出很尖的三角形,在嘴下画出半圆为脑袋,在脑袋上画一个小圆为眼睛。然后画半边翅膀和尾巴,剪去多余的纸,展开后就是一只体态矫健的燕子。

3. 剪蜜蜂

对折,画出半边触须、上下翅膀和肚子。触须上端要画成小圆点。小蜜蜂的肚子要在折缝处画出三道横纹,剪时注意不要剪断。剪去多余的纸,一只活灵活现的小蜜蜂就展现在我们面前。

二、剪五角星

五角星是国旗上的重要标志。我们可以通过剪五角星、自制小国旗,体现我们热爱祖国的感情。

五角星剪纸

五角星的剪裁步骤如下。

(1) 准备一张正方形的小纸。

(2) 对角折叠成一个等腰三角形。

(3) 对折两边的锐角,在底边中点处摁一个折痕。

(4) 折痕摁过后展开。

(5) 以中点为顶点,从右边折向腰的四分之一处,使之呈 45°。

(6) 在两条边上画一条斜线,垂直于其中的一条边。

(7) 沿线剪开。

(8) 展开后就是一个标准的五角星。

三、剪"囍"字

无论谁家结婚,男女双方家里家外都要贴大量的"囍"字,烘托喜庆氛围。过去"囍"字全部是用红纸剪裁的。方形"囍"字的剪裁步骤如下。

剪纸技艺

剪"囍"字

（1）准备一张正方形的红纸，大小由剪裁者决定，从中间对折一下。

（2）再对折一次。

（3）将四折的条状纸的折痕置于左手边。以左手边为中心画出半个喜字，画时要注意使结构匀称，线的粗细要均匀。

（4）剪去多余的部分，剪时要注意连接，不能剪断。

（5）展开就是一个方形"囍"字。

根据方形"囍"字的剪法，还可以剪出边缘为圆形的"囍"字和边缘为心形的"囍"字("口"字剪为心形)。

剪纸的关键是巧妙的构思,构思精巧才能剪出精巧的图案。

剪纸作品展示

剪纸艺人设计剪纸图案

石雕与泥塑制作技艺

石雕的历史可以追溯到距今一二十万年前的旧石器时代中期,在漫长的历史进程中,石雕艺术的创作技艺也在不断更新进步。石雕的历史是艺术的历史,也是文化内涵丰富的历史,从宝丰境内出土的大量石器中可见一斑。宋元时期,宝丰的石雕艺术达到顶峰。立于公元1100年的香山大悲菩萨传碑是研究观音文化的标本,1052年镌刻于应河河床中的雅集石是宝丰古八景之一。塔里赤墓碑、广严寺碑、状元碑也都很有名。

石雕工艺的主要方法有镂空雕、浮雕、圆雕、壁雕、阴阳刻等。除了碑刻与雕像,还有很多农具与建筑材料也是石工雕刻,如石磨、石碾、石磙、捞子、牛槽、门墩、柱墩、石窗、桥墩、碓窑儿等。

石狮

石雕莲花盆

石雕作品

泥塑也是一项传统技艺，从有记载的宝丰香山寺、龙兴寺等寺庙泥塑看，距今已有超过千年的历史。河南省工艺美术行业协会原会员梁会，在泥塑方面艺术造诣颇深，在宝丰及相邻市县有较大影响。

现分别对石雕和泥塑予以详细介绍。

一、石雕

（一）选料

宝丰本地的石雕多选用青石，即石灰岩。经勘查后，清去浮土，找到大料的边缘和层理，如果石块不是太大，用钢钎打入层理，慢慢截下。如果石块太大，就在所需石料的边缘稍扩些，用钻子钻孔，填少量炸药爆炸取料，且要做到不破坏所选石料的基本结构。炸开石缝后，再用钢钎等工具将石料慢慢采下。采下的石块必须没有杂色条纹、无裂痕。

石雕——香山大悲观音菩萨传碑

（二）雕刻

（1）进行构思，绘出草图，确定各部分的尺寸。

（2）将放大的图纸粘贴在料石上，把图案线纹描刻在料石上，或打出墨线。

（3）描绘出阴刻与阳刻的图案。

（4）凿出阳刻部分及图案线纹，凿出要去掉部分的轮廓，然后凿去多余部分，制成粗模。

（5）对图案进行精雕细刻，传统做法是用钻子凿出雕像的轮廓后，用刻刀或钻子锤轻敲，刻出头及四肢，再仔细刻出五官、手掌、手指。然后用剁斧轻轻、慢慢地剁，使作品更精细。现代工艺是用磨光机给脸部抛光，使人物形象更栩栩如生。

（6）如果雕刻过程中有破坏部分，可用黏合剂黏好。过去石匠是用自己配制的黏合剂，现在多用现成的胶剂。

宝丰县观音堂林业生态旅游示范区铧匠庄村石雕传承人张太和在工作中

二、泥塑

宝丰的泥塑主要是塑和真人比例相似的神像及其他塑像，也有用范模制作的。

泥塑传承人姬晓辉作品

泥塑的主要步骤如下。

（一）选料

制作神像的主要原料有木料、高粱秆或麻秆、黄胶泥或黑黏土等。

（二）制作

制作主要包括备泥、搭骨架、堆型、塑型、着色等过程。

1. 备泥

把泥和成后，用木棍捣匀，捣时如发现杂质要及时去除。泥要捣得软硬适度，不黏手。和泥前要加入适量棉、麻作粘料。泥制好后用湿布或塑料布密封，包裹严实备用。

2. 搭骨架

用铁丝或麻劈儿搭建好泥塑需要的大体骨架状态。方法是用木料做骨架，用高粱秆或麻秆附着于骨架周围，用铁丝或麻劈儿捆扎牢固。捆扎效果要达到上泥时不掉泥，上泥后不露骨架。

3. 堆型

上泥时将泥一块一块地糊在骨架上，用力粘牢、拍打。先糊住不露骨架，再层层往上叠加，达到要求后，用拍板砸实、贴牢、拍光。

4. 塑型

上泥堆型要做到心中有数、反复揣摩，尽量做到整体与局部的完整、统一与协调，并有灵动感、立体感。要显示出衣服的褶皱，表现出面部表情的传神。

5. 着色

塑型后晾干、着色。先用白色打底后上彩绘。上彩绘要注意人物衣着、面部肤色，要绘出层次感，使之和谐统一，绘五官一定要等底色颜料充分晾干，不致形成花色。塑像是用来供人参观朝拜的，不允许有丝毫的疏忽。面部必须做到栩栩如生。

石雕和泥塑虽然都是塑型艺术，都注重人物的表情塑造，但石雕是由外而内，泥塑是由内而外，石雕用的是减法，泥塑用的是加法。所需材质也不同，一硬一软。

美食制作技艺

宝丰县有许多名吃,在平顶山地区内外享有盛誉。

一、宝丰烧鸡

买根烧鸡、张富合烧鸡、吕玉田烧鸡都是宝丰县有名的烧鸡。其中,买根烧鸡于1988年开始打造品牌,获得了不少荣誉。现以买根烧鸡为例,介绍烧鸡制作过程。

(一)选料

买根烧鸡选用当地生长18个月以上的土鸡作为原料。香料全部采用天然的精选香料,其中包括陈皮、肉桂、白芷、花椒、砂仁、生姜、良姜、小茴香、人参、草果、辣椒、荜拨等,再加上酱油、盐、白糖、红糖等30多种佐料。为保证味道纯正,所用器具也都是较原始的铁质器具。

（二）制作

1. 宰杀

买根烧鸡从采购到宰杀一点都不马虎。先经过目测，确信土鸡健康无疾病、足月才肯买回。再经过相关人员检验确认后屠宰、净血。趁鸡体温尚高时，放于60~70℃的热水中烫3~5分钟，将鸡毛褪尽、洗净。

2. 加工处理

斩去鸡爪，在鸡颈上方用刀开一个小口，露出食管和气管，再在臀部和两腿间各切开一个7~8厘米的长口，割断食管、气管掏出内脏，切下肛门、鸡尖，用清水洗净余血和污物。

3. 摆放造型

将洗好的鸡放在案板上，将两腿交叉插入口中，两翅紧贴鸡身，使之成为两头尖的半圆形，晾干表面水分。

4. 炸鸡

将晾干的鸡表面抹上糖稀，放入油锅中炸。油温一般控制在70℃左右，根据季节，夏季低一些，冬季稍高些，这也是买根烧鸡一年四季都能保持色泽金黄的秘诀。鸡炸完后，将剩余油倒出留作他用，决不重复使用。

蒸煮

5. 煮鸡

大锅内放入适量水，把香料装入纱布布袋中，扎紧袋口放入锅中。水烧开后徐徐加入老汤，放入适量的糖、盐、酱油等。调好味道后，将炸好的鸡整齐地放入锅内，用旺火烧开，煮沸后撇去浮沫。5分钟后将锅中鸡上下翻动一次，盖上锅盖，改用文火煮、焖4~6小时，直至肉烂脱骨为止。

买根烧鸡

二、羊肉冲汤

宝丰县的羊肉冲汤独具特色，在平顶山地区内外享有盛名。其制作过程如下。

（一）备料

提前洗净大葱，切成葱花，用羊油加热后放入磨碎的红辣椒，制成辣椒油。

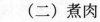

（二）煮肉

仔细清洗后，将羊肉、羊下水、羊骨架放入大锅，一般不放佐料，就用清水煮两个小时以上，煮至熟透。

（三）切片

将熟肉、熟杂碎切成薄片，放入敞口容器，供冲汤时抓取。

（四）冲汤

碗放葱花，上覆肉片，用还在煮着肉的沸汤冲上、笊下，再冲再笊，直至葱花八成熟，放入辣椒油和调味品，即成。宝丰羊肉冲汤汤鲜味美，羊肉入口绵香，汤水回味悠长，所配用香料健胃助食，是宝丰人的美食上选。

当前，宝丰羊肉冲汤技艺已获批市级非物质文化遗产项目。

三、琥珀馍

相传明清时期，在宝丰西部大营的宛洛古道上，赶车运输和肩挑背扛的小商小贩络绎不绝。这些人到大营后往往又饿又累，在找地方休息时会让大营人把自己带的干粮加水馇一馇，便于下咽。因为常常馇糊，故称"糊粕馍"，久之雅称"琥珀馍"，是大营特色食品。琥珀馍现在的制作方法如下。

（1）烙饼，熟后切成丝，备用。

（2）有客人到店后，起锅烧油，放入肉、菜、佐料，之后放入饼丝，连炒带焖。

（3）加入适量水、油，翻搅出锅。

琥珀馍入口松软，色香味俱佳，为使食客下咽流畅，并体会到海鲜的味道，每碗赠送虾米海带咸汤一份。近年来，琥珀馍影响越来越大，逐渐走出大营镇，扩展到宝丰县内外。

琥珀馍

当前，琥珀馍制作技艺为县级非物质文化遗产项目。

四、绿豆炝锅面

绿豆炝锅面是一道以绿豆面条、生鲜羊肉、黄豆芽、小白菜等为主要食材，以植物油、大葱、酱油等为辅料制作而成的面食。

其制作方法如下。

（1）锅烧热，放入油，加肉丝快炒。

（2）加入黄豆芽、蒜、姜、葱段，快炒爆香。

（3）倒入煮沸的肉汤，下入绿豆面条，加盐和其他调味品，最后放入青菜，面条煮熟后盛入碗内。

（4）依个人口味添加辣椒油。

面条为湿面条，通常带有面醭，做成糊汤面，有稠有稀，很受食客欢迎。在专营绿豆炝锅面的饭馆，通常还有烙饼卷牛肉、葱花，如食客需要，可以加配。刚出锅的炝锅面与卷饼配合，汤鲜面条香，味道非常鲜美。

五、八大碗

宝丰八大碗最先源自农村宴席，村里有什么喜事，搭个大棚，垒个大灶，全村人一起动手，洗的洗，切的切，炒的炒，做出一桌丰盛的美食，常规就是八个大菜，基本都是荤菜，后来演变成本地饮食文化的重要组成部分。现在，村里红白大事在自己家待客的少了，但饭店里所谓的"整桌"还是保留了八大碗的传统。

本地八大碗大多以猪肉为主要食材，以扣碗蒸制为手法，主要有：扣碗条子肉（或扣碗方肉）、扣碗排骨、扣碗小酥肉、扣碗肉丸子、扣碗豆腐、带骨肘子、黄焖鸡、扣碗八宝饭（什锦米饭）。这八大碗并不完全固定，有时会应客人要求稍做调整。

八大碗作为当地公认的"硬菜"，与酸汤、甜汤和凉菜盘配套，广受城乡群众欢迎。

粉条制作技艺

红薯传入中国至今已有几百年。宝丰人不仅掌握了红薯的种植技术，还发现了其经济价值，并开发出"三粉"加工技艺，这充分体现出了宝丰人的聪明才智。

红薯粉条是传统食品，粉条制作是宝丰的特色产业之一，各乡镇均有制作。肖旗乡的丁岭、贺岭两村，大营镇的胡茄庄，都是宝丰有名的粉条加工专业村。经过长期的摸索、改进，宝丰粉条形成了久煮不烂、清香可口、食法多样的特点，深受广大人民群众喜爱。

粉条制作工艺流程分为制前工序、制作工序和制后工序。

制前工序有选薯、清洗、粉碎、过滤、兜粉、晾晒；制作工序有制粉糊、揉面子、漏粉条；制后工序有冻粉、晾晒、捆扎包装。

一、制前工序

1. 选薯

粉条制作以旱地春种的红薯（俗称春红薯）为主，这是因为春红薯个头大，出粉率高，淀粉质量好。应选表面光滑、无病虫害、无青头、大小适中的红薯做原料，原则是弃小留大。

2. 清洗

将选好的红薯装入箩筐，放入水中，洗去泥土，去除杂物，削去两头和表面根须。可堆于水泥地上用水冲洗，边冲边翻，确保全部洗净后，去除薯中杂物。

3. 粉碎

用粉碎机磨成粉渣，越细越好，尽量磨出淀粉，以提高出粉率。

4. 过滤

用大箩或吊单过滤。用大箩过滤是将大箩放置在一个木架上，下面是大锅，将含有淀粉的渣倒入大箩中加水，由两人分持杵子搅拌挤压，淀粉便与水一起流入大锅内，头一桶水漏完了，再加一桶水搅拌挤压后，将粉渣取出作他用。吊单过滤是用一块一米见方的稀布，将其四角连接于一个用两根木棍（直径约15厘米）制成的可活动的十字架的顶端，十字架的中心由螺丝旋子相连，吊于房梁或木架上，下置大锅或大缸。方法是将淀粉渣倒入吊担后加水，一个人灵活地晃动吊单，使粉渣在吊单内转圈滚动，以保证淀粉被充分过滤。大锅或大缸浆水满了，用盆舀入别的容器静置。放置10~12小时后，淀粉就完全沉淀了。

过滤

5. 兜粉、晾晒

将淀粉沉淀后的浆水倒掉，取出淀粉直接放入兜兜儿，或者将沉淀后的淀粉加少量清水搅起，用细箩再过滤一遍，存在一个缸内静置沉淀，以提高淀粉的精度。兜兜儿是约半米见方的较密的布，四角用绳绑住，将沉淀好的淀粉放入兜内，兜成近似圆锥形，俗称粉疙瘩。吊起，控去水分，五六个小时后，去除粉兜。先放置一两天，待半干后，再切开暴晒。要放置于背风朝阳的地方，还要防止杂物落入。

二、制作工序

1. 制粉糊

粉糊是粉条的筋骨。一人取 1.5 千克干淀粉，放入小盆中，加入适量明矾，舀一瓢开水徐徐加入，另一人手持棒快速搅动，等搅得变成糊状透明体，即为做成。

粉条制作流程之制粉糊

2. 揉面子

揉面子分两步。第一步，笸箩内放入刚好一大盆浸湿的粉面，将粉糊倒入其中掺拌。等掺匀了，温度也降下来了，抬起放入粉盆内。第二步，放入粉盆后，三四个人围着粉盆揉杵，揉杵要保持动作协调，手要慢进快出。直到目测无疙瘩，品表光滑，面子就算做成了。

3. 漏粉条

漏粉条需要四个人配合进行。粉盆旁一个人把面子，须不停地揉，使面子保持均匀，用手挤出刚好一瓢的面子，一把捧起放入另一个人端着的瓢内。持瓢人左手持瓢，右手轻捶瓢沿，看粉条是否下得通畅，软硬是否适中。检验符合标准后，移入锅内。粉条随着师傅的捶打，像瀑布一样落入沸水中。一会儿工夫，便漂上来，说明已煮熟。这时另一位师傅持筷子将煮熟的粉条夹入冷水盆中，盆旁一位师傅麻利地将粉条理顺，均匀地套在粉干上，稍微晾一下，先放起来。

漏粉条

三、制后工序

1. 冻粉

选一个温度低于0℃的凌晨，将粉条取出架起来泼适量水，使其冷冻。冻时注意观察，发现冻透，应马上取下，放入暖室内，如果冻过发白发糠，会影响品相、质量和价格。冻粉的作用是使原来黏结在一起的粉条，经过一冻一晒，自然分离。冻粉后，先移入室内，用棉被等包裹，防止其在室内解冻。

2. 晾晒

天气晴好，温度较高时，取出冻好的粉条，找背风向阳的地方架起来，让其解冻、晒干。

晾晒（一）

晾晒（二）

3. 捆扎包装

晒干后，将两三杆扎一捆或截成段装箱。

豆腐制作技艺

豆腐营养价值极高，含铁、镁、钾、烟酸、铜、锌、磷、叶酸、卵磷脂等。豆腐的高氨基酸和高蛋白质使之成为很好的食品，其味甘性凉，具有益气和中、生津润燥、清热解毒的功效，兼有补血养颜、强壮骨骼、补脑健脑、防癌抑癌的作用。豆腐还有素肉的称号，具有四季皆宜、老少皆宜、南北皆宜的食用特点。

相传制豆腐技术是两千多年前的淮南王刘安发明的，此后流传全国，豆腐成为我国的传统食品。宝丰人制豆腐由来已久，是对这项远古技术的传承。

豆腐制作工序大体包括选料、泡豆、制浆、过滤点制、压制成型等步骤。

一、选料

宝丰豆腐以精选的青豆为佳,其他次之,并要去除杂质及病虫害形成的坏豆、烂豆。

二、泡豆

将豆子盛于容器,加水以浸过豆子表面为宜。浸泡要注意时间不可过长,过长会失去浆头,即豆子细胞坏死,影响出豆腐。冬天浸泡 4~5 小时,夏天浸泡 2.5~3 小时即可。

三、制浆

传统的做法是用水磨制浆。将泡好的豆子放置于磨上,上置淋水设备,边磨边淋水。磨盘周围垒一圈约 20 厘米高的挡护墙,磨扇与围墙中间形成浆槽,留一个缺口流浆。当牲口拉动磨时,豆浆不断从磨缝中流进浆槽,磨杠上安置的拷子便把它赶到缺口处,流进下面的容器内。

四、过滤点制

将豆浆进行过滤,一般用吊单,与红薯粉的过滤方法一样，滤后豆渣取出作他用。

（1）先将生石膏放进火中焙烧，石膏的焙烧程度以用锤子轻敲碎，看到刚烧过的心为宜。烧得太生不好用，太熟了不仅做不成豆腐，而且还散发异味。

（2）把过滤后的生浆倒入锅内煮沸，不盖锅盖，边煮边撇去面上的泡沫。火要大，但不能太猛，防止豆浆煮沸后溢出。豆浆煮到90~110℃即可，温度不够或时间太长都会影响豆腐质量。

点制豆腐

（3）把烧好的石膏碾成粉末，用清水调成石膏浆，冲入刚从锅内舀到缸里的豆浆里，用勺子轻轻搅匀。这也是关键，宝丰俗话说的"紧了没豆腐，满了一锅浆"说的就是这个步骤。稍停几分钟后,用勺子舀出看一看,有小颗粒(即豆花)出现,就算点成了。

五、压制成型

把制成的豆花舀入模具内,宝丰一般用的是长方体的模具。倒前先衬上豆腐单。倒满后用布包好,上边盖上木板,压上石头,压一两个小时,即可制成水豆腐。